⬇ 정답과 해설은 EBS*i* 사이트(www.ebs*i*.co.kr)에서 다운로드 받으실 수 있습니다.
🔍 EBS*i* 사이트에서 본 교재의 문항별 해설 강의 검색 서비스를 제공하고 있습니다.

교재 내용 문의	교재 정오표 공지	교재 정정 신청
교재 및 강의 내용 문의는 EBS*i* 사이트(www.ebs*i*.co.kr)의 학습 Q&A 서비스를 활용하시기 바랍니다.	발행 이후 발견된 정오 사항을 EBS*i* 사이트 정오표 코너에서 알려 드립니다. 교재 → 교재 자료실 → 교재 정오표	공지된 정오 내용 외에 발견된 정오 사항이 있다면 EBS*i* 사이트를 통해 알려 주세요. 교재 → 교재 정정 신청

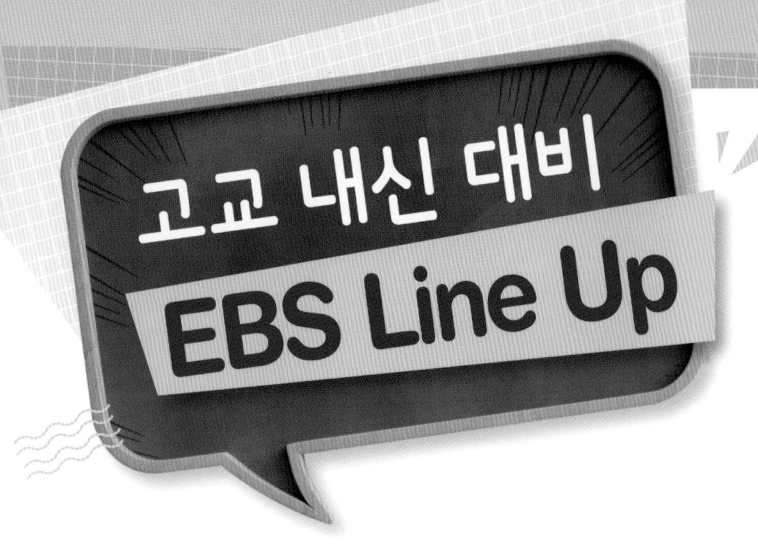

고등학교 0학년 필수 교재

고등예비과정

국어, 영어, 수학, 한국사, 사회, 과학 6책

모든 교과서를 한 권으로,
교육과정 필수 내용을 빠르고 쉽게!

국어 · 영어 · 수학 내신 + 수능 기본서

올림포스

국어, 영어, 수학 16책

내신과 수능의 기초를 다지는 기본서
학교 수업과 보충 수업용 선택 No.1

국어 · 영어 · 수학 개념+기출 기본서

올림포스 전국연합학력평가 기출문제집

국어, 영어, 수학 8책

개념과 기출을 동시에 잡는 신개념 기본서
최신 학력평가 기출문제 완벽 분석

한국사 · 사회 · 과학 개념 학습 기본서

개념완성

한국사, 사회, 과학 19책

한 권으로 완성하는 한국사, 탐구영역의 개념
부가 자료와 수행평가 학습자료 제공

수준에 따라 선택하는 영어 특화 기본서

영어 POWER 시리즈

Grammar POWER 3책
Reading POWER 4책
Listening POWER 2책
Voca POWER 2책

원리로 익히는 국어 특화 기본서

국어 독해의 원리

현대시, 현대 소설, 고전 시가, 고전 산문, 독서 5책

국어 문법의 원리

수능 국어 문법, 수능 국어 문법 180제 2책

유형별 문항 연습부터 고난도 문항까지

올림포스 유형편

수학(상), 수학(하), 수학 Ⅰ, 수학 Ⅱ, 확률과 통계, 미적분 6책

올림포스 고난도

수학(상), 수학(하), 수학 Ⅰ, 수학 Ⅱ, 확률과 통계, 미적분 6책

최다 문항 수록 수학 특화 기본서

수학의 왕도

수학(상), 수학(하), 수학 Ⅰ, 수학 Ⅱ, 확률과 통계, 미적분 6책

개념의 시각화 + 세분화된 문항 수록
기초에서 고난도 문항까지 계단식 학습

단기간에 끝내는 내신

단기 특강

국어, 영어, 수학 8책

얇지만 확실하게, 빠르지만 강하게!
내신을 완성시키는 문항 연습

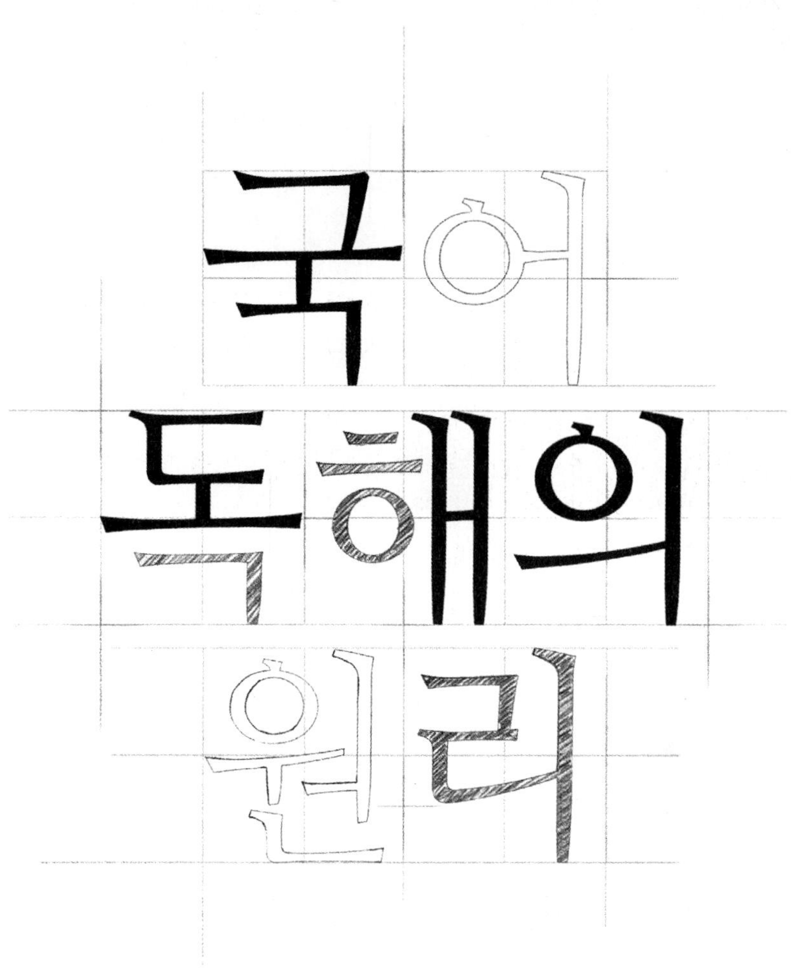

현대시

이 책의 **구성**과 **특징**

Structure

독해의 원리를 잡으면 현대시 공부가 더 이상 두렵지 않습니다!

현대시를 관통하는 6개의 '독해의 원리'를 제시하고 2015 개정 국어·문학 교과서에 수록된 작품 중 꼭 알아두어야 할 주요 작품들에 적용함으로써 현대시를 이해하고 감상하는 능력을 향상할 수 있도록 구성하였습니다. 함께 제시된 다양한 자료들을 통해 폭넓은 배경지식을 쌓고, 내신 및 수능 대비 문제 풀이를 통해 실전 능력을 다질 수 있을 것입니다.

1부 독해의 원리 익히기

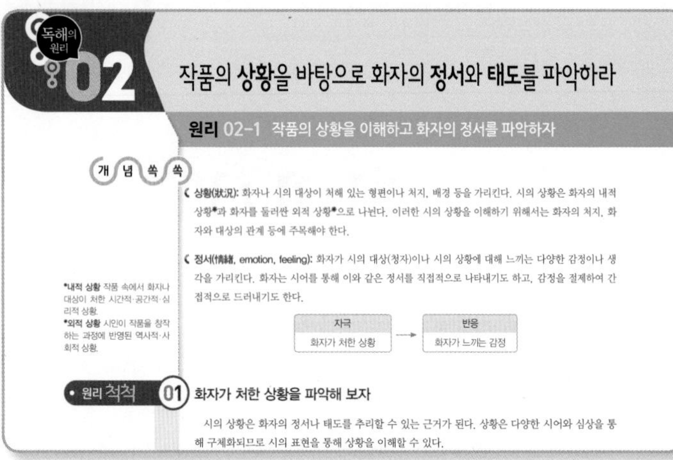

독해의 원리 02 작품의 **상황**을 바탕으로 화자의 **정서**와 **태도**를 파악하라

원리 02-1 작품의 상황을 이해하고 화자의 정서를 파악하자

개 념 쏙 쏙

상황(狀況): 화자나 시의 대상이 처해 있는 형편이나 처지, 배경 등을 가리킨다. 시의 상황은 화자의 내적 상황*과 화자를 둘러싼 외적 상황*으로 나뉜다. 이러한 시의 상황을 이해하기 위해서는 화자의 처지, 화자와 대상의 관계 등에 주목해야 한다.

정서(情緖, emotion, feeling): 화자가 시의 대상(청자)이나 시의 상황에 대해 느끼는 다양한 감정이나 생각을 가리킨다. 화자는 시어를 통해 이와 같은 정서를 직접적으로 나타내기도 하고, 감정을 절제하여 간접적으로 드러내기도 한다.

자극	→	반응
화자가 처한 상황		화자가 느끼는 감정

***내적 상황** 작품 속에서 화자나 대상이 처한 시간적·공간적·심리적 상황.

***외적 상황** 시인이 작품을 창작하는 과정에 반영된 역사적·사회적 상황.

• 원리 척척 01 화자가 처한 상황을 파악해 보자

시의 상황은 화자의 정서나 태도를 추리할 수 있는 근거가 된다. 상황은 다양한 시어와 심상을 통해 구체화되므로 시의 표현을 통해 상황을 이해할 수 있다.

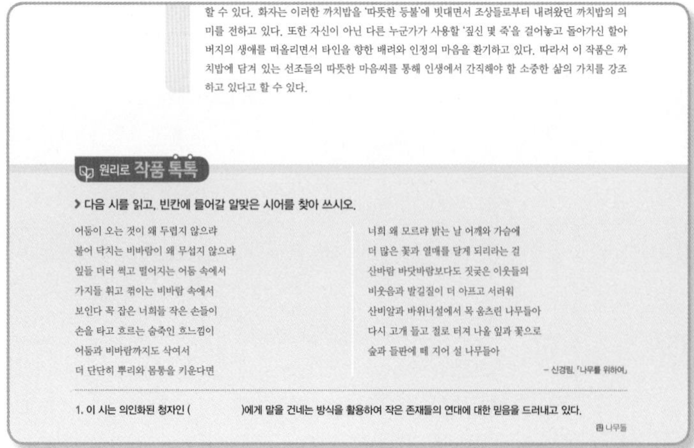

할 수 있다. 화자는 이러한 까치밥을 '따뜻한 등불'에 빗대면서 조상들로부터 내려왔던 까치밥의 의미를 전하고 있다. 또한 자신이 아닌 다른 누군가가 사용할 '짚신 몇 죽'을 걸어놓고 돌아가신 할아버지의 생애를 떠올리면서 타인을 향한 배려와 인정의 마음을 환기하고 있다. 따라서 이 작품은 까치밥에 담겨 있는 선조들의 따뜻한 마음씨를 통해 인생에서 간직해야 할 소중한 삶의 가치를 강조하고 있다고 할 수 있다.

원리로 작품 톡톡

> 다음 시를 읽고, 빈칸에 들어갈 알맞은 시어를 찾아 쓰시오.

어둠이 오는 것이 왜 두렵지 않으랴
불어 닥치는 비바람이 왜 무섭지 않으랴
잎들 더러 썩고 떨어지는 어둠 속에서
가지들 휘고 꺾이는 비바람 속에서
보인다 꼭 잡은 너희들 작은 손들이
손을 타고 흐르는 숨죽인 흐느낌이
어둠과 비바람까지도 삭여서
더 단단히 뿌리와 몸통을 키운다면
너희 왜 모르랴 밝는 날 어깨와 가슴에
더 많은 꽃과 열매를 달게 되리라는 걸
산바람 바닷바람보다도 짓궂은 이웃들의
비웃음과 발길질이 더 아프고 서러워
산비알과 바위너설에서 목 움츠린 나무들아
다시 고개 들고 절로 터져 나올 잎과 꽃으로
숲과 들판에 떼 지어 설 나무들아

– 신경림, 「나무를 위하여」

1. 이 시는 의인화된 청자인 (　　　)에게 말을 건네는 방식을 활용하여 작은 존재들의 연대에 대한 믿음을 드러내고 있다.

답 나무들

독해의 원리

6개의 '독해의 원리' 확인

현대시를 독해하기 위해 필요한 6개의 '독해의 원리'를 알려줍니다. 제시된 원리를 단계별로 학습함으로써 현대시를 이해하고 감상하는 방법을 학습할 수 있습니다.

1단계

개념 쏙쏙

원리와 관련하여 현대시에서 꼭 알아야 할 핵심 개념들을 바탕으로 독해의 기초를 다지는 과정입니다.

2단계

원리 척척

현대시 독해의 원리를 본격적으로 학습하는 단계로, 원리 설명을 꼼꼼히 읽고 예로 제시된 현대시에 적용하는 과정을 통해 독해 능력을 키울 수 있습니다.

3단계

원리로 작품 톡톡

'원리 척척'에서 학습한 독해의 원리를 실제 작품에 적용하고 문제 풀이를 통해 배운 내용을 다시 한번 정리하도록 하였습니다.

2부 독해의 원리 다지기

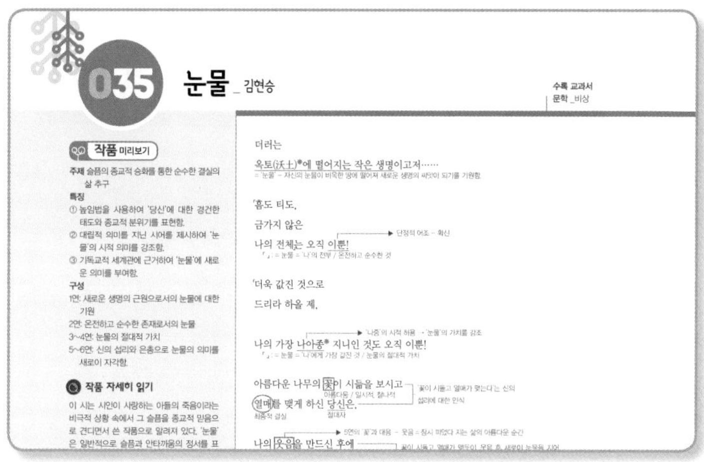

작품 미리보기

'작품 미리보기'를 통해 작품의 핵심 내용을 정리하고 '작품 자세히 읽기'를 통해 작품을 더욱 깊이 있게 이해할 수 있도록 하였습니다. 또한 '지식 더하기'와 '엮어 읽기'를 제공하여 배경지식을 넓히고 다른 작품과의 비교 감상을 통해 폭넓은 학습이 가능하도록 하였습니다.

작품 읽기

현대시를 제대로 독해하고 감상할 수 있도록 어려운 어휘들을 풀이하고 본문에 상세한 설명을 제시하였습니다.

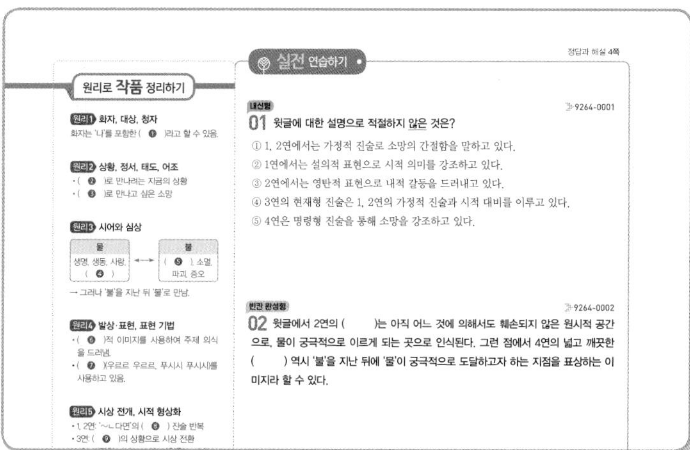

원리로 작품 정리하기

1부의 '독해의 원리 익히기'에서 학습한 독해의 핵심적인 요소들을 구체적인 작품에 직접 적용하는 과정을 통해 통합적인 학습을 할 수 있도록 구성하였습니다.

실전 연습하기

총 네 가지 출제 유형(내신형, 빈칸 완성형, 서술형, 수능형)을 다양하게 제시하여 학교 내신은 물론 수능까지 효과적으로 대비할 수 있도록 하였습니다.

정답과 해설

정확한 정답 풀이와 상세한 오답 해설을 통해 문제에 대한 접근 방법과 해결 과정을 익힐 수 있도록 하였습니다.

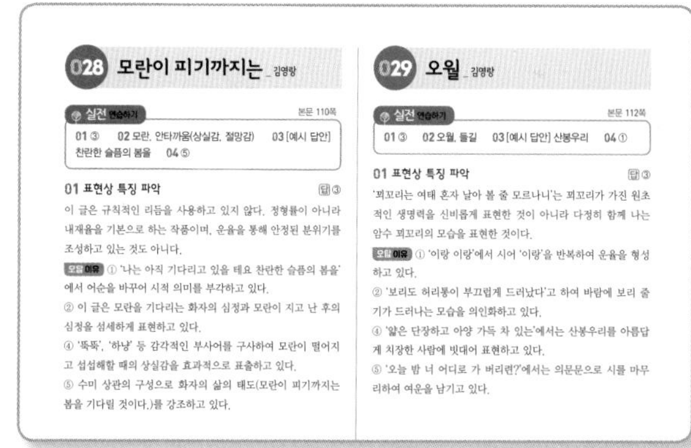

※ 본 교재의 작품 표기는 원문에 준하되, 학생들의 이해를 돕기 위해 띄어쓰기와 맞춤법은 현대 국어에 맞게 일부 바꾸어 수록하였습니다.

EBS 스마트북 활용 안내

EBS 스마트북은 스마트폰으로 바로 찍어 해설 영상을 수강할 수 있고, 교재 문제를 파일(한글, 이미지)로 다운로드하여 쉽게 활용할 수 있습니다.

학생 모르는 문제, 찍어서 해설 강의 수강

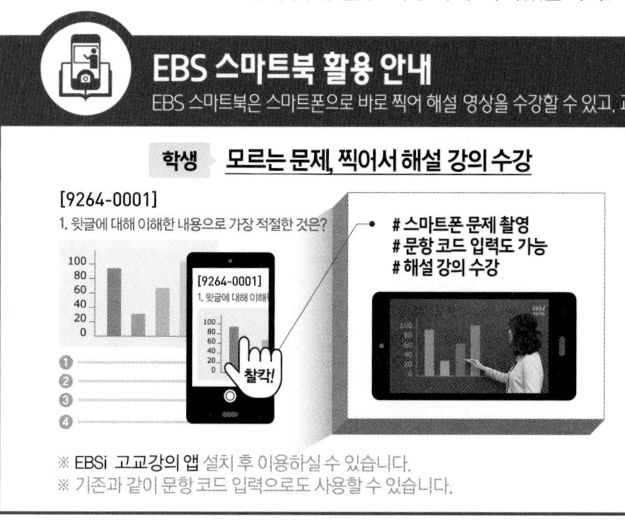
[9264-0001]
1. 윗글에 대해 이해한 내용으로 가장 적절한 것은?
스마트폰 문제 촬영
문항 코드 입력도 가능
해설 강의 수강
찰칵!

※ EBSi 고교강의 앱 설치 후 이용하실 수 있습니다.
※ 기존과 같이 문항 코드 입력으로도 사용할 수 있습니다.

교사 교재 문항을 한글(HWP) 문서로 저장

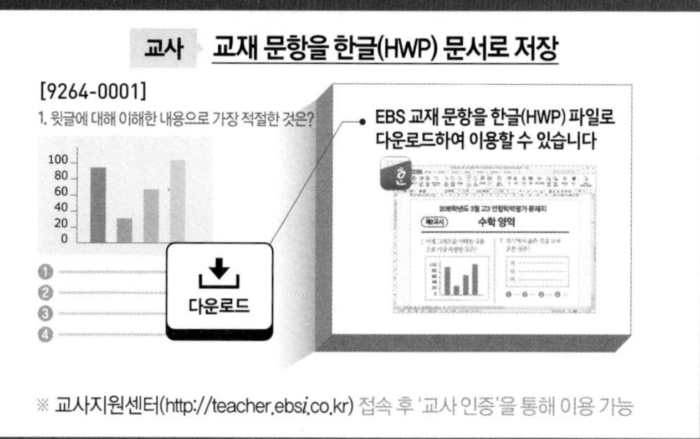
[9264-0001]
1. 윗글에 대해 이해한 내용으로 가장 적절한 것은?
EBS 교재 문항을 한글(HWP) 파일로 다운로드하여 이용할 수 있습니다
다운로드

※ 교사지원센터(http://teacher.ebsi.co.kr) 접속 후 '교사 인증'을 통해 이용 가능

이 책의 **차례**

Contents

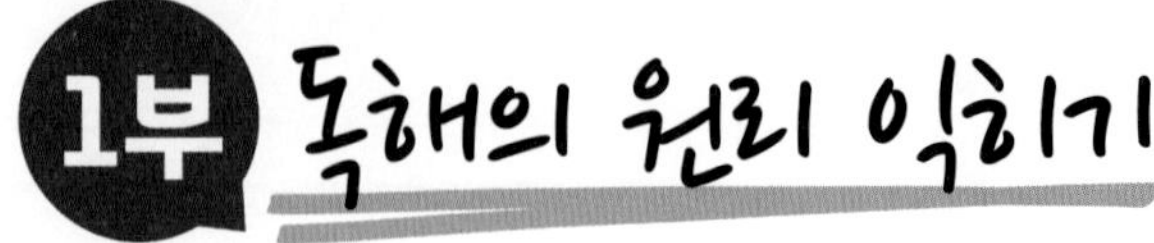

01 작품 속 화자와 대상(청자)을 파악하라

02 작품의 상황을 바탕으로 화자의 정서와 태도를 파악하라

03 작품에 사용된 시어와 심상을 파악하라

이 책의 차례

Contents

2부 독해의 원리 다지기

1 강은교 ~ 김기택

2 김남조 ~ 김춘수

이 책의 **차례**

Contents

작품 찾아보기

작가 찾아보기

독해의 원리 익히기

01 작품 속 화자와 대상(청자)을 파악하라

02 작품의 상황을 바탕으로 화자의 정서와 태도를 파악하라

03 작품에 사용된 시어와 심상을 파악하라

04 작품에 나타난 시인의 발상 및 표현을 파악하라

05 작품의 시상 전개 방식 및 시적 형상화 방식을 파악하라

06 작품의 소통 구조와 다양한 맥락을 고려하여 이해·감상하라

작품 속 화자와 대상(청자)을 파악하라

원리 01-1 작품 속 화자를 파악하자

화자(話者, persona): 시인이 자신의 생각이나 느낌을 효과적으로 전달하기 위해 설정한 허구적인 대리*인으로서 시에서 말하는 사람을 가리킨다. 시에서 화자는 작품의 표면에 직접적으로 드러나는 경우('나')도 있고, 드러나지 않고 숨어 있는 경우도 있다.

화자와 시인: 시는 시인의 주관적 개성이 강하게 드러나는 문학 갈래이다. 따라서 시는 곧 시인의 자기 표현인 경우가 많다. 그러나 때로는 여성인 시인이 남성을 화자로 내세운다든지, 성인인 시인이 어린아이를 화자로 내세우기도 한다.

*대리(代理) 남을 대신하여 일을 처리함.

화자의 기능 및 역할

① 감정이나 느낌과 같은 속내를 솔직하게 고백하여 작품에 진실성을 부여한다.
② 어떤 상황이나 사건을 생생하게 전달하여 작품의 현장감과 사실감을 높인다.
③ 시인을 대리하여 현실 인식이나 세계관을 드러내어 작품의 주제를 형성한다.

TIP
화자를 어린아이로 설정한 경우
순수한 동심의 세계와 동화적 분위기를 전달하는 데 효과적임.
예 김소월, 「엄마야 누나야」

원리 척척 01 시 속에 '나'가 직접적으로 드러나 있는지 확인해 보자

화자는 시 속에서 직접적으로 드러날 수도 있고, 그렇지 않을 수도 있다. 화자가 직접적으로 드러날 경우에는 작품 속에 '나'가 등장한다.

다음 시에서 화자가 직접적으로 드러난 시어를 찾아보자.

스물세 해 동안 나를 키운 건 8할이 바람이다.
세상은 가도 가도 부끄럽기만 하드라.
어떤 이는 내 눈에서 죄인(罪人)을 읽고 가고
어떤 이는 내 입에서 천치(天痴)*를 읽고 가나
나는 아무것도 뉘우치진 않을란다.

찬란히 틔워 오는 어느 아침에도
이마 위에 얹힌 시(詩)의 이슬에는
몇 방울의 피가 언제나 섞여 있어
볕이거나 그늘이거나 혓바닥 늘어뜨린
병든 수캐마냥 헐떡거리며 나는 왔다.

– 서정주, 「자화상」

○ : '나'라는 표현을 통해 화자가 직접적으로 드러난 시어

*천치 선천적으로 정신 작용이 완전하지 못하여 어리석고 못난 사람.

이 시에서 화자는 '나'로 설정되어 있다. 시인은 '나'를 화자로 삼아 23년 동안 살아온 세월이 어떠했는지, 자신을 바라보는 '어떤 이'들의 시선이 어떠했는지를 솔직하게 고백하고 있다. 그리고 '나'를 '병든 수캐'라고 표현하여 시인 자신이 어떤 길을 걸어왔는지를 형상화하고 있다.

02 시 속에 '나'가 드러나 있지 않으면 화자가 누구일지 추리해 보자

시 속에서 '나'가 드러나 있지 않으면 객관적인 상황이나 사건을 드러내는 데 초점을 맞출 수 있어 효과적이다.

다음 시에서 화자가 무엇을 하고 있는지 생각해 보자.

늦은 저녁때 오는 눈발은 말집* 호롱불 밑에 붐비다

늦은 저녁때 오는 눈발은 조랑말 발굽 밑에 붐비다

늦은 저녁때 오는 눈발은 여물 써는 소리에 붐비다

늦은 저녁때 오는 눈발은 변두리 빈터만 다니며 붐비다

– 박용래, 「저녁 눈」

□ : 화자가 자신이 관찰한 일을 표현함.

*말집 추녀를 사방으로 삥 둘러 지은 모말 모양의 집.

이 시에서 화자는 드러나 있지 않다. 다만 어느 저녁에 눈이 내리는 풍경을 관찰하고 있는 누군가가 있을 것임을 짐작할 수 있다. 그 누군가는 '말집 호롱불' 밑에, '조랑말 발굽' 밑에, '여물 써는 소리'에, '변두리 빈터'에 눈이 '붐비'는 광경을 그려 냄으로써 겨울 저녁 풍경을 한 장의 사진처럼 묘사하고 있을 뿐이다. 이처럼 이 시는 화자를 감추어 감정을 철저히 배제함으로써 시 속 풍경을 극대화하여 표현하고 있는 것이다.

03 화자의 말을 통해 시인이 말하고자 하는 바를 알아보자

화자는 시인이 말하고자 하는 바를 대리하는 존재이다. 따라서 화자의 말은 시인이 말하고자 하는 바, 즉 작품의 주제 의식과 밀접한 관련이 있다.

다음 시에서 시인이 말하고자 하는 바를 알아보자.

아버지는 내가 법관이 되기를 원하셨고
가난으로 평생을 찌드신 어머니는
아들이 돈을 잘 벌기를 바라셨다
그러나 어쩌다 시에 눈이 뜨고
애들에게 국어를 가르치는 선생이 되어
나는 부모의 뜻과는 먼 길을 걸어왔다
나이 사십에도 궁티*를 못 벗은 나를
살 붙이고 살아온 당신마저 비웃지만
서러운 것은 가난만이 아니다
우리들의 시대는 없는 사람이 없는 대로
맘 편하게 살도록 가만두지 않는다
세상 사는 일에 길들지 않은
나에게는 그것이 그렇게도 노엽다
내 사람아, 울지 말고 고개 들어 하늘을 보아라
평생에 죄나 짓지 않고 살면 좋으련만

○ : '법관'이나 '돈'과는 거리가 먼 직업

화자는 '법관'과 '돈'으로 상징되는 권력과 부의 횡포에 대해 분개하고 있음.

*궁티 궁한 모양이나 태도.

그렇게 살기가 죽기보다 어렵구나
어쩌랴, 바람이 딴 데서 불어와도
마음 단단히 먹고
한 치도 얼굴을 돌리지 말아야지

화자는 권력과 부에 흔들리지 않고 살아가겠다고 다짐함.

– 정희성, 「길」

'길'은 다양한 상징적 의미를 지니고 있는데, 이 시의 제목인 '길'은 인생이나 삶을 의미한다. 이 시의 화자는 부모님의 바람과는 달리 '선생'으로서의 '길'을 걷고 있다. 그래서 화자는 가난하게 살고 있다. 그런 그는 자신처럼 없이 사는 사람들이 맘 편하게 살도록 가만두지 않는 현실에 노여워하고, 그런 현실을 살아내기가 쉽지 않다고 고백한다. 그럼에도 화자는 어떠한 일이 있어도 '선생'으로서의 '길'을 걸으리라고 다짐하고 있다.

원리로 작품 톡톡

다음 시를 읽고, 빈칸에 들어갈 알맞은 시어를 찾아 쓰시오.

나는 나룻배
당신은 행인(行人).

당신은 흙발로 나를 짓밟습니다.
나는 당신을 안고 물을 건너갑니다.
나는 당신을 안으면 깊으나 얕으나 급한 여울이나 건너갑니다.

만일 당신이 아니 오시면 나는 바람을 쐬고 눈비를 맞으며 밤에서 낮까지 당신을 기다리고 있습니다.
당신은 물만 건너면 나를 돌아보지도 않고 가십니다그려.
그러나 당신이 언제든지 오실 줄만은 알아요.
나는 당신을 기다리면서 날마다 날마다 낡아 갑니다.

나는 나룻배
당신은 행인.

– 한용운, 「나룻배와 행인」

1. 이 시는 화자 자신을 (　　　　　), 당신을 (　　　　　)에 빗대어 희생과 헌신으로 사랑을 실천하고자 하는 화자의 의지를 부각하고 있다.

답 나룻배, 행인

원리 01-2 작품 속 대상(청자)을 파악하자

개 념 쏙 쏙

대상(對象): 시에서 화자가 주목하는 구체적인 사물이나 사건, 자연물이나 추상적 관념 등을 가리킨다. 대상은 시의 주제를 구현하는 데 직접적으로 관련을 맺고 있으므로 대상을 파악하는 것은 시 이해에 중요한 작업이다. 때로는 청자나 화자의 내면이 대상이 될 수도 있다.

청자(聽者): 시 속에서 말하는 화자가 존재하듯이 그 말을 듣는 청자도 존재한다. 이때 청자는 시에서 구체적으로 드러나기도 하고, 구체적으로 드러나지 않기도 한다.

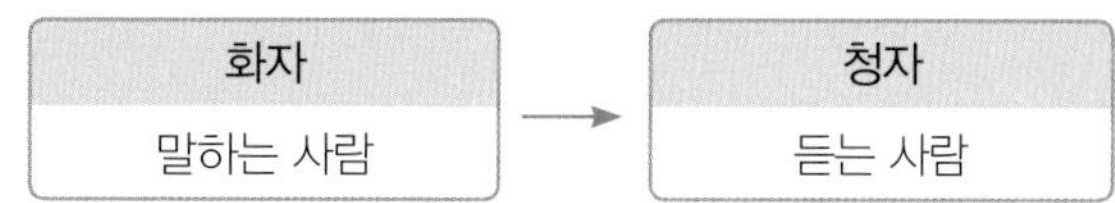

화자와 청자 설정에 따른 시의 구조

① 화자 중심 구조: 청자는 구체화되어 있지 않고, 화자만 밝혀져 있는 구조로 서정성이 강조된다.
② 청자 중심 구조: 화자는 구체화되어 있지 않고, 청자만 밝혀져 있는 구조로 계몽성*이 강조된다.
③ 극적 구조: 화자와 청자가 모두 밝혀져 있는 구조로 특정 상황을 부각할 경우에 주로 사용된다.
④ 화제 중심 구조: 화자와 청자가 모두 밝혀져 있지 않는 구조로 특정 대상이나 사건에 초점을 둔다.

***계몽성** 가르쳐서 깨우쳐 주는. 또는 그런 성격을 띤 것.

원리 척척 01 시의 대상(청자)이 무엇인지 파악해 보자

시에서는 대상이 분명하게 드러날 수도, 그렇지 않을 수도 있다. 대상을 파악할 때는 시의 제목이 실마리를 주기도 한다.

다음 시에서 화자가 노래하는 대상이 무엇인지 찾아보자.

강나루 건너서 / 밀밭 길을

구름에 달 가듯이 / 가는 [나그네]

길은 외줄기 / 남도(南道) 삼백 리

술 익는 마을마다 / 타는 저녁놀

구름에 달 가듯이 / 가는 [나그네]

– 박목월, 「나그네」

[ ]: 작품의 제목이 '나그네'이며, 시의 화자는 길을 걷고 있는 '나그네'를 시의 대상으로 삼아 노래하고 있음.

이 시는 마치 한 폭의 동양화를 보는 듯한 느낌을 주고 있다. 강을 건너 밀밭을 곁에 두고 '나그네'가 삼백 리나 되는 남도의 길을 걷고 있다. 이러한 여정은 자칫 힘겨운 길로만 여겨질 수 있으나 화자는 '술 익는 마을'과 '타는 저녁놀'이라는 배경을 통해 운치 있고 정겨운 풍경을 그려 내는 동시에 그러한 풍경 속을 거니는 '나그네'의 '구름에 달 가듯'한 유려한* 행보를 형상화함으로써 작품의 격조를 높이고 있다.

***유려한** 글이나 말, 곡선 따위가 거침없이 미끈하고 아름다운.

화자와 대상(청자)의 관계를 파악해 보자

시에서 대상(청자)은 특정한 의도에 따라 선택된다. 따라서 화자와 대상(청자) 사이의 관계를 파악하면 시를 이해하기가 쉽다.

다음 시를 읽고 화자와 대상(청자) 사이의 관계에 대해 알아보자.

조국을 언제 떠났노.
파초의 꿈은 가련하다.

남국을 향한 불타는 향수,
너의 넋은 수녀보다도 더욱 외롭구나!

소낙비를 그리는 너는 정열의 여인,
나는 샘물을 길어 네 발등에 붓는다.

이제 밤이 차다.
나는 또 너를 내 머리맡에 있게 하마.

나는 즐겨 너를 위해 종이 되리니,
너의 그 드리운 치맛자락으로 우리의 겨울을 가리우자.

– 김동명, 「파초(芭蕉)」

*연민 불쌍하고 가련하게 여김.

이 시의 대상이자 청자는 중국이 원산지로 따뜻한 지방에서 자라는 식물인 '파초'이다. 화자는 파초를 여인으로 의인화하면서 '조국'을 떠나 외로워하고, 목말라 하고, 추워 할 파초를 연민*하면서 파초에 대해 일체감을 느끼고 있다. 그 리고 '너의 그 드리운 치맛자락으로 우리의 겨울을 가리우자.'라고 하면서 함께 시련과 고난의 상황을 이겨 나가자고 하고 있다. 이 시가 일제 강점기에 발표된 작품임을 고려할 때, 화자는 '남국'을 떠나 있는 파초가 나라를 잃은 자신의 처지와 닮아 있다고 여겼을 것으로 볼 수 있다.

화자		파초
나라를 잃음.	≒	조국을 떠나 옴.

03 화자가 대상(청자)에게 건네는 말을 통해 주제를 파악해 보자

시에서 화자가 대상(청자)에게 건네는 말은 시인이 말하고자 하는 바, 즉 작품의 주제를 잘 드러낸다. 따라서 주제를 파악하기 위해서는 화자가 대상(청자)에게 건네는 말의 핵심을 찾아보아야 한다.

다음 시에서 화자가 말하고자 하는 바를 정리해 보자.

고향이 고향인 줄도 모르면서 / 긴 장대 휘둘러 까치밥* 따는
서울 조카아이들이여 / 그 까치밥 따지 말라
남도의 빈 겨울 하늘만 남으면 / 우리 마음 얼마나 허전할까

[ ] : 화자는 '서울 조카아이들'에게 '그 까치밥 따지 말라'고 말을 건네고 있음.

살아온 이 세상 어느 물굽이 / 소용돌이치고 휩쓸려 배 주릴 때도
공중을 오가는 날짐승에게 길을 내어주는
그것은 따뜻한 등불이었느니
철없는 조카아이들이여 / 그 까치밥 따지 말라
사랑방 말쿠지에 짚신 몇 죽 걸어놓고
할아버지는 무덤 속을 걸어가시지 않았느냐
그 짚신 더러는 외로운 길손의 길보시가 되고
한밤중 동네 개 컹컹 짖어 그 짚신 짊어지고
아버지는 다시 새벽 두만강 국경을 넘기도 하였느니
아이들아, 수많은 기다림의 세월 / 그러니 서러워하지도 말아라
눈 속에 익은 까치밥 몇 개가 / 겨울 하늘에 떠서
아직도 너희들이 가야 할 머나먼 길
이렇게 등 따습게 비춰주고 있지 않느냐.

– 송수권, 「까치밥」

***까치밥** 까치 따위의 날짐승이 먹으라고 따지 않고 몇 개 남겨 두는 감.

이 시에서 화자는 고향을 찾아 온 '서울 조카아이들'이 '까치밥'을 따려고 하자 까치밥을 따지 말라고 말하고 있다. 까치밥은 먹이를 구하기 힘든 겨울을 나야 하는 새들을 위해 남겨 놓은 감을 의미하는데, 이는 굶주린 생명들의 삶까지 생각했던 우리 조상들의 따뜻한 마음이 담겨 있는 풍습이라 할 수 있다. 화자는 이러한 까치밥을 '따뜻한 등불'에 빗대면서 조상들로부터 내려왔던 까치밥의 의미를 전하고 있다. 또한 자신이 아닌 다른 누군가가 사용할 '짚신 몇 죽'을 걸어놓고 돌아가신 할아버지의 생애를 떠올리면서 타인을 향한 배려와 인정의 마음을 환기하고 있다. 따라서 이 작품은 까치밥에 담겨 있는 선조들의 따뜻한 마음씨를 통해 인생에서 간직해야 할 소중한 삶의 가치를 강조하고 있다고 할 수 있다.

원리로 작품 톡톡

> 다음 시를 읽고, 빈칸에 들어갈 알맞은 시어를 찾아 쓰시오.

어둠이 오는 것이 왜 두렵지 않으랴
불어 닥치는 비바람이 왜 무섭지 않으랴
잎들 더러 썩고 떨어지는 어둠 속에서
가지들 휘고 꺾이는 비바람 속에서
보인다 꼭 잡은 너희들 작은 손들이
손을 타고 흐르는 숨죽인 흐느낌이
어둠과 비바람까지도 삭여서
더 단단히 뿌리와 몸통을 키운다면
너희 왜 모르랴 밝는 날 어깨와 가슴에
더 많은 꽃과 열매를 달게 되리라는 걸
산바람 바닷바람보다도 짓궂은 이웃들의
비웃음과 발길질이 더 아프고 서러워
산비알과 바위너설에서 목 움츠린 나무들아
다시 고개 들고 절로 터져 나올 잎과 꽃으로
숲과 들판에 떼 지어 설 나무들아

– 신경림, 「나무를 위하여」

1. 이 시는 의인화된 청자인 (　　　　　　)에게 말을 건네는 방식을 활용하여 작은 존재들의 연대에 대한 믿음을 드러내고 있다.

답 나무들

작품의 상황을 바탕으로 화자의 정서와 태도를 파악하라

원리 02-1 작품의 상황을 이해하고 화자의 정서를 파악하자

개념 쏙쏙

- **상황(狀況):** 화자나 시의 대상이 처해 있는 형편이나 처지, 배경 등을 가리킨다. 시의 상황은 화자의 내적 상황*과 화자를 둘러싼 외적 상황*으로 나뉜다. 이러한 시의 상황을 이해하기 위해서는 화자의 처지, 화자와 대상의 관계 등에 주목해야 한다.

- **정서(情緖, emotion, feeling):** 화자가 시의 대상(청자)이나 시의 상황에 대해 느끼는 다양한 감정이나 생각을 가리킨다. 화자는 시어를 통해 이와 같은 정서를 직접적으로 나타내기도 하고, 감정을 절제하여 간접적으로 드러내기도 한다.

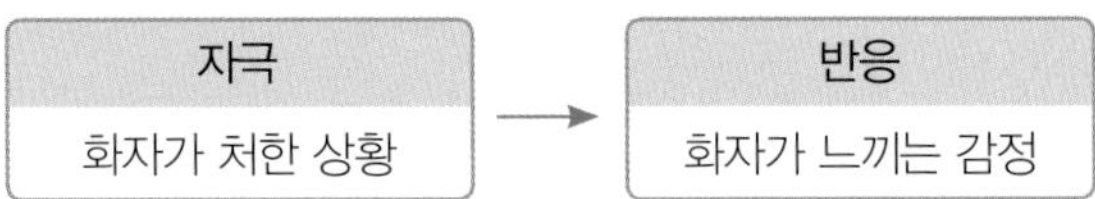

***내적 상황** 작품 속에서 화자나 대상이 처한 시간적·공간적·심리적 상황.
***외적 상황** 시인이 작품을 창작하는 과정에 반영된 역사적·사회적 상황.

원리 척척 01 화자가 처한 상황을 파악해 보자

시의 상황은 화자의 정서나 태도를 추리할 수 있는 근거가 된다. 상황은 다양한 시어와 심상을 통해 구체화되므로 시의 표현을 통해 상황을 이해할 수 있다.

다음 시에서 화자가 처한 상황을 파악해 보자.

사랑을 잃고 나는 쓰네
화자는 사랑을 잃은 상황에 처해 있음.

잘 있거라, 짧았던 밤들아
창밖을 떠돌던 겨울 안개들아
아무것도 모르던 촛불들아, 잘 있거라
공포를 기다리던 흰 종이들아
망설임을 대신하던 눈물들아
잘 있거라, 더 이상 내 것이 아닌 열망들아
장님처럼 나 이제 더듬거리며 문을 잠그네
가엾은 내 사랑 빈집에 갇혔네

[ ] : 사랑을 잃은 화자는 여러 대상들과 이별을 하고 있음.

– 기형도, 「빈집」

이 시의 화자는 사랑을 잃고 난 후에 사랑하는 사람을 생각하며 보냈던 시간들, 밤에 글을 쓰기 위해 함께했던 대상들에게 이별을 고하면서 사랑을 잃은 후의 심경을 드러내고 있다. 그러고 나서 화자는 바깥으로 나갈 수 있는 마음의 문을 잠가 버리고, 자신의 사랑이 '빈집'에 갇혔다고 노래하고 있다. 이러한 상황을 통해 화자가 사랑하는 사람과 이별함으로써 느끼는 슬픔의 정서를 드러내고 있다고 이해할 수 있다.

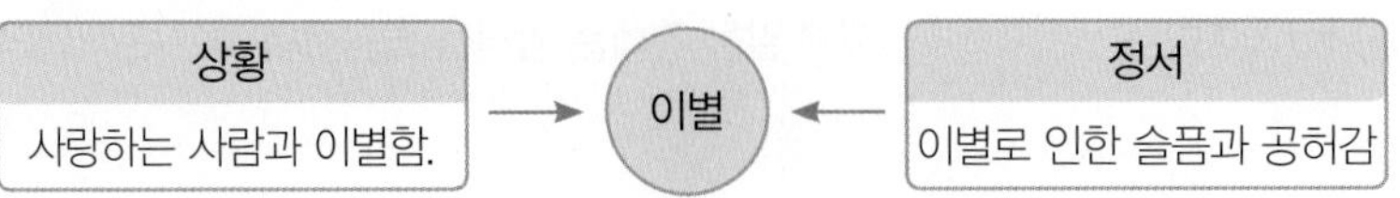

02 화자의 감정을 직접적으로 드러낸 시어나 시구를 찾아보자

시에서 기쁨, 노여움, 슬픔, 즐거움, 사랑, 미움, 욕심, 서러움, 행복, 눈물, 웃음 등과 같은 화자의 감정을 직접적으로 드러낸 시어를 통해 화자의 정서를 파악할 수 있다.

다음 시에서 화자의 감정을 직접적으로 드러낸 시어를 찾아보자.

거미 새끼 하나 방바닥에 나린 것을 나는 아모 생각 없이 문밖으로 쓸어버린다 / 차디찬 밤이다

어니젠가 새끼 거미 쓸려 나간 곳에 큰 거미가 왔다 / 나는 가슴이 짜릿한다

나는 또 큰 거미를 쓸어 문밖으로 버리며 / 찬 밖이라도 새끼 있는 데로 가라고 하며 서러워한다

□ : '나'는 거미 새끼를 문밖으로 쓸어버린 후 큰 거미가 나타나자 새끼와 함께하라고 큰 거미를 문밖으로 버리며 서러워하고 있음.

이렇게 해서 아린 가슴이 싹기도 전이다

어데서 좁쌀알만 한 알에서 가제 깨인 듯한 발이 채 서지도 못한 무척 작은 새끼 거미가 이번엔 큰 거미 없어진 곳으로 와서 아물거린다 / 나는 가슴이 메이는 듯하다

내 손에 오르기라도 하라고 나는 손을 내어 미나 분명히 울고불고할 이 작은 것은 나를 무서우이 달아나 버리며 나를 서럽게 한다

나는 이 작은 것을 고이 보드러운 종이에 받어 또 문밖으로 버리며

이것의 엄마와 누나나 형이 가까이 이것의 걱정을 하며 있다가 쉬이 만나기나 했으면 좋으련만 하고 슬퍼한다

– 백석, 「수라(修羅)」

이 시의 화자는 별 생각 없이 거미 새끼 하나를 문밖으로 쓸어버린다. 어느 사이에 큰 거미가 나타난다. 그러자 화자는 아까 문밖으로 쓸어버린 거미 새끼가 이 큰 거미의 새끼임을 직감한다. 그러자 가슴이 짜릿해짐을 느끼며 새끼와 만나길 바라며 그 큰 거미를 문밖으로 버리며 서러움을 느낀다. 이 서러움은 화자가, 서로 헤어진 큰 거미와 거미 새끼와 마찬가지로 가족과 헤어져 있기 때문에 느끼는 감정이다. 이 서러움의 정도는 무척 작은 새끼 거미의 등장으로 더욱 커진다. 무척 작은 새끼 거미가 엄마와 누나 혹은 형과 헤어져 슬프리라는 데 화자의 생각이 미쳤기 때문이다.

화자		거미 가족
서로 헤어진 거미 가족들의 상황에 서러워함.	←	큰 거미, 새끼 거미, 무척 작은 새끼 거미로 구성된 가족들이 서로 헤어짐.

03 시의 상황을 추리해 보고, 대상이나 상황에 대한 화자의 정서를 파악해 보자

시에서 대상이나 상황에 대한 정보를 제시하는 이는 화자이다. 화자는 대상과 관련한 다양한 정보를 제공하므로 우리는 제시된 정보를 종합하여 상황을 추리하고, 대상이나 상황에 대한 화자의 정서를 파악해야 한다.

다음 시의 상황을 추리해 보고, 화자의 정서를 파악해 보자.

오호, 여기 줄지어 누웠는 넋들은
눈도 감지 못하였겠구나.

→ 화자가 주목한 대상은 '산 자'가 아니라 '죽은 자'들임을 알 수 있음.

어제까지 너희의 목숨을 겨눠
방아쇠를 당기던 우리의 그 손으로

→ 화자는 여기 줄지어 누웠는 '넋들'과 과거에 적으로 만났던 사람임을 알 수 있음.

썩어 문드러진 살덩이와 뼈를 추려
그래도 양지바른 두메를 골라
고이 파묻어 떼마저 입혔거니

화자가 적이 되어 싸웠던 이들의 시신을 거두어 묻어 주었음을 드러냄.

죽음은 이렇듯 미움보다도, 사랑보다도 / 더 너그러운 것이로다.
이곳서 나와 너희의 넋들이
돌아가야 할 고향 땅은 삼십 리(里)면 / 가로막히고,
무주공산(無主空山)의 적막만이 / 천만 근 나의 가슴을 억누르는데,

화자는 자신이 '너희의 넋들'과 같은 처지에 놓여 있다고 여기며 아파하고 있음.

살아서는 너희가 나와 / 미움으로 맺혔지만
이제는 오히려 너희의 / 풀지 못한 원한이
나의 바람 속에 깃들여 있도다.

– 구상, 「초토의 시 8 – 적군 묘지 앞에서」 중에서

이 시는 민족끼리 총부리를 겨누어야 했던 6·25 전쟁의 참상을 노래한 작품이다. 화자는 아군과 싸우다 죽어서 묻힌 적군들의 묘지 앞에서, 죽어서도 북에 있는 고향에 가지 못하는 그들의 처지를 안타까워한다. 그들과 마찬가지로 북으로 가지 못하는 화자는 이념의 대립으로 고통받고 있는 민족의 아픔을 여실히 드러내면서 그들과 자신의 아픔을 치유하기 위해서 분단을 극복하고 민족 통일이 이루어지기를 바라고 있다.

원리로 작품 톡톡

> 다음 시를 읽고, 빈칸에 들어갈 알맞은 시어를 찾아 쓰시오.

마음 후줄근히 시름에 젖는 날은 / 동물원으로 간다.

사람으로 더불어 말할 수 없는 슬픔을
짐승에게라도 하소해야지.

난 너를 구경오진 않았다 / 뺨을 부비며 울고 싶은 마음.
혼자서 숨어 앉아 시(詩)를 써도 / 읽어 줄 사람이 있어야지
쇠창살 앞을 걸어가며 / 정성스레 써서 모은 시집을 읽는다.

철책 안에 갇힌 것은 나였다
문득 돌아다보면 / 사방에서 창살 틈으로
이방(異邦)의 짐승들이 들여다본다.

'여기 나라 없는 시인이 있다'고 / 속삭이는 소리……

무인(無人)한 동물원의 오후 전도(顚倒)된 위치에
통곡과도 같은 낙조(落照)가 물들고 있었다.

– 조지훈, 「동물원의 오후」

1. 이 시의 화자는 동물원에 간다. 쇠창살을 사이에 두고 '나'는 짐승들 앞에서 시집을 읽지만, 어느 순간 도리어 짐승들이 철책 안에 갇힌 화자 자신을 보는 듯한 착각에 빠진다. 이러한 전도된 상황에서 화자는 짐승들이 내는 소리가 마치 자신을 향해 속삭이는 소리인 것처럼 느끼고 있다. 또한 '낙조가 물들고 있었다'와 같은 감각적 이미지를 통해 나라 잃은 (　　　　　)을 부각하고 있다.

답 슬픔

원리 02-2 대상이나 상황에 대한 화자의 태도를 파악하자

개념 쏙쏙

태도(態度): 시의 대상이나 상황에 대해 보이는 화자의 심리적 자세나 대응 방식을 가리킨다. 화자의 태도는 정서와 밀접한 관련이 있으며, 시의 어조에 반영되어 드러나는 경우가 많다.

어조(語調): 화자가 시의 대상이나 상황 또는 청자에 대해 갖는 정서나 태도를 언어적 방식으로 표출하는 특징적 말투를 가리킨다. 어조는 주로 정서나 태도를 드러내는 시어나 종결 어미 등을 통해 파악할 수 있다.

어조의 기능

① 시의 전반적 정조*나 분위기*를 형성하여 시의 인상을 결정한다.
② 대상이나 상황 또는 청자에 대한 화자의 정서와 태도를 반영한다.
③ 시인이 시를 통해 말하고자 하는 바인 주제를 효과적으로 전달한다.

***정조(情調)** 단순한 감각에 따라 일어나는 감정. 예를 들어, 아름다운 빛깔에 대한 좋은 감정, 추위나 나쁜 냄새에 대한 불쾌한 감정 따위.
***분위기** 작품에 대한 전체적인 인상이나 작품의 바탕에 깔려 있는 느낌.

원리 척척 01 시의 표현을 통해 화자의 어조를 파악해 보자

화자의 어조에는 시적 상황이나 대상에 대한 화자의 태도가 반영되어 있다. 시에 쓰인 시어나 종결 어미의 특징을 통해 화자의 어조를 파악할 수 있다.

다음 시의 표현에 주목하여 화자의 어조를 파악해 보자.

가을에는 / 기도하게 하소서……
낙엽(落葉)들이 지는 때를 기다려 내게 주신
겸허(謙虛)한 모국어(母國語)로 나를 채우게 하소서.

가을에는 / 사랑하게 하소서……

오직 한 사람을 택하게 하소서.
가장 아름다운 열매를 위하여 이 비옥(肥沃)한
시간을 가꾸게 하소서.

가을에는 / 호올로 있게 하소서……
나의 영혼,
굽이치는 바다와 / 백합(百合)의 골짜기를 지나
마른 나뭇가지 위에 다다른 까마귀같이.

– 김현승, 「가을의 기도」

☐: 이 시의 화자는 정중한 부탁이나 기원을 나타내는 종결 어미인 '-소서'를 반복하여 절대자에게 기도하는 어조를 보이고 있음.

TIP 종결 어미
한 문장을 종결되게 하는 어말 어미. 동사에는 평서형·감탄형·의문형·명령형·청유형이 있고, 형용사에는 평서형·감탄형·의문형이 있음.

이 시는 가을이라는 계절적 배경 속에서 화자가 내적으로 성숙해 나가는 과정을 잘 보여 주고 있다. 시의 화자는 '가을에는 ~하게 하소서'를 반복·변주하면서 절대자에게 기도하는 형식을 취하고 있다. 이러한 어조를 통해 엄숙하고 경건한 분위기를 조성하면서 '까마귀'로 상징되는 절대 고독을 추구하는 화자의 의지적 태도를 효과적으로 드러내고 있다.

가을	→	기도
화자가 내적으로 성숙하는 시간		화자가 추구하는 삶에 대한 기원

02 시의 상황과 어조를 고려하여 화자의 태도가 드러난 시구를 찾아보자

시의 상황을 파악하고, 특정 시어의 활용이나 종결 어미를 확인함으로써 화자의 태도를 파악할 수 있다.

다음 시에서 대상이나 상황 또는 청자에 대한 화자의 태도가 드러난 부분을 찾아보자.

친구가 원수보다 더 미워지는 날이 많다
티끌만한 잘못이 맷방석만 하게
동산만 하게 커 보이는 때가 많다
그래서 세상이 어지러울수록
남에게는 엄격해지고 내게는 너그러워지나보다
돌처럼 잘아지고 굳어지나보다

멀리 동해 바다를 내려다보며 생각한다
널따란 바다처럼 너그러워질 수는 없을까
깊고 짙푸른 바다처럼
감싸고 끌어안고 받아들일 수는 없을까
스스로는 억센 파도로 다스리면서
제 몸은 맵고 모진 매로 채찍질하면서

의문형 어미를 활용하여 '동해 바다'처럼 너그러워지고, 감싸고 끌어안고 받아들이는 삶의 자세를 가져야 함을 강조하면서 스스로 엄격해질 것을 다짐하고 있음.

– 신경림, 「동해 바다–후포에서」

이 시에서 화자는 '친구가 원수보다 더 미워지는 날이 많다'고 하면서 이는 남에게는 엄격해지고 자신에게는 너그러워졌기 때문이라고 생각한다. 그리고 친구를 미워하는 일이 많아진다는 것은 자신이 아닌 남에게만 엄격한 잣대를 들이밀기 때문이라고 생각하고 자신을 반성적으로 돌아보고 있다. 그 결과 시의 화자는 동해 바다를 바라보면서 동해 바다를 닮아 남에게는 너그러워지고 자신에게 엄격해져야겠다는 다짐을 하고 있다.

03 화자의 태도를 바탕으로 작품의 주제를 파악해 보자

화자가 대상이나 상황, 청자에게 보이는 태도는 작품의 주제 의식과 긴밀히 연관되어 있다. 따라서 화자의 태도를 파악하면 화자가 말하고자 하는 바를 이해할 수 있다.

다음 시에 나타난 화자의 태도를 통해 작품의 주제 의식을 파악해 보자.

푸른 하늘을 제압하는
노고지리가 자유로왔다고
부러워하던
어느 시인의 말은 수정되어야 한다
자유를 위해서
비상하여 본 일이 있는
사람이면 알지

[ ] : 단정적 어조로 화자의 입장을 분명하게 드러내고 있음.

노고지리*가
무엇을 보고
노래하는가를
어째서 자유에는
피의 냄새가 섞여 있는가를
혁명은
왜 고독한 것인가를
혁명은 왜 고독해야 하는 것인가를

'노고지리'가 노래하는 것은 '자유'이며, '자유'에는 '피'로 상징되는 희생이 따르므로 '자유'를 얻기 위한 '혁명'은 '고독'할 수밖에 없음을 노래하고 있음.

– 김수영, 「푸른 하늘을」

*노고지리 종다리의 옛말.

시의 화자는 '어느 시인의 말은 수정되어야 한다'고 단언하면서 노고지리가 푸른 하늘을 자유롭게 나는 것이 아니라 자유를 얻기 위해 외롭고 힘들게 하늘을 나는 것임을 강조하고 있다. 화자는 '어느 시인'에 대한 비판적 태도를 통해 자유라고 하는 가치가 그저 주어지는 것이 아니라는 점을 분명히 하면서, 자유를 얻기 위해서는 실천적인 투쟁과 그에 따른 희생을 감수해야 한다는 주제 의식을 드러내고 있다.

원리로 작품 톡톡

> 다음 시를 읽고, 빈칸에 들어갈 알맞은 내용을 쓰시오.

꼿꼿하게 걷는 수많은 사람들 사이에서
그는 춤추는 사람처럼 보였다. / 한걸음 옮길 때마다
그는 앉았다 일어서듯 다리를 구부렸고
그때마다 윗몸은 반쯤 쓰러졌다 일어났다.
그 요란하고 기이한 걸음을 / 지하철 역사가 적막해지도록 조용하게 걸었다.
어깨에 매달린 가방도 / 함께 소리 죽여 힘차게 흔들렸다.
못 걷는 다리 하나를 위하여
온몸이 다리가 되어 흔들어 주고 있었다.
사람들은 모두 기둥이 되어 우람하게 서 있는데
그 빽빽한 기둥 사이를 / 그만 홀로 팔랑팔랑 지나가고 있었다.

– 김기택, 「다리 저는 사람」

1. 이 시의 화자는 '그'를 '꼿꼿하게 걷는 수많은 사람들'과 달리 (   )으로 묘사하면서, 경직된 삶을 살아가는 현대인과 '그'를 대조하여 '그'에 대한 (   )인 태도를 드러내고 있다.

답 춤추는 사람, 긍정적

작품에 사용된 시어와 심상을 파악하라

원리 03-1 작품에 사용된 시어의 의미를 파악하자

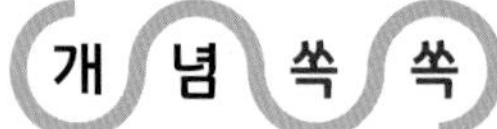

시어(詩語): 시에서 사용된 언어를 가리킨다. 시인은 일상 언어에 새로운 의미를 부여하여 사용하기 때문에 시어는 일상어의 사전적·지시적 의미 외에도 시의 문맥 속에서 새롭게 함축적 의미*를 띠게 된다.

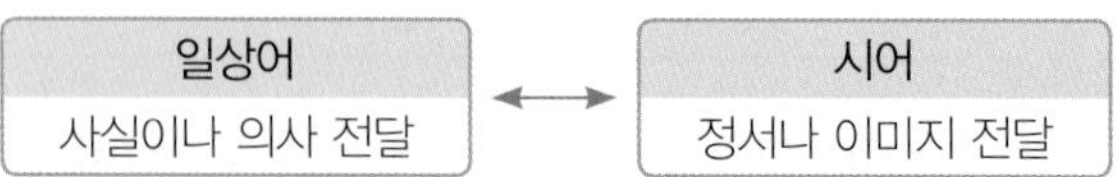

시어의 의미 파악: 시어의 의미를 이해하기 위해서는 시의 상황을 고려해야 한다. 시어의 의미를 파악하기 위해서 화자와 대상, 어조, 표현 기법 등과 같은 시의 내적 요소에 중점을 둔 방법과 시가 창작된 시대적 배경이나 시인이 처한 상황 등과 같은 시의 외적 요소에 중점을 둔 방법을 적절히 활용해야 한다.

시어의 기능

① 운율의 형성: 특정 음운의 반복, 일정한 음절 또는 음보의 반복, 통사 구조의 반복*, 동일 시행의 반복 등을 통해 리듬감을 줄 수 있다.

② 시의 분위기 조성 및 정서의 환기: 시어를 통해 시의 분위기를 형성하고, 그리움, 상실감, 애상감* 등의 정서를 불러일으킬 수 있다.

③ 주제의 형성: 특정 시어를 활용하여 화자가 말하고자 하는 중심 생각인 주제를 부각할 수 있다.

***함축적 의미** 사전적·지시적 의미 외에 시의 문맥 속에서 여러 가지로 형성된 의미.
***통사 구조의 반복** 비슷한 문장 구조가 반복되는 것.
***애상감** 슬퍼하거나 가슴 아파하는. 또는 그런 감정.

원리 척척 01 시의 상황을 고려하여 핵심 시어를 파악해 보자

화자는 특정 시어를 통해 자신의 정서를 압축적으로 제시하기도 한다. 따라서 화자의 정서를 이해하기 위해서는 핵심 시어를 파악할 필요가 있다.

다음 시를 읽고 핵심 시어가 무엇일지 생각해 보자.

눈이 오는가 북쪽엔 / 함박눈 쏟아져 내리는가

험한 벼랑을 굽이굽이 돌아간 / 백무선 철길 위에
느릿느릿 밤새어 달리는 / 화물차의 검은 지붕에

연달린 산과 산 사이 / 너를 남기고 온
작은 마을에도 복된 눈 내리는가

잉크병 얼어드는 이러한 밤에 / 어쩌자고 잠을 깨어
그리운 곳 차마 그리운 곳

눈이 오는가 북쪽엔 / 함박눈 쏟아져 내리는가

- 이용악, 「그리움」

○: '눈'은 화자가 '너'를 떠올리게 하는 매개체가 되고 있음.

동일한 시행들을 반복하여 '그리움'의 정서를 심화하고 있음.

'눈'을 보면서 화자는 '너'가 있는 '작은 마을'을 그리워하고 있음.

이 시의 화자는 어느 추운 밤에 불현듯이 잠이 깨어 '눈' 내리는 풍경을 바라보고 있다. 그 '눈'은 화자가 '너'를 두고 온 '북쪽'의 '작은 마을'을 떠올리게 한다. 그러자 화자는 문득 사무치는 그리움을 느끼고, 북쪽에 있는 고향에 대한 애틋한 마음을 표출하고 있다.

눈
화자가 '너'를 떠올리게 하는 매개체
그리움
'눈'에 의해 환기된 정서

1연의 '눈이 오는가 북쪽엔 / 함박눈 쏟아져 내리는가'는 5연에서 반복되어 리듬감을 형성하는 동시에 화자의 애틋한 그리움을 더욱 깊이 있게 전달하고 있다.

02 핵심 시어를 파악하고, 화자가 말하고자 하는 바를 추리해 보자

핵심 시어는 화자가 시를 통해 말하고자 하는 바를 함축하고 있는 경우가 많다. 핵심 시어가 시의 상황 속에서 어떤 의미를 띠는지를 바탕으로 화자가 말하고자 하는 바를 이해할 수 있다.

다음 시에서 대상에 대한 화자의 생각이 함축되어 있는 핵심 시어를 찾아보자.

어두운 방 안엔
바알간 숯불이 피고,

외로이 늙으신 할머니가
애처로이 잦아드는 어린 목숨을 지키고 계시었다.

이윽고 눈 속을
아버지가 약을 가지고 돌아오시었다.

→ 아버지가 '산수유 열매'를 구해 오기 위해 겪었을 시련이나 고난을 의미함.

아, 아버지가 눈을 헤치고 따 오신
그 붉은 산수유 열매—

→ 화자에 대한 아버지의 사랑을 함축하고 있는 시어임.

나는 한 마리 어린 짐승,
젊은 아버지의 서느런 옷자락에
열(熱)로 상기한 볼을 말없이 부비는 것이었다.

이따금 뒷문을 눈이 치고 있었다.
그날 밤이 어쩌면 성탄제의 밤이었을지도 모른다.

– 김종길, 「성탄제」 중에서

이 시의 화자는 어린 시절의 기억을 회상하고 있다. 어린 시절 화자는 병에 걸려 사경을 헤매고 있었나 보다. 그런 아들을 위해 화자의 아버지는 눈 속을 헤쳐 약으로 쓸 '붉은 산수유 열매'를 구해 오셨다. 따라서 '붉은 산수유 열매'는 '애처로이 잦아드는 어린 목숨'으로 표현된 아들을 위한 아버지의 희생적인 사랑을 의미한다고 할 수 있다.

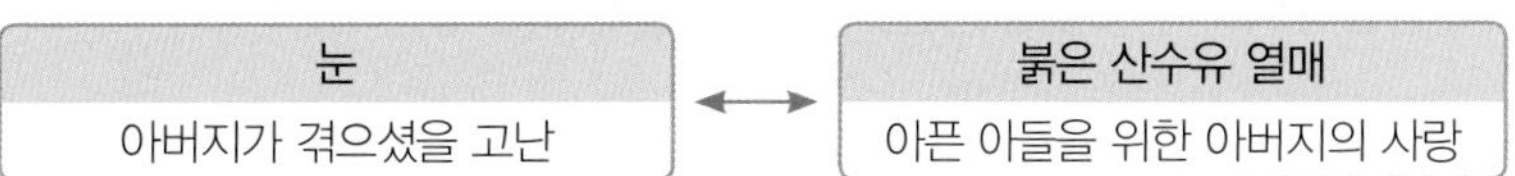

03 시어의 의미를 이해하고, 작품의 주제 의식을 파악해 보자

시의 상황을 바탕으로 시어의 의미를 이해하면, 작품을 통해 말하고자 하는 주제를 파악할 수 있다.

다음 시를 통해 화자가 말하고자 하는 바를 파악해 보자.

일어서라 풀아 / 일어서라 풀아
이 세상 숨소리 빗물로 쏟아지면
빗물 마시고
흰 눈으로 펑펑 퍼부으면
가슴 한 아름 / 쓰러지는 풀아
영차 어영차 / 빛나라 너희
죽은 듯 엎드려
실눈 뜨고 있는 것들

○ : '풀'을 단순한 자연물이 아니라, 민중의 질긴 생명력을 빗댄 '민초(民草)'로 이해하면, 화자는 힘없는 민중들이 고난을 딛고 일어서기를 염원하고 있다고 볼 수 있음.

□ : '풀'에게 닥치는 시련 또는 고난

죽은 듯 엎드려 / 실눈 뜨고 있는 것들 : 민중의 끈질긴 생명력을 의미함.

– 강은교, 「일어서라 풀아」 중에서

이 시는 '풀'을 어떻게 이해하느냐에 따라 이 시를 통해 말하고자 하는 바를 달리 파악할 수 있다. '풀'을 단순한 자연물로 이해하면, 이 시는 '빗물', '흰 눈'으로 인해 쓰러지는 '풀'에 대한 안타까움을 노래하면서 '풀'이 일어서기를 바라는 마음을 드러낸 작품으로 이해할 수 있다. 그러나 '풀'을 '민초', 즉 민중 혹은 백성으로 이해하면, 이 시는 '빗물', '흰 눈'으로 상징되는 시련과 고난으로 인해 힘겨워하는 민중들이 고단한 현실을 딛고 일어서기를 염원하는 작품으로 이해할 수 있다.

'일어서라 풀아'	↔	'쓰러지는 풀아'
힘없는 민중들이 힘겨운 현실을 이겨 내기를 염원하는 마음을 내포*함.		시련과 고난으로 힘겨워하는 민중들에 대한 안타까움을 내포함.

*내포 어떤 성질이나 뜻 따위를 속에 품음.

원리로 작품 톡톡

› 다음 시를 읽고, 빈칸에 들어갈 알맞은 시어를 찾아 쓰시오.

한 줄의 시(詩)는커녕
단 한 권의 소설도 읽은 바 없이
그는 한평생을 행복하게 살며
많은 돈을 벌었고 / 높은 자리에 올라
이처럼 훌륭한 비석을 남겼다
그리고 어느 유명한 문인이
그를 기리는 묘비명을 여기에 썼다
비록 이 세상이 잿더미가 된다 해도
불의 뜨거움 꿋꿋이 견디며
이 묘비는 살아남아
귀중한 사료(史料)가 될 것이니
역사는 도대체 무엇을 기록하며
시인(詩人)은 어디에 무덤을 남길 것이냐

– 김광규, 「묘비명」

1. 이 시는 정신적 가치를 의미하는 (　　　), (　　　)과 세속적 가치를 의미하는 (　　　), (　　　)를 대비하면서 '묘비명'을 통해 정신적 가치가 물질적 가치에 종속되어 있는 현실을 비판하고 있다.

답 시, 소설, 돈, 높은 자리

원리 03-2 작품에 사용된 심상을 파악하자

심상(心象, image): 언어에 의해 마음속에 그려지는 감각적인 모습이나 느낌을 일컬으며, 이미지라고도 한다. 시인은 말하고자 하는 바를 독자에게 생생하게 전달하기 위해 다양한 심상을 활용하고, 독자는 다양한 심상을 통해 시의 내용을 감각적으로 재현할 수 있다.

시인		독자
심상을 통해 시의 대상, 상황, 정서, 의미 등을 감각적으로 표현함.	→ 시 ←	심상을 통해 시의 대상, 상황, 정서, 의미 등을 감각적으로 재현함.

TIP 복합 감각적 심상
서로 다른 감각이 나열되어 있는 경우를 말함. 이때의 심상은 각각 독자적으로 표현된 것으로 공감각적 심상과 달리 감각의 전이가 나타나지 않음.
예 술 익는(후각) 마을마다 타는 저녁놀(시각)

심상의 종류: 심상에는 시각적 심상, 청각적 심상, 후각적 심상, 미각적 심상, 촉각적 심상 등 오감(五感)으로 느낄 수 있는 심상이 있으며, 하나의 감각을 다른 감각으로 전이(轉移)시켜 표현하는 공감각적 심상도 있다.

이외에도 움직임 유무로 동적·정적 이미지, 내용이나 분위기를 기준으로 긍정적 · 부정적 이미지, 상승·하강 이미지, 생성·소멸 이미지 등이 있다.

원리 척척 01 감각적 표현에 담긴 의미를 생각해 보자

심상은 특정 대상이나 상황 등을 효과적으로 드러내기 위해 사용된다. 따라서 다양한 심상으로 표현된 부분에 담긴 의미가 무엇인지를 이해해야 한다.

다음 시에 사용된 다양한 감각적 표현을 이해해 보자.

대숲으로 간다
대숲으로 간다
한사코 성근 대숲으로 간다

자욱한 밤 안개에 버레소리 젖어 흐르고
버레소리에 푸른 달빛이 배어 흐르고
(시각과 청각을 활용한 공감각적 심상을 통해 대숲의 호젓한 분위기를 효과적으로 묘사함.)

대숲은 좋더라
성글어 좋더라
한사코 서러워 대숲은 좋더라

꽃가루 날리듯 흥건히 드는 달빛에
기척 없이 서서 나도 대같이 살거나

– 신석정, 「대숲에 서서」

전통적으로 대나무는 절개를 상징하는 자연물이다. '대같이 살'고 싶어 하는 화자에게 '대숲'은 가고 싶은, '좋'은 공간이다. 그래서 화자에게 '대숲'은 화자가 지향하고자 하는 공간인 동시에 그 안에서 살기를 희망하는 공간이라 할 수 있다. 이 시는 화자가 지향하는 공간인 '대숲'의 호젓한 분위기를 감각적인 이미지로 형상화하고 있다.

02 다양한 감각적 표현을 통해 작품의 정서나 분위기를 파악해 보자

심상은 시의 정서나 분위기를 효과적으로 드러내기 위해 활용된다. 따라서 독자는 다양한 심상을 활용한 표현을 통해 작품을 이해할 수 있다.

다음 시에서 공감각적 심상이 사용된 부분을 찾고, 그 의미를 파악해 보자.

하이얀 모색(暮色)* 속에 피어 있는
산협촌(山峽村)의 고독한 그림 속으로
파—란 역등(驛燈)을 달은 마차가 한 대 잠기어 가고,
바다를 향한 산마루 길에
우두커니 서 있는 전신주 위엔
지나가던 구름이 하나 새빨간 노을에 젖어 있었다.

바람에 불리우는 작은 집들이 창을 내리고,
갈대밭에 묻히인 돌다리 아래선
작은 시내가 물방울을 굴리고,

안개 자욱한 화원지(花園地)의 벤치 위엔
한낮에 소녀들이 남기고 간
가벼운 웃음과 시들은 꽃다발이 흩어져 있다.

□ : '웃음'이라는 청각적 대상을 시각적 대상으로 전이시켜 '흩어져 있었다'고 표현함. 이러한 감각적 표현을 통해 풍경에서 나타나는 황량하고 공허한 분위기를 효과적으로 그려 내고 있음.

- 김광균, 「외인촌(外人村)」 중에서

***모색(暮色)** 날이 저물어 가는 어스레한 빛.

이 시는 시간의 흐름에 따라 이국적인 정취를 형상화하면서 화자의 고독감을 드러내고 있다. 주로 시각적 심상을 활용하여 해 질 무렵 어느 산골 마을의 풍경을 감각적으로 표현함으로써 애상적이고 우수에 젖은 분위기를 조성하고 있다. 이러한 분위기 속에서 낯선 외인촌에서 느끼는 이방인의 외롭고 쓸쓸한 심경을 효과적으로 드러내고 있다.

03 감각적 표현을 통해 작품의 주제를 파악해 보자

심상을 활용한 감각적 표현은 화자가 처한 상황이나 처지를 효과적으로 전달하여 화자가 말하고자 하는 바를 추리할 수 있게 해 준다.

다음 시에서 화자가 처한 상황을 추리하고, 주제를 파악해 보자.

어제를 동여맨 편지를 받았다.
늘 그대 뒤를 따르던
길 문득 사라지고
길 아닌 것들도 사라지고
여기저기서 어린 날
우리와 놀아 주던 돌들이
얼굴을 가리고 박혀 있다.
사랑한다 사랑한다, 추위 환한 저녁 하늘에
찬찬히 깨어진 금들이 보인다.

□ : 사랑하는 '그대'와의 이별을 암시함.

'그대'와 이별한 화자가 느끼는 참담하고 암담한 심정을 표현함.

성긴 눈 날린다.
땅 어디에 내려앉지 못하고
눈 뜨고 떨며 한없이 떠다니는
몇 송이 눈.

'그대'와 이별한 화자의 방황을 형상화함.

– 황동규, 「조그만 사랑 노래」

이 시는 어제와의 단절을 의미하는 '편지'를 통해 '그대'와 이별한 화자의 현재 상황을 단적으로 보여 준다. 이러한 상황은 '그대'를 향한 모든 '길'이 사라지고, '돌들'이 '얼굴을 가리고' 있는 상황으로 드러나 있다. 이러한 상황은 '깨어진 금들'을 통해 재확인되며, 날리는 '눈'을 통해 방황하는 화자의 심정을 암시하고 있다.

원리로 작품 톡톡

> 다음 시와 제시된 글을 모두 읽고, 1~3번의 진술이 맞으면 ○, 틀리면 ×에 표시하시오.

얇은 사(紗) 하이얀 고깔은
고이 접어서 나빌레라.

파르라니 깎은 머리
박사(薄紗) 고깔에 감추오고

두 볼에 흐르는 빛이
정작으로 고와서 서러워라.

빈 대(臺)에 황촉(黃燭)불이 말없이 녹는 밤에
오동잎 잎새마다 달이 지는데

소매는 길어서 하늘은 넓고
돌아설 듯 날아가며 사뿐히 접어 올린 외씨보선이여.

까만 눈동자 살포시 들어
먼 하늘 한 개 별빛에 모두오고

복사꽃 고운 뺨에 아롱질 듯 두 방울이야
세사에 시달려도 번뇌는 별빛이라.

휘어져 감기우고 다시 접어 뻗는 손이
깊은 마음 속 거룩한 합장인 양하고

이 밤사 귀또리도 지새는 삼경(三更)인데
얇은 사(紗) 하이얀 고깔은 고이 접어서 나빌레라.

– 조지훈, 「승무」

「승무」는 무녀(舞女)를 무대 공간의 중심에 배치하여 관객이 이를 바라보는 상황을 보여 주고 있다. 무녀와 그의 춤을 초점화하기 위해서는 여러 가지 빛이 동원되어야 한다. 이 작품에는 지상과 천상, 상승과 하강, 생성과 소멸의 속성을 지닌 다양한 빛이 등장하여 무녀의 외양과 행위, 더 나아가 내면세계를 비추고 있다. 이 빛은 다양한 상징적 의미를 전달하고, 관객이 무대와 인물을 관조하거나 그것에 몰입할 수 있도록 유도한다.

1. 3연의 '흐르는 빛'은 여러 빛들에 비추어진 무녀의 낯빛으로서, 상승 이미지를 통해 환상적인 분위기를 조성한다. (○, ×)
2. 4연의 말없이 녹아내리는 '황촉불'과 기우는 '달'은 하강과 소멸 이미지를 지니고 있어 유한한 인간 존재를 떠올리게 한다. (○, ×)
3. 6연의 천상의 '별빛'은 번뇌에서 벗어난 초탈의 세계를 환기하면서 승화의 의미로 이어지게 된다. (○, ×)

답 1. × 2. ○ 3. ○

04 작품에 나타난 시인의 발상 및 표현을 파악하라

원리 04-1 시인의 발상과 표현을 파악하자

개 념 쏙 쏙

발상(發想): 시를 쓸 때 시인이 자신의 의도를 효과적으로 드러내기 위해 떠올린 생각을 가리킨다. 발상은 표현으로 구체화되므로 표현을 통해 발상을 추리할 수 있다.

표현(表現): 머릿속에 떠올린 생각을 시어나 이미지 등으로 구체화한 결과를 가리킨다. 시인은 발상을 효과적으로 나타내기 위하여 여러 가지 표현 방식을 활용한다.

발상	⇄	표현
시를 짓기 위한 착상이나 구상		생각이나 느낌 따위를 구체적으로 형상화*

***형상화** 형체로는 분명히 나타나 있지 않은 것을 어떤 방법이나 매체를 통하여 구체적이고 명확한 형상으로 나타냄. 특히 어떤 소재를 예술적으로 재창조하는 것을 이름.

• 원리 척척 01 시의 상황을 바탕으로 시인의 발상을 파악해 보자

시의 상황에 대한 이해를 바탕으로 시인의 발상을 파악할 수 있다. 시에서 화자와 청자, 화자와 대상 혹은 상황, 대상과 대상 사이의 관계 등을 면밀히 따져 본 후, 시인이 어떤 발상으로 시를 지었는지를 이해해야 한다.

다음 시에서 시인의 발상을 추리할 수 있는 시어를 찾아보자.

차례를 지내고 돌아온 / 구두 밑바닥에 / 고향의 저문 강물 소리가 묻어 있다
겨울 보리 파랗게 꽂힌 강둑에서 / 살얼음만 몇 발자국 밟고 왔는데
쑥골 상엿집 흰 눈 속을 넘을 때도 / 골목 앞 보세점 흐린 불빛 아래서도
찰랑찰랑 강물 소리가 들린다
내 귀는 얼어 / 한 소절도 듣지 못한 강물 소리를 / 구두 혼자 어떻게 듣고 왔을까
구두는 지금 황혼 / 뒤축의 꿈이 몇 번 수습되고 / 지난 가을 터진 가슴의 어둠 새로
누군가의 살아 있는 오늘의 부끄러운 촉수가 / 싸리 유채 꽃잎처럼 꿈틀댄다
고향 텃밭의 허름한 꽃과 어둠과 / 구두는 초면 나는 구면
건성으로 겨울을 보내고 돌아온 내게 / 고향은 꽃잎 하나 바람 한 점 꾸려 주지 않고
영하 속을 흔들리며 떠나는 내 낡은 구두가 / 저문 고향의 강물 소리를 들려준다
출렁출렁 아니 덜그럭덜그럭.

– 곽재구, 「구두 한 켤레의 시」

□ : '차례'를 지내고 온 이는 화자 자신일 텐데 마치 구두가 '고향의 저문 강물 소리'를 묻혀 오고, '고향 텃밭의 허름한 꽃과 어둠'을 보고, '저문 고향의 강물 소리를 들려'주고 있는 것처럼 표현하고 있음.

이 시의 화자는 명절에 고향에 다녀왔다. 그런데 화자가 아닌 구두, 그것도 낡은 구두에 '고향의 저문 강물 소리가 묻어 있다'고 표현하면서 고향에 대해 무심했던, 그래서 강물 소리를 듣지 못했던 화자와 달리 낡은 구두가 들려주는 강물 소리에 귀를 기울인다. 이처럼 화자 자신의 경험을 마치 구두의 경험인 것처럼 표현하면서 고향의 풍경과 그 이미지를 펼쳐 보이고 있다. 이미 고향을 수도 없이 다녀 보았을 화자는 고향에 대해 무심하게 생각하며 '차례'를 지내고 돌아왔다. 그러나 낡은 구두가 들려주는 저문 고향의 강물 소리를 들으면서 자신의 내면에 자리 잡고 있는 고향을 떠올리고 있다.

02 시인의 발상이 어떠한 표현으로 구체화되었는지 파악해 보자

시인의 발상은 구체적인 표현으로 나타난다. 구체적인 표현을 통해 시인이 대상 혹은 상황에 대해 어떻게 생각하였는지를 알 수 있으므로 표현을 통해 시인의 발상을 추리해 본다.

다음 시에서 대상에 대한 화자의 생각을 엿볼 수 있는 부분을 찾아보자.

아닌 밤중에 일어나 / 실눈을 뜨고 논귀에서 킁킁거리며 / 맴도는 개밥풀
떠도는 발끝을 물밑에 닿으려 하나 / 미풍에도 저희끼리 밀고 밀리며 / 논귀에서 맴도는 개밥풀
방게 물장군들이 지나가도 / 결코 스크럼을 푸는 일 없이
오히려 그들의 등을 타고 앉아 / 휘파람 불며 불며 저어가노나
볏짚 사이로 빠지는 열기 / 음력 사월 무논의 개밥풀의 함성
논의 수확을 위하여 / 우리는 우리의 몸을 함부로 버리며 / 우리의 자유를 소중히 간직하더니
어느 날 큰비는 우리를 뿔뿔이 흩어놓았다
개밥풀은 이리저리 전복되어 / 도처에서 그의 잎파랑이를 햇살에 널리우고
더러는 장강의 소용돌이에 휘말렸다
어디서나 휘몰리고 부딪치며 부서지는 / 개밥풀 개밥풀 장마 끝에 개밥풀
자욱한 볏짚에 가려 하늘은 보이지 않고 / 논바닥을 파헤쳐도 우리에겐 그림자가 없다
추풍이 우는 달밤이면 / 우리는 숨죽이고 운다
옷깃으로 눈물을 찍어내며 / 귀뚜라미 방울새의 비비는 바람 / 그 속에서 우리는 숨죽이고 운다
씨앗이 굵어도 개밥풀은 개밥풀 / 너희들 봄의 번성을 위하여 / 우리는 겨울 논바닥에 말라붙는다

– 이동순, 「개밥풀」

☐ : 개밥풀은 뿌리도 없이 수면 위를 둥둥 떠다니는 식물로 힘겹게 살아가는 민중들의 상징임. 이 시는 봄부터 겨울까지 개밥풀의 한살이를 통해 고난과 고통을 참고 견디어 내고, 다음 세대의 번성을 위해 희생하는 민중들의 삶을 형상화하고 있음.

이 시는 '개밥풀'이라는 소재를 통해 민중의 고통스러운 삶과 그러한 삶을 견뎌 나가는 생명력을 드러내고 있다. '방게 물장군', '큰비', '겨울'로 상징되는 고통과 시련의 요소를 '개밥풀'이 어떻게 견디고 이겨 내는지 보여 줌으로써 희생과 헌신, 그리고 연대를 통해 고통을 견뎌 나가는 민중의 모습을 형상화하고 있다.

03 발상과 표현을 통해 시인 혹은 화자가 드러내고자 하는 바를 파악해 보자

시인은 특정한 대상 혹은 상황에 주목하여 독특한 발상과 표현을 통해 시의 주제를 드러낸다. 따라서 대상 혹은 상황에 대한 시인의 발상이 구체적으로 어떻게 표현되었는지를 파악하면 작품을 통해 시인 또는 화자가 드러내고자 하는 바를 파악할 수 있다.

다음 시에서 화자가 드러내고자 하는 바가 무엇인지 생각해 보자.

아버지는 두 마리의 두꺼비를 키우셨다

☐ : 마치 '두꺼비'가 살아 움직이는 대상인 것처럼 표현하고 있음.

해가 말끔하게 떨어진 후에야 퇴근하셨던 아버지는 두꺼비부터 씻겨 주고 늦은 식사를 했다 동물 애호가도 아닌 아버지가 녀석에게만 관심을 갖는 것 같아 나는 녀석을 시샘했었다 한번은 아버지가 녀석을 껴안고 주무시는 모습을 보았는데 기회는 이때다 싶어 살짝 만져 보았다 그런데 녀석이 독을 뿜어 대는 통에 내 양 눈이 한동안 충혈되어야 했다 아버지, 저는 두꺼비가 싫어요

아버지는 이윽고 식구들에게 두꺼비를 보여 주는 것조차 꺼리셨다 칠순을 바라보던 아버지는 날이 새기 전에 막일판으로 나가셨는데 그때마다 잠들어 있던 녀석을 깨워 자전거 손잡이에 올려놓고 페달을 밟았다

두껍아 두껍아 헌 집 줄게 새집 다오

아버지는 지난겨울, 두꺼비집을 지으셨다 두꺼비와 아버지는 그 집에서 긴 겨울잠에 들어갔다 봄이 지났으나 잔디만 깨어났다

내 아버지 양 손엔 우둘두툴한 두꺼비가 살았었다
'두꺼비'는 살아 움직이는 생명체가 아니라 아버지의 '양 손'을 비유한 것임.

– 박성우, 「두꺼비」

이 시의 화자는 '아버지'를 대상으로 삼아 내용을 전개하고 있다. 그런데 독특하게도 아버지는 '두 마리의 두꺼비'를 키운다. 과연 '두꺼비'의 정체는 무엇일까?

두꺼비와 관련한 시구를 찾아보면, 아버지는 두꺼비를 두 마리 키우고 계신 것 같다. 퇴근하신 아버지는 '두꺼비부터 씻겨 주고', 화자가 살짝 만져 보면 '녀석이 독을 뿜어 대는 통에' 눈이 충혈되었으며, 아버지가 막일판으로 출근하실 때는 '잠들어 있던 녀석'을 깨우고 함께 가신다. 심지어 아버지는 두꺼비와 더불어 '두꺼비집'(아버지의 무덤)에 들어가시기까지 한다.

이쯤 되면 화자가 두꺼비를 시샘하는 것은 당연해 보인다. 그런데 6연을 보면 이 두꺼비가 단순한 두꺼비가 아님을 알 수 있다. 화자는 막일로 거칠어져 우둘두툴해진 아버지의 양 손을 '두꺼비'에 비유하고 있다. 따라서 이 시의 화자는 '두꺼비'라는 비유적 표현을 통해 고된 삶을 살다가 돌아가신 아버지에 대한 애도를 표현하고 있는 것이다.

원리로 작품 톡톡

> 다음 시를 읽고, 빈칸에 들어갈 알맞은 시어를 찾아 쓰시오.

배를 민다 / 배를 밀어 보는 것은 아주 드문 경험
희번덕이는 잔잔한 가을 바닷물 위에
배를 밀어 넣고는
온몸이 아주 추락하지 않을 순간의 한 허공에서
밀던 힘을 한껏 더해 밀어 주고는
아슬아슬히 배에서 떨어진 손, 순간 환해진 손을
허공으로부터 거둔다

사랑은 참 부드럽게도 떠나지
뵈지도 않는 길을 부드럽게도
배를 한껏 세게 밀어내듯이 슬픔도
그렇게 밀어내는 것이지

배가 나가고 남은 빈 물 위의 흉터
잠시 머물다 가라앉고

그런데 오, 내 안으로 들어오는 배여
아무 소리 없이 밀려 들어 오는 배여

– 장석남, 「배를 밀며」

1. 이 시는 (　　　　)를 미는 행위를, (　　　　)을 떠나보내는 행위에 비유하여 이별의 속성을 섬세하게 표현하고 있다.

답 배, 사랑

원리 04-2 작품에 나타난 다양한 표현을 파악하자

시의 표현 기법: 시인이 발상을 형상화하는 방식으로서 수사법이 대표적이다. 수사법은 크게 다음과 같이 분류할 수 있다.

비유법	표현하고자 하는 대상을 다른 대상에 비유하여 표현하는 수사법. 직유, 은유, 의인, 풍유, 대유 따위가 있음.
강조법	어떤 부분을 특별히 강하게 주장하거나 두드러지게 나타내는 수사법. 열거, 과장, 점층, 반복, 대조, 영탄 따위가 있음.
변화법	글의 구절이나 서술에 변화를 주어 글의 맛과 힘을 살리는 수사법. 설의, 도치, 대구, 반어, 역설, 생략 등이 있음.

비유(比喩): 표현하고자 하는 내용인 원관념과 빗대기 위해 사용하는 다른 대상이나 상황인 보조 관념 사이의 유사성에 기초한다.

상징(象徵): 표현하고자 하는 내용인 원관념을 숨기고, 보조 관념만 제시되어 보조 관념이 갖는 의미의 함축성, 암시성이 강화된다.

반어(反語): 실제와 반대되는 뜻의 말을 하여 화자의 속뜻을 감춤으로써 화자가 감춰 놓은 의미를 강조하여 표현의 효과를 높인다.

역설(逆說): 겉으로 드러난 표현을 모순되거나 이치에 맞지 않게 함으로써 그 속에 어떤 진실이나 진리를 담아내어 시의 의미를 강조한다.

풍자(諷刺): 현실의 부정적 현상이나 모순 따위를 빗대어 비웃음으로써 바람직하지 않은 사회나 인물, 시대에 대한 비판 정신을 드러낸다.

TIP
대유법
사물의 일부나 특징을 들어서 그 자체나 전체를 나타내는 비유법으로, 제유법과 환유법이 있음.
- 제유법: 사물의 한 부분으로 전체를 나타냄.
- 환유법: 사물의 특징으로 전체를 나타냄.

예 빼앗긴 들에도 봄은 오는가 ⇒ '들'은 우리 국토 전체를 비유함.

원리 척척 01 시에 사용된 표현에 주목하여 시의 의미를 파악해 보자

시인은 다양한 표현을 활용하여 시의 상황을 드러내고, 대상이나 상황에 대한 화자의 생각이나 태도를 나타내며, 작품의 주제 의식을 강조한다.

다음 시에 사용된 다양한 표현을 확인해 보자.

푸른 산이 흰 구름을 지니고 살 듯 / 내 머리 위에는 항상 푸른 하늘이 있다

□: 상징적 시어로서 화자가 지향하는 이상 또는 희망을 의미함.

하늘을 향하고 산림처럼 두 팔을 드러낼 수 있는 것이 얼마나 숭고한 일이냐

→ 비유를 활용하고 있음.

두 다리는 비록 연약하지만 젊은 산맥으로 삼고 / 부절히 움직인다는 둥근 지구를 밟았거니……

설의적 표현을 통해 '숭고한 일', '기쁜 일'임을 부각하고 있음.

푸른 산처럼 든든하게 지구를 디디고 사는 것은 얼마나 기쁜 일이냐

○: 시어나 시구를 생략하여 표현에 변화를 주면서 시적 여운을 주고 있음.

뼈에 저리도록 '생활'은 슬퍼도 좋다 / 저문 들길에 서서 푸른 별을 바라보자……

△ ↔ □: '저문 들길'과 '푸른 별'을 대조하여 작품의 주제 의식을 드러내고 있음.

푸른 별을 바라보는 것은 하늘 아래 사는 거룩한 나의 일과이거니……

– 신석정, 「들길에 서서」

이 시는 일제 강점기의 어려운 현실에 굴복하지 않고, 밝은 미래에 대한 희망을 간직하면서 살아가고자 하는 화자의 현실 극복 의지를 노래하고 있다. 이 시의 화자는 자신을 '푸른 산'에 빗대고 있다. 이 시의 화자는 하늘을 향해 두 팔을 벌리고 살아가는 '푸른 산'처럼 자신도 지구를 디딘 채 살아가는 것이 '숭고한 일'이며 '기쁜 일'이라고 하면서, 암울한 현실을 상징하는 '저문 들길'에 서서 미래의 희망을 상징하는 '푸른 별'을 바라보려고 하고 있다. 이렇게 하여 시의 화자는 현실의 고통을 이겨 내는 힘을 얻고 있는 것이다.

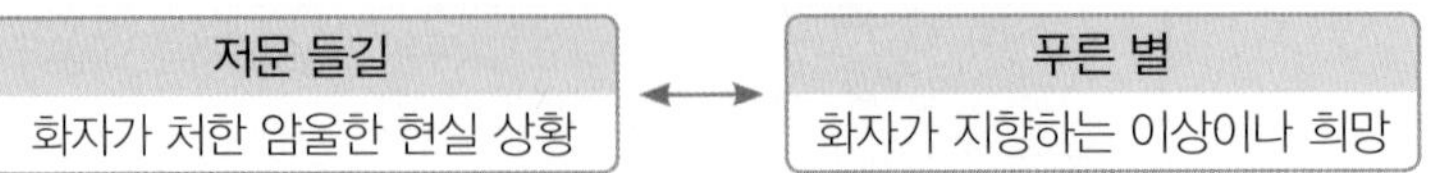

02 특정한 표현을 통해 화자의 정서나 태도를 파악하자

시인은 특정한 표현을 활용함으로써 화자의 정서나 태도를 강하게 드러낸다. 특히 반어적 표현이나 역설적 표현은 화자의 정서 및 태도의 형상화에 자주 사용되는 표현 기법이다.

다음 시에서 화자의 정서나 태도를 형상화한 부분을 찾아보자.

(가) 먼 훗날 당신이 찾으시면 / 그때에 내 말이 '잊었노라'//
당신이 속으로 나무라면 / "무척 그리다가 잊었노라"//
그래도 당신이 나무라면 / "믿기지 않아서 잊었노라"//
오늘도 어제도 아니 잊고 / 먼 훗날 그때에 "잊었노라"

□ : 반어적 표현을 활용하여 '잊었노라'라는 표현과 달리 속으로는 '당신'을 결코 잊지 못하고 있음을 강조하고 있음.

– 김소월, 「먼 후일」

(나) 나는 당신의 옷을 다 지어 놓았습니다.
심의도 짓고 도포도 짓고, 자리옷도 지었습니다.
짓지 아니한 것은 작은 주머니에 수놓는 것뿐입니다.

그 주머니는 나의 손때가 많이 묻었습니다.
짓다가 놓아두고 짓다가 놓아두고 한 까닭입니다.
다른 사람들은 나의 바느질 솜씨가 없는 줄로 알지마는, 그러한 비밀은 나밖에는 아는 사람이 없습니다.
나의 마음이 아프고 쓰린 때에 주머니에 수를 놓으려면, 나의 마음은 수놓는 금실을 따라서 바늘구멍으로 들어가고, 주머니 속에서 맑은 노래가 나와서 나의 마음이 됩니다.
그러고 아직 이 세상에는, 그 주머니에 넣을 만한 무슨 보물이 없습니다.
이 적은 주머니는 짓기 싫어서 짓지 못하는 것이 아니라, 짓고 싶어서 다 짓지 않는 것입니다.

– 한용운, 「수(繡)의 비밀」

(가)의 화자는 이별한 '당신'이 돌아와 자신을 찾을 상황을 가정하고 당신에 대한 자신의 고백을 드러내고 있다. 이때 '잊었노라'라는 화자의 고백은 실제로 화자가 당신을 잊었다는 것이 아니라 당신과 이별한 화자가 결코 당신을 잊은 적이 없음을 강조하기 위한 반어적 표현이다.

(나)의 화자는 '당신의 옷을 다 지어 놓았'으나 '작은 주머니에 수놓는 것'은 아직 하지 않고 있다. 주머니에 화자의 손때가 많이 묻어 있는 것으로 볼 때, 화자는 주머니에 손을 많이 댄 듯하다. 그럼에도 수가 완성되지 않은 것은 수놓는 일이 화자가 마음을 진정시키고 당신에 대한 사랑을 채워 나

가는 일이기 때문이다. 화자는 마지막 행에서 역설적 표현을 통해 당신과의 만남을 기다리며 작은 주머니에 수놓는 것을 완성하지 않는 이유를 드러내고 있다.

03 시에 나타난 핵심 표현을 바탕으로 작품의 주제 의식을 파악해 보자

시인은 핵심적인 표현을 활용하여 자신이 말하고자 하는 바를 드러낸다. 따라서 시의 핵심적인 표현이 무엇인지를 파악하면 작품의 주제를 이해할 수 있다.

다음 시에서 핵심 표현을 찾고, 이를 통해 드러내고자 하는 주제를 파악하자.

나는 이제 너에게도 슬픔을 주겠다. / 사랑보다 소중한 슬픔을 주겠다.
겨울밤 거리에서 귤 몇 개 놓고 / 살아온 추위와 떨고 있는 할머니에게
귤값을 깎으면서 기뻐하던 너를 위하여 / 나는 슬픔의 평등한 얼굴을 보여 주겠다.
내가 어둠 속에서 너를 부를 때 / 단 한 번도 평등하게 웃어 주질 않은
가마니에 덮인 동사자가 다시 얼어죽을 때 / 가마니 한 장조차 덮어 주지 않은
무관심한 너의 사랑을 위해 / 흘릴 줄 모르는 너의 눈물을 위해
나는 이제 너에게도 기다림을 주겠다.

– 정호승, 「슬픔이 기쁨에게」 중에서

□ : '나'가 '너'에게 주려는 대상을 반복·변주하면서 '슬픔'의 진정한 의미와 가치를 강조하고 있음.

먼저, 제목을 통해 이 시의 내용을 추측해 볼 수 있다. 이 시의 제목인 '슬픔이 기쁨에게'를 고려할 때, 이 시는 '슬픔'이 '기쁨'에게 전하는 이야기라고 할 수 있다. 이 시에서 '슬픔'이 '기쁨'에게 주려고 하는 것들은 '슬픔', '사랑보다 소중한 슬픔', '슬픔의 평등한 얼굴', '기다림'으로 표현되어 있다. 이는 '귤값을 깎으면서 기뻐하'고, 이웃들에게 '무관심한' '너'에게 '나'가 주려고 하는 것들이다. 따라서 이 시는 이기적인 삶에 대한 반성을 촉구하고 더불어 사는 삶의 진정한 의미를 실천해야 한다는 주제를 드러낸 작품이라 할 수 있다.

원리로 작품 톡톡

다음 시를 읽고, 빈칸에 들어갈 알맞은 내용을 쓰시오.

쫓아오던 햇빛인데
지금 교회당 꼭대기 / 십자가에 걸리었습니다.

첨탑이 저렇게도 높은데 / 어떻게 올라갈 수 있을까요.

종소리도 들려오지 않는데 / 휘파람이나 불며 서성거리다가,

㉠괴로웠던 사나이,
행복한 예수 그리스도에게 / 처럼
십자가가 허락된다면

모가지를 드리우고 / 꽃처럼 피어나는 피를
어두워 가는 하늘 밑에 / 조용히 흘리겠습니다.

– 윤동주, 「십자가」

1. ㉠은 (　　　) 표현을 통해 화자가 지향하는 삶을 형상화한 시구라 할 수 있고, 4연의 (　　　)와 5연의 (　　　)는 화자의 자기희생 의지를 구체화한 상징적 시어라 할 수 있다.

답 역설적, 십자가, 피

05 작품의 시상 전개 방식 및 시적 형상화 방식을 파악하라

원리 05-1 작품의 시상 전개 방식을 파악하자

개 념 쏙 쏙

시상 전개 방식: 시를 짓기 위한 착상이나 구상을 시상(詩想)이라고 한다. 시인은 이러한 시상을 일정한 질서에 따라 조직해 나가면서 시를 완성하는데, 이러한 시의 구조화 방식을 시상 전개 방식이라고 한다.

시상 전개 방식의 유형

유형	설명
시간의 흐름	'과거 → 현재 → 미래'와 같은 시간의 흐름이나 '봄 → 여름 → 가을 → 겨울'과 같은 계절의 흐름에 따라 시상을 전개하는 방식
시선의 이동	근경에서 원경으로, 좌에서 우로, 위에서 아래로 혹은 그 반대의 방향으로 화자의 시선이 옮겨지는 대로 시상을 전개하는 방식
공간의 이동	화자가 위치한 공간의 이동에 따라 시상을 전개하는 방식
선경 후정	먼저 대상이나 풍경을 그리듯 묘사한 후에 그에 대한 화자의 정서를 드러내면서 시상을 전개하는 방식
기승전결	시상을 일으키고, 이를 이어받아 시상을 심화하였다가, 시상을 전환시킨 후에 시상을 마무리하는 전개 방식
수미 상관	시의 앞부분과 끝부분에 동일하거나 유사한 형태의 시구를 반복하여 안정감을 주면서 의미를 강조하는 전개 방식

TIP
순행적 방식과 역순행적 방식
시상 전개 방식에서 시간의 흐름(과거 → 현재 → 미래)에 따라 순차적으로 전개되는 것을 순행적 방식, 시간의 흐름을 따르지 않는 전개 방식을 역순행적 방식이라 함.

• 원리 척척 01 시상을 전개하기 위해 시인이 취한 방식을 알아보자

시인은 시의 상황이나 화자의 정서를 효과적으로 표현하기 위해 가장 적절한 시상 전개 방식을 선택한다.

다음 시에서 시인이 어떤 방식으로 시상을 전개하고 있는지 파악해 보자.

어머님,
제 [예닐곱 살 적 겨울]은
목조 적산 가옥* 이층 다다미방의
벌거숭이 유리창 깨질 듯 울어 대던 외풍 탓으로
한없이 추웠지요. 밤마다 나는 벌벌 떨면서
아버지 가랑이 사이로 시린 발을 밀어 넣고
그 가슴팍에 벌레처럼 파고들어 얼굴을 묻은 채
겨우 잠이 들곤 했었지요.
[요즈음도 추운 밤]이면
곁에서 잠든 아이들 이불깃을 덮어 주며
늘 그런 추억으로 마음이 아프고,
나를 품어 주던 그 가슴이 이제는 한 줌 뼛가루로 삭아
붉은 흙에 자취 없이 뒤섞여 있음을 생각하면
옛날처럼 나는 다시 아버지 곁에 눕고 싶습니다.

– 이수익, 「결빙(結氷)의 아버지」 중에서

[ ] : 화자가 과거 어렸을 적 '겨울'에 경험한 일과 현재 '추운 밤'에 경험한 일을 시간의 흐름에 따라 전개하면서 돌아가신 아버지에 대한 애틋한 그리움을 드러내고 있음.

*적산 가옥 1945년 8월 15일 광복 이전까지 한국 내에 있던 일제(日帝)나 일본인 소유의 주택을 광복 후에 이르는 말.

이 시는 어머니에게 말을 건네는 듯이 과거의 일과 현재의 일을 순차적으로 제시하면서 시상을 전개하고 있다. 화자는 '예닐곱 살 적 겨울' 어느 추운 날에 아버지의 품 안에서 겨우 잠이 들곤 했던 추억을 떠올린다. 그리고 어느덧 아버지가 된 화자는 '요즈음도 추운 밤'이면 잠든 아이들의 이불을 덮어 주면서, 지금의 자신이 그러하듯 과거의 자신에게 그러했을 아버지의 모습을 더욱 간절히 그리워하고 있다.

과거의 '나'		현재의 '나'
아버지의 품 안에서 온기를 느끼며 잠이 들곤 함.	→	잠든 아이들을 챙기면서 돌아가신 아버지를 떠올림.

02 시상 전개 방식에 대한 이해를 바탕으로 화자의 정서나 태도를 파악해 보자

한 작품에는 여러 가지의 시상 전개 방식이 동시에 사용되기도 한다. 화자의 정서나 태도를 드러내는 데 이러한 시상 전개 방식이 어떤 역할을 하는지 파악해야 한다.

다음 시에서 화자의 정서나 태도가 어떻게 구체화되는지 파악해 보자.

산새도 날아와 / 우짖지 않고,

구름도 떠가곤 / 오지 않는다.

인적 끊인 곳 / 홀로 앉은 / 가을 산의 어스름.

호오이 호오이 소리 높여 / 나는 누구도 없이 불러 보나.

울림은 헛되이 / 빈 골 골을 되돌아올 뿐.

산그늘 길게 늘이며 / 붉게 해는 넘어가고,

황혼과 함께 / 이어 별과 밤은 오리니,

삶은 오직 갈수록 쓸쓸하고, / 사랑은 한갓 괴로울 뿐.

그대 위하여 나는 이제도 이 / 긴 밤과 슬픔을 갖거니와,

이 밤을 그대는 나도 모르는 / 어느 마을에서 쉬느뇨.

– 박두진, 「도봉」

□ : 해가 지고 조금 어둑한 상태인 '어스름'에서 '황혼'으로, '황혼'에서 다시 '밤'으로 시간의 흐름에 따라 시상을 전개하고 있음.

※ 이 시는 선경 후정의 방식으로 시상을 전개하면서 적막하고 허전한 화자의 내면을 보여 주어 외로움의 정서를 효과적으로 드러내고 있음.

이 시의 화자는 '가을 산'에 홀로 앉아 '황혼'에서부터 '밤'에 이르는 시간을 보내고 있다. 가을 산에는 인적도 없고, 해는 서쪽으로 넘어가 밤이 찾아오고 있다. 이러한 적막한 풍경 속에서 시의 화자는 삶의 쓸쓸함을, 사랑의 괴로움을 느끼고 있다. 가을 산의 적막한 풍경과 화자의 쓸쓸한 내면이 잘 조응*하면서 외로움의 정서를 효과적으로 드러내고 있다.

***조응(照應)** 둘 이상의 사물이나 현상 또는 말과 글의 앞뒤 따위가 서로 일치하게 대응함.

03 시상 전개 방식이 주제를 드러내는 데 기여하는 방식을 살펴보자

시인은 자신이 말하고자 하는 바를 효과적으로 드러내기 위해 특정한 시상 전개 방식을 선택한다.

다음 시에 사용된 시상 전개 방식이 주제를 드러내는 데 어떤 역할을 하는지 말해 보자.

북한산이 / 다시 그 높이를 회복하려면
다음 겨울까지는 기다려야만 한다.

밤 사이 눈이 내린, / 그것도 백운대나 인수봉 같은
높은 봉우리만이 엷은 화장을 하듯 / 가볍게 눈을 쓰고

왼 산은 차가운 수묵(水墨)으로 젖어 있는,
어느 겨울날 이른 아침까지는 기다려야만 한다.

신록이나 단풍, / 골짜기를 피어오르는 안개로는,
눈이래도 왼 산을 뒤덮는 적설(積雪)로는 드러나지 않는,

심지어는 장밋빛 햇살이 와 닿기만 해도 변질하는,
그 고고(孤高)한* 높이를 회복하려면

백운대와 인수봉만이 가볍게 눈을 쓰는
어느 겨울날 이른 아침까지는 / 기다려야만 한다.

– 김종길, 「고고(孤高)」

이 시는 6연에서 1연을 변형하여 반복하는 수미상관의 구조를 통해 북한산이 고고한 높이를 회복하기 위해서는 일정한 기다림이 있어야 함을 강조하고 있음.

*고고(孤高)한 세상일에 초연하여 홀로 고상한.

이 시의 화자는 '북한산'이 신록이나 단풍, 혹은 적설, 또는 안개 낀 상황에서는 제 고고(孤高)한 높이를 나타낼 수 없다고 노래하고 있다. 화자는 '백운대나 인수봉 같은 / 높은 봉우리만이' '가볍게 눈을 쓰고' '왼 산은 차가운 수묵으로 젖어 있는' '어느 겨울날 이른 아침'이 되어야 북한산의 그 고고한 높이를 나타낼 수 있다고 본다. 첫 연과 마지막 연을 수미 상관의 구조로 구성함으로써 북한산이 고고한 높이를 회복하기 위해서는 때를 기다려야 함을 강조하고 있다.

원리로 작품 톡톡

> 다음 시를 읽고, 빈칸에 들어갈 알맞은 내용을 쓰시오.

해ㅅ살 피여 / 이윽한* 후,//
머흘 머흘 / 골을 옮기는 구름.//
길경(桔梗)* 꽃봉오리 / 흔들려 씻기우고.//
차돌부리 / 촉 촉 죽순(竹筍) 돋듯.
물 소리에 / 이가 시리다.//
앉음새 갈히여 / 양지 쪽에 쪼그리고,//
서러운 새 되어 / 흰 밥알을 쫏다.

– 정지용, 「조찬(朝餐)」

*이윽한 시간이 지난.
*길경 도라지.

1. 이 시는 (　　　)의 방식을 활용하여 시상을 전개하고 있다. 2연에서 3연으로 전개되면서 화자의 시선이 (　　　)에서 (　　　)으로 이동하고 있으며, 화자는 자신을 (　　　)에 빗대어 서러운 처지를 드러내고 있다.

답 선경 후정, 원경, 근경, 새

원리 05-2 작품의 시적 형상화 방식을 파악하자

개념 쏙쏙

형상화(形象化): 대상이나 상황을 어떤 방법을 통하여 구체적이고 명확한 형상으로 나타내는 방식을 가리킨다.

형상화의 방식

관찰	사물이나 현상을 주의하여 자세히 살펴봄.
묘사	어떤 대상이나 사물, 현상 따위를 언어로 서술하여 표현함.
서사	사실을 있는 그대로 적음.
대조	둘 이상인 대상의 내용을 맞대어 같고 다름을 검토함.
대비	두 가지의 차이를 밝히기 위하여 서로 맞대어 비교함.
회상	지난 일을 돌이켜 생각함.
유추	같은 종류의 것 또는 비슷한 것에 기초하여 다른 사물을 미루어 추측함.
상상	실제로 경험하지 않은 현상이나 사물에 대하여 마음속으로 그려 봄.
비판	현상이나 사물의 옳고 그름을 판단하여 밝히거나 잘못된 점을 지적함.
반성	자신의 언행에 대하여 잘못이나 부족함이 없는지 돌이켜 봄.
성찰	자기의 마음을 반성하고 살핌.

원리 척척 01 대상이나 상황을 형상화하는 방식을 파악해 보자

시인은 작품의 주제를 효과적으로 담아내기 위해 대상이나 상황을 구체적으로 형상화한다.

다음 시를 읽고 대상이나 상황을 어떻게 형상화하고 있는지 살펴보자.

차디찬 아침인데
묘향산행 승합자동차는 텅 하니 비어서
나이 어린 계집아이 하나가 오른다
옛말속같이 진진초록 새 저고리를 입고
손잔등이 밭고랑처럼 몹시도 터졌다
계집아이는 자성(慈城)으로 간다고 하는데
자성은 예서 삼백오십 리 묘향산 백오십 리
묘향산 어디메서 삼촌이 산다고 한다
새하얗게 얼은 자동차 유리창 밖에
내지인* 주재소*장 같은 어른과 어린아이 둘이 내임*을 낸다
계집아이는 운다 느끼며 운다
텅 비인 차 안 한구석에서 어느 한 사람도 눈을 씻는다
계집아이는 몇 해고 내지인 주재소장 집에서
밥을 짓고 걸레를 치고 아이보개를 하면서
이렇게 추운 아침에도 손이 꽁꽁 얼어서
찬물에 걸레를 쳤을 것이다

[ ] : 이 시는 '계집아이'에 대한 관찰을 통해 시상을 전개하고 있음.

→ '계집아이'의 외양과 달리 '밭고랑'에 비유된 '손잔등'을 묘사하면서 계집아이의 고달픈 삶을 드러내고 있음.

'계집아이'가 '내지인 주재소장 집'에서 식모살이를 하며 갖은 고생을 다했을 것임을 상상하고 있음.

– 백석, 「팔원(八院)–서행시초(西行詩抄) 3」

*내지인 일제 강점기에 일본인을 '내지인'이라 부름.
*주재소 일제 강점기에, 순사가 머무르면서 사무를 맡아 보던 경찰의 말단 기관.
*내임 냄. '배웅'의 평안 방언.

***어조** 화자의 목소리에서 나타나는 특징을 말하며 화자의 말투나 말씨 등을 통해 드러남. 어조는 시의 정서 및 분위기를 알게 해 주는 중요한 요소로, 한 작품에 일관되게 나타나기도 하지만, 시의 흐름에 따라 변화하기도 함.

이 시는 한 '계집아이'를 통해 일제 강점기의 우리 민족의 비극적 삶을 형상화하고 있다. 시의 화자는 '자성'에 간다며 '묘향산행 승합자동차'에 오르는 한 계집아이에 주목한다. 그 계집아이는 '손잔등이 밭고랑처럼 몹시도 터졌'고, '내지인 주재소장 같은 어른과 어린아이 둘'의 배웅을 받으며 차에 올라 흐느끼며 운다. 화자인 듯한 '어느 한 사람'도 눈물을 흘리고, 그 계집아이가 그동안 어떤 고생을 했을지 상상을 하며 시상은 마무리된다. 애달픈 상황을 담담한 어조*로 그려 내고 있어 상황의 비극성이 한층 두드러지는 작품이다.

02 대상이나 상황에 대한 형상화를 이해하고, 화자의 정서나 태도를 파악해 보자

시에서 선택된 대상이나 상황은 화자의 정서나 태도와 긴밀하게 연관되어 있다. 따라서 대상이나 상황에 대한 형상화 방식을 잘 이해하면 화자의 정서나 태도를 파악하기 쉽다.

다음 시를 읽고 화자의 정서와 태도를 파악해 보자.

저 지붕 아래 제비집 너무도 작아 / 갓 태어난 새끼들만으로 가득 차고
어미는 둥지를 날개로 덮은 채 간신히 잠들었습니다
바로 그 옆에 누가 박아 놓았을까요, 못 하나
그 못이 아니었다면 / 아비는 어디서 밤을 지냈을까요
못 위에 앉아 밤새 꾸벅거리는 제비를 / 눈이 뜨겁도록 올려다봅니다
종암동 버스 정류장, 흙바람은 불어오고
한 사내가 아이 셋을 데리고 마중 나온 모습
수많은 버스를 보내고 나서야
피곤에 지친 한 여자가 내리고, 그 창백함 때문에
반쪽 난 달빛은 또 얼마나 창백했던가요
아이들은 달려가 엄마의 옷자락을 잡고
제자리에 선 채 달빛을 좀 더 바라보던
사내의, 그 마음을 오늘 밤은 알 것도 같습니다
실업의 호주머니에서 만져지던 / 때 묻은 호두알은 쉽게 깨어지지 않고
그럴듯한 집 한 채 짓는 대신
못 하나 위에서 견디는 것으로 살아온 아비,
거리에선 아직도 흙바람이 몰려오나 봐요
돌아오는 길 희미한 달빛은 그런대로
식구들의 손잡은 그림자를 만들어 주기도 했지만
그러기엔 골목이 너무 좁았고
늘 한 걸음 늦게 따라오던 아버지의 그림자
그 꾸벅거림을 기억나게 하는 / 못 하나, 그 위의 잠

– 나희덕, 「못 위의 잠」

→ 화자는 '제비집'을 관찰하면서 둥지에서 잠들지 못하고 '못' 위에서 잠든 '아비' 제비에 주목하고 있음.

→ 화자는 '못' 위에서 잠든 '아비' 제비에 대한 연민의 정서를 드러내는데, 이는 곧 '아버지'에 대한 연민과 연결되어 있음.

화자는 자신의 '아버지'에 얽힌 과거를 회상하면서 시상을 전개하고 있음.

화자는 과거 '아버지'의 행동을 떠올리면서 그때는 이해하지 못했던 '아버지'의 마음에 공감하고 있음.

유추적 상상력으로 화자가 '못' 위에서 잠든 '아비' 제비를 보면서 자신의 '아버지'를 떠올리게 된 이유가 드러나 있음.

이 시의 화자는 못 위에서 꾸벅이며 잠을 자고 있는 '아비' 제비의 모습을 보며 유년 시절 고단한 삶을 살았던 아버지의 모습을 회상하고 있다. 겉으로 범주가 다른 두 대상을 그려 내고 있지만, '아비' 제비는 바로 화자 아버지의 과거 모습을 간접적으로 드러낸 것이다. 현재 화자가 바라보고 있는 작은 제비집, 갓 태어난 새끼들, 날개로 둥지를 덮은 어미 제비, 못 위에서 잠을 자는 '아비' 제비는 각각 화자의 유년 시절의 좁은 골목길, '나'를 포함한 아이 셋, 피곤에 지친 어머니, 한 걸음 늦게 따라오는 아버지의 모습에 각각 대응되고 있다.

03 시적 형상화를 통해 시인이 말하고자 하는 바를 파악해 보자

시인은 있는 그대로의 현실을 드러내지 않고, 특정한 시어나 시구를 통해 현실을 드러내며 현실에 대한 비판적 인식을 담아내기도 한다.

다음 시에서 작품의 주제 의식을 어떻게 형상화하고 있는지 알아보자.

누가 하늘을 보았다 하는가
누가 구름 한 송이 없이 맑은 / 하늘을 보았다 하는가.

네가 본 건, 먹구름 / 그걸 하늘로 알고 / 일생을 살아갔다.

네가 본 건, 지붕 덮은 / 쇠항아리,
그걸 하늘로 알고 / 일생을 살아갔다.

닦아라, 사람들아 / 네 마음속 구름
찢어라, 사람들아, / 네 머리 덮은 쇠항아리.

– 신동엽, 「누가 하늘을 보았다 하는가」 중에서

□ : 진정한 자유와 평화의 세계를 의미함.

△ : 자유를 억압하고 구속하는 암울한 현실을 의미함.

□, △ : '먹구름'과 '쇠항아리'는 자유를 억압하고 구속하는 암울한 현실을, '하늘'은 진정한 자유와 평화의 세계를 의미함. 화자는 핵심 시어의 대조를 통해 구속과 억압의 역사를 비판하고, 참된 자유를 쟁취할 것을 촉구하고 있음.

TIP
신동엽의 다른 작품
「껍데기는 가라」(본 194쪽)

이 시에서는 '하늘', '먹구름'과 '쇠항아리'가 상징적인 시어로 제시되어 있다. 이 작품이 1960년대의 군사 정권하에서 지어진 작품임을 고려할 때, '하늘'은 자유롭고 평화로운 세계를, '먹구름'과 '쇠항아리'는 자유를 억압하고 평화를 구속하는 상황을 상징한다고 볼 수 있다. 화자는 '먹구름'과 '쇠항아리'를 '하늘'로 알고 살아가는 현실을 비판하면서 진정한 '하늘'을 보기 위해서는 '먹구름'을 닦고, '쇠항아리'를 찢는 사람들의 노력이 수반되어야 함을 강조한다.

하늘	↔	먹구름, 쇠항아리
'나'와 '사람들'이 추구해야 할 세계		'나'와 '사람들'이 극복해야 할 세계

원리로 작품 톡톡

> 다음 시를 읽고, 빈칸에 들어갈 알맞은 내용을 쓰시오.

새로이 이사를 와서 / 형편없이 더럽게 슬어 있는
흑갈빛 대문의 녹을 닦으며
내 지나온 생애에는 / 얼마나 지독한 녹이 슬어 있을지
부끄럽고 죄스러워 손이 아린 줄 몰랐다
나는, 대문의 녹을 닦으며 / 내 깊고 어두운 생명 저편을 보았다
비늘처럼 총총히 돋혀 있는 / 회한의 슬픈 역사 그것은 바다 위에서
혼신의 힘으로 일어서는 빗방울
그리 살아온 / 마흔세 해 수많은 불면의 촉수가
노을 앞에서 바람 앞에서
철없이 울먹였던 뽀오얀 사랑까지
바로 내 영혼 깊숙이 / 칙칙하게 녹이 되어 슬어 있음을 보고
손가락이 부르트도록 / 온몸으로 온몸으로 문지르고 있었다

– 허형만, 「녹을 닦으며–공초 14」

1. 이 시의 화자는 (　　　　)을 통해 자신의 '지나온 생애'에 슬어 있을 '녹'을 비판적으로 돌아보고 있다. 이러한 (　　　　)적 태도는 '영혼'의 '녹'을 (　　　　) 문지르는 행위로 형상화되고 있다.

답 흑갈빛 대문의 녹, 반성, 온몸으로 온몸으로

작품의 소통 구조와 다양한 맥락을 고려하여 이해·감상하라

원리 06-1 시의 소통 구조를 고려하여 작품을 이해하고 감상하자

개념 쏙쏙

시의 소통 구조에 따른 이해와 감상

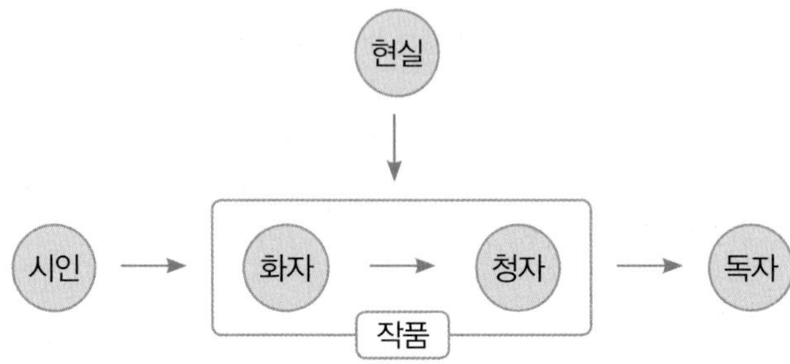

구조론적 관점 (작품)	작품을 하나의 유기체*로 보고, 작품 자체의 내적 구조와 요소들을 중심으로 시를 감상하는 관점으로, 화자와 청자, 어조와 표현, 시상 전개 방식 등에 주목하여 감상한다.
표현론적 관점 (시인)	작품을 시인의 체험과 사상, 정서 등을 표현한 것으로 보고 시를 감상하는 관점으로, 작가의 생애와 생각, 창작 의도 등과 관련하여 작품을 감상한다.
반영론적 관점 (현실)	작품은 특정한 현실을 반영하고 있으므로 그 현실과의 관련성을 중심으로 시를 감상하는 관점으로, 작품에 반영된 현실이나 시대상을 살피며 작품을 감상한다.
효용론적 관점 (독자)	작품과 독자 사이의 관계를 중시하여 작품은 독자에게 예술적인 감동과 깨달음을 주는 것으로 보고 시를 감상하는 관점으로, 작품이 독자에게 미치는 영향이나 효용과 관련하여 작품을 감상한다.

*유기체 많은 부분이 일정한 목적 아래 통일·조직되어 그 각 부분과 전체가 필연적 관계를 가지는 조직체.

원리 척척 01 시의 내적 구조를 이해하고, 작품을 감상해 보자

시는 그 자체로 완벽한 하나의 언어적 구조물이다. 따라서 화자와 청자, 어조와 표현, 시상 전개 방식 등의 요소들에 주목하면 작품의 내적 구조를 파악할 수 있다.

다음 시에서 작품의 내적 요소들을 고려하여 감상해 보자.

유성에서 조치원으로 가는 어느 들판에 우두커니 서 있는 한 그루 늙은 나무를 만났다. 수도승일까. 묵중하게 서 있었다.

☐: 화자가 '나무'를 보고 떠올린 이미지

다음날은 조치원에서 공주로 가는 어느 가난한 마을 어귀에 그들은 떼를 져 몰려 있었다. 멍청하게 몰려 있는 그들은 어설픈 과객*일까. 몹시 추워 보였다.

공주에서 온양으로 우회하는 뒷길 어느 산마루에 그들은 멀리 서 있었다. 하늘 문을 지키는 파수병일까, 외로워 보였다.

온양에서 서울로 돌아오자, 놀랍게도 그들은 이미 내 안에 뿌리를 펴고 있었다. 묵중한 그들의. 침울한 그들의. 아아 고독한 모습. 그 후로 나는 뽑아낼 수 없는 몇 그루의 나무를 기르게 되었다.

– 박목월, 「나무」

TIP 이 시의 화자는 특정한 대상에 대한 인식을 통해 자신을 성찰하고 대상에 공감한다. 화자는 여행 중에 만난 '나무'들의 모습에 주목하고 '나무'들에 비추어 자신의 내면을 성찰하며 '나무'들의 모습에 대한 정서를 드러내고 있다. 이를 통해 시의 화자는 대상과의 동질성을 확인한다.

이 시는 화자가 여행 중에 본 나무들을 통해 자기의 내면의 모습을 발견하는 과정을 그리고 있다. 화자는 여행 중 나무에게서 '수도승', '과객', '파수병'의 이미지를 떠올리는데, 이는 모두 고독하고 쓸쓸한 모

*과객 지나가는 나그네.

습이다. 여행을 마치고 돌아왔을 때 화자는 이 나무들이 외부의 풍경으로서가 아니라 자신의 내면에 자라나고 있음을 깨닫는다. 화자의 내면에 자란다는 말은, 그 나무와 같이 화자 또한 본질적으로 고독한 존재라는 인식에 도달했음을 의미한다. 이렇게 화자는 '나무'라는 자연물을 통해 자신의 본질을 인식하게 된다.

02 시와 관련한 시인의 전기적* 사실을 이해하고, 작품을 감상해 보자

***전기적(傳記的)** 한 사람의 일생 동안의 행적을 적을 만한 것. 또는 그런 것.

시에는 시인의 체험이나 사상, 감정 등이 표현되어 있다. 따라서 시를 창작할 당시 시인의 상황을 이해하면 작품을 효과적으로 감상할 수 있다.

다음 시에서 시인에 대한 전기적 사실이 작품에 어떻게 반영되어 있는지 확인해 보자.

……활자(活字)는 반짝거리면서 하늘 아래에서
간간이 / 자유를 말하는데 (□: 시인이 추구하던 이상)
나의 영(靈)은 죽어 있는 것이 아니냐

벗이여 / 그대의 말을 고개 숙이고 듣는 것이
그대는 마음에 들지 않겠지
마음에 들지 않아라

모두 다 마음에 들지 않아라
이 황혼도 저 돌벽 아래 잡초도
담장의 푸른 페인트 빛도
저 고요함도 이 고요함도

그대의 정의(正義)도 우리들의 섬세(纖細)도
행동이 죽음에서 나오는
이 욕된 교외에서는 → 시인이 추구하던 '자유'를 위해 아무것도 하지 못하는 생활에 대한 성찰이 반영됨.
어제도 오늘도 내일도 마음에 들지 않어라

그대는 반짝거리면서 하늘 아래에서
간간이 / 자유를 말하는데
우스워라 나의 영은 죽어 있는 것이 아니냐 → 일상에 매달려 살아가야 하는 자의 설움과 비애를 표현함.

– 김수영, 「사령(死靈)」

TIP 김수영은 1955년 6월 성북동에서 서강으로 이사하였다. 서강에서의 생활은 피폐해진 그의 몸과 마음을 점차 회복시키고, 그로 하여금 오랜만에 안정을 누리게 했다. 그가 이전과는 달리 생활에 대한 긍정을 시에 담아내었던 것도 그러한 안정과 관련이 깊다. 하지만 생활에 대한 시인의 긍정은 그리 오래 가지 못했다. 줄곧 이상과 현실을 문제 삼으면서 일상에 매달려 살아가야 하는 자의 설움과 비애를 느껴 왔던 시인은 다시 생활의 안정 속에 빠져 있는 자신을 발견하고, 그것을 이겨 내려고 애를 썼다. 이러한 서강에서의 생활은 1959년에 발표된 「사령(死靈)」을 이해하는 데 많은 도움을 준다.

이 시는 화자인 '나'와 '벗'의 대화를 기본 설정으로 하여 '자유'를 억압하는 세력에 대해 저항하지 못하는 자신의 영혼을 부정하면서 자신이 살고 있는 답답한 현실까지도 부정하는 내용을 담고 있다. 화자의 양심을 자극하는 것은 바로 '활자'이며, 활자는 '자유'를 말하고 있다. 그런데 화자는 고개를 숙이며 듣고 있을 뿐 어떠한 행동도 하지 못하고 있다. 하지만 화자는 자신이 무엇을 해야 하는지 잘 알고 있다. 이 시에는 자신을 성찰하고 자신의 비겁함과 소심함을 자책하는 한 시대의 지성인의 양심이 잘 드러나 있다.

03 시가 창작될 시기의 시대적·사회적 상황을 이해하고, 작품을 감상해 보자

***기린** 성인이 이 세상에 나올 징조로 나타난다는 상상 속의 동물.

다음 시에 반영된 시대적 현실을 이해하고, 작품을 감상해 보자.

TIP 순수 서정 시인 김영랑은 일제 강점 말기인 1930년대 후반에 이르러 더 이상 마음속 울림을 맑은 가락으로 빚어 낸 시를 쓸 수 없었다. 모국어로 시를 쓰는 것 자체가 어려웠기 때문이다. '거문고'는 이런 현실을 우의적 표현으로 비판한 시라고 할 수 있다.

TIP 문학의 사회·문화적 맥락
작품을 둘러싼 시대적·역사적·문화적 맥락 속에서 나타남. 개화기, 일제 강점기, 6·25 전쟁기, 산업화 시기, 민주화 시대 등의 사회적 상황이나 다양한 문화 현상이 이러한 맥락과 맞닿아 있음.

시에는 창작 당시의 시대적·사회적 상황이 반영되어 있다. 따라서 시가 창작될 당시의 상황을 파악하면 작품을 효과적으로 감상할 수 있다.

검은 벽에 기대선 채로 / 해가 스무 번 바뀌었는디
내 기린(麒麟)*은 영영 울지를 못한다
그 가슴을 통 흔들고 간 노인의 손 / 지금 어느 끝없는 향연(饗宴)에 높이 앉았으려니
땅 우의 외론 기린이야 하마 잊어졌을라
바깥은 거친 들 이리떼만 몰려다니고 / 사람인 양 꾸민 잔나비떼들 쏘다다니어
내 기린은 맘둘 곳 몸둘 곳 없어지다
문 아주 굳이 닫고 벽에 기대선 채 / 해가 또 한 번 바뀌거늘
이 밤도 내 기린은 맘 놓고 울들 못한다

– 김영랑, 「거문고」

□: 일제 치하에서 보낸 시간을 나타냄.
△: 일제와 그에 영합하여 활개 치는 친일파를 의미함.

이 시는 소리를 마음껏 내지도 못한 채 벽에 기대선 '거문고(기린)'를 통해 암울한 시대 상황에서 자유를 빼앗긴 상태로 살아가는 화자의 답답함과 비애 어린 마음을 잘 표현하고 있다. 이러한 모순과 억압의 상황에서 자유를 구가하지 못하는 시인은 자신의 처지와 심정을 시대를 잘못 만나 제 곡조를 잃어버린 '기린(거문고)'에 빗대어 표현하고 있다. 이러한 표현을 통해 망국의 상황에서도 마음껏 울지 못하는 설움 속에서 국권 회복에 대한 화자의 염원을 읽어 낼 수 있다.

원리로 작품 톡톡

> 다음 시의 창작 시기 및 배경을 바탕으로 작품을 감상하고, 빈칸에 들어갈 알맞은 시어를 찾아 쓰시오.

노주인의 장벽(腸壁)에
무시로 인동(忍冬) 삼긴* 물이 나린다.

자작나무 덩그럭 불*이
도로 피어 붉고,

구석에 그늘 지어
무가 순 돋아 파릇하고,

흙냄새 훈훈히 김도 서리다가
바깥 풍설(風雪) 소리에 잠착하다*.

산중에 책력(冊曆)*도 없이 / 삼동(三冬)*이 하이얗다.

– 정지용, 「인동차(忍冬茶)」

***삼긴** 삶긴. 물에 삶아 우려낸.
***덩그럭 불** 장작의 다 타지 않은 덩어리에 붙은 불.
***잠착하다** 한 가지 일에만 정신을 골똘하게 쓰다.
***책력** 달력.
***삼동** 겨울의 석 달.

1. 이 시는 일제 강점기 말기인 1941년에 발행된 정지용의 두 번째 시집인 『백록담』에 실린 작품이다. 이 무렵 정지용은 서울에 살고 있었는데, 인동차(忍冬茶)는 한약재로도 쓰이는 인동의 줄기와 잎사귀를 말려 달여 먹는 차로 인동에는 '겨울을 참고 견딘다.'는 뜻이 있다. 이를 고려할 때, 이 시에는 (   )으로 비유된 힘든 현실을 참고 견디려는 시인의 정신적 자세가 엿보인다.

답 겨울

원리 06-2 다양한 맥락을 고려하여 작품을 이해하고 감상하자

개념쏙쏙

맥락을 고려한 작품의 이해와 감상: 다양한 내적 요소들의 결합체인 문학 작품은 사회·문화적 맥락, 문학사적 맥락, 상호 텍스트적 맥락과 연계되어 있다. 작품의 이해와 감상은 이러한 내적 요소들의 결합 관계를 분석하고, 작품에 작용하는 다양한 맥락을 파악함으로써 이루어진다.

다양한 맥락에 따른 이해와 감상

사회·문화적 맥락	작품은 당대의 현실 속에서 생산되기 때문에 작품에는 창작 당시의 역사적 사건이나 사회적 변화, 문화적 현상 등이 반영되어 있다.
문학사적 맥락	문학 작품은 이전 시대에 나온 작품들과의 연계 속에서 새롭게 창조되며, 전통의 일부로 흡수되어 다음 시대의 작품에 영향을 준다.
상호 텍스트적 맥락	작품과 작품 사이에 제재, 구성, 주제 등이 밀접한 연관성을 지니는 것을 의미한다.

원리 척척 01 작품을 둘러싼 맥락을 이해하고, 작품을 감상해 보자

하나의 작품은 다양한 맥락 속에서 창작된다. 그러므로 작품을 둘러싼 맥락에 대한 이해를 바탕으로 작품을 이해하여 효과적인 감상을 할 수 있다.

다음 시에 대한 문학사적 평가를 바탕으로 감상해 보자.

차단—한 등불이 하나 비인 하늘에 걸려 있다.
내 호올로 어딜 가라는 슬픈 신호냐.

긴—여름해 황망히 나래를 접고 / 늘어선 고층 창백한 묘석같이 황혼에 젖어
찬란한 야경 무성한 잡초인 양 헝클어진 채 / 사념 벙어리 되어 입을 다물다.

피부의 바깥에 스미는 어둠 / 낯설은 거리의 아우성 소리
까닭도 없이 눈물겹고나.

공허한 군중의 행렬에 섞이어 / 내 어디서 그리 무거운 비애를 지니고 왔기에
길—게 늘인 그림자 이다지 어두워

내 어디로 어떻게 가라는 슬픈 신호기
차단—한 등불이 하나 비인 하늘에 걸리어 있다.

– 김광균, 「와사등」

TIP
1930년대 모더니즘을 주도했던 김광균은 감성보다 지성을 중시하는 이미지즘을 자신만의 방식으로 소화했다. 그는 상실감과 소외감 등의 정서에 회화적 이미지를 결합하여 현대 문명에 대한 태도를 표현했다.

이 시는 1930년대 일제 강점기의 암울한 현실 속에서 현대인의 고독과 불안 의식을 와사등, 즉 가스등을 통해 형상화하고 있다. 화자는 홀로 켜진 와사등을 보면서 어디로 가야 할지 방황하고 있다. 해는 져 황혼 녘이고, 점차 날은 어두워 오는데 무수히 많은 군중들 틈에서 화자는 슬픔에 눈물을 참지 못한다. 군중 속에서 화자는 고독과 삶의 비애를 느끼며 어디로 가야 할지 방향을 잡지 못한 채 빈 그림자만 늘어뜨리고 있다.

작품에 반영된 사회·문화적 맥락을 이해하고, 작품을 감상해 보자

시에는 다양한 사회·문화적 맥락이 반영되어 있다. 이러한 맥락을 이해하지 못하면 시인이 전달하고자 하는 바를 이해하기 어려우므로 사회·문화적 맥락의 단서를 찾아볼 필요가 있다.

다음 시를 읽고, 작품에 담긴 사회·문화적 맥락을 파악해 보자.

파란 녹이 낀 구리 거울 속에
내 얼굴이 남아 있는 것은
어느 왕조의 유물이기에
이다지도 욕될까.

나는 나의 참회의 글을 한 줄에 줄이자.
— 만 이십사 년 일 개월을
　무슨 기쁨을 바라 살아왔던가.

내일이나 모레나 그 어느 즐거운 날에
나는 또 한 줄의 참회록을 써야 한다.
— 그 때 그 젊은 나이에
　왜 그런 부끄런 고백을 했던가.

밤이면 밤마다 나의 거울을
손바닥으로 발바닥으로 닦아 보자.

그러면 어느 운석 밑으로 홀로 걸어가는
슬픈 사람의 뒷모양이
거울 속에 나타나 온다.

– 윤동주, 「참회록」

TIP 이 시는 윤동주가 1942년 1월 24일에 썼다고 전해지는 작품이다. 윤동주는 일본으로 유학을 가기 위해 1942년 1월 29일에 '히라누마 도오쥬(平沼東柱)'로 창씨개명을 하였다.

'창씨개명'이란 일제가 1940년 2월 11일부터 1945년 8월 15일 광복 직전까지 조선인에게 일본식으로 성과 이름을 고쳐 쓰도록 강요한 것을 말한다. 창씨개명은 조선 사회의 근간을 뿌리째 뒤흔든 사건으로 조선인들의 반발이 심해지자 강제적으로 창씨개명이 이루어졌다. 연희전문학교를 졸업한 후에 유학을 가고자 했던 윤동주는 고뇌에 빠진다. 창씨개명을 하지 않으면 일본으로 가는 유학이 불가능했기 때문이다. 일본 유학을 결심한 윤동주는 어쩔 수 없이 창씨개명을 하게 되었으며, 그로 인한 부끄러움에 '참회록'을 썼을 것이라고 추리할 수 있다.

03 상호 텍스트적 맥락을 고려하여 작품을 감상해 보자

어떤 작품은 기존의 작품과 밀접한 관련을 맺고 있어 상호 텍스트적 맥락을 고려하여 작품을 이해해야 작품에 대한 효과적인 감상이 이루어질 수 있다.

다음 시에서 김광섭의 「성북동 비둘기」를 창조적으로 수용한 내용을 확인하며 감상해 보자.

60년대 초 당신이 살던 성북동에서는
비둘기들이 채석장으로 쫓겨 돌부리를 쪼았다지만
20여 년이 지난 지금
성북동에 비둘기는 없는 걸요
채석장도 없어요
요즈음은 비둘기를 보려면
도심으로 들어와 시청 광장쯤에서 팝콘을 뿌리지요
순식간에 몰려드는 비둘기 떼
겁 없이 손등까지 올라와 / 만져도 도망가지 않고
소리쳐도 그냥 얌전히 팝콘을 먹지만
나머지 부스러기 하나마저 먹으면
올 때처럼 어디론지 사라져 버리는
비둘기를 만날 수 있어요. 그때에는
눈으로 손으로 애원해도 / 다시 오지 않아요

– 김유선, 「김광섭 시인에게」

□ : 시인은 김광섭 시인의 작품에서 노래한 '비둘기'를 제재로 20여년 후의 현대 사회의 단면을 포착하고 있음.

→ '팝콘'을 뿌릴 때만 모여들었다가 '부스러기'까지 다 먹고 난 후 사라지는 '비둘기'를 통해 물질적 이익에 따라 모여들었다가 뿔뿔이 흩어지는 이기적인 현대인의 모습을 비판적으로 형상화하고 있음.

이 시는 김광섭 시인의 「성북동 비둘기」를 창조적으로 변용하여 시의 대상인 '비둘기'를 재해석하고 있다. 화자는 시청 광장의 비둘기 떼가 '팝콘'을 먹기 위해 모여들었다가 다 먹고 나면 떠나서 돌아오지 않는 모습에 주목한다. 화자는 이 모습이 물질적 이익에 따라 이합집산*을 하는 현대인과 닮았다고 보고, 이를 통해 현대인의 이기적인 모습을 비판하고 있다.

***이합집산** 헤어졌다가 만나고 모였다가 흩어짐.

원리로 작품 톡톡

> 다음 시를 읽고, 빈칸에 들어갈 알맞은 내용을 쓰시오.

어느 날 당신과 내가 / 날과 씨로 만나서
하나의 꿈을 엮을 수만 있다면
우리들의 꿈이 만나 / 한 폭의 비단이 된다면
나는 기다리리, 추운 길목에서
오랜 침묵과 외로움 끝에
한 슬픔이 다른 슬픔에게 손을 주고
한 그리움이 다른 그리움의
그윽한 눈을 들여다볼 때
어느 겨울인들 / 우리들의 사랑을 춥게 하리
외롭고 긴 기다림 끝에
어느 날 당신과 내가 만나
하나의 꿈을 엮을 수만 있다면

– 정희성, 「한 그리움이 다른 그리움에게」

1. 이 시를 '서로 사랑하면서도 맺어지지 못하는 사연 때문에 고민하는 연인들이 많다.'는 맥락으로 해석하면 '하나의 꿈'은 (　　　　)로 이해할 수 있지만, '해방과 더불어 한반도는 분단 시대의 극복이라는 과제를 안게 되었다.'는 맥락으로 해석하면 '하나의 꿈'은 (　　　　)로 이해할 수 있다.

답 사랑의 결실, 민족(남북)의 통일

독해의 원리 다지기 1

강은교 ~ 김기택

001 우리가 물이 되어 _ 강은교

작품 미리보기

주제 생명력이 충만한 새로운 세계의 추구

특징

① 가정형 진술의 반복을 통해 소망의 간절함을 부각함.
② 물과 불의 이미지를 대비하고 통합함.
③ 소망과 현실의 대비를 통해 주제를 강조함.

구성

1연: 물이 되어 만나기를 소망함.
2연: 물이 되어 바다에 이르기를 소망함.
3연: 불로 만나려 하는 현실의 상황
4연: 불이 지난 뒤 물로 만나기를 소망함.

작품 자세히 읽기

시인은 이 시의 출발이 '남북의 정치 상황에 관한 꿈꾸기'였다고 말한 바 있다. 즉 남과 북으로 분단된 현실과 그 현실에 대한 극복의 소망에서 출발했다는 것이다. 그렇다면 시인은 '불로 만나려' 하는 분단의 상황을 안타까워하며 물이 세상의 모든 불들을 끌어안는 화합과 평화의 세계를 노래한 것이라 할 수 있다. 그러나 이 시는 이러한 구체적 현실에 그치지 않고 모든 죽음, 소멸, 파괴, 증오를 뛰어넘는 생명, 사랑, 화합을 노래한 것으로 해석할 수 있다.

지식 더하기

문학에서 물과 불의 이미지

물과 불은 흔히 서로 대립적, 상충적인 것으로 이해되고 있으나 문학과 예술에서는 항상 그런 것이 아니다. '불'은 열을 가하여 존재를 소멸, 파괴한다. 그러나 이러한 소멸과 파괴의 고통 속에서 존재는 영혼의 정화를 경험한다. 마찬가지로 '물'은 존재를 생성, 유지시키지만 그것을 파괴하기도 한다. 또한 물은 불의 힘을 느슨하게 하고 열기를 가라앉게 만든다. 그리고 그 소멸하여 가라앉은 열기에서 다시 물이 생성되기도 한다. 이 작품에서 '저 불 지난 뒤에 ~ 푸시시 푸시시 불 꺼지는 소리'의 의미를 이를 통해 짐작할 수 있다.

엮어 읽기

신동엽, 「봄은」 (196쪽)

「봄은」은 '봄'과 '겨울'의 상징적 의미를 대비하여 간절한 기다림과 소망을 노래하고 있다는 점에서 '물'과 '불'의 이미지가 대립되는 이 시와 공통점이 있다. 그러나 「우리가 물이 되어」에 비해 「봄은」은 시대 현실에 대한 인식과 극복 태도가 두드러지게 나타나 있다는 점에서는 차이가 있다. 또한 「우리가 물이 되어」에서 '물'과 '불'은 단순한 대립적 의미를 뛰어넘는 통합으로 나타나는 데 비해 「봄은」에서의 '봄'과 '겨울'은 긍정과 부정의 의미 대립이 보다 분명하게 나타나 있다는 점에서 차이가 있다.

우리가 물이 되어 만난다면
가문 어느 집에선들 좋아하지 않으랴.
우리가 키 큰 나무와 함께 서서
㉠우르르 우르르 비 오는 소리로 흐른다면

흐르고 흘러서 저물녘*엔
저 혼자 깊어지는 강물에 누워
죽은 나무뿌리를 적시기도 한다면.
아아, 아직 처녀인
부끄러운 바다에 닿는다면.

그러나 지금 우리는
불로 만나려 한다.
벌써 숯이 된 뼈 하나가
세상에 불타는 것들을 쓰다듬고 있나니

만 리 밖에서 기다리는 그대여
저 불 지난 뒤에
흐르는 물로 만나자.
㉡푸시시 푸시시 불 꺼지는 소리로 말하면서
올 때는 인적* 그친
넓고 깨끗한 하늘로 오라.

○: '물'의 이미지 흐름
□: '-ㄴ다면'(가정형 진술)
지금 → 현재 상황

*저물녘 날이 저물 무렵.
*인적 사람의 발자취. 또는 사람의 왕래.

원리로 작품 정리하기

원리1 화자, 대상, 청자

화자는 '나'를 포함한 (❶)라고 할 수 있음.

원리2 상황, 정서, 태도, 어조

- (❷)로 만나려는 지금의 상황
- (❸)로 만나고 싶은 소망

원리3 시어와 심상

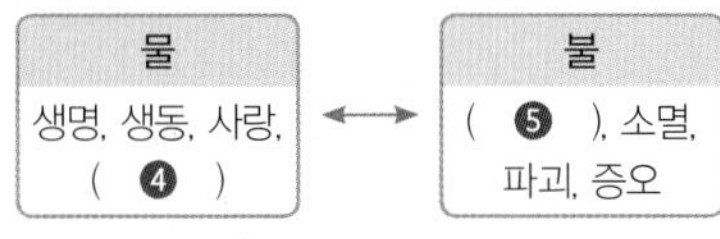

→ 그러나 '불'을 지난 뒤 '물'로 만남.

원리4 발상·표현, 표현 기법

- (❻)적 이미지를 사용하여 주제 의식을 드러냄.
- (❼)(우르르 우르르, 푸시시 푸시시)를 사용하고 있음.

원리5 시상 전개, 시적 형상화

- 1, 2연: '~ㄴ다면'의 (❽) 진술 반복
- 3연: (❾)의 상황으로 시상 전환
- 4연: 명령형 어미로 소망, 기원을 드러냄.

원리6 소통 구조, 맥락을 고려한 이해와 감상

시인은 '불'로 만나려는 '우리'를 염려하며 이 '불'이 지난 뒤에 '우리'가 '물'로 만나기를 소망하고 있다. 여기서 '우리'는 화자를 포함한 (❿)로 볼 수 있으며, 그런 점에서 '(⓫)' 역시 공동체에 속하는 존재임을 알 수 있다.

정답 ❶ 우리 ❷ 불 ❸ 물 ❹ 화합 ❺ 죽음 ❻ 대립 ❼ 음성 상징어 ❽ 가정형 ❾ 현재 ❿ 공동체 ⓫ 그대

실전 연습하기

내신형 — 9264-0001

01 윗글에 대한 설명으로 적절하지 않은 것은?

① 1, 2연에서는 가정적 진술로 소망의 간절함을 말하고 있다.
② 1연에서는 설의적 표현으로 시적 의미를 강조하고 있다.
③ 2연에서는 영탄적 표현으로 내적 갈등을 드러내고 있다.
④ 3연의 현재형 진술은 1, 2연의 가정적 진술과 시적 대비를 이루고 있다.
⑤ 4연은 명령형 진술을 통해 소망을 강조하고 있다.

빈칸 완성형 — 9264-0002

02 윗글에서 2연의 (   )는 아직 어느 것에 의해서도 훼손되지 않은 원시적 공간으로, 물이 궁극적으로 이르게 되는 곳으로 인식된다. 그런 점에서 4연의 넓고 깨끗한 (   ) 역시 '불'을 지난 뒤에 '물'이 궁극적으로 도달하고자 하는 지점을 표상하는 이미지라 할 수 있다.

서술형 — 9264-0003

03 <보기>는 윗글에 대해 시인이 한 말의 일부이다. 윗글과 <보기>를 참조할 때, <보기>의 밑줄 친 구절이 의미하는 것을 40자 이내로 쓰시오.

> 보기
>
> 사실 이 시는 처음에는 나의 관념적 꿈의 단순한 끼어들기였습니다. 그 꿈이 남북의 정치 상황에 관한 꿈꾸기였다고 한다면 믿으시겠습니까. 그랬습니다. 물과 불이 만나는 세계를 나는 꿈꾸었고, 그 물이 세상의 모든 불들을 끌어안는 세계를 나는 꿈꾸었습니다.

수능형 2017학년도 6월 모의평가 — 9264-0004

04 ㉠과 ㉡에 대한 설명으로 가장 적절한 것은?

① ㉠은 물의 무력감을, ㉡은 물의 충족감을 비유한다.
② ㉠은 비의 부정적 의미를, ㉡은 소리의 긍정적 의미를 함축한다.
③ ㉠은 비에 대한 불안감을, ㉡은 소리에 대한 불안감을 반영한다.
④ ㉠은 물의 생동하는 힘을, ㉡은 불이 소멸하는 상황을 형상화한다.
⑤ ㉠은 상승하는 물의 움직임을, ㉡은 하강하는 불의 움직임을 구체화한다.

002 면면함*에 대하여 _ 고재종

작품 미리보기

주제 고난을 극복해 나가며 끈질기게 이어지는 생의 면면함.

특징
① 청자를 설정하여 성찰적 물음을 던짐.
② 핵심 소재인 느티나무를 통해 의미를 확장함.
③ 긴밀하게 이어지는 감각적 이미지들로 주제를 형상화함.

구성
1연: 느티나무의 푸르른 울음소리
2연: 지난 겨울 느티나무의 울음
3연: 농촌 공동체의 해체 위기
4연: 이파리와 초록의 광휘로 이어진 푸르른 울음
5연: 느티나무를 보며 삶을 가다듬는 사람들

작품 자세히 읽기

이 시에서 '느티나무의 푸르른 울음소리'는 '이파리'에 전이되고 그것이 '생생한 초록의 광휘'로 내뿜어지고 우렁찬 '북소리'로 울리기도 한다. 그러나 그 '북소리'는 최종적인 것이 아니어서 언제든 다시 상처를 받아 흐느끼는 울음소리로 바뀔 수 있다. 시련과 난관은 끊임이 없고 우리의 삶은 그것을 이겨 내면서 끈질기게 이어진다. 이처럼 '면면함'은 곧 우리의 삶 그 자체인 것이다.

지식 더하기

느티나무
우리나라 사람들은 봄에 동구 밖에 있는 커다란 느티나무의 잎이 피는 모습으로 그 해 농사의 풍년과 흉년을 점쳤는데, 느티나무 잎이 한꺼번에 피게 되면 풍년이고 그렇지 않으면 흉년이 든다고 했다. 이와 같이 느티나무는 예로부터 우리 삶의 모든 것들과 연관 지어진 정감 있는 나무다. 든든하고 억센 줄기는 강인한 의지를, 고르게 퍼져 있는 가지들은 조화로운 질서를, 단정한 나뭇잎은 예의를 의미하고 있어 예로부터 충과 효와 예의 나무라고 했다. 또한 느긋하고 늠름하며, 수많은 생명을 끌어안는 어머니와 같은 나무다.

엮어 읽기

신경림, 「농무」 (◎186쪽)
「농무」는 1960~1970년대 산업화와 근대화의 과정에서 파괴되어 가는 농촌의 현실을 사실적으로 그린 작품이다. 이 작품에서 농민들은 답답하고 고달픈 삶에 절망하면서도 신명 난 춤사위를 통해 그것을 극복해 내려는 의지를 보여 주기도 한다. 「면면함에 대하여」 역시 해체되어 가는 농촌 공동체의 단면을 보여 주고 있다는 점, 절망을 희망으로 바꾸려는 의지를 보이고 있다는 점 등에서 「농무」와 공통적이다.

[A]
너 들어 보았니
저 동구* 밖 느티나무의
푸르른 울음소리

[B]
날이면 날마다 삭풍* 되게는 치고
우듬지* 끝에 별 하나 매달지 못하던
지난겨울
온몸 상처투성이인 저 나무
제 상처마다에서 뽑아내던
푸르른 울음소리

○ : 청자 '너'를 설정하여 말을 건네는 방식(1연의 반복)

[C]
너 들어 보았니
다 청산하고* 떠나 버리는 마을에
잔치는 아직 끝나지 않았다고
그래도 지킬 것은 지켜야 한다고
소리 죽여 흐느끼던 소리
가지 팽팽히* 후리던* 소리

[D]
오늘은 그 푸르른 울음
모두 이파리 이파리에 내주어
저렇게 생생한 초록의 광휘*를
저렇게 생생히 내뿜는데

[E]
앞들에서 모를 내다
허리 펴는 사람들
왜 저 나무 한참씩이나 쳐다보겠니
어디선가 북소리는
왜 둥둥둥둥 울려 나겠니

△ 지난겨울 / 오늘: 과거(겨울)와 현재(봄)의 대비

□ : 시련 속에서도 이어지는 삶의 면면함을 드러내 줌.

*면면함 끊어지지 않고 죽 잇따라 있음.
*동구 동네 어귀.
*삭풍 겨울철에 북쪽에서 불어오는 찬 바람.
*우듬지 나무의 꼭대기 줄기.
*청산하고 과거의 부정적 요소를 깨끗이 씻어 버리고.
*팽팽히 줄 따위가 늘어지지 않고 힘 있게 곧게 펴져서 튀기는 힘이 있는 정도로.
*후리던 휘둘러서 때리거나 치던.
*광휘 환하고 아름답게 눈이 부심. 또는 그 빛.

원리로 작품 정리하기

원리1 화자, 대상, 청자
- 화자가 (❶)를 청자로 설정하여 이야기를 함.
- (❷)의 울음을 통해 농촌의 현실과 삶의 의미를 성찰함.

원리2 상황, 정서, 태도, 어조
- 다 청산하고 떠나버리는 마을: 해체되어 가는 (❸)
- 겨울을 이겨 낸 느티나무를 쳐다보는 사람들: 끈질긴 (❹)에 대한 긍정

원리3 시어와 심상
- 푸르른 울음소리: 고통, (❺), 희망, 의지 등의 의미를 동시에 내포함.
- '푸르른 울음소리 – (❻) – 초록의 광휘 – 북소리'의 연결을 통해 면면히 이어지는 삶의 흐름을 나타냄.

원리4 발상·표현, 표현 기법
- 공감각적(❼), 시각적(이파리, 초록의 광휘), 청각적(❽) 심상의 긴밀한 연결
- 도치와 (❾): 1~3연

원리5 시상 전개, 시적 형상화

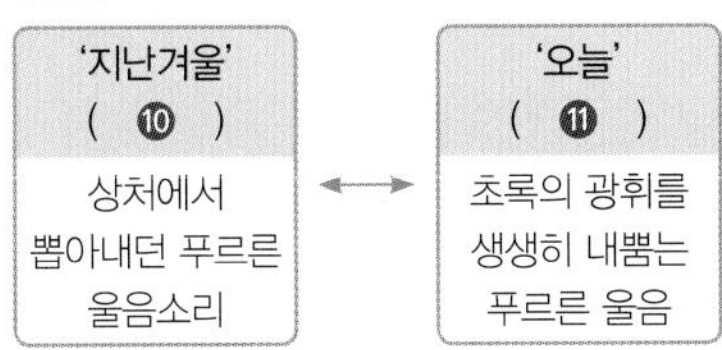

원리6 소통 구조, 맥락을 고려한 이해와 감상

'느티나무'를 통해 농촌 공동체의 회복, 삶의 고난과 극복 등으로 의미의 (⓬)이 이루어지고 있다.

정답 ❶ 너 ❷ 느티나무 ❸ 농촌 ❹ 삶 ❺ 생명력 ❻ 이파리 ❼ 푸르른 울음소리 ❽ 북소리 ❾ 반복 ❿ 과거 ⓫ 현재 ⓬ 확장

실전 연습하기

내신형 9264-0005

01 윗글에 대한 설명으로 적절하지 않은 것은?

① 도치와 반복을 통해 리듬감을 살리고 있다.
② 청자를 설정하여 말을 건네는 방식을 사용하고 있다.
③ 과거와 현재의 대비를 통해 주제 의식을 강조하고 있다.
④ 대립적 이미지를 병치하여 회의적 태도를 드러내고 있다.
⑤ 시각적, 청각적 심상을 활용하여 의미를 선명하게 드러내고 있다.

빈칸 완성형 9264-0006

02 윗글에서 '면면함'은 연속되는 시련 속에서도 끊어지지 않고 이어지는 삶을 의미한다고 볼 수 있다. 그러기에 '푸르른 울음소리'는 이파리로 이어져 초록의 (   )를 내뿜어 내고 (   )로 울리기도 하지만, 또다시 '삭풍'으로 인한 '(   )'에서 울려 나오는 울음소리로 전환될 수 있음을 내포하고 있다.

서술형 9264-0007

03 윗글의 [C]에서 고난에 대처하는 두 가지 대조적인 태도로 볼 수 있는 내용을 시구를 활용하여 쓰시오.

수능형 9264-0008

04 <보기>를 바탕으로 윗글을 감상할 때, 적절한 반응으로 보기 어려운 것은?

보기

해체되어 가는 농촌 사회의 단면을 담고 있는 이 시는 '마을'의 아픔을 '느티나무'의 형상 속에 겹쳐 놓고 있다. 그러나 '겨울'을 이겨 낸 '나무'가 상처를 회복하며 생명을 이어가듯 농촌 역시 생명력과 공동체를 회복하리라는 희망을 제시한다. 이는 다시 생(生)의 의미로 확장되어, 면면히 '겨울'을 이겨 낸 '나무'와 같이 끊임없이 난관을 극복하며 살아가는 것이 인생임을 일깨운다. 그런 의미에서 작품의 제목인 '면면함'은 이 시의 주제를 함축한다.

① [B], [D]의 상황 대조를 통해 '푸르른 울음소리'의 정체가 시련을 딛고 뿜어져 나오는 자연의 생명력임을 '나무'가 '초록의 광휘'를 '내뿜는' 것으로 제시하고 있군.
② [C]의 '청산하고 떠나 버리는 마을'에서 해체된 농촌 공동체의 단면이 드러나며, 이로 인한 화자의 체념과 절망이 '가지 팽팽히 후리던 소리'에 투영되어 있군.
③ [D], [E]를 통해 고된 삶을 사는 '사람들'이 고통을 이겨 낸 '오늘'의 '나무'를 '쳐다보'며 삶의 자세를 가다듬고 있다고 볼 수 있군.
④ [E]는 '나무'의 생명력이 농촌을 지키는 '사람들'에게 전이되어 새 희망을 주고 있음을 '북소리'가 울려 퍼지는 것으로 형상화하고 있군.
⑤ [A]~[E]를 통해 '느티나무'와 '사람들'의 삶이 동일시됨으로써, '면면함'의 의미가 고난을 이겨 내는 끈질긴 삶과 생명력에 있음을 알 수 있군.

003 세한도 _ 고재종

수록 교과서
문학 _신사고

작품 미리보기

주제 힘겨운 농촌 현실을 견뎌낼 수 있는 희망

특징
① 색채 이미지를 통해 희망을 강조함.
② 대상을 의인화하여 의연한 모습을 부각함.

구성
1연: 쇠락한 농촌 현실과 의연한 모습의 청솔
2연: 시련과 고통을 감내하면서 살아온 청솔
3연: 깊은 시름에 빠진 마을 사람들과 함께 노여워하는 청솔
4연: 궁벽한 상황에서 벗어나고자 애쓰며 청솔을 바라보는 마을 사람들
5연 : 의연한 모습을 잃지 않는 청솔
6연 : 가혹한 상황에도 잃지 않는 희망

작품 자세히 읽기

이 시는 1997년 12월, 대한민국이 국제통화기금에서 자금을 지원받아 국가 부도 사태를 면한 사건인 일명 'IMF 사태' 직후에 발표된 작품이다. 시인은 국가가 경제 위기를 겪고 있는 상황에서 국민들이 어려움을 이겨 낼 수 있는 힘을 주기 위해 추사 김정희가 그린 〈세한도〉를 모티프로 한 작품을 창작하였다. 시인은 제주도로 유배된 추사 김정희가 힘겨운 세월을 견뎌 냈듯이 대한민국 국민들도 엄혹한 현실을 이겨 내기를 바랐을 것이다. 그래서 시인은 꿋꿋이 서 있는 '청솔'을 제시해 희망을 품고 살아가자고 노래한다.

지식 더하기

추사 김정희의 〈세한도〉
추사 김정희가 그린 〈세한도〉에서 집 오른쪽의 나무는 오랜 풍상을 겪어 애처로운 몰골로 그려져 있으며, 집 왼쪽의 나무는 곧게 자라는 모습으로 그려져 있다. 이를 통해 김정희는 유배 생활 중인 자신의 상황을 드러내는 동시에 자신을 위해 청나라의 귀한 서적을 보내 준 이상적의 의리를 표현하고 있다.

엮어 읽기

신경림, 「농무」 (◉186쪽)
고재종의 「세한도」와 신경림의 「농무」는 둘 다 피폐해진 농촌 현실을 다루고 있다. 고재종의 「세한도」는 김정희의 〈세한도〉를 모티브로 쇠락해 가는 농촌 현실을 다루며 힘겨운 현실을 이겨 낼 희망을 노래하고 있다. 한편 신경림의 「농무」는 산업화 과정에서 소외된 농민들의 상대적 박탈감을 반어적으로 드러내어 현실에 대한 비판을 효과적으로 형상화하고 있다.

날로 기우뚱해* 가는 마을 회관 옆
(산업화로 인해 쇠락해 가는 농촌의 현실을 보여 줌.)
청솔 한 그루 꼿꼿이 서 있다.
(강한 생명력을 지닌 존재로 추사 김정희의 '세한도'에 그려진 소나무와 상통함.)

「한때는 앰프* 방송 하나로
집집의 새앙쥐까지 깨우던」 회관 옆,
(「 」: 새마을 운동이 한창이던 과거 농촌 풍경)
그 둥치의 터지고 갈라진 아픔으로
(청솔이 겪었을 시련과 고통)
푸른 눈 더욱 못 감는다.
(마을의 힘겨운 상황을 외면하지 못하는 청솔)

그 회관 들창 거덜 내는 댓바람 때마다
(마을을 쇠락하게 하는 외부적인 일들)
청솔은 또 한바탕 노엽게 운다.
(마을이 쇠락해가는 상황에 대한 청솔의 분노)
거기 술만 취하면 앰프를 켜고
천둥산 박달재를 울고 넘는 이장과 함께.
(〈울고 넘는 박달재〉를 부르는 이장을 통해 마을 사람들의 깊은 시름을 대변함.)

생산도 새마을도 다 끊긴 궁벽*, [그러나]
(쇠락해지는 상황을 막을 수 없어 궁벽해진 농촌의 현실)
([ ] : 시상의 전환(절망 → 희망))
저기 난장 난 비닐하우스를 일으키다
그 청솔 바라다보는 몇몇들 보아라.
(뒤죽박죽이 된 비닐하우스를 정비하는 몇몇 마을 사람들의 모습에서 희망을 발견함.)

그때마다, 삭바람*마저 빗질하여
서러움조차 잘 걸러 내어
푸른 숨결을 풀어내는 청솔 보아라.
(자신에게 닥치는 시련을 약화시키고 그로 인한 설움을 달래면서 푸름을 유지하는 청솔)

나는 희망의 노예는 아니거니와
까막까치 얼어 죽는 이 아침에도
(까마귀와 까치가 얼어 죽을 만큼 절망적인 상황)
저 동녘에선 꼭두서니빛* 타오른다.
(동쪽에서는 희망의 빛이 타오르며 뜰 것임을 확신함.)

*기우뚱해 조금 기운 듯해.
*앰프 진공관, 트랜지스터 따위를 이용하여 증폭 작용을 하게 하는 장치.
*궁벽 매우 후미지고 으슥함.
*삭바람 삭풍. 겨울철에 북쪽에서 불어오는 찬 바람.
*꼭두서니빛 꼭두서니를 원료로 하여 만든 물감과 같이 붉은 빛깔.

원리로 작품 정리하기

원리1 화자, 대상, 청자

(❶): 마을 사람들과 시련과 고통을 함께 하며 의연한 모습을 지켜온 존재

원리2 상황, 정서, 태도, 어조

- (❷)을 통해 농촌의 쇠락을 드러내면서 힘겨운 농촌 현실을 제시하고 있음.
- 평서형 진술과 (❸) 진술을 통해 현재 상황과 함께 화자의 바람을 노래함.

원리3 시어와 심상

마을 회관	+	청솔
쇠락해 가는 농촌 현실을 상징		시련과 고통을 마을과 함께한 존재

→ '푸른' 색채를 통해 힘겨운 현실을 이겨 낼 희망을 부각함.

원리4 발상·표현, 표현 기법

- '청솔'을 (❹)하여 농촌 마을 사람들의 좌절과 절망을 효과적으로 표현함.
- '천둥산 박달재를 울고 넘는'과 같은 유행가 가사를 통해 대상의 상황을 효과적으로 드러냄.

원리5 시상 전개, 시적 형상화

기울어 가는 '마을 회관'과 시름에 젖은 '이장'을 통해 쇠락해 가는 농촌 현실을 드러내는 동시에, 의연한 '청솔'과 현실을 이겨 내려는 '몇몇들'을 통해 어려움을 이겨 낼 수 있는 (❺)을 암시하고 있음.

원리6 소통 구조, 맥락을 고려한 이해와 감상

시인은 '마을 회관'의 현재 모습을 통해 힘겨운 농촌 현실을 보여 주고 있으며, 이런 현실을 살아가는 이들의 고통과 설움을 대변하는 (❻)을 통해 농촌의 깊은 시름을 드러내고 있다. 그리고 이들과 함께해 온 '청솔'의 모습을 보여 주면서 '청솔'처럼 꿋꿋하고 의연하게 어려움을 이겨 내자고 노래하고 있다.

정답 ❶ 청솔 ❷ 마을 회관 ❸ 명령형 ❹ 의인화 ❺ 희망 ❻ 이장

실전 연습하기

내신형 9264-0009

01 윗글에 대한 설명으로 가장 적절한 것은?

① 대구 표현을 통해 회고적 정서를 환기하고 있다.
② 화자의 시선 이동에 따라 시상을 전개하고 있다.
③ 동일한 시행을 반복하여 리듬감을 부여하고 있다.
④ 색채 이미지를 활용하여 주제 의식을 드러내고 있다.
⑤ 인간과 자연을 대조하여 부당한 현실을 강조하고 있다.

빈칸 완성형 9264-0010

02 윗글의 전반부에서는 그동안 계속해서 쇠락해 왔던 농촌 마을의 황폐한 현실을 다루고 있다. 하지만 (   )라는 시어를 기점으로 이 시의 후반부에서 절망은 희망으로 바뀌고, 사람들이 포기하지 않는 한 힘겨운 상황을 이겨 낼 수 있으리라는 기대를 품게 하고 있다.

서술형 9264-0011

03 〈보기〉의 ㉮와 ㉯에 들어갈 시구를 윗글에서 찾아 쓰시오.

보기

윗글의 5연에서 (㉮)는 눈에 보이지 않는 대상을 마치 눈에 보이는 것처럼 표현한 부분이고, (㉯)는 인간의 감정이나 정서를 마치 물리적인 대상인 것처럼 표현한 부분이다.

수능형 9264-0012

04 윗글에 대한 감상으로 적절하지 않은 것은?

① 1연에서는 쇠락해 가고 있는 '마을 회관'과 꿋꿋하게 서 있는 '청솔'을 대비하며 시상을 열어가고 있다.
② 2연에서는 '마을 회관'의 과거를 보여 주는 동시에 '청솔'의 아픔을 제시해 피폐해진 농촌 현실을 환기하고 있다.
③ 3연에서는 '청솔'의 노여움과 '이장'의 설움이 교차하고 있고, 4연에서는 황폐해진 현실에 대한 '몇몇들'의 울분이 드러나 있다.
④ 5연에서는 '청솔'이 현실의 냉혹함을 상징하는 '삭바람'과 그로 인한 '서러움'을 누그러뜨리는 넉넉한 존재임을 강조하고 있다.
⑤ 6연에서는 '동녘'에서 타오르는 '꼭두서니빛'을 제시하여 열악한 상황에도 희망을 품을 수 있다는 주제 의식을 표출하고 있다.

004 첫사랑 _ 고재종

수록 교과서
국어 _금성, 비상(박안), 신사고
문학 _지학사

흔들리는 나뭇가지에 꽃 한번 피우려고
'눈'이 이루고자 하는 사랑의 의미
눈은 얼마나 많은 도전을 멈추지 않았으랴

싸그락 싸그락 두드려 보았겠지
난분분 난분분* 춤추었겠지
미끄러지고 미끄러지길 수백 번,
음성 상징어를 통해 '눈'의 '많은 도전'을 감각적으로 형상화하고 있음.

바람 한 자락 불면 휙 날아갈 사랑을 위하여
'나뭇가지'를 향한 '눈'의 사랑이 쉽게 사라질 수 있음을 보여 줌.
햇솜 같은 마음을 **다 퍼부어 준 다음에야**

마침내 피워 낸 저 황홀* 보아라
'눈'의 끊임없는 노력으로 피워 낸 눈꽃

봄이면 가지는 **그 한 번 덴 자리**에
'눈'이 '나뭇가지'에 내려앉아 만들어 낸 눈꽃이 봄이 되어 사라졌음을 의미함.
세상에 가장 **아름다운 상처**를 터뜨린다
나무가 피워 낸 '꽃'을 역설적으로 표현하고 있음.

*난분분 눈이나 꽃잎 따위가 흩날리어 어지러운 모양.
*황홀 눈이 부시어 어릿어릿할 정도로 찬란하거나 화려함.

작품 미리보기

주제 끝없는 시도로 이루어 낸 찬란한 사랑
특징
① 설의적 표현, 역설적 표현으로 의미를 강조함.
② 음성 상징어를 활용하여 생동감을 부여함.
구성
1연: 눈꽃을 피우기 위해 도전하는 눈
2연: 눈꽃을 피우려는 눈의 시도와 실패
3연: 마침내 피워 낸 꽃에 대한 감탄
4연: 눈이 사라진 자리에 피어난 꽃의 아름다움

작품 자세히 읽기

이 시는 '눈'과 '나뭇가지'가 어우러져 피워 낸 눈꽃을 '사랑'으로 표현하고 있다. '눈'이 '많은 도전'을 한 결과로 '나뭇가지'에 피워 낸 눈꽃은 '바람 한 자락 불면' 사라질 것이기에 이미 그 사랑은 이별이 예고된 사건일 수밖에 없다. 그러나 이 사랑은 아픔으로만 끝나지는 않는다. 첫사랑은 이루어지지 않는다는 속설처럼 겨우내 있었던 '눈'과 '나뭇가지'의 사랑은 이별로 마무리되지만, 봄이 되면 그 자리에서 화려한 꽃이 피어난다. 이는 첫사랑의 아픔에서 잉태되었기에 '세상에서 가장 아름다운 상처'로 표현되고 있다.

지식 더하기

농촌 시인 고재종
고재종은 농촌에서 생활하고 있는 시인이다. 그래서 그의 시는 농촌에서의 생활, 농민들의 삶과 밀접하게 관련되어 있다. 시인의 말에 따르면 겨울에 나무의 꽃눈에 눈이 많이 쌓인 이듬해 봄에는 꽃이 크고 화려하게 피어난다고 한다. 이처럼 시인은 농촌 생활 중에 직간접적으로 경험한 일들을 시로 형상화하면서 그 안에 삶에 대한 통찰을 담아내고 있다.

엮어 읽기

장석남, 「배를 매며」 (➡232쪽)
고재종의 「첫사랑」과 장석남의 「배를 매며」는 사랑의 의미와 본질에 대한 통찰을 노래하고 있다는 점에서 공통적이다. 한편 「첫사랑」이 자연 현상에서 포착한 경험적 진실과 사랑을 연관 지은 반면, 「배를 매며」는 사랑을 배를 매는 일에 비유하고 있다. 동서양과 고금을 막론하고 사랑을 노래한 작품들이 많으나, 두 작품 모두 신선한 시각에서 사랑의 의미와 본질에 대해 고찰하고 있다는 점에서 주목할 만하다.

원리로 작품 정리하기

원리1 화자, 대상, 청자
화자는 (❶)을 피우기 위해 나뭇가지에 내려앉으려는 (❷)의 시도를 노래하고 있음.

원리2 상황, 정서, 태도, 어조
'눈'이 무수히 많은 시도를 하여 '나뭇가지'에 피운 눈꽃을 (❸)이라고 표현하면서 감탄하고 있음.

원리3 시어와 심상

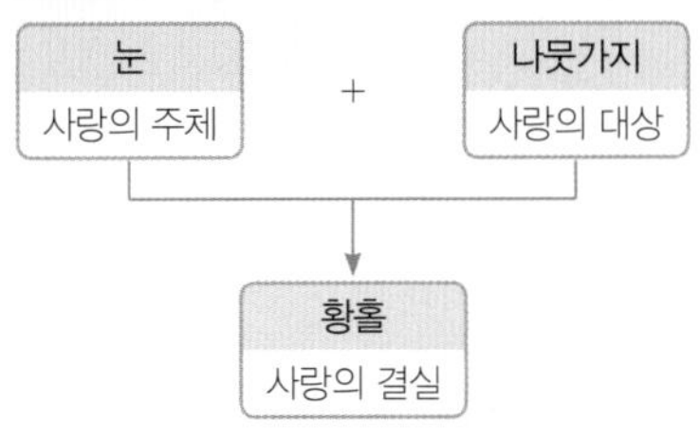

→ '눈'은 자신의 마음을 다 퍼부어 준 다음에야 비로소 '눈꽃'을 피워냄.

원리4 발상·표현, 표현 기법
- '눈은 얼마나 많은 도전을 멈추지 않았으랴'라는 설의적 표현으로 눈꽃을 피우려는 눈의 끝없는 시도를 강조하고 있음.
- '싸그락 싸그락'과 같은 (❹)를 사용하고 있음.

원리5 시상 전개, 시적 형상화
'눈'이 '나뭇가지'에 내려앉는 자연 현상을 (❺)을 피우려는 사랑으로 형상화하고 있음.

원리6 소통 구조, 맥락을 고려한 이해와 감상
시인에 따르면, 겨울에 눈이 많이 내리면 나무의 꽃눈에 꽃망울이 많이 맺고, 그 결과 봄에 꽃이 만발한다고 한다. 따라서 '나뭇가지'를 향한 '눈'의 사랑은 눈이 사라진 이후에야 그 결실을 맛볼 수 있기에 눈의 사랑은 결국 이루어질 수 없는 (❻)에 불과하다. 시인은 봄에 피어나는 (❼)을 '세상에 가장 아름다운 상처'로 표현하면서 사랑의 의미를 깊이 있게 통찰하고 있다.

정답 ❶ 꽃 ❷ 눈 ❸ 황홀 ❹ 음성 상징어 ❺ 꽃 ❻ 첫사랑 ❼ 꽃

실전 연습하기

내신형 9264-0013

01 윗글에 대한 설명으로 적절하지 않은 것은?

① 음성 상징어를 활용하여 생동감을 주고 있다.
② 자신을 대상화하여 현실의 삶을 성찰하고 있다.
③ 설의적 표현을 사용하여 의미를 강조하고 있다.
④ 상징적 시어를 통해 주제 의식을 드러내고 있다.
⑤ 대상을 의인화하여 대상의 면모를 강조하고 있다.

빈칸 완성형 9264-0014

02 윗글에서 (   )은 사랑을 이루기 위해 끊임없이 노력하고 헌신하는 존재로 그려지고 있으며, (   )은 사랑하는 대상을 위하는 따뜻한 마음이나 포근한 마음을 의미한다고 할 수 있다.

서술형 9264-0015

03 <보기>를 참고할 때, 윗글의 많은 도전이 의미하는 바가 무엇인지 서술하시오.

> 보기
> 농촌 생활을 하고 있는 시인은 겨울에 나뭇가지의 꽃눈에 눈이 많이 쌓이면 봄에 꽃이 화려하게 피어나 열매가 잘 맺는다고 한 적이 있다. '첫사랑'은 이러한 경험적 진실을 시로 형상화한 작품이다.

수능형 2015학년도 6월 고2 학력평가 9264-0016

04 <보기>를 바탕으로 윗글을 이해한 내용으로 적절하지 않은 것은?

> 보기
> 이 작품은 눈과 나뭇가지의 사랑을 그리고 있다. 눈은 바람이 불면 날아가 버릴지라도 나뭇가지에 눈꽃을 피우기 위해 인내하고 헌신하는 존재이다. 이러한 노력으로 첫사랑인 눈꽃을 피워 내고, 봄이 되면 나뭇가지는 아름다운 꽃을 피워 낸다. 이를 통해 인내와 헌신으로 피워 낸 사랑의 고귀함을 전달하고 있다.

① '미끄러지고 미끄러지길 수백 번'은 눈이 눈꽃을 피우기 위해 겪는 시련으로 볼 수 있다.
② '다 퍼부어 준 다음에야'는 나뭇가지에 대한 눈의 헌신적 태도로 볼 수 있다.
③ '마침내 피워 낸 저 황홀'은 나뭇가지의 노력을 통해 피어난 봄꽃의 기쁨으로 볼 수 있다.
④ '한 번 덴 자리'는 눈이 녹은 자리이자 봄꽃이 피는 자리라는 점에서 고귀한 사랑의 바탕으로 볼 수 있다.
⑤ '아름다운 상처'는 끝없는 인내와 헌신 끝에 얻은 사랑의 결실인 봄꽃으로 볼 수 있다.

005 상한 영혼을 위하여 _ 고정희

작품 미리보기

주제 고난과 시련을 수용하는 성숙한 삶의 자세

특징
① 대구적 표현, 유사한 통사 구조를 통해 시상을 강조함.
② 부정적 현실과 인간의 존재론적 운명을 동시에 고려한 주제 의식을 표현함.
③ 설득과 권유의 어조를 활용함.

구성
1연: 고통을 대면하려는 각오
2연: 고통을 수용하고 받아들이려는 각오
3연: 고통을 받아들이는 성숙한 삶의 자세

작품 자세히 읽기

이 시에서 '상한 갈대', '상한 영혼', '부평초'는 어두운 상황에서 상처를 입었거나 상처를 입을 위험이 있는 존재들을 가리키는 것으로 볼 수 있다. 시인은 이들에게 '새순'으로 상징되는 재생의 섭리를 믿으며, 고통을 피하거나 부정하지 말고 정면으로 맞서자고 제안하고 있다. 시인이 제안하는 현실 극복의 논리는 인간의 존재론적 운명을 고려하고 있다는 점에서 특징적이다. '두 팔로 막아도 바람은 불듯'에서 보듯 인간은 불행하더라도 현실 그 자체를 없애거나 거기에서 벗어날 수 없다. 그러기에 시인은 '캄캄한 밤'이 상징하는 부정적 현실에서도 '마주 잡을 손'을 내미는 '하늘'의 존재를 말하고 있는 것이다.

지식 더하기

'상한 갈대'와 '하늘'
이 시는 '상한 갈대'로 상징되는 '상한 영혼'에게 던지는 희망의 메시지라고 말할 수 있다. 이와 관련하여 1연과 3연에 등장하는 '하늘'은 단순한 시적 대상이 아니라 종교적 의미로 해석될 수 있다. 이 시에서 '하늘'은 인간과 신적인 존재가 연결되어 있음을 말해 주는 것이며, 그러기에 '상한 영혼'에게 '마주 잡을 손'을 내미는 존재로 나타나 있다.

엮어 읽기

고재종, 「면면함에 대하여」 (➲056쪽)
「면면함에 대하여」는 끊임없는 시련과 고통에도 끈질기게 이어 가는 삶을 노래한 시이다. 그런 점에서 피할 수 없는 고통과 시련에 맞서는 자세를 노래한 「상한 영혼을 위하여」의 주제 의식과 유사하다. 두 시 모두 고통과 시련으로 점철되는 현실, 그로 인해 고통과 설움 속에 상처받으며 살아가는 존재들, 이를 극복해 나가는 의지를 말하고 있기 때문이다. 두 시 모두 구체적인 시대 현실을 바탕으로 하고 있지만 「면면함에 대하여」는 해체되어 가는 농촌 현실을, 「상한 영혼을 위하여」는 종교적인 관점을 내포하고 있다는 점에서는 차이가 있다.

[A]
상한 갈대라도 하늘 아래선
한 계절 넉넉히 흔들리거니
뿌리 깊으면야
밑둥* 잘리어도 새순*은 돋거니
충분히 흔들리자 상한 영혼이여
충분히 흔들리며 고통에게로 가자

(1~4행: 자연의 섭리)
(□: 상처를 입었거나 상처를 입을 위험이 있는 존재)
(○: 고난과 고통의 극복 가능성을 환기해 줌.)

[B]
뿌리 없이 흔들리는 부평초 잎이라도
물 고이면 꽃은 피거니
이 세상 어디서나 개울은 흐르고
이 세상 어디서나 등불은 켜지듯
가자 고통이여 살 맞대고 가자
외롭기로 작정하면 어딘들 못 가랴
가기로 목숨 걸면 지는 해가 문제랴

(1~2행: 자연의 섭리)
(3~4행: 대구적 표현)

고통과 설움의 땅 훨훨 지나서
㉠뿌리 깊은 벌판에 서자
두 팔로 막아도 바람은 불듯
영원한 눈물이란 없느니라
영원한 비탄*이란 없느니라
캄캄한 밤이라도 하늘 아래선
마주 잡을 손 하나 오고 있거니

(고통과 설움의 땅, 뿌리 깊은 벌판 → 고난과 고통이 있는 공간. '하늘'과 대비되는 공간)
(영원한 ~ 없느니라: 대구적 표현)

*밑둥 밑동. 긴 물건의 맨 아랫동아리.
*새순 새로 돋아나는 순.
*비탄 몹시 슬퍼하면서 탄식함. 또는 그 탄식.

원리로 작품 정리하기

원리1 화자, 대상, 청자

화자가 '상한 영혼'에게 (❶)의 극복에 대해 말하는 방식을 취하고 있음.

원리2 상황, 정서, 태도, 어조

- '상한 갈대', '캄캄한 밤' 등이 함축하는 (❷)과 설움의 상황
- '가자', '서자' 등에 나타나는 (❸) 어미에서 보이는 설득의 어조

원리3 시어와 심상

- 상한 갈대, 상한 영혼, 부평초: 흔들리며 고통을 받는 존재
- 뿌리 깊은 벌판: 고통과 시련에 맞서는 공간
- 새순, 꽃, (❹), 등불: 고난 극복의 가능성 환기

원리4 발상·표현, 표현 기법

자연의 (❺) 활용	• 뿌리 깊으면야 ~ 새순은 돋거니 • 물 고이면 꽃은 피거니
(❻)적 표현	• 외롭기로 ~ 못 가랴 • 가기로 ~ 문제랴

원리5 시상 전개, 시적 형상화

유사한 (❼) 구조(~라도, ~거니, 가자)와 대구적 표현을 통해 시상을 강조함.

원리6 소통 구조, 맥락을 고려한 이해와 감상

'캄캄한 밤'으로 상징되는 부정적 현실에서, '바람'으로 상징되는 시련과 고통을 피할 수 없는 인간의 (❽)에 맞서 고통과 시련에 어떻게 대면할 것인가를 성찰하고 있다.

정답 ❶ 고통 ❷ 고통 ❸ 청유형 ❹ 개울 ❺ 섭리 ❻ 설의 ❼ 통사 ❽ 운명

실전 연습하기

내신형 9264-0017

01 윗글에 대한 설명으로 적절하지 않은 것은?

① 대구적 표현을 통해 시상을 강조하고 있다.
② 특정한 종결 어미에 설득의 어조를 담고 있다.
③ 설의적 표현으로 시적 의미를 강화하고 있다.
④ 특정한 대상을 향하여 말하는 방식을 취하고 있다.
⑤ 공감각적 심상을 통해 관념적 대상을 구체화하고 있다.

빈칸 완성형 9264-0018

02 윗글에서 시인은 ( )이라는 시행에서 현실의 고통 자체를 없앨 수는 없다고 말한다. 그러나 시인은 ( )이라는 시행에서 이러한 현실에서도 고통에 맞서 함께 하는 존재가 있음을 말한다.

서술형 9264-0019

03 [A]와 [B]에서 고난과 시련 극복의 가능성을 환기하는 시구를 각각 찾아 '주어+서술어'의 형식으로 쓰시오.

수능형 2014학년도 9월 모의평가 A형 9264-0020

04 다음 학습 활동의 ⓐ~ⓔ에 들어갈 말로 적절하지 않은 것은?

학습 활동

활동 목표: 시에 쓰인 시어의 다양한 의미를 파악해 보자.
활동 1: 시상을 고려하여 ㉠과 관련된 시어를 시에서 찾아 표에 넣어 보자.
활동 2: 위의 어구들이 함축하고 있는 의미를 적어 보자.
활동 3: 위 활동 결과를 바탕으로 ㉠의 다양한 시적 의미를 해석해 보자.

활동 1의 탐구 결과		활동 2의 탐구 결과		활동 3의 탐구 결과
갈대		흔들리는 존재		ⓐ
하늘	→	초월적인 공간	→	ⓑ
바람		막을 수 없음		ⓒ
밤		부정적인 상황		ⓓ
손		만남의 대상		ⓔ

① ⓐ: 1연의 '갈대'처럼 흔들리는 존재도 뿌리를 내릴 수 있음을 보면, ㉠은 굳건한 삶의 공간이 될 수 있음을 뜻하겠군.
② ⓑ: 1연과 3연에서 '하늘'의 아래를 반복하여 표현한 것을 보면, ㉠은 초월적인 공간에 대응되는 현실적인 공간을 뜻하겠군.
③ ⓒ: 3연에서 '바람'은 막을 수 없다고 한 것을 보면, ㉠은 영원한 운명의 구속을 벗어날 수 없는 공간을 뜻하겠군.
④ ⓓ: 3연에서 '밤'이라는 부정적인 상황이 닥쳐오는 것을 보면, ㉠은 피할 수 없는 시련에 맞서야 하는 공간을 뜻하겠군.
⑤ ⓔ: 3연에서 '손'과의 만남을 기대하고 있는 것을 보면, ㉠은 희망이 예비된 공간을 뜻하겠군.

006 사평역에서 _ 곽재구

수록 교과서
문학 _창비

작품 미리보기

주제 고단한 삶을 견디며 살아가는 사람들에 대한 공감과 위로

특징
① 대합실의 안과 밖의 상황을 대조하여 주제를 부각하고 있음.
② 다양한 감각적 이미지의 결합과 비유적 표현 등을 통해 시적 상황 및 분위기를 참신하게 묘사함.

구성
1~8행: 막차를 기다리는 대합실 안팎의 모습
9~21행: 고단한 삶을 견디며 살아가는 사람들의 침묵과 내면
22~27행: 사람들에 대한 공감과 위로

작품 자세히 읽기

곽재구의 작품은 언제나 고단한 삶을 살아가는 가난한 일반 대중들의 구체적인 생활에 뿌리를 내리고 있다. 또한 화자가 직접 보고 들은 것을 내면화하여 잔잔하고 서정적인 어조로 이야기한다. 이러한 형상화 방식은 작품의 구체성을 강화하고, 현실의 고통을 수용하고 승화하는 순수한 서정성의 원천이 되고 있다.

지식 더하기

'길'의 모티프
이 작품은 기차역을 공간으로 시대 현실과 삶의 문제를 다루고 있다. 기차역은 여정의 과정에 존재하며, 만남과 이별의 공간이라는 점에서 '길'의 모티프와 관련이 있다. 삶을 살아간다는 것은 곧 길을 떠나는 것이며, 그 길에서 수많은 사람들과 만나고 헤어지면서 자신을 형성한다는 것을 의미한다. 그런 점에서 '길'은 인간의 삶을 보여 주는 보편적 표상의 하나인데, 이 작품의 화자 역시 길 위에서 가난하게 살아가는 민중들을 만나면서 그들의 내면을 이해하고 자신을 성찰하면서 삶의 방향을 정립하고 있다.

엮어 읽기

백석, 「모닥불」 (166쪽)
「모닥불」은 보잘것없던 사물들이 모닥불로 타오르면서 보잘것없는 사람들을 온기가 가득한 하나의 공동체로 묶는 정경을 묘사하고 있다. 이 시에 등장하는 무리는 '슬픈 역사'를 살아가는 소외된 존재이다. 「사평역에서」 역시 그 이면에 '침묵'해야 하는 억압적인 시대 현실을 바탕에 깔고 있고, 이러한 현실에서 고단한 삶을 살아가는 소외된 사람들이 등장하며, 냉혹한 겨울의 추위를 따뜻하게 녹여 주는 톱밥 난로의 온기 속에 공감과 위안의 정서를 담고 있다는 점에서 공통적이다.

[A]
막차*는 좀처럼 오지 않았다
대합실 밖에는 밤새 송이눈이 쌓이고
흰 보라 수수꽃 눈시린 유리창마다
톱밥 난로가 지펴지고 있었다
그믐처럼 몇은 졸고
몇은 감기에 쿨럭이고
그리웠던 순간들을 생각하며 나는
한 줌의 톱밥을 불빛 속에 던져 주었다

> 대합실의 유리창을 경계로 눈이 내리는 춥고 어두운 겨울과 톱밥 난로가 지펴진 밝고 따스한 풍경이 대조를 이룸.
> [ ]: 대합실 승객들의 고단한 삶을 엿볼 수 있음.

[B]
내면 깊숙이 할 말들은 가득해도
청색의 손바닥을 불빛 속에 적셔 두고
모두들 아무 말도 하지 않았다
산다는 것이 때론 술에 취한 듯
한 두름*의 굴비 한 광주리의 사과를
만지작거리며 귀향하는 기분으로
침묵해야 한다는 것을
모두들 알고 있었다
오래 앓은 기침소리와
쓴 약 같은 입술 담배 연기 속에서
싸륵싸륵* 눈꽃은 쌓이고
그래 지금은 모두들
㉠눈꽃의 화음에 귀를 적신다

> 침묵해야 한다는 것을 → 삶과 현실이 고통스러워도 이를 견디면서 받아들이는 자세로 해석할 수 있음.

[C]
자정 넘으면
낯설음도 뼈아픔도 다 설원*인데
단풍잎 같은 몇 잎의 차창을 달고
밤 열차는 또 어디로 흘러가는지
그리웠던 순간들을 호명하며* 나는
한 줌의 눈물을 불빛 속에 던져 주었다.

> 고단한 삶을 견디며 살아가는 승객들에게 마음의 위로를 전하려 함.

*막차 그날 마지막으로 오거나 가는 차.
*두름 조기 따위의 물고기를 짚으로 한 줄에 열 마리씩 두 줄로 엮은 것.
*싸륵싸륵 물건이 조금씩 쓸리면서 잇따라 거칠게 나는 소리. 또는 그 모양.
*설원 눈이 덮인 벌판.
*호명하며 이름을 부르며.

원리로 작품 정리하기

원리1 화자, 대상, 청자

화자는 대합실에서 막차를 기다리는 사람들을 바라보며 그들의 (❶)에 공감하고 있음.

원리2 상황, 정서, 태도, 어조

- 추운 겨울밤 막차를 기다리는 가난한 사람들을 바라보는 (❷) 시선
- 고단한 삶과 고통스러운 시대 현실에 대해 (❸)하며 받아들이는 데서 오는 고요하고 평화로운 분위기

원리3 시어와 심상

- 송이눈, 톱밥 난로: '대합실' 밖과 안을 대표하는 시어로, '송이눈'은 한겨울의 추위와 (❹)를, '톱밥 난로'는 (❺)과 온기를 각각 의미함.
- 청색의 손바닥: (❻)로 인해 얼어붙은 손을 형상화한 표현으로 승객들의 삶의 모습을 짐작하게 함.
- 낯설음도 뼈아픔도 다 설원인데: 고단한 삶에서 오는 (❼)과 (❽)이 눈으로 뒤덮여 치유가 됨.

원리4 발상·표현, 표현 기법

- 다양한 감각적 이미지의 결합: '흰 보라 수수꽃 눈시린 유리창'(시각, 촉각), '청색의 손바닥을 불빛 속에 적셔 두고'(시각, 촉각), '눈꽃의 화음에 귀를 적신다'(시각, 청각, 촉각)
- 고단한 삶의 현실과 (❾)의 결합: 그믐처럼 몇은 졸고, 쓴 약 같은 입술 담배 연기

원리5 시상 전개, 시적 형상화

- 대합실 내 승객들의 모습 관찰, 화자 자신의 (❿) 응시, 승객들의 내면에 대한 공감 등이 유기적으로 결합되면서 시상이 전개됨.
- 고단한 삶을 견뎌 내며 살아가는 승객들의 모습을 통해 고통스러운 시대 현실과 (⓫)의 의미를 동시에 통찰함.

원리6 소통 구조, 맥락을 고려한 이해와 감상

작품의 다양한 의미	• 고단한 삶을 살아가는 (⓬)의 애환 • 1980년대의 (⓭) 시대 현실과 침묵 • 만나고 헤어지면서 흘러가는 (⓮)

정답 ❶ 내면 ❷ 따뜻한 ❸ 침묵 ❹ 냉기 ❺ 따스함 ❻ 추위 ❼ 아픔 ❽ 고통 ❾ 비유 ❿ 내면 ⓫ 인생살이 ⓬ 서민들 ⓭ 암울한 ⓮ 인생살이

실전 연습하기

내신형 9264-0021

01 ㉠과 표현 방식이 가장 유사한 것은?

① 아아, 님은 갔지마는 나는 님을 보내지 아니하였습니다.

② 밤이면 밤마다 나의 거울을 / 손바닥으로 발바닥으로 닦아 보자.

③ 옛말속같이 진진초록 새 저고리를 입고 / 손잔등이 밭고랑처럼 몹시도 터졌다.

④ 벼는 서로 어우러져 / 기대고 산다. / 햇살 따가워질수록 / 깊이 익어 스스로를 아끼고 / 이웃들에게 저를 맡긴다.

⑤ 피아노에 앉은 / 여자의 두 손에서는 / 끊임없이 / 열 마리씩 / 스무 마리씩 / 신선한 물고기가 / 튀는 빛의 꼬리를 물고 / 쏟아진다.

빈칸 완성형 9264-0022

02 윗글은 눈이 오는 추운 겨울밤의 대합실을 배경으로 하고 있지만 혹독한 느낌을 주지는 않는다. 현실은 고통스럽지만 그것에 대한 긍정과 (　　　), 그리고 연민과 (　　　)이 차가운 현실의 공간을 따뜻하게 감싸 주기 때문이다.

서술형 9264-0023

03 윗글에 등장하는 인물들은 고단한 삶을 살아가는 사람들이라 할 수 있다. 이를 짐작할 수 있는 시구를 세 개 찾아(혹은 시구를 활용하여) 쓰시오.

수능형 2014학년도 대수능 B형 9264-0024

04 <보기>를 참고하여 윗글을 감상한 내용으로 적절하지 않은 것은?

보기

「사평역에서」의 화자는 대합실에서 막차를 기다리는 사람들의 모습을 공감 어린 시선으로 바라본다. 화자는 이런 시선으로 불빛, 눈 등을 바라보며 고단한 삶을 견디어 내는 사람들의 속내에 주목한다. '한 줌의 눈물'은 그들을 위해 화자가 바치는, 작지만 진심 어린 하나의 선물이라 할 수 있다.

① [A]의 '한 줌의 톱밥'이 불을 피우는 데 쓰여 추위를 견디게 해 주는 것처럼 '한 줌의 눈물'은 사람들이 자신의 힘든 상황을 견디는 데 위로가 된다고 할 수 있겠어.

② [B]에서 화자가 사람들의 속내를 잘 이해하는 것을 보면, '한 줌의 눈물'은 할 말이 있는데도 침묵하는 사람들의 속내에 공감하여 흘리는 것이라고 할 수 있겠어.

③ [B]에서 화자는 '눈꽃의 화음'이 열악한 상황을 드러낸다고 보고 있으므로, '한 줌의 눈물'은 그러한 상황을 극복해 내려는 의지를 담고 있는 것이라고 할 수 있겠어.

④ [C]에서 화자가 지난날을 호명하며 '한 줌의 눈물'을 흘리는 것을 보면, '한 줌의 눈물'은 고단한 현재를 견뎌 내게 해 주는 힘이 과거의 추억처럼 소박한 데 있음을 암시한다고 할 수 있겠어.

⑤ [A]에서 [C]로 전개되면서 화자가 '불빛 속'에 '한 줌의 눈물'을 던지는 것을 보면, '한 줌의 눈물'은 삶의 고단함을 견뎌 내는 데 힘을 보태고자 하는 화자의 진심이 담긴 것이라고 할 수 있겠어.

007 참 맑은 물살 - 회문산에서 _ 곽재구

수록 교과서
문학 _해냄

작품 미리보기

주제 봄을 맞이한 회문산의 아름다운 풍경(서로 다른 것들이 조화를 이루는 미래에 대한 염원)

특징
① 아름다운 봄날 정경과 역사적 기억을 결합함.
② 시각, 촉각 등의 감각적 이미지를 활용함.
③ 반복을 통해 리듬감을 창출하고, 독자의 공감을 유도함.

구성
1연: '사랑해야 할 날들'로 가득한 회문산을 뜨겁게 부름.
2연: '연분홍 사랑'을 바라보는 감격과 염원

작품 자세히 읽기

이 시는 역사적 현장의 비극적 기억과 연결되어 있다는 점에서 회문산의 아름다운 정경에 역사적 아픔을 녹여낸 작품이라 할 수 있다. 혼란스러운 시절에 사상과 이념의 차이로 수많은 사람이 죽음을 맞이했던 역사의 현장은 지금 봄을 맞이하여 수많은 생명들로 가득 차 있다. 시인은 이러한 모습에서 사랑을 읽어 내며, 서로 다른 물줄기들이 '아무 때나 만나서 한몸되어 흐르는' 것처럼 서로 다른 것들이 한데 어울려 조화를 이루는 사랑의 미래를 염원하고 있다.

지식 더하기

회문산
회문산은 봉우리와 골짜기가 많아 첩첩산중을 이루고 있고 서쪽을 제외한 삼면이 강으로 둘러싸여 있어, 많은 역사적 사연을 품고 있다. 동학 혁명과 한말 의병 활동의 근거지가 되었고, 6·25 전쟁 중에는 빨치산 전북도당 유격대 사령부가 이곳에 자리 잡고 오랫동안 저항하다 토벌되었다.

엮어 읽기

구상, 「초토의 시 8 – 적군 묘지 앞에서」
(➡023쪽)

곽재구의 「참 맑은 물살-회문산에서」와 구상의 「초토의 시 8-적군 묘지 앞에서」는 모두 비극의 현장을 다룬 작품이다. 구상은 이념과 사상의 차이로 총부리를 겨누었던 현장에서 인도주의적 형제애와 사랑으로 전쟁의 비극이 극복되기를 바라고 있다. 이 시에서 시인은 회문산이라는 역사적 비극의 현장에서 아름다운 봄날의 풍경을 바라보고 있다. 시인은 이 아름다운 정경에서 생명과 사랑을 찾아내고 조화로운 미래를 염원하고 있다.

참 맑은 물살
발가락 새 헤적이네
(물살이 발가락 사이를 가볍게 젓는 모습을 감각적으로 표현함.)
㉠**애기 고사리순 좀 봐**
사랑해야 할 날들
지천으로 솟았네
('솟았네'는 '애기 고사리순'과 '사랑해야 할 날들'에 동시에 연결되어 있음.)
어디까지 가나
부르면 부를수록
더 뜨거워지는 **너의 이름**
(시의 제목으로 볼 때, '너'는 시적 배경인 '회문산'으로 볼 수 있음.)

참 고운 물살
머리카락 풀어 적셨네
('물살'의 의인화, 시각적 이미지)
출렁이는 산들의
부신 **허벅지** 좀 봐
('산들'의 의인화, 시각적 이미지)
아무 때나 만나서
한몸되어 흐르는
눈물나는 ㉡저들 연분홍 사랑 좀 봐.
('저들'은 여기저기에서 흘러나와 한데 섞이어 흘러가는 물살을 의미함.)
(서로 다른 것들이 어울려 조화를 이루는 모습을 바라보는 화자의 내면을 표현함.)

원리로 작품 정리하기

원리1 화자, 대상, 청자

화자는 역사의 현장이었던 회문산의 아름다운 봄날의 정경에서 생명과 (❶)을 발견하고 있으며, 청자인 독자의 공감을 유도하고 있음.

원리2 상황, 정서, 태도, 어조

- 회문산의 아름다운 자연을 보며 (❷)을 하고 있음.
- 서로 다른 것이 조화를 이루는 미래를 염원하고 있음.

원리3 시어와 심상

- 애기 고사리순, 사랑해야 할 날들: (❸)에 대한 소망과 기대
- 저들 연분홍 사랑: 서로 다른 것들이 조화를 이루는 사랑
- (❹), 촉각 등의 감각적 이미지 활용

원리4 발상·표현, 표현 기법

- '-네', '~ 봐'로 끝나는 문장을 반복함.
- '좀 봐'를 반복하여 독자의 공감을 유도함.

원리5 시상 전개, 시적 형상화

- 자연물을 (❺)의 형상에 비유함.
- 감각적 이미지를 자연스럽게 연결함.

1연		2연
• 맑은 물살 • 애기 고사리순 • 뜨거워지는 너의 이름	–	• 고운 물살 • 산들의 부신 허벅지 • 아무 때나 만나서 한몸되어 흐르는 눈물나는 저들 연분홍 사랑

원리6 소통 구조, 맥락을 고려한 이해와 감상

회문산의 아름다운 봄날 정경에 역사적이고 비극적인 (❻)을 순수한 우리말을 구사하여 녹여 내었다.

회문산의 아름다움		고통의 역사에 대한 기억과 염원
봄을 맞은 회문산의 아름답고 생동감 넘치는 정경에 대한 감탄	–	고통의 역사를 딛고 서로 다른 것들이 사랑으로 조화를 이루는 미래를 염원

정답 ❶ 사랑 ❷ 경탄 ❸ 미래 ❹ 시각 ❺ 인간 ❻ 아픔

정답과 해설 8쪽

실전 연습하기

내신형 9264-0025

01 윗글에 대한 설명으로 적절하지 않은 것은?

① 특정한 시구를 반복하여 독자의 공감을 유도하고 있다.
② 공간의 대비를 활용하여 주제를 선명하게 드러내고 있다.
③ 감각적 이미지를 활용하여 자연의 정경을 묘사하고 있다.
④ 특정한 어미로 끝나는 문장을 반복하여 리듬감을 살리고 있다.
⑤ 자연물을 인간의 형상에 비유하여 생동감을 느끼게 하고 있다.

빈칸 완성형 9264-0026

02 다음은 ㉠에 대한 설명이다. 빈칸에 들어갈 알맞은 내용을 쓰시오.

시적 흐름으로 볼 때, '솟았네'의 주어는 '사랑해야 할 날들'이다. 그런데 '지천으로'의 의미와 '솟다'의 의미를 고려하면 '애기 고사리순'도 주어에 해당한다. 즉 '사랑해야 할 날들'과 '애기 고사리순'은 (   ) 맥락에서 해석되어야 한다. 따라서 ㉠은 새로 돋아난 싹이기에 사랑해야 할 날들 역시 앞으로 많다는 (   )와 소망을 표현한 것으로 해석할 수 있다는 것이다.

서술형 9264-0027

03 ㉡에서 '저들'과 '사랑'의 의미에 대해 설명하시오.

수능형 9264-0028

04 〈보기〉를 참고하여 윗글을 감상한 내용으로 적절하지 않은 것은?

보기

곽재구의 서정시는 고통의 역사를 배경으로 하는 경우가 많다. 이 작품의 '회문산' 역시 그러하다. 그곳은 동학 혁명과 한말 의병 활동의 근거지였고, 6·25 전쟁 중에는 많은 빨치산들이 토벌되었던 곳이다. 그러나 이러한 과거 역사의 무게는 생명과 사랑의 노래, 희망과 미래의 노래를 통해 기억된다.

① '애기 고사리순'은 '사랑해야 할 날'과 연결되어 고통의 역사에서 발견하는 생명과 사랑을 의미하겠군.
② '너의 이름'을 부른다는 것은 오늘의 아름다운 '회문산'에 얽힌 고통의 역사를 부르는 행위로 볼 수 있겠군.
③ '발가락'은 '머리카락'과 '허벅지'에 연결되어 '회문산'을 배경으로 이어져 온 고통의 역사를 상징적으로 보여 준다고 할 수 있겠군.
④ '참 맑은 물살'과 '참 고운 물살'은 과거의 고통스러운 역사의 무게가 가라앉고 '사랑'으로 이어지기를 바라는 기대를 담고 있겠군.
⑤ '한몸되어 흐르는'에는 과거의 무게를 떨치고 서로 다른 것들이 '아무 때나' 만나는 아름다운 미래에 대한 소망이 투영되어 있겠군.

008 초토*의 시 1 _구상

작품 미리보기

주제 비극적인 시대 상황에서도 포기할 수 없는 미래의 희망

특징
① 비참한 현실에서 오는 절망이 희망으로 전환되는 대조적 구성 방식을 취함.
② 죽음과 절망, 생명과 희망의 이미지를 대조함.
③ 참담한 현실에서도 아이들과 소녀를 바라보는 화자의 따뜻한 시선이 나타남.

구성
1연: 판자집 유리딱지에 걸려 있는 아이들 얼굴
2, 3연: 참담한 현실과 아이들에 대한 연민으로 상심한 '나'
4연: 잿더미에서 개나리를 발견하고 발을 멈추는 '나'
5연: 언덕을 내리 달리는 소녀의 미소를 보는 '나'
6연: 희망과 구원의 가능성으로 흥그러워진 '나'

작품 자세히 읽기

이 시는 6·25 전쟁이라는 비극적인 시대 상황에서 강인한 생명력을 주제로 한 연작시 「초토의 시」 15편 중 제1편이다. 이 시 역시 전쟁 후의 황폐화된 도시를 배경으로 시적 상황이 집약되어 있다. '판자집 유리딱지', '잿더미가 소복한 울타리' 등은 그러한 죽음의 풍경이다. 그러나 화자는 '불타는 해바라기' 같은 아이들의 얼굴을 보며 연민에 젖고, 망울진 '개나리'와 '죄 하나도 없'는 소녀에게서 희망과 생명 그리고 미래를 발견한다.

지식 더하기

전쟁 문학
전쟁을 다룬 문학 작품으로 근대와 현대의 것만을 지칭하는 것이 일반적이다. 자유와 정의 그리고 사랑과 생명을 지향하는 문학은 본질적으로 전쟁으로 인한 살육과 파괴, 폭력과 죽음과는 대립적 입장에 서게 마련이기 때문에 우수한 전쟁 문학은 그 내용에 있어 반전(反戰) 문학의 형태로 나타난다.

엮어 읽기

구상, 「초토의 시 8 – 적군 묘지 앞에서」
(➊023쪽)

8편은 '적군 묘지 앞에서'라는 부제에서 보듯 동족상잔이 빚어 낸 비극의 현장을 배경으로 하고 있다. 이 작품은 이념이라는 허상과 투쟁욕이 빚은 국토 분단과 동족상잔의 비참한 현실에 아파하면서, 인도주의적 형제애와 인류애, 사랑으로 전쟁의 비극을 초극하려는 의지를 보여 준다. 작품의 현장은 다르지만 1편 역시 6·25 전쟁이 만들어 낸 비극적 현실을 다루면서 그것의 극복을 염원하고 있다는 점에서 공통적이다.

판자집* 유리딱지에 애새끼들
얼굴이 불타는 해바라기마냥 걸려 있다.

> 전후의 황폐한 현실에도 아이들은 '불타는 해바라기' 마냥 걸려 있음.

> □ : 전후의 참담한 현실을 상징적으로 보여 주는 소재

내리쪼이던 햇발이 눈부시어 돌아선다.
나도 돌아선다.

울상이 된 그림자 나의 뒤를 따른다.
어느 접어든 골목에서 걸음을 멈춰라.

> 그림자: 화자의 현실 인식 및 정서적 흐름과 밀접하게 연관된 분신과도 같은 존재

잿더미가 소복한* 울타리에
개나리가 망울졌다.

> 개나리: 시상 전환의 계기

[A] 저기 언덕을 내려 달리는
소녀의 미소에 앞니가 빠져
죄 하나도 없다.

나는 술 취한 듯 흥그러워진다*.
그림자 웃으며 앞장을 선다.

> 인격화된 '그림자'의 변화된 모습과 행동을 통해 화자의 심리와 정서 변화를 드러냄.

*초토 '불에 타서 검게 그을린 땅'을 의미한다. 이 시에서는 전쟁으로 파괴되어 생명이 부재하는 비극의 공간을 상징한다.
*판자집 판잣집. 판자로 사방을 이어 둘러서 벽을 만들고 허술하게 지은 집.
*소복한 쌓이거나 담긴 물건이 볼록하게 많은.
*흥그러워진다 흥이 나서 마음이 들뜨게 되다.

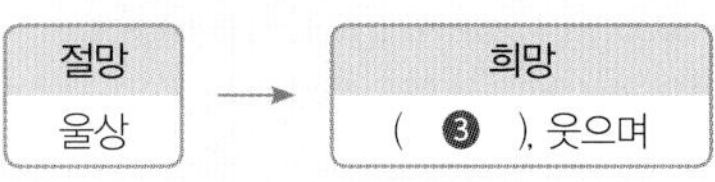

원리1 화자, 대상, 청자
화자인 '나'는 '아이들', '(❶)', '소녀' 등을 바라보며 상념에 잠겨 있음.

원리2 상황, 정서, 태도, 어조
• 판자집 유리딱지, (❷): 전쟁 후의 참담한 현실
• 화자의 정서 변화

절망	→	희망
울상		(❸), 웃으며

원리3 시어와 심상
• '판자집 유리딱지'에 '불타는 해바라기'마냥 걸려 있는 '애새끼들 얼굴': 전후의 참담한 현실이기에 아이들의 강한 생명력과 밝음이 더욱 (❹)으로 보임.
• '잿더미가 소복한 울타리'에 망울진 '개나리', '소녀의 미소': 전후의 참담한 현실에서 미래의 (❺)을 발견함.

원리4 발상·표현, 표현 기법
• '나'의 분신으로 의인화된 '그림자': (❻)이 되어 나의 뒤를 따른다 / (❼) 앞장을 선다
• '죄 하나도 없다'의 중의성: '죄'를 '모조리'로 볼 수도 있고, '죄(罪)'로 볼 수도 있음.

원리5 시상 전개, 시적 형상화
• 전쟁 후의 (❽) 도시 공간을 배경으로 시상을 전개함.
• (❾)과 고통에서 희망과 구원을 발견함.
• 시상의 (❿)을 통해 정서의 변화를 나타냄.

원리6 소통 구조, 맥락을 고려한 이해와 감상
전쟁으로 폐허가 된 참혹한 현실 속에서도 (⓫)에 대한 희망을 포기하지 않는 시인의 따뜻한 인간애를 느낄 수 있다.

정답 ❶ 개나리 ❷ 잿더미 ❸ 흥그러워진다 ❹ 비극적 ❺ 희망 ❻ 울상 ❼ 웃으며 ❽ 황폐한 ❾ 절망 ❿ 전환 ⓫ 미래

실전 연습하기

내신형 9264-0029

01 윗글에 대한 설명으로 적절하지 않은 것은?

① 시상의 전환을 통해 주제를 이끌어 내고 있다.
② 공간의 이동에 따른 정서의 변화가 드러나고 있다.
③ 의인화된 존재를 통해 화자의 심리를 드러내고 있다.
④ 현재와 과거를 대조하여 부정적 인식을 강화하고 있다.
⑤ 화자가 관찰한 내용이 시각적 이미지로 표현되고 있다.

빈칸 완성형 9264-0030

02 윗글에서 (   )는 화자인 '나'의 현실 인식과 그에 따른 정서적 변화와 밀접하게 관련되어 있다는 점에서 화자의 분신과 같은 존재라 할 수 있다.

서술형 9264-0031

03 [A]의 밑줄 친 부분은 중의적으로 해석될 수 있다. 어떤 해석들이 가능한지 설명하시오.

수능형 9264-0032

04 〈보기〉를 참고하여 윗글을 이해한 내용으로 적절하지 않은 것은?

보기
이 작품에서는 시상이 전환되면서 절망이 희망으로 바뀌는 구도가 선명하게 나타난다. 4연을 중심으로 1~3연은 참담한 현실과 그 고통을, 5~6연은 그 속에서 발견하는 구원과 희망을 그리고 있다는 점에서 대조적인 구성 방식을 취하고 있다.

① 1연의 '해바라기'는 '불타는' 데 비해, 4연의 '개나리'는 '망울'진 것이어서 희망 발견의 의지는 약화되었음을 알 수 있다.
② 1연의 '애새끼들'은 '걸려 있'는 데 비해, 5연의 '소녀'는 '내려 달리'고 있다는 점에서 의미의 대조를 이루고 있다.
③ 3연의 '그림자'는 '울상'으로 '나의 뒤를' 따르는 데 비해, 6연의 '그림자'는 '웃으며 앞장을 선다'는 점에서 대조적 정서를 읽을 수 있다.
④ 4연의 '잿더미가 소복한 울타리'는 1연의 '판자집'과 같이 참담한 현실을 상징하면서도 '개나리'를 피웠다는 점에서 시상 전환의 계기가 되고 있다.
⑤ 4연의 '망울'진 '개나리'가 환기하는 희망의 정서는 5연의 '소녀의 미소'와 자연스럽게 이어지고 있다.

009 엄마 걱정 _ 기형도

수록 교과서
국어 _미래엔

작품 미리보기

주제 무섭고 외로웠던 유년 시절의 기억에 대한 애틋한 그리움

특징
① 특정 공간을 중심으로 시상이 집약되어 있음.
② 현재의 시점에서 과거의 어린 시절을 회상하고 있음.
③ 어둡고 차가운 이미지들이 화자의 심리 상태와 연동되어 있음.

구성
1연: 엄마를 기다리는 불안한 마음과 그리움
2연: 유년 시절에 대한 애틋한 그리움

작품 자세히 읽기

이 시에서 시인은 가난했던 유년 시절을 회상하면서 당시의 상황과 정서를 감각적으로 묘사한다. 빈방에서 홀로 엄마를 기다리는 외롭고 두려운 심리가 섬세하게 형상화되는데, '해는 시든 지 오래', '찬밥처럼 방에 담겨', '배추잎 같은 발소리', '금 간 창틈', '혼자 엎드려 훌쩍거리던' 등의 감각적 이미지를 통해 엄마의 고된 삶과 '나'의 외로움이 생생하게 전달된다. 또한 유사한 문장의 반복과 변주를 통해 이러한 심리를 증폭시키면서 동시에 리듬감을 형성하고 있다는 점에서 특징적이다.

지식 더하기

기형도의 시적 공간과 내면

기형도의 시에 나타나는 가난의 공간은, 가난한 아버지와 그의 치유될 길 없는 병, 아버지를 대신하여 생계에 뛰어든 어머니와 삶을 위한 그녀의 발버둥, 그리고 부모들에게서 소외된 아이들과 그들의 배고픔으로 채워져 있다. 「엄마 걱정」에서와 같이 시인은 당시에는 그것을 무서움이나 괴로움으로 느꼈으나, 어른이 된 후에는 그리움으로 받아들인다.

엮어 읽기

이수익, 「결빙의 아버지」 (➡040쪽)

「결빙의 아버지」는 어른이 된 화자가 아버지의 사랑을 회상하는 작품이다. 이 시에서 아버지는 자식을 위해 자신을 희생한 인물로 그려져 있다. 「엄마 걱정」 역시 성인이 된 화자가 유년 시절을 회상하는 구조로 되어 있다는 점, 시에 등장하는 부모님이 삶의 무게를 짊어진 가난한 사람이라는 점에서 유사하다. 두 시에는 모두 차가운 이미지들이 나타나는데, 「엄마 걱정」에서 그것은 화자의 외로움과 불안함을 함축하는 데 비해 「결빙의 아버지」에서 그것으로 아버지의 따스한 사랑을 부각한다는 점에서 차이가 있다.

㉠열무 삼십 단*을 이고
시장에 간 우리 엄마
안 오시네, 해는 시든 지 오래
나는 찬밥처럼 방에 담겨
㉡아무리 천천히 숙제를 해도
엄마 안 오시네, ㉢배추잎 같은 발소리 타박타박*
안 들리네, 어둡고 무서워
㉣금 간 창틈으로 고요히 빗소리
빈방에 혼자 엎드려 훌쩍거리던

아주 먼 옛날
지금도 내 눈시울을 뜨겁게 하는
그 시절, ㉤내 유년의 윗목*

▶ ㉡: 외로움과 무서움을 애써 잊기 위해 숙제를 천천히 하는 모습을 표현함.
▶ ㉢: 힘든 삶 때문에 지친 어머니의 발걸음을 표현하면서 채소 장사를 했던 어머니의 삶을 나타냄.
▶ ㉣: 화자 가족의 가난한 처지를 드러내면서, 외롭고 무서운 화자의 내면을 시각화한 것으로 볼 수 있음.
— 현재의 시점에서 과거의 유년 시절을 회상하고 있음.

*단 짚, 땔나무, 채소 따위의 묶음을 세는 단위.
*타박타박 조금 느릿느릿 힘없는 걸음으로 걸어가는 모양.
*윗목 온돌방에서 아궁이로부터 먼 쪽의 방바닥. 불길이 잘 닿지 않아 아랫목보다 상대적으로 차가운 쪽이다.

원리로 작품 정리하기

원리1 화자, 대상, 청자

아주 먼 옛날	→	지금
어두운 (❶)에서 어머니를 기다림.	→	유년 시절을 회상함.

원리2 상황, 정서, 태도, 어조

빈방에 홀로 남아 어머니를 기다리던 때의 (❷)과 외로움을 떠올리며 그 시절을 그리워하고 있음.

원리3 시어와 심상

- 열무 삼십 단: '삼십 단'을 통해 어머니가 짊어져야 했던 (❸)의 무게를 구체화하고 있음.
- 윗목: 감각적으로 느껴지는 (❹)뿐 아니라 화자 내면의 외로움과 두려움을 공간적으로 형상화함.

원리4 발상·표현, 표현 기법

- 해는 시든 지 오래: 날이 저서 (❺) 상황을 보여 줌과 동시에 이 시간이 되도록 어머니가 장사를 하고 있고, (❻)가 시들었음을 떠올리게 함.
- 찬밥처럼 방에 담겨: 어둡고 (❼) 빈방에 홀로 남겨진 화자의 상황과 심리를 '찬밥'에 비유함.
- 안 오시네, 엄마 안 오시네, 안 들리네: 동일한 어미, 부정어의 반복을 통해 화자의 어둡고 불안한 내면을 극대화함.

원리5 시상 전개, 시적 형상화

- 현재 시점에서 과거를 (❽)하고 있음.
- 화자는 유년 시절 어머니를 기다리던 상황과 정서를 생생한 (❾)와 감각적인 (❿)를 통해 보여 주고 있음.
- '(⓫)'이라는 시적 공간을 통해 화자의 상황과 정서를 집약시키고 있음.

원리6 소통 구조, 맥락을 고려한 이해와 감상

이 시에서는 '나'가 홀로 남겨진 '빈방'이라는 공간과 시장에서 채소 장사를 하는 (⓬)에서 파생된 이미지들이 작품의 상황, 정서, 주제 형성에 중요한 역할을 하고 있다.

정답 ❶ 빈방 ❷ 무서움 ❸ 삶 ❹ 차가움 ❺ 어두워진 ❻ 채소 ❼ 찬 ❽ 회상 ❾ 비유 ❿ 묘사 ⓫ 빈방 ⓬ 어머니

실전 연습하기

내신형 9264-0033

01 윗글에 대한 감상으로 적절하지 않은 것은?

① 특정 공간을 중심으로 시상이 집약되어 있다.
② 영탄적 어조를 통해 화자의 정서를 강화하고 있다.
③ 현재의 시점에서 과거의 어린 시절을 회상하고 있다.
④ 어둡고 차가운 이미지들이 화자의 심리 상태와 연동되어 있다.
⑤ 유사한 구절의 반복과 변주를 통해 화자의 심리를 섬세하게 보여 주고 있다.

빈칸 완성형 9264-0034

02 윗글은 가난했던 어린 시절을 ( )하면서, 어두운 빈방에 홀로 남아 어머니를 기다리던 상황에서 느꼈던 ( )과 외로움의 정서를 감각적으로 묘사하고 있다.

서술형 9264-0035

03 윗글에는 채소 장사를 하는 어머니와 연관된 이미지들이 나타나 있다. 그 이미지가 들어 있는 시구를 세 개 찾아 쓰시오.

수능형 9264-0036

04 ㉠~㉤에 대한 설명으로 적절하지 않은 것은?

① ㉠의 '삼십 단'은 '엄마'가 짊어진 삶의 무게를 효과적으로 부각하고 있다.
② ㉡의 '아무리 천천히'에는 애써 외로움과 무서움을 의식하지 않으려는 화자의 심리가 투영되어 있다.
③ ㉢의 '타박타박'은 힘겨운 삶에 지쳐 있는 엄마의 고단한 모습을 떠올리게 한다.
④ ㉣의 '고요히'는 '빗소리'에 위안을 받으면서 화자의 외로움과 무서움이 완화되고 있는 상황을 나타낸다.
⑤ ㉤의 '윗목'은 유년기에 느꼈던 화자의 외로움, 서러움, 그리움 등을 공간적으로 형상화하고 있다.

010 거산호* Ⅱ _ 김관식

수록 교과서
문학 _천재(정)

작품 미리보기

주제 산이 지닌 덕성과 산에 대한 그리움
특징
① 가치와 태도의 차원, 삶과 죽음이라는 존재론적 차원에서 산의 의미를 드러냄.
② 가변성과 불변성, 유한성과 무한성의 의미 대립을 통해 지향성을 드러냄.
구성
1~6행: 푸르고 고요하고 너그럽고 겸허한 산
7~8행: 산을 사랑하고 배움.
9~13행: 삶과 죽음의 고향인 산
14~15행: 산 정기를 그리며 삶.

작품 자세히 읽기

이 시에서 '산'은 늘 변하는 '사람'과는 달리 변함이 없고 고요하고 너그러우며 겸허한 존재로 그려져 있다. 또한 이승과 저승을 잇는 인간의 고향으로 그려져 있기도 하다. 그런 점에서 전자는 '장거리'로 상징되는 세속과 대비된 삶의 자세와 지향, 후자는 인간 존재의 근원으로 각각 해석할 수 있다.

지식 더하기

노장사상
노장사상에 있어서 무위(無爲)는 인간이 따라가야 할 행동에 관한 궁극적 원칙을 말한다. 인간 우환의 궁극적 해결을 위해서는 '행동하지 않고' 행동하라는 것인데, 이는 노장사상의 핵심이 자연과의 완전한 조화에서 궁극적 가치를 찾으려 했기 때문이다. 노장사상에서 삶은 소요(逍遙), 즉 하나의 놀음이라고 본다. 이러한 소요의 경지는 우주적 차원에서 모든 것을 보는 것으로, 우리 스스로를 대자연의 변화 속에 맡기고 억지 없이 자연대로 살아가는 것을 뜻한다.

엮어 읽기

박목월, 「산이 날 에워싸고」 (➡146쪽)
1946년에 발표된 「산이 날 에워싸고」에서 '산'은 부정적인 현실에서 완전히 벗어난 이상적 세계의 표상이다. 또한 그것은 인간의 유한성도 뛰어넘는 영원성의 세계이기도 하다. 그런 점에서 「산이 날 에워싸고」는 「거산호 Ⅱ」와 많은 공통점을 갖고 있다. 그러나 각 작품이 생겨난 시대적 현실의 맥락, 작가의 삶과 태도의 맥락 등에서 접근하면 두 작품은 차이를 보이고 있기도 하다.

㉠ 오늘, 북창을 열어,
장거리* 등지고 산을 향하여 앉은 뜻은
(장거리: 세속적인 공간 / 산: 자연의 공간)
㉡ 사람은 맨날 변해 쌓지만
(사람: 변화하고 유한한 존재)
태고*로부터 푸르러 온 산이 아니냐. (산: 불변의 무한한 존재) — 대비
㉢ 고요하고 너그러워 수(壽)하는 데다가
보옥(寶玉)을 갖고도 자랑 않는 겸허한 산.
마음이 본시 산을 사랑해
평생 산을 보고 산을 배우네. — 자연 친화적 태도, 자연의 섭리와 가치를 배움.
그 품 안에서 자라나 거기에 가 또 묻히리니
㉣ 내 이승의 낮과 저승의 밤에
아아(峨峨)라히* 뻗쳐 있어 다리 놓는 산.
㉤ 네 품이 내 고향인 그리운 산아
미역취* 한 이파리 상긋한 산 내음새
산에서도 오히려 산을 그리며
꿈 같은 산 정기(山精氣)를 그리며 산다. — 산은 삶의 기반이 되면서 동시에 지향하는 가치임.

*거산호 산에 사는 것을 좋아함.
*장거리 장이 서는 거리.
*태고 아득한 옛날.
*아아라히 산이나 큰 바위 따위가 험하게 우뚝 솟아.
*미역취 국화과의 여러해살이풀로 산과 들에 난다.

원리로 작품 정리하기

원리1 화자, 대상, 청자
화자인 '나'는 '산'을 (❶)으로 '산'이 가지는 의미와 가치에 대해 성찰하고 있음.

원리2 상황, 정서, 태도, 어조
'산'으로 표상되는 자연과 그것이 지닌 가치를 추구하며, '산'에 (❷)되어 살아가고자 함.

원리3 시어와 심상

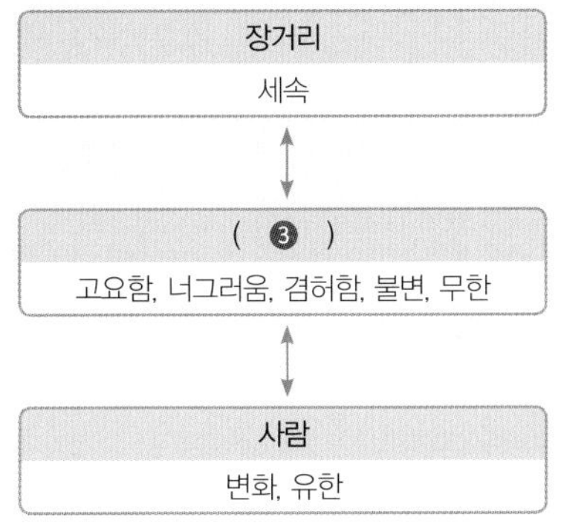

원리4 발상·표현, 표현 기법
- 사람은 맨날 변해 ~ 산이 아니냐: 대조와 (❹) 표현으로 산의 불변성과 무한성을 강조함.
- 고요하고 너그러워 ~ 겸허한 산: 산을 (❺)을 가진 존재로 의인화하여 산의 덕성을 예찬함.
- 미역취 한 ~ 산 내음새: 시각과 (❻)적 심상을 결합하여 감각적으로 표현함.

원리5 시상 전개, 시적 형상화
- 장거리, '사람' 등의 (❼)과 '산'을 대조함.
- 인간 존재의 (❽)으로 산의 의미를 형상화함.

원리6 소통 구조, 맥락을 고려한 이해와 감상
(❾) 삶과 가치에 맞서며 (❿) 친화적 삶을 지향했던 시인의 태도와 가치가 고스란히 반영되어 있는 작품이다.

정답 ❶ 대상 ❷ 동화 ❸ 산 ❹ 설의적 ❺ 인격 ❻ 후각 ❼ 세속 ❽ 근원 ❾ 세속적 ❿ 자연

실전 연습하기

내신형 9264-0037

01 윗글에서 추리한 '산'의 의미로 보기 어려운 것은?

① 바람직한 덕목을 상징하는 공간이다.
② 가치를 발견하고 동화되는 공간이다.
③ 삶과 죽음을 내포한 근원적 공간이다.
④ 현실적이면서 동시에 지향적 공간이다.
⑤ 현실의 갈등과 대립이 해소되는 공간이다.

빈칸 완성형 9264-0038

02 윗글에서 '산'은 변함이 없고 고요하고 너그러우며 (　　　)한 존재로 그려져 있다. 또한 이승과 저승을 잇는 인간의 (　　　)으로 그려져 있기도 하다.

서술형 9264-0039

03 시각과 후각적 심상을 모두 활용하여 표현한 시행을 찾아 쓰시오.

수능형 9264-0040

04 ㉠~㉤에서 밑줄 친 두 시어의 의미 관계를 고려할 때, 그 관계가 같은 것은?

① ㉠, ㉡
② ㉠, ㉤
③ ㉡, ㉢
④ ㉡, ㉤
⑤ ㉢, ㉣

011 달팽이의 사랑 _ 김광규

작품 미리보기

주제 온갖 시련을 극복하고 이루어 내는 사랑의 아름다움

특징
① 관찰과 상상, 성찰을 통해 보편적 의미를 추출함.
② 진정한 사랑과 찰나적인 사랑을 대비하여 성찰을 유도함.

구성
1연: 사랑을 나누고 있는 달팽이
2연: 많은 시련을 뚫고 사랑을 이루게 된 달팽이
3연: 오랜 그리움으로 만나 사랑을 나누는 달팽이
4연: 시련을 거친 후에 이루게 되는 사랑의 의미

작품 자세히 읽기

시인은 '장독대 앞뜰 이끼 낀 시멘트 바닥'에서 사랑을 나누고 있는 달팽이를 보며 그들의 사랑이 현재의 순간에 도달하기까지의 그 길고 험난한 시간을 상상한다. 그들은 아주 먼 곳에서 '그리움에 몸이 달아' 최선을 다해 조금씩 움직인 결과 마침내 사랑을 이루게 된다. 또한 시인은 그 달팽이의 사랑에 인간의 사랑을 대비한다. 일상 속의 소시민적인 사랑은 달팽이의 그 오랜 사랑의 시간에 비하면 너무나 짤막한 것이다. 그러나 '사랑 담아 둘 집 한 칸'을 위해 십 년을 바쳐야 하는 소시민의 남루함 역시 사랑을 위한 시련인 것이다.

지식 더하기

시인 유하의 달팽이

시인 유하는 '달팽이'를 소재로 쓴 「느린 달팽이의 사랑」에서 '달팽이가 자기만의 방 하나 갖고 있는 건 / 평생을 가도 먼 곳의 사랑에 당도하지 못하리라는 걸 / 그가 잘 알기 때문'이라고 하였다. 달팽이의 사랑은 느리고 그 느림으로 인해 결국 사랑에 도달하지 못하게 되고 그래서 고독한 달팽이는 자기만의 집을 가지게 된 것이라는 얘기다. 사랑에 도달하지 못하는 고독한 현대인의 모습이 이 느린 달팽이에 비춰지는 것 같다.

엮어 읽기

서정주, 「견우의 노래」 (➡174쪽)

「견우의 노래」에서는 사랑을 위해서는 이별이 필요하다는 역설을 통해 이별의 고통을 이겨 내는 기나긴 인고의 역정이 사랑을 더 굳건하게 함을 말하고 있다. 사랑을 이루기 위해서 시련을 이겨 내야 하며 진정한 사랑을 이루는 힘은 애타는 그리움에 있음을 말한다는 점에서 「달팽이의 사랑」과의 공통점을 발견할 수 있다. 「견우의 노래」는 견우직녀 설화에서, 「달팽이의 사랑」은 자연물 관찰에서 주제를 이끌어 내고 있다는 점에서 차이가 있다.

장독대 앞뜰
이끼 낀 시멘트 바닥에서 (시멘트 바닥: 인간 문명의 공간)
달팽이 두 마리
얼굴 비비고 있다
(1연: 화자는 사랑을 나누는 달팽이의 모습을 관찰하고 있음.)

△ : 달팽이들이 사랑을 이루기 위해 거쳐야 할 시련

요란한 천둥 번개
장대 같은 빗줄기 뚫고
여기까지 ⓐ기어오는 데
얼마나 오래 걸렸을까 (화자의 상상)

멀리서 **그리움에 몸이 달아**
그들은 아마 ⓑ뛰어왔을 것이다 (화자의 상상)
들리지 않는 이름 서로 부르며
움직이지 않는 속도로
숨가쁘게 달려와 그들은
(서로에 대한 안타까운 그리움이 진정한 사랑의 모습임을 상상을 통해 표현함.)
이제 몸을 맞대고
[기나긴 사랑] 속삭인다

□ : 화자(인간)와 달팽이의 사랑 대비

[짤막한 사랑] 담아 둘
집 한 칸 마련하기 위하여
십 년을 바둥거린* 나에게 (짤막한 사랑을 담아 두기 위해 시련을 거쳤음을 의미함.)
날 때부터 집을 가진
달팽이의 사랑은
얼마나 멀고 긴 것일까
(화자의 성찰)

*바둥거린 힘에 겨운 처지에서 벗어나려고 바득바득 애를 쓰는.

원리로 작품 정리하기

원리1 화자, 대상, 청자
화자는 (❶)의 사랑을 바라보면서 그것을 인간의 사랑과 대비하여 성찰하고 있음.

원리2 상황, 정서, 태도, 어조
- 온갖 (❷)을 뚫고 만나 사랑을 나누는 달팽이를 바라보는 경탄과 감동의 눈길
- 인간의 (❸) 사랑에 대한 반성

원리3 시어와 심상
시멘트 바닥, 요란한 천둥 번개, (❹): 달팽이들이 사랑을 이루기 위해 거쳐야 할 시련

원리4 발상·표현, 표현 기법
이 시는 진정한 사랑의 모습을 화자의 상상적 (❺)를 통해 표현함.

원리5 시상 전개, 시적 형상화
달팽이의 사랑에서 사랑의 의미, 인간의 사랑을 성찰하는 기승전결의 방식을 취함.

사랑을 나누는 달팽이의 모습을 관찰함.
↓
달팽이가 서로에 대한 그리움으로 달려왔을 것이라 상상함.
↓
'나'의 사랑 역시 (❻)을 바둥거리는 시련을 거친 것이었음을 발견함.
↓
달팽이들의 (❼) 사랑과 인간의 짤막한 사랑에 대해 성찰함.

원리6 소통 구조, 맥락을 고려한 이해와 감상
시인은 사랑을 이루기 위해서는 (❽)을 거칠 수밖에 없다는 사랑의 보편적 의미를 말하는 동시에 순간적이고 이기적인 현대인들의 사랑을 (❾)으로 성찰하고 있다.

정답 ❶ 달팽이 ❷ 시련 ❸ 짤막한 ❹ 장대 같은 빗줄기 ❺ 추리 ❻ 십 년 ❼ 멀고 긴 ❽ 시련 ❾ 비판적

실전 연습하기

내신형 ⁝9264-0041

01 ⓐ와 ⓑ에 대한 설명으로 가장 적절한 것은?

① ⓐ는 대상의 관점에서, ⓑ는 화자의 관점에서 묘사한 것이다.
② ⓐ에는 긍정적 평가가, ⓑ에는 부정적 평가가 개입되어 있다.
③ ⓐ는 현재의 모습인 데 비해, ⓑ는 미래의 모습을 표현한 것이다.
④ ⓐ는 객관적인 서술인 데 비해, ⓑ는 화자의 주관이 투영된 서술이다.
⑤ ⓐ에는 대상에 대한 감탄이, ⓑ에는 대상에 대한 의문이 내포되어 있다.

빈칸 완성형 ⁝9264-0042

02 윗글에서 화자는 달팽이의 사랑을 바라보면서, 사랑의 보편적 의미를 찾는 동시에 ( ) 사랑을 하지 못하는 인간의 모습을 ( )으로 성찰하고 있다.

서술형 ⁝9264-0043

03 윗글에서 달팽이들이 사랑을 이루기 위해 겪어야 했던 시련으로 볼 수 있는 시어와 시구를 모두 찾아 쓰시오.

수능형 ⁝9264-0044

04 〈보기〉를 참고하여 윗글을 감상한 내용으로 적절하지 않은 것은?

보기

속도만을 추구하는 문명, 속물화된 인간 세계를 바라보는 김광규의 시선은 매우 싸늘하다. 그러나 자연을 대상으로 할 때는 매우 다정다감하면서도 반성적인 사색자의 모습으로 나타난다. 그의 시에 드러나는 자연은 순수하고 정다운 생명으로 포착되며, 문명과 인간 세계에 대항하는 사색과 성찰을 불러일으키는 존재이기에 느림의 이미지들로 표현된다.

① '달팽이'의 '기나긴 사랑'은 인간의 '짤막한 사랑'과 대비되는 성찰적 주제를 압축하고 있다.
② '달팽이'는 속도만을 추구하는 문명에 대항하는 느림의 이미지를 표상한다고 할 수 있다.
③ '여기까지 기어오는 데 / 얼마나 오래 걸렸을까' 생각하는 데서 시인의 다정다감한 시선을 느낄 수 있다.
④ '그리움에 몸이 달아' 뛰어왔을 것이라 생각하는 데서 시인이 '달팽이'의 사랑을 순수한 것으로 여기고 있음을 알 수 있다.
⑤ '달팽이'가 사랑을 하는 '이끼 낀 시멘트 바닥'은 인간 세계의 속물성과 문명의 비정함을 상징적으로 드러낸다고 할 수 있다.

012 희미한 옛사랑의 그림자 _ 김광규

작품 미리보기

주제 순수했던 젊은 시절에 대한 회상과 오늘날의 소시민적 삶에 대한 부끄러움

특징
① 과거와 현재의 서사적 대비를 통해 주제를 형상화하고 있음.
② 일상적 시어 사용과 진솔한 묘사를 통해 현실을 사실적으로 드러냄.
③ 시대 현실과 삶에 대한 비판적 인식을 드러냄.

구성
1~19행: 4.19 당시의 순수하면서도 열정적인 젊은 시절의 모습 회상
20~37행: 일상에 찌든 소시민으로 살아가는 현재의 삶의 모습
38~49행: 현재의 삶에 대한 반성

작품 자세히 읽기

이 시는 진솔한 묘사와 사실적인 설명으로, 작품이 다루고 있는 경험적 진실에 더욱 깊이 접근할 수 있도록 형상화되어 있다. 그로 인해 자신만의 목소리로 신념에 찬 노래를 불렀던 젊은 시절의 순수와 열정이 사라지고 이제는 일상에 얽매여 살아가는 소시민으로 바뀐 '우리'의 모습이 실감나게 대비되고 있는 것이다. 가치 판단을 떠나서 삶의 실제는 이렇게 세월의 흐름에 따라 변한다는 것을 보여 주고 있다고 할 수도 있겠지만, 현실에 대한 기성세대의 책임을 다시 일깨우고 있다고도 할 수 있다.

지식 더하기

4.19 혁명
1960년 4월 19일 자유당 정권의 부정 선거에 반발하여 학생들이 중심이 되어 일으킨 혁명이다. 정의감에 불타는 청년 학생들이 불의에 항거한 의분(義憤)이 집단 행동을 취하는 과정에서 촉발된 4.19 혁명은 민주주의와 사회 정의 실현이 우리 사회가 지향해야 할 최고 가치임을 확인할 수 있게 했다는 점에서 의의를 지닌다고 할 수 있다.

엮어 읽기

윤동주, 「참회록」 (➡050쪽)
1942년에 발표된 「참회록」에서 시인은 역사에 대한 반성과 자신에 대한 성찰을 멈추지 않는 모습을 보여 준다. '부끄러움'에 대한 고백이라는 점에서 「참회록」과 「희미한 옛사랑의 그림자」는 동일한 주제를 다루고 있다고 할 수 있지만, 그 반성과 성찰의 치열함에서는 차이를 느낄 수 있다. 또한 두 작품 모두 낙관적 전망을 보여 주지 못하고 있지만 '손바닥으로 발바닥으로' 거울을 닦는 모습과 '깊숙이 늪으로 발을 옮기는' 모습에는 차이가 나타난다.

4.19가 나던 해 세밑*
우리는 오후 다섯 시에 만나
반갑게 악수를 나누고
불도 없이 차가운 방에 앉아
하얀 입김 뿜으며
열띤 토론을 벌였다

어리석게도 **우리**는 무엇인가를
정치와는 전혀 관계없는 무엇인가를
위해서 살리라 믿었던 것이다
결론 없는 모임을 끝낸 밤
혜화동 로터리에서 대포*를 마시며
사랑과 아르바이트와 병역 문제 때문에
우리는 때묻지 않은 고민을 했고
아무도 귀 기울이지 않는 노래를
누구도 흉내 낼 수 없는 노래를 ─ 유사 시구 반복을 통한 정서 강화
저마다 목청껏 불렀다
돈을 받지 않고 부르는 노래는
겨울밤 하늘로 올라가
별똥별이 되어 떨어졌다
그로부터 18년 오랜만에
우리는 모두 무엇인가 되어
혁명이 두려운 기성세대가 되어
ⓐ넥타이를 매고 다시 모였다
회비를 만 원씩 걷고
처자식들의 안부를 나누고
ⓑ**월급**이 얼마인가 서로 물었다
치솟는 물가를 걱정하며
즐겁게 세상을 개탄하고*
익숙하게 목소리를 낮추어
떠도는 이야기를 주고받았다
모두가 **살기 위해** 살고 있었다
아무도 이젠 노래를 부르지 않았다
적잖은 술과 ⓒ비싼 안주를 남긴 채
우리는 달라진 전화번호를 적고 헤어졌다
몇이서는 포커를 하러 갔고
몇이서는 춤을 추러 갔고 ─ 유사 시구 반복을 통한 정서 강화
몇이서는 허전하게 동숭동 길을 걸었다
돌돌 말은 ⓓ달력을 소중하게 옆에 끼고
오랜 방황 끝에 되돌아온 곳
우리의 **옛사랑이 피 흘린 곳**에
낯선 건물들 수상하게 들어섰고
플라타너스 가로수들은 **여전히 제자리**에 서서
(소시민적 삶에 빠져 있는 우리를 부끄럽게 하는 존재)
아직도 남아 있는 몇 개의 마른 잎 흔들며
우리의 고개를 떨구게 했다
부끄럽지 않은가
부끄럽지 않은가 ─ 동일 시구 반복을 통한 정서 강화
ⓔ바람의 속삭임 귓전으로 흘리며*
우리는 짐짓 **중년기의 건강**을 이야기했고
또 한 발짝 깊숙이 늪으로 발을 옮겼다

*세밑 한 해가 끝날 무렵.
*대포 큰 술잔으로 마시는 술. 술을 별 안주 없이 큰 그릇에 따라 마시는 일.
*개탄하고 분하거나 못마땅하게 여겨 한탄하고.
*귓전으로 흘리며 귀담아 듣지 아니하고 듣는 둥 마는 둥 하며.

원리로 작품 정리하기

원리1 화자, 대상, 청자

화자는 4.19가 나던 해를 (❶)하며 그로부터 18년이 흐른 오늘의 우리의 삶을 성찰하고 있음.

원리2 상황, 정서, 태도, 어조

4.19가 나던 해 젊고 순수했던 우리	←→	18년이 흐른 후 (❷)가 된 우리

→ 오늘의 삶을 (❸) 여기면서도 소시민적 삶에 보다 깊게 빠져들고 있음.

원리3 시어와 심상

- 플라타너스 가로수들: (❹)을 느끼게 함.
- (❺): 중년기의 소시민적 삶에 더욱 깊게 빠져듦.

원리4 발상·표현, 표현 기법

- '노래'의 순수함과 열정을 '(❻)'의 일상성과 소시민성에 대비
- 젊은 시절을 보냈던 동일한 공간에 있는 두 존재의 대비: '(❼)'과 '플라타너스 가로수들'

원리5 시상 전개, 시적 형상화

- 과거와 현재의 (❽)를 통해 반성적 분위기를 조성함.
- (❾) 시어를 활용하여 상황과 정서를 형상화함.

원리6 소통 구조, 맥락을 고려한 이해와 감상

'우리'에 포함되어 있는 화자가 회상하며 성찰하는 대상은 우리의 젊은 시절과 (❿)이 된 오늘날 우리의 삶이다. 시인은 소시민으로 살아가는 우리에게 '부끄럽지 않은가' 하고 말하고 있다. 그러므로 (⓫) 역시 '우리'로 볼 수 있다.

정답 ❶ 회상 ❷ 기성세대 ❸ 부끄럽게 ❹ 부끄러움 ❺ 늪 ❻ 떠도는 이야기 ❼ 낯선 건물들 ❽ 대비 ❾ 일상적 ❿ 중년 ⓫ 청자

실전 연습하기

내신형 9264-0045

01 ⓐ~ⓔ 중, 늪의 상징적 의미와 거리가 먼 것은?

① ⓐ ② ⓑ ③ ⓒ ④ ⓓ ⑤ ⓔ

빈칸 완성형 9264-0046

02 윗글은 '4.19가 나던 해'의 젊은 열정과 (   )를 지녔던 우리의 모습과, '그로부터 18년'이 흘러 일상에 찌든 (   )이 된 '우리'의 모습을 대비하고 있다.

서술형 9264-0047

03 윗글에서 〈보기〉의 밑줄 친 부분과 같은 판단의 근거로 볼 수 있는 시구를 찾아, 첫 2어절과 끝 2어절을 쓰시오.

보기

김광규의 시는 일상 속에서 무비판적으로 살아가는 '나'를 고발하고 일상 뒤에 가려진 억압과 부조리를 간접적으로 드러냄으로써 사회 비판적인 시각을 유지하고 있다.

수능형 9264-0048

04 윗글에 대한 이해로 적절하지 않은 것은?

① '플라타너스 가로수'는 '여전히 제자리에' 서 있다는 점에서 세월의 흐름에 따른 '우리'의 변화와 대비된다.
② '4.19가 나던 해'의 '노래'는 '18년'이 흐른 현재의 '떠도는 이야기'와 대비되어 '우리'의 변화를 상징적으로 보여 준다.
③ '옛사랑이 피 흘린 곳'에 들어선 '낯선 건물들'은 '혁명이 두려운 기성세대'가 된 '우리'의 낯선 모습과 그 의미가 유사하다.
④ '정치와는 전혀 관계없는' 삶에 대한 '우리'의 믿음은 '18년'이 흐른 현재의 '살기 위해' 사는 삶에 대한 반성을 통해 재인식된다.
⑤ '우리'의 고민이 '사랑과 아르바이트와 병역 문제'에서 '처자식들', '월급', '물가', '중년기의 건강'으로 바뀐 것은 세월의 흐름에 따른 삶의 변화를 보여 준다.

013 추일서정 _ 김광균

작품 미리보기

주제 가을날의 황량한 풍경과 고독감

특징

① 은유와 직유 등의 비유를 사용함.
② 시각적 이미지가 중심을 이룸.
③ 선경 후정의 방식으로 시상을 전개함.

구성

1~11행: 쓸쓸하고 황량한 도시의 가을 풍경
12~16행: 황량한 풍경 속에서 느끼는 고독

작품 자세히 읽기

이 시는 크게 두 부분으로 나눌 수 있다. 1~11행까지는 쓸쓸한 가을날의 풍경이 다양한 비유로 제시되어 있다. 망명 정부의 지폐와 같은 느낌의 낙엽, 구겨진 넥타이와 같이 구불구불한 길, 담배 연기와 같이 연기를 내뿜으며 달리는 급행열차, 포플라 나무, 공장, 철책 등의 소재를 통해 가을날의 황량한 분위기를 효과적으로 드러내고 있다. 12행부터 16행까지는 앞부분에서 묘사된 쓸쓸한 분위기 속에서 고독감에 방황하는 화자의 모습이 제시되어 있다.

지식 더하기

1930년대 모더니즘

1930년대 모더니즘 문학에는 주지주의적 경향이 있었다. 주지주의란 감정이나 정서보다는 지성을 중요시하는 경향이나 창작 태도로, 우리나라에서는 이것이 시각적 심상을 중심으로 한 표현 방식으로 나타났다. 김광균의 경우에는 심상 중심의 작품 세계를 펼치면서도 쓸쓸함, 고독감 등의 정서를 노출하여 정서의 과잉이라는 비판을 받았다.

엮어 읽기

김현승, 「가을의 기도」 (➡025쪽)

김광균의 「추일서정」과 김현승의 「가을의 기도」는 가을이라는 배경, 인간의 고독감을 노래했다는 것 등의 공통점이 있다. 김광균의 「추일서정」에서 가을날 느끼는 고독은 도시 문명의 황량함과 관계가 깊은 반면, 김현승의 「가을의 기도」에서 가을날 느끼는 고독감은 인간의 존재가 갖는 고독이므로 절대자를 향한 신앙심으로 향하는 계기가 된다는 점에서 차이가 있다.

[ ] : 가을날 도시의 황량한 풍경

[낙엽]은 폴-란드 망명 정부*의 지폐 (쓸모없음, 무가치함)
포화(砲火)에 이즈러진
도룬 시의 가을 하늘을 생각케 한다.
[길]은 외줄기 구겨진 넥타이처럼 풀어져 (구불구불한 길의 이미지(직유))
일광(日光)의 폭포 속으로 사라지고
조그만 담배 연기를 내어 뿜으며
새로 두 시의 [급행열차]가 들을 달린다.
[포플라 나무]의 근골(筋骨)* 사이로 (앙상한 나뭇가지들)
[공장의 지붕]은 흰 이빨을 드러내인 채
한 가닥 꾸부러진 철책(鐵柵)*이 바람에 나부끼고
그 위에 세로팡지*로 만든 구름이 하나.
㉠자욱-한 풀벌레 소리 발길로 차며
호올로 황량(荒凉)한* 생각 버릴 곳 없어
허공에 띄우는 돌팔매 하나.
기울어진 풍경의 장막(帳幕) 저쪽에
고독한 반원(半圓)을 긋고 잠기어 간다. (돌이 날아가 떨어지는 모습)

*망명 정부 다른 나라에 의한 정복, 전쟁, 혁명 따위로 외국으로 피신한 정객들이 세운 정부.
*근골 근육과 뼈대를 아울러 이르는 말.
*철책 쇠로 만든 울타리.
*세로팡지 셀로판지.
*황량한 황폐하여 거칠고 쓸쓸한.

원리로 작품 정리하기

원리1 화자, 대상, 청자
화자는 겉으로 드러나지 않은 채 (❶)날의 도시 풍경을 관찰하고 있음.

원리2 상황, 정서, 태도, 어조
화자는 고독감과 (❷)을 담담한 어조로 노래하고 있음.

원리3 시어와 심상
도시의 황량한 가을 풍경을 주로 (❸) 심상을 중심으로 노래하고 있음.

원리4 발상·표현, 표현 기법
낙엽 — 망명 정부의 지폐에 빗댐.
길 — 구겨진 넥타이에 빗댐.
→ 다양한 (❹)를 사용함.

원리5 시상 전개, 시적 형상화
먼저 눈앞에 보이는 (❺)에 대해서 묘사한 후 화자의 (❻)를 표현하고 있음.

원리6 소통 구조, 맥락을 고려한 이해와 감상
황량한 도시의 가을 풍경에서 도시인이 느끼는 (❼)을 효과적으로 형상화하고 있다.

정답 ❶ 가을 ❷ 쓸쓸함 ❸ 시각적 ❹ 비유 ❺ 풍경 ❻ 정서 ❼ 고독감

실전 연습하기

내신형 9264-0049

01 윗글의 시상 전개 방식에 대한 설명으로 가장 적절한 것은?

① 시간의 흐름에 따라 시상을 전개하고 있다.
② 화자의 정서가 점층적으로 고조되고 있다.
③ 대조적인 이미지를 병렬적으로 배치하고 있다.
④ 시선의 이동에 따른 화자의 정서 변화가 나타나 있다.
⑤ 도시의 풍경을 그린 후 화자의 정서를 제시하고 있다.

빈칸 완성형 9264-0050

02 윗글은 시각적 이미지와 다양한 비유를 통해 (　　　)한 가을날의 풍경과 도시 (　　　)에서 느끼는 상실감을 형상화하고 있다.

서술형 9264-0051

03 ㉠에 나타나는 화자의 정서에 대해서 쓰시오.

수능형 2020학년도 6월 모의평가 변형 9264-0052

04 이미지의 활용을 중심으로 윗글을 감상한 내용으로 적절하지 않은 것은?

① ‘낙엽’을 ‘망명 정부의 지폐’에 연결하여 낙엽의 이미지에서 연상되는 무상감을 드러내고 있군.
② ‘길’을 ‘구겨진 넥타이’의 이미지와 연결하여 도시에서 느껴지는 소외감을 표현하고 있군.
③ ‘꾸부러진 철책’과 ‘세로팡지로 만든 구름’으로 삭막한 도시 문명을 표현하고 있군.
④ ‘허공’을 ‘황량한 생각’이 드러나는 공허한 이미지로 활용하고 있군.
⑤ ‘돌팔매’가 땅으로 떨어지는 이미지를 ‘고독한 반원’으로 표현하여 외로움의 정서를 부각하고 있군.

014 성북동 비둘기 _ 김광섭

수록 교과서
문학 _금성

작품 미리보기

주제 자연 파괴와 비인간화되어 가는 현대 문명에 대한 비판

특징
① 선명한 감각적 이미지를 제시함.
② 비둘기를 의인화하여 문명 비판적 내용을 우의적으로 표현함.

구성
1연: 자연 파괴로 삶의 터전을 잃은 비둘기
2연: 인간 문명에 쫓기며 예전을 그리워하는 비둘기
3연: 자연과 인간으로부터 소외되어 쫓기는 새가 된 비둘기

작품 자세히 읽기

이 시는 사랑과 평화의 상징인 비둘기가 문명과 도시 개발에 의한 자연 파괴로 보금자리를 상실한 채 쫓기는 신세로 전락해 버린 모습을 형상화하고 있다. 도시화, 산업화로 인해 성북동 산에까지 문명이 침투하면서 본래 그곳에 살던 비둘기는 보금자리를 잃고 말았다. 결국 비둘기는 가는 곳마다 인간 문명에 쫓기며 사랑과 평화가 있던 옛날을 그리워하게 된다. 화자는 비둘기가 처한 상황을 구체적으로 묘사하면서 인간 중심의 개발이 자연을 소외시키게 된 상황을 보여 준다.

지식 더하기

1960년대 산업화
1960년대의 산업화, 도시화에 따라 비둘기 등으로 상징되던 도시의 자연, 도시의 옛 모습은 사라지고 도시는 개발되기 시작한다. 산업화 과정에서 자연만 사라진 것이 아니라 도시에 살아가는 사람들까지도 빈민이 되어 도시 외곽으로 내몰리는 일이 무수히 많이 일어났다.

엮어 읽기

김유선, 「김광섭 시인에게」 (051쪽)
김유선의 「김광섭 시인에게」는 「성북동 비둘기」에 대한 시라고 할 수 있다. 이 시는 「성북동 비둘기」를 창조적으로 변용하여 시의 주요 대상인 '비둘기'의 모습을 재해석했다. 「김광섭 시인에게」에 있어 「성북동 비둘기」는 발상을 제공한 의미 있는 시라 할 수 있다.

성북동 산에 번지가 새로 생기면서
(사람들이 많이 살게 되면서)
본래 살던 성북동 비둘기만이 번지가 없어졌다.
새벽부터 돌 깨는 산울림에 떨다가
가슴에 금이 갔다.
(비둘기의 고통을 시각적 이미지로 표현함.)
그래도 성북동 비둘기는
하느님의 광장 같은 새파란 아침 하늘에
성북동 주민에게 축복의 메시지나 전하듯
성북동 하늘을 한 바퀴 휘 돈다.

성북동 메마른 골짜기에는
조용히 앉아 콩알 하나 찍어 먹을
널찍한 마당은커녕 가는 데마다
채석장* 포성이 메아리쳐서
(자연을 파괴하는 문명의 비정함, 폭력성)
피난하듯 지붕에 올라앉아
아침 구공탄* 굴뚝 연기에서 향수를 느끼다가
(개발이 본격화되지 않았던 예전에 대한 그리움)
산1번지 채석장에 도루 가서
금방 따 낸 돌 온기(溫氣)에 입을 닦는다.

예전에는 사람을 성자(聖者)처럼 보고
사람 가까이
사람과 같이 사랑하고
사람과 같이 평화를 즐기던
사랑과 평화의 새 비둘기는
이제 산도 잃고 사람도 잃고
(더불어 살았던 사람들)
사랑과 평화의 사상까지
낳지 못하는 쫓기는 새가 되었다.
(소외된 자연의 모습)

*채석장 건축용 석재·골재 등을 채굴하는 옥외 또는 지상의 작업장.
*구공탄 구멍이 뚫린 연탄을 통틀어 이르는 말.

원리로 작품 정리하기

원리1 화자, 대상, 청자
화자는 도시화, 산업화로 인해 황폐해진 자연을 (❶)를 통해 표현하고 있음.

원리2 상황, 정서, 태도, 어조

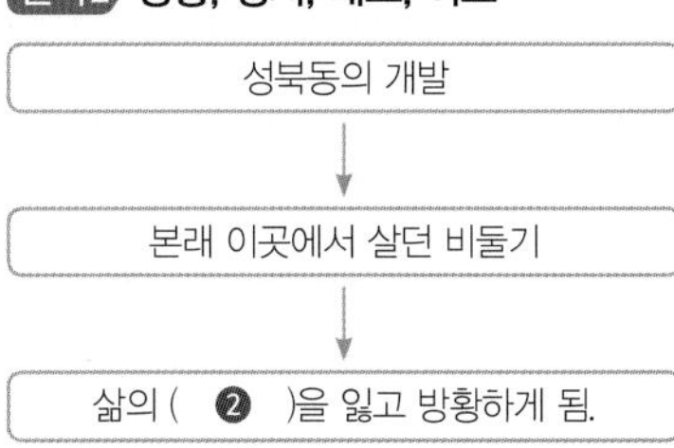

원리3 시어와 심상
성북동의 변화 양상을 '돌 깨는 산울림', '채석장 포성' 등 (❸) 심상을 중심으로 표현함.

원리4 발상·표현, 표현 기법
자연을 파괴하는 인간의 모습과 이런 모습 속에서 방황하는 자연물의 모습이 (❹)으로 표현됨.

원리5 시상 전개, 시적 형상화
인간이 문명으로 인해 소중한 것들을 잃어 가는 것을 비둘기를 통해 (❺)으로 표현하고 있음.

원리6 소통 구조, 맥락을 고려한 이해와 감상
산업화, 도시화로 인해 황폐해진 자연 속에서 자신의 설 자리도 잃어 가는 (❻)들의 모습이 잘 드러난 작품이다.

정답 ❶ 비둘기 ❷ 터전 ❸ 청각적 ❹ 대조적 ❺ 우의적 ❻ 현대인(도시인)

실전 연습하기

내신형 9264-0053

01 윗글에 대한 설명으로 적절하지 않은 것은?

① 대상이 처한 상황을 시각적으로 제시하고 있다.
② 화자의 정서 변화에 따라 시상을 전개하고 있다.
③ 말하고자 하는 바를 우의적으로 전달하고 있다.
④ 과거와 현재의 상황을 대비하여 문제의식을 드러내고 있다.
⑤ 다양한 감각적 심상을 활용하여 독자의 감정을 자극하고 있다.

빈칸 완성형 9264-0054

02 윗글은 급격한 (　　　)로 황폐해진 자연을 무분별한 개발 정책으로 소외된 현대인의 모습과 연결 지었다. 이는 삶의 (　　　)을 잃은 비둘기의 모습으로 나타난다.

서술형 9264-0055

03 윗글의 화자가 비판하는 문명의 모습이 나타나는 시구 두 부분을 찾아 쓰시오.

수능형 9264-0056

04 〈보기〉를 참고하여 작가의 의도를 추론한 내용으로 가장 적절한 것은?

보기

하늘을 바라보다가 아침마다 하늘을 휘익 돌아 나는 비둘기 떼를 보게 되었어요. '성북동 비둘기'의 착상은 거기에서였지요. 돌 깨는 소리가 채석장에서 울리면 놀라서 날아오르는 새들, 그러나 저것들이 우리에게 평화의 메시지를 전해 줄 것인가? 돌 깨는 산에서는 다이너마이트가 터지고 집들은 모두 시멘트로 지어서 마음 놓고 내릴 장소도 없는 저것들이란 데 생각이 머물렀어요.

① 인간과 달리 자유롭게 하늘을 나는 비둘기의 모습을 형상화하려 했군.
② 아침마다 하늘을 도는 비둘기의 규칙적인 삶에 대해 생각해 본 것이군.
③ 비둘기가 과거에 주었던 메시지가 의미 없는 것이었다는 깨달음을 전하려 했군.
④ 외부의 자극에 놀라는 비둘기의 모습에서 외부 자극에 약한 인간의 모습을 그리려 했군.
⑤ 비둘기를 둘러싼 환경의 변화 속에서 비둘기가 적응하지 못하는 이유를 생각해 보고자 했군.

015 저녁에 _ 김광섭

수록 교과서
국어 _지학사
문학 _미래엔

작품 미리보기

주제 인연과 존재에 대한 성찰

특징

① 유사한 문장 구조로 이루어진 시행의 반복을 통해 인연이 형성되는 순간을 부각함.
② 자연물인 '별'을 소재로 하여 인간 존재와 관계에 대한 성찰을 드러냄.
③ 평이한 시어와 짧은 시행을 사용하여 내면의 성찰을 담담하게 표현함.
④ 불교의 연기설에 기반한 만남-이별-재회의 과정을 전제함.

구성

1연: 만남 – 인연의 형성
2연: 사라짐 – 인연의 소멸
3연: 재회에 대한 희망

작품 자세히 읽기

이 시의 1연에서는 화자를 내려다보는 밤하늘의 '별 하나'와, 지상의 수많은 사람들 중 하필 자신을 내려다보는 '그 별 하나'를 쳐다보는 화자의 시선이 조응하면서 인연이 형성되는 순간이 제시되어 있다. 수많은 별과 수많은 사람들 사이에서 이렇게 어렵게 생겨난 인연은 그러나 '밤이 깊을수록', 시간의 흐름에 따라 사라질 수밖에 없는 것이다. 화자는 정다운 인연/관계와 그 소멸을 바라보며 '어디서 무엇이 되어 다시 만나랴'라는 질문을 던지는데, 이는 언제 어디서 무엇이 되어 만나게 될지의 여부와는 관계없이 다시 만날 가능성에 대한 인식을 전제한 것으로 볼 수 있다.

지식 더하기

불교의 연기설

연기는 원래 '인연에 따른 생성'이라는 뜻으로 불교에서 괴로움의 원인과 태어나고 늙고 죽음을 겪으면서 윤회를 계속하게 하는 사건들의 흐름을 기술하는 근본 개념이다. 문학 작품에서는 만남과 이별, 재회로 이어지는 과정과 관련되어 사상적 기반으로 쓰이며, 특히 한용운의 시에서 사례를 다수 찾아볼 수 있다.

엮어 읽기

김혜순, 「납작납작 – 박수근 화법을 위하여」

(➡130쪽)

문학은 다른 예술 갈래와 활발히 교섭하면서 서로 영향을 주고받는 관계에 놓여 있다. 김광섭의 「저녁에」는 시를 가사로 한 노래가 만들어지기도 했으며, 김환기 화백은 이 시의 마지막 구절을 따 「어디서 무엇이 되어 다시 만나랴」라는 제목의 그림을 그리기도 했다. 김혜순 시인의 「납작납작 – 박수근 화법을 위하여」는 박수근 화백의 화풍을 소재로 하여 지은 시로, 문학과 인접 예술 갈래 간의 교섭 양상을 확인할 수 있는 작품이다.

저렇게 많은 중에서
별 하나가 나를 내려다본다
이렇게 많은 사람 중에서
그 별 하나를 쳐다본다

밤이 깊을수록
별은 밝음 속에 사라지고
나는 어둠 속에 사라진다

이렇게 정다운
너 하나 나 하나는
어디서 무엇이 되어
다시 만나랴

(주석)
- 저렇게 많은 중에서: 밤하늘의 수많은 별들
- 별 하나가: '나'를 내려다보는 별 – '나'에게 특별한 인연
- 이렇게 많은 사람 중에서: 지상의 수많은 사람들
- 1, 2행과 3, 4행 간의 대구 – '별 하나'와 화자 간의 특별한 인연이 형성되는 순간을 강조함.
- 밤이 깊을수록: = 어둠이 깊어질수록 → 시간의 경과
- 별은 밝음 속에 사라지고 / 나는 어둠 속에 사라진다: 대구, 대조 – 시간의 흐름에 따른 존재/존재 간 인연의 소멸
- 이렇게 정다운 / 너 하나 나 하나는: 만남/인연에 대한 화자의 태도 – 정겨움, 고마움
- 어디서 무엇이 되어 / 다시 만나랴: 재회에 대한 희망, 기원

원리로 작품 정리하기

원리1 화자, 대상, 청자
화자는 '나'로 글 표면에 제시되어 존재와 인연에 대한 (❶)을 드러내고 있음.

원리2 상황, 정서, 태도, 어조
- 상황: 밤하늘의 별을 바라봄.
  → (❷)을 인식하고 존재와 인연의 의미에 대해 성찰하는 태도를 보임.
- 담담한 어조를 통해 내면 성찰의 내용을 표현함.

원리3 시어와 심상

1연 1, 2행		1연 3, 4행
밤하늘에서 '별 하나'가 '나를 내려다본다'	—	'나를 내려다'보는 '그 별 하나'를 '쳐다본다'

→ 두 존재 간의 시선의 조응 = 인연의 형성

원리4 발상·표현, 표현 기법
- (❸)로 이루어진 시행을 반복하여 인연 형성의 순간을 부각함.
- (❹) 세계관에 기반하여 인연의 만남과 헤어짐에 대한 생각을 드러냄.

원리5 시상 전개, 시적 형상화
만남으로 인한 인연이 (❺)에 따라 소멸하게 되는 과정이 제시됨.

원리6 소통 구조, 맥락을 고려한 이해와 감상
작가는 밤하늘의 별을 바라보는 화자가 존재와 인연의 의미에 대해 성찰한 내용을 구체화하고 있다. 이에 의하면 인연이란 만나고 헤어질 수밖에 없는 것임과 동시에 (❻)를 기대하게 하는 존재 간의 관계라 볼 수 있다.

정답 ❶ 성찰 ❷ 별과의 인연 ❸ 유사한 통사 구조 ❹ 불교적 ❺ 시간의 흐름 ❻ 재회

실전 연습하기

내신형 9264-0057

01 윗글에 대한 설명으로 적절하지 않은 것은?

① 의문형 어미를 통해 화자의 소망을 드러내고 있다.
② 유사한 통사 구조를 반복하여 상황을 제시하고 있다.
③ 시간의 경과에 따라 대상이 변화하는 양상이 나타나 있다.
④ 평이한 시어와 짧은 시행으로 절제된 의미를 표현하고 있다.
⑤ 처음과 끝에서 유사한 시구를 반복하여 내용을 강조하고 있다.

빈칸 완성형 9264-0058

02 윗글의 (　　　)은 지상의 (　　　)이 짙어지는 시간이자, '별'과 화자와의 인연이 (　　　)하게 되는 시간이다.

서술형 9264-0059

03 윗글의 1연에 제시된 '별'과의 인연에 대해 화자가 보이는 태도를 3연의 내용에 근거하여 쓰시오.

수능형 9264-0060

04 윗글의 공간을 〈보기〉와 같이 도식화할 때, 이와 관련지어 윗글을 이해한 내용으로 적절하지 않은 것은?

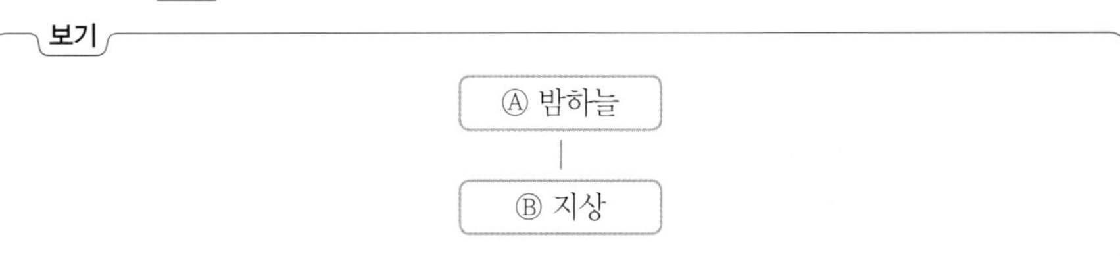

① Ⓐ의 '저렇게 많은' 별들과 Ⓑ의 '이렇게 많은 사람'들의 존재는 수많은 인연의 가능성 가운데 생겨난 '그 별 하나'와 '나'의 인연을 더욱 특별한 것으로 부각하게 된다.
② Ⓐ와 Ⓑ를 동시에 관통하는 시간인 '밤'은 각 공간의 속성인 '밝음'과 '어둠' 간의 대조를 심화시키는 시간이다.
③ Ⓐ의 '별'은 '밤이 깊을수록' 그 밝기를 더해 가는 다른 별빛들 사이에서 '나'와의 인연으로 인해 부여된 특별함을 잃게 되며, 이 특별함의 소멸은 Ⓑ에서 '어둠' 속에 묻히게 되는 '나'에게도 동일하게 적용된다.
④ '이렇게 정다운'에는 Ⓐ와 Ⓑ 사이에서 어렵게 생겨나 금세 사라지게 된 인연을 소중하게 여기는 화자의 태도가 드러난다.
⑤ '어디서 무엇이 되어 / 다시 만나랴'는 Ⓐ와 Ⓑ 사이에서 이루어진 '별 하나'와 '나' 간의 인연이 공간을 달리하게 될 경우 그 속성이 달라질 수 있다는 화자의 우려를 시사한다.

016 멸치 _ 김기택

작품 미리보기

주제 역동적인 생명력 회복에 대한 염원

특징

① 접시에 담긴 멸치에서 바다의 생명력을 떠올리는 탁월한 시적 상상력을 보여 줌.

② 대조적인 시어를 통해 주제 의식을 선명하게 부각함.

구성

1~4행: 생명력을 지니고 있었던 멸치

5~13행: 생명력을 상실한 멸치

14~21행: 멸치가 지녔던 생명력을 회복하기를 바람.

작품 자세히 읽기

이 시는 반찬으로 접시에 담긴 멸치의 작은 무늬에서 바다의 흐름과 하나가 되어 헤엄쳤던 멸치의 역동적 생명력을 발견하고 있다. 이미 반찬이 되어 접시에 담긴 멸치의 모습에서 생명력의 상실을 발견하나, 이에 머무르지 않고 고깃배를 부수고 그물을 찢으며 저항하는 역동적인 생명력이 아직 멸치에 있음을 인식하며 생명력 회복의 가능성을 노래하고 있다.

지식 더하기

문명의 직선, 자연의 곡선

자연에는 직선이 없다. 모든 자연물은 비정형의 곡선의 형태를 띠고 있다. 비정형의 곡선, 자연스러운 곡선과 문명의 정확하고 곧은 직선은 대비를 이루게 된다. 이 시에서 '꼿꼿한 직선'은 '부드러운 물결'의 생명력을 잃게 하는 기능과 관련이 있다.

엮어 읽기

최승호, 「북어」 (➲256쪽)

김기택의 「멸치」가 반찬으로 오른 멸치를 보며 그 멸치의 생명력에 대한 상상을 하고, 그 생명력 회복을 염원했다면, 최승호의 「북어」는 식료품 가게에 진열된 북어의 모습을 보며 무기력하게 살아가는 현대인들의 모습을 식료품 가게에 진열된 북어의 모습에 빗대어 비판하고 있다. 이러한 점에서 발상의 공통점을 찾을 수 있다.

[A]
굳어지기 전까지 저 딱딱한 것들은 물결이었다
(저 딱딱한 것들: 반찬 상태의 멸치)
파도와 해일이 쉬고 있는 바닷속
지느러미의 물결 사이에 끼어
유유히 흘러 다니던 무수한 갈래의 길이었다
(무수한 갈래의 길: 바닷속에서 몰려다니는 멸치의 모습 형상화)

[B]
그물이 물결 속에서 멸치들을 떼어 냈던 것이다
햇빛의 꼿꼿한 직선들 틈에 끼이자마자
부드러운 물결은 팔딱거리다* 길을 잃었을 것이다

[C]
바람과 햇볕이 달라붙어 물기를 빨아들이는 동안
(생명력 상실의 과정)
바다의 무늬는 뼈다귀처럼 남아
멸치의 등과 지느러미 위에서 딱딱하게 굳어 갔던 것이다
모래 더미처럼 길거리에 쌓이고
(건어물이 된 멸치의 모습)
건어물집*의 푸석한 공기에 풀리다가
기름에 튀겨지고 접시에 담겨졌던 것이다

[D]
지금 젓가락 끝에 깍두기처럼 딱딱하게 잡히는 이 멸치에는
두껍고 뻣뻣한 공기를 뚫고 흘러가는
바다가 있다 그 바다에는 아직도
지느러미가 있고 지느러미를 흔드는 물결이 있다

[E]
이 작은 물결이
(작은 물결: 멸치)
지금도 멸치의 몸통을 뒤틀고 있는 이 작은 무늬가
파도를 만들고 해일을 부르고
고깃배를 부수고 그물을 찢었던 것이다
(멸치가 가졌던 거대한 생명력을 상상하여 봄.)

*팔딱거리다 작고 탄력 있게 자꾸 뛰다가.
*건어물집 마른 생선 등을 취급하는 점포.

원리로 작품 정리하기

원리1 화자, 대상, 청자
화자는 반찬으로 나온 (❶)의 모습을 관찰하며 그 삶의 이력에 대해서 생각해 봄.

원리2 상황, 정서, 태도, 어조
화자는 멸치의 예전 모습을 상상해 보며 (❷)을 회복하기를 바라고 있음.

원리3 시어와 심상

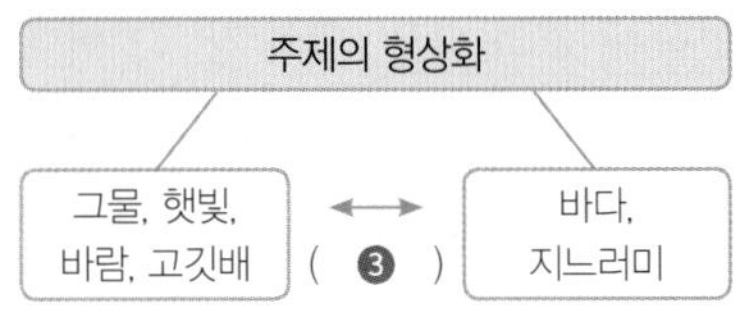

원리4 발상·표현, 표현 기법
화자는 멸치가 죽어 딱딱한 모습으로 변하기 전의 모습을 (❹)하여 표현함으로써 그 삶의 과정을 되짚어 보고 있음.

원리5 시상 전개, 시적 형상화
대비되는 소재들의 (❺)을 통해 주제를 부각하고 있음.

원리6 소통 구조, 맥락을 고려한 이해와 감상
일상적인 소재인 멸치 반찬에서 현대 문명으로 인해 상실된 생명력 (❻)에 대한 염원이라는 주제를 이끌어 내고 있다.

정답 ❶ 멸치 ❷ 생명력 ❸ 대조적 ❹ 상상 ❺ 나열 ❻ 회복

실전 연습하기

내신형 9264-0061

01 윗글에 대한 설명으로 적절한 것은?

① 후각적인 이미지를 중심으로 시상이 전개되고 있다.
② 공간을 이동함에 따라 대상의 심리가 변화하고 있다.
③ 화자의 추측이 시간이 지남에 따라 사실로 입증되고 있다.
④ 화자와 대상 간의 대화를 통해 대상의 본질이 드러나고 있다.
⑤ 대조적인 의미의 시어를 사용하여 말하고자 하는 바를 드러내고 있다.

빈칸 완성형 9264-0062

02 윗글은 반찬이 된 멸치가 본래 지녔던 ( )을 상상하면서, 그것의 ( )을 소망하는 작품이다.

서술형 9264-0063

03 윗글에서 멸치가 바다의 흐름과 분리되지 않는 생명력 있는 존재였음을 의미하는 시어를 찾아 2음절로 쓰시오.

수능형 9264-0064

04 〈보기〉를 바탕으로 윗글의 시상 전개를 이해할 때, 적절하지 않은 것은?

보기

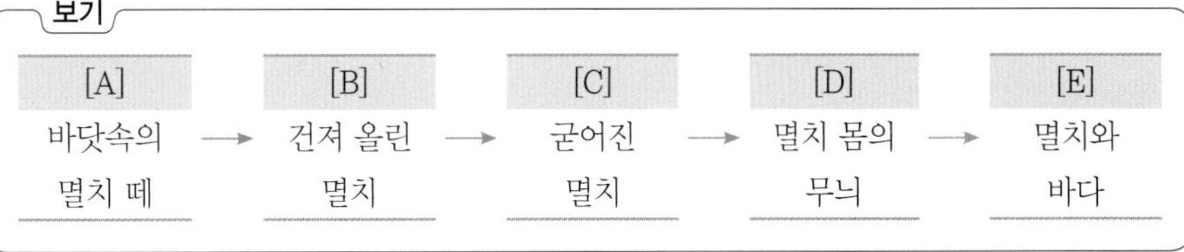

[A]		[B]		[C]		[D]		[E]
바닷속의 멸치 떼	→	건져 올린 멸치	→	굳어진 멸치	→	멸치 몸의 무늬	→	멸치와 바다

① [A]에서 멸치 떼의 유유한 움직임은 '무수한 갈래의 길'과 연결되어 바닷속의 자유로운 분위기를 보여 주고 있다.
② [B]에서 '그물', '햇빛의 꼿꼿한 직선들'은 멸치의 생명을 앗아 가려는 외부 세계의 폭력성을 환기하고 있다.
③ [C]는 멸치가 본래의 속성을 잃어 가는 과정을 순차적으로 보여 주고 있다.
④ [D]는 바다 물결의 실제 움직임을 사실적으로 묘사하여 마른 멸치의 몸에 남은 무늬에 시선을 집중시키고 있다.
⑤ [E]는 '파도'와 '해일'의 움직임을 통해 멸치가 본래 지녔던 생명력을 환기하며 시상을 마무리하고 있다.

017 바퀴벌레는 진화 중 _ 김기택

수록 교과서
문학 _미래엔

믿을 수 없다, 저것들도 **먼지와 수분**으로 된 사람 같은 생물이란 것을. 그렇지 않고서야 어찌 **시멘트**와 **살충제** 속에서만 살면서도 저렇게 비대해질 수 있단 말인가. 살덩이를 녹이는 살충제를 어떻게 가는 혈관으로 흘려보내며 딱딱하고 거친 시멘트를 **똥**으로 바꿀 수 있단 말인가. 입을 벌릴 수밖엔 없다. **쇳덩이의 근육**에서나 보이는 저 **고감도의 민첩성**과 **기동력** 앞에서는.

대비와 도치를 통해 바퀴벌레에 대한 놀라움을 표현

도치법으로 바퀴벌레가 가진 강한 생명력과 그것을 바라보는 놀라움을 표현

사람들이 최초로 시멘트를 만들어 집을 짓고 살기 전, 많은 벌레들을 씨까지 일시에 죽이는 독약을 만들어 뿌리기 전, 저것들은 어디에 살고 있었을까. **흙과 나무, 내와 강**, 그 어디에 숨어서 흙이 시멘트가 되고 다시 집이 되기를, 물이 살충제가 되고 다시 먹이가 되기를 기다리고 있었을까. 빙하기, 그 세월의 두꺼운 얼음 속 어디에 수만 년 썩지 않을 **금속의 씨**를 감추어 가지고 있었을까.

살충제

바퀴벌레가 '생물'이었던 시절에 살아가던 자연

결국 '사람들이' 만든 '시멘트'와 '살충제'가 오늘날의 바퀴벌레가 있게 한 원인임을 말함.

[ ] : 어떻게 하여 바퀴벌레가 오늘날의 모습을 가지게 되었는지를 상상함.
의문과 상상의 의미를 담은 시어의 반복

로봇처럼, 정말로 철판을 온몸에 두른 벌레들이 나올지 몰라. 금속과 금속 사이를 뚫고 들어가 살면서 철판을 왕성하게 소화시키고 수억 톤의 중금속 폐기물을 배설하면서 불쑥불쑥 자라는 잘 진화된 **신형 바퀴벌레**가 나올지 몰라. 보이지 않는 **빙하기**, 그 두껍고 차가운 강철의 살결 속에 씨를 감추어 둔 채 **때**가 이르기를 기다리고 있을지 몰라. 아직은 ㉠암회색 스모그가 그래도 맑고 희고, 폐수가 너무 깨끗한 까닭에 숨을 쉴 수가 없어 움직이지 못하고 눈만 뜬 채 잠들어 있는지 몰라.

과거와 현재를 통해 예측할 수 있는 미래의 바퀴벌레

과거의 '빙하기'와 같이 바퀴벌레가 진화를 위해 기다리는 시기

반어적 진술을 통해 생명체가 살아갈 수 없는 지경이 된 현대 문명의 폐해를 고발하고 경고함.

작품 미리보기

주제 인간 문명의 폐해에 대한 근원적 성찰
특징 관찰과 상상을 통해 미래에 대한 비극적 전망 제시
구성
1연: 시멘트와 살충제 속에서 살아가는 현재의 바퀴벌레
2연: 시멘트와 살충제 속에서 살아갈 수 있는 때를 기다렸던 과거의 바퀴벌레
3연: 신형 바퀴벌레로 진화하게 될 미래의 바퀴벌레

작품 자세히 읽기

시인의 성찰에 의하면 본래는 '먼지와 수분'으로 된 '생물'이었을 바퀴벌레는, '흙'이 '시멘트'가 되고 '물'이 '살충제'가 되는 인간의 문명에 적응하여 오늘날의 모습으로 진화해 온 것이다. 3연에서 시인은 바퀴벌레의 '과거'와 '현재' 모습에 근거하여 '미래'의 신종 바퀴벌레를 상상한다.

지식 더하기

김기택, '나의 관찰법' 중에서

나를 관찰하는 일은 곧 내 육체를 관찰하는 일일 뿐 아니라 내 선조들의 육체를 관찰하는 일이고, 그들의 역사를 관찰하는 일이고, 그 생명체 속에서 기생하면서 아직도 힘을 과시하고 있는 살아 있는 폭력을 관찰하는 일이고, 그 폭력을 견디다가 변질되어 왔거나 기형화되어 온 생명을 관찰하는 일이고, 그것들 속에 녹아 있는 역사와 시간을 관찰하는 일이다. 〈중략〉 때로는 눈을 돌려 나를 관찰하던 그 눈으로 동물이나 사물을 보기도 한다. 이것도 나에 대한 관찰의 연장이라고 할 수 있겠다.

엮어 읽기

김광규, 「달팽이의 사랑」 (➡074쪽)

이 시와 「달팽이의 사랑」은 대상에 대한 관찰과 상상 그리고 비판적 성찰을 담고 있다는 점에서 공통적이다. 전자는 시멘트와 살충제 속에서 살아가는 비대한 바퀴벌레의 민첩성과 기동력을, 후자는 서로 얼굴을 비비며 사랑을 속삭이고 있는 달팽이 두 마리를 관찰하고 있다. 전자는 놀라운 생명력을 가진 바퀴벌레가 어떻게 생겨났는지, 현재의 바퀴벌레는 미래에 어떻게 진화하게 될지를, 후자는 두 마리의 달팽이가 서로를 만나기까지 얼마나 오랜 시간이 걸렸을지, 어떤 힘이 둘을 만나게 했는지를 상상하고 있다.

원리로 작품 정리하기

원리1 화자, 대상, 청자
(❶)과 상상을 통해 바퀴벌레에 대한 사유를 전개하고 있음.

원리2 상황, 정서, 태도, 어조
- 바퀴벌레에 대한 통찰 → 인간의 현대 문명에 대한 비판
- 경악과 (❷)의 목소리

원리3 시어와 심상
- 바퀴벌레: 인간의 문명에 의해 진화해 왔음.
- 살충제와 시멘트: (❸)의 상징
- 빙하기: 바퀴벌레가 (❹)를 위해 기다리는 시기
- 암회색 스모그, 폐수: 극대화되고 있는 현대 문명의 폐해

원리4 발상·표현, 표현 기법
- 하찮게 여기고 혐오하는 대상인 바퀴벌레에 주목
- 암회색 스모그가 ~ 너무 깨끗한: (❺)
- 특정 시어의 반복: ~ 없다, ~ 있었을까, (❻)

원리5 시상 전개, 시적 형상화
현재의 관찰을 토대로 과거를 성찰하고 미래를 예측함.

1연(현재)	2연(과거)	3연(미래)
살충제와 시멘트 속에서 살면서도 강한 생명력을 지님.	사람들이 만든 시멘트가 집이 되고, 살충제가 먹이가 되기를 기다림.	잘 진화된 신형 바퀴벌레가 생겨날지 모름.

원리6 소통 구조, 맥락을 고려한 이해와 감상
이 작품은 바퀴벌레를 통해 인간의 문명에 대한 근본적인 성찰을 담고 있다. 오늘날 우리가 보는 바퀴벌레는 결국 인간 문명의 산물이며, 그 미래 역시 인간 문명에 의해 결정될 것이라고 보고 있다. 오늘날 스모그와 폐수는 인간과 문명을 절멸의 위기에 처하게 하고 있다. 그러므로 그것이 아직은 맑고 희며, 아직은 너무 깨끗하다는 (❼) 진술은 섬뜩한 느낌을 주고 있다.

정답 ❶ 관찰 ❷ 우려 ❸ 인간 문명 ❹ 진화 ❺ 반어법 ❻ ~ 몰라 ❼ 반어적

실전 연습하기

내신형 9264-0065

01 윗글에 나타난 화자의 시적 태도에 대한 설명으로 적절하지 않은 것은?

① 하찮게 여겨지는 대상에 주목하고 있다.
② 대상에 대한 거부와 수용 사이에서 갈등하고 있다.
③ 대상에 대한 사유를 통해 인간 문명을 성찰하고 있다.
④ 관찰과 상상을 통해 대상에 대한 사유를 전개하고 있다.
⑤ 현재와 과거에 대한 통찰을 근거로 대상의 미래를 예측하고 있다.

빈칸 완성형 9264-0066

02 윗글의 1연에서 화자는 현재의 바퀴벌레를 관찰하고 있다. 그것은 살충제와 시멘트 속에서 살면서도 강한 생명력을 지니고 있다. 2연에서는 바퀴벌레의 과거를 상상하고 있다. 그러면서 오늘의 바퀴벌레가 인간이 만든 (　　　)의 산물임을 알려 준다. 3연에서는 '과거'와 '현재' 모습에 근거하여 '신형 바퀴벌레'로 진화하는 (　　　)의 바퀴벌레를 상상하고 있다.

서술형 9264-0067

03 ㉠에 사용된 표현 기법에 대해 설명하시오.

수능형 9264-0068

04 〈보기〉는 윗글에 대한 비평의 일부이다. 윗글의 시구를 활용하여 그 근거를 제시한다고 할 때 적절하지 않은 것은?

> 보기
> 현재 존재하는 생명은 오랜 세월을 거쳐 온 종족의 역사를 내포하고 있다. 그런 점에서 그것은 살아 있는 '유물'이라 할 수 있다. 그러므로 현재의 존재를 관찰하는 일은 그들의 조상과 역사를 관찰하는 일이며, 이를 통해 그들의 미래를 내다보는 것이다. 그것은 또한 그 존재에 가해진 폭력을 관찰하는 일이고, 그 폭력을 견디다 변질되거나 기형화된 폭력의 흔적과 상처를 관찰하는 일이다.

① '로봇'처럼 철판을 온몸에 두른 진화된 '신형 바퀴벌레'가 나올 수 있음.
② '시멘트'와 '살충제'를 '똥'으로 바꿀 수 있는 '쇳덩이의 근육'을 갖게 됨.
③ '먼지와 수분'으로 된 생물의 '고감도의 민첩성'과 '기동력'을 지니고 있었음.
④ '사람들'이 '시멘트'와 '살충제'를 만들기 전에는 '흙과 나무, 내와 강'에 살았음.
⑤ '빙하기'에 '금속의 씨'를 감추어 가지고 있었으며 또 '때'가 이르기를 기다리고 있음.

독해의 원리 다지기 2

김남조 ~ 김춘수

018 겨울 바다 _ 김남조

작품 미리보기

주제 삶의 허무를 극복하려는 의지

특징

① 대립적 이미지를 통해 주제를 형상화함.
② 독백적 어조로 화자의 정서를 표현함.

구성

1연: 소멸, 허무의 공간인 겨울 바다
2연: 사랑의 상실로 인한 절망과 마주함.
3연: 삶의 허무와 마주하여 갈등을 느낌.
4연: 시간을 통해 삶에 대해 깨달음을 얻음.
5~6연: 기도를 통해 삶의 의미를 얻고자 노력함.
7연: 삶의 유한성 자각
8연: 인고의 자세를 통한 삶의 허무감 극복

작품 자세히 읽기

이 시에서 '겨울 바다'는 죽음과 생성, 절망과 희망, 상실과 획득, 이별과 만남의 복합 이미지의 상징어로 볼 수 있다. 화자는 겨울 바다에서 '미지의 새'가 죽고 없음을 발견한다. 그때 살속을 파고드는 '매운 해풍'까지 불어 그 사이 자신을 지켜 주고 지탱하게 했던 사랑마저도 실패로 끝나는 삶의 좌절을 체험하는 것이다. 그러나 화자는 사람은 누구나 아픔을 안고 살아가는, 시간 속의 유한적 존재라는 것과 지금 겪고 있는 괴로움은 시간이 흐르면 저절로 치유된다는 평범한 진리를 통해 긍정적 삶을 인식하기에 이른다.

지식 더하기

김남조의 시 세계

김남조는 1953년 첫 시집 『목숨』을 발간하면서 본격적인 시작 활동에 들어갔는데, 인간성에 대한 확신과 왕성한 생명력을 통한 정열을 그려 내고자 하였다. 특히 『목숨』은 가톨릭 계율의 경건성과 뜨거운 인간적 목소리가 조화된 시집으로 평가받고 있다. 이러한 경향은 두 번째 시집 『나아드의 향유』로 이어지면서 종교적 신념이 한층 더 강조되고, 시인은 기독교적 인간애와 윤리 의식을 전면에 드러내게 된다. 이후의 시들은 대부분 기독교적 정조를 짙게 깔면서 더욱 심화된 종교적 신앙의 경지를 보여 준다.

엮어 읽기

김현승, 「가을의 기도」 (➋025쪽)

김남조의 「겨울 바다」와 김현승의 「가을의 기도」는 절대자를 향한 기원의 어조와 기도의 내용이 나타난다는 점에서 유사성을 갖는다. 「겨울 바다」의 경우 인간으로서의 유한성을 자각하고 더욱 뜨겁게 살아갈 수 있기를 바라고 기도하고 있다면, 「가을의 기도」의 경우 가을이 되어 절대적인 고독을 느끼고 삶의 궁극적인 가치를 추구하고자 하는 의지를 기도의 형식을 통해 드러내고 있다.

겨울 바다에 가 보았지
미지(未知)의 새
보고 싶던 새들은 죽고 없었네
(소망, 이상의 상실)

그대 생각을 했건만도
매운 해풍에
(사랑을 가로막는 장애물, 현실적 시련)
그 진실마저 눈물져 얼어 버리고

허무의
불
물이랑 위에 불붙어 있었네

나를 가르치는 건
언제나
시간……
끄덕이며 끄덕이며 겨울 바다에 섰었네
(긍정적 자세(깨달음을 얻음.))

남은 날은
적지만
(삶의 유한성을 자각함.)

기도를 끝낸 다음
더욱 뜨거운 기도의 문이 열리는
(허무와 절망을 극복하기 위한 구체적인 노력이 결실을 맺음.)
그런 영혼을 갖게 하소서

남은 날은
적지만

겨울 바다에 가 보았지
(희망, 생성의 공간으로 변화함.)
인고(忍苦)의 물이
수심(水深) 속에 기둥을 이루고 있었네
(인고의 삶의 자세를 통해 허무, 소멸, 절망 등이 극복된 것을 시각적으로 형상화함.)

원리로 작품 정리하기

원리1 화자, 대상, 청자
- 화자는 (❶)를 찾아가 그곳에서 새로운 깨달음을 얻고 있음.
- 화자는 새로운 나날들을 원하며 절대자에게 (❷)를 드리고 있음.

원리2 상황, 정서, 태도, 어조
화자는 홀로 말하는 듯한 (❸)적 어조로 노래하고 있음.

원리3 시어와 심상
(❹)는 화자가 절망감을 갖고 찾아간 공간이나 희망의 공간이 됨으로써 그 의미가 (❺)함.

원리4 발상·표현, 표현 기법

'(❻)'
소멸, 상실의 이미지

대조

'(❼)'
생성의 이미지

원리5 시상 전개, 시적 형상화
- 삶에 대한 절망감을 갖고 찾아간 공간에서 새로운 (❽)을 얻어 가는 과정이 그려지고 있음.
- 이미지의 (❾)을 통해 시상을 전개해 나감.

원리6 소통 구조, 맥락을 고려한 이해와 감상
이 작품은 삶의 허무를 극복해 보려는 노력과 (❿)가 돋보인다.

정답 ❶ 겨울 바다 ❷ 기도 ❸ 독백 ❹ 겨울 바다 ❺ 변화 ❻ 불 ❼ 물 ❽ 희망 ❾ 대립 ❿ 의지

실전 연습하기

정답과 해설 15쪽

내신형 9264-0069

01 윗글에 대한 설명으로 적절하지 않은 것은?

① 기원의 어조를 통해 화자의 소망을 드러내고 있다.
② 공간의 이동에 따라 화자의 심리가 변화하고 있다.
③ 반복법을 사용하여 의미를 강조하는 효과를 얻고 있다.
④ 대립적 이미지의 시어를 사용하여 주제를 형상화하고 있다.
⑤ 부정적이었던 화자의 심리가 점차 긍정적으로 변화하고 있다.

빈칸 완성형 9264-0070

02 윗글은 (　　　)과 (　　　)의 대립적인 이미지를 바탕으로 하여 주제를 형상화하고 있다.

서술형 9264-0071

03 윗글에서 '겨울 바다'의 의미는 어떻게 변화하는지 쓰시오.

수능형 9264-0072

04 윗글과 〈보기〉의 '바다'를 이해한 것으로 가장 적절한 것은?

보기

친구가 원수보다 더 미워지는 날이 많다
티끌만 한 잘못이 맷방석만 하게
동산만 하게 커 보이는 때가 많다
그래서 세상이 어지러울수록
남에게는 엄격해지고 내게는 너그러워지나 보다
돌처럼 잘아지고 굳어지나 보다

멀리 동해 바다를 내려다보며 생각한다
널따란 바다처럼 너그러워질 수는 없을까
깊고 짙푸른 바다처럼
감싸고 끌어안고 받아들일 수는 없을까
스스로는 억센 파도로 다스리면서
제 몸은 맵고 모진 매로 채찍질하면서

– 신경림, 「동해 바다–후포에서」

① 윗글의 바다는 인격적 대상이나 〈보기〉의 바다는 그렇지 않다.
② 윗글의 바다는 미지의 이상 세계이나 〈보기〉의 바다는 현실 세계이다.
③ 윗글의 바다는 깨달음의 공간이고, 〈보기〉의 바다는 화자가 닮고 싶은 대상이다.
④ 윗글과 〈보기〉의 바다 모두 화자가 극복하여야 할 시련이다.
⑤ 윗글과 〈보기〉의 바다 모두 화자가 도달하고자 하는 목표이다.

019 가는 길 _ 김소월

수록 교과서
문학 _비상

그립다

말을 할까
하니 그리워
(말을 할까 / 하니 그리워: 망설이는 마음 표현)

그냥 갈까
그래도
다시 더 한 번……
(한 번……: 미련이 남아 있음.)

저 산에도 까마귀, 들에 까마귀,
(까마귀,: 어서 가라고 재촉하는 존재)
서산에는 해 진다고
(서산에는 해 진다고: 시간의 경과: 갈 길을 재촉함.)
지저귑니다.

앞 강물, 뒷 강물,
흐르는 물은
어서 따라오라고 따라가자고
(어서 따라오라고 따라가자고: 어서 가자는 재촉의 소리)
흘러도 연달아 흐릅디다려*.

*흐릅디다려 흐르고 있더군요. '흐릅디다그려'의 준말.

작품 미리보기

주제 이별의 아쉬움과 그리움

특징
① 유음, 비음을 사용하여 음악적 효과를 거둠.
② 시행의 길이와 어조를 통해 화자의 심리를 표현함.
③ 7·5조 3음보의 전통적 율격을 사용함.

구성
1연: 그리운 마음
2연: 망설임과 미련
3연: 떠나가야 하는 상황
4연: 떠나가야 한다는 부담감

작품 자세히 읽기

이 시는 3음보, 7 · 5조 등 전통적인 가락을 바탕으로 하여 이별을 맞이하는 사람의 미묘한 심리를 탁월하게 그리고 있다. 가슴속에 사랑이 남아 있으면서도 떠나가는 상황에서 1, 2연에서는 상대적으로 느리게 읽히다가 3, 4연에서는 까마귀, 강물이 재촉하는 듯하며 보다 속도감 있게 읽힌다. 이런 시행 배열, 운율 형성 등이 이별을 맞이하는 미묘한 화자의 심리를 잘 드러내고 있다.

지식 더하기

객관적 상관물
시인이 표현하고자 하는 어떤 정서, 사상을 그대로 나타내지 않고 직접적 관계가 없는 사물, 사건을 통해 보다 객관화하는 것을 말한다. 이 시에서 '까마귀', '강물'은 이별의 안타까움, 발이 안 떨어지는 듯한 미련의 마음 등을 객관적으로 나타내는 역할을 하고 있다.

엮어 읽기

김소월, 「진달래꽃」 (➡098쪽)
김소월의 「가는 길」과 「진달래꽃」은 모두 이별의 상황에서 일어날 수 있는 사람의 심리적 변화를 묘사하고 있다는 점에서 유사하다. 「가는 길」은 아직 사랑하는 사람에 대한 미련이 남아 있는데 떠나야 함을 느끼고 있음을 보여 준다면, 「진달래꽃」은 이미 마음이 떠난 임을 곱게 보내 주려고 하면서도 마음속 깊이 정한을 느끼는 모습을 보여 준다.

정답과 해설 16쪽

원리로 작품 정리하기

원리1 화자, 대상, 청자

화자는 이별을 맞이해 (❶) 마음을 표현하고 있음.

원리2 상황, 정서, 태도, 어조

화자는 떠나야 하는 상황에서 사랑하였던 사람에 대한 (❷)과 미련을 드러내고 있음.

원리3 시어와 심상

해 진다고 지저귀는 '까마귀', '어서 따라오라고 따라가자고' 흐르는 '강물' 등의 (❸) 심상을 중심으로 표현함.

원리4 발상·표현, 표현 기법

2연의 (❹)	아직 남아 있는 화자의 미련을 보여 줌.
저 산에도 까마귀, 들에 까마귀	• 화자에게 어서 갈 것을 (❺)하는 존재 • (❻)되어 표현됨

원리5 시상 전개, 시적 형상화

1, 2연에는 화자의 마음이 드러나고 3, 4연에는 떠나기를 재촉하는 (❼)의 모습이 드러남.

원리6 소통 구조, 맥락을 고려한 이해와 감상

이 시에는 (❽)의 상황에서 떠나야 할 것을 알면서도 망설이는 사람의 마음속 (❾)이 잘 드러나 있다.

정답 ❶ 망설이는 ❷ 아쉬움(그리움) ❸ 청각적 ❹ 말줄임표 ❺ 재촉 ❻ 의인화 ❼ 자연물 ❽ 이별 ❾ 갈등

실전 연습하기

내신형 9264-0073

01 윗글의 운율을 이루는 요소에 대한 설명으로 적절하지 않은 것은?

① 7·5조의 음수율을 가지고 있다.
② 음보의 배열을 달리하여 변화를 주고 있다.
③ 전통적인 3음보의 율격을 바탕으로 하고 있다.
④ 유음과 비음을 빈번히 사용하여 리듬감을 형성한다.
⑤ 각 연의 구조를 동일하게 구성해 반복적 리듬을 형성한다.

빈칸 완성형 9264-0074

02 윗글은 (   )의 상황에서 마음속에서 일어나는 (   )을 전통적 (   )을 통해 표현하고 있다.

서술형 9264-0075

03 윗글에서 '까마귀', '강물'은 화자의 심리와 어떤 연관성이 있는지 쓰시오.

수능형 9264-0076

04 윗글에 대한 감상으로 적절하지 않은 것은?

① 화자는 차마 발이 떨어지지 않는 사람이라고 할 수 있어.
② 1, 2연에서는 망설이는 화자의 모습이 직접적으로 드러나고 있어.
③ 3연에서는 미련 없이 떠날 수 있는 화자의 마음이 까마귀를 통해 드러나고 있어.
④ 4연에서 화자는 흐르는 강물을 보며 자신도 가야 하지 않느냐고 생각하고 있어.
⑤ 1, 2연에서 화자의 속마음이 드러났다면 3, 4연에서는 외부 상황도 제시되고 있는 것 같아.

020 산유화 _ 김소월

수록 교과서
문학 _창비, 천재(정)

작품 미리보기

주제 존재의 근원적인 고독
특징
① 1연과 4연이 내용적으로 대칭을 이룸.
② 종결 어미 '-네'의 각운 효과
③ 3음보의 율격이 변주되어 나타남.
구성
1연: 꽃이 피어남.
2연: 혼자서 피어 있는 꽃
3연: 꽃이 좋아 산에 사는 새
4연: 꽃이 짐.

작품 자세히 읽기

이 시는 꽃이 피고 지는 자연 현상을 통하여 모든 생명체, 존재가 가지고 있는 실존적인 고독감, 근원적인 고독감에 대해서 이야기하고 있다. 이 시는 '꽃의 탄생 → 고독한 존재로서의 모습 → 꽃의 소멸'로 시상이 전개되고 있다. 이 세상에 사는 모든 존재가 외로이 나고 외로이 살아가다가 소멸된다는 평범한 삶의 진리를 형상화하여 표현하고 있다.

지식 더하기

'저만치'에 대한 해석들
김동리는 '저만치'를 인간과 자연의 거리로 해석하였고, 서정주는 '저만치' 홀로 피어 있는 꽃을 고고한 고독을 지닌 존재로 해석하였다. 김춘수는 실존주의 철학을 빌려 '저만치'를 설명하였는데, 인간이 자유 의지를 가지고 있어 자연과 같은 존재가 될 수 없고, 자연과 대비하였을때 동경과 좌절의 정서가 생긴다고 보았다.

엮어 읽기

김춘수, 「꽃」 (➡120쪽)
김소월의 「산유화」와 김춘수의 「꽃」은 주요 제재가 꽃이라는 점, 인간의 존재에 대한 인식을 보여 준다는 점에서 공통점이 있다. 「산유화」에서 '꽃'은 산에 저만치 홀로 피어 있는 존재로서, 이것을 고독한 인간 존재 자체로 보기도 한다. 이에 반해 「꽃」은 인간 존재 간의 의미 있는 소통의 과정을 보여 준다.

산에는 [꽃 피네]
[꽃이 피네]
갈 봄 여름 없이
(가을(시적 허용))
[꽃이 피네]

([ ] : 반복법)

산에
산에
피는 꽃은
㉠저만치* 혼자서 피어 있네
(화자와의 거리, 꽃들과의 거리)

산에서 우는 작은 새여
(감정 이입의 대상(청각적 심상))
꽃이 좋아
산에서
사노라네*

산에는 [꽃 지네]
[꽃이 지네]
갈 봄 여름 없이
[꽃이 지네]

(1연과 4연: 수미 상관)

*저만치 저만한 거리를 두고. 저처럼.
*사노라네 산다고 하네.

원리로 작품 정리하기

원리1 화자, 대상, 청자

화자는 (❶)에서 (❷)이 피고 지는 것을 (❸)와 관련지어 생각하고 있음.

원리2 상황, 정서, 태도, 어조

화자는 꽃이 피고 지는 모습을 그저 담담히 바라본다는 점에서 (❹)적 태도를 유지하고 있음.

원리3 시어와 심상

(❺) — 존재가 생성하고 소멸하는 공간

(❻) — 산에서 꽃이 좋아 사는 고독한 존재

원리4 발상·표현, 표현 기법

- 1연과 4연의 내용 및 구조가 서로 대응되는 (❼)식 구성임.
- '산에~', '꽃이 피네', '꽃이 지네' 등 시어 및 시구의 (❽)이 운율감을 줌.

원리5 시상 전개, 시적 형상화

계절에 따라 꽃이 피고 지는 것이 (❾)되는 모습을 통해 존재의 생성과 소멸은 끝없음을 표현하고 있음.

원리6 소통 구조, 맥락을 고려한 이해와 감상

이 시는 (❿)이 피고 지는 평범한 자연의 현상을 통해 모든 생명체가 지니는 근원적인 (⓫)을 형상화하고 있다.

정답 ❶ 산 ❷ 꽃 ❸ 존재 ❹ 관조 ❺ 산 ❻ 새 ❼ 수미 상관 ❽ 반복 ❾ 순환 ❿ 꽃 ⓫ 고독감

실전 연습하기

내신형 9264-0077

01 ㉠에 대한 학생들의 감상 내용으로 적절하지 않은 것은?

① 꽃들이 서로 멀찍이 떨어져 있는 모습이 연상되네.
② 존재들 사이의 거리감으로 볼 수도 있을 것 같아.
③ 화자는 이상과 동떨어진 현실의 모순을 풍자하려고 한 것 같은데.
④ 화자의 입장에서 떨어져 있는 꽃은 자신의 고독감을 드러내는 것일 수도 있을 것 같아.
⑤ 화자의 입장에서는 꽃이 자신으로부터 멀찍이 떨어져 피어 있다는 뜻으로도 볼 수 있어.

빈칸 완성형 9264-0078

02 윗글은 (　　　)이 피고 지는 자연의 현상을 통해서 (　　　)의 근원적인 (　　　)을 형상화하고 있다.

서술형 9264-0079

03 윗글에서 화자의 감정이 이입된 대상을 찾아 2어절로 쓰시오.

수능형 9264-0080

04 윗글의 내용 흐름을 〈보기〉와 같이 정리한다고 할 때, [가]에 들어갈 말로 가장 적절한것은?

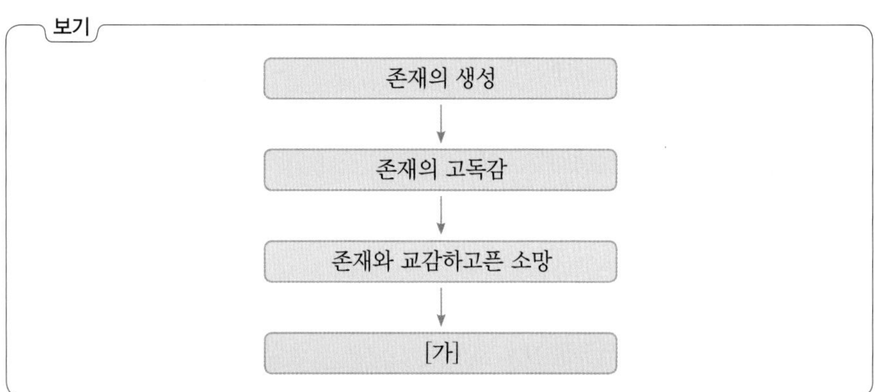
보기

존재의 생성
↓
존재의 고독감
↓
존재와 교감하고픈 소망
↓
[가]

① 존재의 소멸　② 존재의 위축
③ 존재의 의지　④ 존재의 재생
⑤ 존재의 화합

021 접동새 _ 김소월

수록 교과서
문학 _해냄

접동
접동
아우래비* 접동
— 접동새의 울음소리(의성어)

진두강 가람 가에 살던 **누나**는
진두강 앞마을에
와서 웁니다

옛날, 우리나라
(전설임이 드러남.)
먼 뒤쪽의
진두강 가람 가에 살던 누나는
의붓어미 **시샘***에 죽었습니다
(누나가 죽게 된 이유)

누나라고 불러 보랴
오오 불설워*
(화자의 정서가 직접적으로 드러남.)
시새움에 몸이 죽은 우리 누나는
죽어서 접동새가 되었습니다

아홉이나 남아 되던 **오랩동생***을
죽어서도 못 잊어 **차마** 못 잊어
(한을 가지고 우는 이유: 혈육애)
야삼경(夜三更)* 남 다 자는 밤이 깊으면
이 산 저 산 옮아가며 슬피 웁니다

*아우래비 아홉 오라비. 아홉 명의 남자 혈육.
*시샘 시기와 질투.
*불설워 평안도 사투리. 몹시 서러워.
*오랩동생 오라비와 남동생의 줄임말.
*야삼경 밤 11시~새벽 1시. 깊은 밤.

작품 미리보기

주제 애절한 혈육 간의 정

특징
① 의성어의 반복을 통해 주제를 표출함.
② 서북 지방 전설을 제재로 씀.
③ 7·5조 3음보의 전통적 율격을 형성함.

구성
1연: 접동새의 슬픈 울음소리
2연: 마을을 떠나지 못하는 누나(접동새)
3연: 의붓어미의 시샘에 죽은 누나
4연: 죽어서 접동새가 된 누나
5연: 애절한 접동새의 혈육의 정

작품 자세히 읽기

서북 지방의 접동새 전설을 배경으로 하여 쓴 시이다. 김소월은 3음보, 7·5조 등 전통적인 가락의 맥을 이으려 하였을 뿐만 아니라 전통적인 정서인 한(恨)을 중심으로 한 시를 다수 지었다. 이 시 역시 억울하게 죽어 떠난 누나의 한을 주요 정서로 하여 전개되고 있다는 점이 특징적이다.

지식 더하기

접동새 전설

옛날 평북 진두강 가에 10남매가 살고 있었다고 한다. 그런데 어느 날 어머니가 죽고 아버지가 계모를 들였다. 흉악하고 포악한 계모는 전처의 자식들을 학대하였다. 죽은 어머니가 남긴 물건을 모두 없애고 그 자식들에게는 끼니도 제대로 주지 않고 급기야는 외출도 금지시켰다. 소녀가 나이가 차서 박천의 어느 도령과 혼약을 맺고, 부잣집인 약혼자 집에서는 소녀에게 많은 예물을 주었는데, 이를 시기한 계모가 어느 날 그 예물을 빼앗고 소녀를 그 친어머니의 장롱 속에 가두어 불을 질러 태우자 그 재 속에서 한 마리 접동새가 날아올랐다. 누나의 죽음에 아홉 동생들이 슬퍼하면서 누나의 혼수를 마당에서 태우는데, 계모는 아까워하며 태우지 못하게 하였다. 한편 뒤늦게 이 사실을 안 관가에서는 계모를 잡아 그 딸이 죽은 것과 똑같은 방법으로 사형을 시켰는데, 계모의 재 속에서는 까마귀가 나왔다고 한다. 접동새가 된 처녀는 밤이면 동생들을 찾아와 울었는데, 접동새가 밤에만 다니는 까닭은 계모가 환생한 까마귀가 무서워서라고 한다.

엮어 읽기

서정주, 「견우의 노래」 (➡174쪽)

김소월의 「접동새」와 서정주의 「견우의 노래」는 널리 알려진 우리 민족의 전설을 바탕으로 하였다는 데에서 공통점을 가진다. 「접동새」는 접동새 전설을 바탕으로 하여 애절한 혈육애를 드러낸 반면 「견우의 노래」는 견우직녀 설화를 바탕으로 하여 참된 사랑의 의미를 드러내었다.

원리로 작품 정리하기

원리1 화자, 대상, 청자
화자는 죽어서 (❶)가 된 누나에 대해서 이야기를 하는 사람임.

원리2 상황, 정서, 태도, 어조
이 시에서는 (❷)이나 되는 남자 형제들과의 헤어짐에 대한 '누나'의 슬픔을 다루고 있음.

원리3 시어와 심상
- (❸) — 죽은 누나의 화신
- 접동새의 (❹) 심상을 중심으로 한의 정서가 표현됨.

원리4 발상·표현, 표현 기법
- 접동새 (❺)을 차용함으로써 시의 전체적 발상이 만들어지고 있음.
- (❻)의 민요조 율격이 이 시의 운율을 형성함.

원리5 시상 전개, 시적 형상화
죽은 누나가 접동새로 환생했다는 전설을 차용하여 우리 민족의 (❼)을 그리고 있음.

원리6 소통 구조, 맥락을 고려한 이해와 감상
이 시에는 죽은 (❽)의 접동새로의 환생을 통해 애절한 (❾)의 정이 나타나 있다.

정답 ❶ 접동새 ❷ 아홉 ❸ 접동새 ❹ 청각적 ❺ 전설 ❻ 3음보 ❼ 한 ❽ 누나 ❾ 혈육

실전 연습하기

내신형 9264-0081

01 윗글에 대한 설명으로 적절하지 않은 것은?

① 전설을 차용하여 주요 정서를 환기하고 있다.
② 애상적 어조를 통해 비극적인 분위기를 드러낸다.
③ 구체적 지명을 활용해 향토적 정서를 환기하고 있다.
④ 화자가 표면에 드러나 대상에 대한 공감을 드러낸다.
⑤ 유사한 종결 어미의 반복으로 구조적 안정감을 형성한다.

빈칸 완성형 9264-0082

02 윗글은 (　　　) 전설을 차용하여 죽어서도 (　　　)에 대한 정을 버리지 못하여 갖게 된 (　　　)을 애절한 어조로 표현하고 있다.

서술형 9264-0083

03 윗글에서 애절한 혈육 간의 정이 청각적 심상으로 표현된 부분을 찾아 쓰시오.

수능형 2014학년도 6월 모의평가 A형 9264-0084

04 〈보기〉를 참고하여 윗글을 감상한 내용으로 가장 적절한 것은?

> 보기
> 김소월의 시에서 한(恨)은 서로 모순을 이루는 두 감정이 갈등을 일으키고, 그 갈등이 끝내 풀리지 않을 때 생긴다. 예컨대 한은 체념해야 할 상황에서도 미련을 버리지 못하거나, 자책과 상대에 대한 원망이 충돌하여 이렇게도 저렇게도 할 수 없을 때 맺힌다.

① '차마' 못 잊는다는 것으로 보아, '누나'의 한은 죽어서도 동생들에 대한 미련을 끊어 내지 못하여 생긴 것 같아.
② '시샘'이 '시새움'으로 변주되고 있는 것으로 보아, '누나'의 한은 의붓어미와의 갈등이 깊어지고 있을 때 맺힌 것 같아.
③ '이 산 저 산' 떠도는 새의 모습으로 보아, '누나'의 한은 모든 희망을 버리고 방황하고 체념하고 있을 때 맺힌 것 같아.
④ '야삼경'에도 잠들지 못하는 것으로 보아, '누나'의 한은 자신의 심정이 어떤 상태인지 파악하지 못하여 생긴 것 같아.
⑤ '오랩동생'과 이별하는 심경이 표현된 것으로 보아, '누나'의 한은 홀로 가족을 떠나는 행위를 자책하고 있을 때 맺힌 것 같아.

022 진달래꽃 _ 김소월

수록 교과서
국어 _금성, 비상(박안), 동아, 천재(박), 해냄
문학 _동아

나 보기가 역겨워
마음에 거슬려서
가실 때에는
말없이 고이 보내 드리우리다

영변(寧邊)에 약산(藥山)
진달래꽃 절경으로 유명한 산
진달래꽃
아름 따다 가실 길에 뿌리우리다
산화공덕의 의미. 임을 축복함.

가시는 걸음 걸음
놓인 그 꽃을
사뿐히 즈려밟고 가시옵소서
가볍게 짓밟고. 자기희생

나 보기가 역겨워
가실 때에는
죽어도 아니 눈물 흘리우리다
애이불비. 반어법

수미 상관

작품 미리보기

주제 이별의 정한

특징
① 1연과 4연이 수미 상관을 이룸.
② 섬세하면서 간절한 어조
③ 전통적인 정서를 3음보 율격을 통해 나타냄.

구성
1연: 이별의 상황 가정
2연: 떠나는 임에 대한 축복
3연: 임을 축복하는 희생적인 사랑
4연: 인고를 통한 슬픔의 극복

작품 자세히 읽기

이 시에는 이별의 상황에 처한 화자의 모습이 구체적으로 표현되어 있다. 이별의 상황에 처한 이 시의 화자는 임을 원망하거나 임에게 화를 내지 않는 등 임과의 이별을 대놓고 슬퍼하지 않는다. 도리어 진달래꽃을 뿌리며 떠나는 임을 축복하여 준다. 그러나 마지막에서 '죽어도 아니 눈물 흘리우리다'라고 말하는 것은 간절한 마음으로 임이 떠나지 않기를 원하는 것으로 볼 수 있다.

지식 더하기

진달래꽃의 의미

진달래꽃은 우리 산천에 가장 흔한 꽃 중 하나로, 민중을 상징하는 경우도 있다. 이 시에서 진달래꽃은 상대방에게 뿌려지는 것으로, 상대방의 공덕을 예찬하고 앞날을 축복하는 산화공덕(散花功德)의 의미로 쓰이고 있는데, 이는 향가 「도솔가」에서의 의미와 동일하다.

엮어 읽기

김소월, 「먼 후일」 (➡038쪽)

김소월의 「진달래꽃」과 「먼 후일」은 이별의 상황을 가정하고 그 상황 속에서 화자와 임의 관계를 풀어 나간다는 공통점을 가지고 있다. 「진달래꽃」은 임이 '나 보기가 역겨워'질 때, 즉 진심으로 임이 나를 떠나고자 할 때 말없이 고이 보내며 그를 축복하기를 원하는 헌신적인 사랑의 모습을 보인다. 「먼 후일」에서는 나와 임이 헤어진 먼 후일을 가정하며 그때 자신의 말은 '잊었노라'고 하지만, '오늘도 어제도 아니 잊고 / 먼 훗날 그때에' 잊었다 하겠다고 말함으로써 겉의 말과는 달리 변함없는 사랑을 드러낸다.

정답과 해설 17쪽

원리로 작품 정리하기

원리1 화자, 대상, 청자
화자는 (❶)과의 (❷)의 상황을 가정하고 있는 사람임.

원리2 상황, 정서, 태도, 어조
화자는 이별의 상황에서도 임만을 생각하고 자신의 슬픔을 수용하는 어조를 보임.

원리3 시어와 심상
(❸) — 화자의 임에 대한 희생적인 사랑을 보여 줌.

원리4 발상·표현, 표현 기법
- (❹) 율격을 바탕으로 함.
- 종결 어미 '-우리다'의 (❺)이 운율감을 줌.

원리5 시상 전개, 시적 형상화
1연과 4연의 내용 및 구조가 서로 대응되는 (❻)식 구성임.

원리6 소통 구조, 맥락을 고려한 이해와 감상
이 시는 (❼) 율격을 바탕으로 하여 전통적인 (❽)의 (❾)을 형상화하고 있다.

정답 ❶ 임 ❷ 이별 ❸ 진달래꽃 ❹ 3음보 ❺ 반복 ❻ 수미 상관 ❼ 3음보 ❽ 이별 ❾ 정한

실전 연습하기

내신형 9264-0085

01 윗글에 대한 설명으로 적절하지 않은 것은?

① 화자는 사랑하는 임이 자신과 이별하려 할 때를 가정하고 있군.
② 화자가 임 앞에 진달래꽃을 뿌리며 임이 미련을 갖지 못하게 하고 있군.
③ 영변에 있는 약산은 진달래꽃이 유명한 곳으로, 향토적 느낌을 환기하는군.
④ 화자가 가정한 상황 속에서 임은 자신을 버리고 영영 떠날지도 모르는 모습이군.
⑤ 화자는 속으로는 깊이 슬퍼하면서도 겉으로는 그 슬픔을 참는 모습을 보이는군.

빈칸 완성형 9264-0086

02 윗글에서 (   )은 임에 대한 화자의 (   )적인 사랑을 의미하고 있다.

서술형 9264-0087

03 윗글에서 〈조건〉에 맞는 구절을 찾아 쓰시오.

조건
임과의 이별에 대한 화자의 마음을 반어적으로 표현하고 있다.

수능형 9264-0088

04 윗글의 3연은 처음 발표되었을 때 〈보기〉와 같았다. 고쳐쓰기를 통해 얻은 시적 효과를 가장 적절하게 평가한 것은?

보기
가시는 길 발거름마다
뿌려노흔 그꼿을
고히나 즈러밟고 가시옵소서.

① 어휘를 바꾸니 시적 대상이 바뀌었군.
② 피동 표현을 첨가하니 화자가 바뀌었어.
③ 시행의 길이를 줄여서 고독의 의미를 강조했군.
④ 심상을 다양화하여 자연과의 친화를 보여 주었군.
⑤ 시어를 바꾸고 글자 수를 조절해 운율상의 배려를 했군.

023 초혼 _ 김소월

수록 교과서
문학 _미래엔

작품 미리보기

주제 죽은 임에 대한 슬픔과 그리움

특징
① 반복과 영탄을 통한 격정적 어조
② 민요조의 3음보 율격
③ 전통적 장례 의식과 망부석 설화를 소재로 함.

구성
1연: 임의 부재에 대한 절규
2연: 사랑을 고백하지 못한 회한
3연: 이별로 인한 상실감과 허탈감
4연: 삶과 죽음 사이의 절망적 거리감
5연: 처절한 슬픔과 그리움

작품 자세히 읽기

이 시는 김소월이 첫사랑을 잃고 나서 썼다고 전해진다. 하지만 이 작품이 발표될 당시는 일제 강점기였기 때문에 우리 민족 모두가 국권을 상실하고 슬픔에 잠겨 있었다는 점을 시적 상황으로 살필 수도 있다. 이 시에서의 초혼 의식은 곧 국권 상실에 대한 슬픔과 잃어버린 조국에 대한 그리움을 나타내고 있다고 볼 수 있다.

지식 더하기

초혼(招魂)
초혼(招魂)이란 사람이 죽었을 때 그 사람이 살아 있을 때 입던 저고리를 갖고 지붕에 올라서거나 마당에 서서, 왼손으로는 옷깃을 잡고 오른손으로는 옷의 허리 부분을 잡은 뒤 북쪽을 향해 죽은 이의 이름을 세 번 부르는 행위를 가리킨다.

박제상 망부석 설화
신라 시대 눌지왕 때 충신이었던 박제상은 볼모로 잡혀간 눌지왕의 동생을 구하러 갔다가 왕의 동생을 구하고 왜왕에게 죽임을 당했다. 박제상의 부인이 돌아오지 않는 남편을 치술령이라는 고개에서 기다리다가 돌이 되었다는 설화가 있다.

엮어 읽기

정지용, 「유리창 1」 (➡242쪽)
「유리창 1」은 자식을 잃은 아버지의 슬픔과 자식에 대한 그리움을 노래한 작품이다. 「초혼」과 「유리창 1」에는 사랑하는 사람의 죽음으로 인한 슬픔과 그리움의 정서가 공통적으로 드러난다. 「초혼」은 세상을 떠난 그의 이름을 부르고 있는 화자의 한을 반복과 영탄을 통해 격정적으로 드러내고 있는 반면, 「유리창 1」은 선명한 감각적 이미지를 바탕으로 하여 감정을 절제하며 그리움을 드러내고 있다.

산산이∨부서진∨이름이여! (3음보 율격)
허공중에 헤어진* 이름이여!
불러도 주인 없는 이름이여!
부르다가 내가 죽을 이름이여!

심중에 남아 있는 말 한마디는
끝끝내 마저 하지 못하였구나.
사랑하던 그 사람이여!
사랑하던 그 사람이여!

붉은 해는 서산마루*에 걸리었다.
사슴이의 무리도 슬피 운다. (감정 이입의 대상)
떨어져 나가 앉은 산 위에서
나는 그대의 이름을 부르노라.

[A]
설움에 겹도록* 부르노라.
설움에 겹도록 부르노라.
부르는 소리는 비껴가지만
하늘과 땅 사이가 너무 넓구나. (삶과 죽음의 단절감, 심리적 거리)

선 채로 이 자리에 돌이 되어도 (망부석 설화 모티프)
부르다가 내가 죽을 이름이여!
사랑하던 그 사람이여!
사랑하던 그 사람이여! (반복법을 통해 임에 대한 그리움 강조)

*헤어진 '흩어진'의 평안북도 사투리.
*서산마루 서쪽에 있는 산의 꼭대기.
*겹도록 감정이 격하여 억제할 수 없을 정도로.

원리로 작품 정리하기

원리1 화자, 대상, 청자
화자는 (❶)이라는 전통 의식을 통해 사랑하는 사람을 잃은 슬픔을 표출하고 있음.

원리2 상황, 정서, 태도, 어조
화자는 이별의 상황에서 자신의 슬픔을 (❷)적 어조로 표출함.

원리3 시어와 심상

(❸)	장례 의식이나, 이제는 이 세상에 없는 임을 부르는 간절한 소리임.
(❹)	그리움과 한이 응결된 것임.

원리4 발상·표현, 표현 기법
- 동일한 어구의 (❺), 충격과 절규를 드러내는 (❻)적 표현이 사용됨.
- 화자의 슬픈 감정은 (❼)적으로 표출됨.

원리5 시상 전개, 시적 형상화
(❽)을 잃은 충격과 슬픔을 (❾)이라는 전통 의식을 통해 드러내고 있음.

원리6 소통 구조, 맥락을 고려한 이해와 감상
이 시는 초혼이라는 전통 의식을 행하며 사랑하는 사람의 (❿)을 마주한 인간의 극한적 슬픔을 드러내고 있다.

정답 ❶ 초혼 ❷ 격정 ❸ 초혼(招魂) ❹ 돌 ❺ 반복 ❻ 영탄 ❼ 직접 ❽ 임 ❾ 초혼 ❿ 죽음

실전 연습하기

내신형 9264-0089

01 윗글의 어조에 대한 설명으로 가장 적절한 것은?

① 자신의 심정을 담담한 어조로 드러내고 있다.
② 자신의 심정을 반어적 어조로 드러내고 있다.
③ 자신이 처한 상황에 대해 체념하는 어조를 띠고 있다.
④ 자신의 과거를 회상하며 반성하는 성찰적 어조를 띠고 있다.
⑤ 차마 다 하지 못했던 심정을 토로하는 격정적 어조를 띠고 있다.

빈칸 완성형 9264-0090

02 윗글은 ( )이라는 전통 의식을 통해 사랑하는 사람의 ( )을 마주한 인간의 극한적 슬픔을 ( )적 어조로 표출하고 있다.

서술형 9264-0091

03 윗글에서 화자의 '심중에 남아 있는 말 한마디'는 무엇일지 추리하여 쓰시오.

수능형 9264-0092

04 [A]와 유사한 정서가 드러나 있는 것은?

① 한바다 복판 용솟음치는 곳 / 바람결 따라 타오르는 꽃성(城)에는 / 나비처럼 취하는 회상(回想)의 무리들아 / 오늘 내 여기서 너를 불러 보노라 - 이육사, 「꽃」
② 처마 끝에 호롱불 여위어 가며 / 서글픈 옛 자췬 양 흰 눈이 내려 // 하이얀 입김 절로 가슴이 메어 / 마음 허공에 등불을 켜고 / 내 홀로 밤 깊어 뜰에 내리면 // 먼 — 곳에 여인의 옷 벗는 소리 - 김광균, 「설야」
③ 당신을 따라가다 따라가다 / 그만 빈 갯벌이 되어 눕고 말았다 / 쓸쓸한 이 바다에도 다시 겨울이 오고 물살이 치고 / 돌아오지 못한 채 멈추어 선 나를 / 세월은 오래도록 가두어 놓고 있었다. - 도종환, 「섬」
④ 이것은 소리 없는 아우성 / 저 푸른 해원(海原)을 향하여 흔드는 / 영원한 노스탈쟈의 손수건 / 순정은 물결같이 바람에 나부끼고 / 오로지 맑고 곧은 이념의 푯대 끝에 / 애수는 백로처럼 날개를 펴다 - 유치환, 「깃발」
⑤ 기름진 냉이꽃 향기로운 언덕, 여기 푸른 잔디밭에 누워서, 철이야, 너는 늴 늴 늴 가락 맞춰 풀피리나 불고, 나는, 나는, 두둥실 두둥실 봉새춤 추며, 막쇠와, 돌이와, 복술이랑 함께, 우리, 우리, 옛날을 옛날을 뒹굴어 보자. - 박두진, 「어서 너는 오너라」

024 눈 _ 김수영

수록 교과서
국어 _창비, 해냄
문학 _미래엔

작품 미리보기

주제 순수하고 정의로운 삶에 대한 소망

특징

① '눈'과 '기침(가래)'의 이미지가 대조를 이룸.
② 동일한 문장의 반복 및 점층적인 전개를 통해 의미 강조, 운율감 형성

구성

1연: 순수한 생명력을 가진 눈
2연: 눈을 향해 기침을 하는 젊은 시인
3연: 죽음을 초월한 사람들을 위해 살아 있는 눈
4연: 눈을 바라보며 행하는 자유를 향한 갈망

눈은 살아 있다
순수한 생명력
떨어진 눈은 살아 있다.

마당 위에 떨어진 눈은 살아 있다

기침을 하자
( ) : 반복법, 의지적 태도가 드러남.

젊은 시인이여 기침을 하자

눈 위에 대고 기침을 하자
속에만 담아 두었던 불순한 것들을 뱉어 내자.
눈더러 보라고 마음 놓고 마음 놓고

기침을 하자

㉠눈은 살아 있다

죽음을 잊어버린 영혼과 육체를 위하여
죽음을 초월하여 순수하고 가치 있는 세계에 대한 소망을 가진 사람들
눈은 새벽이 지나도록 살아 있다

기침을 하자

젊은 시인이여 기침을 하자

눈을 바라보며

밤새도록 고인 가슴의 가래라도
어두운 현실에서 화자를 괴롭히는 부정적인 것들
마음껏 뱉자

작품 자세히 읽기

김수영은 초기에는 모더니즘 경향이 강한 시를 주로 썼고, 그 시들이 독자들이 이해하기에 지나치게 어렵다는 이유로 난해시 논란을 일으키기도 하였다. 이런 시 경향은 그에게 큰 영향을 끼친 4.19 혁명 이후에 많이 달라지게 되며, 특히 이런 시들의 경향을 참여시 혹은 참여 문학으로 일컫는다. 「눈」은 이런 특징을 잘 드러내고 있다. 순수하고 정의로운 삶에 대한 소망은 현실 속 더러움과 부패한 현실에 대해 기침을 하고 가래를 뱉어 내는 행위와 불가분의 관계를 가진다. 억압, 불의에 대한 저항이 있어야 순수와 정의는 현실 속에서 이루어진다는 것이다.

지식 더하기

참여 문학

1960년대 중·후반 이후 문학의 사회 참여적인 역할에 대한 문인들의 자각으로 인해 싹튼 문학의 한 경향으로, 민중들로 인한 자발적인 혁명인 4.19 혁명이 이러한 문학적 경향에 큰 영향을 미쳤다. 1960년대 참여 문학의 선두에 섰던 문인으로는 김수영과 신동엽이 대표적이다.

엮어 읽기

신동엽, 「껍데기는 가라」 (➡194쪽)

신동엽의 「껍데기는 가라」와 김수영의 「눈」은 1960년대 시대 현실 속에서 부정적 현실에 대한 저항 정신을 드러낸다는 점에서 공통점을 가지고 있다.

원리로 작품 정리하기

원리1 화자, 대상, 청자
화자는 젊은 (❶)에게 (❷)을 하자고 말을 하는 사람임.

원리2 상황, 정서, 태도, 어조
화자는 '기침을 하자'를 반복함으로써 적극적으로 함께 행동할 것을 (❸)하고 있음.

원리3 시어와 심상
(❹) — 순수한 생명력을 가진 존재
↕
(❺) — 불순하고 부정적인 것

원리4 발상·표현, 표현 기법
'눈은 살아 있다', '기침을 하자'를 (❻)하고 변형함으로써 의미를 강조하고, 운율을 형성하고 있음.

원리5 시상 전개, 시적 형상화
'눈'과 '가래'의 상징적인 의미가 (❼)적인 구도를 보이며 시상이 전개되고 있음.

원리6 소통 구조, 맥락을 고려한 이해와 감상
이 시는 (❽)하고 정의로운 삶에 대한 소망을 (❾)을 통해 형상화함으로써 부정적인 (❿)에 대한 비판을 드러낸다.

정답 ❶ 시인 ❷ 기침 ❸ 권유 ❹ 눈 ❺ 가래 ❻ 반복 ❼ 대립 ❽ 순수 ❾ 눈 ❿ 현실

실전 연습하기

내신형 9264-0093

01 윗글의 화자의 태도에 대한 설명으로 가장 적절한 것은?

① 현실과는 동떨어지는 순수한 세계에 대한 동경심이 있다.
② 자연물을 가까이 두고 자연을 즐기려는 태도를 가지고 있다.
③ 자신보다 젊은 세대를 기존의 가치관으로 훈육하려고 한다.
④ 현재의 상황에 만족하고 미래에 대해 낙관적으로 전망하고 있다.
⑤ 현실의 불순한 상황에 대한 비판을 통해 정의롭게 살려는 열망이 있다.

빈칸 완성형 9264-0094

02 윗글은 (   )과 (   )의 대비를 통해 순수한 삶에 대한 소망을 형상화하고 있다.

서술형 9264-0095

03 윗글의 1연에 나타난 표현상의 특징을 20자 내외로 쓰시오.

수능형 2008학년도 3월 고3 학력평가 9264-0096

04 시적 상상력을 바탕으로, 다음의 내용을 고려하여 ㉠의 의미를 해석한다고 할 때, 그 내용으로 가장 적절한 것은?

'눈[雪]'의 상징	'눈[眼]'의 의미
순수, 결백, 정화, 시련, 냉혹함 ……	• 빛의 자극을 받아 물체를 볼 수 있는 감각 기관 ⇓ • 사물을 보고 판단하는 힘

① 탈속의 세계를 지향하는 정화된 시선을 뜻한다.
② 옳고 그름을 가려낼 줄 아는 순수한 생명력을 뜻한다.
③ 결백함과 불순함이 혼재된 화자의 내면세계를 뜻한다.
④ 냉혹한 현실로부터 도피하려는 화자의 나약함을 뜻한다.
⑤ 닥쳐올 시련을 인식하지 못하는 근시안적 태도를 뜻한다.

025 어느 날 고궁을 나오면서 _ 김수영

수록 교과서
문학 _금성, 신사고, 지학사, 천재(김)

작품 미리보기

주제 부정한 권력, 사회적 부조리에 저항하지 못하는 소시민의 삶에 대한 반성

특징
① 대조적 상황을 통해 화자의 소시민적 태도를 부각함.
② 자신에 대한 물음, 자조적인 표현을 통한 반성적 태도
③ 일상 속 구체적 사례 중심의 생생한 진술

구성
1연: 조그마한 일에만 분개하는 '나'
2연: 옹졸한 자신의 모습
3연: 포로수용소 시절부터 갖게 된 옹졸함.
4연: 옹졸하게 반항하는 작은 자신의 모습
5연: 실천하지 못하는 자신의 삶
6연: 옹졸하게만 반항하는 현재의 '나'의 모습
7연: 자조적으로 자기를 반성함.

작품 자세히 읽기

이 시는 4.19 혁명으로 인한 기대감이 5.16 군사 쿠테타 이후 사라진 시점에 창작되었다고 전해진다. 화자는 소시민으로 살아갈 수밖에 없는 자신의 옹졸한 모습에 대해 자조하고 있지만, 이는 용기를 힘껏 내지 못하고서는 아무런 말도 할 수 없던 시대에 대한 우회적인 비판으로도 읽을 수 있다. 죄 없는 소설가를 구속하거나 자유를 억압하는 정치 권력에 대놓고 쓴소리를 하지 못하는 자신에 대한 반성은 당대 같은 입장으로 살아가야 했던 수많은 평범한 사람들의 양심을 울리는 소리가 되었다.

지식 더하기

월남 파병
한국이 베트남 전쟁에 국군을 파병한 일을 말한다. 한국은 베트남 전쟁이 치열해지기 시작한 1964년부터 1973년까지 자유 베트남을 돕기 위해 국군을 파견했으나 국내에서는 미국이 개입한 베트남 내전에 국군을 파병하는 것에 반대하는 의견이 적지 않았다.

포로수용소
거제도 포로수용소는 한국 전쟁 때 잡힌 인민군과 중공군 포로들을 수용하기 위해 1951년 2월에 설치해 1953년 7월까지 운영한 유엔군의 포로수용소였다. 의용군으로 징집되었다 포로가 된 김수영은 여기에서 병원장 통역, 간호사들과 여러 업무 등을 함께했다.

엮어 읽기

윤동주, 「쉽게 씌어진 시」 (➲210쪽)
「쉽게 씌어진 시」는 화자가 시대 현실과의 갈등으로 괴로워한다는 점에서 「어느 날 고궁을 나오면서」와 주제적인 측면에서 공통점을 보이고 있다.

왜 나는 **조그마한 일**에만 분개하는가 / 저 왕궁 대신에 **왕궁의 음탕*** 대신에
(비본질적인 것)
50원짜리 갈비가 기름 덩어리만 나왔다고 분개하고
옹졸하게 분개하고 설렁탕집 돼지 같은 주인 년한테 욕을 하고 / 옹졸하게 욕을 하고

한번 정정당당하게 / 붙잡혀 간 소설가를 위해서
언론의 자유를 요구하고 월남 파병에 반대하는
자유를 이행하지 못하고 / 20원을 받으러 세 번씩 네 번씩
찾아오는 **야경꾼***들만 증오하고 있는가
(비본질적인 일에만 분노하는 자신의 모습)

옹졸한 나의 전통은 유구하고 이제 내 앞에 정서(情緖)로
(더 중요하고 큰 일에 분개하지 못하고 작은 일에만 분노하는 옹졸한 모습이 예전부터 있어서 이미 체질화되었음.)
가로놓여 있다 / 이를테면 이런 일이 있었다
부산에 포로수용소의 제14 야전 병원에 있을 때
정보원이 너스들과 스폰지를 만들고 거즈를
개키고 있는 나를 보고 포로 경찰이 되지 않는다고
남자가 뭐 이런 일을 하고 있느냐고 놀린 일이 있었다 / 너스들 옆에서

지금도 내가 반항하고 있는 것은 이 스펀지 만들기와
거즈 접고 있는 일과 조금도 다름없다
개의 울음소리를 듣고 그 비명에 지고
머리에 피도 안 마른 애놈의 투정에 진다
떨어지는 은행나무 잎도 내가 밟고 가는 가시밭

아무래도 나는 비켜서 있다 절정 위에는 서 있지
(실천하지 못하는 소시민적 모습에 대한 평가)
않고 암만해도 조금쯤 옆으로 비켜서 있다
그리고 조금쯤 옆에 서 있는 것이 조금쯤
비겁한 것이라고 알고 있다!
(자신의 모습을 반성하는 화자의 태도가 드러남.)

그러니까 이렇게 옹졸하게 반항한다
이발쟁이에게 / 땅 주인에게는 못하고 이발쟁이에게
구청 직원에게는 못하고 **동회 직원**에게도 못하고
야경꾼에게 20원 때문에 10원 때문에 1원 때문에
우습지 않으냐 1원 때문에

모래야 나는 얼만큼 작으냐
바람아 먼지야 풀아 나는 얼마큼 작으냐
정말 얼마큼 작으냐……
(자조적이며 반성적인 모습)

*음탕 음란하고 방탕함.
*야경꾼 밤에 공공 건물, 회사, 동네 등을 돌며 화재나 범죄 따위를 경계하는 일을 하는 사람.

원리로 작품 정리하기

원리1 화자, 대상, 청자
화자는 어느 날 (❶)을 나오면서 사소한 일에만 (❷)하는 자신을 반성하고 있음.

원리2 상황, 정서, 태도, 어조
화자는 소시민적인 자신의 모습을 (❸)적 어조로 노래하고 있음.

원리3 시어와 심상

설렁탕집 주인, 야경꾼, 이발쟁이	—	(❹)이 없는 자를 의미함.
구청 직원, 땅 주인	—	• 힘이 있는 자들 • 화자가 (❺)하는 대상임.

원리4 발상·표현, 표현 기법
• 화자는 일상 속 구체적인 (❻)를 통해 자신의 못난 모습을 보다 생생하게 드러냄.
• '~에게는 못하고 ~에게', '~ 때문에' 등 시어의 (❼)을 통해 운율감을 형성함.

원리5 시상 전개, 시적 형상화
화자는 보다 본질적인 문제와 사소한 일들을 (❽)하여 자신의 소시민적 태도를 표현하고 있음.

원리6 소통 구조, 맥락을 고려한 이해와 감상
이 시에서는 조그마한 일에만 분개하는 자신의 모습을 (❾)하는 모습을 볼 수 있다.

정답 ❶ 고궁 ❷ 분개 ❸ 자조 ❹ 힘 ❺ 비판 ❻ 사례 ❼ 반복 ❽ 대조 ❾ 반성

실전 연습하기

내신형 9264-0097

01 윗글에서 시어의 의미가 유사한 것끼리 묶인 것은?

① 조그마한 일, 동회 직원
② 왕궁의 음탕, 야경꾼
③ 왕궁의 음탕, 이발쟁이
④ 50원짜리 갈비, 이발쟁이
⑤ 야경꾼, 구청 직원

빈칸 완성형 9264-0098

02 윗글은 (　　　)적인 어조로 늘 조그마한 일에만 (　　　)하는 자신의 모습을 그리면서 자신의 소시민적인 삶에 대한 (　　　)적 태도를 드러내고 있다.

서술형 9264-0099

03 윗글의 화자에게 '설렁탕집 주인, 야경꾼, 이발쟁이'는 어떤 사람들일지 추리하여 쓰시오.

수능형 9264-0100

04 〈보기〉를 바탕으로 윗글을 감상한 내용으로 가장 적절한 것은?

보기
김수영은 소시민의 모습에 관심이 많았다. 그가 생각한 소시민의 문제점은 힘 있는 강한 사람들에게는 큰소리를 내지 못하면서 약자에게는 오히려 큰소리를 치는 비열한 면모가 있다는 것이었다. 보통 사람들은 이런 것을 비판만 하려 하는데, 김수영의 경우는 자신 속에 있는 소시민성을 통렬히 비판하는 데에 새로움이 있었다.

① 화자는 '조그마한 일에만' 분개하는 다른 사람들을 비판하고 있군.
② 설렁탕집 주인에게 욕을 하는 행위 속에서 속고 살아가야만 하는 소시민의 삶의 애환이 드러나는군.
③ 붙잡혀 간 소설가를 위해서 언론의 자유를 요구하는 것은 화자가 오랫동안 해 온 일이군.
④ 야경꾼들만 증오하는 자신의 모습에서 소시민의 나약함이 있음을 깨닫고 스스로를 비판하는군.
⑤ 땅 주인이 아닌 이발쟁이에게 옹졸하게 반항하는 것은 보편적인 일임을 은근히 드러내는군.

026 폭포 _ 김수영

작품 미리보기

주제 부조리한 현실에 타협하지 않는 의지적 삶

특징

① 화자의 지적 인식과 정신을 자연물에 투영함.

② 동일한 시어의 반복을 통해 운율을 형성하고 주제를 강조함.

③ 감각적이고 비유적인 표현을 통해 대상의 이미지를 선명하게 드러냄.

구성

1연: 두려움 없이 힘차게 떨어지는 폭포

2연: 고매한 정신을 가진 폭포

3~4연: 곧은 소리와 선구자적 행동성을 가진 폭포

5연: 게으름, 안정을 거부하는 폭포

작품 자세히 읽기

이 시는 '떨어진다'라는 시어의 반복을 통해 '폭포'의 역동적 이미지에 어울리는 힘 있는 리듬을 만들어 내는 동시에, '폭포'라는 자연물을 통해 시인이 말하고자 하는 바를 효과적으로 전달하고 있다. 또 떨어지는 폭포의 모습에 화자가 지향하는 정신적 가치를 부여하여 표현하고 있다. 그 가치란 그 무엇에도 얽매이지 않고 일체의 억압으로부터 자유로워지려는 인간의 정신적 지향이다.

지식 더하기

소시민성

김수영이 가장 혐오하는 것 중 하나가 소시민성이었다. 사회의 구성원으로 살아가면서 부조리한 현실에 대해 발언할 용기 없이 안일하고 게으르게 살아가는 시민의 부정적인 속성이 소시민성이다.

엮어 읽기

유치환, 「바위」 (➡202쪽)

김수영의 「폭포」와 유치환의 「바위」는 인간의 정신, 덕성을 자연물의 속성에 투영하여 표현한다는 공통점을 가지고 있다. 「폭포」는 곧게 떨어지는 속성을 곧고 타협하지 않는 정신에, 「바위」는 외적 자극에 흔들리지 않는 강인한 정신에 빗대어 표현하고 있다.

폭포는 곧은 절벽을 ㉠무서운 기색도 없이 떨어진다

규정할 수 없는 물결이
㉡무엇을 향하여 떨어진다는 의미도 없이
계절과 주야를 가리지 않고
(영속성과 지속성을 가진 폭포의 속성)
고매한 정신처럼 쉴 사이 없이 떨어진다

금잔화도 ㉢인가도 보이지 않는 밤이 되면
폭포는 곧은 소리를 내며 떨어진다
(곧은 소리: 현실과 타협하지 않는 양심의 소리)

곧은 소리는 소리이다
㉣곧은 소리는 곧은
소리를 부른다
(폭포의 선구자적인 속성)

번개와 같이 떨어지는 물방울은
취할 순간조차 마음에 주지 않고
나타(懶惰)*와 안정을 뒤집어 놓은 듯이
(게으름과 안일 추구: 소시민의 속성)
㉤높이도 폭도 없이
떨어진다
(폭포의 절대적인 자유로움을 역설적으로 표현함.)

*나타 나태. 행동, 성격 파위가 느리고 게으름.

원리로 작품 정리하기

원리1 화자, 대상, 청자
화자는 (❶)를 바라보며 이것이 보여 주는 삶의 자세를 생각하고 있음.

원리2 상황, 정서, 태도, 어조
화자는 (❷) 소리를 내며 떨어지는 폭포의 모습을 바라봄.

원리3 시어와 심상

(❸)
|
힘차고 거세며, (❹)에 안주하거나 타협하지 않는 정신을 형상화한 것임.
↕
금잔화도 인가도 보이지 않는 (❺)
|
부정적인 속성을 가짐.

원리4 발상·표현, 표현 기법
떨어진다, 곧은 소리: 동일한 시어, 시구의 (❻)임.

원리5 시상 전개, 시적 형상화
- 화자의 (❼)을 자연물에 효과적으로 투영하고 있음.
- (❽)적인 표현을 통해 시상을 전개해 나감.

원리6 소통 구조, 맥락을 고려한 이해와 감상
이 시는 게으름, 안정을 (❾)하는 정신을 자연물에 투영하여 표현하고 있다.

정답 ❶ 폭포 ❷ 곧은 ❸ 폭포 ❹ 현실 ❺ 밤 ❻ 반복 ❼ 정신 ❽ 감각 ❾ 거부

실전 연습하기

내신형 9264-0101

01 ㉠~㉤ 중 〈보기〉의 밑줄 친 상황과 가장 밀접한 것은?

> 보기
> 김 과장은 회사가 반복적으로 탈법적인 일들을 하는 것에 대해서 알고 양심의 가책을 느끼고 있었다. 용기가 없어서 이것을 고발할 수 없었는데, 옆 팀의 이 과장이 이를 고발하고자 준비하는 것을 보고 함께 힘을 모아 불법을 바로잡기로 하였다.

① ㉠ ② ㉡ ③ ㉢
④ ㉣ ⑤ ㉤

빈칸 완성형 9264-0102

02 윗글은 부조리한 현실에 ( )하지 않는 자유롭고 곧은 정신을 지녀야 한다는 주제를 ( )라는 자연물을 통해 전달하고 있다.

서술형 9264-0103

03 윗글에서 화자가 비판하는 삶의 태도를 나타내는 시구를 2어절로 찾아 쓰시오.

수능형 9264-0104

04 윗글의 표현상 특징으로 가장 적절한 것은?

① 색채의 대조를 통해 시적 분위기를 환기한다.
② 유사한 어구를 반복하여 시적 상황을 부각한다.
③ 명령형 어조를 사용하여 화자의 의지를 부각한다.
④ 도치의 방식을 사용하여 시상을 여운 있게 마무리한다.
⑤ 설의적 표현을 사용하여 화자의 고조된 감정을 드러낸다.

027 풀 _ 김수영

수록 교과서
문학 _해냄

작품 미리보기

주제 민중의 끈질긴 생명력
특징
① 대립적인 심상 구조가 반복됨으로써 주제 의식이 강화됨.
② 반복과 대구에 의해 리듬감이 형성됨.
구성
1연: 바람의 움직임에 수동적인 풀의 모습
2연: 풀이 생명력 있는 모습을 드러냄.
3연: 암울한 상황 속에서도 끈질긴 풀의 생명력

작품 자세히 읽기

이 시는 김수영의 후기 시 중 대표작이며 최후의 작품이다. 풀은 가장 흔한 사물이자, 민중을 의미하는 것으로 여겨져 왔다. 풀을 나약하기만한 존재가 아니라 바람보다 빨리 눕고 빨리 일어나는 존재로 그림으로써, 권력의 횡포 속에서도 변치 않는 생명력을 지닌 민중의 참모습을 그리고자 하였고, 이런 시 경향은 이후 전개된 민중 문학에 큰 영향을 끼쳤다.

지식 더하기

민중의 상징으로서의 풀
화려한 꽃이나 거대한 나무와는 달리 풀은 산천에 널리 피며 상대적으로 존재감이 미미하지만 끈질긴 생명력을 가진 존재이다. 이런 점에서 풀은 한시 등과 같은 문학 갈래들에서 민중의 상징으로 표현되었다.

엮어 읽기

이동순, 「개밥풀」 (➡035쪽)
김수영의 「풀」과 이동순의 「개밥풀」은 자연물을 소재로 하여 민중의 삶을 형상화한다는 데에 공통점이 있다. 「풀」에서는 민중의 각성, 억압 속에서도 더욱 강인하게 피어오르는 생명력이 그려지는 데 반해, 「개밥풀」에서는 개밥풀의 한해살이를 계절의 순환에 따라 제시하면서 민중의 연대 의식, 희생 등을 그리고 있다.

풀이 눕는다
(연약하지만 생명력을 가진 존재, 민중)
비를 몰아오는 동풍*에 나부껴*
(동풍: 민중을 억압하는 세력)
풀은 눕고
드디어 울었다
날이 흐려서 **더** 울다가
다시 누웠다
(수동적 태도)

풀이 눕는다
바람보다도 더 **빨리** 눕는다
바람보다도 더 빨리 울고
바람보다 **먼저** 일어난다
(시상의 전환: 나약함, 수동적, 소극적 → 강인함, 능동적, 적극적)

날이 흐리고 풀이 눕는다
발목까지
발밑까지 눕는다
(억압의 세기가 더욱 강해짐.)
바람보다 **늦게** 누워도
바람보다 **먼저** 일어나고
바람보다 늦게 울어도
바람보다 먼저 웃는다
(억압이 더욱 강해져도 삶의 고통을 이겨 냄.)
날이 흐리고 풀뿌리가 눕는다

*동풍 동쪽에서 불어오는 바람. 봄철에 불어오는 바람.
*나부껴 바람을 받아서 가볍게 흔들려.

원리로 작품 정리하기

원리1 화자, 대상, 청자
화자는 (❶)이 (❷)에 나부껴 눕고 일어나는 모습을 보고 있음.

원리2 상황, 정서, 태도, 어조
화자는 (❸)이 아무리 바람에 의해 쓰러지더라도 다시 (❹) 것을 기대하고 있음.

원리3 시어와 심상

동풍
풀을 억압하는 힘, 시련을 상징함.

↕

(❺)
동풍에 억압당하는 (❻)적인 존재였으나, 보다 (❼)적인 존재로 변화함.

원리4 발상·표현, 표현 기법
- 대립적인 심상 구조가 (❽)됨으로써 주제가 강조됨.
- 풀이 눕는다, 바람보다도, 바람보다: (❾)의 사용
- 3연 4~7행: (❿)의 사용

원리5 시상 전개, 시적 형상화
주요 시어가 계속 (⓫)되고 변주되며 시상이 전개됨.

원리6 소통 구조, 맥락을 고려한 이해와 감상
이 시는 억압적 현실 속에서 (⓬)을 잃지 않는 풀의 모습을 통해 주제를 구현하고 있다.

정답 ❶ 풀 ❷ 바람 ❸ 풀 ❹ 일어날 ❺ 풀 ❻ 수동 ❼ 능동 ❽ 반복 ❾ 반복법 ❿ 대구법 ⓫ 반복 ⓬ 생명력

실전 연습하기

내신형 9264-0105

01 윗글과 〈보기〉를 비교한 내용으로 가장 적절한 것은?

보기

벼는 서로 어우러져 / 기대고 산다.
햇살 따가워질수록 / 깊이 익어 스스로를 아끼고
이웃들에게 저를 맡긴다.

서로가 서로의 몸을 묶어 / 더 튼튼해진 백성들을 보아라.

– 이성부, 「벼」

① 윗글과 〈보기〉 모두 대상의 속성이 변화하고 있다.
② 윗글과 달리 〈보기〉는 자연물에 인격을 부여하고 있다.
③ 윗글과 〈보기〉 모두 존재들의 연대에 대해서 말하고 있다.
④ 윗글과 〈보기〉 모두 자연과 인간을 대립적 의미로 보고 있다.
⑤ 윗글과 〈보기〉 모두 민중의 생명력에 대해서 이야기하고 있다.

빈칸 완성형 9264-0106

02 윗글은 ( )을 통해 민중의 강인한 ( )을 드러내고 있다.

서술형 9264-0107

03 윗글의 2연에 나타난 표현상의 특징을 두 가지 쓰시오.

수능형 9264-0108

04 〈보기〉를 바탕으로 윗글을 이해한 내용으로 적절하지 않은 것은?

보기

이 시는 시상이 전개될수록 점점 강화되는 억압과 그 상황에 대처하는 풀의 움직임을 다양한 부사어를 활용하여 형상화하고 있다. 시상 전개에 따른 풀의 움직임을 도식화하면 다음과 같다.

1연	→	2연	→	3연
바람 때문에 눕고 우는 풀		바람보다 먼저 일어나는 풀		바람보다 먼저 웃는 풀

① 1연에서 '드디어'는 풀이 억압적 상황에 대한 감정을 드러내기 시작했음을 나타낸다.
② 1연에서 '더', '다시'는 풀이 눕고 우는 모습을 수식하여 풀에 가해진 시련이 만만치 않음을 나타낸다.
③ 2연에서 '빨리'와 '먼저'는 풀이 자기 의지를 가지고 움직이기 시작했음을 의미한다.
④ 3연에서 '발목까지', '발밑까지'는 풀이 눕는 강도가 더 심해지는 것으로 풀에 대한 억압이 점점 심해지고 있음을 나타낸다.
⑤ 3연에서 '늦게', '먼저'는 억압적 상황이 풀의 내적 성숙을 지연시킴을 부각한다.

028 모란이 피기까지는 _ 김영랑

수록 교과서
문학 _미래엔, 비상

작품 미리보기

주제 소망이 이루어지기를 기다림.

특징
① 수미 상관식 구성을 통해 주제를 강조함.
② 섬세하고 아름답게 다듬은 시어를 사용함.
③ 역설적 표현을 사용함.

구성
1~2행: 모란이 피기를 기다림.
3~10행: 모란이 진 후의 슬픔과 절망감
11~12행: 모란이 다시 피기를 기다림.

작품 자세히 읽기

이 시는 봄을 기대하는 마음과 봄을 보내는 서러움을 모란을 통해 표현함으로써 '기다리는 정서'와 '잃어버린 설움'을 대응시키고 모란으로 상징되는 소망의 실현에 대한 집념을 보이고 있다. 이 시의 중심 소재인 모란은 화자에게 아름다움이자 삶의 보람이며 간절히 소망하는 대상이다. 화자가 참고 기다리고 또 우는 것도 모두 모란이 피고 지는 까닭에서인 것이다. 그렇기 때문에 화자에게 '봄'은 모란이 피는 기쁜 시간이지만 모란이 지기 때문에 슬프고 고통스러운 시간이다. 화자는 모란이 피어 있는 잠깐의 시간을 위해 삼백예순 날의 기다림과 고통을 기꺼이 감수하겠다는 자세를 보여 주고 있다.

지식 더하기

1930년대 시 문학파

1930년대 초반에는 『시 문학파』를 중심으로 하는 순수 문학 경향의 작품이 등장하였다. 김영랑의 시가 대표적인데, 그는 언어 자체에 각별한 애정을 가지고 언어를 갈고 다듬는 '조탁(彫琢)'에 특별한 공을 들였다.

유미주의적 시 경향

문학 작품 중에는 대상이 가진 미적인 가치를 극단적으로까지 추구하는 경향이 있는데, 이를 유미주의라고 한다. 김영랑의 「모란이 피기까지는」에서 '모란'은 화자가 추구하는 미적 가치이다. 김영랑은 이 시에서 모란이 피기만을 기다리는 유미주의적 태도를 보여 주고 있다.

엮어 읽기

이성부, 「봄」 (➡220쪽)

김영랑의 「모란이 피기까지는」과 이성부의 「봄」은 각각 '모란'과 '봄'을 기다리는 화자의 간절한 마음을 잘 드러내고 있다. 김영랑의 「모란이 피기까지는」은 모란이 피기까지의 기다림과 모란이 진 다음의 설움을 대비시켜 인간 삶의 아름다운 비애를 노래한 시로, 소망의 성취 뒤에 이어지는 상실의 슬픔을 '찬란한 슬픔의 봄'이라고 표현하여, 기다림의 미학을 보여 주고 있다. 이성부의 「봄」은 겨울이 지나면 봄이 오듯이 앞으로 다가올 새로운 시대에 대한 강한 믿음을 노래하고 있다.

모란이 피기까지는
(화자의 소망의 대상)
나는 아직 나의 봄을 기다리고 있을 테요
모란이 뚝뚝 떨어져 버린 날
나는 비로소 봄을 여읜* 설움에 잠길 테요
오월 어느 날 그 하루 무덥던 날
떨어져 누운 꽃잎마저 시들어 버리고는
천지에 모란은 자취도 없어지고
뻗쳐오르던 내 보람 서운케 무너졌느니
(모란이 피었을 때의 보람이 없어짐.)
모란이 지고 말면 그뿐, 내 한 해는 다 가고 말아
(모란이 지고 난 후 느끼는 상실감)
삼백예순 날 하냥* 섭섭해 우옵내다
모란이 피기까지는
「나는 아직 기다리고 있을 테요 찬란한 슬픔의 봄을」

(1~2행, 11~12행: 수미 상관)

「 」: 도치법, 역설법

찬란한 슬픔의 봄을: 모란이 지는 슬픔을 알면서도 다시 피는 기쁨을 알기에 그 슬픔이 찬란한(아름다운) 것임을 드러냄.

*여읜 멀리 떠나보낸.
*하냥 한결같이, 늘.

정답과 해설 21쪽

원리로 작품 정리하기

원리1 화자, 대상, 청자

화자인 (❶)는 (❷)이 피기까지 (❸)을 기다리는 사람임.

원리2 상황, 정서, 태도, 어조

화자는 모란이 피기까지 기다리다가 모란이 진 이후에 (❹)하고 다시 봄을 기다림.

원리3 시어와 심상

(❺) — 소망과 보람의 대상

(❻) — 화자의 소망이 이루어지는 시간

원리4 발상·표현, 표현 기법

- '찬란한 슬픔'에서 (❼) 표현이 쓰이고 있음.
- 섬세하고 아름다운 (❽)를 사용하고 있음.

원리5 시상 전개, 시적 형상화

시의 앞과 뒤가 반복되고 변형되는 방식인 (❾)식 구성을 통해 주제를 강조함.

원리6 소통 구조, 맥락을 고려한 이해와 감상

이 시는 (❿)이 피기를 기다리는 마음과 이것이 졌을 때의 슬픔에 대해서 노래하고 있다.

정답 ❶ '나' ❷ 모란 ❸ 봄 ❹ 절망 ❺ 모란 ❻ 봄 ❼ 역설적 ❽ 시어 ❾ 수미 상관 ❿ 모란

실전 연습하기

내신형 9264-0109

01 윗글의 표현상 특징으로 적절하지 않은 것은?

① 어순을 바꾸어 시적 의미를 부각하고 있다.
② 대상과 관련된 화자의 섬세한 감정을 드러내고 있다.
③ 규칙적인 리듬을 통해 안정된 분위기를 조성하고 있다.
④ 감각적인 부사어를 구사하여 상실감을 표출하고 있다.
⑤ 수미 상관의 구성으로 화자의 삶의 태도를 강조하고 있다.

빈칸 완성형 9264-0110

02 윗글은 (　　　)이 필 때까지의 기대감과 이것이 지고 말았을 때의 (　　　)을 노래하고 있다.

서술형 9264-0111

03 윗글에서 역설적 표현이 사용된 구절을 찾아 3어절로 쓰시오.

수능형 9264-0112

04 〈보기〉를 참고하여 윗글을 감상한 내용으로 적절하지 않은 것은?

보기

김영랑의 「모란이 피기까지는」은 대상이 지닌 특정 속성을 통해 화자가 경험한 아름다움을 드러낸다. 봄이라는 계절에 소멸을 앞둔 대상에 대한 아름다움을 느끼는 화자는 그 대상에 큰 의미를 부여하고 있다. 특히 대상 자체보다는 대상에서 촉발된 주관적 정서의 표현에 중점을 두고 있다.

① 특정한 계절적 배경 속에서 대상의 아름다움이 표현되고 있군.
② 아름다움을 경험하는 주체를 직접 노출하여 정서를 표현하고 있군.
③ 한정된 시간 동안 존속하는 속성이 대상의 아름다움을 강화하고 있군.
④ 대상이 피어나는 순간 전후의 기다림이 대상의 희소성을 더욱 돋보이게 하는군.
⑤ 화자에게는 대상의 아름다움을 같이 감상하고 그것의 소멸에 같이 섭섭해 우는 무리들이 있군.

029 오월 _ 김영랑

작품 미리보기

주제 오월에 느끼는 봄의 생동감

특징

① 시선의 이동에 따라 시상을 전개함.

② 의인법과 색채 대비를 통해 대상을 생동감 있게 예찬적 어조로 표현함.

③ 향토적 소재를 사용하고 있으며, 경쾌한 음악성을 느낄 수 있음.

구성

1~2행: 봄빛이 가득한 들길과 마을의 정경

3~5행: 봄바람에 흔들리는 보리

6~9행: 서로 정다운 꾀꼬리

10~11행: 아름다운 산봉우리의 모습

작품 자세히 읽기

이 시는 오월의 아름다운 풍경에서 느껴지는 봄의 생동감과 봄날의 생명력을 향토적인 소재를 사용하여 감각적으로 묘사하여 표현하고 있는 작품이다.

지식 더하기

봄을 배경으로 한 김영랑의 시들

유미주의적 경향이란 아름다움의 가치를 무엇보다도 중시하는 작품 경향이다. 김영랑은 만물이 소생하고 생명력이 한껏 올라가 아름다운 꽃과 잎이 있는 봄의 아름다움을 즐겨 표현하였다. 「모란이 피기까지는」을 보면, 일 년 내내 아름다운 모란이 피기를 소망하고, 지고 나면 섭섭해 울며 다시 다음 해 모란을 기다리는 화자의 모습을 볼 수 있다. 「오월」에서도 봄의 약동하는 생명력을 싱그러운 감각적인 이미지들로 형상화하고 있다.

엮어 읽기

정지용, 「춘설」 (➲244쪽)

김영랑의 「오월」과 정지용의 「춘설」은 모두 생명력이 약동하는 봄의 풍경을 잘 드러내고 있다. 김영랑의 「오월」은 오월 봄날의 생동하는 풍경을 김영랑 시인 특유의 경쾌한 음악성과 뛰어난 언어의 조탁을 통해 인상적으로 그려내고 있다. 정지용의 「춘설」은 이른 봄, 눈이 내리는 자연 풍경을 감각적으로 묘사하면서 봄을 맞는 반가움과 설렘을 노래하고 있다.

들길은 마을에 들자 붉어지고　　□ ↔ △ : 색채 대비

마을 골목은 들로 내려서자 푸르러졌다

바람은 넘실 천 이랑 만 이랑

(반복을 통한 운율감 형성)

㉠이랑 이랑 햇빛이 갈라지고

㉡보리도 허리통이 부끄럽게 드러났다

(바람에 보리의 싱싱한 줄기가 드러나는 모습을 감각적으로 표현함.)

㉢꾀꼬리는 여태 혼자 날아 볼 줄 모르나니

암컷이라 쫓길 뿐

수놈이라 쫓을 뿐

황금 빛난 길이 어지럴 뿐

(황금 깃털의 꾀꼬리 암수가 하늘을 어지럽게 날고 있는 모습)

㉣엷은 단장하고 아양 가득 차 있는

산봉우리야 ㉤오늘 밤 너 어디로 가 버리련?

 : 시선의 이동에 따라 시상이 전개됨.

원리로 작품 정리하기

원리1 화자, 대상, 청자
화자는 봄의 (❶)의 풍경을 바라보고 있음.

원리2 상황, 정서, 태도, 어조
화자는 오월의 생동감 있고 아름다운 풍경을 (❷)적 어조로 노래하고 있음.

원리3 시어와 심상

들길, 보리밭 이랑, 꾀꼬리 등	봄날을 드러내는 (❸)들로, 봄의 (❹)을 드러내 줌.

원리4 발상·표현, 표현 기법
자연물을 사람처럼 표현하는 (❺), 선명한 (❻)의 대비 등을 통해 오월의 생동감을 강조함.

원리5 시상 전개, 시적 형상화
화자의 (❼)의 (❽)에 따라 시상이 전개되고 있음.

원리6 소통 구조, 맥락을 고려한 이해와 감상
이 시는 봄의 한중간인 오월에 (❾)에서 펼쳐지는 풍경을 아름답게 그리고 있다.

정답 ❶ 들길 ❷ 예찬 ❸ 자연물 ❹ 생명력 ❺ 의인법 ❻ 색채 ❼ 시선 ❽ 이동 ❾ 들길

실전 연습하기

내신형 9264-0113

01 ㉠~㉤에 대한 설명으로 적절하지 않은 것은?

① ㉠: 시어를 반복하여 운율을 형성하고 있다.
② ㉡: 바람에 보리 줄기가 드러나는 모습을 의인화하고 있다.
③ ㉢: 꾀꼬리가 가진 원초적인 생명력을 신비롭게 표현하였다.
④ ㉣: 산봉우리를 아름답게 치장한 사람에 빗대어 표현하고 있다.
⑤ ㉤: 물음을 던지면서 시를 마무리하여 여운을 남기고 있다.

빈칸 완성형 9264-0114

02 윗글은 봄인 (　　　)에 (　　　)에서 펼쳐지는 풍경을 아름답게 그리고 있다.

서술형 9264-0115

03 윗글에서 '고운 사람'의 모습으로 형상화된 자연물 하나를 찾아 쓰시오.

수능형 9264-0116

04 윗글의 시상 전개의 특징으로 가장 적절한 것은?

① 시선의 이동에 따라 대상을 묘사하고 있다.
② 시간이 흐르면서 화자의 정서에 변화가 일어난다.
③ 경치를 먼저 묘사한 후 화자의 정서를 집중적으로 표현했다.
④ 시각적 심상과 청각적 심상을 중심으로 시상이 전개되고 있다.
⑤ 자연물의 변화 양상과 인간 세태의 모습을 대비하면서 시상을 전개한다.

030 누군가 나에게 물었다 _ 김종삼

수록 교과서
문학 _동아, 신사고

작품 미리보기

주제 시의 본질과 시인의 자격에 대한 성찰

특징

① 질문에 대한 응답을 찾는 과정을 구체화하면서 시상을 전개함.
② 도치법을 통해 시적 의미를 부각함.
③ 공간의 열거를 통해 성찰과 생각의 과정을 구체화함.
④ 유사한 시구의 반복을 통해 시인의 자격에 대한 화자의 생각을 강조함.

구성

1~2행: 누군가의 물음과 화자의 대답
3~6행: 질문에 대한 답을 생각함.
7~15행: 시인의 본질에 대한 깨달음

작품 자세히 읽기

이 시의 초반부에는 시의 본질에 대한 누군가의 질문에 대해 '시인이 못 됨으로 잘 모른다'고 대답하는 화자의 모습이 제시되어 있다. 이는 바꾸어 말하자면 시의 본질에 대한 논의는 시인의 자격에 대한 논의가 선행되어야 한다는 의미를 드러낸 것으로 볼 수 있다. 화자는 답을 찾기 위해 걷고 걷다가 그야말로 소박한 서민의 공간인 '남대문 시장 안'에서 서민의 음식인 '빈대떡'을 먹으면서 답을 떠올린다. 시인이란 다름 아닌 이러한 일상적인 시·공간에서 순하고 소박한 천성을 바탕으로 고생스러운 삶에 슬기롭게 대처해 나가는 우리 주변의 사람들이라고. 이 시에서 빛나는 것은 바로 일상 주변의 소박한 사람들에게서 위대한 면모(알파, 고귀한 인류, 영원한 광명, 시인)를 발견하는 순간의 아름다움이다.

지식 더하기

시/시인을 대상으로 한 시 – 메타시

메타시는 자신이나 타인의 시, 시인론, 시론 등에 관한 성찰을 대상으로 하고, 그러한 성찰이 의미나 미감의 핵심을 이루는 시를 가리킨다. 메타시는 시 읽기와 시 쓰기가 결합된 복합적인 속성을 가지면서, 시를 창작하는 주체가 시에 대한 성찰을 드러낸다는 점에서 특징적이다.

엮어 읽기

신경림, 「산에 대하여」 (➡188쪽)

이 시에서는 일상의 시·공간에서 위대함을 발견하는 화자의 눈을 통해, 「산에 대하여」에서는 위대하고 드높은 산이 아닌, 낮고 평범한 산에서 인간적인 모습을 발견하는 화자를 통해 소박하고 일상적인 삶에 대한 긍정의 태도를 표현하고 있다. 이 외에도 김광섭의 「시인」은 시인의 눈으로 본 시인의 본질을 구체화하고 있는 작품이라는 점에서 함께 읽어 볼 수 있다.

누군가 나에게 물었다. 시가 뭐냐고
도치법 – '시의 본질'에 대한 '누군가'의 질문을 강조함.
나는 시인이 못 됨으로 잘 모른다고 대답하였다.
'시인이 못 됨'이라는 시인의 대답 – 솔직함, 성찰적 자세
무교동과 종로와 명동과 남산과
서울역 앞을 걸었다.
저녁녘 남대문 시장 안에서
빈대떡을 먹을 때 생각나고 있었다.
(3~6행: 질문에 대한 탐색과 발견, 깨달음으로 이어지는 시·공간(= 소박한 사람(=시인)의 시·공간))
㉠그런 사람들이
「엄청난 고생 되어도
순하고 명랑하고 맘 좋고 인정이
있으므로 슬기롭게 사는 사람들」이
「 」: = '그런 사람들'에 대한 부연 설명, 순함, 명랑함, 인정을 바탕으로 고생스러운 삶에도 슬기롭게 대처하는 사람들
그런 사람들이
반복을 통한 강조
이 세상에서 알파이고
= 그리스 문자의 첫 자음 – 시작, 가장 중요한 핵심
고귀한 인류이고
=
영원한 광명이고
=
다름 아닌 시인이라고
= 주변에서 흔히 볼 수 있는 평범한 삶에서 발견한 위대함/숭고함/아름다움

정답과 해설 22쪽

원리로 작품 정리하기

원리1 화자, 대상, 청자
화자: 스스로를 '시인이 못 됨'이라 규정
→ (❶) 면모의 소유자

원리2 상황, 정서, 태도, 어조
- 상황: '시가 뭐냐'는 질문을 받음.
  → (❷)에 대한 탐색 시작
- 주변의 일상적이고 서민적인 삶을 영위하는 사람들에게서 시인의 모습을 발견하고 이에 대해 긍정적인 태도를 보임.

원리3 시어와 심상

그런 사람들		시인
주변 일상에서 쉽게 만날 수 있는 소박한 모습의 서민	=	알파, 고귀한 인류, 영원한 광명 = 위대한 면모

원리4 발상·표현, 표현 기법
- (❸), 시간의 흐름을 통해 서민의 일상적 시·공간을 구체화함.
- 유사한 의미를 지닌 시구를 (❹)으로 열거함으로써 화자가 생각하는 시인의 속성을 표현함.

원리5 시상 전개, 시적 형상화
질문에 대한 응답의 (❺)을 제시하면서 시상을 전개함.

원리6 소통 구조, 맥락을 고려한 이해와 감상
스스로를 '시인이 못' 된다고 생각하는 화자를 내세워 시의 본질과 시인의 자격에 대한 탐색을 시도하고, 그 결과 (❻)을 영위하는 서민의 시·공간에서 답을 발견하는 순간의 아름다움을 제시하고 있다.

정답 ❶ 솔직한/성찰적인 ❷ 시인의 자격 ❸ 공간의 나열 ❹ 반복적 ❺ 탐색 과정 ❻ 일상적이고 소박한 삶

실전 연습하기

내신형 9264-0117

01 윗글에 대한 설명으로 가장 적절한 것은?

① 자연물을 이용하여 화자의 정서를 표현하고 있다.
② 설의적 표현을 통해 현실에 대한 인식을 드러내고 있다.
③ 공간의 이동에 따라 정서가 변화하는 양상이 나타나 있다.
④ 특정한 종결 어미의 반복을 통해 화자의 확신을 강조하고 있다.
⑤ 질문에 대한 응답을 탐색하는 과정에서 시상이 구체화되고 있다.

빈칸 완성형 9264-0118

02 윗글에서 '무교동', '종로', '명동', '남산' 등과 같은 일상적 공간의 열거는 ( ) 을 구체화하며, '알파', '고귀한 인류', '영원한 광명'처럼 '시인'과 유사한 의미를 지닌 시구의 열거는 평범한 삶의 모습에서 발견하는 ( )를 부각한다.

서술형 9264-0119

03 ㉠의 의미와 함께 이에 대한 화자의 태도를 서술하시오.

수능형 2009학년도 3월 고2 학력평가 9264-0120

04 윗글의 시적 상황을 <보기>와 같이 도식화해 보았다. <보기>의 각 요소와 관련지어 윗글을 이해한 내용으로 적절하지 않은 것은?

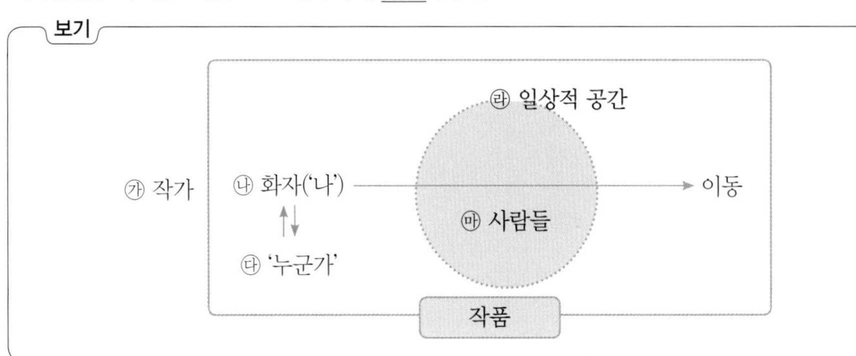

① ㉮와 ㉯를 동일하게 본다면 시 내용은 작가 자신의 생각을 드러낸 것이라고 할 수 있다.
② ㉰와의 대화는 ㉯에게 삶의 의미를 생각하게 하는 계기가 되었다고 볼 수 있다.
③ ㉯는 ㉱를 돌아다니는 동안 ㉰의 물음에 대한 반감을 갖게 된 것으로 볼 수 있다.
④ ㉯는 ㉲가 어려운 생활을 하고 있지만 착하고 인정 많은 사람들이라고 생각하고 있다.
⑤ ㉯는 ㉲의 모습에서 고귀한 삶의 가치를 발견하고 있다.

031 묵화 _ 김종삼

수록 교과서
문학 _지학사

물 먹는 소 목덜미에
㉠할머니 손이 얹혀졌다.
이 하루도
함께 지났다고,
서로 발잔등*이 부었다고,
서로 적막하다고*,

(○: 반복을 통한 운율감 형성 / 할머니와 소의 유대감 / 고달픈 하루하루의 삶)

*발잔등 발에서 위로 향한 부분.
*적막하다고 고요하고 쓸쓸하다고. 의지할 데 없이 외롭다고.

작품 미리보기

주제 할머니의 고단한 삶, 할머니와 소의 유대감

특징
① 절제되고 압축된 표현으로 절제미를 느낌.
② '-다고'의 반복이 운율감을 형성함.
③ 쉼표로 끝나서 여운이 있음.

구성
1~2행: 할머니와 소의 모습
3~6행: 할머니와 소의 교감

작품 자세히 읽기

이 시에는 할머니와 그 옆을 지키는 소의 모습이 한 폭의 묵화처럼 제시되고 있다. 할머니는 물 먹는 소 목덜미에 손을 얹는다. 할머니와 소는 하루를 함께 지낸 동반자적 관계이다. 둘 다 발잔등이 부을 정도로 고단한 하루를 보냈고, 서로 적막감을 느낀다. 할머니의 고독한 삶이 함께하는 소와 함께 독자에게 제시되고 있다.

지식 더하기

김종삼의 시 세계

먹으로 그린 그림을 의미하는 시의 제목 '묵화'에서 알 수 있듯이, 이 시는 화려하지 않고 담담하게 인생과 자연을 그려 낸 시의 분위기를 전달하여 마치 한 폭의 동양화를 보는 느낌을 준다. 군말을 허용하지 않고 서술성이 동반된 이미지의 비약을 통해 감상적이지 않게 슬픔을 그려 내고 있다는 점도 특징적이다. 김종삼은 이 시를 불교의 「심우도」를 보고 쓴 것이라고 하였다. 심우도는 불교에서 인간이라면 누구나 가지고 있다고 하는 불성(佛性)을 소에 비유한 그림이다. 그런 점에서 이 시를 구도하는 자세를 다룬 선시(禪詩)의 맥락으로 해석할 수도 있다.

엮어 읽기

백석, 「나와 나타샤와 흰 당나귀」 (➲162쪽)

「묵화」와 「나와 나타샤와 흰 당나귀」는 시에 '소', '당나귀' 등 친근한 가축이 등장한다는 점에서 공통점이 있다. 「묵화」에서 '소'는 할머니와 동반자적인 관계에 있어 서로 정서적 교감을 하고 있다. 「나와 나타샤와 흰 당나귀」에서 '당나귀'는 순수하고도 환상적인 느낌을 주는 소재로, '산골'로 가는 '오늘밤이 좋아서 응앙 응앙' 운다.

원리로 작품 정리하기

원리1 화자, 대상, 청자
화자는 (❶)와 (❷)의 모습을 바라보고 있음.

원리2 상황, 정서, 태도, 어조
화자는 하루를 고단하게 지낸 할머니와 소의 (❸)을 담담히 노래하고 있음.

원리3 시어와 심상

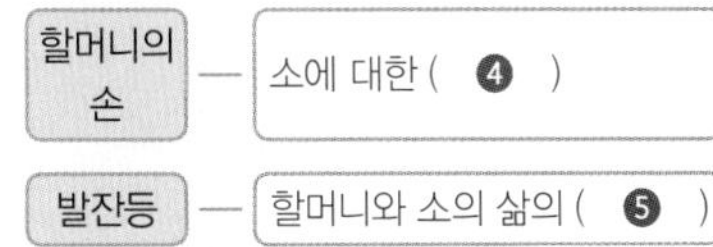

원리4 발상·표현, 표현 기법
- (❻)된 언어 표현으로 대상을 그리고 있음.
- 시가 쉼표로 끝나서 (❼)을 느낄 수 있음.

원리5 시상 전개, 시적 형상화

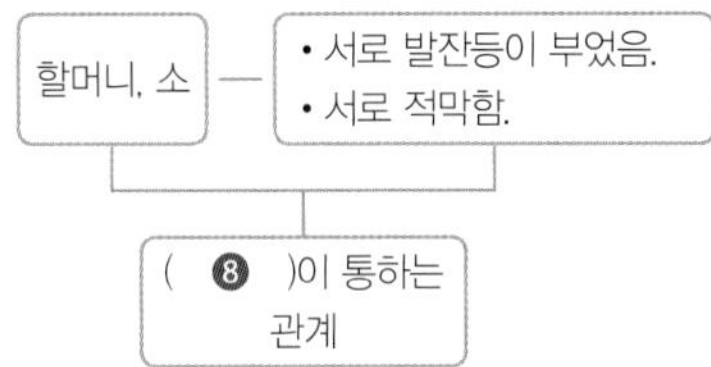

원리6 소통 구조, 맥락을 고려한 이해와 감상
이 시는 할머니와 소의 삶의 모습을 한 편의 (❾)처럼 제시하고 있다.

정답 ❶ 할머니 ❷ 소 ❸ 교감 ❹ 연민 ❺ 고단함 ❻ 절제 ❼ 여운 ❽ 마음 ❾ 묵화

실전 연습하기

내신형 9264-0121

01 윗글에 대한 감상으로 적절하지 않은 것은?

① 시의 제목에서 동양적인 분위기를 느낄 수 있어.
② 할머니가 소에 대해서 가진 애정을 생각해 볼 수 있어.
③ 할머니가 느끼는 감정이 대화 형식으로 표출되고 있어.
④ 할머니와 소는 말을 하지 않아도 서로 통하는 사이인 것 같아.
⑤ 시가 쉼표로 끝나서 뭔가가 남아 있을 것 같은 여운을 주고 있어.

빈칸 완성형 9264-0122

02 윗글은 할머니와 소의 삶의 (　　　)과 교감을 한 편의 (　　　)처럼 (　　　)을 두어 제시하고 있다.

서술형 9264-0123

03 윗글에서 할머니의 삶이 고단하다는 것을 알 수 있는 시구를 찾아 2어절로 쓰시오.

수능형 9264-0124

04 ㉠과 〈보기〉의 ⓐ에 대한 설명으로 가장 적절한 것은?

> **보기**
>
> 어두운 방 안엔
> 바알간 숯불이 피고,
>
> 외로이 늙으신 ⓐ할머니가
> 애처로이 잦아드는 어린 목숨을 지키고 계시었다.
>
> – 김종길, 「성탄제」

① ㉠은 대상과 대화를 나누지만, ⓐ는 그렇지 않다.
② ㉠은 대상을 자랑스럽게 생각하지만, ⓐ는 그렇지 않다.
③ ㉠과 ⓐ는 모두 절박한 상황에 놓여 있다.
④ ㉠과 ⓐ는 모두 대상의 위로를 받고 있다.
⑤ ㉠과 ⓐ는 모두 대상을 연민의 감정으로 대하고 있다.

032 강우 _ 김춘수

작품 미리보기

주제 아내를 잃은 슬픔과 절망감

특징

① 감각적 이미지를 활용하여 화자의 심정을 드러냄.

② 반복적 표현을 통해 그리움과 안타까움의 정서를 강조함.

③ '비'를 활용하여 고조된 정서를 드러냄.

구성

1~6행: 받아들이기 힘든 아내의 죽음

7~13행: 아내의 죽음을 인식하고 받아들임.

14~19행: 아내의 죽음으로 인한 슬픔과 체념

작품 자세히 읽기

이 시는 아내와의 사별을 받아들이지 못하는 화자의 심정을 애절하게 노래한 작품이다. 특히, 여느 때와 같은 일상의 풍경을 제시하고, 아내의 죽음을 받아들이지 못한 채 계속해서 아내를 찾는 화자의 모습을 독백조로 나타내어 애상감을 강조하고 있다.

지식 더하기

가족의 죽음의 시적 형상화

살아가며 사랑하는 가족을 잃는 것은 어떤 것보다도 견딜 수 없는 슬픔이다. 현대시의 작가들은 다양한 방법으로 자신이 느끼는 슬픔을 형상화하였다. 정지용의 「유리창 1」에서는 사랑하는 아들을 잃은 슬픔을 절제된 어조로 표현하고 있고, 김광균의 「은수저」에서도 자식 잃은 슬픔을 보다 직설적으로 토로하기도 하였다. 「강우」에서는 일상적인 상황 속에서 아내의 빈 자리를 느끼고 담담히 현실을 받아들일 수밖에 없는 참담한 심정이 잘 드러나 있다.

엮어 읽기

김소월, 「초혼」 (➲100쪽)

김춘수의 「강우」와 김소월의 「초혼」은 모두 사랑하는 사람의 죽음이라는 시적 상황을 바탕으로 하고 있다. 「강우」에서는 아내와의 일상적인 삶을 연상하게 하는 밥상을 바라보며 아내를 떠올리나, 결국 곁에 없음을 인정하고 체념하게 된다. 「초혼」에서는 사랑하는 사람과의 사별로 인한 절절한 슬픔을 토로하는 모습이 드러난다.

조금 전까지 거기 있었는데
어디로 갔나,
(아내의 부재(죽음))
㉠밥상은 차려 놓고 어디로 갔나,
넙치지지미 맵싸한* 냄새가
코를 맵싸하게 하는데
어디로 갔나,
이 사람이 갑자기 왜 말이 없나,
내 목소리는 ㉡메아리가 되어
되돌아온다.
내 목소리만 내 귀에 들린다.
이 사람이 어디 가서 잠시 누웠나,
(아내의 죽음을 받아들이지 못하는 화자의 심정이 드러남.)
옆구리 담괴*가 다시 도졌나, 아니 아니
㉢이번에는 그게 아닌가 보다.
(상황이 달라진 현실을 수용하는 것으로 분위기가 바뀜.)
한 뼘 두 뼘 어둠을 적시며 ㉮비가 온다.
혹시나 하고 나는 밖을 기웃거린다.
나는 ㉣풀이 죽는다.
빗발은 한 치 앞을 못 보게 한다.
왠지 느닷없이 그렇게 퍼붓는다.
㉤지금은 어쩔 수가 없다고,

*맵싸한 맵고 싸한. 맵고 혀가 아린 듯한 느낌이 있는.
*담괴 담이 살가죽 속에 뭉쳐서 생긴 멍울.

원리로 작품 정리하기

원리1 화자, 대상, 청자
화자는 아내의 (❶)을 처음에는 받아들이지 않다가 결국은 인정하게 되는 사람임.

원리2 상황, 정서, 태도, 어조
화자는 아내가 없는 상황에서 느끼는 감정들을 (❷)적 어조를 통해 드러냄.

원리3 시어와 심상
- 생선 (❸)은 아내가 없는 상황을 더욱 절실히 느끼게 하는 소재
- (❹)가 오기 시작하며 화자의 정서는 더욱 심화됨.

원리4 발상·표현, 표현 기법

'어디로 갔나', '내 목소리', '아니 아니'
|
반복적인 표현
↓
아내 없는 상황에서의 화자의 슬픔을 (❺)시킴.

원리5 시상 전개, 시적 형상화
생선 반찬의 (❻), 비가 퍼붓는 (❼) 등 감각적 이미지를 통해 화자의 정서를 드러냄.

원리6 소통 구조, 맥락을 고려한 이해와 감상
이 시는 아내가 죽은 이후 느끼는 (❽)을 그리고 있다.

정답 ❶ 죽음 ❷ 독백 ❸ 반찬 ❹ 비 ❺ 고조 ❻ 냄새 ❼ 모습 ❽ 슬픔(절망감)

실전 연습하기

내신형 9264-0125

01 윗글의 ㉮와 〈보기〉의 ⓐ에 대한 설명으로 적절한 것은?

보기

이 ⓐ비 그치면 / 내 마음 강나루 긴 언덕에
서러운 풀빛이 짙어 오것다. //
푸르른 보리밭 길 / 맑은 하늘에
종달새만 무에라고 지껄이것다. //
이 비 그치면 / 시새워 벙글벙글 고운 꽃밭 속
처녀 애들 짝하며 새로이 서고 //
임 앞에 타오르는 / 향연(香煙)과 같이
땅에선 또 아지랑이 타오르것다.

– 이수복, 「봄비」

① ㉮는 화자의 정서와 밀접하지만, ⓐ는 그렇지 않다.
② ㉮와 달리 ⓐ는 화자의 감정이 이입된 자연물이다.
③ ㉮는 시의 분위기를 고조시키고, ⓐ는 시의 분위기를 형성한다.
④ ㉮는 화자의 정서를 심화시키고, ⓐ는 화자의 관심을 전환하게 한다.
⑤ ㉮는 화자의 긍정적 태도를 환기시키고, ⓐ는 화자의 부정적 정서를 심화시킨다.

빈칸 완성형 9264-0126

02 윗글은 아내의 (　　　)이라는 받아들이기 힘든 현실을 수용하는 순간 눈물 같은 비가 내리는 장면을 통해 아내 잃은 (　　　)을 표현하고 있다.

서술형 9264-0127

03 윗글에서 아내가 존재하지 않는다는 것을 비로소 화자가 받아들이고 있음을 알 수 있는 구절을 찾아 쓰시오.

수능형 2011학년도 6월 모의평가 9264-0128

04 윗글의 ㉠~㉤에 대한 설명으로 가장 적절한 것은?

① ㉠은 화자의 마음이 '이 사람'과 함께했던 때와 마찬가지로 평온함을 나타낸다.
② ㉡은 화자와 '이 사람' 사이의 소통을 나타낸 것으로, 화자가 '이 사람'과 공감하고 있음을 나타낸다.
③ ㉢에서 화자는 스스로 던진 질문에 대한 대답을 통해 '이 사람'과 관련된 상황이 그 이전과는 다름을 스스로 인식하고 있다.
④ ㉣에서 존재를 드러내지 않는 '이 사람'에 대한 배신감이 드러나 있다.
⑤ ㉤에는 '이 사람'의 부재를 인정하지 않겠다는 화자의 다짐이 나타난다.

033 꽃 _ 김춘수

수록 교과서
문학 _금성, 동아, 미래엔, 비상, 신사고, 천재(김)

작품 미리보기

주제 존재의 본질을 구현하기(의미 있는 인간 관계를 만들기)를 소망함.

특징
① 존재 간의 만남을 통해 존재의 본질적 의미를 구현하는 과정을 점층적으로 확대하여 구성
② 소망을 나타내는 어조(~고 싶다)

구성
1연: 본질 인식 전 무의미한 존재
2연: 이름을 부른 후 의미 있는 존재가 됨.
3연: 누군가에게 의미 있는 존재가 되고 싶음.
4연: 존재의 의미를 주고받고 싶은 소망

작품 자세히 읽기

김춘수는 존재론적 입장에서 사물의 본질을 추구하는 실존주의 시를 추구해 온 시인이다. 작가는 꽃을 소재로 하여 연작시를 한동안 썼다. 시에서 '꽃'은 구체적 사물이 아니며, 추상적인 존재로의 의미가 있기에 상징적 의미를 가진다. 시에서 존재의 의미는 의미 없는 '몸짓'에서 의미 있는 존재인 '꽃'으로, 다시 서로 의미 있는 존재 간의 '눈짓'으로 변화하면서 존재 간의 진정한 소통을 꾀하고 있다.

지식 더하기

작가의 말 – 연작시 「꽃」
내가 꽃을 소재로 하여 50년대 연작시를 한동안 쓴 데 대해서는 R. M. 릴케류의 존재론적 경향에 관심이 있었던 듯하다. 〈중략〉 저만치 무슨 꽃일까. 꽃이 두어 송이 유리컵에 담겨 책상머리에 놓여 있었다. 그걸 나는 한참 동안 인상 깊게 바라보고 있었다. 어둠이 밀려오는 분위기 속에서 꽃들의 빛깔이 더욱 선명해지는 듯했다. 그 빛깔이 눈송이처럼 희다.

엮어 읽기

장정일, 「라디오와 같이 사랑을 끄고 켤 수 있다면」 (➲236쪽)
「라디오와 같이 사랑을 끄고 켤 수 있다면」은 김춘수의 「꽃」을 패러디한 시이다. 「꽃」의 시상 전개 과정을 전반적으로 따르는 듯하면서도 대중 매체인 '라디오'를 중심으로 하여 사랑마저도 편리 위주로 하기를 바라는 현대인들의 비인간적인 모습에 대해서 비판하고 있다.

[A]
내가 그의 이름을 불러 주기 전에는
그는 다만
하나의 몸짓에 지나지 않았다.
(하나의 몸짓: 의미 없는 존재)

[B]
내가 그의 이름을 불러 주었을 때
(이름을 불러 주었을 때: 의미를 부여했을 때)
그는 나에게로 와서
꽃이 되었다.
(꽃: 의미 있는 존재)

[C]
내가 그의 이름을 불러 준 것처럼
나의 이 빛깔과 향기에 알맞은
누가 나의 이름을 불러다오.
(나의 존재의 본질을 알아주고 인정해 줄 누군가가 나와 의미 있는 관계를 이루어다오.)
그에게로 가서 나도
그의 꽃이 되고 싶다.

[D]
우리들은 모두
무엇이 되고 싶다.
너는 나에게 나는 너에게
잊혀지지 않는 하나의 눈짓이 되고 싶다.
(무엇, 하나의 눈짓 → 남에게 의미 있는 사람, 의미 있는 상호 관계)

원리로 작품 정리하기

원리1 화자, 대상, 청자
이 시에서 화자는 누군가에게 다가가서 (❶)이 되고 싶어 하는 (❷)임.

원리2 상황, 정서, 태도, 어조
화자는 '–다오', '~고 싶다' 등의 표현을 통해 자신의 (❸)을 드러내고 있음.

원리3 시어와 심상

(❹)을 불러 주기 전
(❺)에 불과함.

↓

(❻)을 불러 줄 때
의미 있는 존재가 됨.

원리4 발상·표현, 표현 기법
'나'와 '그'의 관계는 '우리' 모두의 문제가 된다는 점에서 의미는 (❼)적으로 확대됨.

원리5 시상 전개, 시적 형상화
존재의 문제라는 추상적이고 본질적인 것을 '(❽)을 부른다, (❾)이 된다' 등 보다 쉽고 구체적인 내용으로 표현함.

원리6 소통 구조, 맥락을 고려한 이해와 감상
이 시는 사람과 사람이 서로 (❿)을 원하고 의미 있는 (⓫)가 되고픈 소망을 표현하는 작품이다.

정답 ❶ 꽃 ❷ '나' ❸ 소망 ❹ 이름 ❺ 몸짓 ❻ 이름 ❼ 점층 ❽ 이름 ❾ 꽃 ❿ 소통 ⓫ 존재

실전 연습하기

내신형 9264-0129

01 [B]의 사례로 가장 적절한 것은?

① 게양된 태극기를 바라볼 때마다 조국에 대한 사랑이 샘솟는다.
② 사람들이 나를 좋은 사람으로 이야기해 주어서 몹시 기뻤던 경험이 있다.
③ 공부에 자신이 없었지만 열심히 노력하니 점점 성적이 나아져서 보람을 느낀다.
④ 애완견을 처음 기를 때에는 재미있고 좋았는데 데리고 지내다 보니 불편한 점도 많다.
⑤ 친구와 일상적 대화만 했을 때에는 데면데면했는데 서로의 꿈을 이야기하며 진실한 사이가 되었다.

빈칸 완성형 9264-0130

02 윗글은 '(　　　)'을 주요 제재로 하여 사람과 사람이 (　　　) 있는 관계를 맺고자 하는 소망을 표현하고 있다.

서술형 9264-0131

03 윗글에서 화자가 대상에 의미를 부여하기 위하여 한 구체적인 행위를 한 문장으로 쓰시오.

수능형 2013학년도 9월 고1 학력평가 9264-0132

04 [A]~[D]에 대한 설명으로 적절하지 않은 것은?

① [A]의 '몸짓'은 '나'에게 의미가 없는 존재이다.
② [B]의 '꽃'은 '이름을 불러 주'기에 의해 의미를 부여받은 존재를 나타낸다.
③ [C]의 '빛깔과 향기'는 '나'라는 존재가 지니고 있는 본질이다.
④ [D]에서 '눈짓'은 서로의 본질을 인식하기 이전의 상태를 의미한다.
⑤ [A]~[D]를 통해 '나'는 진정한 관계 형성에 대한 소망을 드러내고 있다.

034 샤갈의 마을에 내리는 눈 _ 김춘수

수록 교과서
국어 _천재(이)

작품 미리보기

주제 봄의 맑고 순수한 생명력

특징

① 현재형 문장 표현을 통해 생동감 있게 시상을 전개함.

② 다양한 이미지 나열을 통해 시상을 전개함.

구성

1행: 샤갈의 마을에 내리는 눈

2~9행: 샤갈의 마을을 뒤덮는 눈의 모습

10~15행: 새롭게 소생하는 생명의 이미지

샤갈의 마을에는 **3월**에 **눈**이 온다.
(샤갈의 마을: 환상의 세계 / 눈: 순수한 생명력)
봄을 바라고 섰는 사나이의 관자놀이*에
새로 돋은 정맥(靜脈)이
바르르 [떤다].
(바르르 떤다: 생명력의 약동)
바르르 떠는 사나이의 관자놀이에
새로 돋은 정맥을 어루만지며
눈은 수천수만의 **날개**를 달고
(활유법)
하늘에서 내려와 샤갈의 마을의
지붕과 굴뚝을 [덮는다].
3월에 눈이 오면
샤갈의 마을의 쥐똥만한 **겨울 열매**들은
다시 **올리브빛**으로 물이 들고
(메마른 겨울 열매들에 생명력이 차오름.)
밤에 **아낙**들은
그해의 제일 아름다운 불을
아궁이에 [지핀다].

[ ] : 현재형 시제를 사용함.

아궁이에 불을 지피는 아낙의 이미지를 통해 다시 찾아온 아름다운 봄에 대한 느낌을 형상화함.

*관자놀이 귀와 눈 사이의 맥박이 뛰는 곳.

작품 자세히 읽기

이 시는 초현실주의자이며 환상적인 그림을 많이 그린 샤갈의 그림(〈나와 마을〉)을 보며 자유롭게 상상한 내용을 색채 이미지를 중심으로 하여 형상화하고 있다. 이 작품은 순수한 이미지를 추구하는 김춘수의 1960년대의 작품 경향을 보여 준다.

지식 더하기

샤갈

러시아 태생의 프랑스 화가(1887~1985)이다. 다양한 삶의 경험을 화려한 색채와 환상적인 화풍으로 표현함으로써 초현실주의 미술에 큰 영향을 끼쳤다.

엮어 읽기

김혜순, 「납작납작 – 박수근 화법을 위하여」

(➡130쪽)

「샤갈의 마을에 내리는 눈」과 「납작납작 – 박수근 화법을 위하여」는 유명 작가의 그림에서 얻은 영감을 시의 주된 주제와 관련지은 시들이다. 「샤갈의 마을에 내리는 눈」이 샤갈 그림에서 느껴지는 생명력과 환상적인 세계를 그렸다면, 「납작납작 – 박수근 화법을 위하여」는 박수근 화백의 그림에 나타나는 서민의 삶의 모습을 그리고 있다.

원리로 작품 정리하기

원리1 화자, 대상, 청자

화자는 (❶)이 내리는 샤갈의 마을을 상상하는 사람임.

원리2 상황, 정서, 태도, 어조

화자는 그림 속 세계를 바탕으로 (❷)적인 풍경을 그려 내고 있음.

원리3 시어와 심상

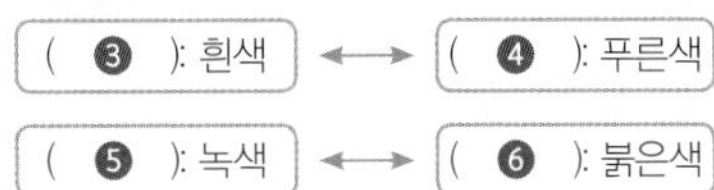

원리4 발상·표현, 표현 기법

- 다양한 (❼) 이미지의 대비를 통해 봄의 생명력을 선명하고 풍부하게 드러냄.
- (❽)형 시제를 사용해 보다 생동감 있게 시상을 전개함.

원리5 시상 전개, 시적 형상화

환상적인 이미지들을 (❾)함으로써 의미를 위한 이미지가 아닌 순수한 이미지를 추구함.

원리6 소통 구조, 맥락을 고려한 이해와 감상

이 시는 (❿)의 그림이 연상시키는 이미지를 나열해 봄의 (⓫)을 표현하고 있다.

정답 ❶ 눈 ❷ 환상 ❸ 눈 ❹ 정맥 ❺ 열매 ❻ 불 ❼ 색채 ❽ 현재 ❾ 나열 ❿ 샤갈 ⓫ 생명력

실전 연습하기

내신형 9264-0133

01 다음 중 시어가 주는 이미지가 가장 이질적인 것은?

① 눈 ② 정맥 ③ 겨울 열매
④ 올리브빛 ⑤ 불

빈칸 완성형 9264-0134

02 윗글은 (   )의 그림인 〈나와 마을〉을 모티프로 하여 (   )의 순수하고 맑은 (   )을 묘사하고 있다.

서술형 9264-0135

03 윗글에서 주로 쓰인 심상과 그 효과를 쓰시오.

수능형 2019학년도 대수능 9264-0136

04 〈보기〉를 참고하여 윗글을 감상한 내용으로 적절하지 않은 것은?

보기

김춘수는 샤갈의 그림 〈나와 마을〉에서 받은 느낌을 시로 표현함으로써 상호 텍스트성을 구현했다. 올리브빛 얼굴을 가진 사나이와 당나귀가 서로 마주 보고 있는 그림에서 영감을 받은 시인은, "특히 인상 깊었던 것은 커다란 당나귀의 눈망울이었고, 그 당나귀의 눈망울 속에 들어앉아 있는 마을이었다."라고 느낌을 말했다. 또한 밝고 화려한 색감을 지닌 이질적 이미지들의 병치로 이루어진 샤갈의 초현실주의적 그림에 대한 감각적 인상을, 자신의 고향 마을에 투사하여 다양한 이미지의 병치로 변용했다. 이는 봄을 맞이한 생동감과 고향 마을의 따뜻한 풍경에 대한 그리움을 형상화한 것이라고 할 수 있다.

① '샤갈의 마을'은 시인이 그림 속 마을 풍경에서 받은 인상을 자신의 고향 마을에 투사하여 표현한 것이군.
② '3월에 눈', '봄을 바라고 섰는 사나이', '새로 돋은 정맥' 등은 시인이 그림 속 이질적 이미지들의 병치를 다양한 이미지들의 병치로 변용하여 봄의 생동감을 형상화한 것이군.
③ '날개', '하늘', '지붕과 굴뚝' 등은 시인이 밝고 화려한 색감을 지닌 그림 속 마을의 모습을 공감각적 이미지의 풍경으로 변용한 것이군.
④ '올리브빛'은 시인이 그림 속에서 영감을 받은 것으로 '겨울 열매들'을 물들이는 따뜻한 봄의 이미지를 표상한 것이군.
⑤ '아낙', '아궁이' 등은 시인이 초현실주의적 그림 속 풍경에 대한 감각적 인상을 고향 마을을 떠올리게 하는 이미지로 전이시킨 것이군.

독해의 원리 다지기 3

김현승 ~ 박재삼

035 눈물 _ 김현승

수록 교과서
문학 _비상

작품 미리보기

주제 슬픔의 종교적 승화를 통한 순수한 결실의 삶 추구

특징
① 높임법을 사용하여 '당신'에 대한 경건한 태도와 종교적 분위기를 표현함.
② 대립적 의미를 지닌 시어를 제시하여 '눈물'의 시적 의미를 강조함.
③ 기독교적 세계관에 근거하여 '눈물'에 새로운 의미를 부여함.

구성
1연: 새로운 생명의 근원으로서의 눈물에 대한 기원
2연: 온전하고 순수한 존재로서의 눈물
3~4연: 눈물의 절대적 가치
5~6연: 신의 섭리와 은총으로 눈물의 의미를 새로이 자각함.

작품 자세히 읽기

이 시는 시인이 사랑하는 아들의 죽음이라는 비극적 상황 속에서 그 슬픔을 종교적 믿음으로 견디면서 쓴 작품으로 알려져 있다. '눈물'은 일반적으로 슬픔과 안타까움의 정서를 표현하는 소재로 사용되지만, 화자는 이에서 벗어나 자신의 '눈물'이 '더러는' 새로운 생명과 부활의 씨앗이 될 수 있기를 기원하면서 자신의 눈물이 지닌 순수성과 절대적 가치를 깨닫는다. 이와 더불어 꽃이 시들고 열매가 맺는 것이 신의 섭리이듯, 자신에게 기쁨의 웃음을 준 후 슬픔을 통해 성숙과 삶의 결실을 맺게 하는 것 역시 신의 섭리와 은총이라는 인식으로 시를 마무리하고 있다.

지식 더하기

'눈물'의 새로운 의미 – 기독교적 세계관
이 시의 1연에 제시된 '옥토에 떨어지는 작은 생명'이라는 시구는 〈마태복음〉 13장의 '더러는 옥토에 떨어지매 혹 백 배, 혹 육십 배, 삼십 배의 결실을 하였느니라'라는 구절에 근거한다. 시인은 땅에 떨어져 새로운 생명의 근원이 되는 '씨앗'을 '눈물'과 동일시함으로써 '눈물'에 새로운 의미를 부여하고 있다.

엮어 읽기

박목월, 「하관」 (➲148쪽)
이 시와 「하관」은 모두 혈육의 죽음으로 인한 슬픔을 기독교적 신앙에 근거하여 표현하고 있다는 공통점을 지닌다. 단 이 시는 아들의 죽음이라는 시적 상황을 표면적으로 다루지 않은 채 눈물과 슬픔의 의미를 재정의함으로써 슬픔을 종교적으로 승화하는 데 반해, 「하관」은 아우의 죽음과 장례 상황의 제시에서 시작해 죽은 아우를 꿈에서 만나 거리감과 단절을 느끼는 형의 슬픔을 표현하고 있다.

더러는

옥토(沃土)*에 떨어지는 작은 생명이고저……
= '눈물' – 자신의 눈물이 비옥한 땅에 떨어져 새로운 생명의 씨앗이 되기를 기원함.

「흠도 티도,

금가지 않은

나의 전체」는 오직 이뿐!
→ 단정적 어조 – 확신
「」: = 눈물 = '나'의 전부 / 온전하고 순수한 것

「더욱 값진 것으로

드리라 하올 제,

나의 가장 나아종* 지니인 것」도 오직 이뿐!
→ '나중'의 시적 허용 → '눈물'의 가치를 강조
「」: = 눈물 = '나'에게 가장 값진 것 / 눈물의 절대적 가치

아름다운 나무의 꽃이 시듦을 보시고
꽃: 아름다움 / 일시적, 찰나적

열매를 맺게 하신 당신은,
열매: 최종적 결실 / 당신: 절대자
→ '꽃이 시들고 열매가 맺는다'는 신의 섭리에 대한 인식

나의 웃음을 만드신 후에

새로이 나의 눈물을 지어 주시다.
웃음: 5연의 '꽃'과 대응 – 웃음 = 잠시 피었다 지는 삶의 아름다운 순간
눈물: 5연의 '열매'와 대응 – 성숙한 삶의 결실
→ 꽃이 시들고 열매가 맺듯이, 웃음 후 새로이 눈물을 지어 주시는 것 역시 신의 섭리와 은총이라는 인식 표현

*옥토 농작물이 잘 자랄 수 있는 영양분이 풍부한 좋은 땅.
*나아종 나중. 마지막.

원리로 작품 정리하기

원리1 화자, 대상, 청자

화자인 '나'는 아들을 잃은 슬픔을 기독교적 신앙으로 극복하고 있음.

원리2 상황, 정서, 태도, 어조

- 시적 상황 : 아들의 죽음을 겪음.
- '눈물'을 '슬픔'이 아닌, '새로운 생명을 위한 씨앗'으로 생각하는 태도를 보임.
  → 슬픔의 기독교적 (❶)
- 절대자인 '당신'에 대한 경건한 태도

원리3 시어와 심상

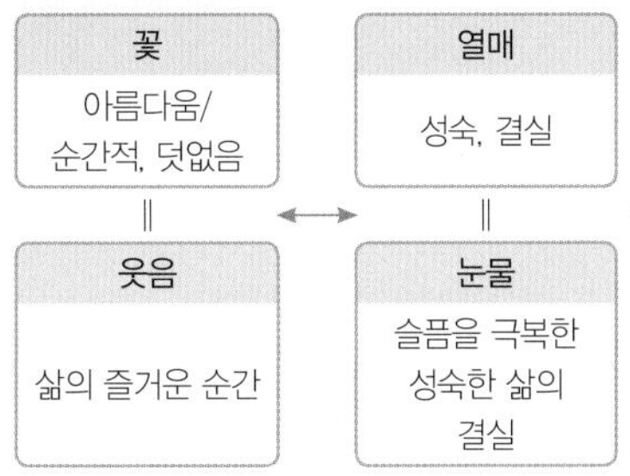

원리4 발상·표현, 표현 기법

- (❷)을 사용하여 절대자에 대한 경건한 태도를 표현함.
- (❸)를 지닌 시어를 제시하여 시적 의미를 강조함.

원리5 시상 전개, 시적 형상화

'눈물'에 대해 화자가 인식한 의미 – (❹)의 근원이자 (❺) 존재, (❻) 가치를 지닌 것 – 에 대해, (❼)를 통해 새로이 자각하게 된 의미가 추가적으로 제시됨.

원리6 소통 구조, 맥락을 고려한 이해와 감상

화자는 아들을 잃은 경험을 통해 인간은 기쁨보다는 슬픔 속에서 성숙과 결실을 얻게 되며, 이것이 신의 섭리임을 깨닫게 된다.

정답 ❶ 승화 ❷ 높임법 ❸ 대조적 의미 ❹ 새로운 생명 ❺ 순수한 ❻ 절대적 ❼ 신의 섭리

실전 연습하기

내신형 9264-0137

01 윗글에 대한 설명으로 적절하지 않은 것은?

① 시구의 반복을 통해 시적 대상의 가치를 부각하고 있다.
② 단정적 어조를 통해 대상에 대한 화자의 확신을 전달하고 있다.
③ 규범에 어긋난 시어를 제시하여 중심 제재에 주목하게 하고 있다.
④ 명령형 진술을 사용하여 변화에 대한 간절한 열망을 표현하고 있다.
⑤ 높임법을 사용하여 절대적 존재에 대한 경건한 태도를 드러내고 있다.

빈칸 완성형 9264-0138

02 윗글의 1연에서 시적 화자에 의해 '새로운 생명의 근원'으로 제시된 '눈물'은 2연에서는 '흠도 티도 / 금가지 않은' ( )을 지닌 존재로, 3~4연에서는 '가장 나아종 지니인' ( )를 지닌 것으로 규정되고 있다.

서술형 9264-0139

03 윗글의 5연에서 대조적인 의미 관계에 있는 소재 한 쌍을 찾아 이들이 지닌 속성에 대해 서술하시오.

수능형 9264-0140

04 <보기>를 읽고 윗글을 이해한 내용으로 적절하지 않은 것은?

> 보기
>
> 이 작품은 죽음이라는 상황에 기인한 유한성의 자각과 소멸 의식을 깊숙이 담고 있다. 그럼에도 불구하고 이 시가 우울이나 비관의 정서에 떨어지지 않는 것은 그러한 비극적 의식들이 내적 청자로 설정된 영원의 절대자를 향하는 초월적이고 상승적인 힘에 강하게 떠받쳐져 있기 때문이다. 이러한 양극성의 힘, 유한성의 자각과 영원에의 지향, 소멸 의식과 초월 의식 간의 팽팽한 긴장감으로 인해 이 시는 서정성의 깊이를 획득하게 된다.

① 5연의 '당신'이 '더욱 값진 것'을 드려야 하는 대상이자 나의 '웃음'과 '눈물'을 '지어 주시'는 존재로 제시된 것은, 초월적 존재로서의 '당신'에 대한 인식이 표현된 것으로 볼 수 있다.
② 5연의 '아름다운 나무의 꽃이 시듦'은 죽음과 연결되면서 유한성의 자각을 일깨우는 대상으로 볼 수 있다.
③ 5연에서 꽃이 시든 자리에 '열매'가 맺는 것은 자연의 섭리에 의한 것으로, 이는 소멸과 생성의 반복을 통해 영원성을 드러내는 절대자의 모습에 대응하는 것으로 볼 수 있다.
④ 6연의 '나의 웃음'은 절대자에 귀의함으로써 영원에의 지향을 추구할 수 있게 된 화자의 기쁨을 표현한 것으로 볼 수 있다.
⑤ 6연에서 '새로이' 받은 '나의 눈물'은 1연의 '옥토에 떨어지는 작은 생명'과 동일시되어 혈육의 죽음으로 인한 슬픔이 새로운 생명의 근원으로 작용하게 되는 양극성의 힘을 드러내는 것으로 볼 수 있다.

036 플라타너스 _ 김현승

꿈을 아느냐 네게 물으면,
플라타너스,
너의 머리는 어느덧 파아란 하늘에 젖어 있다.
(파아란 하늘: 꿈, 이상)

너는 사모할 줄 모르나,
플라타너스,
너는 네게 있는 것으로 그늘을 늘인다.
(그늘을 늘인다: 헌신적 사랑, 포용력)

먼 길에 올 제,
호올로 되어 외로울 제,
(호올로: 시적 허용)
플라타너스,
너는 그 길을 나와 같이 걸었다.

이제 너의 뿌리 깊이
나의 영혼을 불어 넣고 가도 좋으련만,
플라타너스,
나는 너와 함께 신이 아니다!
(유한성을 깨닫고 안타까워함.)

수고론* 우리의 길이 다하는 어느 날,
플라타너스,
너를 맞아 줄 검은 흙이 먼 곳에 따로이 있느냐?
(너를 맞아 줄 검은 흙: 플라타너스가 묻힐 흙, 안식처)
나는 너를 지켜 오직 이웃이 되고 싶을 뿐,
그곳은 아름다운 별과 나의 사랑하는 창이 열린 길이다.
(아름다운 별: 이상, 꿈)

*수고론 수고로운.

작품 미리보기

주제 고독한 삶의 동반자인 플라타너스

특징

① 플라타너스를 반복해 부름으로써 리듬감을 형성함.
② 플라타너스를 의인화하여 화자의 내면을 투영함.
③ 색채 이미지를 통해 시적 내용을 효과적으로 형상화함.

구성

1연: 꿈을 가진 플라타너스
2연: 넉넉한 사랑을 주는 플라타너스
3연: 외로운 '나'의 동반자인 플라타너스
4연: 플라타너스와의 교감을 바라는 '나'
5연: 플라타너스와 영원히 함께하기를 염원함.

작품 자세히 읽기

이 시는 나무인 '플라타너스'를 '너'라고 부르며 화자의 내면을 투영하여 표현하고 있다. '플라타너스'는 시에서 덕성을 가진 존재로 그려지고 있는데 인간이 가진 속성들, 예를 들어 꿈을 가지고 사는 삶, 헌신적이고 넉넉한 사랑의 삶의 모습 등을 의미하기에 화자는 그와 삶을 함께하고 싶어 한다.

지식 더하기

플라타너스

양버즘나무. 버즘나무과의 낙엽 활엽 교목. 높이가 40~50미터까지도 자란다. 우리나라에서는 가로수로 널리 쓰이고 있다.

엮어 읽기

유치환, 「바위」 (➲202쪽)

김현승의 「플라타너스」와 유치환의 「바위」는 자연물의 한 대상을 시의 중심 제재로 삼고 있다는 점, 대상을 덕성을 가진 존재로 생각한다는 점에서 유사하다. 「플라타너스」는 꿈을 가진 모습, 넉넉한 사랑의 삶의 모습을 가진다. 「바위」는 내적 감정이나 외부의 시련에 흔들리지 않는 의지적 삶의 표상으로서의 의미를 가지고 있다.

원리로 작품 정리하기

원리1 화자, 대상, 청자
화자인 (❶)는 (❷)에게 말을 건네는 사람임.

원리2 상황, 정서, 태도, 어조
화자는 외로울 때 '그 길을 나와 같이 걸었'던 플라타너스와 함께하고픈 (❸)을 드러냄.

원리3 시어와 심상

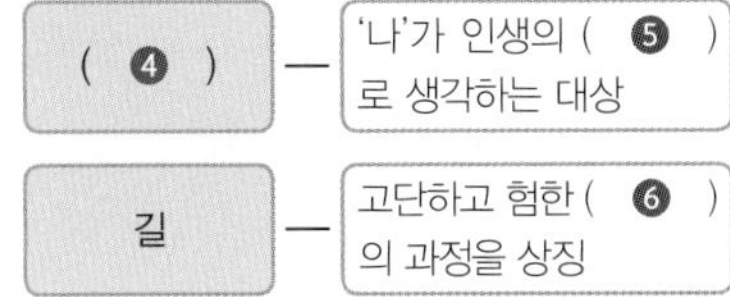

원리4 발상·표현, 표현 기법
- 나무인 플라타너스에게 인격을 부여하는 (❼)을 사용함.
- (❽)색의 색채 이미지를 통해 내용을 효과적으로 표현함.

원리5 시상 전개, 시적 형상화
대상인 (❾)에게 말을 건네면서 그와 (❿)가 되고픈 소망을 드러내는 방식으로 시상이 전개됨.

원리6 소통 구조, 맥락을 고려한 이해와 감상
이 시는 고독한 인생길에서 플라타너스를 동반자로 삼고 싶은 (⓫)을 형상화하고 있다.

정답 ❶ '나' ❷ 플라타너스 ❸ 소망 ❹ 플라타너스 ❺ 동반자 ❻ 인생 ❼ 의인법 ❽ 파란 ❾ 플라타너스 ❿ 동반자 ⓫ 소망

실전 연습하기

내신형 9264-0141

01 윗글에 대한 설명으로 가장 적절한 것은?

① 부조리한 시대 상황을 풍자하고 있다.
② 해결해야 할 삶의 문제에 대한 고뇌를 나타내고 있다.
③ 대상의 덕성에 대한 긍정적인 인식이 드러나고 있다.
④ 아름다움의 세계에 대한 각별한 애정을 나타내고 있다.
⑤ 인생의 허무함을 탄식하며 인간 세계를 부정하고 있다.

빈칸 완성형 9264-0142

02 윗글은 ( )를 대상으로 말을 건네며 그와 인생을 함께하고픈 ( )을 노래하고 있다.

서술형 9264-0143

03 〈보기〉에서 윗글의 '플라타너스'와 의미가 유사한 시어를 찾고, 그 의미를 쓰시오.

보기

물 먹는 소 목덜미에
할머니 손이 얹혀졌다.
이 하루도
함께 지났다고,
서로 발잔등이 부었다고,
서로 적막하다고,

– 김종삼, 「묵화」

수능형 2007학년도 11월 고1 학력평가 9264-0144

04 윗글에서 '플라타너스'의 시적 의미를 〈보기〉와 같이 정리했을 때, 적절하지 않은 것은?

보기

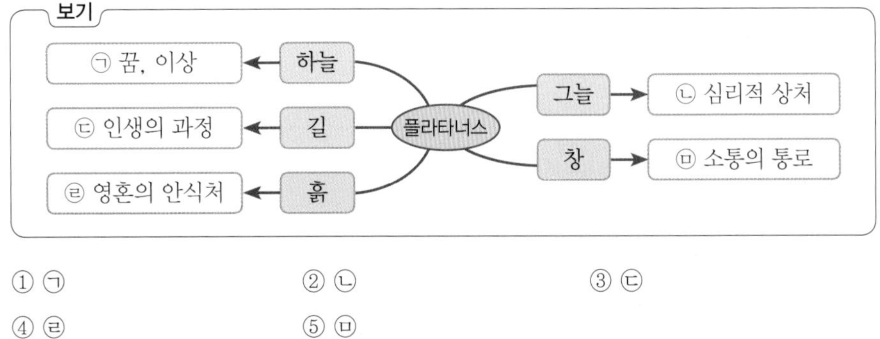

① ㉠　② ㉡　③ ㉢
④ ㉣　⑤ ㉤

037 납작납작-박수근 화법을 위하여 _ 김혜순

수록 교과서
문학 _비상, 창비

작품 미리보기

주제 서민들의 애처로운 삶

특징

① 그림을 바탕으로 서민들의 애환을 설의적으로 표현함.

② 고달픈 삶을 사는 서민의 입장에서 절대자에게 항변하는 투의 어조를 사용함.

구성

1연: 그림의 작업 과정

2연: 그림을 통한 현실 비판(서민들에 대한 연민)

작품 자세히 읽기

이 시는 박수근 화백의 그림에서 영감을 얻어 창작한 작품으로, '그림'에서 '시'로의 예술 장르의 변용을 엿볼 수 있다. 이 시에서는 가난한 삶을 살아가는 서민에 대한 동정과 연민을 표현하고 있는데, 시인은 그림을 그리는 화가를 화자로 설정하여 자신의 그림에 대해 '하나님'에게 묻는 형식으로 시상을 전개하고 있다.

지식 더하기

박수근의 그림들

박수근은 서양화가로, 독학으로 미술을 공부하였다. '국민 화가'라고 불리는 화가로, 그의 그림은 복잡하거나 화려한 꾸밈이 없이 단순하다. 박수근 그림의 특징은 궁핍한 시대의 평범한 풍경을 진솔하게 표현했다는 점이다. 전쟁 이후의 어려운 시절이었기 때문에 그림에는 화려한 색깔이 없다. 무채색의 세계이다. 그래서 그림은 회색조 바탕에 우둘투둘한 질감을 기본으로 한다. 박수근이 즐겨 그린 소재는 평범한 이웃이며, 아낙네가 대부분을 차지하고 있다.

엮어 읽기

고재종, 「세한도」 (➊058쪽)

김혜순의 「납작납작-박수근 화법을 위하여」와 고재종의 「세한도」는 둘 다 유명한 그림을 주요 제재로 삼고 있을 뿐 아니라 그 그림에 담긴 내력과 화가의 가치관 등을 주요 내용으로 담고 있다는 점에서 유사성을 띤다. 고재종의 「세한도」는 김정희의 〈세한도〉를 모티프로 쇠락해 가는 농촌 현실을 다루며 힘겨운 현실을 이겨 낼 희망을 노래하고 있다. 김혜순의 「납작납작-박수근 화법을 위하여」는 박수근 화백의 그림 기법이면서 동시에 서민의 삶의 애환을 압축적으로 제시하고 있다.

드문드문 세상을 끊어 내어
한 며칠 눌렀다가
벽에 걸어 놓고 바라본다.
흰 하늘과 **쭈그린* 아낙네 둘이**
벽 위에 납작하게 뻗어 있다.
가끔 심심하면
여편네와 아이들도
한 며칠 눌렀다가 벽에 붙여 놓고
하나님 보시기 어떻습니까?
조심스럽게 물어본다.

발바닥도 없이 서성서성*.
입술도 없이 슬그머니.
표정도 없이 슬그머니.
그렇게 웃고 나서
피도 눈물도 없이 바짝* 마르기.
그리곤 드디어 납작해진
천지 만물을 한 줄에 꿰어 놓고
가이없이* 한없이 펄렁펄렁.
하나님, 보시니 마땅합니까?

(한 며칠 눌렀다가 → 박수근 화법의 특성 – 삶의 무게에 짓눌린 서민들의 삶의 모습을 보여 주는 표현)
(흰 하늘과 쭈그린 아낙네 둘이 / 벽 위에 납작하게 뻗어 있다. – 그림의 주된 내용)
(하나님 보시기 어떻습니까? – 가난한 이들에 대한 애달픈 시선(설의법))
(피도 눈물도 없이 바짝 마르기. – 삶에 지쳐 감정도 없어진 채 짓눌린 모습)

***쭈그린** 팔다리를 우그려 작게 움츠린.
***서성서성** 한곳에 서 있지 않고 자꾸 주위를 왔다 갔다 하는 모양.
***바짝** 물기가 매우 마르거나 졸아붙거나 타 버리는 모양.
***가이없이** 끝없이.

원리로 작품 정리하기

원리1 화자, 대상, 청자
화자는 (❶)을 그리면서 '하나님'에게 질문을 하는 사람임.

원리2 상황, 정서, 태도, 어조
화자는 그림 속에 그려진 (❷)들의 모습을 (❸)에 찬 시선으로 바라보고 있음.

원리3 시어와 심상
'납작하게', '눌렸다가' 등 — 삶의 (❹)에 짓눌린 서민들의 모습을 암시함.

원리4 발상·표현, 표현 기법
'하나님 보시기 어떻습니까?'는 힘겨운 서민의 삶이 보기에 마땅하지 않음을 (❺)적으로 드러내고 있음.

원리5 시상 전개, 시적 형상화
서민들을 그림으로 그리고, 다시 (❻)에게 항변하는 방식으로 시상이 전개됨.

원리6 소통 구조, 맥락을 고려한 이해와 감상
이 시는 (❼) 그림에 나타난 표현 기법의 특징을 힘겨운 (❽)의 삶과 연결 지어 표현하고 있다.

정답 ❶ 그림 ❷ 서민 ❸ 연민 ❹ 무게 ❺ 설의 ❻ '하나님' ❼ 박수근 ❽ 서민

실전 연습하기

내신형 9264-0145

01 윗글을 감상한 내용으로 적절하지 않은 것은?

① 화자는 화가로, 청자는 '하나님'으로 설정하여 시상을 전개하고 있다.
② 박수근 화백의 작품들을 '하나님'에 대한 물음으로 형상화하고 있다.
③ '납작납작'은 화가의 화법과 화가가 자주 그린 대상의 삶의 성격을 이중적으로 표현한다.
④ 등장하는 인물들은 모두 서민들을 나타낸 것으로 볼 수 있으니 서민들의 애환이 담겨 있다고 볼 수 있다.
⑤ 화자는 '하나님, 보시니 마땅합니까?'라고 물음으로써, 서민들의 고달픈 삶을 '하나님'의 섭리로 이해하고 받아들인다.

빈칸 완성형 9264-0146

02 윗글은 '박수근'의 (   )을 중심으로 하여 그의 그림의 대상이 된 (   )들의 삶의 애환을 그려 내고 있다.

서술형 9264-0147

03 '납작납작'이라는 기법에 나타난 서민들의 삶의 모습의 의미를 쓰시오.

수능형 9264-0148

04 〈보기〉를 참고하여 윗글을 감상한 것으로 적절하지 않은 것은?

보기

박수근은 절구질하는 아낙네, 집을 지키는 노인, 아기 업은 소녀 등 가난한 서민들의 일상을 주로 그렸다. 그는 붓, 나이프를 사용해 물감의 층을 거듭 고착하여 화강암 표면 느낌의 바탕을 만들었는데, 이런 기법을 마티에르라고 한다. 그 위에 굵고 검은 선으로 형태를 단순화하여 한국적 정감이 넘치는 분위기를 만들었다.

① '한 며칠 눌렸다가'는 물감의 층을 거듭 고착하는 그림 기법과 관련되겠지.
② 시의 부제를 통해 박수근의 화법과 이 시가 관련성이 있음을 짐작할 수 있어.
③ '쭈그린 아낙네 둘', '여편네와 아이들'은 박수근 그림의 소재가 된 서민들이야.
④ '입술도 없이 슬그머니'는 형태를 단순화하는 화가의 기법과 관련이 있을 거야.
⑤ 마티에르 기법을 사용한 이유는 서민들에게 엄청난 잠재력이 축적되어 있다고 보기 때문이야.

038 귀뚜라미 _ 나희덕

수록 교과서
국어 _금성

작품 미리보기

주제 부정적 현실에 대한 극복 의지와 소통의 가능성에 대한 탐색

특징
① 평이한 시어를 담담한 어조로 제시하여 시적 의미를 전달함.
② 여름과 가을, 높음과 낮음, 큰 소리와 낮은 소리 등의 대비를 통해 주제 의식을 부각함.

구성
1연: 부정적 현실에 대한 서글픔과 자신의 나약함 인식
2연: 절박한 상황 속에서 공감과 소통의 가능성 탐색
3연: 새로운 시대에 대한 기대와 희망

작품 자세히 읽기

이 시는 1994년 출간된 시인의 두 번째 시집 《그 말이 잎을 물들였다》에 수록되어 있는 작품이다. 큰 소리로 높은 곳을 향하면서 다른 소리들을 압도하는 여름의 '매미 소리'와 달리 '귀뚜르르 뚜르르 보내는 타전 소리'는 낮고 차가우며 어두운 곳에서 약하게 울린다. 그러나 화자는 이러한 현실에 절망하는 대신 자신의 울음이 '누군가의 가슴에 실려 가는 노래'가 될 수 있을 '맑은 가을'에 대한 희망을 제시하고 있다.

지식 더하기

청각적 심상과 '소리', '울음', '노래'

이 시에서는 청각적 심상을 위주로 하면서 이와 관련된 '소리', '울음', '노래'가 조금씩 다른 의미로 제시되고 있다. '소리'는 매미의 것으로, 높은 곳을 향하지만 타인과의 소통과 공감에 무관심하다. 반면 낮은 곳에서 부정적 현실로 인한 서글픔과 절박함을 토로하는 '울음'은 타인의 공감을 사기에는 부족하다. 화자는 자신의 '울음'이 타인에게 전달되고 그 마음에 울림을 줄 수 있는 '노래'가 되기를 희망하고 있다.

엮어 읽기

김수영, 「풀」 (➊108쪽)

이 시와 「풀」에서는 각각 매미 소리에 묻혀도 자신의 울음이 노래가 되기를 바라는 '귀뚜라미'와 바람 때문에 눕고 울다가 일어서고 웃게 되는 '풀'을 내세워 나약한 존재들이 자신에게 가해지는 억압에 굴하지 않고 이를 견뎌 내는 모습을 형상화하고 있다. 단, 「풀」에서는 역경을 딛고 이에 맞설 수 있게 된 '풀'의 변화가 제시되어 있으나, '귀뚜라미'에서는 자신의 '울음'이 '노래'가 될 수 있는 '맑은 가을'이 아직 실현되지 않았다는 차이점을 발견할 수 있다.

높은 가지를 흔드는 매미 소리에 묻혀
계절적 배경(여름) / 다음 행의 '내 울음'과의 대조를 이루는, 높은 곳의 소리이자 큰 소리
내 울음 아직은 노래 아니다.
'노래'로 인식되기 이전, '매미 소리'에 묻히는 희미하고 나약한 소리

차가운 바닥 위에 토하는 울음,
부정적 현실('울음'을 토하게 되는 원인)
「풀잎 없고 이슬 한 방울 내리지 않는
지하도 콘크리트 벽 좁은 틈」에서
「 」: '차가운 바닥'과 연결 – 척박하고 메마른 현실
숨막힐 듯, 그러나 나 여기 살아 있다
'타전 소리'의 속성 ①: 절박함 / '타전 소리'의 속성 ②: 생명, 생존의 신호
귀뚜르르 뚜르르 보내는 타전* 소리가
누구의 마음 하나 울릴 수 있을까.
마음을 울리는 '노래'로서 전달되었으면 하는 소망

[A]
지금은 **매미 떼**가 하늘을 찌르는 **시절**
1연 1행에서 제시된 내용 반복 – 부정적 현실 인식 제시
그 소리 걷히고 맑은 가을이
여름/매미 소리와 대비
어린 풀숲 위에 내려와 뒤척이기도 하고
가을 ①: 어리고 나약한 존재를 의식함.
계단을 타고 이 땅 밑까지 내려오는 날
가을 ②: 낮은 곳까지 내려와 희미하고 나약한 소리를 알아차림.
발길에 눌려 우는 내 **울음**도
억눌린 현실로 인한 서글픔
누군가의 가슴에 실려 가는 **노래**일 수 있을까.
공감과 희망을 전달하는 '노래'에 대한 소망

*타전 전보나 무선을 침.

원리로 작품 정리하기

원리1 화자, 대상, 청자

화자는 자신의 울음이 노래가 되어 누군가에게 전달되기를 희망하는 (❶)임.

원리2 상황, 정서, 태도, 어조

- 상황: (❷)가 드높은 여름 + '지하도 콘크리트 벽 좁은 틈'
  → 상황에 대한 부정적 인식
- '노래'를 통해 타인과 (❸)하고 싶어하는 소망을 드러냄.

원리3 시어와 심상

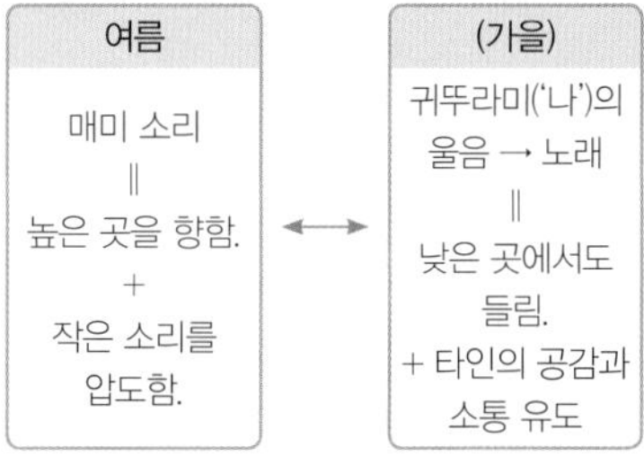

여름
매미 소리
‖
높은 곳을 향함.
+
작은 소리를 압도함.
(가을)
귀뚜라미('나')의 울음 → 노래
‖
낮은 곳에서도 들림.
+ 타인의 공감과 소통 유도

원리4 발상·표현, 표현 기법

- 소재와 계절의 (❹)를 통해 주제를 부각함.
- '귀뚜르르 뚜르르'와 같은 (❺)를 사용하고 있음.

원리5 시상 전개, 시적 형상화

(❻)를 사용하여 소통의 가능성을 탐색하면서 소망을 드러냄.

원리6 소통 구조, 맥락을 고려한 이해와 감상

작가는 자신의 '울음'이 '노래'가 되어 '누군가의 마음을 울리'기를 희망하는 '귀뚜라미'를 통해 소외된 곳에서 들리는 약한 존재들의 목소리가 전달되고 공감을 불러일으킬 수 있는 시대에 대한 소망을 드러내고 있다.

정답 ❶ 귀뚜라미 ❷ 매미 소리 ❸ 소통 ❹ 대조 ❺ 음성 상징어 ❻ 의문형 어미

실전 연습하기

내신형 9264-0149

01 윗글에 대한 설명으로 적절하지 않은 것은?

① 공간의 대조를 통해 대상이 처한 상황을 드러내고 있다.
② 회상을 통해 과거로의 회귀에 대한 소망을 제시하고 있다.
③ 청각적 심상을 주로 활용하여 시적 의미를 드러내고 있다.
④ 대조적 의미의 소재를 활용하여 지향하는 바를 표현하고 있다.
⑤ 의인화를 통해 특정 계절이 지닌 상징적 의미를 구체화하고 있다.

빈칸 완성형 9264-0150

02 윗글의 '지금'은 '매미 떼가 하늘을 찌르는 시절'인 (   )으로, 화자인 귀뚜라미는 '내 울음'이 '노래'가 될 수 있는 계절인 (   )에 대한 기대감을 드러내고 있다.

서술형 9264-0151

03 윗글에서 '매미 소리'와 '내 울음'이 울려 퍼지는 공간을 드러내는 시구를 각각 제시하고, 이들을 통해 알 수 있는 공간의 차이점과 두 소리의 차이점을 관련지어 서술하시오.

수능형 2013학년도 3월 고2 학력평가 B형 변형 9264-0152

04 [A]에 대한 이해로 가장 적절한 것은?

① '매미 떼'는 시련의 의미를 함축한다.
② '시절'은 바람직한 미래의 시간을 나타낸다.
③ '계단'은 극복해야 할 고난을 상징한다.
④ '울음'은 누군가에게 감동을 주고 싶은 소망을 의미한다.
⑤ '노래'는 운명을 수용하려는 태도를 의미한다.

039 그 복숭아나무 곁으로 _ 나희덕

수록 교과서
문학 _지학사

작품 미리보기

주제 타인에 대한 진정한 이해를 통해 이루게 되는 조화와 화합의 상태

특징
① 경어체를 사용하여 고백적 어조를 형성함.
② 동일한/유사한 시구를 반복하여 시적 의미를 강조함.
③ 대상에 대한 인식과 태도가 변화하면서 진정한 이해에 이르게 되는 과정을 구체화함.

구성
1연: 대상에 대한 진정한 이해에 도달하기까지의 과정
2연: 진정한 이해를 통해 대상과 조화를 이루게 되고 교감하게 된 상황

작품 자세히 읽기

이 시의 초반부에서 '복숭아나무'는 '너무도 여러 겹의 마음을 가진' 대상으로 제시되면서 '복잡한 내면을 지닌 낯선 사람'과 동일시된다. 화자는 이 나무가 '흰꽃과 분홍꽃을 나란히 피우고 서 있'어 '사람이 앉지 못할 그늘을 가'진, 까다롭고 복잡한 대상일 것으로 판단하고 멀리로만 지나친다. 그러나 결과적으로 복숭아나무가 지닌 '흰꽃과 분홍꽃 사이에 수천의 빛깔'은 '멀리서'도 화자를 눈부시게 하면서 복숭아나무에 대한 화자의 새로운 인식을 이끌어 내게 된다. 결국 화자는 '피우고 싶은 꽃빛이 너무 많'아서 '외로웠을' 복숭아나무가 지닌 '여러 겹의 마음'을 읽는 데 오랜 시간을 들이고, 이후 화자는 이제 '조금은 심심한 얼굴'을 하고 있는 복숭아나무의 그늘에 앉아 함께 '저녁이 오는 소리'를 듣는다. 한때 '사람이 앉지 못할 그늘'로 인식되었던 공간에 앉아 복숭아나무와 교감하게 된 화자의 변화가 드러나는 대목이다.

지식 더하기

복숭아나무의 '얼굴'

'얼굴'의 출현은, 철학자 레비나스에 의하면 '타자의 존재가 계시처럼 나타나는 중요한 징후'이다. 이 시의 '얼굴' 역시 화자가 타자로서의 '복숭아나무'를 조심스럽게 배려하면서 그 곁으로 다가서기까지의 숱한 기다림과 인내 끝에 만나게 되는 대상으로, 교감과 진정한 이해의 표지로 볼 수 있다.

엮어 읽기

김춘수, 「꽃」 (➲120쪽)

이 시와 「꽃」은 대상에 대한 진정한 이해를 통해 소통과 교감이 가능할 수 있음을 노래하고 있으며 진정한 이해의 과정 및 인식 이전과 이후의 변화를 다루고 있다는 점에서 공통점을 지닌다.

[A]
「너무도 여러 겹의 마음을 가진
그 복숭아나무」 곁으로
(「 」: 의인화 → '복숭아나무' = 복잡한 내면을 지닌 타인/대상)
나는 왠지 가까이 가고 싶지 않았습니다
(대상(복숭아나무)에 대한 화자의 태도: 거리감)

[B]
흰꽃과 분홍꽃을 나란히 피우고 서 있는 그 나무는 아마
(대상에 대한 이해 이전 – 선입관의 이유)
사람이 앉지 못할 그늘을 가졌을 거라고
(거리감의 이유(선입관, 편견))
멀리로 멀리로만 지나쳤을 뿐입니다
(태도 – 거리감, 조심스러움.)

[C]
흰꽃과 분홍꽃 사이에 수천의 빛깔이 있다는 것을
(대상에 대한 새로운 인식/진정한 이해의 시작 – '여러 겹의 마음'에서 '수천의 빛깔'을 읽어 내고 이를 이해하려 함.)
나는 그 나무를 보고 멀리서 알았습니다
눈부셔 눈부셔 알았습니다
('멀리서'도 '수천의 빛깔'에 대해 인식하게 된 순간 + 인식할 수 있었던 이유)

[D]
피우고 싶은 꽃빛이 너무 많은 그 나무는
('여러 겹의 마음', '수천의 빛깔'을 지닌 대상에 대한 이해 ①)
그래서 외로웠을 것이지만 외로운 줄도 몰랐을 것입니다
('여러 겹의 마음', '수천의 빛깔'을 지닌 대상에 대한 이해 ②)
그 여러 겹의 마음을 읽는 데 참 오래 걸렸습니다

[E]
흩어진 꽃잎들 어디 먼 데 닿았을 무렵
(= 화려한 꽃 시절을 뒤로 한, 삶의 '저녁' 무렵)
조금은 심심한 얼굴을 하고 있는 그 복숭아나무 그늘에서
(대상에 대한 이해/깨달음 이후의 모습 / 화자와 대상 간의 조화, 화합 ↔ '사람이 앉지 못할 그늘')
가만히 들었습니다 저녁이 오는 소리를

정답과 해설 27쪽

원리로 작품 정리하기

원리1 화자, 대상, 청자
화자인 '나'가 대상인 (❶)를 이해하기까지의 변화 과정이 제시되고 있음.

원리2 상황, 정서, 태도, 어조

복숭아나무에 대한 (❷)
가까이 가고 싶지 않음, 멀리로만 지나침, 사람이 앉지 못할 그늘

↓

복숭아나무에 대한 새로운 발견
'수천의 빛깔', '눈부심'

↓

복숭아나무에 대한 (❸)
피우고 싶은 꽃잎이 많은 것, 외로움

원리3 시어와 심상

'여러 겹의 마음'
= '흰꽃과 분홍꽃을 나란히 피우고'
거리감, 거부감

↓

'여러 겹의 마음'
= '흰꽃과 분홍꽃 사이에 (❹)이 있다는 것을'
이해를 시도함.

원리4 발상·표현, 표현 기법
- 경어체를 사용하여 고백적 어조를 형상화함.
- (❺)을 통해 여운을 형성함.

원리5 시상 전개, 시적 형상화
대상에 대해 거리감을 느끼던 화자가, (❻)를 거쳐 대상을 이해하게 되기까지의 과정이 제시됨.

원리6 소통 구조, 맥락을 고려한 이해와 감상
이 시는 '여러 겹의 마음'을 가진 복숭아나무에 대한 거리감을 지녔던 화자가 그 마음을 읽게 되고 함께 (❼)하게 되기까지의 과정을 형상화하고 있다.

정답 ❶ 복숭아나무 ❷ 거리감 ❸ 이해 ❹ 수천의 빛깔 ❺ 도치법 ❻ 인식의 변화 ❼ 교감

실전 연습하기

내신형 9264-0153

01 윗글의 특징으로 가장 적절한 것은?

① 배경 묘사를 통해 웅장한 분위기를 자아내고 있다.
② 지시어를 반복하여 중심 소재로 초점을 모으고 있다.
③ 도치된 문장으로 마무리하여 상황의 긴박성을 강조하고 있다.
④ 의인법을 사용하여 현실에 대한 비판적 관점을 나타내고 있다.
⑤ 색채어를 활용하여 신화적 세계에 대한 동경을 드러내고 있다.

빈칸 완성형 9264-0154

02 윗글에서는 (   )를 사용하여 자신이 대상을 이해하게 되기까지의 과정을 (   ) 어조로 표현하고 있다.

서술형 9264-0155

03 윗글의 화자가 중심 대상에 대해 지니는 태도가 변화하는 과정을 변화의 계기와 함께 서술하시오.

수능형 2015학년도 6월 모의평가 A형 9264-0156

04 [A]~[E]에 대한 이해로 적절하지 않은 것은?

① [A]는 대상에 대한 태도가 드러나며 시상이 촉발되는 부분으로, '너무도 여러 겹의 마음'은 화자가 대상에 대해 거리감을 가지게 되는 이유를 나타낸다.
② [B]는 대상에 대한 감정이 행동으로 구체화되는 부분으로, '멀리로 멀리로만'은 화자가 대상을 피하고 있음을 강조한다.
③ [C]는 대상에 대한 인식이 전환되는 부분으로, '눈부셔 눈부셔'는 화자가 깨달음을 얻는 과정에서 '수천의 빛깔'을 발견하는 순간을 강조한다.
④ [D]는 대상에 대한 새로운 이해가 나타나는 부분으로, '피우고 싶은 꽃빛'은 화자가 외로움을 이겨 낸 상황을 나타낸다.
⑤ [E]는 대상에 대한 깨달음 이후의 상황이 나타나는 부분으로, '조금은 심심한 얼굴'은 화자가 가까이에서 발견한 대상의 또 다른 모습을 나타낸다.

040 율포의 기억 _ 문정희

수록 교과서
문학 _신사고

작품 미리보기

주제 힘겹게 삶을 살아 내는 사람들에 대한 경건한 태도 / 삶의 의미에 대한 성찰

특징
① 삶의 현장을 목격하고 이에 대한 성찰과 깨달음의 태도를 드러냄.
② 색채 이미지에 대한 개성적인 인식을 표현함.(푸른: 부정 ↔ 검은: 긍정)
③ 단정적 어조를 통해 화자가 깨달은 내용을 강조하여 제시함.

구성
1~6행: 뻘밭에서 보이는 생명력에 대한 관찰
7~10행: 삶의 모습에 대한 사색
11~17행: 서글프고 힘겨운 삶을 살아가는 사람들의 모습에서 경건함을 느낌.

작품 자세히 읽기

율포는 시인의 고향인 전남 보성의 포구이다. 아마도 시인 역시 이 시의 화자처럼 생계를 위해 '먹이'를 구하러 뻘밭으로 나가는 어머니를 따라간 경험의 소유자일 것이다. 화자는 어머니를 따라간 율포 바닷가에서 푸른 바다가 아닌, 검은 뻘밭에 서식하는 생명체들과 이들을 먹이로 하여 힘들게 살아가는 삶의 현장을 목격하고 슬프고도 힘겹게 살아가는 삶에 대한 경건한 태도를 보이게 된다.

지식 더하기

문학 작품의 '바다'
문학 작품에서 '바다'는 '물'의 이미지와 관련되어 무한한 생명력과 생동성의 공간으로 제시되는 경우가 많다. 그러나 이 시에서는 '바다'의 핵심인 '물'을 '소금기 많은 푸른', '무위한 해조음'을 지닌 것으로 제시하면서, 그 바다가 '뿌리 뽑혀 밀려 나간 후' 모습을 드러내는 '검은 뻘밭'에서 확인되는 생명력 넘치는 존재들에 대해 주목하고 있다.

엮어 읽기

신경림, 「동해 바다 – 후포에서」 (➲026쪽)
이 시와 「동해 바다 – 후포에서」는 '바다'라는 특정 공간이 주는 깨달음을 바탕으로 시상을 전개하고 있다는 공통점을 가지고 있다. 단, 「동해 바다 – 후포에서」의 화자는 스스로 성찰의 필요성을 느끼고 찾아간 바다에서 배려에 대한 필요성과 깨달음을 얻고 있는 데 반해, 이 시에서는 화자가 '어머니'의 손에 이끌려 간 바다에서 성찰과 깨달음을 얻게 된다는 점에서, 무관심하게 보던 주변 환경에 대한 주의 깊은 관찰의 필요성을 함께 환기하고 있다는 점을 차이점으로 볼 수 있다.

(어머니: 화자를 가르쳐 깨달음으로 이끌어 주는 존재)
일찍이 어머니가 나를 바다에 데려간 것은
(과거의 경험에 대한 화자의 회상)
소금기 많은 ㉠푸른 물을 보여 주기 위해서가 아니었다
('바다'의 물리적, 객관적 속성/외양 – 화자에게 큰 의미를 주지 못함.)
바다가 뿌리 뽑혀 밀려 나간 후
꿈틀거리는 ㉡검은 뻘밭 때문이었다
('꿈틀거리는' 생명의 속성을 보여 주는 공간, 삶의 현장)
뻘밭에 위험을 무릅쓰고 퍼덕거리는 것들
(‖ 뻘밭에서 볼 수 있는, 생명력을 지닌 존재들)
숨 쉬고 사는 것들의 힘을 보여 주고 싶었던 거다

먹이를 건지기 위해서는
사람들은 왜 무릎을 꿇는 것일까
깊게 허리를 굽혀야만 할까
생명이 사는 곳은 왜 저토록 쓸쓸한 맨살일까
(뻘밭에서 발견한, 힘겹고 고달픈 삶의 모습)

㉮일찍이 어머니가 나를 바다에 데려간 것은
저 무위(無爲)한* 해조음*을 들려주기 위해서가 아니었다
('바다'의 소리 – 화자에게 무의미한 것으로 인식됨.)
「물 위에 집을 짓는 새들과
각혈하듯 노을을 내뿜는 포구」를 배경으로
(「 」: 고단한 삶의 현장('뻘밭')의 배경 역시 힘들게 살아 내고 있는 존재들임을 인식)
「성자처럼 뻘밭에 고개를 숙이고
먹이를 건지는
슬프고 경건한 손」을 보여 주기 위해서였다
(「 」: 고달픈 삶을 감내하는 존재들의 성스러움('성자처럼') – 대상에 대한 경건한 태도 표현)

*무위한 아무것도 하는 일이 없는. 또는 이룬 것이 없는.
*해조음 밀물이나 썰물이 흐르는 소리. 또는 파도 소리.

원리로 작품 정리하기

원리1 화자, 대상, 청자

화자인 '나'는 어머니를 따라가 보게 된 뻘밭에서 (❶)을 얻게 됨.

원리2 상황, 정서, 태도, 어조

- 상황: 검은 뻘밭에서 힘겹게 살아가는 삶의 모습을 포착함.
- 정서: 삶의 쓸쓸함과 서글픔, 경건함을 느낌.
- 어조: (❷)인 어조로 깨달음을 제시함.

원리3 시어와 심상

바다		뻘밭
소금기 많은 푸른 물 + 무위한 해조음	<	'숨 쉬고 사는 것들의 힘', '먹이를 건지는 / 슬프고 경건한 손'을 목격 → (❸)

원리4 발상·표현, 표현 기법

푸른색		검은색
기존 - 긍정, 희망 등		기존 - 부정, 죽음 등
바다의 물리적, 객관적 속성 - 어떤 성찰이나 자극을 환기하지 않음.	↔	생명과 삶의 현장 - 쓸쓸함, 서글픔, 삶에 대한 (❹) 태도와 통찰

원리5 시상 전개, 시적 형상화

푸른 바닷물이 밀려나고 모습을 드러낸 검은 뻘밭에 주목하면서, (❺)을 통해 발견한 삶과 노동의 의미에 대해 경건한 태도를 드러내는 과정이 형상화됨.

원리6 소통 구조, 맥락을 고려한 이해와 감상

이 시에서는 화자가 검은 뻘밭에서 포착된, 힘겹지만 삶을 살아 내는 존재들의 모습에서 경건함을 느끼고 (❻)에 대해 성찰하게 되는 과정이 나타나 있다.

정답 ❶ 삶에 대한 성찰 ❷ 단정적 ❸ 성찰의 계기 ❹ 경건한 ❺ 사색 ❻ 삶의 의미

실전 연습하기

내신형 9264-0157

01 윗글에 대한 설명으로 가장 적절한 것은?

① 선경 후정의 방식을 통해 주제 의식을 강조하고 있다.
② 대화의 형식을 활용하여 친근한 분위기를 조성하고 있다.
③ 특정 공간의 특성을 바탕으로 하여 시상을 전개하고 있다.
④ 어조의 변화를 통해 화자의 심리 변화 과정을 보여 주고 있다.
⑤ 반어적 표현을 사용하여 시적 상황을 효과적으로 제시하고 있다.

빈칸 완성형 9264-0158

02 윗글에서 '바다'의 '소금기 많은 푸른 물', '무위한 해조음'은 '뻘밭'의 '위험을 무릅쓰고 퍼덕거리는 것들'과 '(　　　)'과 대조를 이루면서 '뻘밭'이 '바다'와 달리 꿈틀거리는 (　　　)을 보여 주는 공간임을 강조하고 있다.

서술형 9264-0159

03 ㉮의 이유를 하나의 완결된 문장으로 쓰시오.

수능형 2014학년도 10월 고3 학력평가 B형 9264-0160

04 ㉠과 ㉡에 대해 반응한 것으로 가장 적절한 것은?

① ㉠은 순수한 자연을 통해 아름다움을 느끼게 하고, ㉡은 위험이 도사리고 있어 공포를 느끼게 하는군.
② ㉠은 푸른 이미지로 생명과 희망을 환기시키고, ㉡은 검은 이미지로 허무와 어둠의 정서를 불러일으키고 있군.
③ ㉠은 힘겨운 삶을 극복한 사람들이 얻게 되는 환희를 상징하고, ㉡은 힘겹게 살아가는 사람들의 탄식을 상징하는군.
④ ㉠은 삶과 관련하여 깨달음을 주지 못하지만, ㉡은 그곳에서 치열하게 살아가는 생명들을 통해 깨달음을 얻게 하는군.
⑤ ㉠은 화자가 미래에 살아갈 모습에 대해 상상하게 해 주고, ㉡은 어머니와 함께했던 시절의 추억을 떠올리게 해 주는군.

041 평상이 있는 국숫집 _ 문태준

수록 교과서
문학 _미래엔, 천재(정)

작품 미리보기

주제 일상의 소박한 공간에서 위로와 공감을 나누는 보통 사람들의 모습

특징
① 주변에서 흔히 볼 수 있는 장면으로부터 출발하여 시상을 전개함.
② 음성 상징어를 사용하여 위로와 공감의 의미를 드러냄.
③ 유사한 시구를 반복적으로 제시하여 의미를 심화함.

구성
1～4행: 국숫집의 평상에 앉아 서로를 반기는 사람들
5～18행: 국수가 준비되는 동안 이야기를 나누며 서로를 위로하고 공감해 주는 사람들의 모습

작품 자세히 읽기

이 시에서 국숫집의 평상에 함께 앉은 사람들은 서로에게 '친정 오빠' 같은 친근함을 느끼며 자신의 어려운 세상사를 거리낌 없이 말하고, 듣는 이는 말하는 이의 아픔을 눈과 손으로 위로해 주고 어루만져 준다. 여기서 '쯧쯧쯧쯧'은 연민의 마음이 녹아 있는 감탄사로 볼 수 있다. 서로의 어렵고 힘든 사연을 들으며 '먼저 더 서'러워하며 공감하는 사람들의 모습과 함께 시적 대상의 호칭도 '사람들'에서 '우리'로 변화하고, 이를 통해 공감의 폭을 확대하고 있다.

지식 더하기

푸조나무
느릅나뭇과의 낙엽 활엽 교목. 높이는 20미터 정도이다. 잎은 어긋나고 달걀 모양인데 톱니가 있으며, 은행나무나 느티나무처럼 수백 년을 살 수 있는 큰 나무이다. 이 시에서는 다양한 사연을 지닌 사람들이 한데 모여 국수를 나누는 공간의 넉넉함과 포용성을 드러내 주는 소재로 기능하고 있다.

엮어 읽기

백석, 「국수」 (➡160쪽)
문태준의 「평상이 있는 국숫집」과 백석의 「국수」는 동일한 음식을 중심 제재로 하여, 이를 둘러싼 사람들의 삶의 모습을 그려 내고 있다. 「평상이 있는 국숫집」에서는 '국수'라는 음식과 이를 나누는 공간의 소박함과 일상성에 초점을 맞추고 있는 데 비해, 백석의 「국수」에서는 국수가 만들어지는 과정, 국수의 전통성 등 국수의 여러 특징을 다각적으로 서술하면서, 국수와 같이 소박하고 깔끔한 음식을 좋아하는 우리 민족의 속성까지 떠올리게 하고 있다.

평상*이 있는 [국숫집]에 갔다 (□: 주변에서 흔히 볼 수 있는 일상적, 서민적 공간)
붐비는 국숫집은 [삼거리 슈퍼] 같다
평상에 마주 앉은 **사람들**
(보통의, 평범한 사람들)
세월 넘어온 친정 오빠를 서로 만난 것 같다
국수가 찬물에 헹궈져 건져 올려지는 동안
쯧쯧쯧쯧 쯧쯧쯧쯧*,
손이 손을 잡는 말
눈이 눈을 쓸어 주는 말
(서로에 대한 위로와 공감을 드러내는 말)
병실에서 온 사람도 있다
식당 일을 손 놓고 온 사람도 있다
사람들은 ㉠평상에만 마주 앉아도
(소박하고 정겨운 수평적 공간 – 서로의 마음을 털어놓는 공간)
마주 앉은 사람보다 먼저 더 서럽다
세상에 이런 짧은 말이 있어서
세상에 이런 깊은 말이 있어서
(서로에 대한 위로와 공감을 드러내는 말)
국수가 찬물에 헹궈져 건져 올려지는 동안
쯧쯧쯧쯧 쯧쯧쯧쯧,
큰 푸조나무 아래 **우리**는
(3행의 '사람들'에서 '우리'로의 변화: 공감의 확장이 드러남.)
모처럼 평상에 마주 앉아서

*평상 나무로 만든 침상의 하나. 밖에다 내어 앉거나 드러누워 쉴 수 있도록 만든 것.
*쯧쯧쯧쯧 쯧쯧쯧쯧 '쯧'은 연민을 느끼거나 못마땅한 것이 있을 때 혀를 차며 내는 소리의 의성어. 이 작품에서는 서로의 서러운 삶을 위로하고 공감하는 말로, '손이 손을 잡는 말', '눈이 눈을 쓸어 주는 말'에 해당됨.

원리로 작품 정리하기

원리1 화자, 대상, 청자
화자는 평상이 있는 국숫집에 갔던 (❶)에 대해 이야기하고 있음.

원리2 상황, 정서, 태도, 어조
화자는 국숫집의 (❷)과 같이, 주변에서 흔히 볼 수 있는 일상적 공간에 마주 앉아 이야기를 나누며 마음의 위안을 얻는 소박한 사람들의 모습에 주목하여, 평범한 사람들끼리 서로 위로를 나누는 소박하고 아름다운 모습을 표현하고 있음.

원리3 시어와 심상
음성 상징어의 사용: 쯧쯧쯧쯧 쯧쯧쯧쯧
→ 혀를 차는 소리의 (❸)

서로에 대한 공감과 연민의 말

↓

- 쯧쯧쯧쯧 쯧쯧쯧쯧
- 손이 손을 잡는 말
- 눈이 눈을 쓸어 주는 말
- 세상에 이런 짧은(깊은) 말

원리4 발상·표현, 표현 기법
유사한 통사 구조의 (❹)으로 의미를 강조함.

원리5 시상 전개, 시적 형상화
일상적 공간의 평범한 사람들로 이루어진 (❺)에 주목하여 시상을 전개함.

원리6 소통 구조, 맥락을 고려한 이해와 감상
'고즈넉한 서정성'을 추구하면서 맑고 선한 감동을 준다는 평가를 받고 있는 작가의 작품답게, 이 시는 평범한 사람들이 음식을 먹으면서 서로 위로와 공감을 나누는 장면의 (❻)한 아름다움을 잘 드러내고 있다.

정답 ❶ 경험 ❷ 평상 ❸ 의성어 ❹ 반복 ❺ 장면 ❻ 소박

실전 연습하기

내신형 9264-0161

01 윗글의 흐름을 고려할 때, ㉠의 의미로 가장 적절한 것은?

① 미래를 지향하는 공간
② 사람들을 이어 주는 공간
③ 역사를 대면하게 하는 공간
④ 과거를 회상하게 하는 공간
⑤ 자아를 성찰하게 하는 공간

빈칸 완성형 9264-0162

02 윗글은 유사한 (   ) 구조의 (   )을 통해 주제를 강조하고 있다.

서술형 9264-0163

03 윗글의 다른 구절들을 이용하여 '쯧쯧쯧쯧 쯧쯧쯧쯧'의 의미를 설명하시오.

수능형 9264-0164

04 〈보기〉를 읽고 윗글을 설명한 내용으로 적절하지 않은 것은?

보기
이 작품은 공간적 배경과 소재 등의 장치를 이용하여 타인과의 수평적 관계를 이루어 내는 장면의 아름다움을 드러내고 있다.

① '평상'은 사람들이 마주 앉는 자세를 가능하게 하는 공간이라는 점에서 수평적 관계의 상징으로 볼 수 있다.
② '삼거리 슈퍼' 같은 '국숫집'은 수평적 관계를 이루는 사람들 간의 소통이 이루어지는 공간으로 볼 수 있다.
③ '세월 넘어온 친정 오빠를 서로 만난 것 같'은 '사람들'의 모습은 가족을 대하는 것처럼 격의 없이 서로를 대하는 태도를 드러내는 것으로 볼 수 있다.
④ '마주 앉은 사람보다 먼저 더 서럽다'는 사람들의 모습을 통해 타인의 감정보다 자신들의 감정을 우선시하는 태도를 확인할 수 있다.
⑤ '사람들'에서 '우리'로 시적 대상이 전이되는 것은, 연민과 공감의 폭이 확대되는 것으로 볼 수 있다.

042 아침 이미지 1 _박남수

수록 교과서
국어 _천재(이)

작품 미리보기

주제 즐겁고 생동감 넘치는 아침의 이미지

특징

① 밤에서 밝은 아침으로 넘어가는 시간의 흐름에 따라 전개함.
② 활유법과 공감각적 심상을 사용하여 대상을 형상화함.
③ 정서의 표현보다는 사물 자체의 이미지 전달에 주력하는 주지적 성향을 보임.

구성

1~2행: 어둠이 물상을 낳음.
3~5행: 물상을 낳은 어둠이 소멸되는 아침
6~10행: 아침을 즐기는 만물과 태양
11~12행: 아침이면 만나는 새로운 세상

작품 자세히 읽기

이 시는 모든 사물이 잠에서 깨어나 활동을 시작하는 밝고 신선한 아침의 이미지를 노래한 것이다. 시인은 자작시 해설에서 '밤에는 모든 물상들이 어둠에 묻혀 버려 그 형상을 알 수 없게 된다. 그러던 것이 아침이 되면 밝음 속에 그 본래의 모습을 낱낱이 드러낸다. 그리하여 어둠의 세계인 밤과는 전혀 다른 생동하는 밝음의 세계가 펼쳐진다. 이러한 아침의 건강한 모습을 그려 본 즉물적(卽物的)인 시이다.'라고 밝히고 있다.

지식 더하기

주지주의(主知主義)

문학에서 주지주의는 감각과 정서보다는 지성을 중요시하는 창작 태도, 또는 그러한 경향을 가리키는 용어이다. 제1차 세계 대전 이후의 사회적 혼란과 무질서로 심각한 위기 의식을 느낀 유럽의 작가들은 탐미주의나 주정주의의 세계로 빠져드는 것을 경계하기 위해 노력하였고, 이로 인해 지성의 절대적 우위를 강조함으로써 정신적 질서를 회복하고자 하는 문학적 태도가 생겨났다. 한국에서는 최재서가 주지주의를 문학 비평에 도입한 이후 김기림, 김광섭, 김현승, 박남수 등에 의해 작품으로도 실현되었다.

엮어 읽기

김춘수, 「샤갈의 마을에 내리는 눈」

(➡122쪽)

이 시와 「샤갈의 마을에 내리는 눈」은 정서의 표현보다는 특정 장면과 그 이미지의 제시에 주력하고 있다는 점에서 공통점을 지닌다. 이 시는 어둠이 물러나고 아침이 오면서 사물이 활기를 띠게 되는 순간을 잔치와 개벽의 순간으로 제시하고 있으며, 「샤갈의 마을에 내리는 눈」은 다양한 감각적 심상을 통해 '눈'에 '따뜻함'의 이미지를 부여하고 봄이 오는 모습을 환상적으로 그려 내고 있다.

[ ] : '물상'(만물)에 대응되는 대유적 표현

어둠은 [새]를 낳고, [돌]을
낳고, [꽃]을 낳는다.
(돌을 / 낳고 : 행간 걸림 → 시적 긴장감 조성, '낳고'를 강조)
(어둠이 물러가고 사물의 윤곽이 드러나기 시작하는 때를 출산의 순간에 비유함.(어둠=모체))

아침이면,
어둠은 온갖 물상(物象)*을 돌려주지만
스스로는 땅 위에 굴복한다.
(아침의 도래와 어둠의 소멸 (자연의 섭리))

무거운 어깨를 털고
물상들은 몸을 움직이어
노동의 시간을 즐기고 있다.
(아침을 맞이하여 활기차게 움직이는 만물의 건강한 생명력 – 활유법)
즐거운 지상의 잔치에
(아침을 맞이한 기쁨을 드러내는 듯한 만물의 모습)
금(金)으로 타는 **태양의 즐거운 울림.** – 공감각적 표현(시각 → 청각)
(생동감, 환희의 절정 – 만물을 축복하는 듯한 태양의 모습)
아침이면,
세상은 **개벽을 한다.**
('아침'의 이미지를 단적으로 드러냄. – 똑같은 반복이 아닌, 항상 새롭게 태어나는 아침)

*물상 자연계의 사물과 그 변화 현상.

원리로 작품 정리하기

원리1 화자, 대상, 청자

화자는 어둠이 물러나고 (❶)에서 받은 느낌을 제시하고 있음.

원리2 상황, 정서, 태도, 어조

밤이 지나고 아침의 빛과 함께 사물이 모습을 드러내는 시간
= 어둠이 물상(만물)을 낳고 소멸하면서 아침이 도래하는 과정

원리3 시어와 심상

어둠		아침
'새', '돌', '꽃'(만물)을 낳는 모체 – (❷)의 탄생을 내포한 긍정적 대상	→ '어둠'의 필연적 소멸 (굴복)	갓 태어난 물상의 생동감, 즐거움, 역동성
		아침 = 개벽 = 새로운 세상의 열림

원리4 발상·표현, 표현 기법

- '물상'을 (❸)하여 생동감을 강조함.
- (❹)을 통해 아침에 빛나는 '태양'의 모습을 형상화함.

원리5 시상 전개, 시적 형상화

(❺)에 따라 어두운 밤이 지나고 밝은 아침이 찾아오는 것을, 어둠이 생명을 낳고 (❻)한 후 새로이 태어난 만물이 (❼)을/를 띠게 되는 과정과 동일시함.

원리6 소통 구조, 맥락을 고려한 이해와 감상

화자는 아침을 '어둠'이 낳은 물상이 활기를 띠게 되는 시간으로 보고, 이를 아침마다 새로운 세상이 열리는 '개벽'이라 표현하고 있다.

정답 ❶ 아침이 도래하는 과정 ❷ 생명 ❸ 의인화 ❹ 공감각적 심상 ❺ 시간의 흐름 ❻ 소멸 ❼ 활기 / 생명력

실전 연습하기

내신형 9264-0165

01 윗글에 대한 설명으로 적절하지 않은 것은?

① 유사한 시구의 나열을 통해 의미를 강조하고 있다.
② 움직임의 속성을 부여하여 생동감을 표현하고 있다.
③ 소재의 대조를 통해 생성과 소멸의 섭리를 강조하고 있다.
④ 상징적인 시어를 사용하여 시상을 집약적으로 드러내고 있다.
⑤ 공감각적 심상을 사용하여 대상의 활기찬 면모를 구체화하고 있다.

빈칸 완성형 9264-0166

02 윗글에서 (　　　)을 낳아 돌려주는 행위의 주체로 제시된 '어둠'은 만물을 품고 있는 (　　　)을 지닌 것으로 해석될 수 있다.

서술형 9264-0167

03 〈보기〉는 윗글에 대한 시인의 자작시 해설 중 일부이다. 〈보기〉의 밑줄 친 내용이 잘 표현된 시구를 찾아 제시하고, 해당 시구의 의미를 설명하시오.

보기

밤에는 모든 물상들이 어둠에 묻혀 버려 그 형상을 알 수 없게 된다. 그러던 것이 <u>아침이 되면 밝음 속에 그 본래의 모습을 낱낱이 드러낸다</u>. 그리하여 어둠의 세계인 밤과는 전혀 다른 생동하는 밝음의 세계가 펼쳐진다. 이러한 아침의 건강한 모습을 그려 본 즉물적(卽物的)인 시이다.

수능형 2016학년도 대수능 공통 9264-0168

04 윗글에 대한 이해로 가장 적절한 것은?

① '무거운 어깨를 털고'는 지상으로부터 벗어나기 위해 사물들이 몸부림치는 모습을 표현한 것이다.
② '노동의 시간을 즐기고'는 노동의 고단함을 잊기 위해 사물들이 경쾌하게 움직이는 모습을 표현한 것이다.
③ '즐거운 지상의 잔치'는 기존의 사물들이 새로 태어난 사물들을 반갑게 맞이하는 모습을 표현한 것이다.
④ '태양의 즐거운 울림'은 하늘의 태양이 지상에 있는 사물들과 서로 어울려 생기를 띠는 모습을 표현한 것이다.
⑤ '세상은 개벽을 한다'는 사물들이 새로운 형태로 변화하면서 혼란을 겪는 모습을 표현한 것이다.

043 해 _ 박두진

작품 미리보기

주제 화합과 공존이 실현된 평화로운 세계에 대한 소망

특징
① 어휘와 시구의 반복을 통해 리듬감을 형성함.
② 명령형 종결 어미의 반복과 급박한 리듬의 사용을 통해 소망의 간절함과 절박함을 드러냄.

구성
1~2연: 밝음에 대한 소망과 '어둠'에 대한 거부
3연: 밝음이 실현된 상황에서 '청산'을 지향함.
4~6연: '청산'의 구체화 – 모든 생명체가 평화로이 어울려 공존할 수 있는 세계 지향

작품 자세히 읽기

이 시는 '해'로 상징되는 밝음과 '달밤'으로 상징되는 '어둠'의 이미지를 대립적으로 배치하여 어둠의 세계, 달밤의 세계 대신 밝음의 세계가 도래하기를 바라는 간절한 희망을 노래하고 있다. 시적 화자의 희망은 밝음의 세계가 도래했음을 가정한 상황에서 '청산'에 대한 소망으로 이어지는데, 이 청산은 '앳되고 고운 날'을 누릴수 있는 화합과 공존의 공간으로 형상화되고 있다.

지식 더하기

박두진의 시와 자연
박두진의 시는 자연에 대한 감각적인 기쁨을 정신적인 경험으로 전환함으로써 인간 존재가 자연을 지향하는 이유를 설명한다. 그의 시에서 '자연'은 인간에게 새 생명을 불어넣어 주는 일종의 '메시아'의 상징이며, 이상을 추구할 수 있는 매개적 존재로 표현된다.

엮어 읽기

신석정, 「꽃덤불」 (➡200쪽)
이 시에서는 '해'에 대한 강렬한 지향과 '달밤'에 대한 강력한 거부의 의지를 함께 드러내고 있는데, 이와 유사하게 '어둠'과 '밝음'을 대립적인 이미지로 설정하고 '밝음'에 대한 강렬한 지향을 형상화한 시로 신석정의 「꽃덤불」을 들 수 있다. 「꽃덤불」에서는 '태양을 등진 곳'에서 '태양'을 의논하면서 하늘에 '오롯한 태양'을 모시기를 희망하는 시적 화자의 모습이 형상화되어 있다.

해야 솟아라. 해야 솟아라. 말갛게 씻은 얼굴 고운 해야 솟아라. 산 넘어 산 넘어서 **어둠**을 살라 먹고, 산 넘어서 밤새도록 어둠을 살라 먹고, 이글이글 앳된 얼굴 고운 해야 솟아라.

(해: '어둠'을 극복할 수 있는 '밝음'의 상징)

[달밤]이 싫여, 달밤이 싫여, [눈물 같은 골짜기]에 달밤이 싫여, [아무도 없는 뜰]에 달밤이 나는 싫여……

([ ]: 암울하고 고통스러운 현실의 공간)

해야, 고운 해야. 늬가 오면 늬가사 오면, 나는 나는 <u>청산</u>이 좋아라. **훨훨훨** 깃을 치는 청산이 좋아라. 청산이 있으면 홀로래도 좋아라.

(청산: 화자가 소망하는 화합과 공존의 세계)

사슴을 따라, 사슴을 따라, <u>양지로 양지로</u> 사슴을 따라 사슴을 만나면 **사슴과 놀고,**

(양지로 양지로: '밝음'에 대한 지향)

칡범을 따라 칡범을 따라 칡범을 만나면 **칡범과 놀고,** ……

(△: 인간과 공존, 화합할 수 있는 모든 생명체 — 사슴, 칡범, 꽃, 새, 짐승)

해야, 고운 해야. 해야 솟아라. 꿈이 아니래도 너를 만나면, 꽃도 새도 짐승도 한자리 앉아, 워어이 워어이 모두 불러 한자리 앉아 ㉠**앳되고 고운 날**을 누려 보리라.

(앳되고 고운 날: 사슴과 칡범, 꽃, 새, 짐승이 모두 한자리에 앉아 누릴 수 있는 화합과 공존의 날)

원리로 작품 정리하기

원리1 화자, 대상, 청자

화자는 (❶)가 솟기를 바라는 강렬한 (❷)을 드러내고 있음.

원리2 상황, 정서, 태도, 어조

'밝음'에 대한 지향과 '어둠'에 대한 거부 → (❸)형 종결 어미를 반복하여 '밝음'의 실현에 대한 (❹)를 강조함.

원리3 시어와 심상

- 달밤: (❺)적인 현실
- 해: 어둠을 극복한 새로운 삶의 세계
- 꽃도 새도 짐승도 한자리 앉아: 모든 생명체의 (❻)과 공존

원리4 발상·표현, 표현 기법

- 어휘와 구절의 (❼)
- 쉼표 형성: 반복되는 구절 사이의 휴지(休止) 형성
  → 절박하고 간절한 느낌의 호흡으로 읽게 함.

원리5 시상 전개, 시적 형상화

밝음과 어둠의 이미지를 (❽)적으로 배치

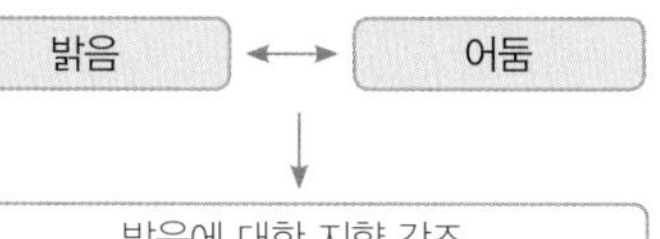

밝음에 대한 지향 강조

원리6 소통 구조, 맥락을 고려한 이해와 감상

이 시의 '고운 날'은 시대적 배경을 고려하면 '광복의 날', '진정한 민족 화합의 날'로 해석할 수 있으며, 시인이 독실한 기독교인임을 감안하여 '고운 날'을 '기독교적 이상 세계의 실현'으로 보는 견해도 존재한다.

정답 ❶ 해 ❷ 소망 ❸ 명령 ❹ 의지 ❺ 절망 ❻ 화합 ❼ 반복 ❽ 대립

실전 연습하기

내신형 9264-0169

01 윗글에 대한 설명으로 적절하지 않은 것은?

① 명령형 종결 어미를 활용하여 의지를 강조하고 있다.
② 자연물에 인격을 부여하여 시적 의미를 드러내고 있다.
③ 유사한 시구의 반복과 변주를 통해 주제를 부각하고 있다.
④ 대상에게 말을 건네는 어투를 통해 정서적 교감을 드러내고 있다.
⑤ 현재 시제를 사용하여 대상이 처한 상황을 생생하게 제시하고 있다.

빈칸 완성형 9264-0170

02 윗글에서 '달밤'과 '골짜기'는 '해'와 ( )적인 의미를 지니는 ( )적, ( )적 배경으로 제시되고 있다.

서술형 9264-0171

03 ㉠의 의미를 서술하시오.

수능형 2012학년도 11월 고2 학력평가 B형 9264-0172

04 〈보기〉를 참고하여 윗글을 감상한 내용으로 적절하지 않은 것은?

보기

이 시에 등장하는 해는 작가가 지향하는 세계로 향하게 하는 긍정적 매개의 역할을 하고 있다. 부정적인 대상과 대비되는 밝음을 상징하는 해로 인하여 세상은 온갖 사물들이 신생(新生)의 빛을 받아 더욱 활기가 넘치는 세계가 된다. 결국 작가가 궁극적으로 바라는 것은 이와 같은 활기찬 세상에서 모든 살아 있는 것들이 화합하여 평화롭게 살아가는 것이다.

① 1연에서는 부정적인 대상인 '어둠'과 대비함으로써 광명한 존재인 '해'의 의미를 부각하고 있군.
② 2연에서는 '눈물 같은 골짜기'와 '아무도 없는 뜰'이라는 공간을 제시하여 이 둘을 매개하는 '해'의 역할을 강조하고 있군.
③ 3연에서는 날개 치며 시원스럽게 나는 모양의 의태어인 '훨훨훨'을 활용하여, 햇빛을 받은 '청산'의 활기찬 모습을 표현하고 있군.
④ 4, 5연에서는 '사슴과 놀고'와 '칡범과 놀고'라는 행위를 제시하여 화합과 평화의 가치를 드러내고 있군.
⑤ 6연에서 '꽃도 새도 짐승도' 함께 '앳되고 고운 날'을 누리자는 것에서 작가가 지향하고자 하는 세계를 엿볼 수 있군.

044 산도화 _ 박목월

수록 교과서
문학 _지학사

작품 미리보기

주제 이상적 세계의 평화와 아름다움

특징

① 원경에서 근경으로의 시선 이동과 함께 주변 배경에서 중심 대상으로 시야가 집중되고 있음.

② 언어의 사용과 감정의 표현이 극도로 절제되어 있음.

③ 특정 소재를 시의 전면에 배치함으로써 여백을 형성하고 한 폭의 동양화를 보는 듯한 인상을 줌.

구성

1~2연: 구강산의 신비로운 모습을 배경으로 피어나는 산도화 두어 송이(원경)

3~4연: 맑은 시냇물에 발을 씻는 암사슴의 모습(근경)

작품 자세히 읽기

이 시는 박목월 초기 시의 전형적인 주제와 분위기를 보여 주는 작품으로, 이상화(理想化)된 세계의 신비하고 아름다운 자연 풍경과 평화로운 분위기를 한 폭의 동양화처럼 그려 내고 있다. 이 시의 공간적 배경인 '구강산'은 시인의 상상 속에 존재하는 공간이다. 마지막 연에 등장하는 '사슴' 역시 평화롭고 아름다운 자연의 일부를 이루는, 상상 속의 존재로 볼 수 있다. 화자는 골짜기마다 흐르는 맑은 물, 보랏빛의 석산, 그리고 피어나는 두어 송이의 산도화를 제시하고 여백의 미를 보여 줌으로써 이 시를 한 편의 동양화처럼 느껴지게 한다.

지식 더하기

시의 이상향과 '무릉도원'

'무릉도원'이란 도연명의 시 「도화원기」에서 비롯된 말로, '이상향', '별천지'를 비유적으로 이르는 말이다. 중국 진나라 때 배를 저어 복숭아꽃이 아름답게 핀 수원지로 올라간 한 어부가 굴 속에서 난리를 피하여 온 사람들을 만났는데, 그들은 그곳이 하도 살기 좋아 그동안 바깥 세상의 변천을 몰랐다고 하였다는 내용에서 유래하였다.

엮어 읽기

박목월, 「나그네」 (➡019쪽)

「나그네」는 박목월의 초기 대표작으로, 향토적인 서정을 민요 가락으로 담아낸 절창으로 평가받고 있다. '나그네'를 통해 현실에 얽매이지 않는 이의 초연한 태도와 달관의 자세를 구체화하고 있으며, 명사형 종결과 간결한 시형을 통해 시의 함축성을 극대화하고 있다. 「산도화」 역시 속세와 거리감이 느껴지는 이상향으로서의 자연이 제시되어 있으며 언어 사용과 감정 표현이 절제되어 있다는 점에서 「나그네」와 엮어 읽을 수 있다.

[A]

산은

구강산(九江山) — 3음보의 율격

보랏빛 석산(石山)

(상상 속의 공간. '산'에 '구강(九江)', 즉 아홉 번을 휘감는 강의 이미지를 결합하여 속세와의 거리감을 부각함.)

산도화*

('석산'에서 '겨울'을 극복하고 피어나는 생명력의 상징)

두어 송이

송이 버는데*

[B]

봄눈 녹아 흐르는

(계절적 배경 – 이른 봄)

옥 같은

물에

사슴은

암사슴

발을 씻는다 — 순결함, 정갈함의 표상

*산도화 산에 피는 복숭아꽃. 복사꽃.

*버는데 식물의 가지 따위가 옆으로 벌어지는데.

원리로 작품 정리하기

원리1 화자, 대상, 청자
화자는 (❶)이 찾아온 구강산의 풍경에 대해 이야기하고 있음.

원리2 상황, 정서, 태도, 어조
화자가 (❷)에 등장하지 않으며, 자신이 상상하고 있는 자연의 모습을 한 폭의 그림처럼 묘사하고 있음.

원리3 시어와 심상
- 구강산: 현실에 존재하지 않는 공간, 현실을 초월한 (❸)
- 산도화, 암사슴: 정적인 배경에서 (❹)을 드러내는 자연물

원리4 발상·표현, 표현 기법
- 시각적 심상과 (❺)적 표현 사용: '보랏빛 석산', '옥 같은 물'
- (❻)의 율격을 바탕으로 한 운율
- 3연의 1행: 행의 음절 수가 최고에 달하는 부분으로, 빠른 박자로 낭송하게 되어 '봄눈 녹아 흐르는'이라는 내용의 (❼)을 강조함.

원리5 시상 전개, 시적 형상화
원경에서 근경으로의 시선 이동 + 배경에서 중심 대상으로의 시야 집중

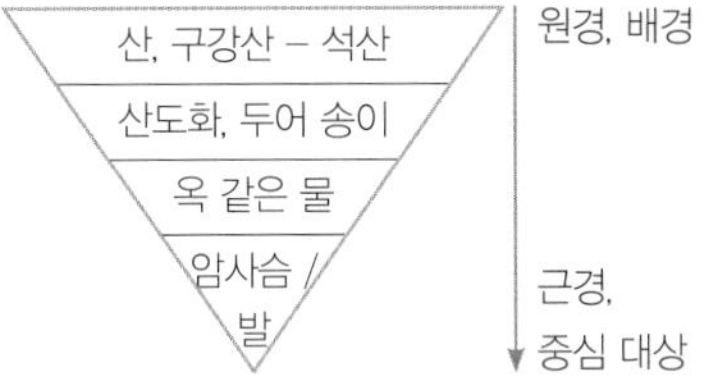

원리6 소통 구조, 맥락을 고려한 이해와 감상
이 시는 배경의 (❽)으로 말미암아 현실 도피적이라는 평가를 받기도 하지만, '구강산'이 잃어버린 자연과 고향의 모습을 구현한 이상향을 표상한다는 점에서 평화롭고 아름다운 세계에 대한 열망을 드러낸 작품이라고도 볼 수 있다.

정답 ❶ 봄 ❷ 표면 ❸ 이상향 ❹ 생명력 ❺ 비유 ❻ 3음보 ❼ 운동성 ❽ 비현실성

실전 연습하기

내신형 9264-0173

01 윗글의 운율적 특징을 〈보기〉에서 모두 고른 것은?

보기
ㄱ. 동일한 시어를 반복하고 있다.
ㄴ. 3음보의 민요조 율격을 구사하고 있다.
ㄷ. 같은 모음이 반복되는 음성 상징어를 사용하고 있다.
ㄹ. 행 길이를 일정하게 하여 낭독의 규칙성을 확보하고 있다.

① ㄱ, ㄴ ② ㄱ, ㄹ ③ ㄴ, ㄷ
④ ㄱ, ㄴ, ㄹ ⑤ ㄴ, ㄷ, ㄹ

빈칸 완성형 9264-0174

02 윗글은 감정을 극도로 ( )하여 '구강산'을 배경으로 '산도화', '시냇물', '암사슴'의 모습만을 제시하고 있는데, 몇몇 소재들만으로 봄의 전체적 인상을 표현하고 있다는 점에서 ( )의 미를 느낄 수 있다.

서술형 9264-0175

03 시상 전개와 관련하여 윗글의 특징을 설명하시오.

수능형 9264-0176

04 윗글의 [A], [B]에 대하여 학생들이 제시한 의견 가운데 적절하지 않은 것은?

① [A]와 [B]는 모두 시각적 이미지가 두드러지고 있습니다.
② [A]는 원경 묘사로 시작됐지만, [B]는 근경 묘사가 중심을 이루고 있습니다.
③ [A]에서 [B]로 가면서 작품의 분위기가 다소 동적(動的)으로 변화하고 있습니다.
④ [A]는 봄의 경치이고, [B]는 겨울의 경치여서 계절적 배경이 대비되고 있습니다.
⑤ [A]와 [B]는 모두 '신비로운 배경-생명력을 지닌 존재'가 짝지어진 구조로 되어 있습니다.

045 산이 날 에워싸고 _ 박목월

수록 교과서
국어 _비상(박영)

작품 미리보기

주제 자연 속에서 순리에 따르는 삶에 대한 소망

특징
① '산'이 말하는 형식을 빌려 화자의 지향을 표현함.
② 비유적 표현 및 유사한 문장을 반복적으로 사용하여 시적 의미를 부각함.
③ 점층적 구조를 통해 순리에 순응하며 사는 삶에 대한 지향을 강조함.

구성
1연: 자연에서 기본 생계를 유지하는 삶
2연: 자연 속에서 가정을 꾸리는 소박한 삶
3연: 자연의 순리에 순응하는 삶

작품 자세히 읽기

이 시에서 화자는 '산'이 자신에게 특정한 모습으로 살아갈 것을 명령하고 있다고 말한다. 이는 화자가 앞뒤 산으로 둘러싸인 공간에서 자신의 지향을 깨닫게 되는 과정을 달리 표현한 것으로 볼 수 있다. 이러한 표현의 이유는 '산'으로 대표되는 '자연'의 절대적 가치를 드러내기 위해서이다. 화자에게 있어 '자연'과 합일되어 그 순리에 순응하는 삶의 모습은 절대적 지향의 대상으로, 화자는 '산이 ~며(~처럼) 살아라 한다'와 같은 표현을 통해 이러한 지향이 자신에게 주어진 운명과 같은 것임을 표현하고 있다.

지식 더하기

박목월과 청록파

'청록파'는 박목월·조지훈·박두진 세 시인을 지칭하는 말로, 1946년 세 시인이 공저한 시집 『청록집(靑鹿集)』의 제목에서 비롯되었다. 이들 세 시인은 각기 시적 지향이나 표현의 기교나 율조를 달리하고 있으나, 자연을 제재로 하고 자연의 본성을 통하여 인간적 염원과 가치를 성취하려는 시 창조의 태도는 공통적이다. 특히 박목월 시에 드러난 향토적 서정성은 한국인의 전통적인 삶의 의식이 투영된 결과로 평가되고 있다.

엮어 읽기

박두진, 「도봉」 (➲041쪽)

박두진의 「도봉」과 박목월의 「산이 날 에워싸고」는 '산'을 중심 소재로 하여 시적 화자의 내면을 드러내고 있다는 점에서 공통점을 지닌다. 단, 「도봉」의 '산'이 시적 화자의 고독이 투영된 공간인 반면, 「산이 날 에워싸고」의 '산'은 시적 화자의 지향을 드러내는 공간으로 형상화되고 있다.

산이 날 에워싸고
씨나 뿌리며 살아라 한다
밭이나 갈며 살아라 한다 – 자연에 파묻혀 생계를 유지하는 삶

어느 짧은 산자락에 집을 모아
아들 낳고 딸을 낳고
흙담 안팎에 호박 심고
들찔레*처럼 살아라 한다
쑥대밭*처럼 살아라 한다 – 가족을 이루고 소박하게 사는 삶

산이 날 에워싸고
그믐달처럼 사위어지는* 목숨
그믐달처럼 살아라 한다 – 자연의 순리에 순응하며 사는 삶
그믐달처럼 살아라 한다

***들찔레, 쑥대밭** '들찔레'는 들에 피는 찔레꽃을, '쑥대'는 쑥의 줄기를 가리킴. '들찔레'와 '쑥대밭'은 화려함과는 거리가 먼, 소박한 자연의 모습을 표상하는 소재.
***사위어지는** 기본형은 '사위다'. '불이 사그러져서 재가 되다'의 뜻.

원리로 작품 정리하기

원리1 화자, 대상, 청자
화자는 (❶)의 목소리를 빌려 내면의 지향을 드러내고 있음.

원리2 상황, 정서, 태도, 어조
화자는 '산'이 자신에게 말하는 형식을 빌려 '자연에서 (❷)를 유지하는 삶', '자연에서 가족을 이루고 소박하게 사는 삶', '자연의 순리에 따르며 사는 삶'에 대한 지향을 드러내고 있음.

원리3 시어와 심상

들찔레, 쑥대밭	자연에서의 (❸)한 삶의 모습을 구체화하는 소재
그믐달	덧없이 스러질 수밖에 없는 인간의 생을 표현하는 소재

원리4 발상·표현, 표현 기법
- (❹)법: 들찔레처럼, 쑥대밭처럼, 그믐달처럼
- 동일하거나 유사한 문장의 반복 → 화자가 지향하는 삶의 모습을 부각함.

원리5 시상 전개, 시적 형상화
(❺)적 전개: 1연에서 3연까지 이어지는 과정에서 '자연'에 파묻혀 사는 삶의 모습이 '단순한 생계를 유지하는 것'에서 '가족을 이루고 소박하게 사는 것'으로, 다시 '자연의 (❻)를 따르는 것'으로 점점 확대되면서, 화자가 궁극적으로 추구하는 삶의 모습을 짐작할 수 있게 함.

원리6 소통 구조, 맥락을 고려한 이해와 감상
이 시는 '산'이 화자에게 말하는 형식을 빌려, 산이 명령하는 삶의 모습이 곧 화자의 (❼)과도 같은 것이라는 인식을 표현하고 있다.

정답 ❶ 산 ❷ 생계 ❸ 소박 ❹ 직유 ❺ 점층 ❻ 순리 ❼ 운명

실전 연습하기

내신형 9264-0177

01 윗글의 표현상 특징으로 가장 적절한 것은?

① 화자가 시적 청자를 호명하여 말을 건네고 있다.
② 대조를 통해 공간의 상징적 의미를 강조하고 있다.
③ 유사한 문장 표현을 반복하여 시적 의미를 부각하고 있다.
④ 다양한 감각적 심상을 사용하여 자연물을 구체화하고 있다.
⑤ 영탄적 어조를 통해 대상이 환기하는 감흥을 표현하고 있다.

빈칸 완성형 9264-0178

02 3연의 내용을 통해, 화자는 자연의 (   )에 따르는 삶을 (   )적으로 받아들이고 있음을 알 수 있다.

서술형 9264-0179

03 윗글의 1연을 통해 알 수 있는 '산'에 대한 화자의 인식을 설명하시오.

수능형 9264-0180

04 윗글과 〈보기〉를 비교한 것으로 가장 적절한 것은?

> 보기
>
> 하늘은 날더러 구름이 되라 하고
> 땅은 날더러 바람이 되라 하네.
> 청룡 흑룡 흩어져 비 개인 나루
> 잡초나 일깨우는 잔바람이 되라네.
> 뱃길이라 서울 사흘 목계 나루에
> 아흐레 나흘 찾아 박가분 파는
> 가을 볕도 서러운 방물장수 되라네.
>
> – 신경림, 「목계 장터」

① 윗글과 〈보기〉 모두 자연 친화적인 삶의 태도가 형상화되어 있다.
② 윗글과 〈보기〉 모두 자연물의 목소리를 빌려 삶에 대한 화자의 태도를 드러내고 있다.
③ 윗글과 달리 〈보기〉에는 화자의 체념적 정서가 직접적으로 표출되고 있다.
④ 윗글과 달리 〈보기〉에는 화자가 자신에게 주어진 운명을 인식하거나 수용하는 부분이 나타나 있다.
⑤ 〈보기〉와 달리 윗글에서는 세속적 삶과 자연에서의 삶을 대조적으로 제시하고 있다.

046 하관 _ 박목월

수록 교과서
국어 _신사고

작품 미리보기

주제 아우의 죽음으로 인해 느끼는 슬픔과 아우에 대한 간절한 그리움

특징
① 담담한 어조로 슬픔의 정서를 절제하여 표현함.
② 하강 이미지를 반복적으로 제시하여 죽음의 상황과 슬픔의 정서를 형상화함.
③ '소리'의 전달 여부를 통해 이승과 저승 간의 단절을 드러냄.

구성
1연: 아우의 죽음
2연: 죽은 아우를 꿈에서 만나 저승과의 거리를 절감함.
3연: 죽은 아우에 대한 안타까움과 그리움

작품 자세히 읽기

이 시는 작가가 아우와의 사별을 겪고 쓴 작품으로 알려져 있다. 담담한 어조로 감정을 절제하여 표현하였기에, 꿈에서 만난 아우와 더 이상 예전과 같은 대화가 불가능함을 알고 이승과 저승 간의 거리감을 절감하는 화자의 슬픔과 안타까움이 더욱 애절하게 느껴진다. 죽은 아우가 자신을 부르는 소리에 온몸으로 대답하면서 아우가 이를 듣지 못했을 것임을 깨닫는 형의 마음은, 아우가 없는 세상을 슬픔의 눈과 비가 내리는 세상이자 누군가의 죽음이 '툭 하는 소리'로만 흔적을 남기는 세상의 허무함과 적막함에 대한 인식으로 이어지고 있다.

지식 더하기

박목월 시인의 시 세계와 「하관」

박목월 시인의 시 세계는 자연물을 주된 시적 대상으로 삼아 민요적 율격에 향토적 서정을 담아낸 초기, 가족이나 생활 주변에서 소재를 택하여 인간의 운명이나 사물의 본성에 대한 통찰을 드러낸 중기, 기독교적 신앙에 기반한 종교적 색채를 표현한 후기로 나뉜다. 「하관」은 1950년대 후반 발표된 『난·기타』에 수록되어 중기 시의 경향을 잘 드러내는 작품으로 평가받지만, 후기 시의 경향을 일부 드러내고 있다.

엮어 읽기

정지용, 「유리창 1」 (➲242쪽)

이 시와 「유리창 1」은 혈육의 죽음으로 인한 슬픔과 간절한 그리움을 노래하고 있다는 공통점을 지닌다. 이 시에서는 '소리'와 관련된 시구를 제시하여 이승과 저승의 단절감을 드러내고 있다면, 「유리창 1」에서는 연결과 단절의 양면성을 지닌 소재인 '유리창'을 통해 죽은 아들과의 단절을 표현하고 있다.

관이 내렸다.
(제목 '하관'의 의미 - 시적 상황 제시)
깊은 가슴 안에 밧줄로 달아 내리듯.
(화자의 무거운 마음 - 직유법 + 하강 이미지)
주여
용납(容納)하옵소서.
머리맡에 성경을 얹어 주고
(주여 ~ 성경: 작가의 기독교 신앙 반영)
나는 옷자락에 흙을 받아
좌르르 하직(下直)했다.
(음성 상징어 + 하강 이미지 → 아우와의 사별 상황)

그 후로
그를 꿈에서 만났다.
(죽은 아우를 만나게 되는 매개)
턱이 긴 얼굴이 나를 돌아보고
(죽은 아우의 생전 모습)
형님!
불렀다.
오오냐. 나는 전신으로 대답했다.
(아우와의 소통을 원하는 화자의 간절함)
그래도 그는 못 들었으리라.
(이승과 저승의 거리감, 단절)
이제
네 음성을
나만 듣는 여기는 눈과 비가 오는 세상.
(여기는: 아우의 죽음으로 인한 슬픔을 느끼는 이승 / 눈과 비가 오는: 하강 이미지)

너는
어디로 갔느냐.
그 어질고 안쓰럽고 다정한 눈짓을 하고.
형님!
부르는 목소리는 들리는데
내 목소리는 미치지 못하는
(형님! ~ 못하는: 이승과 저승의 거리, 단절)
다만 여기는
열매가 떨어지면
(생명체의 죽음, 소멸 + 하강 이미지)
툭 하는 소리가 들리는 세상.
('이승'에 대한 화자의 인식 - 생명체의 죽음은 '툭' 하는 소리만을 남김, 허무함, 적막감)

원리로 작품 정리하기

원리1 화자, 대상, 청자
화자는 '나'로, 죽은 아우를 '그'에서 '너'로 칭하면서 자신의 감정을 표현하고 있음.

원리2 상황, 정서, 태도, 어조
- 아우의 죽음으로 인한 (❶) + 아우에 대한 간절한 그리움
- 담담하고 (❷) 어조로 감정을 표현함.

원리3 시어와 심상

이승	→ 꿈 ←	저승
화자가 속한 공간	↓ 단절 확인	죽은 자(아우)의 공간

원리4 발상·표현, 표현 기법
- (❸)를 표현하는 시어와 소재의 반복적 제시를 통해 죽음의 상황을 구체화하고 슬픔의 정서를 심화함.
- 소리의 전달 여부를 통해 이승과 저승 간의 (❹)을 드러냄.

원리5 시상 전개, 시적 형상화
꿈을 통해 아우의 죽음이라는 (❺)을 절감하고 안타까움과 그리움을 드러내는 과정이 제시됨.

원리6 소통 구조, 맥락을 고려한 이해와 감상
이 시는 아우의 죽음을 겪은 화자의 슬픔을 노래한 작품으로, 이승과 저승의 단절을 절감하고 아우가 없는 이승에 느끼는 (❻)을 표현하고 있다.

정답 ❶ 슬픔, 안타까움 ❷ 절제된 ❸ 하강 이미지 ❹ 거리감 ❺ 현실 ❻ 허무함, 적막함

실전 연습하기

내신형 9264-0181

01 윗글에 대한 설명으로 가장 적절한 것은?

① 색채어를 활용한 감각적 표현이 돋보인다.
② 대상에 대한 그리움의 정서가 나타나 있다.
③ 비극적 현실에 대한 초월의식이 드러나 있다.
④ 시적 화자의 감정을 직설적으로 토로하고 있다.
⑤ 시적 화자의 소망이 자연물을 통해 드러나고 있다.

빈칸 완성형 9264-0182

02 윗글의 시적 화자는 죽은 아우를 (   )에서 만나게 되는데, 이 만남은 결국 이승과 저승 간의 (   )을 확인하는 계기가 되고 있다.

서술형 9264-0183

03 윗글에서 하강 이미지를 찾을 수 있는 시구를 둘 이상 제시하고, 이러한 이미지 제시를 통해 얻게 되는 효과를 서술하시오.

수능형 2005학년도 6월 고1 학력평가 9264-0184

04 〈보기〉의 '나'가 윗글의 시적 화자에게 해 줄 수 있는 위로의 말로 가장 적절한 것은?

보기

나 하늘로 돌아가리라.
새벽빛 와 닿으면 스러지는 / 이슬 더불어 손에 손을 잡고,

나 하늘로 돌아가리라
노을빛 함께 단 둘이서 / 기슭에서 놀다가 구름 손짓하면은,

나 하늘로 돌아가리라.
아름다운 이 세상 소풍 끝내는 날, / 가서, 아름다웠더라고 말하리라…….

– 천상병, 「귀천(歸天)」 –

① 죽고 사는 것은 신의 뜻입니다. 신앙을 통해 이겨 보시지요.
② 얼마나 고통스럽습니까? 죽음은 너무나 두렵고 가슴 아픈 일이지요.
③ 슬퍼한다고 죽은 아우가 돌아오지 않습니다. 관심을 다른 곳에 두시지요.
④ 이 세상에서 잠시 머물다 가는 것이 인생입니다. 마음이 아프더라도 아우의 죽음을 받아들이시지요.
⑤ 삶과 죽음은 뚜렷이 구별되는 것이 아닙니다. 이승에서 즐겁게 살지 못하면 죽은 거나 마찬가지지요.

047 울타리 밖 _ 박용래

수록 교과서
국어 _천재(박)

작품 미리보기

주제 자연과 조화를 이루며 살았던 고향의 따뜻하고 평화로운 정경

특징
① 시각적 심상과 자연의 이미지 사용
② 동일한 연결 어미로 다양한 소재 연결
③ 유사한 문장 구조의 반복

구성
1연: 낯이 설어도 사랑스러운 고향의 들길
2~4연: 자연과 조화를 이루는 고향 마을

작품 자세히 읽기

이 작품은 시각적 심상을 사용하여 고향의 들길과 마을의 풍경을 묘사하고 있다. 특히 비유적 표현과 소박한 자연의 이미지, 향토적 정서가 느껴지는 시어를 통해 자연과 조화를 이루며 살았던 고향의 따뜻하고 평화로운 정경을 그리고 있다. 이를 통해 고향에 대한 간절한 그리움과 순수했던 유년의 삶에 대한 동경을 표현하였다.

지식 더하기

박용래의 작품 세계

박용래의 작품은 대부분 유년 시절의 고향 집이나 고향 마을과 결합되어 있는 정서 체험과 관련이 있다. 그는 도시 문명에 의해 사라져 가는 추억과 고향의 사물들을 시적 소재로 삼고, 이를 통해 '잃어버린 고향'의 이미지를 지속적으로 형상화하였다. 또한 그의 작품에는 화자가 등장하지 않는 경우가 많은데, 이는 인간과 자연의 일체화를 지향했기 때문으로 볼 수 있다. 이는 인간과 자연이 조화를 이루는 전통적 세계를 상상력으로 복원하려는 시도와 관련이 깊다.

엮어 읽기

김광균, 「추일서정」 (➡078쪽)

이 시와 김광균의 「추일서정」은 회화적 이미지를 중시하는 모더니즘 계열의 작품이라는 점에서 문학사적으로 비교의 대상이 된다. 1930년대 모더니즘을 주도했던 김광균은 감성보다 지성을 중시하는 이미지즘의 대표자였는데, 그의 「추일서정」은 황량한 도시 문명을 배경으로 상실감과 소외감 등의 정서를 회화적 이미지로 형상화한 작품이다. 이에 비해 박용래는 모더니즘 기법에 전통과 자연에 대한 관심을 결합하여 1950년대 후반의 시적 경향을 보여 준다. 그는 도시 문명으로 인해 사라져 가는 재래의 것들을 회화적 이미지로 복원하여 토속적 정취를 환기하고, 소박한 자연의 이미지를 통해 자연의 지속성과 인간과 자연의 조화에 대한 바람을 드러냈다.

ⓐ「머리가 마늘쪽같이 생긴 고향의 소녀(少女)와
「」: 소박하고 순수한 존재
한여름을 알몸으로 사는 고향의 소년(少年)」과
같이 낯이 설어도 사랑스러운 들길이 있다
'소녀'와 '소년'의 이미지, '들길'의 이미지를 동시에 연결함.

그 길에 ⓑ아지랑이가 피듯 태양이 타듯
'~이(가) ~듯'의 반복, 소재의 동질성
제비가 날 듯 길을 따라 물이 흐르듯 그렇게
그렇게

천연(天然)히
한 행이 하나의 연을 이룸. '그렇게'가 의미하는 내용. 4연의 '~는 마을이 있다'를 수식

울타리 밖에도 화초(花草)를 심는 마을이 있다
오래오래 잔광(殘光)이 부신 마을이 있다
밤이면 더 많이 별이 뜨는 마을이 있다.

원리로 작품 정리하기

원리1 화자, 대상, 청자
화자는 자연과 조화를 이루며 살아가는 소박한 고향 풍경을 떠올리고 있음.

원리2 상황, 정서, 태도, 어조
- 사라져 가는 (❶) 세계에 대한 아쉬움
- 자연과 인간의 (❷)와 지속성에 대한 바람

원리3 시어와 심상
- 자연의 순환과 지속: 아지랑이, 제비, 한여름, 태양, 물, 잔광, 별 등
- (❸) 정취 환기: 마늘쪽, 고향, 알몸, 들길 등
- 주로 (❹) 심상을 활용하고 있음.

원리4 발상·표현, 표현 기법
아지랑이가 피듯 태양이 타듯 / 제비가 날 듯 길을 따라 물이 흐르듯: 동일한 연결 어미로 다양한 소재에 동질적 속성 부여

원리5 시상 전개, 시적 형상화
- 1연: 유사한 문장 구조의 반복
- 2연: 동일한 연결 어미로 다양한 소재 연결
- 3연: 하나의 시어로 독립된 연을 구성
- 4연: '(❺)'의 반복적 병렬 구조

원리6 소통 구조, 맥락을 고려한 이해와 감상
작가는 회화적 이미지를 중시하는 (❻) 기법을 활용하여 자연과 조화를 이루며 살았던 고향의 따뜻하고 평화로운 정경을 그리고 있다. 이는 고향에 대한 간절한 그리움과 (❼)했던 유년의 삶에 대한 동경을 나타낸 것이다.

정답 ❶ 전통적 ❷ 조화 ❸ 토속적 ❹ 시각적 ❺ -ㄴ 마을이 있다 ❻ 모더니즘 ❼ 순수

실전 연습하기

내신형 9264-0185

01 윗글에 대한 설명으로 적절하지 않은 것은?

① 1연에서 '소녀'와 '소년'은 '낯이 설어도 사랑스러운' 존재라 할 수 있다.
② 1연의 '들길'은 2연의 '그 길'로, 두 연이 자연스럽게 이어지고 있다.
③ 2연에서 반복된 '그렇게'는 3연의 '천연히'와 의미상 대립하고 있다.
④ 3연의 '천연히'는 4연의 '심는, 부신, 뜨는'을 수식하고 있다.
⑤ 4연의 '마을'은 1연의 '들길'과 함께 '고향'을 이루고 있는 공간이다.

빈칸 완성형 9264-0186

02 윗글의 4연에서 각 행의 시간적 배경은 낮, 저녁, 밤으로 각각 다르다. 그리고 '화초', '잔광', '별'과 같이 각 행의 소재 역시 다르다. 그러나 모든 행은 (   )로 끝나고 있다. 각 행은 이 시구를 포함하고 있다는 점에서 동일한 것이다. 이를 통해 각 행의 소재들 역시 의미상으로 (   )임을 알 수 있다. 그런 점에서 4연은 의미상으로 반복적 병렬 구조라 할 수 있다.

서술형 9264-0187

03 ⓐ와 ⓑ에는 공통적으로 비유적 표현이 사용되었다. ⓐ와 ⓑ의 비유적 표현을 통해 드러내고자 하는 원관념을, 시구를 활용하여 설명하시오.

수능형 9264-0188

04 <보기>를 참고하여 윗글을 감상한 내용으로 적절하지 않은 것은?

> 보기
> 1950년대 후반의 시적 경향을 보여 주는 박용래는 모더니즘의 기법에 전통과 자연에 대한 관심을 결합했다. 그는 사라져 가는 재래의 것들을 회화적 이미지로 복원하여 토속적 정취를 환기하고, 소박한 자연의 이미지를 병치하여 자연의 지속성과 인간과 자연의 조화에 대한 바람을 드러냈다.

① 주로 시각적 이미지를 활용하여 풍경을 묘사함으로써 회화성을 잘 살리고 있군.
② 토속적 정취를 자아내는 시어를 활용하여 전통적 세계에 대한 지향을 드러내고 있군.
③ '한여름, 태양, 밤' 등 시간의 순환적 흐름을 보여 주는 시어들을 통해 자연의 지속성을 강조하고 있군.
④ '화초, 잔광, 별' 등 자연의 이미지를 병치함으로써 인간과 자연의 조화에 대한 바람을 함축하고 있군.
⑤ 감정을 노출하는 시어를 빈번하게 사용하여 사라져 가는 재래의 것들을 아쉬워하는 마음을 드러내고 있군.

048 추억에서_박재삼

작품 미리보기

주제 어머니의 고달픈 삶을 회상하면서 느끼는 애틋함과 그리움

특징
① 향토적인 시어의 사용
② 시각적 심상을 주로 사용하여 슬픔의 정서를 형상화함.
③ 의문과 추측의 의미를 지닌 어휘로 시행을 종결하여 감정의 직접적 표출을 자제함.

구성
1연: 해질녘 진주 장터(어머니의 고달픈 삶의 공간)
2연: 가난으로 인한 어머니의 서글픔
3연: 자식을 걱정하는 어머니의 마음
4연: 어머니의 한

작품 자세히 읽기

이 시는 '어머니의 마음'을 화자의 시각에서 회상하면서, 주로 시각적 심상을 통해 형상화하고 있다. 화자의 추억 속에서 '어머니'는 신새벽에 장사를 나가 밤늦게 돌아오는 고달픈 생활을 하며 생계를 유지하고 있다. 이러한 어머니의 마음은 '한'으로, 눈물과 같이 '말없이 글썽'여 서글픈 것으로 형상화되지만, 한편으로 작품 전체에서 '빛 발하는 눈깔들', '은전', '별밭', '밤빛', '달빛', '옹기들'과 같은 시어를 통해 형성되는 '반짝임'의 이미지는 '서글픔'이라는 어머니의 마음에 '자식을 생각하는 마음의 아름다움'의 의미를 덧붙이고 있다.

지식 더하기

박재삼 시에 나타난 '한(恨)'의 정서

박재삼은 전통 서정시의 세계에 천착(穿鑿)해 온 시인으로, 그의 시는 '한'과 '슬픔'의 정서적 자질들을 토착적인 정서들로 부각하고 있다는 평가를 받는다. 그의 시는 일관되게 삶에서의 설움을 토로하고 있지만 그 설움을 자연과 사랑에 대한 깨달음을 통해 극복하는 경향을 보인다.

엮어 읽기

기형도, 「엄마 걱정」 (➲070쪽)

박재삼의 「추억에서」가 엄마의 고달픈 삶과 엄마가 느꼈을 한을 추측해 보면서 엄마를 기다리던 어린 시절의 추억을 형상화한 작품이라면, 기형도의 「엄마 걱정」은 어린 시절 화자의 '그 어느 하루'를 제시하면서 엄마를 기다리던 어린 화자의 외로움을 주제로 한 작품이다.

진주 장터 생어물전*에는
바다 밑이 깔리는 해 다 진 어스름*을,
('울엄매의 장사'가 끝날 무렵의 공간적, 시간적 배경 / 해 다 진 어스름: 애상적 분위기를 자아내는 시간적 배경.)

울 엄매*의 장사 끝에 남은 고기 몇 마리의
빛 발(發)하는 눈깔들이 속절없이
은전(銀錢)만큼 손 안 닿는 한(恨)이던가.
(은전(銀錢)만큼 손 안 닿는 한(恨): 가난으로 인한 어머니의 한)
울 엄매야 울 엄매,

별밭은 또 그리 멀리
(별밭: 골방에서 추위에 떨며 어머니를 기다리고 있을 자식들을 떠올리게 하는 매개체)
우리 오누이의 머리 맞댄 골방 안 되어
손 시리게 떨던가 손시리게 떨던가,

진주 남강 맑다 해도
오명 가명
신새벽이나 밤빛에 보는 것을,
(신새벽이나 밤빛에 보는 것을: '울엄매'의 고달픈 하루)
울 엄매의 마음은 어떠했을꼬,
㉠달빛 받은 옹기전의 옹기들같이
말없이 글썽이고 반짝이던 것인가.
('옹기들'처럼 '말없이 글썽이고 반짝이던 것' → 서글프지만 아름다운 것)

*생어물전 생선을 파는 가게.
*어스름 해가 다 진, 해질 무렵의 조금 어둑한 상태.
*울 엄매 '우리 엄마'의 사투리.

원리로 작품 정리하기

원리1 화자, 대상, 청자
화자는 어린 시절 '울 엄매'의 고단했던 생활을 (❶)하고 있음.

원리2 상황, 정서, 태도, 어조
화자는 어린 시절 가난했던 생활을 회상하며 어머니의 한스러운 삶을 그려 내고 있음.

원리3 시어와 심상
- 진주 장터 생어물전, 진주 남강: 어머니의 고달픈 삶의 (❷)적 배경
- (❸): 가난으로 인한 어머니의 서러움
- '울 엄매의 마음' = '말없이 글썽이고 반짝이던 것'
  → (❹)의 이미지를 연상시켜 어머니의 마음이 서글픔이었음을 알 수 있게 함.

원리4 발상·표현, 표현 기법
- 연상의 과정

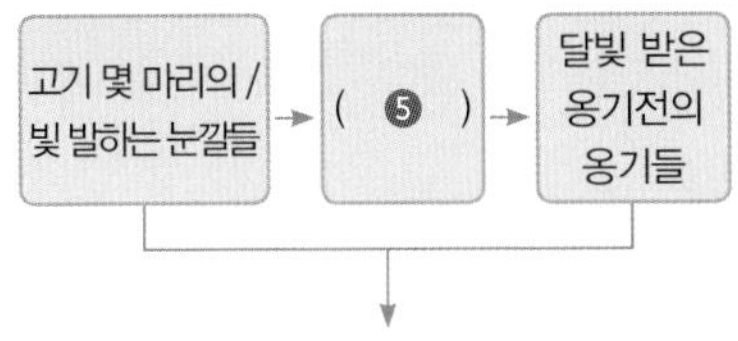

어머니가 당시 느꼈을 서글픔과 '한'으로 이어짐.

- (❻): 어머니로 하여금 '오누이의 머리맞댄 골방 안'을 떠올리게 함.

원리5 시상 전개, 시적 형상화
과거 어머니의 심정에 대한 (❼)적 표현을 자제하고 주로 (❽)으로 시행을 종결하여 감정을 (❾)함.

원리6 소통 구조, 맥락을 고려한 이해와 감상
이 시는 오누이를 데리고 힘겨운 삶을 영위하면서도 자식을 걱정하는 어머니의 마음과, 당시 어머니의 마음을 짐작해 보면서 애틋함을 느끼는 자식의 심정을 드러내어 보편적 공감을 획득하고 있다.

정답 ❶ 회상 ❷ 공간 ❸ 한 ❹ 눈물 ❺ 은전 ❻ 별밭 ❼ 단정 ❽ 의문형 ❾ 절제

실전 연습하기

내신형 2014학년도 10월 고3 학력평가 A형 9264-0189

01 ㉠에 대한 이해로 가장 적절한 것은?

① 화자는 달빛을 보며 현실을 도피하고자 했던 어머니의 의지를 연상하고 있다.
② 화자는 달빛이 반사되어 반짝이는 옹기에서 어머니의 눈물을 연상하며 어머니의 한을 떠올리고 있다.
③ 화자는 옹기처럼 반짝이는 아이들의 눈을 보면서 삶의 희망을 잃지 않았던 어머니의 모습을 추억하고 있다.
④ 화자는 옹기전의 옹기들이 달빛에 반짝이는 아름다운 장면을 통해 어머니와의 즐거웠던 추억을 떠올리며 행복감에 젖어 있다.
⑤ 화자는 달빛 받은 옹기들을 보며 생계를 위해 밤늦게까지 옹기전에서 일할 수밖에 없었던 어머니의 고통스러운 삶을 안쓰러워하고 있다.

빈칸 완성형 9264-0190

02 윗글에서는 ( ) 종결 어미를 반복적으로 사용하여 '어머니의 마음'에 대해 조심스럽게 ( )하면서 감정을 ( )하는 화자의 태도를 드러내고 있다.

서술형 9264-0191

03 윗글에서 '울 엄매'와 같은 어휘의 사용이 주는 효과를 서술하시오.

수능형 2019학년도 9월 모의평가 9264-0192

04 윗글에 대한 감상으로 적절하지 않은 것은?

① '해 다 진 어스름'은 어둠이 깔리는 파장 무렵 '생어물전'의 분위기를 보여 주는군.
② '빛 발하는 눈깔'은 '손 안 닿는' '은전'과 연결되어 '한'의 정서를 유발하는군.
③ '손 시리게 떨던가'에서는 추운 밤 '별밭' 아래의 '골방' 속에서 느꼈던 행복감이 드러나는군.
④ '진주 남강'은 공간적 구체성을 보여 주는 한편 낮에 강을 보지 못할 정도로 바삐 생계를 꾸려 가던 '울 엄매'를 떠올리게 하는군.
⑤ '글썽이고 반짝이던'은 달빛이 비친 '옹기'의 표면과 '울 엄매'의 눈물을 함께 환기하는군.

049 흥부 부부상 _ 박재삼

수록 교과서
문학 _지학사, 창비

작품 미리보기

주제 가난한 삶 속에서도 서로를 사랑하고 위로하는 관계의 소중함

특징
① 고전 소설의 한 장면을 시적 전개의 출발점으로 삼음.
② 독자에게 말을 건네는 어투를 사용하여 공감을 유도함.

구성
1연: 흥부 부부가 박을 타려 하는 상황
2~3연: 가난 속에서도 서로를 바라보며 긍정적으로 살아온 흥부 부부의 삶

작품 자세히 읽기

이 시는 흥부 부부가 박을 타기 전에 서로에게 건네는 '웃음살'에 주목할 것을 권유하는 화자의 말로 시작된다. 화자에게 중요한 것은 '금'이나 '황금 벼이삭'과 같이 흥부 부부가 박을 탄 이후에 누리게 될 물질적 풍요가 아니라, '웃음의 물살'이다. 이것은 '반짝이며 정갈하던' 것이고 박을 타기 이전부터 부부 사이에 존재하던 것이다. 또한 이것은 물질적 여유가 부재하는 상황을 긍정적으로 인식하는 태도이며, 서로 바라보는 '거울면' 사이를 오고 가는 것으로 제시된다. 가끔 이 웃는 얼굴에도 '구슬', 눈물이 흘러내리지만 흥부 부부는 서로의 눈물을 연민하고 위로하면서 금세 이를 극복하고 '본웃음 물살'로 돌아올 수 있는 존재로 그려지고 있다.

지식 더하기

「흥부전」과 「춘향전」을 좋아한 시인, 박재삼
박재삼의 시에서 한과 슬픔은 시인의 가난했던 경험에서 비롯되기도 하고, 이루지 못한 사랑이나 삶 자체의 보편적인 설움에서 야기되기도 한다. 이러한 정서를 나타내기 위해서 그는 「춘향전」과 「흥부전」의 장면을 즐겨 차용하였는데, 이 중 「흥부전」을 차용한 시로 「흥부 부부상」과 「흥부의 햇빛과 바람」 등을 들 수 있다.

엮어 읽기

서정주, 「견우의 노래」 (➲174쪽)
박재삼의 「흥부 부부상」과 서정주의 「견우의 노래」는 잘 알려진 이야기의 한 장면에서 소재를 빌려와 사랑하는 사람들이 겪게 되는 시련과 극복의 단초를 노래하고 있다는 점에서 유사점을 보인다. 「흥부 부부상」은 물질적 풍요가 부재하는 상황에서 '본웃음 물살'을 유지하는 흥부 부부의 모습을 묘사하는 데 중점을 두고 있으며, 「견우의 노래」는 서로의 사랑을 위해 현재의 이별을 긍정함으로써 재회를 기약하는 견우의 모습을 중심으로 시상이 전개되고 있다.

흥부 부부가 **박덩이를 사이 하고**
가르기 전에 건넨 웃음살을 헤아려 보라.
(명령형 어조 – 독자에게 직접 말을 건네는 어투)
금이 문제리,
황금 벼이삭이 문제리,
웃음의 물살이 반짝이며 정갈하던
(물질적 풍요 이전부터 존재해 왔던 정신적 행복)
그것이 확실히 문제다.
(△: 물질적 풍요 ↔ ○: 정신적 행복)

없는 떡방아 소리도
있는 듯이 들어 내고
(가난을 극복하는 긍정적 태도)
손발 닳은 처지끼리
(고달프고 가난한 처지)
같이 웃어 비추던 **거울면(面)***들아.
(흥부 부부가 서로를 바라보며 살았음을 의미함.)

웃다가 서로 불쌍해
서로 구슬을 나누었으리.
그러다 금시
절로 면(面)에 온 구슬까지를 서로 부끄리며
(서로에 대한 연민과 위로로 인해 흘리는 눈물로, 절로 눈물을 흘리다가도 이를 미안해하고 부끄러워하는 마음을 표현함.)
먼 물살이 가다가 소스라쳐 반짝이듯
서로 소스라쳐
본(本)웃음 물살을 지었다고 헤아려 보라,
(눈물을 극복한 후에 나누는 본래의 웃음, 정신적 행복)
그것은 확실히 문제다.

*거울면 거울 얼굴.

원리로 작품 정리하기

원리1 화자, 대상, 청자
화자는 (❶)가 박을 타는 장면을 떠올리며 이들의 상황과 정서를 추측해 보고 있음.

원리2 상황, 정서, 태도, 어조
화자는 가난한 상황에서도 서로를 사랑하며 살아가는 흥부 부부를 (❷)적으로 바라보면서, 물질적인 풍요보다는 정신적 (❸)이 소중함을 노래하고 있음.

원리3 시어와 심상
- 금, 황금 벼이삭: 물질적 풍요
- 웃음의 물살(반짝이며 정갈하던): 박을 타고 풍요를 누리기 전부터 느끼던 정신적 행복감
- 거울면: 흥부 부부가 (❹)를 바라보며 살고 있음을 의미하는 시어
- 구슬: (❺)
- 본웃음 물살: 정신적 행복

원리4 발상·표현, 표현 기법

(❻)형 종결 어미	—	독자에게 직접 말을 건네는 어투를 통해 공감을 유도함.

원리5 시상 전개, 시적 형상화
고전 소설의 한 장면을 소재로 (❼)하여 시상 전개의 출발점으로 삼음.

원리6 소통 구조, 맥락을 고려한 이해와 감상
이 시는 잘 알려진 고전 소설 「흥부전」에서 부부가 박을 타는 장면을 제시하여, 물질적 조건과 상관없는 (❽)적 행복의 소중함을 강조하고 있다.

정답 ❶ 흥부 부부 ❷ 긍정 ❸ 행복 ❹ 서로 ❺ 눈물 ❻ 명령 ❼ 차용 ❽ 정신

실전 연습하기

내신형 9264-0193

01 윗글에 대한 설명으로 가장 적절한 것은?

① 정형적 율격의 효과가 잘 나타나 있다.
② 공감각적 심상의 효과를 활용하고 있다.
③ 정신적 가치의 소중함을 노래하고 있다.
④ 기존 작품의 설정을 비틀어 시상을 전개하고 있다.
⑤ 청자를 호명하여 말을 건네는 어투를 사용하고 있다.

빈칸 완성형 9264-0194

02 윗글에서는 '흥부 부부'의 삶을 (　　　)로 삼아 정신적 (　　　)의 소중함을 노래하고 있다.

서술형 9264-0195

03 윗글의 '없는 떡방아 소리', '손발 닳은 처지', '구슬'과 같은 시구를 통해 알 수 있는 '흥부 부부'의 상황을 서술하시오.

수능형 2006학년도 3월 고2 학력평가 9264-0196

04 윗글에 대한 설명으로 적절하지 않은 것은?

① '금'과 '황금 벼이삭'은 흥부 부부가 추구하는 바를 상징적으로 보여 준다.
② '그것이 확실히 문제다'에서 '문제'는 '물음'이라는 의미가 아니라 '중요한 것'이라는 의미이다.
③ '손발 닳은 처지'는 흥부 부부가 고단한 생활을 하고 있음을 보여 준다.
④ '거울면(面)'은 흥부 부부가 서로를 바라보며 살고 있음을 상징적으로 보여 준다.
⑤ '본(本)웃음'은 '박덩이를 사이 하고' 흥부 부부가 지을 수 있었던 본디의 순수한 웃음을 의미한다.

독해의 원리 다지기 4

백석 ~ 신경림

050 고향 _ 백석

작품 미리보기

주제 고향과 가족에 대한 그리움

특징

① 인물 간의 대화를 제시하여 시상을 전개함.
② 감각적 심상을 사용하여 그리움의 대상이 지닌 속성을 부각함.

구성

1~2행: 타향에서 병이 들어 의원을 만나게 됨.
3~12행: 의원과 나눈 대화
13~17행: 의원의 따스한 손길에서 떠올리는 고향과 가족의 모습

작품 자세히 읽기

이 시는 고향을 떠나 홀로 살아가는 화자가 자신의 고향 마을에 대해 알고 있는 의원을 만나 대화를 나누고 고향을 떠올리게 되는 과정을 형상화하고 있다. 화자에게 있어 의원과 그 손길은 고향과 가족의 따스함을 떠올리게 하는 매개체의 기능을 하고 있다.

지식 더하기

백석 시의 '고향'

백석의 시에서는 1930년대의 시인들이 대부분 그러하듯이, 국토를 잃은 설움이 고향 상실감으로 나타나며, 식민지하의 현실에서 상실의 아픔을 겪을 수밖에 없는 '시대적 표랑 의식'으로서 자의식을 느끼게 된다. 고향은 삶의 모태이면서, 삶을 형성하고 미래를 꿈꾸게 하는 공간이다. 또한 고향은 이념을 초월하는 공간이다. 그곳이 어떤 곳이든 기억되는 세계는 안온하고 아름다운 공간이다. 그래서 고향은 많은 사람들에게 어머니의 태반이나, 어머니 이전의 원형 세계로 자리한다. 그러므로 암울한 시기에 백석이 복원한 '원형적 공간'은 잃어버린 의식이며, 그러한 세계에 대한 끊임없는 지향은 현실에 안주하지 않고 시대를 견뎌 내려는 그의 현실 대응의 자세라고 할 수 있다.

엮어 읽기

정지용, 「향수」 (246쪽)
이용악, 「그리움」 (028쪽)

고향에 대한 그리움은 일찍부터 많은 시인들이 다루어 온 주제이다. 정지용의 「향수」나 이용악의 「그리움」 등이 대표적인데, 특히 이용악의 경우 고향을 떠나 유랑하는 처지의 화자가 고향을 그리워하는 애절함을 형상화하고 있다는 점에서 백석의 「고향」과 함께 감상해 볼 만하다.

나는 북관(北關)*에 혼자 앓아누워서
(화자의 상황 – 타향에서 외로이 지내는 삶)
어느 아침 ㉠의원(醫員)을 뵈이었다.
의원은 여래(如來) 같은 상을 하고 관공(關公)의 수염*을 드리워서
먼 옛적 어느 나라 신선 같은데
(의원의 외양 묘사: 단순히 병을 고치는 의원 이상의 존재로 인식)
새끼손톱 길게 돋은 손을 내어
묵묵하니 한참 맥을 짚더니
문득 물어 고향이 어데냐 한다.
평안도 정주라는 곳이라 한즉
그러면 아무개 씨 고향이란다.
그러면 아무개 씰 아느냐 한즉
의원은 빙긋이 웃음을 띠고
(동향 사람에 대한 친근감, 반가움)
막역지간(莫逆之間)*이라며 수염을 쓴다
나는 아버지로 섬기는 이라 한즉
의원은 또다시 넌지시 웃고
말없이 팔을 잡아 맥을 보는데
손길은 따스하고 부드러워
(고향과 가족의 따스함을 느끼게 해 주는 소재)
고향도 아버지도 아버지의 친구도 다 있었다.

*북관 함경도 지방.
*관공의 수염 관우와 같이 긴 수염. 관우와 같은 영웅의 풍모.
*막역지간 '서로 거스르지 않는 사이'라는 뜻으로, 허물없이 아주 친한 사이를 이르는 말.

정답과 해설 34쪽

원리로 작품 정리하기

원리1 화자, 대상, 청자
(❶)에서 홀로 지내다가 앓아누운 화자는 자신의 고향 마을을 잘 아는 의원을 만나 이야기를 나눔.

원리2 상황, 정서, 태도, 어조
화자는 의원을 만나 고향과 가족에 대한 (❷)을 느끼고 있음.

원리3 시어와 심상

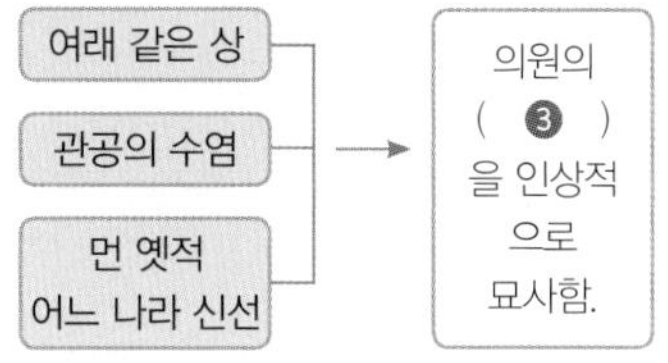

원리4 발상·표현, 표현 기법
(❹)을 통해 의원의 외양 묘사
– 여래 같은 상, 신선 같은데

원리5 시상 전개, 시적 형상화
화자와 의원 간의 (❺)를 간접 화법으로 제시하여, '고향'을 (❻)로 둘 사이에 형성되는 동질감과 친밀감을 표현하고 있음.

원리6 소통 구조, 맥락을 고려한 이해와 감상
이 시는 대화 형식의 서사 구조를 빌려 화자가 의원을 통해 느끼는 고향과 가족에 대한 그리움을 표현하고 있다.

정답 ❶ 타향/북관 ❷ 그리움 ❸ 외양 ❹ 직유법 ❺ 대화 ❻ 매개

실전 연습하기

내신형 9264-0197

01 윗글의 표현상 특징과 거리가 먼 것은?

① 차분하고 담담한 어조를 구사하고 있다.
② 의원의 모습을 인상적으로 묘사하고 있다.
③ 대화의 장면을 간접적으로 처리하고 있다.
④ 화자의 체험을 서사적으로 전개하고 있다.
⑤ 주관적 판단을 배제하여 상황을 드러내고 있다.

빈칸 완성형 9264-0198

02 윗글에서 '나'와 '의원' 간의 (　　　)는 인물 간의 공통점을 발견함으로써 (　　　)을 형성하게 되는 계기를 이룬다.

서술형 9264-0199

03 윗글의 주제와 관련지어 ㉠의 역할을 쓰시오.

수능형 2003학년도 10월 고2 학력평가 9264-0200

04 윗글을 〈보기〉처럼 시나리오로 각색해 보았다. 다음 중 적절하지 않은 것은?

보기

S#1 방 안.
(청년이 맥없이 누워 있다.)
청년: (①힘없는 목소리로) 누구십니까?
의원: (방문을 열고 들어오면서) 의원일세.
청년: 예, 와 주셨군요.
의원: (②부드러운 시선으로 바라보며 청년 곁으로 다가앉는다.) 그래, 어디가 아픈가?
청년: 온몸에 기운이 없습니다.
의원: 어디 팔을 내밀어 보게.
청년: 예. (여윈 팔을 힘없이 내민다.)
의원: (③눈을 지그시 감고 맥을 짚으며) 자네 고향은 어딘가?
청년: 평안도 정주(定州)라는 곳입니다.
의원: (④온화한 표정으로) 그러면, ○○○씨를 아는가?
청년: 제가 아버님으로 섬기는 분입니다.
의원: 그래, 나와는 막역(莫逆)한 사이라네.
청년: ……. (⑤쓸쓸한 표정으로 눈을 감으며 고향과 아버지의 모습을 떠올린다.)
–O. L.–

051 국수 _ 백석

수록 교과서
문학 _창비

작품 미리보기

주제 '국수'를 통해 드러나는 농촌 공동체의 정겨움과 민족의 근원적 심성

특징
① 지시 대명사 '이것'과 의문형 어미의 반복을 통해 중심 제재에 대한 호기심을 유발하고 의미를 부각함.
② 평안도 방언과 토속적 어휘를 사용하여 향토적 정감을 불러일으킴.
③ 다양한 감각적 심상과 음성 상징어를 활용하여 대상의 속성을 다채롭게 드러냄.

구성
1연: '이것(국수)'을 통해 떠올린 농촌 공동체의 모습과 전통
2연: 국수의 맛과 국수를 즐기는 모습
3연: 국수를 통해 드러나는 마을 사람들(민족 공동체)의 근원적 심성

작품 자세히 읽기

이 시는 국수를 만들어 먹으며 마을이 즐거움으로 들뜨던 겨울날의 추억과, 국수의 수수한 맛을 닮은 마을 사람들의 소박한 심성, 그리고 국수와 함께 면면이 이어져 온 공동체의 역사에 관해 이야기한 작품이다. 우리 민족의 문화와 전통이 말살당할 위협에 처해 있던 일제 강점기 말, 시인은 국수를 매개로 옛 농촌 마을의 평화롭고 정겨운 모습을 드러내면서 그 시절에 대한 그리움을 강조하고 있다.

지식 더하기

백석 시의 음식

유달리 음식과 미각에 집착하고 있는 백석의 시는 음식에 대한 문학적 탐구라고 해도 과언이 아니다. 동양의 전통에서 음식과 미각은 '정신/육체, 이성/감각, 개인/집단' 등의 이분법을 통합하고 초월하는 것으로 인식된다. 백석은 음식에 주목함으로써 이러한 동양의 전통을 복원하려고 시도하였고, 음식에 대한 왜곡된(또는 편협한) 시각(음식에 대한 '감각'은 '이성'에 비해 열등한 것이며, 미적 판단과 연결될 수 없다는 입장)에서 벗어나 음식을 통해 겪을 수 있는 정서적, 총체적 경험을 형상화하는 데 주력하였다.

엮어 읽기

백석, 「여우난 골족」 (➲170쪽)

백석의 「여우난 골족」에서 명절날 친척들이 모인 큰집의 공동체 분위기는 이들이 함께 나누는 각종 음식의 재현을 통해 더욱 구체적으로 형상화된다. 「여우난 골족」과 「국수」는 음식에 대한 시인의 체험과 함께 음식을 통해 우리 민족의 원형을 더듬을 수 있다는 인식이 드러나 있는 작품으로 볼 수 있다.

눈이 많이 와서 / 산엣새가 벌로 나려 멕이고*
눈구덩이에 토끼가 더러 빠지기도 하면
마을에는 그 무슨 반가운 것이 오는가 보다
한가한 애동들은 어둡도록 꿩사냥을 하고 (국수)
가난한 엄매는 밤중에 김치가재미*로 가고
마을을 구수한 즐거움에 싸서 은근하니 흥성흥성 들뜨게 하며
이것은 오는 것이다 → ☐ : '이것은 ~ 오는 것이다'의 반복
이것은 어느 양지귀 혹은 능달쪽 외따른 산 옆 은댕이* 예데가리밭*에서
하룻밤 뽀오얀 흰 김 속에 접시귀 소기름불이 뿌우연 부엌에
산멍에* 같은 분틀*을 타고 오는 것이다
이것은 **아득한 옛날 한가하고 즐겁던 세월로부터**
실 같은 봄비 속을 타는 듯한 여름 볕 속을 지나서 들쿠레한* 구시월 갈바람 속을 지나서
대대로 나며 죽으며 죽으며 나며 하는 이 마을 사람들의 의젓한 마음을 지나서 텁텁한 꿈을 지나서 / 지붕에 마당에 우물 둔덩*에 함박눈이 푹푹 쌓이는 여느 하룻밤
아배 앞에 그 어린 아들 앞에 아배 앞에는 왕사발에 아들 앞에는 새끼사발에 그득히 사리워 오는 것이다
이것은 **그 곰의 잔등에 업혀서 길여났다는 먼 옛적 큰마니***가
또 그 짚등색이*에 서서 자채기를 하면 산 넘엣 마을까지 들렸다는
먼 옛적 큰아바지*가 오는 것같이 오는 것이다

아, 이 반가운 것은 무엇인가 → ◯ : '이 ~ 것은 무엇인가'의 반복
이 히수무레하고 부드럽고 수수하고 슴슴한 것은 무엇인가
겨울밤 쩡하니 익은 동치미국을 좋아하고 얼얼한 댕추*가루를 좋아하고 싱싱한 산꿩의 고기를 좋아하고
그리고 **담배 내음새 탄수 내음새* 또 수육을 삶는 육수국 내음새 자욱한 더북한 샷방 쩔쩔 끓는 아르굳*을 좋아하는** 이것은 무엇인가

이 **조용**한 마을과 이 마을의 **의젓한** 사람들과 살뜰하니 친한 것은 무엇인가
이 그지없이 **고담(枯淡)하고*** **소박**한 것은 무엇인가

*멕이고 울음소리를 내고.
*김치가재미 겨울에 김치를 묻은 다음 얼지 않도록 그 위에 수수깡과 볏짚단 등을 덮어 보호해 놓은 움막.
*은댕이 산비탈에 턱이 져 평평한 곳.
*예데가리밭 오래 묵은 비탈밭.
*산멍에 산몽애(산무애뱀의 고어).
*분틀 국수 반죽을 넣어 국수를 뽑는 틀.
*들쿠레한 들큼하면서 구수한.
*우물 둔덩 '우물둔덕(우물 둘레의 작은 둑 모양으로 된 곳)'의 방언.
*큰마니 '할머니'의 방언.
*등색이 '등성이'의 방언.
*큰아바지 '할아버지'의 방언.
*댕추 '고추'의 방언.
*탄수 내음새 목탄으로 국수 삶는 냄새.
*아르굳 '아랫목'의 방언.
*고담하고 속되지 않으면서도 담담하고.

원리로 작품 정리하기

원리1 화자, 대상, 청자
화자는 '이것'을 대상으로 하여 대상이 만들어지는 (❶)과 그 (❷)에 대해 생각하고 있음.

원리2 상황, 정서, 태도, 어조
화자는 '이것'에 대한 (❸)과 친근감을 표현하면서 '고담하고 소박한 것'이라 평하고 있음.

원리3 시어와 심상
평안도 (❹)과 토속적 어휘의 사용: 향토적 정감을 불러일으킴.

원리4 발상·표현, 표현 기법
- 유사한 문장 구조의 반복
- 다양한 감각적 심상과 (❺)의 활용: 대상의 속성을 다채롭게 형상화함.

원리5 시상 전개, 시적 형상화

지시 대명사 사용 / (❻)형 진술 → (❼)과 흥미를 불러일으키고 대상의 의미를 부각함.

원리6 소통 구조, 맥락을 고려한 이해와 감상
이 시는 일제 강점기 말 식민지 정책이 극악해지던 시기에 발표된 작품으로, 민족의 주체성이 해체되는 위기 상황에서 '국수'로 표상되는 민족 공동체의 정감, 정서적 자산의 중요성에 대한 믿음을 드러내고 있다.

정답 ❶ 과정 ❷ 역사성 ❸ 반가움 ❹ 방언 ❺ 음성 상징어 ❻ 의문 ❼ 호기심

실전 연습하기

내신형 9264-0201

01 윗글의 화자에 대한 설명으로 가장 적절한 것은?

① 현실에 대한 강력한 거부 의지를 표현하고 있다.
② 동일시를 통해 대상에 대한 연민을 드러내고 있다.
③ 대상을 떠올리면서 반가움과 친근감을 드러내고 있다.
④ 부재하는 대상에 대한 간절한 그리움을 표현하고 있다.
⑤ 스스로를 성찰하면서 새로운 삶의 의지를 표현하고 있다.

빈칸 완성형 9264-0202

02 윗글에서는 '( )'과 같은 지시 대명사를 사용하고 이를 ( )형 어미와 함께 제시함으로써 대상에 대한 호기심을 유발하고 대상의 의미에 대한 ( )과 공감을 유도하고 있다.

서술형 9264-0203

03 윗글에서 중심 소재를 형상화하기 위해 동원된 표현상의 특징을 설명하시오.

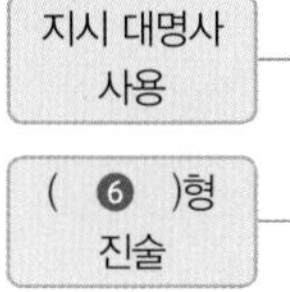

수능형 9264-0204

04 <보기>를 읽고 윗글을 이해한 내용으로 적절하지 <u>않은</u> 것은?

> 보기
> 백석의 시에 나타나는 음식들은 모두 특정한 정신적 가치를 표상하고 있다. 그의 시에서 음식과 미각 경험은 공동체나 신성한 것들과 연결되어 정신적 차원으로 상승하게 되고, 따라서 특정 음식을 먹는 것은 자신이 속해 있는 세계의 모습을 드러내는 계기로 작용한다.

① '이것'은 '아득한 옛날 한가하고 즐겁던 세월로부터' '대대로 나며 죽으며 죽으며 나며 하는 이 마을 사람들의 의젓한 마음을 지나서' 오는 것으로, 이는 '이것'이 오랜 세월을 함께해 온 공동체의 역사가 반영되어 있는 음식임을 의미한다.
② '아배 앞에 그 어린 아들 앞에 아배 앞에는 왕사발에 아들 앞에는 새끼사발에 그득히 사리워 오는 것'으로 제시되는 '이것'은 세대가 어우러져 즐기는 공동체의 모습이 반영된 음식으로 볼 수 있다.
③ '곰의 잔등에 업혀서 길여났다는 먼 옛적 큰마니'가 오는 것같이 오는 '이것'은 '이것'이 곧 공동체의 근원을 이루는 신화 · 전설과 같이 전해져 내려오는 것으로 볼 수 있다.
④ '담배 내음새 ~ 아르굳을 좋아하는' '이것'은 국수를 즐기는 공동체의 궁핍한 삶의 모습을 드러내면서 '이것'을 즐길 수 있는 공간이 한정되어 있음을 의미하는 것으로 볼 수 있다.
⑤ '조용'하고 '의젓한' 마을 사람들과 친한 '이것'의 '고담하고 소박'함은 곧 '이것'을 즐기는 공동체 사람들의 심성을 드러낸 것으로 볼 수 있다.

052 나와 나타샤와 흰 당나귀 _ 백석

수록 교과서
국어 _창비

작품 미리보기

주제 순수한 사랑 · 세계에 대한 기대와 열망

특징

① '눈'과 '흰 당나귀'와 같이 순백, 순수의 이미지를 드러내는 소재를 사용하여 화자가 지향하는 사랑·세계의 속성을 표현함.
② 대립적 의미의 시어를 통해(산골 – 세상) 화자의 지향을 구체화함.
③ 음성 상징어, 방언 등의 다채로운 어휘 사용이 돋보임.

구성

1~2연: 사랑하는 사람의 부재로 인한 쓸쓸함과 순수한 사랑에 대한 소망
3~4연: 세상을 벗어나 순수한 사랑을 이어 나가는 것에 대한 상상과 기대

작품 자세히 읽기

이 시는 눈이 푹푹 내리는 겨울밤을 배경으로 하여, 사랑하는 사람의 부재로 인해 외롭고 쓸쓸함을 느끼는 화자가 낭만적이고 순수한 사랑의 세계를 꿈꾸는 모습을 그리고 있다. 화자는 '더러워 버리는 것'으로 표현되는 현실과는 상반되는 세상에 대한 상상을 드러냄으로써 현실을 초월한 사랑에 대한 열망을 표현하고 있다.

지식 더하기

'눈'의 상징적 의미

'눈'은 여러 시에서 즐겨 사용되는 상징적 소재로, 우선 그 색깔로 인해 '순결함', '순수함'의 상징으로 쓰이는 경우가 많다. 반면 '겨울'의 계절감을 드러내는 대표적 소재로서 겨울의 추위로 인한 시련, 고난을 드러내기도 한다. 또한 '눈'은 금세 녹아 없어진다는 점에서 덧없음과 무상함의 의미를 지닌 시어로 사용되기도 하고, 혹은 고요하고 차분하게 내리는 모습 때문에 내면의 안정과 평화를 의미하는 시어로 사용되기도 한다.

엮어 읽기

박목월, 「산이 날 에워싸고」 (➲146쪽)

「나와 나타샤와 흰 당나귀」의 화자는 '세상'을 '더러워 버리는 것'으로 인식하면서, '나타샤'와 함께 '흰 당나귀'를 타고 '산골'에서 살고자 하는 지향을 드러내고 있다. 「산이 날 에워싸고」의 화자 역시 산에 파묻혀 사는 삶에 대한 지향을 드러낸다는 점에서 윗글과 유사하다. 단, 「나와 나타샤와 흰 당나귀」는 '세상'과 '산골'과의 대립적 속성이 뚜렷하게 부각되는 데 반해, 「산이 날 에워싸고」에서는 '산'과 대립 지점으로서의 '속세'의 이미지가 제시되지는 않는다는 차이점을 지닌다.

가난한 내가
아름다운 **나타샤**를 사랑해서
오늘밤은 **푹푹 눈**이 나린다
(순백의 이미지 → 순수한 사랑, 순수 세계)

나타샤를 사랑은 하고
눈은 푹푹 날리고
나는 혼자 쓸쓸히 앉아 소주를 마신다
소주를 마시며 생각한다
나타샤와 나는
눈이 푹푹 쌓이는 밤 **흰 당나귀** 타고
산골로 가자 출출이* 우는 **깊은 산골**로 가 **마가리*에 살자**
(화자가 지향하는 순수의 공간)

눈은 푹푹 나리고
나는 나타샤를 생각하고
나타샤가 아니 올 리 없다
언제 벌써 내 속에 고조곤히* 와 이야기한다
㉠산골로 가는 것은 ㉡세상한테 지는 것이 아니다
(→ '산골'과 '세상'의 대립: 지향의 이유 제시)
세상 같은 건 더러워 버리는 것이다

눈은 푹푹 나리고
아름다운 **나타샤**는 나를 사랑하고
어디서 흰 당나귀도 오늘밤이 좋아서 응앙응앙 울을 것이다

***출출이** '뱁새'의 방언.
***마가리** 막처럼 비바람 정도만 막을 수 있도록 간단하게 꾸린 집. 오막살이.
***고조곤히** 고요히.

원리로 작품 정리하기

원리1 화자, 대상, 청자
화자는 시적 대상인 '나타샤'를 떠올리며 (❶)에서 이루어지지 않는 (❷)한 사랑에 대하여 생각하고 있음.

원리2 상황, 정서, 태도, 어조
- 화자의 상황: '가난한 내', '혼자 쓸쓸히 앉아' 등으로 보아 가난하고 외로운 처지에 있음.
- 태도: 순수한 사랑에 대한 (❸)

원리3 시어와 심상
- 눈, 당나귀의 '흰색': 순백의 순수한 이미지, 순수한 (❹)
- 소주: 그리움과 (❺)을 달래는 수단
- 산골: 현실(세상)과 대조되는 순수 세계의 표상

원리4 발상·표현, 표현 기법
'눈'의 이미지를 통해 (❻)하는 세계의 속성을 드러내고 있음.

원리5 시상 전개, 시적 형상화
(❼)적 의미의 시어 사용

산골 ←→ (❽)

원리6 소통 구조, 맥락을 고려한 이해와 감상
이 시의 화자는 이국적이고 환상적인 분위기를 환기하는 이름의 여인인 '나타샤'를 떠올리며 '산골'로 표상되는 순수 세계와 사랑에 대한 기대를 드러내고 있다.

정답 ❶ 현실 ❷ 순수 ❸ 기대 ❹ 사랑 ❺ 고독 ❻ 지향 ❼ 대립 ❽ 세상

실전 연습하기

내신형 9264-0205

01 윗글에 대한 설명으로 가장 적절한 것은?

① 자연을 동경하는 마음이 드러나 있다.
② 부정적 현실로 인한 절망이 드러나 있다.
③ 세상과 거리를 두려는 태도가 나타나 있다.
④ 지나온 과거에 대한 아쉬움이 드러나 있다.
⑤ 계절의 변화에 따른 심리 변화가 나타나 있다.

빈칸 완성형 9264-0206

02 윗글에서는 '눈', '당나귀'와 같이 (　　　)의 색채를 띠는 소재들을 중첩하여 화자가 지향하는 사랑이나 세계의 (　　　)을 드러내고 있다.

서술형 9264-0207

03 ㉠과 ㉡의 의미 관계를 설명하고, 각각에 대한 화자의 태도에 대해 쓰시오.

수능형 2007학년도 9월 고2 학력평가 9264-0208

04 윗글에 대한 감상으로 적절하지 않은 것은?

① '산골로 가자', '마가리에 살자'라는 표현에서 '나'의 소망을 느낄 수 있다.
② '눈'과 '흰 당나귀'의 흰색 이미지를 중첩하여 순결함에 대한 '나'의 지향을 드러내고 있다.
③ '푹푹' 내리는 '눈'과 '깊은 산골'은 '마가리'의 내밀함과 고립적 이미지를 강조하고 있다.
④ '혼자 쓸쓸히' 소주를 마시는 행위에서 '나'의 고독한 처지와 '나타샤'에 대한 그리움을 느낄 수 있다.
⑤ '나'가 '나타샤'를 사랑하는 상황이 '나타샤'가 '나'를 사랑하는 상황으로 바뀌면서 '나타샤'의 아름다운 이미지가 반전되고 있다.

053 남신의주 유동 박시봉 방* _백석

수록 교과서
국어 _미래엔
문학 _천재(김), 신사고

작품 미리보기

주제 쓸쓸하고 외로운 삶에 대한 반성과 굳고 정결한 삶에 대한 다짐

특징
① 상징적 소재(갈매나무)를 사용하여 화자의 지향을 드러냄.
② 평안도 지방의 방언과 소재를 통해 향토적 정감을 환기함.
③ 시선의 이동을 통해 화자의 태도가 변화하는 과정을 구체화함.

구성
1~8행: 가족과 떨어져 타향에서 외롭게 지내는 신세
9~19행: 자신의 슬픔과 어리석음, 부끄러움으로 인한 한탄
20~23행: 자신의 현재 상황에 대한 운명적 수용
24~32행: 갈매나무와 같은 굳고 정결한 삶의 태도 다짐

작품 자세히 읽기

이 시는 '남신의주' '유동'에 사는 '박시봉'이라는 사람의 집에 세를 들어 사는 화자가 자신의 근황과 심경을 써 내려간 작품이다. 화자는 슬픔과 회한에 빠져 지냈지만, 자신의 삶을 이끌어 가는 운명의 힘을 깨닫고 '굳고 정한 갈매나무'를 떠올리며 생의 의욕을 갖게 된다. 이러한 화자의 모습을 통해 어두운 현실 아래 방황하는 지식인의 고뇌와 그 극복 과정을 생생하게 느낄 수 있다.

지식 더하기

백석의 시에 나타난 '방'의 의미
백석의 시에 나타나는 '방'은 작가의 체험 공간이자 고립과 존재 인식의 상징 공간이기도 하다. 특히 「남신의주 유동 박시봉 방」에 나타난 시적 화자의 '방'은 '수직적인 공간 구조'를 가졌다고 평가된다. 이 시의 내용은 고립과 초월에 관한 것으로, '방'을 낮은 공간으로, '산, 나무'를 높은 공간으로 두어 화자의 수직적인 공간 지향의 열망을 표현하고 있다.

엮어 읽기

윤동주, 「쉽게 씌어진 시」 (➡210쪽)
윤동주의 「쉽게 씌어진 시」에는 '남의 나라'로 인식되는 '육첩방'에서 자신의 모습을 성찰하고 '방'에서 '외부'로 시선을 돌려 자아의 새로운 지향을 발견하게 되는 시적 화자가 등장한다. 백석의 「남신의주 유동 박시봉 방」에서도 '방'에서 자신에 대해 자괴감과 슬픔, 서러움을 느끼던 시적 화자가 시선을 전환함으로써 자아를 긍정하고 새로운 의지를 얻게 된다는 점에서 두 시를 함께 엮어 읽어 볼 수 있다.

[A]
「어느 사이에 나는 아내도 없고, 또,
아내와 같이 살던 집도 없어지고,
그리고 살뜰한 부모며 동생들과도 **멀리 떨어져서,**」
그 어느 바람 세인 쓸쓸한 거리 끝에 헤매이었다.
(화자의 외롭고 쓸쓸한 처지)
(「 」: 가족, 고향 상실 + 유랑의 삶 → 화자의 처지)
바로 날도 저물어서, / 바람은 더욱 세게 불고, 추위는 점점 더해 오는데,
(부정적 상황의 심화)
나는 어느 목수네 집 헌 삿을 깐,
한 [방]에 들어서 쥔을 붙이었다*.

[B]
이리하여 나는 이 습내 나는 춥고, 누긋한 방에서,
낮이나 밤이나 나는 **나 혼자**도 너무 많은 것같이 생각하며,
(자신의 몸 하나도 감당하기 힘든 상황)
딜옹배기*에 북덕불*이라도 담겨 오면,
이것을 안고 손을 쬐며 재 우에 뜻 없이 글자를 쓰기도 하며,
또 문밖에 나가지두 않구 자리에 누워서,
머리에 손깍지 베개를 하고 굴기도 하면서,
(화자의 무기력한 모습)
나는 내 슬픔이며 어리석음이며를 소처럼 연하여 새김질하는 것이었다.
(자신의 슬픔, 어리석음에 대한 성찰)

[C]
내 가슴이 꽉 메어 올 적이며, / 내 눈에 뜨거운 것이 핑 괴일 적이며,
또 내 스스로 화끈 낯이 붉도록 부끄러울 적이며,
(유사한 구조의 반복 – 슬픔과 부끄러움, 답답함의 정서 심화)
나는 내 슬픔과 어리석음에 눌리어 **죽을 수밖에 없는** 것을 느끼는 것이었다.
(좌절, 절망)

[D]
그러나 잠시 뒤에 나는 고개를 들어,
(화자의 시선의 방향이 전환됨. → 어조 및 정서의 전환점(절망 → 희망))
허연 문창을 바라보든가 또 눈을 떠서 높은 **천장**을 쳐다보는 것인데,
(바닥에 누워 있던 화자의 시선이 높은 곳으로 이동)
이때 나는 내 뜻이며 힘으로, 나를 이끌어 가는 것이 힘든 일인 것을 생각하고,
이것들보다 더 크고, 높은 것이 있어서, 나를 마음대로 굴려 가는 것을 생각하는 것인데,

[E]
이렇게 하여 여러 날이 지나는 동안에,
내 어지러운 마음에는 슬픔이며, 한탄이며, 가라앉을 것은 차츰 앙금이 되어 가라앉고,
(슬픔, 한탄, 부끄러움과 같은 감정이 진정됨.)
외로운 생각만이 드는 때쯤 해서는,
더러 나줏손*에 쌀랑쌀랑 싸락눈이 와서 문창을 치기도 하는 때도 있는데,
나는 이런 저녁에는 화로를 더욱 다가 끼며, 무릎을 꿇어 보며,
어느 먼 산 뒷옆에 바우 섶*에 따로 외로이 서서,
어두워 오는데 하이야니 눈을 맞을, 그 마른 잎새에는,
쌀랑쌀랑 소리도 나며 눈을 맞을,
(시각적, 청각적 심상을 동원 – 갈매나무의 속성 형상화(의지, 외로움, 어려운 상황에 맞섬.))
그 드물다는 **굳고 정한 갈매나무**라는 나무를 생각하는 것이었다.
(화자가 본받고자 하는 대상(어려운 상황에도 굴하지 않는 굳은 의지와 희망의 표상))

*남신의주 유동 박시봉 방: '유동'은 신의주 남쪽의 동네 이름, '박시봉'은 시의 문맥에서 화자가 세 들어 산 집주인의 이름이며, '방'은 편지에서 세대주나 집주인의 이름 아래 붙여 그 집에 거처하고 있음을 나타내는 말. 시의 제목이 편지 봉투에 쓰인 주소의 성격을 띠고 있음.
*쥔을 붙이었다 세를 얻어 생활하였다.
*딜옹배기 둥글넓적하고 아가리가 넓게 벌어진 질그릇.
*북덕불 짚이나 풀 따위를 태워 피운 화롯불.
*나줏손 저녁 무렵.
*섶 '옆'의 평안도 방언.

원리로 작품 정리하기

원리1 화자, 대상, 청자
화자는 (❶)에서 외롭고 고단한 삶을 살면서 자신의 삶에 대해 생각하고 있음.

원리2 상황, 정서, 태도, 어조
- 상황: '아내도 없고', '집도 없어지고', '살뜰한 부모며 동생들과도 멀리 떨어져서'
  → 가족과 떨어져 홀로 사는 삶
- 정서: 슬픔, 외로움, (❷)

원리3 시어와 심상
- (❸)적 정감을 불러일으키는 소재 + 방언의 사용
- 시각적, 청각적 심상의 사용: '어두워 오는데 하이야니 눈을 맞을'(시각적 심상), '쌀랑쌀랑 소리도 나며'((❹)적 심상)

원리4 발상·표현, 표현 기법
유사한 시구의 (❺): '내 가슴이 꽉 메어 올 적이며, / 내 눈에 뜨거운 것이 핑 괴일 적이며, / 또 내 스스로 화끈 낯이 붉도록 부끄러울 적이며,'

원리5 시상 전개, 시적 형상화

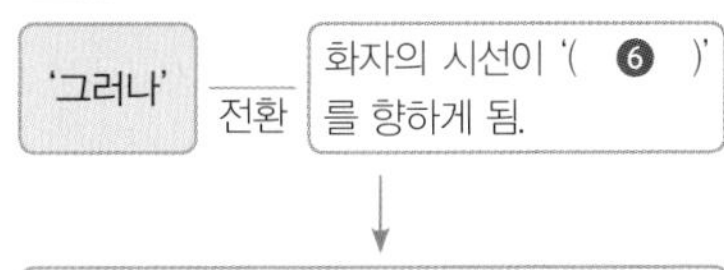

좌절에서 (❼)에 이르는 과정을 형상화함.

원리6 소통 구조, 맥락을 고려한 이해와 감상
이 시에는 가난하고 외로운 현실로 인해 슬픔과 부끄러움, 자괴감을 느끼던 화자가 자신이 처한 상황을 운명적으로 수용하고 '갈매나무'를 떠올리며 굳고 정결한 삶의 태도를 다짐하는 모습이 드러나 있다.

정답 ❶ 타향 ❷ 자괴감 ❸ 향토 ❹ 청각 ❺ 반복 ❻ 위 ❼ 극복

실전 연습하기

내신형 9264-0209

01 윗글에 대한 설명으로 적절하지 않은 것은?

① 담담한 어조를 통해 화자의 내면을 드러내고 있다.
② 유사한 시구를 반복하여 운율감을 느끼게 하고 있다.
③ 토속적 시어를 통해 향토적 정감을 불러일으키고 있다.
④ 계절적, 시간적 배경이 작품의 분위기와 연결되고 있다.
⑤ 시각적 심상 표현의 대비를 통해 장면을 묘사하고 있다.

빈칸 완성형 9264-0210

02 윗글에서는 화자가 '아래'에서 '위'로 ( )의 방향을 전환함으로써 자신의 ( )에 대한 반성에서 벗어나 자신보다 '더 크고 높은 것'을 인식하고 새로운 지향을 설정하는 과정이 드러나 있다.

서술형 9264-0211

03 윗글의 시어 '그러나'의 기능을 설명하고, 이와 관련된 시적 화자의 태도 변화를 설명하시오.

수능형 2013학년도 6월 고2 학력평가 B형 9264-0212

04 윗글의 공간적 배경인 [방]을 [A]~[E]와 관련하여 이해한 내용으로 적절하지 않은 것은?

① [A]: 화자가 가족이나 고향과 '멀리 떨어져서' 외롭게 지내는 자신의 처지를 확인하는 공간이다.
② [B]: '나 혼자' 누워 있는 단절된 공간으로, 화자가 자신의 삶에 대해 끊임없이 고뇌하는 공간이다.
③ [C]: '죽을 수밖에 없'다고 느낄 만큼 화자의 절망감이 심화되는 공간이다.
④ [D]: 화자가 '천장'을 쳐다보며 운명론에서 벗어나 타인에 대한 책임감을 느끼는 공간이다.
⑤ [E]: 화자가 '굳고 정한 갈매나무'를 생각하며 현실 극복의 의지를 드러내는 공간이다.

054 모닥불 _ 백석

수록 교과서
문학 _천재(정)

작품 미리보기

주제 모닥불을 보고 떠올린 민족 공동체의 모습과 비극적 역사

특징
① 보조사 '도'를 사용하여 소재를 열거함.
② 현재의 정황을 제시하고 이를 통해 과거의 모습을 떠올리게 함.

구성
1~2연: 사소한 물건들을 모아 피워 낸 따뜻한 모닥불 앞에서 사람들과 동물들이 한데 어울려 불을 쬐는 모습
3연: 모닥불을 통해 연상해 낸 할아버지의 삶의 내력과 민족의 서글픈 역사

작품 자세히 읽기

이 작품은 백석이 시를 통해 구현하려 했던 농촌 공동체의 정신이 잘 드러난 작품이다. '모닥불'을 중심으로 1연에서는 개별적 사물들이, 2연에서는 사람과 동물들이 하나로 수렴되어 가는 과정이 드러나 있다면, 3연에서는 모닥불로 인해 연상되는 역사의 아픔이 형상화되어 있다. '몽둥발이가 된 슬픈 역사'는 어린 나이에 고아가 된 할아버지의 슬픈 삶의 내력과 나라를 잃고 의지할 곳을 상실한 우리 민족의 수난의 역사를 떠올리게 한다. 이로 보아 중심 제재인 '모닥불'은 농촌의 사물과 사람들이 어울려 만드는 합일과 조화를 표현함과 동시에, 수난의 역사를 간직한 상징이라 할 수 있다.

지식 더하기

다양한 소재의 나열

나열을 통해 다양한 소재를 엮는 수법은 다양한 요소를 어떤 공통적 기반 위에서 하나로 묶고, 그것을 줄줄이 이어 나가는 수법, 곧 엮음이다. 「모닥불」에서의 엮음은 사물의 이름을 나열하는 형태로, 이 같은 수법은 사설시조, 타령형의 민요에서도 전형적인 양상을 찾아볼 수 있다. 말을 꺾거나 접지 않고 한꺼번에 몰아붙여 엮어 나감으로써 리듬감과 속도감을 획득하고, 함께 모인 사물들 사이에 일종의 '일체감'을 부여하여 작품의 주제 형성에도 일조한다.

엮어 읽기

고재종, 「세한도」 (➲058쪽)

백석의 「모닥불」과 고재종의 「세한도」는 둘 다 농촌 공동체를 이루며 살아온 이들의 아픔을 형상화하면서 중심 소재를 통해 주제 의식을 드러내고 있다. 「모닥불」은 '모닥불'을 통해 우리가 견디어 온 슬픈 역사를 드러내면서 비극적 역사와 모든 존재를 포용하는 조화와 평등의 공동체적 합일의 정신을 보여 주고 있다. 「세한도」는 힘겨운 농촌 현실을 지켜보았던 '청솔'을 통해 현실의 어려움을 이겨 낼 수 있는 희망을 품고 있는 사람들을 보여 주고 있다.

1「새끼오리*도 헌신짝도 소똥도 갓신창*도 개니빠디*도 너울쪽*도 짚검불도 가랑잎도 머리카락도 헝겊조각도 막대꼬치도 기왓장도 닭의 짗*도 개터럭도 타는 모닥불」

1「 」: 여러 가지 사물들을 집어넣어 피워 낸 모닥불

2「재당도 초시도 문장(門長) 늙은이도 더부살이 아이도 새사위도 갓사둔*도 나그네도 주인도 할아버지도 손자도 붓장사도 땜장이*도 큰 개도 강아지도 모두 모닥불을 쪼인다」

2「 」: 차이, 구별 없이 모두 한자리에 모여 모닥불을 쬐는 사람들과 동물들

3「모닥불은 어려서 우리 할아버지가 어미 아비 없는 서러운 아이로 불쌍하니도 몽둥발이*가 된 슬픈 역사가 있다」 3「 」: 모닥불로 인해 환기되는 이전 세대와 민족의 슬픈 역사들

*새끼오리 '새끼줄'의 방언.
*갓신창, 개니빠디, 너울쪽, 닭의 짗 각각 '가죽신의 밑창', '개의 이빨', '널빤지 조각', '닭의 깃털'을 의미함. 1연에서 보조사 '도'로 연결된 소재들은 개별적으로는 쓸모없는 사소한 물건들이지만 모여서 따뜻한 모닥불을 피워 내는 힘을 발휘하는 것들임.
*갓사둔, 땜장이 각각 '새 사돈', '땜질을 직업으로 하는 사람'의 의미. 2연에서 나열된 사람 · 동물들은 둘씩 묶여 대조·대응의 의미 관계를 형성하는데, 이를 통해 선후, 위아래의 차별 없이 모두 동등하게 어울려 모닥불을 쬐는 사람들의 모습을 형상화하고 있음.
*몽둥발이 딸려 붙었던 것이 다 떨어지고 몸뚱이만 남은 것. 여기서는 어려서부터 의지할 곳이 없어진 '할아버지'의 처지를 비유적으로 드러낸 표현.

원리로 작품 정리하기

원리1 화자, 대상, 청자
화자는 (❶)과 주위의 사람들을 바라보면서 '할아버지'를 떠올리고 있음.

원리2 상황, 정서, 태도, 어조
화자는 모닥불을 보고 떠올린 '할아버지'의 슬픈 내력 – '어려서 우리 할아버지가 어미아비 없는 서러운 아이로 불쌍하니도 몽둥발이가 된' – 을 드러내면서 (❷)의 감정을 표현함.

원리3 시어와 심상
- 1연의 시어들: (❸)적으로는 보잘것없고 소용없어 보이는 물건들 – 모여서 따뜻한 모닥불을 피워 내는 힘을 지님.
- 2연의 사람들과 동물들: 선후, 위아래의 (❹) 없이 한데 모여 모닥불을 쬐는 모습

원리4 발상·표현, 표현 기법
보조사 '도'를 사용하여 운율감을 형성하고 소재들을 (❺)함.

원리5 시상 전개, 시적 형상화
- 3연에서 연상의 방향

모닥불
↓ 연상
'할아버지'의 서럽고 불쌍한 삶의 모습
↓ 연상
민족의 (❻)

원리6 소통 구조, 맥락을 고려한 이해와 감상
이 시는 '모닥불'을 통해 '할아버지'의 내력과 민족의 슬픈 역사에까지 연상의 범위를 (❼)함으로써 소재가 지닌 공동체적 의미를 드러내고 있다.

정답 ❶ 모닥불 ❷ 연민 ❸ 개별 ❹ 차별 ❺ 나열 ❻ 슬픈 역사 ❼ 확장

실전 연습하기

내신형 9264-0213

01 윗글에서 운율감의 형성에 주된 영향을 미치는 요소로 가장 적절한 것은?

① 보조사 '도'의 반복
② 유사한 통사 구조의 반복
③ 첫 부분과 끝부분이 대응되는 형식
④ 동일한 어미로 종결되는 각 연의 마지막 부분
⑤ 각 연의 특정 위치에서 반복적으로 제시되는 음운

빈칸 완성형 9264-0214

02 윗글에서는 사물의 ( )을 통해 한자리에 모인 다양한 소재들 사이의 '조화와 ( )'이라는 시적 의미를 부각하고 있다.

서술형 9264-0215

03 윗글의 '할아버지'와 관련하여 '몽둥발이'의 의미를 설명하시오.

수능형 9264-0216

04 윗글의 시어에 대한 설명으로 적절하지 않은 것은?

① '새끼오리'에서 '개터럭'에 이르기까지 1연에서 제시된 소재들은 모두 개별적으로 볼 때 '보잘것없고 쓸모없는 것들'이라는 공통점을 지니고 있다.
② 1연의 소재들은 따뜻한 모닥불을 피워 내고 2연의 존재들을 한데 모이게 한다는 데서 그 효용이 새로이 인식되고 있다.
③ 2연의 존재들은 '모닥불'로 인해 형성되는 공동체의 모습을 띠고 있다.
④ '재당과 초시', '문장 늙은이와 더부살이 아이', '나그네와 주인', '할아버지와 손자'로 제시된 인물들 간의 관계는 '차별로 인한 갈등의 해소'라는 이 시의 주제 의식을 드러낸다.
⑤ 3연의 '모닥불은 ~ 슬픈 역사가 있다'라는 구절을 통해 '모닥불'이 '할아버지'를 비롯한 우리 민족이 걸어온 슬픈 내력을 떠올리게 하는 소재임을 짐작할 수 있다.

055 여승 _ 백석

수록 교과서
국어 _비상(박영)

여승(女僧)은 합장(合掌)하고 절을 했다
가지취*의 내음새가 났다
(속세에 대한 미련을 버린 여승의 모습을 감각적으로 표현함.)
쓸쓸한 낯이 옛날같이 늙었다
(세월의 풍파를 거친 여인의 모습)
나는 불경(佛經)처럼 서러워졌다

평안도(平安道)의 어느 산(山) 깊은 **금점판***
(화자와 여인이 처음 만난 장소)
나는 파리한 여인(女人)에게서 **옥수수**를 샀다
여인은 나어린 딸아이를 따리며 가을밤같이 차게 울었다

섶벌같이 나아간 지아비 기다려 **십 년(十年)이** 갔다
지아비는 **돌아오지** 않고
어린 딸은 도라지꽃이 좋아 돌무덤으로 갔다
(여승이 되기 전에 여인이 겪은 비극적인 삶의 내력을 드러내고 있음.)

산(山)꿩도 섧게 울은 슬픈 날이 있었다
(감정 이입을 통해 여인이 여승이 된 날의 슬픔을 드러냄.)
산(山)절의 마당귀에 **여인의 머리오리가 눈물방울과 같이 떨어진 날**이 있었다
(한 많은 속세를 떠나려고 여인이 여승이 되고자 한 날)

*가지취 취나물의 일종.
*금점판 예전에, 주로 수공업적 방식으로 작업하던 금광의 일터.

작품 미리보기

주제 식민지 시대 한 여인의 비극적인 삶

특징
① 역순행적인 구성 방식을 취함.
② 비유적 표현으로 상황을 나타냄.
③ 감정 이입을 통해 정서를 표출함.

구성
1연: 여승이 된 여인과 '나'의 만남
2연: 여인과 '나'의 첫 만남
3연: 여인의 비극적인 삶
4연: 속세를 떠나 여승이 된 여인의 슬픔

작품 자세히 읽기

이 시는 일제 강점기에 비극적 삶을 살아가는 한 여인의 모습을 형상화하고 있다. 한 여인이 가족을 잃고 여승이 되기까지의 일생을 역순행적 구성 방법으로 전개하고 있는데, 1연은 여승이 된 여인의 현재 모습이며, 2~4연은 여승이 되기까지의 비극적인 삶의 내력이 나타나 있다. 지아비는 돌아오지 않고 딸은 죽게 되자 한 많은 속세를 떠나 여승이 되기로 한 여인의 비애가 시대의 아픔을 대변하고 있다.

지식 더하기

'여승'에 반영된 시대 상황

1930년대는 일제 강점기로 일본의 착취와 억압이 심해지던 시기이다. 당대를 살아가던 민중들은 극빈한 생활 속에서 목숨을 부지하는 것도 어려웠고, 목숨을 이어 간다고 하더라도 행복한 가정을 꾸려 평범하게 사는 일조차 불가능한 상황이었다. 그런 과정에서 고향을 떠나 떠돌아다니거나 가족이 해체되는 경우가 많았다. 지아비와 헤어지고 딸과 사별한 후 여승이 된 여인의 삶은 식민지 현실에 희생당한 우리 민족의 삶을 대변한다고 할 수 있다.

엮어 읽기

백석, 「수라」 (➲023쪽)

이 시와 「수라」는 모두 가족 공동체가 해체된 상황을 노래하고 있다. 이 시의 화자가 여승이 된 한 여인의 비극적인 삶을 서러워하고 있다면, 「수라」의 화자는 자신으로 인해 이산가족의 처지가 된 거미 가족을 통해 가족의 해체를 서러워하고 있다. 이 시가 여승이 된 여인에 대한 관찰을 통해 가족이 해체된 상황에 대한 비애를 드러내고 있는 반면, 「수라」는 서로 헤어진 거미 가족의 상황을 통해 느껴지는 비애를 드러내고 있다.

원리로 작품 정리하기

원리1 화자, 대상, 청자

화자와 대상: 화자는 지아비와 헤어지고, 딸을 잃고, (❶)이 된 여인의 삶에 주목하고 있음.

원리2 상황, 정서, 태도, 어조

- 과거 금점판에서 만났던 여인을 다시 만났을 때 그 여인은 여승이 되어 있었음.
- 여승이 된 여인의 내력을 알게 된 화자는 (❷)의 정서를 표출하고 있음.

원리3 시어와 심상

- 불경: 종교에 귀의할 수밖에 없는 여인의 기구한 삶을 함축하고 있음.
- (❸): 나이 어린 딸의 죽음을 함축하고 있음.

원리4 발상·표현, 표현 기법

- (❹)적 이미지를 사용하여 속세를 떠난 여승이 된 여인의 모습을 감각적으로 표현함.
- (❺)을 통해 여인이 여승이 된 날의 슬픔을 표현하고 있음.

원리5 시상 전개, 시적 형상화

'여승'과 만난 '나'는 '여인'과의 첫 만남을 회상하며 서러움을 느낌.

원리6 소통 구조, 맥락을 고려한 이해와 감상

화자는 여승이 된 여인의 비극적인 삶을 보여 줌으로써 일제 강점기 때 가족 (❻)가 해체되고 고향을 떠날 수밖에 없었던 우리 민족의 현실을 드러내고 있다.

정답 ❶ 여승 ❷ 서러움 ❸ 돌무덤 ❹ 후각 ❺ 감정 이입 ❻ 공동체

실전 연습하기

내신형 9264-0217

01 윗글에 대한 설명으로 가장 적절한 것은?

① 비유적 표현을 통해 시적 상황을 효과적으로 나타내고 있다.
② 상승과 하강의 이미지를 대비하여 시적 의미를 강화하고 있다.
③ 현재 시제를 사용하여 시적 상황을 현장감 있게 제시하고 있다.
④ 공간에 대한 세밀한 묘사를 통해 화자의 심리 상태를 부각하고 있다.
⑤ 음성 상징어를 사용하여 시적 대상이 지닌 정서를 생동감 있게 드러내고 있다.

빈칸 완성형 9264-0218

02 (　　　)(라)는 시행은 여승이 된 여인이 속세를 떠나 산속에 있는 절에서 지낸 지 오래 되었음을 감각적으로 나타내고 있으며, (　　　)(라)는 시행은 자연물에 감정을 이입하여 여승이 된 여인의 슬픔을 형상화하고 있다.

서술형 9264-0219

03 윗글의 화자와 '여인'이 처음으로 만나는 사건이 제시된 시행을 찾아 쓰시오.

수능형 2019학년도 6월 고1 학력평가 9264-0220

04 〈보기〉를 바탕으로 윗글을 감상한 내용으로 적절하지 않은 것은?

보기

「여승」은 한 여인의 비극적 삶을 통해 일제의 식민지 수탈로 농촌 공동체가 몰락하고 가족 공동체가 파괴되는 당대의 현실을 그리고 있다. 이 작품은 가족의 생계를 위해 집을 떠난 지아비를 찾아 금점판을 떠돌다가 어린 딸마저 잃고 여승이 되어 버린 한 여인의 기구한 인생을 4연 12행의 짧은 구성으로 밀도 있게 보여 준다. 또한 이 시의 시상은 시간적 흐름에 따르지 않고 시간적 순서를 재구성하여 전개되고 있는 것이 특징이다.

① 여인이 '금점판'에서 '옥수수'를 팔고 '나'가 그 '옥수수'를 사는 것은 농촌 공동체의 몰락과 이를 회복하기 위한 행위로 볼 수 있군.
② '섶벌같이 나아간 지아비'가 '십 년이' 지나도록 '돌아오지' 않은 사실은 가난으로 인해 가족 공동체가 파괴된 모습으로 볼 수 있군.
③ '어린 딸'이 '도라지꽃이 좋아 돌무덤으로 갔다'는 것은 남편을 찾아 떠돌다가 딸마저 잃게 된 여인의 기구한 삶을 드러낸 것이군.
④ '여인의 머리오리가 눈물방울과 같이 떨어진 날'은 여인이 현실의 삶을 견디지 못하고 여승이 된 날로 볼 수 있군.
⑤ 여인의 비극적인 삶을 재구성하여 1연에서는 여승이 된 현재 모습을, 2~4연에서는 여승이 되기까지의 과거 모습을 보여 주고 있군.

056 여우난 골족* _백석

수록 교과서
문학 _동아, 비상

작품 미리보기

주제 친척들이 모인 명절날 큰집의 흥겨움으로 기억되는 가족 공동체와 고향, 유년기에 대한 애정과 그리움

특징
① 시간의 흐름에 따라 시의 내용이 서술되고 있음.
② 다양한 감각적 심상과 수식 어구의 나열을 통해 여러 인물의 모습이 구체화됨.

구성
1연: 명절날 큰집에 가던 어린 시절의 기억
2~3연: 큰집에 모이던 친척들과 명절의 다양한 음식
4연: 명절의 흥겨움을 즐기는 아이들의 모습

작품 자세히 읽기

이 시는 명절날 일가친척들이 큰집에 모여 하루를 보내는 모습을 시간의 흐름에 따라 그려 내고 있다. 이 시의 시간적 배경은 명절날 아침에서부터 그다음 날 아침까지이며, 이러한 시간을 배경으로 명절 제사와 놀이, 이야기와 음식 만들기 등의 다양한 명절 풍경이 제시되고 있다. 시인은 어린 시절에 체험했던 명절의 흥겨운 분위기를 제시함으로써 가족 공동체에 대한 애정과 이러한 삶이 가능했던 과거 유년기 고향에 대한 그리움을 함께 드러내고 있다.

지식 더하기

백석 시에 나타나는 공동체

백석 시의 인물들이 이루는 공동체는 이들이 함께 나누는 각종 음식과 놀이의 재현으로 더욱 구체적인 감각을 획득한다. 유년 화자의 시선을 통해 자연스럽게 강조되는 음식과 놀이의 세계는 토속적인 가족 공동체에 내재하던 행복한 과거 체험의 기억을 환기한다. 이 시의 화자는 자신의 체험을 그대로 묘사하고 서술할 뿐이어서 더욱 사실적인 느낌을 준다. 친족의 유대 관계와 각종 음식과 놀이 등 전통적 삶의 모습이 구체적으로 복원되면서 건강하고 풍요로운 공동체의 분위기가 생생하게 전달된다.

엮어 읽기

백석, 「고향」 (158쪽)

백석 시의 '고향'은 '공동체', '가족', '유년기', '과거', '유토피아' 등의 의미들을 총체적으로 포괄하는 공간이다. 이러한 공간으로서의 '고향'의 의미는 백석의 시 중 특히 「고향」과 「여우난 골족」에서 두드러진다.

㉠명절날 나는 엄매 아배 따라 우리 집 개는 나를 따라 진할머니 진할아버지*가 있는 큰집으로 가면 : 시간적·공간적 배경

「얼굴에 ㉡별 자국이 솜솜 난* 말수와 같이 눈도 껌벅거리는* 하루에 베 한 필을 짠다는* 벌 하나 건너 집엔 복숭아나무가 많은 신리(新里) 고모 고모의 딸 이녀(李女) 작은 이녀(李女)
명절날 큰집에 모이는 친척들 – 수식 어구의 나열, 중첩을 통해 형상화
열여섯에 사십이 넘은 홀아비의 후처가 된 포족족하니 성이 잘 나는 살빛이 매감탕* 같은 입술과 젖꼭지는 더 까만 예수쟁이 마을 가까이 사는 토산(土山) 고모 고모의 딸 승녀 아들 승동이

육십 리라고 해서 파랗게 보이는 산을 넘어 있다는 해변에서 과부가 된 코끝이 빨간 언제나 흰옷이 정하던 말끝에 섧게 눈물을 짤 때가 많은 큰골 고모 고모의 딸 홍녀(洪女) 아들 홍동이 작은 홍동이」 「 」: '이녀', '승녀', '홍녀', '홍동이' 등은 평북 지방에서 아이들을 지칭할 때 쓰이는 애칭임.

배나무 접을 잘하는 주정을 하면 토방돌을 뽑는 오리치를 잘 놓는 먼 섬에 반디젓 담그러 가기를 좋아하는 삼촌 삼촌엄매 사촌 누이 사촌 동생들

㉢이 그득히들 할머니 할아버지가 있는 안간에들 모여서 방안에서는 새 옷의 내음새가 나고
또 인절미 송기떡 콩가루차떡의 내음새도 나고 끼때의 두부와 콩나물과 볶은 잔대와 고사리와 도야지비계는 모두 선득선득하니 찬 것들이다 [ ]: 감각적 심상을 사용하여 명절의 흥겹고 풍요로운 분위기를 구체화함.
명절의 음식 열거 → 명절의 풍요로움을 구체화함.(촉각적 심상)

저녁술을 놓은 아이들은 외양간 옆 밭마당에 달린 배나무 동산에서 쥐잡이를 하고 숨굴막질을 하고 꼬리잡이를 하고 가마 타고 시집가는 놀음 말 타고 장가가는 놀음을 하고 이렇게 밤이 어둡도록 북적하니 논다 → 아이들의 놀이 열거 → 명절의 흥겨운 분위기를 자아냄.

밤이 깊어 가는 집안엔 엄매는 엄매들끼리 아랫간에서들 웃고 이야기하고 아이들은 아이들끼리 웃간 한 방을 잡고 ㉣조아질하고 쌈방이 굴리고 바리깨돌림하고 호박떼기하고 제비손이구손이하고 이렇게 화대의 사기방등*에 심지를 몇 번이나 돋우고 홍게닭*이 몇 번이나 울어서 졸음이 오면 아랫목싸움 자리싸움을 하며 히드득거리다 잠이 든다 그래서는 문창에 텅납새*의 그림자가 치는 아침 시누이 동세들이 욱적하니 홍성거리는 부엌으론 ㉤샛문 틈으로 장지문 틈으로 무이징게국을 끓이는 맛있는 내음새가 올라오도록 잔다

*여우난 골족 여우가 나는 마을 부근에 사는 일가친척들.
*진할머니 진할아버지 할머니, 할아버지.
*별 자국이 솜솜 난 마마(천연두)로 얽은 자국을 가리킴.
*말수와 같이 눈도 껌벅거리는 자기표현이 자유롭지 못하고 어눌한.
*하루에 베 한 필을 짠다는 우직하니 일만 하는 성격.
*매감탕 엿을 고아 내거나 메주를 쑤어 낸 솥에 남은 진한 갈색의 물.
*화대의 사기방등 '사기방등'은 '사기로 만든 등' → 등잔걸이의 사기 등잔불.
*홍게닭 '새벽닭'의 평안도 사투리.
*텅납새 추녀(네모지고 끝이 번쩍 들린, 처마의 네 귀에 있는 큰 서까래).

원리로 작품 정리하기

원리1 화자, 대상, 청자
화자인 '나'는 어린 소년으로, 큰집에 모인 친척들의 삶과 (❶)의 흥겨운 분위기를 묘사하고 있음.

원리2 상황, 정서, 태도, 어조
화자는 친척들이 모인 흥겨운 명절날의 모습을 묘사함으로써 가족 공동체에 대한 애정과 (❷)을 드러내고 있음.

원리3 시어와 심상
- (❸)과 토속적 소재의 활용으로 향토적 정감을 환기함.
- 다양한 감각적 (❹)의 사용

원리4 발상·표현, 표현 기법
- 수식 어구의 (❺)을 통해 리듬감 형성, 호흡 조절, 대상의 모습을 (❻)
- 현재형 시제를 사용: 생동감과 현장감 부여

원리5 시상 전개, 시적 형상화
(❼)의 흐름에 따른 시상의 전개

명절날 큰집에 모인 친척들의 모습 묘사
↓
'저녁술을 놓은' 후 '밤이 깊어 가는 집안'
↓
'홍게닭이 몇 번이나' 운 깊은 밤
↓
'텅납새의 그림자가 치는', '무이징게국을 끓이는 맛있는 내음새가 올라오'는 아침

원리6 소통 구조, 맥락을 고려한 이해와 감상
이 시는 명절날 함께 모인 친척들로 인해 흥겨운 큰집의 분위기를 묘사함으로써 가족 공동체의 정겨움과 애정을 표현하고 있다. 시인은 이러한 생활이 가능했던 유년 시절/고향/과거에 대한 그리움을 드러내면서 이러한 공동체적 삶의 (❽)을 지향하는 태도를 드러내고 있는 것으로 볼 수 있다.

정답 ❶ 명절 ❷ 그리움 ❸ 방언 ❹ 심상 ❺ 나열 ❻ 구체화 ❼ 시간 ❽ 회복

실전 연습하기

내신형 9264-0221

01 윗글에서 유년 시절의 화자의 목소리를 통해 얻을 수 있는 효과로 가장 적절한 것은?

① 고향의 상실로 인한 서글픔을 강조하고 있다.
② 과거에 대한 애정과 그리움의 정서를 부각하고 있다.
③ 현재의 자신에 대한 반성과 성찰의 어조를 강화하고 있다.
④ 시에 등장하는 인물들의 이면을 간접적으로 드러내고 있다.
⑤ 소년의 시각과 성인의 시각을 대조하여 판단을 유도하고 있다.

빈칸 완성형 9264-0222

02 윗글에서는 (   )의 흐름에 따른 명절의 다양한 풍경이 (   )적으로 그려지고 있다.

서술형 9264-0223

03 윗글에서 현재형 시제의 사용을 통해 얻을 수 있는 효과를 설명하시오.

수능형 9264-0224

04 ㉠~㉤에 대한 설명으로 적절하지 않은 것은?

① ㉠: 명절날 부모를 따라 이동하는 화자의 모습과 함께 공간적, 시간적 배경을 제시하고 있다.
② ㉡: 외양과 행동 묘사를 통해 인물의 특징을 드러내고 있다.
③ ㉢: 명절의 북적이고 흥겨운 분위기를 특정 감각을 통해 집약적으로 표현하고 있다.
④ ㉣: 다양한 민속놀이와 관련된 어휘를 나열하여 세대 간의 화합을 이루는 모습을 구체화하고 있다.
⑤ ㉤: 감각적 심상을 제시하면서 시간이 경과하였음을 표현하고 있다.

057 흰 바람벽이 있어 _ 백석

수록 교과서
국어 _해냄
문학 _금성, 지학사, 해냄

작품 미리보기

주제 부정적인 현실 속에서도 자신의 삶을 긍정하고 고결함을 잃지 않으려는 삶의 태도

특징
① 성찰을 통해 드러나는 화자의 내면 풍경을 '흰 바람벽'에 비치는 이미지로 표현함.
② 시각적, 촉각적 심상을 활용하여 화자의 정서를 구체적으로 드러냄.

구성
1~6행: 흰 바람벽에 비친 현재의 삶 – 가난함, 외로움, 쓸쓸함
7~16행: 흰 바람벽에 비친 그리운 사람들
17~23행: 흰 바람벽에 드러난 '나'의 운명 – 가난하고 외롭고 고결하게 살도록 태어난 존재
24~29행: 흰 바람벽을 통해 받는 위로 – 자신의 운명에 대한 긍정과 수용

작품 자세히 읽기

이 시는 가난과 고독 속에서 지친 삶을 살면서도 성찰을 통해 고단한 운명과 삶을 긍정적으로 수용하며 고결한 삶을 지향하는 화자의 자세를 보여 주고 있다. 이러한 상황과 관련하여 '흰 바람벽'은 화자의 자기 응시의 공간이자 성찰의 공간을 의미한다.

지식 더하기

'프랑시스 잼', 도연명, '라이넬 마리아 릴케'
프랑시스 잼은 당대 유행했던 상징주의 경향의 시를 배격하고 전원을 배경으로 한 자유시를 즐겨 쓴 프랑스 시인이다. 라이너 마리아 릴케는 인간의 근원적 고독에 대한 성찰을 주로 하여 자신만의 시 세계를 구축한 시인으로 평가받는다. 「도화원기」, 「귀거래사」로 유명한 도연명은 중국 시인들 중 은둔자, 전원 시인의 최고로 꼽히는 인물이다.

엮어 읽기

백석, 「남신의주 유동 박시봉 방」 (➲164쪽)
백석의 또다른 작품인 「남신의주 유동 박시봉 방」에서는 좁은 방에서 외롭고 쓸쓸한 자신의 삶을 돌이켜보다가 시선을 이동하여 갈매나무와 같이 굳고 정갈한 삶의 태도를 지닐 것을 다짐하는 화자가 등장한다. 이러한 모습의 화자는 '바람벽'을 보고 자신의 외롭고 가난하고 쓸쓸한 운명을 긍정하는 「흰 바람벽이 있어」의 화자와 유사한 면모를 지닌다.

1「오늘 저녁 이 **좁다란 방**의 **흰 바람벽**에
어쩐지 **쓸쓸한 것**만이 오고 간다
이 흰 바람벽에
희미한 **십오촉(十五燭) 전등**이 **지치운 불빛**을 내어던지고
때글은 다 **낡은 무명셔츠**가 **어두운 그림자**를 쉬이고
그리고 또 달디단 따끈한 감주나 한잔 먹고 싶다고 생각하는 내* 가지가지 **외로운 생각**이 헤매인다」

> 1「 」: 흰 바람벽 1 – 화자의 가난한 처지를 드러내면서 동시에 내면('외로운 생각')을 투영함.

2「그런데 이것은 또 어인 일인가
이 흰 바람벽에
[A] 내 가난한 늙은 어머니가 있다
내 가난한 늙은 어머니가
이렇게 시퍼러둥둥하니 추운 날인데 차디찬 물에 손은 담그고 무이며 배추를 씻고 있다
또 내 사랑하는 사람이 있다
내 사랑하는 어여쁜 사람이
어느 먼 앞대 조용한 개포가의 나즈막한 집에서
그의 지아비와 마주 앉아 대굿국을 끓여 놓고 저녁을 먹는다
벌써 어린것도 생겨서 옆에 끼고 저녁을 먹는다」

> 2「 」: 흰 바람벽 2 – 화자가 떠올리며 그리워하는 대상(어머니, 내 사랑하는 어여쁜 사람)의 모습을 드러냄.

3「그런데 또 이즈막하여 어느 사이엔가
이 흰 바람벽엔
내 쓸쓸한 얼굴을 쳐다보며
[B] 이러한 글자들이 지나간다
– 나는 이 세상에서 **가난**하고 외롭고 **높**고 쓸쓸하니 살아가도록 태어났다
그리고 이 세상을 살아가는데
내 가슴은 너무도 많이 뜨거운 것으로 호젓한 것으로 사랑으로 슬픔으로 가득찬다」
4「그리고 이번에는 나를 위로하는 듯이 나를 울력*하는 듯이
눈질을 하며 주먹질을 하며 이런 글자들이 지나간다

> 3「 」: 흰 바람벽 3 – 화자 자신에 대한 성찰의 내용을 드러냄.

– 하늘이 이 세상을 내일 적에 그가 가장 귀해하고 사랑하는 것들은 모두
가난하고 외롭고 높고 쓸쓸하니 그리고 언제나 넘치는 사랑과 슬픔 속에 살도록 만
[C] 드신 것이다
초생달과 바구지꽃과 짝새와 당나귀가 그러하듯이
그리고 또 **'프랑시스 잼'**과 도연명(陶淵明)과 '라이넬 마리아 릴케'가 그러하듯이」

> 4「 」: 흰 바람벽 4 – 자신의 외롭고 쓸쓸한 삶에 대한 운명적 인식과 자기 위로를 표현함.

*내 동안.
*울력 힘을 실어 줌.

원리로 작품 정리하기

원리1 화자, 대상, 청자
화자는 '흰 바람벽'을 통해 자신의 삶을 되돌아보고 있음.

원리2 상황, 정서, 태도, 어조
화자는 자신이 처한 (❶)한 삶을 쓸쓸하며 외로운 것이라고 인식하고 있지만, 이를 (❷)하고 긍정하는 태도를 보임.

원리3 시어와 심상
- 좁다란 방, 희미한 십오촉 전등, 때글은 다 낡은 무명셔츠: 화자의 가난한 삶의 모습
- 초생달, 바구지꽃, 짝새, 당나귀 + '프랑시스 잼', 도연명, '라이넬 마리아 릴케': '하늘'이 '가장 귀해하고 사랑하는 것들'이자 '언제나 넘치는 사랑과 슬픔 속에 살도록 만드신 것'이라는 점에서, 화자가 자신과 (❸)하는 대상들

원리4 발상·표현, 표현 기법

흰 바람벽 — 화자의 (❹)을 비추어 주는 도구로 설정

↓

화자가 연상하는 대상이나 과거의 추억, 생각의 내용이 영상처럼 이미지로 투영되는 (❺)으로 삼고 있음.

원리5 시상 전개, 시적 형상화
외로움과 쓸쓸함, 체념의 (❻): 자기 (❼)과 위안을 통한 현실 극복의 의지

원리6 소통 구조, 맥락을 고려한 이해와 감상
이 시는 가난하고 외로운 현실을 운명으로 인식하면서도 이에 굴하지 않고 이를 긍정적으로 받아들이게 되는 과정을 형상화하고 있다.

정답 ❶ 가난 ❷ 수용 ❸ 동일시 ❹ 내면 ❺ 배경 ❻ 극복 ❼ 성찰

실전 연습하기

내신형 2015학년도 3월 고3 학력평가 A형 9264-0225

01 [A]와 [B]에 대한 이해로 가장 적절한 것은?

① [A]와 [B] 모두 화자가 공간을 이동하는 양상이 제시된다.
② [A]와 [B] 모두 계절을 드러내는 시어를 통해 분위기가 조성된다.
③ [A]와 [B] 모두 상승적 이미지를 사용하여 화자의 생각을 전환한다.
④ [A]에서는 타인에 대한 화자의 정서가 환기되고, [B]에서는 화자 자신에 대한 성찰이 드러난다.
⑤ [A]에서는 화자의 현실에 대한 비판적 태도가, [B]에서는 현실에 대한 순응적 태도가 나타난다.

빈칸 완성형 9264-0226

02 윗글에서는 화자가 '흰 바람벽'에 ( )된 이미지를 제시함으로써, ( )을 통해 드러난 화자의 ( ) 풍경을 구체화하고 있다.

서술형 9264-0227

03 [C]에 드러난 윗글의 시상 종결 방식과 그에 따른 효과를 설명하시오.

수능형 2015학년도 3월 고3 학력평가 A형 9264-0228

04 〈보기〉를 바탕으로 윗글을 감상한 내용으로 적절하지 않은 것은?

보기

이 작품에는 '흰 바람벽'에 대한 다양한 이미지가 복합적으로 내재되어 있다. 외풍을 막는 허술한 벽으로서의 초라한 이미지를 보이기도 하고, 쓸쓸함을 자아내는가 하면, 고결함을 상징하는 하얗고 깨끗한 이미지를 지니기도 한다. 또한 더 이상의 탈출구가 없는 한계 상황이나, 상념의 투사가 가능한 스크린이 연상되기도 한다. 이를 통해 화자는 자신의 정서와 처지를 드러내며 삶과 가치관을 집약한다.

① '쓸쓸한 것', '외로운 생각'과 같은 구절을 통해 '흰 바람벽'을 마주하고 있는 화자의 고독이 직접 노출되고 있군.
② '흰 바람벽'이 자아내는 누추한 느낌은 '십오촉 전등'이나 '낡은 무명셔츠'와 같은 구체적 사물을 통해 심화되고 있군.
③ '흰 바람벽'은 '좁다란 방'과 의미적 대립을 이루어 화자가 봉착한 삶의 한계를 상징하고, 이에 대한 화자의 심정이 '지치운 불빛'과 '어두운 그림자'로 비유되고 있군.
④ '흰 바람벽'의 백색이 지닌 깨끗한 이미지는 자신을 '높'게 인식하는 화자의 내면세계와 연결되며, 이를 통해 '가난하'지만 고결한 삶을 지향하는 화자의 가치관을 짐작할 수 있군.
⑤ '흰 바람벽'은 화자의 상념이 투사되는 공간으로, 화자는 '초생달', '프랑시스 잼' 등 열거한 자연물과 인물들에게 동질감을 느끼며 자신의 운명을 긍정적으로 수용하는 자세를 드러내고 있군.

058 견우의 노래 _ 서정주

작품 미리보기

주제 이별과 기다림 속에서 성숙해지는 사랑

특징

① 견우와 직녀의 설화를 차용하여 참된 사랑의 의미를 제시함.

② 사랑을 위해 필요한 것이 이별임을 역설적으로 표현함.

③ 화자인 견우가 청자인 직녀에게 말을 건네는 어투로 시상이 전개됨.

구성

1연: 사랑의 완성을 위한 조건인 이별

2~4연: 만남에 장애가 되는 요소들을 긍정하는 태도

5~8연: 재회를 기다리는 인고의 자세

작품 자세히 읽기

시인은 잘 알려진 설화 속의 주인공인 견우의 목소리를 빌려 사랑의 자세, 사랑의 본질에 대해 이야기하고 있다. 이 시에서는 설화 전체의 내용을 취하는 대신 이별 이후 일 년에 한 번씩만 만날 수 있는 상황에 놓이게 된 견우의 마음가짐에 초점을 맞추어, 이별에 대한 참신한 시각을 드러내고 있다.

지식 더하기

서정시에서 설화의 차용

설화는 서사 문학의 계보에 속하지만 서사시에 절대적인 영향을 끼쳤으며 서정시에도 끊임없이 내용 요소를 제공해 주는 자양소의 역할을 해 왔다. 한국 현대시에서는 서사적인 설화를 서정적인 시에 수용하기 위해 요약, 압축, 함축적 서사, 율격화, 동일시 등의 방법을 사용하여 온 것을 확인할 수 있다.

엮어 읽기

이형기, 「낙화」 (➡230쪽)
서정주, 「춘향유문」 (➡184쪽)

이형기의 「낙화」는 이별을 통한 성숙을 노래하는 시라는 점에서 「견우의 노래」와 내용상 유사성을 지닌다. 또한 서정주의 「춘향유문」은 잘 알려진 이야기를 차용하여 죽음으로 인한 이별의 극복 가능성을 노래하고 있는데, 「견우의 노래」 역시 설화에서 출발하여 사랑하는 이들 간의 이별 상황을 다루고 있다는 점에서 유사하다. 「견우의 노래」는 '견우'를 화자로 삼아 사랑에 대한 인식을 드러내면서 이별과 기다림을 통한 사랑의 성숙을 희구하고 있으며, 「춘향유문」은 죽음을 앞둔 상황의 '춘향'을 화자로 하여 변치 않는 사랑에 대한 다짐을 노래하고 있다.

[A]
우리들의 사랑을 위하여서는
이별이, 이별이 있어야 하네.
(역설적 표현: '이별' = 사랑을 위해 필요한 조건)

[B]
높았다, 낮았다, 출렁이는 물살과
물살 몰아갔다 오는 바람만이 있어야 하네.
(□: 이별 상황의 구체화)

오, 우리들의 그리움을 위하여서는
푸른 은핫물이 있어야 하네.

돌아서는 갈 수 없는 오롯한* 이 자리에
㉠불타는 홀몸만이 있어야 하네!

[C]
직녀여, **여기** 번쩍이는 모래밭에
돋아나는 풀싹을 나는 세이고…….

허이언 허이언 구름 속에서
그대는 베틀에 북*을 놀리게.
(견우와 직녀가 각자 떨어져 겪는 외로움과 그리움의 공간)

[D]
눈썹 같은 반달이 중천*에 걸리는
칠월 칠석이 돌아오기까지는,
(재회의 시간 – 간절한 소망의 대상)

검은 암소를 나는 먹이고
직녀여, 그대는 비단을 짜세.

*오롯한 모자람이 없이 온전한.
*북 베틀에서 날실의 틈으로 왔다 갔다 하면서 씨실을 푸는 기구.
*중천 하늘의 한가운데.

원리로 작품 정리하기

원리1 화자, 대상, 청자
화자는 '(❶)'로, 시적 (❷)인 '직녀'에게 말을 건네고 있음.

원리2 상황, 정서, 태도, 어조
부정적 상황에 대한 (❸)적 인식: '이별'을 '사랑'을 위한 조건으로 인식하고, 이별 상황을 (❹)하기 위한 인고의 의지를 드러내고 있음.

원리3 시어와 심상
물살, 바람, 은핫물, 홀몸: 장애물/부정적 상황 – (❺)의 의미를 지닌 시어

원리4 발상·표현, 표현 기법
(❻)적 표현: '사랑을 위하여서는 / 이별이 있어야 하네.'

원리5 시상 전개, 시적 형상화
반복과 변주

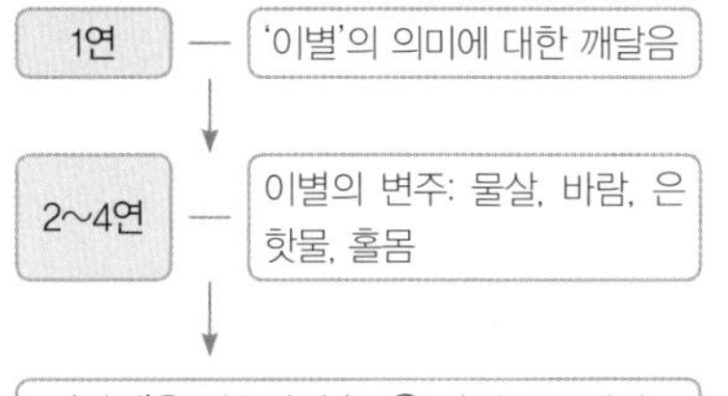

원리6 소통 구조, 맥락을 고려한 이해와 감상
이 시는 견우와 직녀의 설화를 (❽)하여 이별 상황의 극복을 통해 진정한 사랑을 완성할 수 있기를 바라는 간절한 소망을 드러내고 있다.

정답 ❶ 견우 ❷ 청자 ❸ 낙관 ❹ 극복 ❺ 시련 ❻ 역설 ❼ 반복 ❽ 차용

실전 연습하기

내신형 9264-0229

01 윗글에 대한 설명으로 가장 적절한 것은?

① 과거 회상을 통해 화자의 정서를 드러내고 있다.
② 경쾌하고 발랄한 어조를 통해 생명감을 드러내고 있다.
③ 먼 곳에서 가까운 곳으로 화자의 시선이 이동하고 있다.
④ 말줄임표의 사용으로 시상을 마무리해 시적 여운을 주고 있다.
⑤ 유사한 통사 구조의 반복을 통해 시적 의미를 강조하고 있다.

빈칸 완성형 9264-0230

02 윗글은 ( )로 인한 고통의 시간을 사랑의 ( )을 위해 필요한 시간으로 표현함으로써 주제를 강조하고 있다.

서술형 9264-0231

03 ㉠의 의미를 한 문장으로 쓰시오.

수능형 2013학년도 3월 고3 학력평가 B형 9264-0232

04 〈보기〉를 참고하여 [A]~[D]를 이해한 내용으로 적절하지 않은 것은?

보기

공간 개념인 '여기'는 시간적으로는 '지금'과, 상황적으로는 당면한 현실과 연결되어 있다. 또한 '여기'에는 지금의 현실에 의미를 부여하고 미래를 기약하는 인식과 태도가 반영되어 있다. 이 작품에서 '여기'의 의미는 이러한 맥락에서 파악해 볼 수 있다. 즉 '여기'를 기점으로 전반부인 1~4연에서는 현실에 대한 화자의 의미 부여가, 후반부인 5~8연에서는 이에 대응하는 화자의 태도가 형상화되어 있다.

① [A]에는 화자가 이별이라는 현실에 부여한 의미가 단적으로 드러나 있다.
② [B]에는 [A]에서 '여기'에 부여한 의미가 변주되어 나타나 있다.
③ [C]에서는 현실 상황과 미래에 대한 기약 사이에서 갈등하는 화자의 모습을 강조하고 있다.
④ [C]를 통해 '여기'가 화자인 견우뿐 아니라 '직녀'에게도 해당하는 현실 상황임을 드러내고 있다.
⑤ [D]는 [C]를 변주하면서 미래를 기약하는 화자의 태도를 드러내고 있다.

059 귀촉도 _ 서정주

작품 미리보기

주제 임의 죽음으로 인한 슬픔과 회한

특징

① 전통적 소재와 설화를 통해 시적 분위기를 형성함.

② 감정 이입의 방식으로 화자의 정서를 표현함.

구성

1연: 임의 죽음으로 인한 슬픔

2연: 못다 한 사랑으로 인한 회한

3연: 임에 대한 한없는 슬픔과 그리움

눈물 아롱아롱

피리 불고 가신 님의 밟으신 길은

진달래 꽃비 오는 서역(西域) 삼만 리(三萬里).

흰 옷깃 여며 여며 가옵신 님의

다시 오진 못하는 파촉(巴蜀) 삼만 리(三萬里).

신이나 삼아 줄걸, 슬픈 사연의

올올이 아로새긴 육날 메투리.

은장도 푸른 날로 이냥 베어서

부질없는 이 머리털 엮어 드릴걸.

초롱에 불빛, 지친 밤하늘

굽이굽이 은핫물 목이 젖은 새

차마 아니 솟는 가락 눈이 감겨서

제 피에 취한 새가 귀촉도 운다.

그대 하늘 끝 호올로 가신 님아.

□ : 임의 죽음으로 인한 이별의 상황 제시

흰 옷깃: 수의 – 죽음과 한의 이미지(시각적 심상)

서역 삼만 리, 파촉 삼만 리: 죽음의 세계. '삼만 리'는 죽은 '임'과의 거리감을 구체화함.

'슬픈 사연'을 '올올이 아로새긴', 자신의 '부질없는 이 머리털'을 엮어서 만든 것으로 제시되어, 임에 대한 시적 화자의 정성과 사랑, 임의 죽음으로 인한 회한의 감정을 상징하는 소재로 기능함.

육날 메투리: 죽은 임에 대한 사랑과 회한의 상징

초롱에 불빛, 지친 밤하늘: 초롱의 불빛도 지칠 만큼 깊은 밤

△ : 감정 이입의 대상(한과 슬픔)

작품 자세히 읽기

이 시는 전통적 소재를 빌려 떠나간 임에 대한 화자의 애틋한 마음을 표현한 시이다. '귀촉도'란 흔히 '소쩍새', '접동새'로 불리는 새로, 이 시에서는 사랑하는 임의 죽음에 대한 한(恨)을 상징하고 있다. 화자는 다시 오지 못하는 저승길, 즉 '서역 삼만 리', '파촉 삼만 리'로 떠나 버린 임과의 거리감을 절절하게 드러내면서, '머리털 엮어' '신이나 삼아 줄걸'이라며 지극한 정성을 쏟지 못한 아쉬움과 후회의 정서를 내비친다. 이러한 정서는 한(恨)으로 승화되어 '목이 젖은 새', '제 피에 취한 새'인 '귀촉도'와 연결되고 있다.

지식 더하기

서정주의 시와 전통의 계승

서정주의 시에서는 우리 전통 문화의 요소가 다양한 방식으로 활용되고 있다. 설화를 시 창작의 출발점으로 삼거나(「꽃밭의 독백-사소 단장」, 「견우의 노래」 등), 전통적으로 익숙한 상징적 소재를 시에서 활용하는 방식 등이 이에 속한다. 「귀촉도」에서는 '서역', '흰 옷깃', '은장도', '귀촉도'와 같이 관습적이고 전통적인 의미로 해석될 수 있는 다양한 소재들이 등장하여 시적 의미를 형상화하고 있다.

엮어 읽기

김소월, 「초혼」 (➡100쪽)

김소월의 「초혼」은 사랑하는 사람의 죽음으로 인한 절절한 슬픔과 그리움을 표현하고 있다는 점에서 서정주의 「귀촉도」와 엮어 읽을 수 있다. 또한 화자가 자신이 속한 이승과 사랑하는 임이 속한 저승 세계 사이에 존재하는 간극을 뚜렷하게 인식하고 이를 제시함으로써 화자의 슬픔을 강조하고 있다는 점에서도 공통점을 찾을 수 있다.

원리로 작품 정리하기

원리1 화자, 대상, 청자

화자는 임을 멀리 떠나보낸 사람으로, '부질없는 이 머리털'과 '은장도'와 같은 시구로 보아 (❶)임을 짐작할 수 있음.

원리2 상황, 정서, 태도, 어조

화자는 임과 사별한 상황으로 인해 슬픔과 (❷)을 느끼고 있음.

원리3 시어와 심상

- 흰 옷깃: (❸)적 심상 + '죽음'의 이미지
- 신 = 육날 메투리: '슬픈 사연의', '부질없는 이 머리털'과 함께 제시되어, 임에 대한 사랑과 회한을 드러내는 소재

원리4 발상·표현, 표현 기법

- 서역 삼만 리, 파촉 삼만 리: 유사한 시구의 (❹)

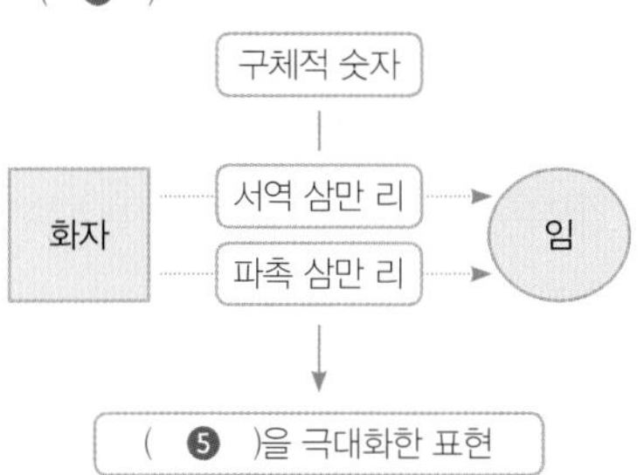

- 문장 성분 배열의 일반적 순서에서 벗어난 시구의 배치((❻)법) 사용
  → '육날 메투리'의 의미와 함께 회한의 정서를 강조함.

원리5 시상 전개, 시적 형상화

3연의 '새' – '목이 젖은' 상태에서 '귀촉도 운다' → 한과 슬픔의 감정이 (❼)된 소재

원리6 소통 구조, 맥락을 고려한 이해와 감상

이 시는 (❽)적 소재와 상징을 활용하여 임을 죽음의 세계로 떠나보낸 화자의 절절한 슬픔과 회한을 표현하고 있다.

정답 ❶ 여성 ❷ 회한 ❸ 시각 ❹ 반복 ❺ 거리감 ❻ 도치 ❼ 이입 ❽ 전통

실전 연습하기

내신형 9264-0233

01 윗글의 표현상 특징에 대한 설명으로 적절하지 않은 것은?

① 색채의 대비를 통해 공간 간의 차이를 드러내고 있다.
② 시어의 배열 순서를 바꾸어 시적 의미를 부각하고 있다.
③ 특정 종결 어미를 반복하여 후회의 감정을 표현하고 있다.
④ 구체적 숫자를 제시하여 대상과의 거리감을 구체화하고 있다.
⑤ 전통적 소재의 상징성을 활용하여 화자의 정서를 드러내고 있다.

빈칸 완성형 9264-0234

02 윗글의 '길'은 임이 떠나간 (　　　)의 길로, 화자에게 이별로 인한 (　　　)과 회한을 불러일으키고 있다.

서술형 9264-0235

03 윗글에서 화자의 정성과 사랑을 의미하면서, 이를 온전히 전하지 못한 화자의 후회를 드러내는 소재를 찾아 쓰시오.

수능형 2001학년도 대수능 9264-0236

04 3연에 나타난 화자의 심정과 가장 유사한 것은?

① 내 마음은 낙엽이오 / 잠깐 그대의 뜰에 머무르게 하오 / 이제 바람이 일면 나는 또 나그네같이, 외로이 / 그대를 떠나오리다 – 김동명, 「내 마음은」
② 사람이 살아가는 그 어려운 길도 / 아득한 출렁임 흔들림 밑에 / 그것을 받쳐 주는 / 슬프고도 아름다운 / 노래가 마땅히 있는 일이라! – 박재삼, 「사람이 사는 길 밑에」
③ 산산이 부서진 이름이여! / 허공 중에 헤어진 이름이여! / 불러도 주인 없는 이름이여! / 부르다가 내가 죽을 이름이여! – 김소월, 「초혼」
④ 내 죽으면 한 개 바위가 되리라 / 아예 애련에 물들지 않고 / 희로에 움직이지 않고 / 비와 바람에 깎이는 대로 – 유치환, 「바위」
⑤ 가야 할 때가 언제인가를 / 분명히 알고 가는 이의 / 뒷모습은 얼마나 아름다운가 – 이형기, 「낙화」

060 신선 재곤이 _ 서정주

수록 교과서
문학 _금성

작품 미리보기

주제 신격화를 통한 공동체적 긴장의 해소

특징
① 토속적 공간을 배경으로 한 설화적 상상력
② 화자가 제3자의 입장에서 이야기를 들려주는 방식

구성
- 재곤이에게 특별한 권리를 부여한 마을 사람들
- 재곤이의 안위를 마을 인정의 척도로 삼은 마을 사람들
- 재곤이가 사라진 후 천벌을 걱정하는 마을 사람들
- 재곤이가 신선살이를 하러 간 것이라는 조 선달의 해석
- 조 선달의 해석에 동조하면서 공동체적 긴장을 해소하는 마을 사람들

작품 자세히 읽기

재곤이는 불행한 사람이었지만 마을 사람들의 특별한 배려로 살아갈 수 있었으며, 그의 안위는 마을 공동체의 윤리적 척도가 된다. 그런데 재곤이가 사라지면서 마을에는 긴장이 돈다. 하늘의 벌이 내릴 것이라 생각했기 때문이다. 그러나 그 벌은 내리지 않았고, 마을 사람들은 재곤이 신선이 되었다는 조 선달의 해석을 수용하게 된다. 재곤이로 인해 생겨난 공동체의 긴장은 조 선달의 신화적 해석을 수용함으로써 해소된다.

지식 더하기

'질마재 마을'의 정신세계

서정주는 황폐화된 근대적 삶을 끊임없이 비판하면서 자신의 유년 시절을 기초로 하나의 시·공간을 창출하는데 그것이 바로 '질마재 마을'이다. 질마재 마을은 단순하게 사람들이 모인 마을 공동체가 아니다. 그것은 문화적, 심리적, 가치적 동질성을 가진 공동체로서 근대의 삶과 문화에 대항하는 공간이다.

엮어 읽기

백석, 「여우난 골족」 (➡170쪽)

두 작품은 모두 토속적인 공간을 배경으로 전통의 세계와 정서를 담고 있다는 점에서 유사하다. 백석의 작품에서는 명절을 맞은 친족 공동체(여우난 골족)의 정겹고 풍요로운 정서와 분위기를 담고 있다. 이에 비해 서정주의 작품에서 질마재 마을은 윤리적·문화적·심리적 가치를 공유하는 마을 공동체이다.

땅 위에 살 자격이 있다는 뜻으로 '**재곤(在坤)**'이라는 이름을 가진 **앉은뱅이** 사내가 있었습니다. 성한 두 손으로 멍석도 절고 광주리도 절었지마는, 그것만으론 제 입 하나도 먹이지를 못해, **질마재 마을 사람들**은 할 수 없이 그에게 마을을 앉아 돌며 **밥을 빌어먹고** 살 권리 하나를 특별히 주었습니다.
(작품의 공간적 배경, 토속적이고 설화적 공간)

'재곤이가 만일에 제 목숨대로 다 살지를 못하게 된다면 우리 마을 인정(人情)은 바닥난 것이니, 하늘의 벌(罰)을 면치 못할 것이다.' 마을 사람들의 생각은 두루 이러하여서, 그의 세 끼니의 밥과 추위를 견딜 옷과 불을 늘 뒤대어 돌보아 주어 오고 있었습니다.
(인정: 공동체의 윤리)

그런데, 그것이 **갑술년(甲戌年)이라던가 을해년(乙亥年)의 새 무궁화(無窮花) 피기 시작하는 어느 아침** 끼니부터는 재곤이의 모양은 땅에서도 하늘에서도 일절(一切) 보이지 않게 되고, 한 마리 거북이가 기어 다니듯 하던 살았을 때의 그 무겁디 무거운 모습만이 산 채로 마을 사람들의 마음속마다 남았습니다. 그래서 마을 사람들은 하늘이 줄 **천벌(天罰)**을 걱정하고 있었습니다.
(설화적 시간 / 앉은뱅이였던 재곤이를 거북이에 빗댐. / '신선도'는 재곤이의 실종에 대한 설화적 해석과 연관)

그러나, 해가 거듭 바뀌어도 천벌은 이 마을에 내리지 않고, 농사(農事)도 딴 마을만큼은 제대로 되어, 신선도(神仙道)에도 약간 알음이 있다는 좋은 흰 수염의 **조 선달(先達)** 영감님은 말씀하셨습니다. 「"재곤이는 생긴 게 꼭 **거북이**같이 안 생겼던가. 거북이도 학(鶴)이나 마찬가지로 목숨이 천년(千年)은 된다고 하네. 그러니, 그 긴 목숨을 여기서 다 견디기는 너무나 답답하여서 날개 돋아나 하늘로 **신선(神仙)살이**를 하러 간 거여……."」
(「 」: 재곤이의 생김새 → 거북 → 목숨이 천년 → 신선살이를 감.)

그래 "재곤이는 우리들이 미안해서 모가지에 연자 맷돌을 단단히 매어 달고 아마 어디 깊은 바다에 잠겨 나오지 않는 거라." 마을 사람들도 "하여간 죽은 모양을 우리한테 보인 일이 없으니 조 선달 영감님 말씀이 마음적으로야 불가불 옳기사 옳다."고 하게는 되었습니다. 그래서 그들도 두루 그들의 마음속에 살아서만 있는 그 재곤이의 거북이 모양 양쪽 겨드랑에 두 개씩의 **날개들**을 안 달아 줄 수는 없었습니다.
(신선이 되었다는 조 선달의 해석을 받아들임. / 신화가 됨으로써 영원한 존재로 남음.)

원리로 작품 정리하기

원리1 화자, 대상, 청자

화자는 제3자의 입장에서 '재곤이'가 신선이 된 이야기를 청자에게 들려주고 있음.

원리2 상황, 정서, 태도, 어조

전달자 자신의 (❶)을 드러내거나 평가를 하지 않고 이야기를 함.

원리3 시어와 심상

- 거북이의 이미지를 중심으로 땅 위에 살던 재곤이와 (❷)이 연결됨.

'앉은뱅이 사내' — '거북이'가 기어 다니듯 한 무겁디 무거운 모습 — 신선

- 갑술년(甲戌年)이라던가 을해년(乙亥年): 신화적 시간
- 재곤이의 양쪽 겨드랑에 (❸)을 달아 줌.: 조 선달의 신화적 해석에 대한 수용과 동조

원리4 발상·표현, 표현 기법

- 토속적인 공간인 질마재 마을을 배경으로 (❹) 상상력이 발휘되고 있음.
- 인물들의 말을 (❺)하여 주제를 드러냄.

원리5 시상 전개, 시적 형상화

재곤이라는 인물의 삶과 죽음, 신격화 과정을 서사적으로 다룸.

원리6 소통 구조, 맥락을 고려한 이해와 감상

'재곤이'가 사라지자 질마재 마을 사람들은 천벌을 걱정하지만 천벌은 내려지지 않는다. 그러자 이들은 하늘을 의심하거나 죄를 망각하는 것이 아니라, 조 선달의 신화적 해석을 받아들인다. 이를 통해 마을 사람들은 (❻)가 짊어져야 할 윤리적 책임에서 벗어난다.

정답 ❶ 감정 ❷ 신선 ❸ 날개들 ❹ 설화적 ❺ 직접 인용 ❻ 공동체

실전 연습하기

내신형 9264-0237

01 윗글에 대한 설명으로 적절하지 않은 것은?

① 이야기를 전달하고 있는 산문시이다.
② 토속적이고 설화적 성격을 가지고 있다.
③ 직접 인용을 통해 주제 의식을 드러내고 있다.
④ 한 인물의 삶과 죽음을 서사적으로 다루고 있다.
⑤ 특정한 공간에 대한 비판적 시각이 드러나 있다.

빈칸 완성형 9264-0238

02 윗글에서 (   )은 질마재 마을 사람들의 공동체적 윤리를 상징한다고 할 수 있다. 앉은뱅이인 재곤이가 제 목숨대로 살게 하는 것이 마을의 (   )이며, 그것이 바닥나면 즉 마을 공동체의 윤리적 척도를 위반하게 되면, 하늘의 천벌을 받는다고 생각하기 때문이다. 그래서 마을 사람들은 재곤이가 사라지자 하늘이 줄 천벌을 걱정한다.

서술형 9264-0239

03 윗글에서 질마재 마을 사람들이 '조 선달'의 말에 동조하게 되었음을 나타내는 구절을 찾아 쓰시오.

수능형 9264-0240

04 〈보기〉를 참조하여 윗글을 감상한 내용으로 적절하지 않은 것은?

보기

이 작품은 지상계에서 가장 비천한 존재였던 '재곤이'가 천상계의 신선이 된 사연을 신화적 상상력으로 풀어내고 있다. '재곤이'의 실종을 '조 선달'이 신화적으로 풀어내고 이를 통해 질마재 마을 사람들의 긴장은 해소되고 '재곤이'는 영원성을 획득하게 된다. 이는 다음과 같이 나타낼 수 있다.

지상계		천상계
가장 비천한 존재	조 선달 →	신선

① '재곤이'는 질마재 마을에서 '앉은뱅이'로 '밥을 빌어먹고' 살았던 가장 비천한 존재였군.
② '조 선달'은 '재곤이'의 '거북이' 같은 생김새에 근거하여 그의 실종을 '신선살이' 하러 간 것으로 풀어냈군.
③ '질마재 마을 사람들'은 '재곤이'를 마음속에 살아 있는 영원한 천상적 존재로 받아들여 그의 겨드랑이에 '날개들'을 달아 주고 있군.
④ '질마재 마을 사람들'은 하늘의 '천벌'을 걱정하였으나 '조 선달'의 해석에 동조하는 방식으로 천상계와의 갈등에서 생긴 긴장을 해소하였군.
⑤ '재곤이'가 '갑술년이라던가 을해년의 새 무궁화 피기 시작하는 어느 아침'에 사라졌다고 한 데에는 설화적 시간이 드러난다고 할 수 있군.

061 외할머니의 뒤안 툇마루 _ 서정주

수록 교과서
국어 _비상(박영)

작품 미리보기

주제 외할머니네 뒤안 툇마루에서 느끼는 외할머니의 사랑과 마음의 위로

특징
① 연과 행의 구별이 없는 산문시 형식을 취함.
② 어린 화자의 목소리를 통해 동화적 분위기를 형성함.

구성
외할머니네 ~ 들이비칩니다.: 외가 식구들의 내력을 투영한 '한 개의 거울'과 같은 외할머니의 뒤안 툇마루
그래, 나는 ~ 없기 때문입니다.: 툇마루에서 얻는 외할머니의 사랑과 마음의 위안

작품 자세히 읽기

이 시는 '외할머니의 뒤안 툇마루'를 중심 소재로 삼아 이를 통해 느끼는 가족애를 드러내고 있다. 화자에게 있어 '툇마루'는 외가 가족의 내력이 '손때'처럼 묻어 마치 '거울'처럼 보이는 공간이자, 어머니의 꾸지람으로 상한 마음을 치유할 수 있는 공간이다. 즉 '툇마루'는 세대와 세대를 잇는 가족애를 상징하는 공간이라 할 수 있다.

지식 더하기

서정주의 산문시
서정주는 시집 『질마재 신화』와 『학이 울고 간 날들의 시』 등에서 자신의 고향과 유년에 관련된 이야기, 우리의 역사, 신화, 전설 등에 담긴 무수한 이야기들을 작품의 소재로 삼고 있다. 그는 이야기에 대한 자신의 정서나 느낌을 비유적으로 표현하지 않고 이야기 그 자체를 직접적으로 작품 구성의 근간으로 삼았던 것이다. 이야기는 줄거리나 사연을 지닌 하나의 사슬로, 언어와 언어 사이의 비약이나 압축, 생략이나 초월을 비교적 적게 허용하는 양식이다. 산문시 형식은 시와 이야기, 운문과 산문 사이에 생기는 이러한 간극을 최소화하기 위해 선택된 방식이라 할 수 있다.

엮어 읽기

이수익, 「결빙의 아버지」 (➡040쪽)
이수익의 「결빙의 아버지」는 성장해 자신의 아이들을 돌보는 '아버지'가 된 화자가 과거 아버지의 사랑을 추억하면서 절절한 그리움을 표출하는 시로, 가족의 사랑을 받는 어린 화자의 모습이 표현되었다는 점에서 「외할머니의 뒤안 툇마루」와 함께 읽어 볼 수 있다.

(작품의 중심 소재. '외할머니와 그네 딸들'의 내력이 투영되어 있는 공간이자 '나'에게 안식과 위안을 주는 공간. 세대를 이어 주는 공간임.)

외할머니네 **집 뒤안***에는 장판지 두 장만큼한 먹오딧빛 툇마루가 깔려 있습니다. 이 ㉠툇마루는 외할머니의 손때와 그네* 딸들의 손때로 날이날마다 칠해져 온 것이라 하니 내 어머니의 처녀 때의 손때도 꽤나 많이는 묻어 있을 것입니다마는, 그러나 그것은 하도나 많이 문질러서 인제는 이미 때가 아니라, ㉡한 개의 **거울**로 번질번질 닦이어져 어린 내 얼굴을 들이비칩니다.

('툇마루', '장독대', '뽕나무' 등과 함께 향토적 정감을 불러일으키는 소재 / 먹오딧빛: 뽕나무 열매의 검은 빛 / 외할머니와 엄마의 지난 내력이 투영된 공간)

그래, 나는 어머니한테 **꾸지람**을 되게 들어 따로 어디 갈 곳이 없이 된 날은, 이 외할머니네 때거울 툇마루를 찾아와, 외할머니가 장독대 옆 뽕나무에서 따다 주는 **오디 열매**를 약으로 먹어 숨을 바로 합니다. **외할머니의 얼굴**과 내 얼굴이 나란히 비치어 있는 이 툇마루에까지는 어머니도 그네 꾸지람을 가지고 올 수 없기 때문입니다.

(오디 열매: 외할머니의 사랑과 위로)

*뒤안 뒤꼍. 뒷마당.
*그네 그녀.

원리로 작품 정리하기

원리1 화자, 대상, 청자
(❶) 화자가 외할머니의 뒤안 툇마루에서 느끼는 (❷)에 대해 이야기하고 있음.

원리2 상황, 정서, 태도, 어조
화자는 '툇마루'를 집안의 내력이 반영된 '한 개의 거울'이자 마음의 (❸)로 인식하고 있음.

원리3 시어와 심상
- 툇마루
  - 외가 식구들의 삶의 공간
  - 툇마루에 존재해 왔던 사람들의 (❹)을 투영하는 소재 = (❺)
  - 위안과 위로의 공간
- 오디 열매 : 외할머니의 사랑, 위로

원리4 발상·표현, 표현 기법

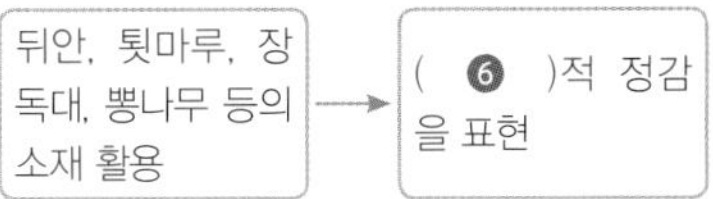
뒤안, 툇마루, 장독대, 뽕나무 등의 소재 활용 → (❻)적 정감을 표현

원리5 시상 전개, 시적 형상화
- 연과 행의 구별이 없는 (❼) 형식
- 어린 화자의 목소리를 활용하여 동화적 분위기를 조성하고 있음.

원리6 소통 구조, 맥락을 고려한 이해와 감상
이 시는 향토적 정감을 불러일으키는 소재를 활용하여 (❽)를 이어 전해져 내려오는 사랑과 인정, 가족애라는 한국적인 정감을 효과적으로 표현하고 있다.

정답 ❶ 어린 ❷ 위로 ❸ 안식처 ❹ 내력 ❺ 거울 ❻ 향토 ❼ 산문시 ❽ 세대

실전 연습하기

내신형 2016학년도 6월 모의평가 B형 9264-0241

01 윗글에 대한 설명으로 가장 적절한 것은?

① 유사한 시구를 점층적으로 변주하여 리듬감을 형성하고 있다.
② 부정적 현실에 대해 거리를 두어 관조하는 태도를 취하고 있다.
③ 어린 화자의 목소리를 활용하여 상황의 이면에 주목하게 하고 있다.
④ 색감을 드러내는 시어를 활용하여 대상을 선명한 이미지로 제시하고 있다.
⑤ 역설적 표현을 사용하여 모순적인 상황에 대한 반성적인 자세를 보여 주고 있다.

빈칸 완성형 9264-0242

02 윗글은 연과 행의 구별이 없어 이야기에 가까운 ( ) 형식을 취하고 ( ) 화자의 목소리를 드러냄으로써 동화적 분위기를 자아내고 있다.

서술형 9264-0243

03 ㉠, ㉡을 참조하여 '툇마루'의 의미를 쓰시오.

수능형 2016학년도 6월 모의평가 B형 9264-0244

04 윗글에 대한 이해로 적절하지 <u>않은</u> 것은?

① '집 뒤안'은 화자가 툇마루에 담겨 있는 유년 시절과 단절되었음을 보여 준다.
② '거울'은 손때가 툇마루에 쌓여 있는 오랜 세월의 흔적을 환기한다.
③ 툇마루는 '꾸지람'을 들은 뒤 찾아가 위안을 얻었던 화자의 경험을 환기한다.
④ 툇마루를 찾아온 화자에게 외할머니가 건네 준 '오디 열매'는 외할머니의 사랑을 드러낸다.
⑤ 툇마루에 비치는 '외할머니의 얼굴'은 화자와 외할머니 사이의 친밀감을 드러낸다.

062 추천사 - 춘향의 말 1 _ 서정주

작품 미리보기

주제 이상적 세계에 대한 갈망

특징

① 잘 알려진 고전 소설에서 모티프를 가져옴.
② 유사한 통사 구조의 반복을 통해 리듬감을 형성하고 화자의 소망을 강조함.
③ 상징적 의미를 지닌 소재를 사용하여 이상 세계를 향한 지향과 한계 인식의 과정을 드러냄.

구성

1～3연: 현실 세계로부터 벗어나 이상 세계로 향하고 싶어 하는 열망
4연: 본질적, 운명적 한계에 대한 인식
5연: 이상 세계에 대한 열망, 지향의 지속 의지

작품 자세히 읽기

이 시는 널리 알려진 고전 소설 「춘향전」을 모티프로 하여 창작되었다. 원작에서 춘향은 그네를 타다가 몽룡을 처음 만나게 되는데, 시인은 이 장면에 주목하여 몽룡을 만나기 직전 그네를 타던 춘향의 마음이 어떠한 것이었는지를 시인의 시각에서 창조해 내고 있다.

지식 더하기

역설적 상징물

「추천사」의 중심 소재인 '그네'는 현실 세계를 벗어나 이상 세계에 도달하기 위한 매개체로, 춘향의 열망 실현을 위한 도구의 의미를 지닌 소재이다. 그러나 '그네'는 상승과 하강이라는 서로 정반대 방향으로의 운동을 반복하는 것으로, 하늘을 향하는 정점에서 다시 땅으로 하강하기 시작한다. 이러한 의미에서 그네는 하늘을 바라보다가도 다시 땅을 향할 수밖에 없는 인간의 한계를 인식하게 해 주는 소재이다. 따라서 '그네'는 서로 상반된 의미를 동시에 드러낸다는 점에서 역설적 상징물로서의 기능을 한다.

엮어 읽기

정지용, 「유리창 1」 (➲242쪽)

정지용의 「유리창 1」의 중심 소재인 '유리창'은 화자에게 있어 죽은 아이의 모습을 환영을 통해서라도 접하게 해 주는 매개체이면서 동시에 죽은 아이의 세계와 살아 있는 화자의 세계를 단절시키는 소재이기도 하다. 이렇게 서로 상반된 의미를 동시에 드러내는 역설적 상징물이 사용되었다는 점에서 서정주의 「추천사」와 함께 읽을 수 있다.

시의 시적 청자이자, 화자가 누구인지를 알 수 있게 해 주는 단서. 화자인 춘향이가 청자인 향단이를 호명하여 말을 건네는 설정임.

향단아 그넷줄을 밀어라
(그네(추천): 화자가 지향하는 세계(하늘)로 데려다줄 수 있는 매개체)
머언 바다로
배를 내어 밀듯이,
향단아

이 다소곳이 흔들리는 [수양버들나무]와
베갯모에 놓이듯 한 [풀꽃더미]로부터,
[**자잘한 나비 새끼 꾀꼬리들**]로부터
아주 내어 밀듯이, 향단아

[ ]: 지상의 소소한 아름다움 – 화자가 벗어나고자(초월하고자) 하는 대상

산호도 섬도 없는 저 하늘로
(화자가 지향하는 세계)
나를 밀어 올려다오.
채색한 구름같이 나를 밀어 올려다오
이 울렁이는 가슴을 밀어 올려다오!

서*으로 가는 달같이는
(이상 세계를 향해 자유롭게 갈 수 있는 존재(화자의 처지와 대조))
㉠**나는 아무래도 갈 수가 없다.**

바람이 파도를 밀어 올리듯이
(자신의 한계를 인식한 후에도 이상 세계에 대한 지향과 소망을 포기하지 않는 화자의 의지)
그렇게 나를 밀어 올려다오
향단아.

*서 불교에서 '서쪽'은 극락정토, 서방정토를 의미하는 것으로, 이상적 세계.

원리로 작품 정리하기

원리1 화자, 대상, 청자
화자인 (❶)은 (❷)인 향단이를 호명하여 말을 건네고 있음.

원리2 상황, 정서, 태도, 어조
화자는 그네를 타면서 '하늘'로 올라가고 싶어 하는 강렬한 (❸)을 표현하나, 이내 도달하지 못하는 자신의 (❹)를 깨달음.

원리3 시어와 심상

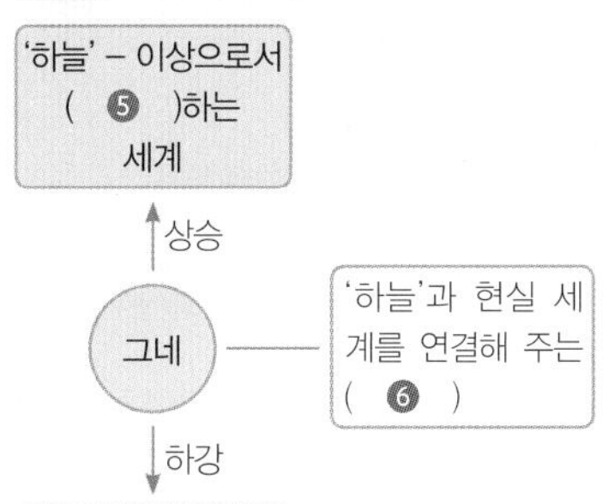

원리4 발상·표현, 표현 기법
- 잘 알려진 이야기를 (❼), 시적 전개의 출발점으로 삼고 있음.
- '밀어 올려다오'의 (❽)으로, 소망의 강렬함을 강조

원리5 시상 전개, 시적 형상화
소망의 제시와 (❾) → 한계 인식 → 소망, 지향의 (❿)

원리6 소통 구조, 맥락을 고려한 이해와 감상
이 시는 고전 소설 「춘향전」에서 그네를 타는 장면을 빌려 지어진 작품이지만 원작과는 달리 시인의 시각에서 바라본 춘향의 심리가 구체화되어 있다.

정답 ❶ 춘향 ❷ 청자 ❸ 소망 ❹ 한계 ❺ 지향 ❻ 매개체 ❼ 차용 ❽ 반복 ❾ 구체화 ❿ 지속

실전 연습하기

내신형 9264-0245

01 윗글에 대한 설명으로 가장 적절한 것은?

① 말을 건네는 방식을 활용하여 시적 의미를 드러내고 있다.
② 반어적 표현을 활용하여 시적 대상의 특성을 드러내고 있다.
③ 공감각적 표현을 활용하여 화자의 정서를 구체적으로 드러내고 있다.
④ 원경에서 근경으로 시선을 옮기며 대상의 다양한 측면을 드러내고 있다.
⑤ 상승과 하강의 이미지를 활용하여 미래에 대한 비관적 전망을 드러내고 있다.

빈칸 완성형 9264-0246

02 윗글은 ( )한 시구를 반복, 변주함으로써 이상 세계에 대한 화자의 강렬한 소망을 ( )하고 있다.

서술형 9264-0247

03 ㉠에 드러난 화자의 인간관에 대해 설명하시오.

수능형 2015학년도 3월 고3 학력평가 B형 9264-0248

04 〈보기〉는 윗글에 대한 선생님의 설명이다. 이를 토대로 학생들이 발표한 내용으로 적절하지 않은 것은?

> 보기
> 시를 낭송하는 것은 시를 특정한 호흡과 어조로 읽는 것이라고 볼 수 있습니다. 시행의 수나 길이 등은 시를 낭송할 때의 호흡에 영향을 줍니다. 각 연이나 시행마다 일정한 시간을 배분하여 낭송하기로 했다면, 그에 따라 낭송의 속도를 조절하는 것이 좋습니다. 또한 화자의 정서를 효과적으로 드러낼 수 있는 어조를 사용하여 낭송해야 합니다. 이러한 점을 고려하여 이 시를 어떻게 낭송할 수 있을지 의견을 말해 볼까요?

① 1연은 다른 연에 비해 행의 길이가 짧으므로 대체로 느리게 낭송하고, 특히 '머언 바다'를 지향하는 화자의 정서가 잘 드러나게 해야겠어요.
② 2연은 다른 연에 비해 행의 길이가 길기 때문에 대체로 빠르게 낭송하고, 특히 '아주 내어 밀듯이'는 지상을 떠나고 싶어 하는 화자의 마음에 유의하는 게 좋겠어요.
③ 3연은 명령형 종결 어미가 반복되며 화자의 정서가 점차 고조되고 있으므로, 특히 마지막 행에서는 느낌표에 유의하여 격정적인 어조로 낭송하는 게 좋겠어요.
④ 4연은 다른 연에 비해 행의 수가 적어 음절 수가 적으므로 대체로 느리게 낭송하고, 특히 '나는 아무래도 갈 수가 없다.'는 좌절감이 드러나는 어조로 낭송하는 게 좋겠어요.
⑤ 5연은 행의 길이가 짧아지고 있으므로 점차 빨라지는 급박한 호흡으로 낭송하고, 특히 '향단아'를 읽을 때는 체념적 어조로 낭송하는 게 좋겠어요.

063 춘향유문 - 춘향의 말 3 _ 서정주

작품 미리보기

주제 시공과 생사의 경계를 초월한 변함없는 사랑의 다짐

특징

① 잘 알려진 고전 소설의 장면을 빌려 시상 전개의 출발점으로 삼음.

② 물의 순환 구조, 불교의 윤회 사상을 바탕으로 하여 변함없는 사랑의 의미를 강조함.

구성

1~2연: 몽룡에게 고하는 작별 인사

3연: 죽음의 세계를 포괄하는 자신의 사랑에 대한 확신

4~5연: 삶과 죽음의 경계를 초월한 사랑에 대한 다짐

작품 자세히 읽기

고전 소설 「춘향전」을 모티프로 삼아 새로운 시적 해석을 시도하고 있는 이 시는, '춘향의 말'이라는 부제가 붙은 세 작품 중 마지막 작품이다. 제목의 '유문(생전에 남긴 글)'에서 알 수 있듯이 이 시는 옥에 갇힌 춘향이 죽음을 앞두고 이몽룡에게 남긴 유서의 형식을 빌려, 삶과 죽음의 경계를 초월한 영원한 사랑을 추구하는 춘향의 모습을 표현하고 있다.

지식 더하기

물의 순환 구조 + 불교의 윤회 사상

이 시에서 춘향은 자신이 죽어 '천 길 땅 밑'에 떨어져 '검은 물'로 흐르거나 '도솔천의 하늘'에 올라가 '구름'으로 날더라도 이는 결국 '도련님 곁'일 뿐이며 심지어 그 '구름'은 '소나기'가 되어 '도련님'을 향해 퍼부을 것이라는 믿음을 표현하고 있다. 이러한 믿음은 불교의 윤회 사상에 기반한 것으로, 이러한 믿음이 설득력을 지니게 되는 것은 그것이 물의 순환이라는 자연 현상에 결부되어 있기 때문이다. 즉, 이 시는 물이 구름이 되고, 그 구름이 비(소나기)가 되어 내리는 자연 현상을 구체적으로 형상화함으로써 생사와 시공을 초월한 영원한 사랑에 대한 믿음을 설득력 있게 제시하고 있다.

엮어 읽기

서정주, 「추천사」 (➡182쪽)

서정주의 「추천사」와 「춘향유문」은 모두 잘 알려진 고전 소설인 「춘향전」의 내용을 소재로 삼아 춘향의 마음을 형상화하고 있다. 「추천사」가 춘향과 몽룡의 첫 만남에 즈음하여 이상향을 향한 춘향의 지향을 드러내었다면, 「춘향유문」은 죽음을 앞둔 상황에서 춘향의 애절한 심정을 노래하고 있다는 차이를 보인다.

안녕히 계세요
도련님

지난 오월 단옷날, 처음 만나던 날
우리 둘이서 그늘 밑에 서 있던
그 ㉠**무성하고 푸르던 나무**같이
('처음 만나던 날'의 설렘과 아름다움이 드러난 모습 그대로)
늘 안녕히 **안녕히 계세요**

저승*이 어딘지는 똑똑히 모르지만
(4연의 '천 길 땅 밑', '도솔천의 하늘'과 함께 죽음의 세계를 의미함.)
춘향의 **사랑보단 오히려 더 먼**
딴 나라는 아마 아닐 것입니다
('저승'에 대한 화자의 인식: 자신의 사랑은 이승과 저승 간의 거리를 넘어서는(포함하는) 것이라는 인식의 표현 ← 자신의 사랑에 대한 확신 강조)

[천 길 땅 밑]을 [검은 물]로 흐르거나
[도솔천의 하늘]을 [구름]으로 날더라도
그건 결국 **도련님 곁** 아니에요?

([ ]: 3연 내용의 구체화 – 저승의 어디에서('천 길 땅 밑', '도솔천의 하늘') 무엇('검은 물', '구름')이 되든 자신의 위치(도련님 곁)에는 변함이 없을 것이라는 다짐)

더구나 그 **구름이 소나기 되어 퍼부을 때**
(퍼붓는 '소나기': '도련님'을 향한 열렬하고 헌신적인 춘향의 사랑)
춘향은 틀림없이 **거기** 있을 거예요!

*저승 죽음의 세계.

원리로 작품 정리하기

원리1 화자, 대상, 청자
죽음을 앞둔 화자 춘향이 몽룡에게 남기는 (❶)의 형식을 취하고 있음.

원리2 상황, 정서, 태도, 어조
화자인 춘향은 죽음을 앞둔 상황에서 몽룡에게 (❷)을 고하면서 저승에서도 자신의 사랑이 변함없을 것임을 다짐하고 있음.

원리3 시어와 심상
- 무성하고 푸르던 나무: '처음 만나던 날'의 (❸)과 아름다움, 영원한 사랑에 대한 기대감
- 저승, 천 길 땅 밑, 도솔천의 하늘: 모두 죽음의 세계를 가리키는 시구
  – 화자에게는 결국 '도련님 곁'으로 수렴되는 공간임.
- 검은 물 – 구름 – 소나기: 춘향의 (❹)

원리4 발상·표현, 표현 기법

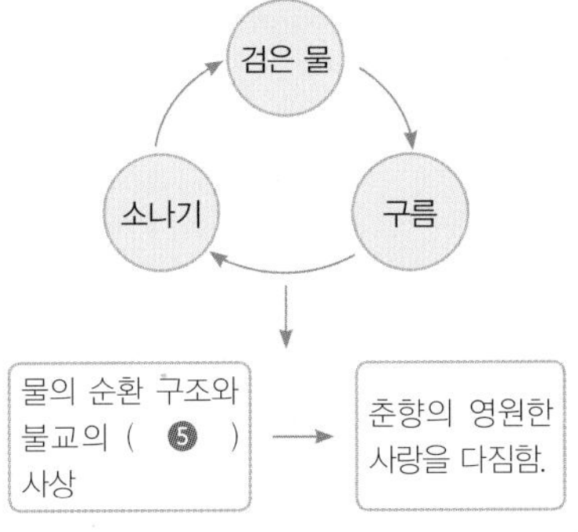

원리5 시상 전개, 시적 형상화
잘 알려진 고전 소설의 한 장면을 (❻)하여 시상 전개의 출발점으로 삼음.

원리6 소통 구조, 맥락을 고려한 이해와 감상
이 시는 불교의 윤회 사상을 기반으로 하여 죽음의 세계조차도 자신의 사랑이 미치는 공간으로 포섭해 내는 사랑에 대한 춘향의 (❼)을 드러내고 있다.

정답 ❶ 유언 ❷ 이별 ❸ 설렘 ❹ 분신 ❺ 윤회 ❻ 차용 ❼ 믿음

실전 연습하기

내신형 9264-0249

01 윗글에 대한 설명으로 적절하지 않은 것은?

① 설의적 표현을 사용하여 화자의 정서를 강조하고 있다.
② 비교를 통해 대상에 대한 새로운 인식을 나타내고 있다.
③ 비유적 표현을 통해 제시된 공간 간의 차이를 부각하고 있다.
④ 고전 소설의 장면에 주목하여 시상 전개의 출발점으로 삼고 있다.
⑤ 죽음을 앞둔 화자가 자신의 심정을 직접 말하는 형식을 취하고 있다.

빈칸 완성형 9264-0250

02 윗글의 화자는 불교의 (　　　) 사상을 (　　　) 현상을 통해 구체화시킴으로써 변함없는 영원한 사랑에 대한 자신의 다짐을 드러내고 있다.

서술형 9264-0251

03 ㉠의 의미를 설명하시오.

수능형 9264-0252

04 〈보기〉를 읽고 윗글을 이해한 내용으로 적절하지 않은 것은?

> 보기
> 이 작품의 화자는 죽음을 앞둔 상황에서 생사의 경계와 차이를 자각하는 대신 죽음을 자신만의 방식으로 인식함으로써 자신의 사랑에 대한 확신을 드러내고 있다.

① 1, 2연의 '안녕히 계세요'라는 인사는 이 시가 죽음을 앞둔 상황에 놓인 화자의 유언 형식임을 확인하는 표지로 볼 수 있다.
② '무성하고 푸르던 나무'는 청자의 마음이 변함없을 것이라는 화자의 확신이 반영된 시구로, '검은 물', '구름', '소나기'처럼 변할지도 모르는 불안한 마음과 대비를 이룬다.
③ '저승'이 '사랑보단 오히려 더 먼 / 딴 나라는 아마 아닐 것'이라는 말은 저승에 대한 거리감 대신 저승조차도 자신의 사랑이 미치는 공간으로 인식하는 화자의 태도를 드러낸다.
④ '천 길 땅 밑', '도솔천의 하늘'은 시적 화자의 입장에서 모두 '도련님 곁'이라는 동질성을 지닌 공간으로 인식되고 있다.
⑤ '구름이 소나기 되어 퍼붓는 '거기'는 '도련님 곁'을 지시하면서, '소나기'는 '도련님'에 대한 화자의 변함없는 사랑을 의미하는 것으로 볼 수 있다.

064 농무 _ 신경림

수록 교과서
문학 _동아, 비상, 천재(정)

작품 미리보기

주제 피폐한 농촌의 현실에서 느끼는 농민의 한과 슬픔

특징
① 현실에 대한 분노를 직설적으로 표출함.
② 공간의 이동에 따라 시상이 전개됨.

구성
1~6행: 공연이 끝난 후 술을 마시는 답답함
7~10행: 장터 거리에서 느끼는 쓸쓸함
11~16행: 피폐한 농촌 현실에서 느끼는 울분
17~20행: 농무를 통해 표출하는 분노와 한

작품 자세히 읽기

과거 농민들의 신명과 생명력을 표현하는 춤이었으나 현재는 한낱 구경거리로 전락한 농무를 소재로 하여, 산업화 과정에서 소외된 농촌의 현실을 고발한 작품이다. 급속한 산업화, 도시화의 물결 속에서 상대적 박탈감을 느낄 수밖에 없던 농민들의 심정을 반어적으로 드러냄으로써 비판적 주제 의식을 형상화하고 있다.

지식 더하기

꺽정이, 서림이
임꺽정은 사회 모순에 저항한 민중의 영웅이고, 서림이는 일신의 영달을 위해 배신을 일삼는 인물이다. 문학 작품에서는 이들을 끌어들임으로써 산업화 과정에서 소외된 농촌 현실과 조선 시대의 현실을 비유적으로 결합하고, 농촌 현실에 대한 울분을 조선 시대 의적인 임꺽정의 울부짖음으로 표현하면서 농민의 저항 의식을 효과적으로 드러내고 있다.

엮어 읽기

정희성, 「저문 강에 삽을 씻고」 (➡248쪽)
정희성의 「저문 강에 삽을 씻고」는 가난한 도시 일용직 노동자의 비애를 노래한 시이다. 1960~70년대 급속하게 진행된 산업화의 과정에서 소외되어 고달픈 삶을 영위할 수밖에 없었던 도시 노동자의 슬픔과 씁쓸한 감정을 표현하고 있다는 점에서, 산업화 과정에서 소외된 또다른 계층인 농민의 한을 드러낸 신경림의 「농무」와의 관련성을 생각해 볼 수 있다.

[A]
징이 울린다 막이 내렸다
오동나무에 전등이 매어달린 가설무대
구경꾼이 돌아가고 난 텅 빈 운동장
(산업화로 농민들이 도시로 떠나 텅 비어 버린 농촌의 현실 상징)
우리는 분이 얼룩진 얼굴로
(공연을 위해 바른 '분(粉)' 혹은 원통하고 분한 마음의 '분(憤)'으로 풀이할 수 있음.)
학교 앞 소줏집에 몰려 술을 마신다
(현실의 고달픔과 괴로움을 잊기 위한 행위)
ⓐ답답하고 고달프게 사는 것이 원통하다

[B]
꽹과리를 앞장세워 장거리로 나서면
따라붙어 **악을 쓰는** 건 쪼무래기들뿐
처녀애들은 기름집 담벽에 붙어 서서
(젊은 남자는 다 떠나고 여자와 아이만 남은 농촌의 상황을 드러내는 존재. 농무를 통해 소외감과 울분을 표출하는 농민의 처지에 대한 몰이해를 의미함.)
철없이 **킬킬대는구나**
보름달은 밝아 어떤 녀석은
꺽정이처럼 **울부짖고** 또 어떤 녀석은
서림이처럼 **해해대지만** ⓑ이까짓
산 구석에 처박혀 발버둥친들 무엇하랴

[C]
비료값도 안 나오는 농사 따위야
아예 여편네에게나 맡겨 두고
쇠전*을 거쳐 도수장* 앞에 와 돌 때
우리는 점점 신명이 난다
(농무를 추는 농민의 울분과 한을 반어적으로 표현함.)
ⓒ한 다리를 들고 날라리를 불꺼나
고갯짓을 하고 어깨를 흔들꺼나

*쇠전 쇠장, 즉 소를 사고파는 장을 가리킴.
*도수장 도살장.

원리로 작품 정리하기

원리1 화자, 대상, 청자
화자는 농무를 추는 (❶)으로, 자신을 둘러싼 피폐한 농촌의 현실에 대해 (❷)하고 있음.

원리2 상황, 정서, 태도, 어조
- 상황: 농무가 끝나고 '분이 얼룩진 얼굴'로 '술을 마신' 후 장거리, 쇠전, 도수장 앞을 돌면서 농무를 계속함.

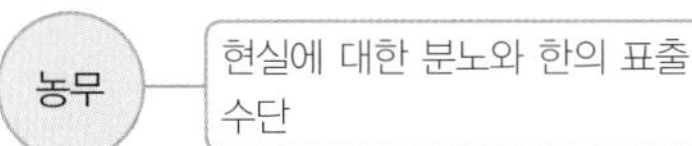

- 화자를 비롯한 농민의 (❸) 암시: '답답하고 고달프게 사는 것', '비료값도 안 나오는 농사 따위'
- 정서의 (❹)적 표출: '원통하다'

원리3 시어와 심상

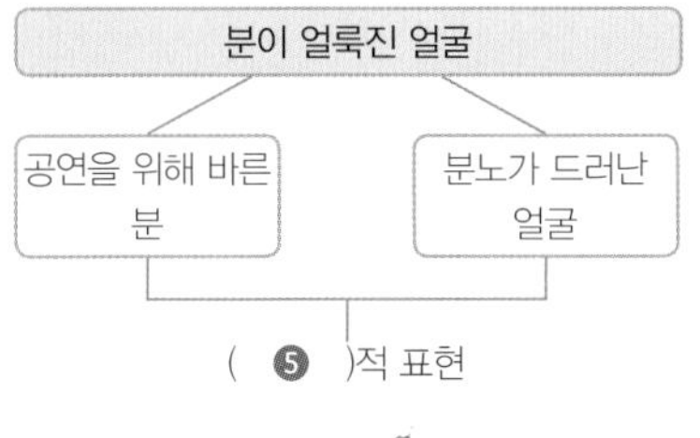

원리4 발상·표현, 표현 기법
(❻)적 표현: 꺽정이처럼 울부짖고, 서림이처럼 해해대지만

원리5 시상 전개, 시적 형상화

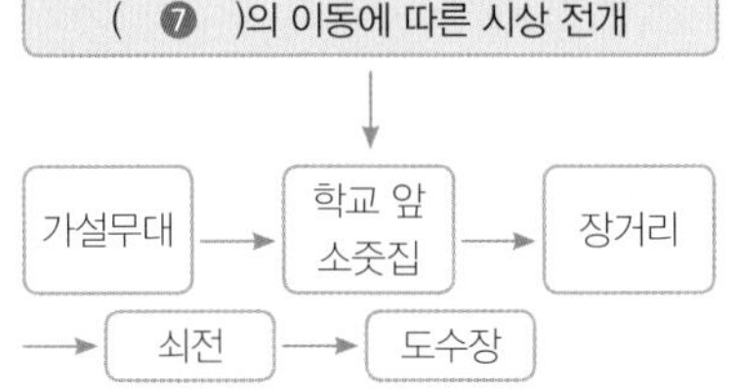

원리6 소통 구조, 맥락을 고려한 이해와 감상
이 시는 (❽)의 과정에서 (❾)된 농촌의 현실에 대한 분노와 한을 표현하고 있다.

정답 ❶ 농민 ❷ 분노 ❸ 현실 ❹ 직접 ❺ 중의 ❻ 비유 ❼ 공간 ❽ 산업화 ❾ 소외

실전 연습하기

내신형 9264-0253

01 윗글에 대한 설명으로 적절하지 않은 것은?

① 공간의 이동에 따라 시상을 전개하고 있다.
② 직유를 활용하여 대상의 행동을 표현하고 있다.
③ 설의적 표현을 통해 정서적 태도를 드러내고 있다.
④ 현재형 진술을 통해 상황을 생동감 있게 제시하고 있다.
⑤ 동일한 색채어를 반복하여 이미지의 통일성을 높이고 있다.

빈칸 완성형 9264-0254

02 윗글은 '(　　　)'라는 전통적 소재를 제시하여 산업화 과정에서 소외된 농촌의 현실을 마주한 농민의 (　　　)와 (　　　)을 표출하고 있다.

서술형 9264-0255

03 윗글의 6행을 통해 알 수 있는 이 작품의 지배적 정서와 그 표현 방식의 특징을 설명하시오.

수능형 2014학년도 9월 모의평가 B형 9264-0256

04 〈보기〉를 참고하여 윗글을 감상한 내용으로 적절하지 않은 것은?

보기

시 「농무」는 1970년 전후의 농촌의 실상과 농민들의 정서를 잘 담아낸 작품이다. 당시 우리 사회는 산업화와 도시화에 힘을 기울였는데, 이로 인해 농촌이 도시와는 다르게 피폐해져 감으로써 삶의 터전을 도시로 옮긴 농민들이 적지 않았다. 이러한 상황에서 시인은 농촌에서 농민들이 삶의 활력과 신명을 얻기 위해 집단적으로 추는 '농무'를 소재로 하여 현실의 암울함을 역설적으로 드러내는 한편, 농촌 공동체의 소중함을 독자들에게 일깨워 주었다.

① [A]에서 화자는 농무를 통해 활력을 얻기보다 오히려 무력감을 느끼고 있는 것 같아.
② [B]에서 '악을 쓰는', '킬킬대는구나', '울부짖고', '해해대지만' 등은 화자가 농무를 흥겨운 축제로 대하지는 못하고 있음을 드러내 줘.
③ [C]에서 화자가 신명을 느끼는 것은 농무의 신명에 힘입어 농촌 현실의 문제를 극복하고자 하는 농민들의 태도를 잘 보여 줘.
④ ⓐ와 ⓑ를 통해 당시의 농민들이 도시로 떠날 수밖에 없었던 사정을 어느 정도 감지 할 수 있어.
⑤ ⓒ에서 화자의 물음은 앞날을 낙관하지 못하는 농촌 사람들이 던지는 자조적 물음으로도 이해될 수 있어.

065 산에 대하여 _ 신경림

작품 미리보기

주제 인간미 넘치는 삶에 대한 지향

특징

① '산'에 대한 일반적 인식의 부정에서 시상이 출발함.

② '산'의 유형을 대조함으로써 화자가 지향하는 삶의 모습을 드러냄.

구성

1~2행: '산'에 대한 일반적 인식과 이에 대한 부정

3~21행: 사람과 가까운 곳에 존재하면서 '사람 사는 재미'를 느끼는 '낮은 산'의 모습

22~26행: '산'의 모습에서 느끼는 인간적 삶에 대한 지향

작품 자세히 읽기

높고 가파른 산은 범접하기 어려운 대상이다. 까다롭게 보이기도 하고, 신령한 힘에 의해 두려움마저 느껴진다. 화자는 이런 '높은 산'보다는 사람 가까이 납작 엎드려 있는 '낮은 산'에 주목하여, 이를 의인화하면서 낮은 산의 시각에서 바라본 가난하지만 인간미 넘치는 삶의 모습을 묘사하고 있다. '사람 사는 재미'로 표현되는 인간미 넘치는 삶의 모습은 높은 것만을 바라보는 자세에서 벗어나 스스로 낮아져야만 가능한 삶이며, 화자는 이러한 삶의 모습을 지향하고 있음을 짐작할 수 있다.

지식 더하기

'산'에 깃든 자연물

이 시에서 '눈개비나무, 찰피나무, 모싯대, 개쑥, 곤줄박이, 개개비, 휘파람새'와 같은 자연물들은 모두 '낮은 산'에 깃들어 일상에서 쉽게 볼 수 있는 식물과 새들이다. 시인은 이러한 자연물들을 시에 배치함으로써 소소하고 평범한 주변 일상에서 발견되는 행복과 즐거움, 기쁨을 형상화하고 있다.

엮어 읽기

김종길, 「고고」 (➲042쪽)

'산'이라는 소재를 통해 지향하는 삶의 모습을 드러내고 있다는 점에서 김종길의 「고고」와 신경림의 「산에 대하여」는 닮아 있다. 단 김종길의 「고고」에서는 화자가 '북한산'의 '높이'에 주목하면서 그 높이를 회복할 수 있는 '겨울날 이른 아침'을 기다리지만, 신경림의 「산에 대하여」의 화자는 '높은 산'과 '낮은 산'을 대조하면서 '낮은 산'이 의미하는 '사람 사는 재미'와 인간미 넘치는 삶의 모습에 대한 지향을 드러내고 있다.

산이라 해서 다 크고 높은 것은 아니다
다 험하고 가파른 것은 아니다
「어떤 산은 크고 높은 산 아래
시시덕거리고 웃으며 나지막이 엎드려 있고
또 어떤 산은 험하고 가파른 산자락에서
슬그머니 빠져 동네까지 내려와
부러운 듯 사람 사는 꼴을 구경하고 섰다
그리고는 높은 산을 오르는 사람들에게
순하디 순한 길이 되어 주기도 하고
남의 눈을 꺼리는 젊은 쌍에게 짐짓
따뜻한 사랑의 숨을 자리가 되어 주기도 한다.
그래서 낮은 산은 내 이웃이던
간난이네 안방 왕골자리처럼 때에 절고
그 누더기 이불처럼 지린내가 배지만
눈개비나무 찰피나무며 모싯대 개쑥에 덮여
곤줄박이 개개비 휘파람새 노랫소리를
듣는 기쁨은 낮은 산만이 안다
사람들이 서로 미워서 잡아 죽일 듯
이빨을 갈고 손톱을 세우다가도
칡넝쿨처럼 머루넝쿨처럼 감기고 어우러지는
㉠사람 사는 재미는 낮은 산만이 안다」
사람이 다 크고 잘난 것만이 아니듯
다 외치며 우뚝 서 있는 것이 아니듯
산이라 해서 모두 크고 높은 것은 아니다
모두 흰 구름을 겨드랑이에 끼고
어깨로 바람 맞받아치며 사는 것은 아니다

[네모]: 사람들이 일반적으로 '산'에 대해 지니는 인식. 인간의 일상에서 멀어 범접하기 어려운, 신령스러운 존재

눈개비나무 ~ 휘파람새: 구체적이고 생생한 삶의 양상을 드러내는 소재들로, '낮은 산'만이 줄 수 있는 기쁨과 행복을 의미함.

칡넝쿨처럼 ~ 어우러지는: 서로 가까이 부대끼며 살아가면서 공동체적 삶을 영위하는 인간다운 삶의 모습

「 」: '낮은 산'의 모습 – 의인화되어, 사람의 삶에 가깝고 친숙한 존재로 제시됨. '사람 사는 재미'

22~24행: '산'의 특징으로부터 '사람'의 속성, 특징 발견: 화자의 지향점을 드러냄.

원리로 작품 정리하기

원리1 화자, 대상, 청자
화자는 다양한 (❶)의 모습에 대해 이야기하고 있음.

원리2 상황, 정서, 태도, 어조
화자는 '크고 높은 산'과 '낮은 산'을 대조하면서 '낮은 산'만이 '사람 사는 재미'를 안다고 하여, 인간미 넘치는 삶의 모습을 (❷)하는 태도를 드러내고 있음.

원리3 시어와 심상
- '산'에 대한 (❸) 인식: 다 크고 높은 것, 다 험하고 가파른 것, 흰 구름을 겨드랑이에 끼고 / 어깨로 바람 맞받아치며 사는 것
- 화자가 좋아하는 '산'의 (❹): '크고 높은 산 아래 / 시시덕거리고 웃으며 나지막이 엎드려', '부러운 듯 사람 사는 꼴을 구경', '순하디 순한 길', '따뜻한' '숨을 자리' → 사람 가까이서 '사람 사는 재미'를 아는 산

원리4 발상·표현, 표현 기법
- 대조적 표현

높은 산	←→ 대비	낮은 산

- (❺)화: '산'을 인간의 모습으로 표현하여, 친근한 일상의 존재로 제시함.

원리5 시상 전개, 시적 형상화
'산'에 대한 일반적 인식의 (❻)에서 출발

원리6 소통 구조, 맥락을 고려한 이해와 감상
이 시의 시적 화자는 '험하고 가파른 산'과 같이 범접하기 어려운 대상보다는 '낮은 산'에 주목하여, '사람 사는 재미'로 압축되는 정감 어린 삶을 지향하는 태도를 드러내고 있다.

정답 ❶ 산 ❷ 지향 ❸ 일반적 ❹ 유형 ❺ 의인 ❻ 부정

실전 연습하기

내신형 9264-0257

01 윗글에 대한 설명으로 가장 적절한 것은?

① 영탄적 어조를 통해 고조된 감정을 표출하고 있다.
② 친숙한 소재를 통해 삶의 지혜를 이끌어 내고 있다.
③ 색채어를 대조하여 대상 간의 차이점을 부각하고 있다.
④ 시상의 반전을 통해 화자의 심리 변화 양상을 드러내고 있다.
⑤ 동일한 시어의 반복으로 화자의 내면적 지향을 강조하고 있다.

빈칸 완성형 9264-0258

02 윗글에서는 '높은 산 '과 '낮은 산 '의 모습을 (   )적으로 제시하여 화자가 (   )하는 삶의 모습을 강조하고 있다.

서술형 9264-0259

03 ㉠의 의미를 설명하시오.

수능형 2009학년도 11월 고1 학력평가 9264-0260

04 〈보기〉는 윗글의 '높은 산'과 '낮은 산'을 비교한 것이다. 이를 바탕으로 윗글을 이해한 학생의 반응으로 적절하지 않은 것은?

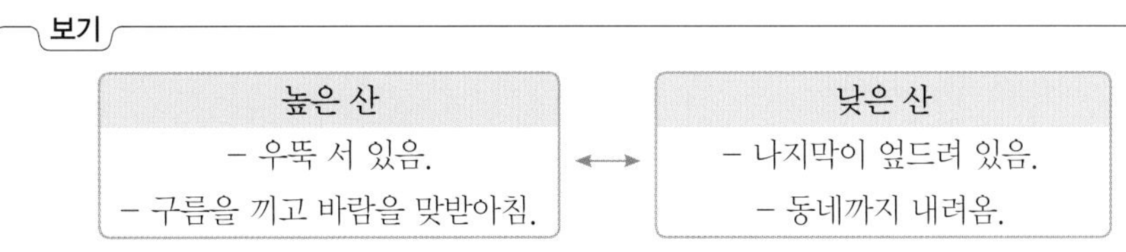

보기

높은 산	←→	낮은 산
– 우뚝 서 있음. – 구름을 끼고 바람을 맞받아침.		– 나지막이 엎드려 있음. – 동네까지 내려옴.

① '높은 산'은 우뚝 서 있어서 외형적으로 선망의 대상일 수도 있겠군.
② '낮은 산'의 모습을 통해 소박하고 평범한 삶의 모습을 떠올릴 수 있겠군.
③ 나지막이 엎드려 있는 '낮은 산'은 자신의 영달을 추구하기보다는 다른 이들을 위해 희생하는 존재를 의미할 수 있겠군.
④ '낮은 산'은 동네까지 내려와 있기 때문에 더럽혀지기도 하지만, 그만큼 사람 사는 맛을 알 수도 있겠군.
⑤ 구름을 끼고 바람을 맞받아치는 '높은 산'의 모습에서 화자가 추구하는 삶의 모습을 확인할 수 있겠군.

066 우리 동네 느티나무들 _ 신경림

수록 교과서
문학 _창비

작품 미리보기

주제 서로 돕고 의지하며 살아가는 자연 그대로의 삶

특징
① 대상에 인격 부여
② 동일한 연결 어미의 반복으로 생동감과 리듬감 부각
③ 현대 문명 사회에 대한 비판적 성찰

구성
1행: 저절로 생겨난 느티나무들
2~9행: 서로 의지를 하며 자라는 느티나무들
10~20행: 늙어서 서로 위로가 되고 아름다운 이야기를 전해 주는 늙은 느티나무들

작품 자세히 읽기

이 시에서 '느티나무'들은 독립된 생명체이면서 동시에 서로에게 의존하는 모습을 보인다. 이들은 하나의 생명 공동체를 이루고 있기에, 각기의 삶을 영위하면서도 삶의 과정에서 생겨나는 희로애락을 공유하고 서로에게 의지가 되고 위안이 되기도 한다. 시인은 이러한 느티나무들의 삶을 통해 문명 사회의 핵심인 계층적 위계 구조, 타자에 대한 배척, 다양성의 훼손과 획일화 등에 대한 비판적 성찰과 함께 그 대안적 원리를 제시하고 있다.

지식 더하기

사회 생태주의적 상상력

모든 생명체는 각기 다른 모습을 지니고 있다. 그럼에도 모든 생명체는 자신의 삶을 온전히 누릴 수 있어야 한다. 서로 다른 것이 존중되면서 모두가 온전히 살아갈 수 있는 방법은 무엇일까? 그러기 위해서는 독자성과 다양성이 존중되어야 한다. 이는 서로 돕고 서로 의지하는 공동체를 통해 실현될 수 있다. 이처럼 모든 존재가 스스로 독자성 속에서 서로 돕고 보살피는 윤리가 실현될 때, 생명 현상은 온전하고 풍요롭게 발현될 수 있다. 자연이 바로 그 모델이다. 그러므로 사회 생태주의는 이러한 자연 상태로의 진화를 지향한다.

엮어 읽기

황동규, 「우포늪」 (➲264쪽)

이 시와 황동규의 「우포늪」은 인간적 질서와 인간 문명에 대한 비판적 성찰이라는 점에서 공통적이다. '우포늪'에는 인간 문명과 가치에 대한 절대적이고 근원적 부정이 나타난다. 그곳은 문명의 이기들뿐 아니라 문명의 시간 자체가 사라진 곳으로 자연 그 자체로서의 생명만이 존재한다. 이에 비해 「우리 동네 느티나무들」에는 자연 그대로 생겨나 각자의 독립성을 유지하면서도 서로를 의존하며 살아가는 생명의 공동체를 보여 준다. 즉 인간 사회의 위계화된 질서와 획일화에 대한 비판적 대안으로서의 원리를 제시하고 있다.

산비알에 돌밭에 [저절로 나서]
[저희들끼리 자라면서]

([ ] : 우리 동네 느티나무들이 나고 자라서 늙어 가는 시간을 보여 줌.)

[A]
재재발거리고 떠들어 쌓고
밀고 당기고 간지럼질도 시키고
시새우고 토라지고 다투고
시든 잎 생기면 서로 떼어 주고
아픈 곳은 만져도 주고
끌어안기도 하고 기대기도 하고

(– '~고'의 반복으로 생동감 있는 리듬감을 만들어 냄.
– 희로애락을 공유하며 서로 의지하여 살아가는 공동체의 모습
– 인격이 부여된 표현)

이렇게 [저희들끼리 자라서는]
[늙으면] 동무나무 썩은 가질랑
슬쩍 잘라 주기도 하고
세월에 곪고 터진 상처는
긴 혀로 핥아 주기도 하다가
열매보다 **아름다운 이야기**들을
(늙어서 '열매'를 맺음. 그 열매는 서로 의지하고 살아오면서 생성된 아름다운 이야기임.)
머리와 어깨와 다리에
가지와 줄기에
주렁주렁 달았다가는
(의태어로 풍요로움을 나타냄.)
별 많은 밤을 골라 그것들을
(서로 의지하며 함께 살아온 아름다운 이야기들)
하나하나 떼어 온 **고을**에 뿌리는
[우리 동네 늙은 느티나무들]

원리로 작품 정리하기

원리1 화자, 대상, 청자
화자는 동네 느티나무들이 나고 자라고 늙어 가는 모습에 대해 말하고 있음.

원리2 상황, 정서, 태도, 어조
자연 그대로의 삶, 서로 의존하며 (❶)를 이루는 삶에 깊은 공감을 보이고 있음.

원리3 시어와 심상
- '아픈 곳은 만져도 주고 / 끌어안기도 하고 기대기도 하고': 서로 의존하면서 살아가는 공동체의 원리
- '열매보다 아름다운 이야기들': (❷) 살아가는 삶의 아름다움
- '우리 동네 늙은 느티나무들': 현대 문명 사회의 (❸)를 해결할 대안으로서의 인간형 또는 삶의 원리 상징

원리4 발상·표현, 표현 기법
- '대상에 (❹)을 부여하여 생동감 있게 표현하고 있음.
- '재재발거리고 떠들어 쌓고 ~ 끌어안기도 하고 기대기도 하고': 연결 어미 '-고'를 반복함.

원리5 시상 전개, 시적 형상화
(❺)의 흐름을 바탕으로 느티나무들의 삶을 노래함.

원리6 소통 구조, 맥락을 고려한 이해와 감상

우리 동네 늙은 느티나무들		현대 문명 사회
생겨난 그대로 살아감. 서로 의존하는 공동체	↔	자연 파괴 약육강식의 세계

정답 ❶ 공동체 ❷ 서로 의지하고 ❸ 부조리 ❹ 인격 ❺ 시간

실전 연습하기

내신형 ▸9264-0261

01 윗글에 대한 설명으로 가장 적절한 것은?

① 처음과 끝을 통일시켜 형태상의 안정감을 주고 있다.
② 대상에 인격을 부여하여 생동감 있게 표현하고 있다.
③ 영탄적 표현으로 화자의 예찬적 태도를 나타내고 있다.
④ 공간의 대비를 통해 화자의 내적 갈등을 드러내고 있다.
⑤ 대상에게 말을 건네는 방식으로 친근한 분위기를 만들고 있다.

빈칸 완성형 ▸9264-0262

02 다음은 윗글의 흐름에서 [A]에 대해 설명한 내용이다. 빈칸에 들어갈 내용을 쓰시오.(시어 포함)

> 윗글로 볼 때, [A]는 '느티나무들'이 '(　　　　)' 자라는 모습을 그리고 있다고 할 수 있다. 그런데 이러한 모습은 동일한 (　　　　)를 반복하여 대상의 다양한 행위들을 연결하면서 구체화되고 있다.

서술형 ▸9264-0263

03 윗글의 밑줄 친 시어들을 참고하여 윗글의 시상 전개 방식에 대해 설명하시오.

수능형 ▸9264-0264

04 <보기>를 참조하여 윗글을 감상한 내용으로 적절하지 않은 것은?

> 보기
> 자연의 순리를 파괴하고 건설된 현대 문명 사회에서는 과도한 경쟁과 강자에 의한 약자 지배가 심화되고 있다. 그러나 자연의 다양한 생명들은 생겨난 그대로의 모습으로 자발적으로 존재하면서도 서로 의존하는 생명 공동체를 이루고, 이를 통해 더욱 풍부한 생성으로 나아간다. 문학은 이러한 자연의 모습에서 현대 문명 사회의 부조리를 해결할 대안으로서의 인간형 그리고 삶의 원리를 성찰한다.

① '산비알에 돌밭에 저절로 나서'는 생겨난 그대로의 모습으로 존재하는 자연을 형상화한 것으로 볼 수 있다.
② '아픈 곳은 만져도 주고 / 끌어안기도 하고 기대기도 하고'에서 서로 의존하면서 살아가는 공동체의 원리를 찾아볼 수 있다.
③ '주렁주렁' 달린 '아름다운 이야기들'은 자발성과 상호 의존성을 통해 만들어진 풍부한 생성의 이미지로 볼 수 있다.
④ '별 많은 밤'의 '온 고을'은 과도한 경쟁과 강자에 의한 약자 지배가 심화된 현대 문명 사회를 표상한다고 볼 수 있다.
⑤ '우리 동네 늙은 느티나무들'은 현대 문명 사회의 부조리를 해결할 대안으로서의 인간형을 상징한다고 볼 수 있다.

독해의 원리 다지기 5

신동엽 ~ 장석남

067 껍데기는 가라 _ 신동엽

수록 교과서
국어 _동아
문학 _창비, 천재(김)

작품 미리보기

주제 부정적인 세력에 대한 저항과 순수함에 대한 지향을 통해 민족의 화합과 분단 극복을 염원함.

특징
① 특정 시구의 반복을 통해 화자의 염원을 강조함.
② 상징적 의미의 시어를 대립시켜 주제를 강조함.
③ 명령형 어미의 사용으로 단호한 의지를 드러냄.

구성
1연: 4.19 혁명의 본질 회복에 대한 염원
2연: 동학 농민 운동의 본질 회복에 대한 염원
3연: 순수 회복을 통한 분단 극복의 가능성
4연: 부정적인 세력에 대한 강렬한 저항의 의지

작품 자세히 읽기

이 시는 1960년대 참여시의 대표 시인으로 손꼽히는 신동엽의 작품이다. 이 시에는 '알맹이', '아우성'과 같은 순수하고 정의로운 본질적 가치가 '껍데기'와 같은 위선, 허위에 의해 가려져 있는 현실을 거부하고 본질적 가치를 회복하고자 하는 화자의 강렬한 의지가 드러나 있다. 이러한 가치의 회복이 필요한 이유는 3연에서 나타난다. 시적 화자는 민족의 분단 극복을 당면한 과제로 제시하면서, 민족의 화합이 이루어진 상태를 '껍데기'가 없는 순수한 상태로 '부끄럼'을 빛내는 '아사달 아사녀'의 '맞절'과 같은 시구로 구체화하고 있는 것이다.

지식 더하기

4.19 혁명과 동학 농민 운동

4.19 혁명은 1960년에 학생들을 중심으로 일어난 반정부 민주주의 혁명으로, 이승만 정권의 부정 선거에 항의하며 민주적 절차에 의한 정권 교체를 요구했다. 동학 농민 운동은 1894년 전라도 고부의 동학 접주 전봉준 등을 지도자로 하여 반봉건 반외세를 기치로 내걸고 일어난 농민 운동이다.

엮어 읽기

김수영, 「눈」 (➲102쪽)

김수영의 「눈」은 밤새 내려 마당에 쌓인 '눈'을 제재로 하여 부정적인 현실에 굴복하지 않겠다는 강렬한 의지를 드러낸 작품이다. 쌓인 눈을 바라보는 화자가 젊은 시인을 향해 기침을 하고 가래를 뱉을 것을 권유하는데, 여기서 기침을 하는 것은 '살아 있음'을 증명하는 행위로, 이는 곧 부정적 현실에 굴하지 않고 자신의 목소리를 내는 것을 의미한다. '가래'는 내면의 불순함을 의미하며, 이를 뱉자는 권유는 곧 '눈'이 환기하는 '순수함'을 지향하는 자기 정화의 행위로 읽을 수 있다.

[껍데기는 가라.] [ ] : 반복 → '껍데기'에 대한 강력한 거부 의지 강조
사월*도 알맹이만 남고
(알맹이 ↔ 껍데기)
껍데기는 가라.

[껍데기는 가라.]
동학년 곰나루*의, 그 아우성만 살고
(아우성: 동학 농민 운동의 순수한 정신)
껍데기는 가라.

그리하여, 다시
[껍데기는 가라.]
이곳에선, 두 가슴과 그곳까지 내논
('껍데기'가 없는, 순수의 상태 의미)
아사달 아사녀가
중립의 초례청 앞에 서서
(이념, 체제의 차이로 인한 갈등과 대립이 해소되는 화합의 공간)
부끄럼 빛내며
맞절할지니
(아사달 아사녀의 맞절: 원래 설화와는 달리 행복한 결말을 맞이하는 이들의 모습을 통해 분단의 극복과 민족 화합의 가능성을 암시)

[껍데기는 가라.]
한라에서 백두까지
향그러운 **흙가슴**만 남고
(1연의 '알맹이', 2연의 '아우성'과 의미상 호응하는 시어로, 우리 국토의 본질적 순수함을 의미함.)
그, 모오든 **쇠붙이**는 가라.
(무력, 힘, 화합을 저해하는 세력)

*사월, 동학년 곰나루 역사적 사건인 4.19 혁명(1960년)과 동학 농민 운동(1894년)을 의미함.

원리로 작품 정리하기

원리1 화자, 대상, 청자

화자는 (❶)에 대한 거부감을 드러내면서 민족의 화합과 분단 극복을 염원하고 있음.

원리2 상황, 정서, 태도, 어조

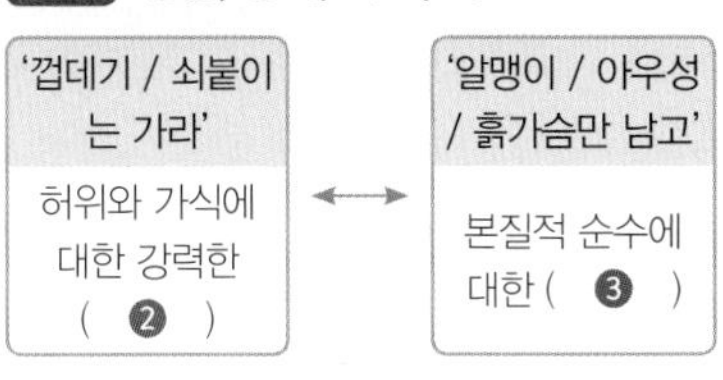

'껍데기 / 쇠붙이는 가라'		'알맹이 / 아우성 / 흙가슴만 남고'
허위와 가식에 대한 강력한 (❷)	←→	본질적 순수에 대한 (❸)

원리3 시어와 심상

- 껍데기, 쇠붙이: '알맹이', '아우성', '흙가슴' 등이 의미하는 순수한 본질을 은폐하고 변질시키는 (❹), (❺)
- 아사달 아사녀의 맞절: 슬픈 전설의 주인공인 '아사달 아사녀'가 맺어지는 장면을 제시함으로써 분단 상태의 (❻)과 민족 화합의 가능성을 표현함.

원리4 발상·표현, 표현 기법

- 역사적 사건 – 시상 전개의 출발점
- (❼) 종결 어미(– 라)의 반복: 리듬감을 조성하고 시적 의미를 (❽)함.
- 동일 시구의 (❾): 단호한 거부 의지 표현

원리5 시상 전개, 시적 형상화

(❿)한 구조의 문장으로 이루어진 연의 반복

원리6 소통 구조, 맥락을 고려한 이해와 감상

이 시는 발표 당시(1967년) 허위와 가식이 순수한 본질을 가리고 있는 상황을 비판하면서, 이러한 상황이 극복될 때 민족의 화합이 가능하다는 시인의 인식이 표현된 작품이다.

정답 ❶ 껍데기 ❷ 거부 ❸ 염원 ❹ 허위 ❺ 가식 ❻ 극복 ❼ 명령형 ❽ 강조 ❾ 반복 ❿ 유사

실전 연습하기

내신형 9264-0265

01 윗글의 표현상 특징으로 가장 적절한 것은?

① 어조에 변화를 주어 시적 긴장감을 높이고 있다.
② 먼 곳에서 가까운 곳으로 화자의 시선이 이동하고 있다.
③ 시간의 흐름에 따른 화자의 정서 변화를 드러내고 있다.
④ 동일한 시어를 반복 사용해 화자의 의지를 강조하고 있다.
⑤ 특정 색채어를 연속적으로 사용하여 정서를 고조시키고 있다.

빈칸 완성형 9264-0266

02 윗글은 (   )적 의미를 지닌 시어를 (   )적으로 제시하여 민족의 화합에 대한 염원을 표출하고 있다.

서술형 9264-0267

03 윗글의 3연과 4연의 내용을 바탕으로 하여, 민족의 화합을 위해 필요한 것이 무엇인지 쓰시오.

수능형 2013학년도 6월 고2 학력평가 A형 9264-0268

04 〈보기〉를 참고하여 윗글을 감상한 내용으로 적절하지 않은 것은?

보기

신동엽 시인은 인간 생명의 원초적 본질인 대지에서 우리 민족 공동체가 함께 살기를 소망했다. 하지만 당시는 외세의 개입으로 인한 사회적 모순과 부조리가 가득했고 남과 북은 이념 대립으로 분단되어 있는 상태였다. 시인은 이런 문제를 해결하기 위해서 외세와 봉건에 저항했던 동학 혁명이나 불의에 저항했던 4월 혁명과 같은 정신이 필요하다고 생각했다.

① '껍데기'는 현실의 문제를 유발하는 외세와 그 추종 세력을 의미하는 것으로 볼 수 있겠군.
② '중립의 초례청'은 우리 민족이 당면한 모순과 부조리가 담겨 있는 현실의 공간이라는 생각이 들어.
③ '맞절할지니'는 남과 북이 하나의 공동체로 화합되기를 소망하는 마음이 반영된 것 같아.
④ '흙가슴'은 우리 민족이 추구해야 할 인간 생명의 원초적 본질을 형상화한 것이라 볼 수 있겠어.
⑤ '쇠붙이'는 남과 북을 갈라놓은 부정적인 대상을 나타낸 것으로 보여.

068 봄은 _ 신동엽

작품 미리보기

주제 우리 자신의 힘으로 이루어 내는 민족 화합과 통일에 대한 소망

특징
① '봄', '겨울'과 같이 상징적인 의미의 시어를 대립적으로 배치하여 시적 의미를 부각함.
② 계절이 순환하는 것처럼 '봄'의 도래도 필연적으로 이루어질 것이라는 신념을 표현함.

구성
1~2연: 민족 화합의 실현과 원동력
3연: '겨울'과 대립되는 '봄'의 속성
4연: 민족 화합과 통일에 대한 기대

봄은
(3연의 '겨울'과 대립적 의미를 띠는 시어로, 민족의 화합과 통일을 의미함.)
남해에서도 북녘에서도
(남해, 북녘 → 우리 국토의 바깥. 외세를 의미함. ↔ '제주에서 두만까지')
오지 않는다.

너그럽고
빛나는
(너그럽고, 빛나는 – 봄의 속성: 포용력, 아름다움, 화합)
봄의 그 눈짓은,
제주에서 두만까지
우리가 디딘
아름다운 논밭에서 움튼다.
(제주에서 두만까지 ~ 논밭 – 우리 국토)

겨울은,
바다와 대륙 밖에서
(바다, 대륙 밖 → 1연의 '남해, 북녘'에 대응 – '매서운 눈보라'의 근원지)
그 ㉠매서운 눈보라 몰고 왔지만
(매서운 눈보라 – 분단의 고통과 시련)
이제 올
너그러운 봄은, 삼천리 마을마다
우리들 가슴속에서
움트리라.

움터서,
강산을 덮은 그 미움의 쇠붙이들
(그 미움의 쇠붙이들 – 분단으로 인한 갈등과 긴장의 상태. 폭력과 힘의 논리. 화합을 저해하는 군사적 대립과 긴장)
눈 녹이듯 흐물흐물
녹여 버리겠지.

작품 자세히 읽기

이 시는 봄과 겨울을 대비하면서 통일에 대한 염원을 노래하고 있는 작품이다. 겨울은 '매운 눈보라'를 몰고 온, '강산'에 '미움의 쇠붙이들'이 존재하는 계절로 부정적 현실 상황을 상징한다. 반대로 봄은 그 미움의 쇠붙이들을 녹여 버릴 수 있는 계절로 화자가 소망하는 통일된 상황을 상징한다. 화자는 그러한 봄이 우리 국토, 우리 민족의 가슴속에서 '움튼다'고 함으로써 통일에 대한 염원과 의지를 드러내고 있다.

지식 더하기

신동엽 시의 '쇠붙이'
신동엽의 시의 의의는 제국주의의 본질과 폐해를 지적했다는 점에서도 발견할 수 있는데, 이를 잘 드러내는 것으로 그의 시에 빈번히 등장하는 '쇠붙이'에 대한 부정을 들 수 있다. 그의 시에 등장하는 '쇠'는 민족의 자립을 저해하고 힘의 논리가 지배하는 제국주의의 물리적 폭력성을 상징하기도 하고, 자본 형성의 근간이 되는 경제력을 환기하기도 한다.

엮어 읽기

신동엽, 「껍데기는 가라」 (➊194쪽)
신동엽의 「껍데기는 가라」는 「봄은」과 유사한 시기에 창작되어, 분단의 극복과 통일을 당면한 민족의 과제로 인식하고 이에 대한 굳은 신념을 노래하고자 했던 시인의 의지를 표현하고 있다. '제주에서 두만까지', '한라에서 백두까지'와 같이 국토 전체를 지칭하는 표현과, '쇠붙이'와 같은 상징적 소재는 두 시 모두에 등장하여 동일한 주제 의식의 형성에 기여하고 있다.

원리로 작품 정리하기

원리1 화자, 대상, 청자
화자는 봄이 오기를 바라는 마음을 표현하면서, '봄'을 불러올 수 있는 힘이 우리 자신에게 있다는 인식을 드러내고 있음.

원리2 상황, 정서, 태도, 어조
민족의 (❶) 상황에 놓인 화자: 단호하고 (❷)적인 어조 – '봄'의 (❸)와 '겨울'의 소멸에 대한 확신을 드러내고 있음.

원리3 시어와 심상
• '봄'과 '겨울'의 대립

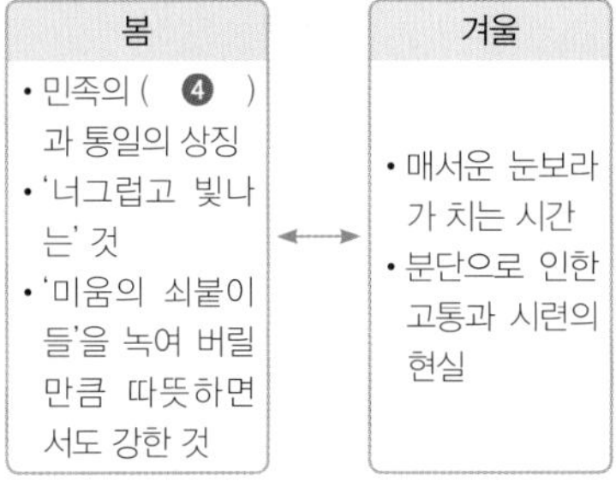

봄		겨울
• 민족의 (❹)과 통일의 상징 • '너그럽고 빛나는' 것 • '미움의 쇠붙이들'을 녹여 버릴 만큼 따뜻하면서도 강한 것	←→	• 매서운 눈보라가 치는 시간 • 분단으로 인한 고통과 시련의 현실

• 남해, 북녘: 바다, 대륙 밖 – 나라 외부, (❺)

원리4 발상·표현, 표현 기법
• (❻)적 시어의 대립
• 단정적 어조로 확고한 믿음과 의지 표현

원리5 시상 전개, 시적 형상화
계절이 자연스럽게 순환하는 것과 같이 '봄'도 (❼)적으로 올 것이라는 확신과 믿음을 드러내고 있음.

원리6 소통 구조, 맥락을 고려한 이해와 감상
이 시는 창작 당시의 시대적 배경을 고려할 때, 분단 상황을 극복하고 민족의 화합과 통일을 이루어 내는 것이 시대적 과제로 인식되던 시기의 문학적 성과로 볼 수 있다.

정답 ❶ 분단 ❷ 의지 ❸ 도래 ❹ 화합 ❺ 외세 ❻ 상징 ❼ 필연

실전 연습하기

내신형 9264-0269

01 ㉠을 통해 이끌어 낼 수 있는 '눈'의 이미지로 적절한 것은?

① 쉽게 녹아 없어진다는 점에서 일시적이며 허무하다.
② 하얗다는 점에서 순결하지만 쉽게 더워질 수도 있다.
③ 소리 없이 내리는 고요함으로 인해 상념을 불러일으킨다.
④ 차갑고 매섭게 몰아친다는 점에서 시련과 고난을 의미한다.
⑤ 공중에 흩날리므로 불안정하지만 결국은 땅에 쌓이므로 안정적이기도 하다.

빈칸 완성형 9264-0270

02 윗글에서 '미움의 쇠붙이들'이란 (　　　)으로 인한 갈등과 대립의 상태를 지칭하는 것으로 (　　　)과 의미상 호응 관계에 있다.

서술형 9264-0271

03 윗글의 화자가 생각하는 봄의 원동력은 무엇인지 쓰시오.

수능형 2007학년도 3월 고1 학력평가 9264-0272

04 <보기>는 윗글에 대한 학생의 감상문이다. 그 내용으로 적절하지 않은 것은?

보기

작품에서 봄은 '우리가 디딘 아름다운 논밭에서, 우리들 가슴속에서 움튼다'고 되어 있는데, 이것은 '우리'로 지칭되는 대상에게 봄이 특별한 의미를 지닌다는 말 같다. ①'우리'는 '제주에서 두만까지 아름다운 논밭을 디디고 있다'는 점에서 우리 민족을 의미하는 것으로 보인다. 그렇다면 우리 민족에게 봄은 어떤 특별한 의미를 지니는 걸까? ②마지막 연의 내용으로 보아 봄은 '미움의 쇠붙이들'이 완전히 사라진 상태를 의미하는 것같다. ③작품에서 '봄' 앞에 '너그러운'이라는 수식어를 붙인 것도 이와 관련되는 것 같다. 미움을 없앨 수 있는 것은 너그러운 마음이기 때문이다. ④그러한 봄이 '우리들 가슴속에서 움트리라'라고 한 것은 우리 민족 스스로 그러한 봄을 만들어 내야 한다는 의미로도 볼 수 있지 않을까? ⑤전체적으로 봄과 겨울을 대비한 것은, 자연스러운 계절의 순환마저 거부하려는 강한 의지를 표현한 것으로 볼 수 있다.

069 산에 언덕에 _ 신동엽

작품 미리보기

주제 그리운 '그'로 표상되는 정신적 가치의 실현과 지속에 대한 소망

특징
① 유사한 통사 구조의 반복을 통해 주제를 부각함.
② 예스러운 명령형 종결 어미의 반복을 통해 화자의 소망과 신념을 강조함.

구성
1~2연: '그'가 남긴 정신적 가치의 실현에 대한 소망과 신념
3 ~4연: '그'의 부재로 인해 쓸쓸함을 느끼는 사람들에 대한 위로
5연: '그'가 남긴 정신적 가치의 실현에 대한 소망과 신념

작품 자세히 읽기

이 시의 화자와 '행인'은 모두 부재하는 '그'를 그리워하면서 '그'가 남긴 자취를 더듬고자 하는 존재이다. 그가 남긴 자취는 정신적인 가치와 관련된 것으로, '화사한 그의 꽃', '맑은 그 숨결', '울고 간 그의 영혼'과 같이 형상화되고 있다. 화자는 이러한 가치가 '산에 언덕에 / 들에 숲속에'서, 즉 어디에서나 실현되고 확인되기를 바라는 강한 소망과 신념을 드러낸다.

지식 더하기

신동엽과 4.19 혁명
신동엽은 '4.19의 가장 뛰어난 문학적 성취'로 평가되는 '껍데기는 가라'를 필두로 4.19 혁명을 소재로 한 시를 다수 창작하였다. 그중 「산에 언덕에」는 4.19 혁명 때 희생당한 사람들을 추모하는 시라고 할 수 있다. 따라서 시인은 4.19 혁명 때 희생된 많은 '그'들의 소망과 신념을 잊지 말고, 사람을 사랑하는 따뜻한 '인정(人情)'을 회복하여 자유와 민주주의를 실현하자고 말하고 있는 것이다.

엮어 읽기

김수영, 「푸른 하늘을」 (➡026쪽)
신동엽의 「산에 언덕에」와 김수영의 「푸른 하늘을」은 모두 4.19 혁명을 창작의 배경으로 삼아 이를 노래하고 있다는 점에서 공통적이다. 단, 김수영의 「푸른 하늘을」이 투쟁과 고통, 희생을 통해 얻을 수 있는 '자유'와 '혁명' 자체에 초점을 맞추고 있다면, 「산에 언덕에」는 자유를 외치던 혁명의 과정에서 희생된 사람들을 추모하며 그 정신적 가치의 실현을 소망하고 있다는 점에서 차이를 보인다.

(그리운 그: 창작 당시의 시대적 상황을 고려할 때 4.19 혁명으로 희생된 많은 젊은이들을 상징함.)

그리운 그의 얼굴 다시 찾을 수 없어도
(그리움, 추모의 대상)
화사한 그의 꽃
('그'가 남긴, 표상하는 정신)
산에 언덕에 피어날지어이*.

(□: 반복적으로 사용되어 '그'가 남긴 정신적 가치의 실현에 대한 소망과 당위의 의미를 강조함.)

그리운 **그의 노래** 다시 들을 수 없어도
맑은 그 숨결
들에 숲속에 살아갈지어이.

(○: '그'가 표상하는 4.19 혁명의 정신으로, 민주주의 실현에 대한 의지, 자유와 정의에 대한 외침 등을 의미함.)

쓸쓸한 마음으로 들길 더듬는 행인(行人)아.
('그'의 부재로 인해 쓸쓸한 마음으로 '그'의 흔적을 찾기 위해 들길을 더듬는 행인의 모습 ≒ 화자)

눈길 비었거든 바람 담을지네.
바람 비었거든 인정 담을지네.

그리운 그의 모습 **다시 찾을 수 없어도**
울고 간 그의 영혼
들에 언덕에 피어날지어이.

*-ㄹ지어이 '마땅히 그렇게 하여라'의 의미를 지닌 명령형 어미인 '-ㄹ지어다'를 변형한 형태.

원리로 작품 정리하기

원리1 화자, 대상, 청자
시적 대상은 '그'로, 화자는 시적 대상에 대한 (❶)의 마음을 표현하고 있음.

원리2 상황, 정서, 태도, 어조
시적 화자는 '그'의 (❷)로 인한 '쓸쓸함'과 '그리움'의 정서를 드러내면서, '그'가 남긴 정신적 가치의 (❸)에 대한 소망과 신념을 표현하고 있음.

원리3 시어와 심상

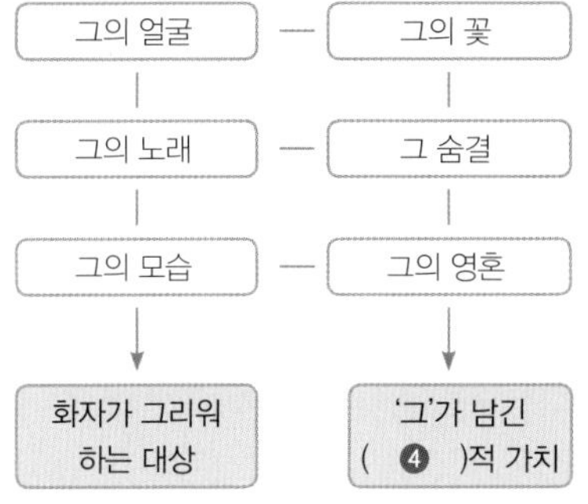

원리4 발상·표현, 표현 기법
'-ㄹ지어이'와 같은 종결 어미
→ '그의 꽃/숨결/영혼'이 마땅히 살아나고 피어날 것이라는 의미를 (❺)함으로써, '그'가 표상하는 4.19 정신의 실현, 지속에 대한 소망과 신념을 표출하고 있음.

원리5 시상 전개, 시적 형상화
1, 2, 5연에서 유사한 (❻)가 반복되어 시적 의미를 강조하고 있음.

원리6 소통 구조, 맥락을 고려한 이해와 감상
작품 창작 당시의 시대적 상황을 고려할 때, 이 시는 4.19 혁명으로 인해 목숨을 잃은 이들을 추모하면서 그 정신을 이어받기 위해 창작된 것으로 볼 수 있다.

정답 ❶ 추모 ❷ 부재 ❸ 실현 ❹ 정신 ❺ 반복 ❻ 통사 구조

실전 연습하기

내신형 2013학년도 10월 고3 학력평가 A형 9264-0273

01 윗글에 대한 설명으로 적절하지 않은 것은?

① 1연은 '-ㄹ지어이'를 통해 화자의 기대와 소망을 드러내면서 시상을 열고 있다.
② 2연은 '그'의 이미지를 변주하여 1연의 내용을 반복함으로써 의미를 강조하고 있다.
③ 3연은 '행인'에게 말을 건네는 형식으로 상황에서 비롯된 정서를 자연스럽게 드러내고 있다.
④ 4연은 '비었거든'과 '담을지네'를 호응시켜 화자가 처한 상황을 이겨 내고자 하는 태도를 드러내고 있다.
⑤ 5연은 수미 상관을 통해 자연과 하나가 된 화자의 모습을 부각하며 시상을 마무리하고 있다.

빈칸 완성형 9264-0274

02 윗글에서는 1, 2, 5연에서 '-ㄹ지어이'와 같은 종결 어미를 반복적으로 제시함으로써 화자의 (　　　)과 (　　　)을 강조하고 있다.

서술형 9264-0275

03 윗글에서 '행인'이 처한 상황과 정서를 설명하시오.

수능형 2013학년도 10월 고3 학력평가 A형 9264-0276

04 〈보기〉의 맥락에서 윗글을 해석한다고 할 때, 시어(구)에 대한 이해로 적절하지 않은 것은?

보기
(가) 사랑했던 연인과 사별한 후 그 임에 대한 사랑과 그리움을 노래한 시로 읽을 경우
(나) 4.19 혁명 과정에서 독재 권력의 억압에 항거해 자유를 외치다 목숨을 잃은 학생들을 추모하며 그들에 대한 그리움을 노래한 시로 읽을 경우

① (가)의 맥락에서 보면, '그리운'은 개인적인 경험과 관련된 정서가 표출된 것이겠군.
② (가)의 맥락에서 보면, '꽃'은 세상을 떠난 임에게 바치고 싶었던 마음을 상징한 것이겠군.
③ (나)의 맥락에서 보면, '그의 노래'는 시대적인 요구가 담긴 목소리라고 할 수 있겠군.
④ (나)의 맥락에서 보면, '울고 간'은 억압적 현실로 인한 희생과 관련된다고 할 수 있겠군.
⑤ (가), (나) 모두의 맥락에서 '다시 찾을 수 없어도'는 대상이 부재하는 상황을 드러낸 것으로 볼 수 있겠군.

070 꽃덤불 _ 신석정

수록 교과서
문학 _해냄

작품 미리보기

주제 완전한 독립 국가 수립에 대한 염원

특징

① 대조적 시어들을 사용하여 현실 인식을 드러냄.

② 통사 구조를 반복하여 비극적 상황을 강조함.

구성

1연: 일제 강점하에서 전개된 독립운동의 모습

2연: 독립을 바라는 마음과 독립을 위한 노력

3연: 애국 투사의 죽음과 유랑, 변절, 전향한 이들에 대한 안타까움

4연: 36년의 일제 강점이 끝나고 찾아온 광복의 상황

5연: 완전한 화합과 평화를 이룰 수 있는 독립 국가에 대한 염원

작품 자세히 읽기

이 시는 광복 직후의 혼란스러운 상황 속에서 지나간 과거 일제 강점기를 돌아보며 우리가 가졌던 삶의 다양한 태도와 모습들을 생각해 보고 더 나은 세계를 이루고 싶다는 기대와 희망을 드러내고 있는 작품이다. 일제 강점하의 고통에서 벗어나 광복을 맞이하였으나 완전한 독립을 이루지 못한 시대적 상황과 이데올로기의 대립으로 인해 혼란에 빠진 민족의 현실을 걱정하는 시인의 고뇌가 잘 드러나 있다. 그러므로 화자가 지향하는 공간이자 시의 제목인 '꽃덤불'은 새롭게 수립해야 할 바람직한 민족 국가의 모습을 의미한다고 볼 수 있다.

지식 더하기

창작 당시의 시대적 상황

이 시는 해방 직후인 1946년 『해방 기념 시집』에 수록된 작품이다. 일제로부터 벗어나 광복을 맞이하기는 하였지만, 제2차 세계 대전 후의 세계는 미국을 중심으로 하는 자유 민주주의와 소련을 중심으로 하는 공산주의로 대립되어 냉전 체제를 형성하고 있었다. 이러한 상황에서 남북은 분단되어 연합군의 신탁 통치를 받았으며, 좌우익의 이념 갈등은 극에 달해 있었다. '겨울밤 달이 아직도 차거니'라는 구절에는 바로 이런 사회상에 대한 안타까움과 걱정이 드러나 있다.

엮어 읽기

박두진, 「해」 (➲142쪽)

「해」는 세상을 환하게 비춰 주는 존재인 '해'의 상징적 의미를 중심으로, 해가 솟아 어둠의 세계를 물리치고 모든 생명체들이 평화롭게 화합하고 공존하는 이상적인 세상이 오기를 소망하는 작품이다. '해'와 '어둠'의 대립 구도를 통해 주제를 드러내고 있다는 점에서 신석정의 「꽃덤불」과 유사하다.

○ : 화자가 지향하는 가치

△ : 암담한 현실을 드러내는 시어

태양을 의논하는 거룩한 이야기는
㉠항상 태양을 등진 곳에서만 비롯하였다

㉡달빛이 흡사 비 오듯 쏟아지는 밤에도
우리는 헐어진 성(城)터를 헤매이면서
㉢언제 참으로 그 언제 우리 하늘에
오롯한 태양을 모시겠느냐고 (완전한 조국의 광복)
가슴을 쥐어뜯으며 이야기하며 이야기하며
가슴을 쥐어뜯지 않았느냐?

그러는 동안에 영영 잃어버린 벗도 있다 (죽은 사람)
그러는 동안에 멀리 떠나버린 벗도 있다 (조국을 떠나 타국을 유랑하는 사람)
그러는 동안에 몸을 팔아버린 벗도 있다 (변절한 사람)
그러는 동안에 맘을 팔아버린 벗도 있다 (전향한 사람)

㉣그러는 동안에 드디어 서른여섯 해가 지나갔다 (일제 강점기)

다시 우러러보는 이 하늘에
㉤겨울밤 달이 아직도 차거니 (광복 후 혼란스러운 조국의 상황)
오는 봄엔 분수(噴水)처럼 쏟아지는 태양을 안고
그 어느 언덕 꽃덤불에 아늑히 안겨 보리라 (화합된 조국)

원리로 작품 정리하기

원리1 화자, 대상, 청자
화자(='우리')는 과거에는 '(❶)'을 지향하였고 현재는 '꽃덤불'을 지향하고 있음.

원리2 상황, 정서, 태도, 어조
화자는 광복을 맞이했으나 아직 혼란스러운 사회의 모습을 안타까워하면서, 화합된 조국의 모습을 (❷)하고 있음.

원리3 시어와 심상
어둠과 밝음의 이미지를 나타내는 (❸)적 시어들을 사용하여 화자의 현실 인식을 효과적으로 표현하고 있음.

원리4 발상·표현, 표현 기법
'그러는 동안에 ~ 벗도 있다'의 통사 구조를 (❹)하여 비극적 상황을 강조하고 (❺)을 형성함.

원리5 시상 전개, 시적 형상화

과거	일제 강점기	시간의 흐름 ↓
현재	광복 직후 혼란스러운 조국	
(❻)	화합된 조국	

원리6 소통 구조, 맥락을 고려한 이해와 감상
이 시는 고통스러웠던 일제 강점기와 광복 이후의 혼란상을 극복하고, 새롭게 수립해야 할 민족 국가의 모습을 '(❼)'로 표현하여 화합된 조국에 대한 소망을 표현한 작품이다.

정답 ❶ 태양 ❷ 염원 ❸ 대조 ❹ 반복 ❺ 운율 ❻ 미래 ❼ 꽃덤불

실전 연습하기

내신형 9264-0277

01 〈보기〉를 참고하여 꽃덤불을 이해한 내용으로 가장 적절한 것은?

보기

신석정이 이 시를 쓴 1946년은 일제의 강점으로부터 벗어나 광복을 맞이하였으나 남한과 북한이 각각 미국과 소련에 의해 군정(軍政)의 통치를 받았던 시기이다. 외세에 의해 남과 북으로 나뉜 우리 민족은 이념 차이로 인한 갈등이 점점 심해지고 있었다.

① 평화로웠던 과거의 삶이 회복된 공간
② 남북한이 이념 갈등으로 인해 나뉜 상황
③ 일제의 강점으로부터 벗어나 광복을 맞은 모습
④ 혼란을 극복하고 민족 화합을 이룬 이상적인 조국
⑤ 외세의 개입으로 인한 사회적 모순과 부조리가 가득한 현실

빈칸 완성형 9264-0278

02 윗글은 '태양을 등진 곳', '(　　　)', '겨울밤'(어둠의 이미지)과 '태양', '(　　　)', '꽃덤불'(밝음의 이미지) 간의 대립 구도를 통해 주제를 강조하고 있다.

서술형 9264-0279

03 직유법을 활용하여 화자가 처한 부정적 현실을 표현하고 있는 구절을 찾아 쓰시오.

수능형 9264-0280

04 ㉠~㉤에 나타난 말하는 이의 태도에 대한 설명으로 가장 적절한 것은?

① ㉠: 일상을 권태롭게 여기는 태도가 '항상'을 통해 부각되고 있다.
② ㉡: 자연에서 발견한 이상적인 속성을 예찬하는 태도가 '흡사'를 통해 부각되고 있다.
③ ㉢: 앞으로 일어날 일에 대해 호기심을 가지는 태도가 '참으로'를 통해 부각되고 있다.
④ ㉣: 불행했던 시절이 되돌아올 것에 대비하려는 태도가 '드디어'를 통해 부각되고 있다.
⑤ ㉤: 부정적 상황이 온전히 극복되지 못한 것을 안타깝게 여기는 태도가 '아직도'를 통해 부각되고 있다.

071 바위 _ 유치환

작품 미리보기

주제 현실 초극적인 삶의 추구

특징

① 강인하고 단호한 남성적인 어조로 화자의 의지를 드러냄.

② 구체적인 자연물을 통해 화자의 의지를 형상화

구성

1행: 바위가 되겠다는 의지

2~9행: 내적 감정, 외부 자극을 초월하려는 단련 과정

10~12행: 바위와 같은 현실 초극적인 존재가 되고자 하는 의지

작품 자세히 읽기

이 시는 바위를 소재로 하여 현실 초극적인 삶의 태도를 추구하는 화자의 강한 의지를 형상화하고 있는 작품이다. 바위는 내적인 감정이나 외부의 시련에 흔들리지 않는 의지적 삶의 표상이다. 화자는 이런 바위처럼 어떤 자극에도 흔들림이 없는 존재가 되어 인간의 유한성을 초월하고자 하는 치열한 삶의 자세를 보여 주고 있다. 강인하고 남성적인 어조와 수미상관의 구조에 의해 화자의 의지적 태도가 더욱 부각되고 있다.

지식 더하기

바위

이 시에서 시적 모티프인 바위는 일체의 인간사와는 무관하다고 느끼는 데서 오는 허무 의식을 극복하려는 어떤 의지를 표상한다. 즉 일체의 감정과 외부의 변화에 미동도 하지 않고 안으로 허무의 의지를 직시하며 진실한 자신의 길을 선택하는, '비정의 함묵'을 지닌 냉철하고 지사적인 인간이 되겠다는 의지의 표상인 것이다. 이는 시인 자신이 북만주로 가게 된 것을 "진정 도망입니다."(「생명의 서」 '서') 라고 말할 수밖에 없었던 일제 말기라는 극한적인 역사적 상황과 결부된 것이다.

엮어 읽기

유치환, 「생명의 서」 (➡204쪽)

「생명의 서(書)」는 글자 그대로 생명에 관해 쓴 글이라는 의미이며, 생명의 본질을 추구하고자 하는 화자의 비장한 의지를 노래하고 있는 작품이다. 극한 상황의 설정을 통해 생명의 본질을 추구하고 있다는 점, 단호한 어조로 화자의 의지를 표현하고 있다는 점에서 유치환의 「바위」와 유사하다. 관념적인 시어를 많이 사용하여 생경한 느낌을 자아내기도 한다는 점도 비슷하다.

내 죽으면 한 개 바위가 되리라
아예 **애련(哀憐)**에 **물들지 않고**
희로(喜怒)에 움직이지 않고 ― 인간의 감정
비와 바람에 깎이는 대로
외부의 시련, 고통
억 년(億年) 비정(非情)의 함묵(緘默)에
감정에 흔들리지 않는 침묵
안으로 안으로만 채찍질하여
내적인 단련 과정
드디어 **생명도 망각**하고
모든 것에 초연한 상태
흐르는 구름
머언 원뢰(遠雷) ― 가변적이고 유동적인 것, 외부의 자극
꿈꾸어도 **노래하지 않고**
이상 세계의 동경
두 쪽으로 깨뜨려져도
극한의 시련과 좌절의 순간에도
소리하지 않는 바위가 되리라
의지적 태도

(1행~12행: 수미 상관 구조)

정답과 해설 47쪽

원리로 작품 정리하기

원리1 화자, 대상, 청자

시적 대상인 '(❶)'는 감정에 흔들리지 않는 초월적 존재로, 강인한 정신과 의지의 표상이자 화자가 지향하는 삶의 모습임.

원리2 상황, 정서, 태도, 어조

화자는 삶의 본질에 대한 탐구와 내적 단련을 통해 어떤 자극에도 흔들리지 않는 삶을 살아가고자 함. 즉, 이 시는 단호한 어조로 현실을 (❷)하고자 하는 화자의 의지를 드러내고 있는 작품임.

원리3 시어와 심상

원리4 발상·표현, 표현 기법

서술어의 종결 어미 '-리라'를 통해 드러나는 강인하고 남성적인 어조는 현실 초극에 대한 화자의 (❺)를 더욱 효과적으로 부각하는 기능을 함.

원리5 시상 전개, 시적 형상화

1행은 작품 전체의 주제 의식을 드러내는 부분으로, 마지막 행에서 유사한 형태로 다시 반복되면서 (❻)의 구조를 형성함.

원리6 소통 구조, 맥락을 고려한 이해와 감상

시인은 고통을 감내하고 시련을 회피하지 않는 자세로 인간의 생명을 비롯하여 모든 (❼)한 것으로부터 초연해야만 절대적 구도에 이를 수 있다고 보았다.

정답 ❶ 바위 ❷ 초극 ❸ 바람 ❹ 희로 ❺ 의지 ❻ 수미 상관 ❼ 유한

실전 연습하기

내신형 9264-0281

01 윗글에 대한 설명으로 가장 적절한 것은?

① 어조의 변화를 통해 시적 긴장을 높이고 있다.
② 인간과 자연을 대비하여 주제 의식을 부각하고 있다.
③ 부정어를 반복하여 현실에 대한 부정적 인식을 드러내고 있다.
④ 시간의 흐름에 따라 변화하는 대상의 다양한 속성을 나타내고 있다.
⑤ 처음과 끝에서 동일한 시구를 반복함으로써 화자의 지향을 강조하고 있다.

빈칸 완성형 9264-0282

02 윗글에서 화자가 추구하는 삶의 자세는 (   )에 투영되어 있다.

서술형 9264-0283

03 윗글에서 화자의 인간적 고뇌를 드러내는 시어 두 개를 찾아 쓰시오.

수능형 2012학년도 6월 고1 학력평가 9264-0284

04 윗글에 대해 감상한 내용으로 적절하지 않은 것은?

① '애련에 물들지 않고', '희로에 움직이지 않'으려는 것에서 인간적인 감정에 휘둘리지 않으려는 화자의 모습이 보이는군.
② '비와 바람에 깎이는 대로'에서 시련을 묵묵히 견뎌 내려는 화자의 태도가 드러나는군.
③ '안으로 안으로만 채찍질하'려는 것에서 자신을 단련하려는 화자의 태도를 엿볼 수 있군.
④ '생명도 망각하'는 것에서 현실에 좌절하고 굴복하는 화자의 모습이 나타나는군.
⑤ '노래하지 않고', '소리하지 않는 바위가 되'려는 것에서 일체의 감정을 초월하려는 화자의 모습을 찾을 수 있군.

072 생명의 서 _ 유치환

작품 미리보기

주제 생명의 본질을 추구하고자 하는 비장한 의지

특징
① 의지적 어조를 드러내고 있음.
② 극한적 공간을 설정하고 있음.

구성
1연: 생명과 삶의 본질에 대한 회의
2연: 생명의 본질을 추구하는 극한적 공간인 사막
3연: 생명의 본질을 찾으려는 비장한 의지

작품 자세히 읽기

이 시는 삶에서 만나게 되는 회의와 애증, 절망의 상황에서 벗어나 새로운 자신을 찾기 위한 강인한 의지를 노래한 작품이다. 화자는 '아라비아의 사막'을 대결의 공간으로 설정하고 열사의 공간에서 참된 자아, 본연의 자태를 찾으려 한다. 그리고 그러한 자신의 소망이 이루어지지 않는다면 죽음마저도 감수하겠다고 말하고 있다. 뜨거운 태양과 모래만이 있는 절대 고독의 공간에서 화자는 운명적으로 자신의 본원적 자아와 만날 수 있으리라 기대하면서 현실적 삶으로 인해 부대끼고 병든 자신을 넘어 순수하고 근원적인 자아를 되찾기를 기원하는 것이다.

지식 더하기

생명파

유치환의 첫 번째 시집 『청마시초』의 서문에는 "시란 생명의 표현, 혹은 생명 그 자체"라는 구절이 있는데, 이것은 이른바 '생명파'의 시적 경향을 단적으로 보여 주는 바이다. 생명파는 1930년대 한국 시단의 한 유파로서, 기교에 치우친 지나친 감상성에 반대하였고 인간의 정신적 · 생명적 요소를 중시하였다. 주요 작가로는 유치환을 비롯하여 서정주, 함형수, 김광균 등이 있으며, 이들의 시에 인간의 생명 현상과 의지에 대한 시적 관심이 공통적으로 드러났기에 생명파라고 불리게 되었다. 인간의 근원적인 생명력과 삶의 고뇌를 노래함으로써 감상성에 치우쳐 있던 한국 현대시에 새로운 영역을 개척하였다는 평가를 받는다.

엮어 읽기

김수영, 「폭포」 (➲106쪽)

김수영의 「폭포」는 거침없이 떨어지는 폭포의 모습을 통해 부정적 현실에 안주하지 않고 현실을 비판하는 곧은 정신과 의지를 형상화한 작품이다. 현실 상황에 문제의식을 갖고 이를 타개하고자 하는 시적 자아가 등장한다는 점, 자연물의 속성을 바탕으로 화자의 의지적 태도가 뚜렷하게 형상화되고 있다는 점에서 유치환의 「생명의 서」와 유사하다.

[A]
나의 지식이 독한 회의(懷疑)를 구하지 못하고
(생명의 본질에 대한 의구심을 해결하지)
내 또한 삶의 애증(愛憎)을 다 짐지지 못하여
(감당하지)
㉠병든 나무처럼 생명이 부대낄 때
저 머나먼 아라비아의 사막으로 나는 가자
(비문법적인 표현(시적 허용)을 동원하여 화자의 의지를 강조함.)

거기는 한 번 뜬 백일(白日)이 불사신같이 작열하고
(= 아라비아의 사막 / 밝게 빛나는 해 / 타오르고)
일체가 모래 속에 사멸한 ㉡영겁의 허적(虛寂)*에
오직 알라의 신(神)만이
밤마다 고민하고 방황하는 열사(熱沙)의 끝
(성찰의 행위)

그 ㉢열렬한 고독 가운데
(자신의 실존과 대면하는 절대적 고독)
옷자락을 나부끼고 호올로 서면
(극한적 상황에 맞서는 화자의 모습)
운명처럼 반드시 '나'와 대면케 될지니
하여 '나'란 나의 생명이란
그 ㉣원시의 본연한 자태를 다시 배우지 못하거든
(생명의 본질적 모습)
차라리 나는 어느 사구(沙丘)에 ㉤회한(悔恨) 없는 백골을 쪼이리라
(근원적 자아를 찾기 위해 죽음을 각오하는 태도)

*허적 아무것도 없이 적막함.

원리로 작품 정리하기

원리1 화자, 대상, 청자

- 화자(나): 생명의 본질을 추구하고자 하는 현실적 자아
- 대상('나' = (❶) = 원시의 본연한 자태): 화자가 도달하고자 하는 근원적 자아

원리2 상황, 정서, 태도, 어조

화자는 단호한 어조로 생명의 (❷) 추구에 대한 비장한 의지를 드러내고 있음.

원리3 시어와 심상

병든 나무	—	생명의 본질에 대한 의문을 풀지 못한 화자(현실의 자아)
아라비아의 사막	—	생명의 본질을 깨닫기 위해 성찰을 시도하는 (❸)적 공간

원리4 발상·표현, 표현 기법

- '회의(懷疑)', '영겁(永劫)의 허적(虛寂)', '회한(悔恨)' 등 한자어의 빈번한 사용
- '사막', '열사의 끝'과 같은 극한적 공간을 통해 (❹)을 추구하려는 강한 열망을 드러내고 있음.

원리5 시상 전개, 시적 형상화

현실의 자아를 (❺)로, 참된 자아이자 본연의 자태를 '(❻)'로 형상화함.

원리6 소통 구조, 맥락을 고려한 이해와 감상

이 시는 생명파 시인으로 불린 유치환의 시 정신을 강인한 어조로 극명히 보여 주는 작품이다. 자연물을 통해 서정을 형상화하기보다는 오히려 생명의 본질에 도달하려는 엄격한 정신적 자세를 (❼)적으로 토로하고 있다.

정답 ❶ '나'의 생명 ❷ 본질 ❸ 극한 ❹ 생명 ❺ 나 ❻ '나' ❼ 직설

실전 연습하기

내신형 9264-0285

01 [A]에 대한 설명으로 적절한 것만을 〈보기〉에서 골라 묶은 것은?

보기

ㄱ. 화자의 지향점이 나타나 있다.
ㄴ. 외부 현실과 대립하는 화자의 모습이 드러나 있다.
ㄷ. 화자가 해결하지 못하고 있는 문제 상황이 표현되어 있다.

① ㄱ ② ㄴ ③ ㄱ, ㄷ
④ ㄴ, ㄷ ⑤ ㄱ, ㄴ, ㄷ

빈칸 완성형 9264-0286

02 윗글에서의 '아라비아의 사막'은 '열렬한 고독'의 공간으로, 화자가 자기 자신과 '(　　　)'할 수밖에 없도록 만드는 필연성을 부여하고 있다.

서술형 9264-0287

03 윗글의 화자가 도달하고자 하는 근원적 자아('나')를 의미하는 시구 두 가지를 찾아 쓰시오.

수능형 2014학년도 9월 모의평가 B형 9264-0288

04 윗글의 '나'와 ㉠~㉤의 관련성을 이해한 내용으로 적절하지 않은 것은?

① ㉠은 화자가 극복해야 할 자신의 모습을 빗대어 표현한 것으로, '나'와는 대비되는 표상이다.
② ㉡은 어떤 것도 존재하지 못하는 극한 상태로, 화자가 '나'와 대면할 수 있는 조건에 해당한다.
③ ㉢은 절대적 고독을 나타낸 것으로, 화자가 그 절대적 고독에서 벗어남으로써 '나'에 도달할 수 있음을 알려 준다.
④ ㉣은 생명이 본래적으로 존재하는 모습을 가리키는 것으로, '나'가 원시적 생명력을 지닌 존재임을 보여 준다.
⑤ ㉤은 죽음에 대한 화자의 태도를 드러내는 것으로, '나'를 통해 생명을 회복하려는 화자의 의지를 담아낸 표현이다.

073 길 _ 윤동주

작품 미리보기

주제 본질적 자아를 회복하기 위한 노력

특징

① 고백적 어조를 통해 자아 성찰의 태도를 보임.

② 상징적 시어를 통해 내면을 드러냄.

구성

1연: 잃어버린 것을 찾아 길을 나섬.
2~3연: 화자가 걷는 길의 모습
4연: 삶의 과정으로서의 길
5연: 부끄러움의 인식
6~7연: 진정한 자아의 회복과 현실 극복의 의지

작품 자세히 읽기

이 시는 1941년, 모든 것이 황폐화된 식민지 조선에서 가치관의 혼란을 겪으며 고통스럽게 살아가던 젊은 지식인의 고뇌와 아픔, 상실과 모색을 다루고 있는 작품이다. 윤동주의 다른 작품들처럼 현실에서 오는 고통이나 좌절을 회피하지 않고 진지하게 자신을 성찰하려는 노력을 멈추지 않는 태도를 이 시에서도 발견할 수 있다. '돌담'으로 상징되는 장애물을 앞에 두고, 참된 자아를 회복하는 것이 힘겹다고 느끼며 화자는 '하늘'을 쳐다본다. '하늘'은 화자에게 부끄러움을 느끼게 하나, 이 부끄러움은 화자가 새로운 의지를 북돋우는 계기를 마련해 준다. 이를 통해 화자는 절망적 현실에서도 좌절하지 않고 본질적 자아를 회복하기 위한 노력을 포기하지 않게 되는 것이다.

지식 더하기

'길'의 상징성

윤동주의 '길'은 식민지 현실에서 올바른 삶의 길을 찾지 못해 혼란스러워 하며 방황을 거듭하던 화자가 그러한 상황을 벗어나기 위해 선택한 공간이다. 이때의 '길'은 끊임없이 자신의 내면을 들여다보는, 자아 성찰과 탐색의 공간으로서 인생 그 자체를 의미한다. '길'은 인생을 의미하기에 그 안에 시련과 고통 등의 굴곡을 품고 있으며, 화자는 이러한 굴곡과 더불어 '길'을 통해 최종의 목적지를 향해 끊임없이 걸어 나가려는 것이다.

엮어 읽기

이상, 「거울」 (➲216쪽)

「거울」은 현실적 자아와 본질적 자아의 분열을 상징화하고 있으며, 식민지 지식인이 참된 자아를 찾고자 하는 노력을 보여 주고 있다는 점에서 윤동주의 「길」과 그 유사성을 찾을 수 있다. 하지만 「길」이 참된 자아를 찾기 위한 노력을 포기하지 않겠다는 의지를 보여 주는 반면, 「거울」에서는 현실적 자아와 본질적 자아 간의 단절과 분열의 상태를 극복하지 못하고 있다는 점에서 차이가 있다.

잃어버렸습니다.
(목적어(무얼)를 생략하여 독자의 주의를 끎.)
무얼 어디다 잃었는지 몰라
㉠두 손이 주머니를 더듬어
길에 나아갑니다.

㉡돌과 돌과 돌이 끝없이 연달아
길은 돌담을 끼고 갑니다.
(돌담: 본질적 자아로 통하는 길을 가로막는 장애물)

담은 쇠문을 굳게 닫아
(쇠문을 굳게 닫아: 본질적 자아와의 단절)
길 위에 긴 그림자를 드리우고
(그림자: 암울한 상황, 화자의 고뇌와 절망)

㉢길은 아침에서 저녁으로
저녁에서 아침으로 통했습니다.

돌담을 더듬어 눈물짓다
(눈물짓다: 화자의 안타까운 심정)
쳐다보면 하늘은 부끄럽게 푸릅니다.
(하늘: 부끄러움을 일깨워 주는 존재(자아 성찰의 매개체))

㉣풀 한 포기 없는 이 길을 걷는 것은
㉤담 저쪽에 내가 남아 있는 까닭이고

내가 사는 것은, 다만
(내가: 자아)
잃은 것을 찾는 까닭입니다.
(잃은 것: 참된 자아, 본질적 자아)

원리로 작품 정리하기

원리1 화자, 대상, 청자
화자는 (❶)을 걷는 행위를 통해 본질적 자아(담 저쪽의 '나')를 찾으려 하고 있음.

원리2 상황, 정서, 태도, 어조
화자는 참된 자아를 찾기 위해 애쓰지만, '(❷)'과 '(❸)'에 가로막혀서 좌절하고 있음.

원리3 시어와 심상

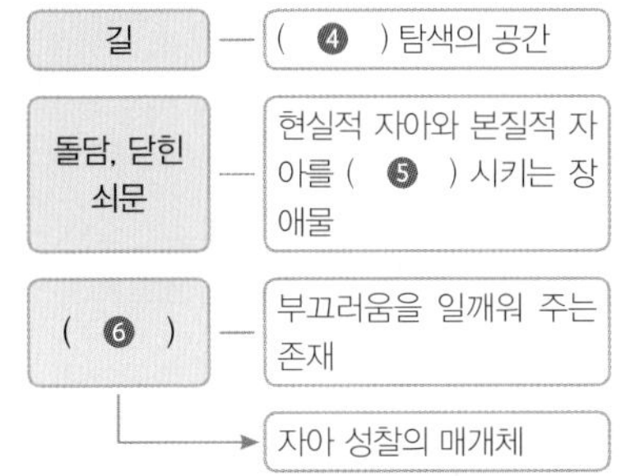

원리4 발상·표현, 표현 기법
(❼)적인 시어를 통해 내면세계를 형상화하고 있음.

원리5 시상 전개, 시적 형상화
1~4연에서 화자는 지상에 존재하면서 고뇌와 절망을 느낌. 그러나 (❽)연에서 화자는 천상('하늘')을 쳐다보며 자아 성찰의 계기를 마련하게 됨.

원리6 소통 구조, 맥락을 고려한 이해와 감상
이 시는 식민지 시대를 살아가는 젊은 지식인의 고민을 노래한 작품으로, 삭막한 현실에서도 결코 포기하지 않고 자신을 (❾)하려는 노력이 잘 드러나 있다.

정답 ❶ 길 ❷ 돌담 ❸ 쇠문 ❹ 자아 ❺ 단절 ❻ 하늘 ❼ 상징 ❽ 5 ❾ 성찰

정답과 해설 48쪽

실전 연습하기

내신형 9264-0289

01 ㉠~㉤에 대한 설명으로 적절하지 않은 것은?

① ㉠의 '더듬어'는 화자의 내면적인 방황을 함축하고 있다.
② ㉡에서는 '돌'을 반복함으로써 화자의 무거운 심리를 드러내고 있다.
③ ㉢에서 길이 '아침에서 저녁으로, 저녁에서 아침으로' 통한다는 것은 화자의 지속적인 노력을 의미하고 있다.
④ ㉣의 '풀 한 포기 없는'은 화자가 처한 상황이 황량함을 암시하고 있다.
⑤ ㉤의 '담 저쪽'은 화자가 지나온 과거의 시간을 공간적으로 표현하고 있다.

빈칸 완성형 9264-0290

02 윗글은 (　　　)적인 시어를 통해 본질적 자아를 찾으려는 노력을 형상화하고 있으며, (　　　)적인 어조로 시상을 전개하고 있다.

서술형 9264-0291

03 〈보기〉의 (　　　) 안에 들어갈 시어를 윗글에서 찾아 쓰시오.

보기

하나의 시어가 이중적인 기능을 하는 경우가 있다. 예를 들어 '유리창'은 세상과 화자 사이에서 양자를 단절시키지만 화자가 바깥 세계를 인식할 수 있는 매개의 역할을 하기도 한다. (　　　) 또한 이쪽과 저쪽을 매개하지만 단절되어 있어 '유리창'처럼 단절과 매개의 의미를 동시에 지니고 있다고 할 수 있다.

수능형 2008학년도 6월 모의평가 9264-0292

04 윗글의 '하늘'과 〈보기〉의 '미타찰'에 대한 설명으로 적절한 것은?

보기

생사(生死) 길은 / 예 있으매 머뭇거리고,
나는 간다는 말도 / 못다 이르고 어찌 갑니까.
어느 가을 이른 바람에 / 이에 저에 떨어질 잎처럼
한 가지에 나고 / 가는 곳 모르온저.
아아, 미타찰(彌陀刹)에서 만날 나 / 도(道) 닦아 기다리겠노라.

– 월명사, 「제망매가」

① '하늘'과 '미타찰'은 화자가 몸을 담고 있는 공간이다.
② '하늘'은 숭고함을, '미타찰'은 비장함을 자아내는 공간이다.
③ '하늘'과 '미타찰'은 화자에게 환상을 불러일으키는 공간이다.
④ '하늘'은 화자의 반성을, '미타찰'은 화자의 지향을 함축하는 공간이다.
⑤ '하늘'은 자연의 영원성을, '미타찰'은 인간의 유한성을 상징하는 공간이다.

074 서시 _윤동주

수록 교과서
국어 _미래엔, 비상(박영)
문학 _동아

죽는 날까지 ㉠하늘을 우러러 ◯: 이상적 세계 – 삶의 지향성과 방향성
한 점 부끄럼이 없기를,
잎새에 이는 **바람**에도
심리적 갈등 요인
나는 괴로워했다.
이상(한 점 부끄럼 없는 삶)과 현실의 갈등에서 오는 고뇌
별을 노래하는 마음으로
모든 죽어가는 것을 사랑해야지
모든 살아 있는 존재에 대한 한없는 연민과 사랑을 드러냄.
그리고 나한테 주어진 길을
자신이 가야 할 삶의 방향, 소명 의식
걸어가야겠다.
의지의 표현

오늘 **밤**에도 **별이 바람**에 스치운다.
△: 어둠, 시련

작품 미리보기

주제 부끄러움 없는 삶에 대한 다짐
특징
① 시간의 변화에 따라 시상을 전개함.
② 이미지의 대립을 통한 시적 상황을 제시함.
구성
1연 1~4행: 과거의 삶에 대한 성찰(과거)
5~8행: 미래의 삶에 대한 결의(미래)
2연: 어두운 현실에 대한 자각(현재)

작품 자세히 읽기

이 시는 암담한 현실 속에서 양심적으로 살고자 하는 화자의 고뇌와 극복 의지를 그린 작품이다. '하늘'은 화자에게 있어 윤리적 판단의 절대적 기준으로 작용하고 있으며, 높은 수준의 윤리 의식을 내세울 만큼 순수한 삶에 대한 화자의 의지는 누구보다도 강하다. 화자는 '별'을 노래하는 맑고 바른 마음으로 삶의 고통에 부대끼는 모든 생명들을 사랑하면서, 자신에게 주어진 사명을 담담하게 받아들일 것을 다짐한다.

지식 더하기

하늘과 바람과 별과 시

이 시는 윤동주의 유고 시집 『하늘과 바람과 별과 시』의 서두에 실린 작품으로, 「서시(序詩)」라는 제목에서 알 수 있듯이 시집 전체의 내용을 안내해 주는 역할을 한다. 『하늘과 바람과 별과 시』는 윤동주의 자필 시고 3부 중에서 1부를 유일하게 보관하고 있던 친구 정병욱과 아우 윤일주에 의해 그의 사후인 1948년 간행되었다. 북간도 출신인 윤동주는 연희전문 졸업 후 도일(渡日)하여 도시샤 대학 영문과에 재학 중 사촌 형제 송몽규와 함께 사상범으로 체포되었고, 29세의 나이로 후쿠오카 감옥에서 옥사했다. 『하늘과 바람과 별과 시』에 수록된 그의 시에는 불안과 고독과 절망을 극복하고, 희망과 용기로 현실을 돌파하려는 강인한 정신이 표출되어 있다.

엮어 읽기

윤동주, 「쉽게 씌어진 시」 (➲210쪽)

「쉽게 씌어진 시」는 시인인 화자가 암울한 현실 속에서도 시가 쉽게 씌어진다는 사실로부터 반성과 성찰을 시작하고 있는 작품이다. 높은 도덕적 기준을 가지고, 치열한 자아 성찰의 모습을 보여 주고 있다는 점에서 「서시」와 공통점이 있다. 그러나 「쉽게 씌어진 시」의 화자는 부당한 현실에 적극적으로 대항하지 못하는 자신의 무기력한 모습에 대한 반성을 주로 하고 있다는 점에서 「서시」와는 차이가 있기도 하다.

정답과 해설 49쪽

원리로 작품 정리하기

원리1 화자, 대상, 청자
화자는 작은 (❶)에도 괴로워할 만큼 섬세하고 양심적임.

원리2 상황, 정서, 태도, 어조
- 화자는 자신을 (❷)하고 고백하는 태도를 보이고 있음.
- '주어진 길'이라는 표현을 통해 어두운 현실 속에서도 자신이 가야 할 길에 대한 화자의 뚜렷한 (❸)이 드러남.

원리3 시어와 심상
- '하늘', '별': 시인이 지향하는 세계
- '(❹)', '(❺)': 현실 세계의 어두움과 시련('하늘', '별'과 대조되는 의미의 시어)임.

원리4 발상·표현, 표현 기법
(❻)되는 시어를 통해 시적 상황과 주제를 효과적으로 제시함.

원리5 시상 전개, 시적 형상화

1연	1~4행	순결한 도덕적 삶을 살고자 했던 화자의 고뇌를 (❼)의 시점에서 말하고 있음.
	5~8행	살아 있는 존재에 대한 연민과 사랑을 나타내면서 (❽)의 삶에 대한 결의를 다짐하고 있음.
2연	화자가 현재 처한 상황을 보여 주면서 도덕적 순결성에 대한 의지를 시적으로 승화시키고 있음.	

원리6 소통 구조, 맥락을 고려한 이해와 감상
이 시는 일제 강점기를 살아가는 지식인의 고뇌와 그 (❾) 의지를 노래하고 있는 작품이다.

정답 ❶ 바람 ❷ 성찰 ❸ 사명감 ❹ 바람 ❺ 밤 ❻ 대립 ❼ 과거 ❽ 미래 ❾ 극복

실전 연습하기

내신형 9264-0293

01 윗글의 시어에 대한 설명으로 적절하지 않은 것은?

① '잎새'는 화자의 의지를 드러내고 있다.
② '바람'은 화자의 내적 고뇌와 연결되어 있다.
③ '모든 죽어가는 것'은 화자가 연민하고 애정하는 대상이다.
④ '오늘 밤'은 화자가 처한 힘겨운 현실을 의미한다.
⑤ '별'은 화자가 지향하는 정신적 가치를 함축하고 있다.

빈칸 완성형 9264-0294

02 2연의 '( )'은 어두운 '( )' 속에서도 빛을 잃지 않으며, '( )' 앞에서도 결코 흔들리지 않는, 외로우나 순결한 양심을 상징하고 있다.

서술형 9264-0295

03 윗글의 화자 자신이 시대 현실 속에서 지향해야 할 삶의 방향에 대한 뚜렷한 사명감이 드러나는 시구를 찾아 쓰시오.

수능형 9264-0296

04 윗글의 ㉠과 〈보기〉의 ⓐ를 이해한 내용으로 가장 적절한 것은?

보기

새들도 떠나고 / 그대가 한 그루 / 헐벗은 나무로 흔들리고 있을 때 / 나도 헐벗은 한 그루 나무로 그대 곁에 서겠다 / 아무도 이 눈보라 멈출 수 없고 / 나 또한 그대가 될 수 없어 / 대신 앓아줄 수 없는 지금 / 어쩌랴 내가 할 수 있는 일은 / 이 눈보라를 그대와 나누어 맞는 일뿐 / 그러나 그것마저 그대만을 위한 것은 아니었다 / 보라 그대로 하여 / 그대 쪽에서 불어오는 눈보라를 내가 견딘다 / 그리하여 언 땅 속에서 / 서로가 서로의 뿌리를 얽어쥐고 체온을 나누며 / 끝끝내 ⓐ하늘을 우러러 / 새들을 기다리고 있을 때 / 보라 어느샌가 / 수많은 그대와 또 수많은 나를 / 사람들은 숲이라 부른다

– 복효근, 「겨울숲」

① ㉠에는 현실과 타협하고자 하는 의지가, ⓐ에는 현실에 저항하고자 하는 의지가 담겨 있다.
② ㉠에는 자연과 동화되고자 하는 의지가, ⓐ에는 자연에서 깨달음을 얻고자 하는 의지가 담겨 있다.
③ ㉠에는 부끄러움 없는 삶을 살고자 하는 의지가, ⓐ에는 희망을 잃지 않고 인내하려는 의지가 담겨 있다.
④ ㉠에는 외부의 세계와 소통하고자 하는 의지가, ⓐ에는 외부의 세계와 단절하고자 하는 의지가 담겨 있다.
⑤ ㉠에는 무기력한 삶을 극복하고자 하는 의지가, ⓐ에는 타인의 도움 없이 홀로 살고자 하는 의지가 담겨 있다.

075 쉽게 씨어진 시 _ 윤동주

수록 교과서
문학 _금성, 동아, 미래엔, 비상, 지학사, 천재(김), 천재(정)

작품 미리보기

주제 어두운 시대 현실 속에서의 고뇌와 자기 성찰

특징
① 명암의 대비를 통해 주제 의식을 구현함.
② 자기반성적, 고백적 어조를 보임.

구성
1연: 자아를 구속하는 현실 공간
2연: 시인으로서 슬픈 천명
3~4연: 현재의 삶에 대한 회의
5~6연: 소극적인 삶에서 오는 무기력함
7연: 부끄러운 삶을 성찰
8연: 내면의 각성과 현실의 재인식
9연: 성찰을 통한 내적 변화의 암시
10연: 두 자아의 화해와 미래에 대한 각오

작품 자세히 읽기

이 시는 일제 강점기의 암울한 시대 현실을 살아가는 지식인의 고뇌와 자기 성찰이 담긴 작품이다. 화자는 현실을 바꿀 힘을 가지지 못하는 시인으로서 살아가는 자신의 지난 삶을 반성적으로 바라본다. 하지만 좌절하거나 굴복하는 대신, 앞으로 나아갈 길을 정립하고자 하는 결의를 보이고 있다. 자기 자신에 대한 끝없는 좌절과 번민 그리고 무력감을 부끄럽게 여기면서도, 새로운 길을 모색하기 위한 노력을 포기하지 않고 시인의 사명감을 자각하는 내면을 솔직하고 섬세하게 보여 주고 있다.

지식 더하기

시상 흐름의 전환
시상 흐름의 전환이란, 상황에 대한 절망적 인식이 희망적 인식으로, 상황에 대한 체념이 의지나 다짐으로, 하강의 이미지가 상승의 이미지로 바뀌는 등 화자의 정서나 작품의 분위기가 다른 방향으로 바뀌는 것을 말한다. 이 작품에서는 1연과 8연이 동일한 의미를 가진 문장이 순서만 바뀌어 표현되었다. 1연의 다음에서는 화자 자신의 삶에 대한 반성을 나타내고, 8연 다음에서는 외부 현실에 대한 화자의 대응 자세를 나타내고 있으므로, 제8연에서 시상이 전환되었다고 할 수 있다.

엮어 읽기

김수영, 「사령」 (➲047쪽)
김수영의 「사령」은 '죽은 영혼'을 뜻하는 '사령'을 제목으로 들면서, 부정적인 현실 속에서 적극적으로 대항하지 못하는 자기의 영혼을 죽어 있다고 말하며 무기력한 자아를 비판하고 있는 작품이다. 화자가 현실을 부정적으로 인식하고 있다는 점, 그러한 현실에 대처하는 자신의 소극적이고 수동적인 자세에 대해 부끄러움을 느끼고 있다는 점에서 윤동주의 「쉽게 씌어진 시」와 유사하다.

창(窓)밖에 밤비가 속살거려
육첩방(六疊房)*은 남의 나라,
(화자가 처한 부정적 현실이자 자아 성찰의 시간 / 구속과 억압의 공간)

시인(詩人)이란 슬픈 천명(天命)인 줄 알면서도
한 줄 시(詩)를 적어 볼까.

땀내와 사랑내 포근히 품긴
보내 주신 학비 봉투(學費封套)를 받아

대학(大學) 노-트를 끼고
늙은 교수(敎授)의 강의 들으러 간다.
(시대 현실과 괴리된 화자의 삶 / 시대 현실과 거리가 먼 지식, 학문에 대한 회의)

생각해 보면 어린 때 동무를
하나, 둘, 죄다 잃어버리고
(상실의 삶)

나는 무얼 바라
나는 다만, 홀로 침전(沈澱)하는 것일까?
(무력감, 허망함, 상실감에 빠진 화자)

인생(人生)은 살기 어렵다는데
시(詩)가 이렇게 쉽게 씌어지는 것은
부끄러운 일이다.
(부끄러움을 인식 → 자기반성)

육첩방(六疊房)은 남의 나라
창(窓)밖에 밤비가 속살거리는데,
(1연의 변형, 반복)

등불을 밝혀 어둠을 조금 내몰고,
시대(時代)처럼 올 아침을 기다리는 최후(最後)의 나.
(○ ↔ △ / 부정적 현실(일제 강점기) / 희망, 현실 극복의 의지 / 희망찬 미래, 조국의 광복 / 반드시 올 '아침'이 오는 것에 필연성 부여 / 성찰 끝에 도달한 자아)

나는 나에게 작은 손을 내밀어
눈물과 위안(慰安)으로 잡는 최초(最初)의 악수(握手).
(자아 간의 만남 / 현실적 자아와 이상적 자아의 화해)

*육첩방 일본식 돗자리인 다다미 여섯 장을 깐 방.

정답과 해설 50쪽

원리로 작품 정리하기

원리1 화자, 대상, 청자
- 화자(='나'): 현실적 자아
- 대상(='나'): (❶)적(내면적) 자아. 시적 화자가 바라는 삶의 모습

원리2 상황, 정서, 태도, 어조
'최초의 (❷)'는 현실적 자아와 이상적 자아 사이의 화해(갈등 해소)를 의미하며, 화자의 현실 극복 의지를 보여 주는 것임.

원리3 시어와 심상
- 밤비(시간적 배경): 화자가 처한 (❸)적 현실이자 자아 성찰의 시간
- 육첩방(공간적 배경): 일본식 방. 구속과 억압의 공간

원리4 발상·표현, 표현 기법

밝음		어둠
등불, 아침	←→ (❹)	밤비, 어둠

원리5 시상 전개, 시적 형상화
시상 흐름의 (❺): 8연은 1연을 변주한 것으로, 화자가 자신이 처한 현실을 재인식하고 있음을 드러내고 있음.

원리6 소통 구조, 맥락을 고려한 이해와 감상
시인은 식민지 현실을 비판적으로 인식하고 있으면서도 그에 (❻)으로 대응하지 못하는 자신의 삶을 부끄러워하고 있으며, 이를 극복하기 위한 다짐과 의지가 드러나 있는 작품이다.

정답 ❶ 이상 ❷ 악수 ❸ 부정 ❹ 대비 ❺ 전환 ❻ 적극적

실전 연습하기

내신형 9264-0297

01 윗글에 대한 설명으로 적절하지 않은 것은?

① 일부 시행을 명사로 끝맺어 여운을 주고 있다.
② 명암의 대비를 통해 주제 의식을 드러내고 있다.
③ 화자의 내면을 고백하는 어조로 시상을 전개하고 있다.
④ 공감각적 심상을 활용하여 고뇌를 선명하게 표현하고 있다.
⑤ 동일한 시행을 반복하여 화자가 처한 상황을 강조하고 있다.

빈칸 완성형 9264-0298

02 '( )'는 작품의 시간적 배경을 알 수 있게 해 주는 소재이기도 하며, 화자가 자신의 내면을 응시할 수 있는 계기를 마련하는 기능을 하고 있다.

서술형 9264-0299

03 〈보기〉는 윗글에 대한 해설의 일부이다. 밑줄 친 부분에 해당하는 연을 윗글에서 골라 쓰시오.

보기
창밖을 보던 화자의 시선이 방 안으로 향하면서 이 시는 시작된다. 화자는 방 안팎의 풍경을 자신이 처한 현실로 인식하게 되는데, 이는 자신의 내면에 대한 성찰로 이어진다. 한동안 자신의 내면을 응시하던 화자는 다시 외부 세계로 시선을 돌리게 되는데, 이 지점에서 화자의 태도는 변화를 보인다.

수능형 2013학년도 11월 고1 학력평가 9264-0300

04 〈보기〉를 바탕으로 윗글을 감상한 내용으로 적절하지 않은 것은?

보기
이 작품은 윤동주가 일제 강점기 때 일본에서 유학하며 쓴 시이다. 이 시에서 화자는 자아 성찰을 통해 무기력한 삶을 반성하고 현실을 극복하려는 의지와 희망적인 미래에 대한 확신을 드러낸다. 이 과정에서 현실에 안주하고 있는 현실적 자아와 현실 극복 의지를 지닌 이상적 자아 사이의 갈등은 해소되고 두 자아는 화해를 이루게 된다.

① '육첩방은 남의 나라'는 화자가 처해 있는 부정적인 현실을 의미하는군.
② '홀로 침전하는 것'은 일제 강점기 현실 속에서 고결함을 유지하고자 하는 화자의 의지를 나타내는군.
③ '등불을 밝혀 어둠을 조금 내몰고'는 현실 상황을 극복하려는 화자의 의지를 드러내는군.
④ '시대처럼 올 아침'은 긍정적인 미래에 대한 화자의 확고한 인식을 드러내는군.
⑤ '최초의 악수'는 현실적 자아와 이상적 자아가 화해에 이르렀음을 나타내는군.

자화상 _ 윤동주

수록 교과서
국어 _비상(박안), 신사고

작품 미리보기

주제 자아 성찰과 자신에 대한 애증

특징

① 구체적 행동을 통해 자아 성찰의 과정을 형상화함.

② 구어체 문장을 통해 산문적으로 표현함.

구성

1연: 자아를 찾기 위해 우물로 감.
2연: 우물에 비친 정경
3연: 우물에 투영된 자아에 대한 미움
4연: 자아에 대해 연민의 감정을 느낌.
5연: 내적 갈등과 그리움의 반복
6연: 또 하나의 자아에 대한 추억과 화해

작품 자세히 읽기

이 시는 우물 속에 비친 자신의 모습을 들여다보며 자신에 대한 애증을 반복하고 있는 작품이다. 이 시에서 '우물'은 거울과 같은 기능을 하고 있다. 화자는 우물에 비친 자기 모습을 보면서 부끄러움을 느끼기도 하고, 자신에 대한 사랑과 부끄러움으로 인한 미움 사이에서 계속 갈등하고 있다. 이처럼 '외딴 우물을 홀로 / 찾아가선 가만히 들여다보'는 행위에는 자신을 객관적으로 성찰하고자 하는 시적 자아의 의도가 들어 있다고 할 수 있다.

지식 더하기

나르시시즘

'나르시스'는 수면에 비친 자신의 모습을 보고 사랑에 빠졌다는 그리스·로마 신화의 인물이다. 여기에서 유래된 말이 '나르시시즘'인데, 자기애, 자아 도취라는 의미이다. 나르시스가 물에 비친 자신의 모습을 들여다보았듯이 「자화상」의 화자도 우물을 통해 자기 자신을 들여다보고 있다. 화자는 세 차례나 우물을 들여다보면서 그때마다 우물에 비친 자기 모습에 대해 '가엾음', '그리움'의 감정을 느낀다. 이것은 자아 사이의 끝없는 갈등을 의미하며, 인생을 살아가면서 '자기애(나르시시즘)'와 '자기혐오(반(反) – 나르시시즘)' 사이에서 끝없는 갈등을 이어 가는 인간의 미묘한 심리적 갈등을 나타낸 것이라고 해석할 수도 있다.

엮어 읽기

서정주, 「자화상」 (➡016쪽)

「자화상」이란 제목을 가진 시들을 보면, 대체로 자기반성과 자기 성찰 등 자신의 내면을 고백하고 있는 작품들이 많다. 서정주는 「자화상」에서 '나를 키운 건 팔 할이 바람'이라며 거친 세상을 떠돌며 살아온 자기의 20여 년 생애를 돌아보고 있고, 윤동주는 「자화상」을 통해 일제 강점의 암흑기로 접어드는 현실을 살아가는 자기 내면의 갈등과 번뇌의 심정을 나타내고 있다.

산모퉁이를 돌아 논가 외딴 우물을 홀로
찾아가선 가만히 들여다봅니다.

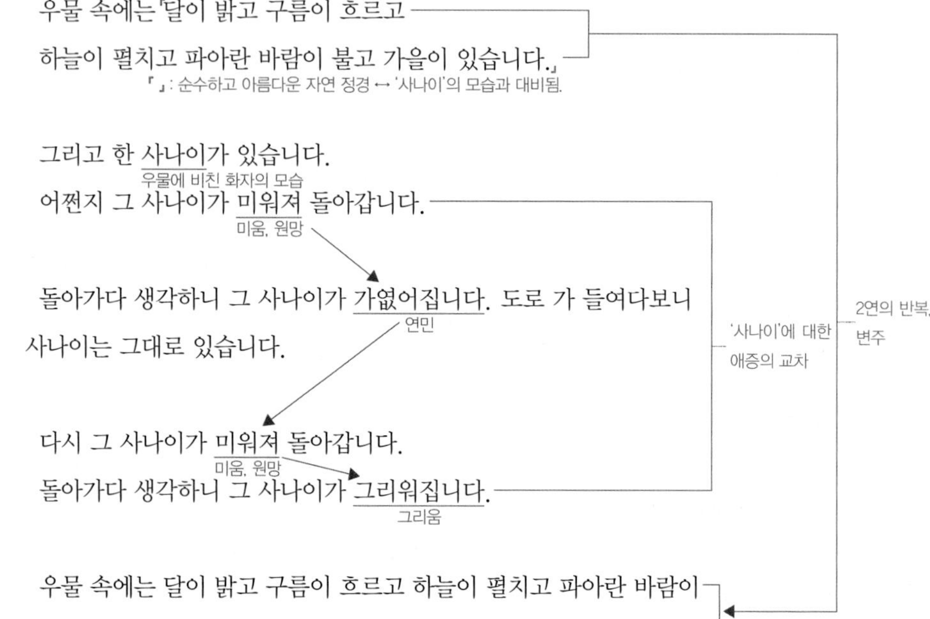

우물 속에는 「달이 밝고 구름이 흐르고
하늘이 펼치고 파아란 바람이 불고 가을이 있습니다.」

그리고 한 사나이가 있습니다.
어쩐지 그 사나이가 미워져 돌아갑니다.

돌아가다 생각하니 그 사나이가 가엾어집니다. 도로 가 들여다보니
사나이는 그대로 있습니다.

다시 그 사나이가 미워져 돌아갑니다.
돌아가다 생각하니 그 사나이가 그리워집니다.

우물 속에는 달이 밝고 구름이 흐르고 하늘이 펼치고 파아란 바람이
불고 가을이 있고 추억처럼 사나이가 있습니다.

원리로 작품 정리하기

원리1 화자, 대상, 청자
화자는 우물을 들여다보는 행위를 통해 자신의 (❶)을 성찰하고 있음.

원리2 상황, 정서, 태도, 어조

우물 속의 '사나이'에 대한 화자의 심리
↓
'미움 → (❷) → 미움 → 그리움'을 반복함.

원리3 시어와 심상
- (❸): 자아 성찰의 매개체, 화자의 내면을 비추는 도구
- 사나이: 우물에 비친 (❹)

원리4 발상·표현, 표현 기법
- 구체적 행동을 통해 내적 갈등과 자아 성찰의 과정을 형상화함.
- '-ㅂ니다'의 구어체 문장을 통해 (❺)적으로 표현함.

원리5 시상 전개, 시적 형상화
- '사나이(자아)'에 대한 (❻)과 부정을 반복하다 마지막에 화합하여 시상을 전개하고 있음.
- 2연의 내용을 마지막 연에서 반복 제시함으로써 구조적 (❼)을 얻고 있음.

원리6 소통 구조, 맥락을 고려한 이해와 감상
시대 배경을 고려할 때, 이 시는 우물에 비친 자기 모습을 들여다보며 엄혹한 일제 강점하를 살아가는 자신을 (❽)하고 있는 작품이다.

정답 ❶ 내면 ❷ 연민 ❸ 우물 ❹ 화자 ❺ 산문 ❻ 긍정 ❼ 안정감 ❽ 성찰

실전 연습하기

내신형 9264-0301

01 윗글에 대한 설명으로 적절한 것만을 〈보기〉에서 골라 묶은 것은?

보기
ㄱ. 시상의 전개에 따라 화자의 정서가 변하고 있다.
ㄴ. 역설적 표현을 통해 대상에 대한 화자의 감정을 부각하고 있다.
ㄷ. 화자의 과거와 현재의 상황을 대비하며 시상을 전개하고 있다.
ㄹ. 유사한 통사 구조의 반복과 변주를 통해 시적 안정감을 부여하고 있다.

① ㄱ, ㄴ ② ㄱ, ㄹ ③ ㄴ, ㄷ
④ ㄴ, ㄹ ⑤ ㄷ, ㄹ

빈칸 완성형 9264-0302

02 윗글에서 화자는 또 다른 자아를 '( )'로 지칭하여 자신의 모습을 객관화하고 있다.

서술형 9264-0303

03 윗글의 1연에 나타난 화자의 행위에 담긴 의도가 무엇인지 추측하여 쓰시오.

수능형 2011학년도 대수능 9264-0304

04 〈보기〉를 참고하여 윗글을 이해한 내용으로 적절하지 않은 것은?

보기
「자화상(自畵像)」은 1941년 『문우(文友)』에는 '우물 속의 자상화(自像畵)'라는 제목으로 게재되었다. 이 제목에서는 '우물'과 '그림'이 부각되어 있다. 상징적 관점에서 볼 때, 우물은 자신의 모습을 투영해 볼 수 있는 사물이고, 하늘을 향해 있는 동굴이며, 그 동굴의 원형인 모태(母胎)를 떠올리게 하는 공간이다. 이 점에서 보면, 이 시에서 우물 속의 자상화는 자신의 존재에 대한 화자의 인식과 태도를 다층적으로 담아내고 있는 그림이다.

① 1연에서 '외딴', '홀로', '가만히', '들여다봅니다' 등으로 보아, '우물'은 화자의 모습을 투영해 볼 수 있는 내밀한 공간이겠군.
② 2연에서 '우물 속'에 들어 있는 자연은 하늘을 향해 있는 우물 속의 그림이므로, 화자가 지향해 온 바를 담고 있겠군.
③ 3연~5연에서 '한 사나이'에 대한 화자의 반응들로 보아, 화자는 자신을 성찰하는 자세를 지니고 있겠군.
④ 6연에서 자연과 '사나이'가 함께 나타나는 것은, 우물 속의 자상화를 들여다보는 화자가 존재 탐구를 끝냈음을 의미하겠군.
⑤ 6연에서 '추억처럼'에는 고향과 같은 모태적 공간을 통해서 자신을 바라보려는 화자의 태도가 내포되어 있겠군.

077 푸른 곰팡이 - 산책시 1 _ 이문재

수록 교과서
문학 _해냄

작품 미리보기

주제 아름다운 기다림과 소중한 사랑에 대한 그리움

특징
① 색채 대비를 통해 주제 의식을 강조함.
② 청자를 향해 담담한 어조로 노래함.
③ 소통의 매개체를 소재로 현대 사회를 성찰함.

구성
1연: 나와 그대의 사랑(소중한 것이 있음.)
2연: 그대가 가고 난 뒤(소중한 것을 잃음.)

작품 자세히 읽기

이 시의 제목인 '푸른 곰팡이'는 '나에게서 그대에게로 가는 편지'가 혼자서 걸어가는 '사나흘'의 시간인 '발효의 시간'과 그 시간에 '우리들 사이에' 흐르는 애틋한 사랑인 '푸른 강'을 합쳐 놓은 것으로 볼 수 있다. 그러기에 그 시간은 '아름다운' 산책의 시간이라 할 수 있다. 오늘날 우리 시대는 이러한 애틋한 기다림, '소중한 것'을 잃어버렸다. 아름다운 기다림의 시간이 사라진 것이다. 시인은 그 이유를 '우체국'을 잃은 데서 찾고 있다. 우리는 아름다운 기다림과 깊은 사랑을 의미하는 '편지'를 쓰지 않기 때문이다. 그래서 시인은 우체통의 '빨간색'을 사랑의 소멸을 경고하는 것으로 해석한다.

지식 더하기

이문재의 산책시와 산책의 의미

이 작품은 8편의 산책시(散策詩) 연작 중의 하나이다. '산책'은 도시적 공간의 무서운 속도에 비추어 볼 때, 현실에 맞지 않는 '게으르고 느린' 걸음으로 보일 수 있다. 그러나 느리게 걷기 때문에 산책자는 빠르게 흘러가는 현실과 거리를 둘 수 있다. 또한 산책자는 이러한 거리를 유지하기 때문에 잃어버린 소중한 것들을 볼 수 있다. 또 다른 산책시 「마지막 느림보」에서 시인은 산책이 '두 눈과 귀를 열어 준다'고 하였다. 시인의 산책은, 빠른 속도로 움직이는 도시적 공간에서 이제는 사라져 버린 소중한 것들을 상상 속에서 그리워하는 행위인 것이다.

엮어 읽기

박용래, 「울타리 밖」 (➲150쪽)

발표된 시기를 보면 이 시와 「울타리 밖」은 시간적으로 상당한 거리가 있다. 그럼에도 두 작품은 사라져 가고 있는, 소중한 것에 대한 그리움이라는, 유사한 시적 태도와 정서를 담고 있다. 「울타리 밖」은 현대 문명의 침투에 대항하여 자연과 인간이 어우러진 고향의 풍경을 묘사하고 있고, 「푸른 곰팡이」는 도시 문명의 속도에 대항하여 '편지'라는 느린 소통에 대해 성찰하고 있다. 이처럼 시대는 다르지만 시인들은 소중한 것들이 사라진 그들 시대의 현실을 아쉬워하고 있다.

아름다운 산책은 우체국에 있었습니다
나에게서 그대에게로 가는 편지는
사나흘을 혼자서 걸어가곤 했지요
— '산책'과 '걷다'가 연결됨.
그건 발효의 시간이었댔습니다
가는 편지와 받아 볼 편지는
우리들 사이에 푸른 강을 흐르게 했고요
— 오고 가는 '편지'는 사랑의 깊이를 내포한 '발효의 시간', '푸른 강'의 이미지와 연결됨.

□ ↔ ○ : 색채 대비를 통해 주제 의식을 선명하게 드러냄.

그대가 가고 난 뒤
— '그대'와의 이별을 뜻하지만, 주제와 관련하여서는 '사랑'이 없는 상황을 의미함.
나는, 「우리가 잃어버린 소중한 것 가운데
하나가 우체국이었음」을 알았습니다
— 「 」: – 1연의 '아름다운 산책'은 '우체국'에 있었다는 말과 연결됨.
– '우리가 잃어버린 소중한 것'은 '편지'로 상징되는 '발효의 시간'과 '푸른 강'임.
우체통을 굳이 빨간색으로 칠한 까닭도
그때 알았습니다, 사람들에게
— 화자인 '나'가 청자인 '그대'에게 말하는 형식이지만, 청자는 '사람들'로 확대될 수 있음.
경고를 하기 위한 것이겠지요

원리로 작품 정리하기

원리1 화자, 대상, 청자
화자가 청자인 '그대'에게 말하는 형식이지만, 청자는 '(❶)'로 확장될 수 있음.

원리2 상황, 정서, 태도, 어조
- 화자가 청자에게 담담한 어조로 말하는 방식
- 사랑이 있는 상황과 사랑이 사라진 상황의 대조

원리3 시어와 심상
- 아름다운 산책, 발효의 시간, 푸른 강: 서로에 대한 그리움과 (❷)의 시간
- '우체통'의 '빨간색': '푸른 강'의 소멸을 '경고'

원리4 발상·표현, 표현 기법
- 나에게서 그대에게로 혼자서 걸어가는 편지: (❸) 기법
- 푸른색과 빨간색의 색채 (❹): 사랑의 소중함과 그것의 소멸을 경고

원리5 시상 전개, 시적 형상화

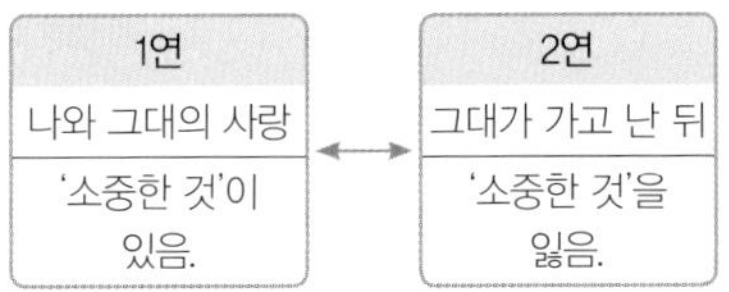

1연		2연
나와 그대의 사랑	↔	그대가 가고 난 뒤
'소중한 것'이 있음.		'소중한 것'을 잃음.

원리6 소통 구조, 맥락을 고려한 이해와 감상
이 시는 제목에서 보듯이 (❺) 연작의 한 편이다. 이 시에서 '산책'은 속도만이 중시되는 현대 사회에서 우리가 잃어버린 (❻)에 대해 생각하는 시간이다. 그래서 '산책'은 속도에 저항하는 '느림'이다. 따라서 이 시는 현대 문명에 대한 비판적 성찰이라 할 수 있다.

정답 ❶ 사람들 ❷ 사랑 ❸ 의인화 ❹ 대비 ❺ 산책시 ❻ 소중한 것

실전 연습하기

내신형 9264-0305

01 윗글에 대한 설명으로 적절하지 않은 것은?

① 윗글의 청자인 '그대'는 '사람들'로 확장될 수 있다.
② 정서가 점차 고양되는 과정을 점층적으로 드러내고 있다.
③ 1연과 2연은 '소중한 것'의 있음과 없음으로 대조되어 있다.
④ 푸른색과 빨간색의 색채 대비를 통해 주제가 강조되어 있다.
⑤ 화자가 청자에게 담담한 어조로 말하는 방식으로 전개되고 있다.

빈칸 완성형 9264-0306

02 〈보기〉는 윗글에 대한 비평적 해설의 일부이다. 빈칸에 적절한 시구를 윗글에서 찾아 쓰시오.

보기
제목에서 보듯이 윗글은 '산책시' 연작의 한 편이다. 이 연작에서 '산책'은 현대 문명 사회에서 우리가 잃어버린 ( )을 찾아내는 성찰 행위이다. 또한 '산책'은 윗글의 ( )에서 보듯이 속도에 대항하는 느림과 기다림을 의미한다. 그런 점에서 이 작품은 속도를 중시하는 현대 문명에 대한 비판적 성찰이라 할 수 있다.

서술형 9264-0307

03 〈보기〉는 윗글의 창작 배경과 관련하여 작가가 한 말의 일부이다. 밑줄 친 부분의 의미를 구체적인 사례를 들어 설명하시오.

보기
"편지라는 소통 방식을 앗아간 것은, 시에 나타난 대로 사랑의 부재이다. 이때의 사랑은 당연히 고전적인 사랑, 요즈음의 척도에 견준다면 답답한 사랑이다. 그런데 돌아보라. 무엇이 고전적인 사랑을 증발시켰는가. 다름 아닌 우체국을 없앤, 새로운 소통 방식을 가능케 한 산업 사회의 진전이 그 주범이다."

수능형 9264-0308

04 '편지'와 '푸른 강'에 주목하여 윗글을 감상한 내용으로 적절하지 않은 것은?

① '우체통'의 '빨간색'은 사람들 사이에서 흘러야 할 '푸른 강'의 소멸을 '경고'한다는 것 같아.
② '푸른 강'은 '우리들 사이'에 흘러. 그러므로 그것은 서로에 대한 그리움과 사랑의 물결이라 할 수 있을 거야.
③ '편지'는 '사나흘을 혼자서' 걸어간다고 했어. 이 '사나흘'은 '나'와 '그대'의 사랑이 완성되는 데 필요한 시간일 거야.
④ '편지'는 '나에게서 그대에게로' 걸어가곤 했다고 했어. 그렇다면 '편지'의 걷기는 '아름다운 산책'이라 할 수 있지 않을까?
⑤ '가는 편지'와 '받아 볼 편지'가 흐르게 하는 '푸른 강'은 '발효의 시간'과 연결되어 그리움과 기다림의 깊이를 드러내는 거 같아.

078 거울 _ 이상

수록 교과서
문학 _천재(김)

작품 미리보기

주제 자아의 분열로 인한 현대인의 불안 심리
특징
① 상징적 시어를 통해 자아 분열 양상을 보여 줌.
② 띄어쓰기를 무시하여 단어들을 모두 붙여 씀.
구성
1연: 거울을 통해 발견한 거울 속의 세계
2연: 자아의 분열로 인한 소통의 단절
3연: 자아의 분열과 단절의 심화
4연: 거울 밖과 거울 속을 연결시키는 동시에 단절시키는 거울의 이중성
5연: 자아 분열 상황의 심화
6연: 자아 분열에 대한 안타까움

작품 자세히 읽기

이 시는 '거울'을 통해 거울 밖의 세계와 거울 속 세계를 대조적으로 그리고 있다. 거울 밖에 있는 '나'와 '거울속의나'가 서로 다름을 보여 주면서 '거울'이 '나'와 '거울속의나'를 매개하면서도 그 둘을 단절시킨다고 하고 있다. 이는 현실 세계를 살아가는 현실적 자아와 거울 속에 존재하는 내면적 자아가 분열되어 있음을 의미한다. 이 시는 '거울'을 통해 자아의 분열 양상을 보여 주면서 이에 대한 안타까움을 형상화하고 있다.

지식 더하기

거울
거울의 매력은 주체와 대상(객체)의 결합 방식을 '동일성(낯익음)'과 '비동일성(낯설음)'이라는 양면적 성격을 동시에 포착해서 보여 준다는 점에 있다. 주체가 대상으로부터 자기 '동일성'을 발견하고 주객의 일치로 나아가는 하나의 방향과 주체의 분열로써 타자(他者)를 발견하고 세계와의 '비동일성'을 경험하는 또 하나의 방향이 그것이다. 이러한 거울 구조의 역학 관계를 시의 내적 장치로 끌어들여 '비동일성' 시학을 극단으로까지 밀고 나간 최초의 시인은 이상이었고, 그 작품이 바로 「거울」이다.

엮어 읽기

윤동주, 「쉽게 씌어진 시」 (➡210쪽)
「쉽게 씌어진 시」는 「거울」과 마찬가지로 자아의 분열 양상이 나타나 있다. 그러나 자아의 분열을 그대로 안고 갈 수밖에 없음을 드러내고 있는 「거울」과 달리 「쉽게 씌어진 시」는 자기 성찰을 통한 내적 치유 과정을 거쳐 분열된 자아가 화합하고 있다.

거울속에는**소리가**없소.
저렇게까지**조용한세상**은참없을것이오.
(거울 밖과 달리 조용한 거울 속 세상)

거울속에도내게귀가있소.
내말을못알아듣는딱한귀가두개나있소.

거울속의나는**왼손잡이**오.
내악수를받을줄모르는—악수를모르는왼손잡이오.
(→ '거울속의나'와 '나'가 소통하지 못하는 상황)

「거울때문에나는**거울속의나를만져보지를못하**는구료마는
거울이아니었던들내가어찌**거울속의나를만나보기만이라도**했겠소.」
(「 」: 거울이 '거울속의나'와 '나'의 만남과 단절을 매개함.)

나는지금거울을안가졌소마는**거울속에는늘거울속의내가**있소.
잘은모르지만**외로된*사업에골몰***할게요.

거울속의나는참나와는반대요마는
또꽤닮았소.
(이질성과 동일성을 동시에 지닌 '거울속의나'와 '나')
나는**거울속의나를근심하고진찰할수없으니퍽섭섭**하오.

*외로된 바르지 않고 한쪽으로 기울어지게 된.
*골몰 다른 생각을 할 여유도 없이 한 가지 일에만 파묻힘.

원리로 작품 정리하기

원리1 화자, 대상, 청자

화자		대상
'나'	—	(❶) 속의 나

원리2 상황, 정서, 태도, 어조

화자는 거울에 비친 '나'에게 말을 건네고, 악수를 하고자 하나 서로 (❷)하지 못하고 있는 상황에 대해 (❸)해함.

원리3 시어와 심상

- 거울: 거울 속과 거울 밖을 연결시키는 동시에 (❹)시키는 상징적 소재
- (❺): '나'가 '거울속의나'와 분열된 채 살아가야 함을 의미함.

원리4 발상·표현, 표현 기법

'나'가 거울에 비친 '나'를 분리하여 자아 (❻) 양상을 보여 주는 발상이 돋보임.

원리5 시상 전개, 시적 형상화

- '나'는 '거울속' 세상과 '거울속의나'에 대한 (❼)을 바탕으로 시상을 전개하고 있음.
- '나'와 '거울속의나'를 서로 (❽)하여 서로의 차이를 부각하고 있음.

원리6 소통 구조, 맥락을 고려한 이해와 감상

시인은 '거울'을 매개로 한 '거울속의나'와의 만남을 통해 자아의 분열 양상을 통해 내면의 (❾) 심리를 효과적으로 드러내고 있다.

정답 ❶ 거울 ❷ 소통 ❸ 섭섭 ❹ 단절 ❺ 외로된사업 ❻ 분열 ❼ 관찰 ❽ 대조 ❾ 불안

실전 연습하기

내신형 9264-0309

01 윗글에 대한 설명으로 가장 적절한 것은?

① 공간의 이동에 따라 변화하는 화자의 정서를 표출하고 있다.
② 현재 상황에 대한 화자의 긍정적인 인식이 바탕에 깔려 있다.
③ 이상과 현실의 괴리가 해소된 조화로운 상태를 구현하고 있다.
④ 상징적 시어를 활용하여 주제 의식을 효과적으로 드러내고 있다.
⑤ 대상을 의인화하여 순수한 삶을 살고자 하는 의지를 보여 주고 있다.

빈칸 완성형 9264-0310

02 윗글에서 '나'가 '( )'에 골몰할 것이라는 시구는 '나'와 '거울속의나'의 분열이 심화될 것임을 암시한다.

서술형 9264-0311

03 이상은 시에서 다양한 실험을 한 시인으로 알려져 있다. 윗글에서 형식을 파괴한, 이상의 실험적 시도가 무엇인지 간략하게 쓰시오.

수능형 9264-0312

04 〈보기〉를 참고하여 윗글을 이해한 내용으로 적절하지 않은 것은?

> 보기
>
> 화자는 거울 밖 세계와 거울 속 세계가 다르며, 거울 밖 세계의 '나'와 거울 속 세계의 '나' 역시 서로 다르다고 인식하고 있다. 이 시는 소통과 단절이라는 거울의 이중적 속성을 통해 '나'의 심리적 불안과 갈등을 드러냄으로써 자아 분열 양상을 효과적으로 형상화하고 있다.

① 1연에서 거울 속 세계는 거울 밖 세계와 달리 '소리가없'는 '조용한세상'으로 형상화되어 있군.
② 2연과 3연에서 거울 밖 세계의 '나'는 거울 속 세계의 '나'를 자신과 달리 '내말을못알아듣는딱한귀'를 가진 '왼손잡이'로 받아들이고 있군.
③ 4연에서 거울 밖 세계의 '나'가 '거울속의나를만져보지를못하'지만, '거울속의나를만나보기만이라도' 할 수 있는 것은 거울의 이중적 속성 때문이겠군.
④ 5연에서 거울 밖 세계의 '나'가 '거울속에는늘거울속의내가있'고 '외로된사업에골몰'하리라고 여기는 것은 자아 분열 양상을 드러낸 것이라 할 수 있군.
⑤ 6연에서 거울 밖 세계의 '나'가 '거울속의나를근심하고진찰할수없으니퍽섭섭'해하는 이유는 거울 밖과 거울 속 세계의 소통 가능성을 발견하고도 불안감을 떨치지 못했기 때문이로군.

079 빼앗긴 들에도 봄은 오는가 _ 이상화

수록 교과서
문학 _미래엔

작품 미리보기

주제 주권 상실의 비애와 국권 회복에 대한 염원

특징

① 향토적 시어를 구사하여 국토에 대한 애정을 드러내고 있음.

② 전반부와 후반부가 대칭적 구조를 이루고 있음.

구성

1연: 주권을 빼앗긴 조국의 현실 인식
2연: 봄을 맞이하는 감회
3연: 침묵하는 조국에 대한 답답한 심정
4~6연: 봄을 맞은 국토의 활기찬 모습
7~8연: 동포와 국토에 대한 애정
9연: 답답한 현실을 살아가는 자신에 대한 자조
10연: 자연에 대한 몰입
11연: 국권 상실의 현실 재인식

작품 자세히 읽기

이 시는 국권 상실의 비극적 현실을 봄이 찾아온 국토의 아름다움에 대비시킴으로써 일제 강점하의 우리 민족의 설움을 강렬한 어조로 드러낸 시이다. 1926년 『개벽』지에 발표되었는데, 이 시의 사회적 파급 효과를 우려한 일제 당국은 『개벽』지를 폐간시킨다. 그만큼 민족적 정서가 충만하고 일제에 대한 저항 의식이 뚜렷한 작품이라고 할 수 있다.

지식 더하기

빼앗긴 들에도 봄은 오는가

이 구절은 두보의 시 「춘망」에 나오는 '나라가 망해도 산하는 변함없이 그대로이고, 성 안에 봄이 오니 풀과 나무만이 우거졌구나.'와 유사한 발상을 보여 준다. 해마다 변함없이 찾아오는 자연의 봄을 확인하면서 시인이 기다리는 역사적 봄(국권 회복)이 도래하지 않음을 한탄하고 현실에 비감을 느끼는 것이다. 또 마지막 연의 '들을 빼앗겨 봄조차 빼앗기겠네.'라는 구절에도 당나라 시인 동방규의 「소군원」에 나오는 '봄이 와도 봄이 온 것 같지 않구나.'와 유사한 발상이 나타나 있다.

엮어 읽기

이육사, 「광야」 (➡224쪽)

「광야」는 일제 강점기의 억압된 현실을 극복하고 꿈을 실현하고자 하는 굳은 의지와 신념을 노래한 이육사의 대표작이다. 우리 민족의 국토(國土)를 시의 주된 소재로 삼고 있다는 점에서 이상화의 「빼앗긴 들에도 봄은 오는가」와 유사하다. 두 작품 모두 국권 회복에 대한 염원이 드러나 있으나, 이육사의 「광야」에서 조국 광복에 대한 신념과 의지가 보다 강하게 드러나 있으며 화자의 자기희생적 태도도 두드러지고 있다고 볼 수 있다.

[A] 지금은 ㉠남의 땅 — 빼앗긴 들에도 봄은 오는가?

[B]
나는 온몸에 햇살을 받고
㉡푸른 하늘 푸른 들이 맞붙은 곳으로
(하늘과 땅이 합쳐서 하나가 되는 공간)
가르마 같은 논길을 따라 꿈속을 가듯 걸어만 간다.
(곧게 쭉 뻗은 논길)

입술을 다문 하늘아 들아 / 내 맘에는 나 혼자 온 것 같지를 않구나
네가 끌었느냐 누가 부르더냐 답답워라 말을 해 다오.
(답답한 심정을 직접적으로 토로함.)

[C]
바람은 내 귀에 속삭이며 / 한 자욱도 섰지 마라 옷자락을 흔들고
종다리는 울타리 너머 아씨같이 구름 뒤에서 반갑다 웃네.
(종다리: 원관념 / 아씨같이: 보조 관념)

고맙게 잘 자란 ㉢보리밭아 / 간밤 자정이 넘어 내리던 고운 비로
너는 삼단 같은 머리를 감았구나 내 머리조차 가뿐하다.
(봄비로 인해 보리가 깨끗하게 씻긴 모습 / 자연에 동화된 화자)

혼자라도 가쁘게나 가자 / 마른 논을 도는 착한 도랑이
(가쁘게나: 기꺼이)
젖먹이 달래는 노래를 하고 제 혼자 어깨춤만 추고 가네.

나비 제비야 깝치지 마라 / 맨드라미 들마꽃에도 인사를 해야지
아주까리기름을 바른 이가 지심매던 그 들이라 다 보고 싶다.

내 손에 ㉣호미를 쥐어 다오 / 살찐 젖가슴 같은 부드러운 이 흙을
(노동에 대한 열망, 의지 / 모성적 이미지)
발목이 시도록 밟아도 보고 좋은 땀조차 흘리고 싶다.

[D]
강가에 나온 아이와 같이 / 짬도 모르고 끝도 없이 닫는 내 혼아
(봄날의 경치에 도취한)
무엇을 찾느냐 어디로 가느냐 우스웁다 답을 하려무나.
(자조적 웃음)

나는 온몸에 풋내를 띠고 / ㉤푸른 웃음 푸른 설움이 어우러진 사이로
다리를 절며 하루를 걷는다 아마도 봄 신령이 지폈나 보다.
(정서적인 불균형 상태를 비유적으로 표현 / 화자가 무엇엔가 홀린 듯이 봄을 즐기고 있는 모습을 드러내고 있음.)

[E] 그러나 지금은 — 들을 빼앗겨 봄조차 빼앗기겠네.

원리로 작품 정리하기

원리1 화자, 대상, 청자

화자는 빼앗긴 (❶)의 아름다움을 마음껏 즐기지 못하는 상황에 대한 한탄과 울분을 드러내고 있음.

원리2 상황, 정서, 태도, 어조

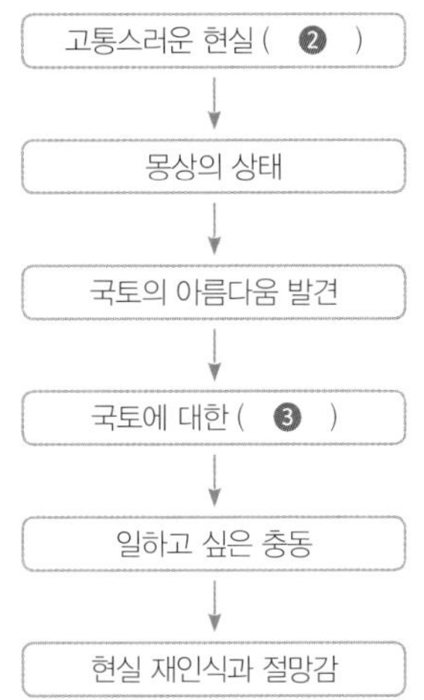

→ 화자의 정서가 점진적인 상승과 급격한 하강의 흐름을 보여 주고 있음.

원리3 시어와 심상

- 빼앗긴 들: 국권을 상실한 (❹)
- 봄: 계절, 조국 광복(중의적 표현)
- (❺)적 이미지: '젖먹이 달래는 노래', '살찐 젖가슴 같은 부드러운 이 흙'

원리4 발상·표현, 표현 기법

- 빼앗긴 들: (❻)법을 활용하여 국토를 빼앗긴 민족의 현실을 표현함.
- 푸른 웃음, 푸른 설움이 어우러진 사이로: 봄을 보며 느끼는 기쁨과 국토 상실로 인한 슬픔이 복합적으로 일어나는 상태를 시각화하여 (❼)적으로 표현함.

원리5 시상 전개, 시적 형상화

- 첫 연에서 (❽)을 하고 마지막 연에서 그에 대한 답을 하는 방식으로 시상을 전개하고 있음.
- 2연과 10연, 3연과 9연을 서로 대응시키는 (❾) 구조로 이루어져 있음.

원리6 소통 구조, 맥락을 고려한 이해와 감상

국권 상실의 비극적 현실과 새로 찾아온 봄의 아름다움을 (❿)시키며, 일제 강점하의 우리 민족의 설움을 강렬한 어조를 통해 드러내고 있다.

정답 ❶ 조국(국토) ❷ 인식 ❸ 애정 ❹ 국토 ❺ 모성 ❻ 대유 ❼ 역설 ❽ 질문 ❾ 대칭 ❿ 대비

실전 연습하기

내신형 9264-0313

01 윗글의 표현상 특징으로 적절하지 않은 것은?

① 가정법을 통해 화자의 소망을 드러내고 있다.
② 질문에 답하는 방식으로 시상을 전개하고 있다.
③ 영탄적 어조를 통해 화자의 심정을 강조하고 있다.
④ 비유적 표현을 사용하여 대상의 속성을 선명하게 제시하고 있다.
⑤ 계절적 배경을 통해 분위기와 주제 의식의 연관성을 높이고 있다.

빈칸 완성형 9264-0314

02 윗글은 스스로 물음을 던지고 이에 답하는 (　　　)의 형식으로 시상을 전개하고 있다.

서술형 9264-0315

03 윗글의 화자가 자신을 '강가에 나온 아이'에 비유한 이유를 설명하시오.

수능형 2014학년도 대수능 예비 시행 B형 9264-0316

04 〈보기〉를 참고하여 윗글의 [A]~[E]를 이해한 내용으로 적절하지 않은 것은?

보기

1920년대 중반에 일부 시인들은 민중의 참담한 상황, 그리고 노동에 기반한 민중의 생명력에 주목하면서 민중의 생활을 노래하였다. 이런 점은 「빼앗긴 들에도 봄은 오는가」에도 잘 반영되어 있다.

① [A]의 ㉠은 당시 민중의 참담한 상황을 나타낸 표현이군.
② [C]의 ㉢에는 민중의 생명력이, ㉣에는 노동을 중시하는 화자의 태도가 함의되어 있군.
③ [B]와 [D]의 비교에서 드러나는 태도의 변화로 보아, [C]에는 민중의 실상에 대한 화자의 안타까움도 내재되어 있군.
④ [B]의 ㉡에는 화자의 이상이, [D]의 ㉤에는 화자의 현실 인식이 투영되어 있군.
⑤ [A]와 [E]의 연관으로 보아, [B]~[D]에서의 화자의 행위는 민중의 처지를 바꿔 보려는 적극적 의지의 소산이군.

080 봄 _ 이성부

수록 교과서
문학 _창비

기다리지 않아도 오고
기다림마저 잃었을 때에도 너는 온다.
기다림조차 힘겨운 절망적인 상황을 의미함.
어디 **뻘*밭 구석**이거나
썩은 물 웅덩이 같은 데를 기웃거리다가
한눈 좀 팔고, 싸움도 한판 하고,
지쳐 나자빠져 있다가
다급한 사연 들고 달려간 바람이
소식을 전해 주는 매개체
흔들어 깨우면
눈 부비며 너는 더디게 온다.
('봄'에 인격을 부여하여 의인화한 표현)
더디게 더디게 마침내 올 것이 온다.
'봄'이 반드시 도래하리라는 믿음을 드러냄.
너를 보면 눈부셔
일어나 맞이할 수가 없다.
입을 열어 외치지만 소리는 굳어
나는 아무것도 미리 알릴 수가 없다.
가까스로 두 팔을 벌려 껴안아 보는
'봄'과의 만남이 이루어진 데에 대한 기쁨
너, 먼 데서 이기고 돌아온 사람아.
'너'가 '나'에게 오기까지 거친 일들을 승리라고 추켜세우면서 대상을 예찬함.

*뻘 갯바닥이나 늪 바닥에 있는 거무스름하고 미끈미끈한 고운 흙.

작품 미리보기

주제 자유와 평화의 새 시대에 대한 간절한 기다림

특징
① 대상을 의인화하여 상징적으로 그려 냄.
② 확고한 신념에 찬 어조로 굳은 믿음을 드러냄.

구성
1~2행: 봄이 온다는 당위적인 자연의 섭리
3~10행: 좀처럼 오지 않지만 봄은 반드시 오리라는 화자의 강한 신념
11~16행: 마침내 도래한 봄을 맞이하는 화자의 감격

작품 자세히 읽기

이 시는 '봄'에 상징적 의미를 부여하여 앞으로 다가올 새로운 시대에 대한 기대감을 노래하고 있는 작품이다. 화자는 혹독한 겨울을 나면서 봄이 오리라고 믿으며 봄을 기다리다 때로 지쳐 버리기도 한다. 그러나 어느덧 찾아온 봄 앞에서 화자는 자연의 섭리에 경이로움을 느끼며 감격스러워 하고 있다. 이 시는 겨울이 지나면 반드시 봄이 오듯이 굴곡진 시대의 아픔과 절망이 언젠가는 사라질 것이라는 강한 신념을 노래하고 있는 것이다.

지식 더하기

'너'의 상징성

민중이 억압당하고 소외되는 현실을 고발하고 이를 극복하고자 한 시인의 시적 경향을 고려할 때, '너'는 부조리와 역경을 이겨 낼 수 있는 민주·자유·평화와 같은 가치라 할 수 있다. 부정적 현실을 살아가다 보면 민주·자유·평화는 눈에 보이지도 않고, 쉽게 찾아올 것 같지도 않아 보인다. 그러나 화자는 계절이 순환하듯이 자신이 기다리고 있는 '너'는 반드시 오리라는 믿음을 포기하지 않는다. 그래서 그렇게 기다리고, 또 기다리다 보면, 비록 더디더라도 '너'는 온다고 단정할 수 있다. 부정부패로 더럽혀진 현실과 싸우고 이기고 돌아올 '너'가 있기 때문에 삶을 살아갈 수 있는 것이다.

엮어 읽기

신동엽, 「봄은」 (➔196쪽)

「봄은」은 '봄'에 통일이라는 상징적 의미를 부여하여 통일은 외세의 개입이 아닌 우리 민족의 힘으로 해결할 과제임을 역설하고 있는 작품이다. '봄'이라는 계절에 상징적 의미를 부여하고, 겨울이 지나 봄이 오는 자연의 섭리에 근거하여 봄이 도래하듯이 바람직하고 긍정적인 미래가 오리라는 믿음을 드러내고 있다는 점에서 이성부의 「봄」과 유사하다.

원리로 작품 정리하기

원리1 화자, 대상, 청자

화자	—	대상
'나'		'너' = (❶)

원리2 상황, 정서, 태도, 어조

화자는 (❷)의 대상인 '너'가 반드시 오리라고 믿고 있음.

원리3 시어와 심상

(❸)라는 시어를 반복적으로 사용

↓

'너'의 도래에 대한 화자의 강한 확신을 드러냄.

원리4 발상·표현, 표현 기법

대상을 의인화하여 '너'가 (❹)이나 (❺) 같은 곳을 기웃거리고, 한눈 좀 팔고, 싸움도 한판 하느라 지쳐 나자빠져 있다고 표현함.

원리5 시상 전개, 시적 형상화

상상과 (❻)를 통해 '너'가 화자에게 오기까지의 일을 형상화하고 있음.

원리6 소통 구조, 맥락을 고려한 이해와 감상

유신 독재의 그늘이 짙게 드리워진 한국 사회의 현실을 겨울로 상정하고, (❼)와 민주와 같은 민주주의의 가치가 봄처럼 오기를 바라는 마음이 담겨 있다.

정답 ❶ 봄 ❷ 기다림 ❸ 온다 ❹ 뻘밭 구석 ❺ 물 웅덩이 ❻ 묘사 ❼ 자유

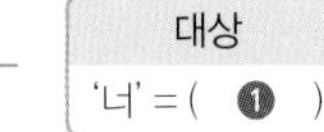

내신형 9264-0317

01 윗글의 표현상 특징으로 적절하지 않은 것은?

① 대상을 의인화하여 상징적 의미를 부여하고 있다.
② 단정적인 표현을 사용하여 강한 확신을 보여 주고 있다.
③ 동일한 시구를 반복하여 화자의 정서를 심화시키고 있다.
④ 대상에 대한 화자의 동정과 연민의 감정을 표출하고 있다.
⑤ 대상을 맞이하는 감격을 예찬적인 태도로 형상화하고 있다.

빈칸 완성형 9264-0318

02 윗글에서 '(   )'이라는 시어는 화자가 있는 곳의 소식을 '너'에게 전달해 '너'가 오는 데 도움을 준다는 점에서 긍정적 의미를 지닌다.

서술형 9264-0319

03 윗글에서 애타게 기다리던 '너'를 맞이하는 화자의 기쁨과 감격이 드러난 시행을 찾아 쓰시오.

수능형 9264-0320

04 〈보기〉를 바탕으로 윗글을 이해한 내용으로 적절하지 않은 것은?

> 보기
> 시인은 암울한 시대 상황으로 인해 고통을 당하는 민중에 대해 안타까워하면서 이상적 사회가 도래한 때를 상징하는 '봄'이 오기를 염원하는 마음을 드러내고 있다.

① '기다림마저 잃었을 때'에서 절망적이고 답답한 현실로 인한 화자의 좌절이 드러난다고 볼 수 있겠군.
② '뻘밭 구석', '썩은 물 웅덩이'는 당대 민중이 처한 현실 상황을 형상화한 것으로 볼 수 있겠군.
③ '한눈 좀 팔고, 싸움도 한판 하고'는 '봄'이 오기를 기다리면서 보이는 화자의 행위로 볼 수 있겠군.
④ '더디게 더디게 마침내 올 것이 온다.'는 시간이 좀 걸릴지라도 이상적 사회가 도래하리라는 화자의 믿음을 나타낸다고 할 수 있겠군.
⑤ '너'를 '가까스로 두 팔을 벌려 껴안아 보는' 것에는 '봄'이 찾아왔다는 화자의 안도와 감격이 담겨 있다고 할 수 있겠군.

081 풀벌레 소리 가득 차 있었다 _ 이용악

작품 미리보기

주제 아버지의 비참한 죽음과 유이민의 비애

특징

① 초점화된 장면의 객관적 묘사를 통해 감정을 절제하여 표현함.

② 청각적 소재를 활용하여 사건의 비극성을 강조함.

구성

1연: 타향에서의 아버지의 임종

2연: 임종한 아버지의 모습

3연: 아버지의 죽음에 대한 확인

4연: 아버지의 죽음과 가족의 슬픔

작품 자세히 읽기

이 시는 이국 땅에서 죽음을 맞은 아버지의 모습을 통해 유이민의 비애를 표현하고 있는 작품이다. 이 시에서 아버지는 단순한 개인이 아니라 나라를 잃고 이국에서 고달픈 삶을 살던 당대 유이민을 대변하고 있다. 상황에 대한 객관적 묘사로 감정을 절제하여 드러내고, '풀벌레 소리'라는 청각적 심상을 중심으로 비극성을 심화하면서 주제 의식을 효과적으로 표현하고 있다.

지식 더하기

이용악과 유이민(流移民)

이용악의 고향은 함경북도 경성이다. 그의 집안은 대대로 러시아 국경을 넘나들며 소금 장사를 하였는데, 아버지는 이러한 과정에서 죽음을 맞이하고 어머니가 생계를 꾸려야 했다. 어려서부터 궁핍한 생활을 했던 이용악은 일제 강점기에 일본 유학을 하며 품팔이로 학비를 조달했다. 「풀벌레 소리 가득 차 있었다」도 이 시기에 쓴 것으로, 아버지의 죽음을 통해 유이민의 비극적 삶을 산 우리 민족의 현실을 담담하게 그려 내고 있다. 이외에도 「낡은 집」, 「전라도 가시내」, 「우라지오 가까운 항구에서」 등의 작품에서 이용악은 일제의 수탈에 견디지 못한 농민들이 나라를 버리고 만주의 북간도나 러시아의 연해주로 삶의 길을 찾아 나서던 유이민 문제를 그려 비참한 식민지 현실을 폭로하고 있다.

엮어 읽기

백석, 「여승」 (➲168쪽)

「여승」은 가난 때문에 남편과 딸을 잃고 여승이 되어야 했던 한 여인의 비극적인 삶을 다룬 작품이다. 담담한 어조로 감정을 절제하여 일제 강점기의 비참한 현실을 다루고 있고, 서사적 요소를 활용하고 있는 작품이라는 점에서 이용악의 「풀벌레 소리 가득 차 있었다」와 유사하다. 그러나 「여승」은 시적 화자와 시적 대상이 분리되어, 화자가 관찰자의 입장에서 여인의 삶을 보여 주고 있다는 점이 다르다.

우리 집도 아니고
일갓집도 아닌 집
고향은 더욱 아닌 곳에서 ― 우리집 → 일갓집 → 고향: 비극성 심화
아버지의 **침상(寢牀) 없는 최후 최후의 밤**은 (침상도 없이 돌아가신 아버지의 죽음을 비극적으로 표현함.)
풀벌레 소리 가득 차 있었다 (청각적 심상)

노령(露領)*을 다니면서까지
애써 자래운* 아들과 딸에게
한 마디 남겨 두는 말도 없었고 (자식에게 남기는 유언도 없이)
아무을 만(灣)*의 파선도
설룽한* **니코리스크*의 밤**도 완전히 잊으셨다
목침을 반듯이 벤 채

다시 뜨시잖는 두 눈에
피지 못한 꿈의 꽃봉오리가 갈앉고 (아버지가 지니던 꿈)
얼음장에 누우신 듯 손발은 식어 갈 뿐
입술은 심장의 영원한 정지를 가리켰다 ― 아버지의 임종 장면을 회상한 것으로, 담담하게 비극적 장면을 묘사함.
때늦은 의원이 아모 말 없이 돌아간 뒤
이웃 늙은이 손으로
눈빛 미명은 고요히
낯을 덮었다

우리는 머리맡에 엎디어
있는 대로의 울음을 다아 울었고
아버지의 침상 없는 최후 최후의 밤은
풀벌레 소리 가득 차 있었다

*노령 러시아 영토.
*자래운 키운.
*아무을 만, 니코리스크 오오츠크 해 근처의 러시아 지명.
*설룽한 춥고 차가운.

원리로 작품 정리하기

원리1 화자, 대상, 청자
화자는 아버지의 (❶)에 따른 비참한 심정을 서정적으로 표출하고 있음.

원리2 상황, 정서, 태도, 어조
서글프면서도 감정이 (❷)된 어조로 상황을 (❸)적으로 묘사함.

원리3 시어와 심상

풀벌레 소리

아버지를 잃은 화자의 슬픔이 (❹)된 객관적 상관물	아버지의 죽음과 대조되면서 상황의 비극성을 (❺)시키는 역할

원리4 발상·표현, 표현 기법
임종 현장의 객관적 묘사: (❻)의 절제로 독자에게 비극성을 더욱 강조함.

원리5 시상 전개, 시적 형상화
(❼)식 구성: 구조적 안정감, 주제 의식 강조, 정서적 여운을 남김.

원리6 소통 구조, 맥락을 고려한 이해와 감상
이 시는 일제 강점기에 타국을 유랑하던 한 가장의 비참한 죽음을 통해 우리 민족의 (❽)적 역사를 다루고 있다.

정답 ❶ 죽음 ❷ 절제 ❸ 객관 ❹ 투영 ❺ 고조 ❻ 감정 ❼ 수미 상관 ❽ 비극

실전 연습하기

정답과 해설 54쪽

내신형 9264-0321

01 윗글의 표현상 특징으로 가장 적절한 것은?

① 직설적으로 화자의 감정 변화를 표출하고 있다.
② 감탄사를 사용하여 고조된 정서를 드러내고 있다.
③ 어조의 변화를 통해 시적 긴장감을 이완시키고 있다.
④ 동일한 문장을 반복함으로써 시적 상황을 강조하고 있다.
⑤ 의성어를 활용하여 대상의 모습을 구체적으로 묘사하고 있다.

빈칸 완성형 9264-0322

02 윗글에서 '아버지'는 단순한 (　　　)이 아니라 나라를 잃고 이국에서 고달픈 삶을 살던 당대 (　　　)을 대변하고 있다.

서술형 9264-0323

03 윗글에서 '풀벌레 소리'의 시적 기능을 두 가지 쓰시오.

수능형 2008학년도 9월 모의평가 9264-0324

04 윗글과 〈보기〉 작품들의 화자가 동일하다고 할 때, 이 시를 〈보기〉와 관련지어 감상한 내용으로 적절하지 않은 것은?

보기

• 양털 모자 눌러쓰고 돌아오신 게 마지막 길 / 검은 기선은 다시 실어 주지 않았다 / 외할머니 큰아버지랑 계신 아라사*를 못 잊어 / 술을 기울이면 노 외로운 아버지였다 – 이용악, 「푸른 한나절」

*아라사: 러시아.

• 아버지도 어머니도 / 젊어서 한창 땐 / 우라지오*로 다니는 밀수꾼 // 눈보라에 숨어 국경을 넘나들 때 / 어머니의 등골에 파묻힌 나는 / 모든 가난한 사람들의 젖먹이와 다름없이 / 얼마나 성가스런 짐짝이었을까 – 이용악, 「우리의 거리」

*우라지오: 연해주 근처의 러시아 지명.

① '침상 없는 최후 최후의 밤'은 고생한 보람도 없이 빈한한 상태에서 '아버지'가 돌아가셨다는 것을 뜻할 수 있겠군.
② '애써 자래운 아들과 딸'은 '아버지'가 목숨을 걸고 국경을 넘나들며 밀수를 했던 이유가 될 수 있겠군.
③ '아무을 만의 파선'과 '니코리스크의 밤'은 '아버지'의 고달픈 삶을 함축하는 말이겠군.
④ '피지 못한 꿈'은 외로운 삶에서 벗어나고 싶어 했던 '아버지'의 소망이 끝내 이루어지지 못했음을 뜻할 수 있겠군.
⑤ '있는 대로의 울음'은 '아버지'의 생명을 위태롭게 했던 것에 대한 '우리'의 회한과 반성일 수 있겠군.

082 광야 _ 이육사

수록 교과서
국어 _천재(박)
문학 _미래엔, 비상

작품 미리보기

주제 조국 광복에의 신념과 의지

특징
① 시간의 흐름에 따라 시상을 전개함.
② 독백적 어조로 내면의 신념을 드러냄.

구성
1연: 광야의 원시성
2연: 광야의 광활성
3연: 역사의 태동
4연: 현재의 암담한 상황과 그 극복 의지
5연: 미래 지향적 역사의식

까마득한 날에
(태초)
하늘이 처음 열리고
(천지 개벽, 광야의 탄생)
어디 닭 우는 소리 들렸으랴
(생명의 시작을 청각적 심상으로 표현)

모든 산맥(山脈)들이
바다를 연모(戀慕)해 휘달릴 때도
(역동적 이미지를 통해 광야의 광활함을 나타냄.)
차마 이곳을 범(犯)하던 못하였으리라
(광야)

㉠끊임없는 광음(光陰)*을
부지런한 계절(季節)이 피어선 지고
큰 강물이 비로소 **길을 열었다**
(민족사의 태동을 형상화함.)

지금 눈 내리고
매화 향기(梅花香氣) 홀로 **아득**하니
내 여기 가난한 **노래**의 씨를 뿌려라
(이상 실현을 위한 화자의 자기희생 의지)

다시 천고(千古)의 뒤에
(오랜 시간이 지난 뒤)
백마(白馬) 타고 오는 초인(超人)이 있어
(민족의 이상을 실현할 구원자적 존재)
이 광야(曠野)*에서 **목 놓아 부르**게 하리라

*광음 햇빛과 그늘, 즉 낮과 밤이라는 뜻으로, 시간이나 세월을 이르는 말.
*광야 텅 비고 아득히 넓은 들.

작품 자세히 읽기

이 시는 일제 강점기 말 암흑기의 민족 시인이자 저항 시인인 이육사의 대표작이다. '광야'라는 광막한 공간, 그리고 아득한 시간을 배경으로 강인한 지사적 의지와 미래 지향적인 역사의식을 웅장한 상상력과 남성적 어조로 보여 주고 있다.

지식 더하기

씨

'씨'는 생명의 근원이며, 생명을 이어 나가기 위한 결정체이다. 따라서 씨를 뿌리는 행위는 단절될 위기에 처한 민족의 역사를 잇기 위한 시인의 노력으로 이해할 수 있다. 또 '씨'는 미래에 만개할 꽃을 기다리는 의지적 희망의 상징이다. 시인은 자신이 뿌린 '노래의 씨'가 피어나, 광야에서 그 노래를 '목 놓아 부를' 수 있게 되는 때를 기다리고 있다. 그러나 '씨'는 자기 몸을 썩혀서 싹을 틔우는 존재이기도 하다. 이상 실현을 위해 자기희생을 각오하는 시인의 의지, 즉 순교자적 자세가 드러나 있다.

엮어 읽기

윤동주, 「참회록」 (➲050쪽)

속죄양 모티프란 기독교에서 죄를 사함받기 위해 흠 없는 양을 희생물로 바치는 속죄 의식에서 비롯된 말이다. 의미 있고 숭고한 어떤 가치를 실현하기 위하여 자신을 희생하고자 하는 상황을 말한다. 「광야」의 화자는 '내 여기 가난한 노래의 씨를 뿌려라'라고 결연하게 되뇌면서, 자신의 몸을 희생해서 '씨'의 싹을 틔울 것을 다짐한다. 이는 「참회록」의 화자가 거울 속에서 '운석 밑으로 홀로 걸어가는 / 슬픈 사람의 뒷모양'을 발견하며 자신의 비극적인 운명을 예감하고 있는 순교자적 자세와 유사하다.

원리로 작품 정리하기

원리1 화자, 대상, 청자
화자는 부정적 현실 속에서도 광복에 대한 (❶)를 드러내고 있음.

원리2 상황, 정서, 태도, 어조
- 상황: '(❷)'은 '광야'에 닥쳐온 부정적 현실을 압축적으로 표현하고 있음.
- 태도: '뿌려라, 하리라' 등 (❸)형 어미를 통해 현실 극복 의지를 드러내고 있음.

원리3 시어와 심상
'(❹)'는 단순한 공간적 배경이 아니라, 우리 민족의 삶의 터전을 상징함.

원리4 발상·표현, 표현 기법
- 추상적 개념을 구체적 (❺)로 변용하여 표현함.
- 시행의 규칙적 배열을 통해 형태적 안정감을 주고 있음.

원리5 시상 전개, 시적 형상화

과거	1~3연
현재	4연
미래	5연

(❻)의 흐름

원리6 소통 구조, 맥락을 고려한 이해와 감상
독립운동가였던 시인의 행적을 고려하면, '가난한 노래의 씨'는 조국 광복을 위한 시인의 자기 (❼) 의지로 볼 수 있다.

정답 ❶ 의지 ❷ 눈 ❸ 명령 ❹ 광야 ❺ 이미지 ❻ 시간 ❼ 희생

실전 연습하기

내신형 9264-0325

01 윗글에 대한 설명으로 적절한 것은?

① 동일한 어구를 반복하여 리듬감을 형성하고 있다.
② 대립적인 이미지를 활용하여 주제 의식을 부각하고 있다.
③ 음성 상징어를 사용하여 대상을 생동감 있게 묘사하고 있다.
④ 반어적 표현을 통해 현실에 대한 화자의 태도를 암시하고 있다.
⑤ 의인화된 대상에게 말을 건네는 방식으로 친근감을 드러내고 있다.

빈칸 완성형 9264-0326

02 윗글에서는 각 연마다 세 개의 행을 배치한 가운데, (　　　)행에서 (　　　)행으로 갈수록 시행의 길이가 길어지고 있다. 이와 같은 시행의 규칙적 배열은 시에 형태적 (　　　)감을 준다.

서술형 9264-0327

03 ㉠과 〈보기〉의 표현상 공통점이 무엇인지 쓰시오.

보기

동지(冬至)달 기나긴 밤을 한 허리를 버혀 내여
춘풍(春風) 니불 아레 서리서리 너헛다가
어론님 오신 날 밤이여든 구뷔구뷔 펴리라.

– 황진이의 시조

수능형 9264-0328

04 〈보기〉를 참고하여 윗글을 감상한 내용으로 적절하지 않은 것은?

보기

이 시는 역사적 상상력을 바탕으로 하여 태초로부터 시작된 우리 민족사의 공간으로 '광야'를 형상화하고 있다. 시인은 '광야'가 본래 우리 민족의 신성한 공간임을 환기하면서, 현재의 민족적 시련을 극복하고 난 뒤 미래의 광야는 민족적 이상 실현의 공간이 될 것임을 확신하고 있다.

① 1연의 '하늘이 처음 열리고'는 '광야'가 처음 생겨난 태초의 순간을 형상화한 것이겠군.
② 2연의 '차마 이곳을 범하던 못'했다는 추측은 '광야'가 함부로 침범할 수 없는 신성한 공간임을 드러내는 것이겠군.
③ 3연의 '큰 강물'이 '길을 열었다'는 것은 우리 민족의 역사가 '광야'에서 태동하였음을 형상화하고 있는 것이겠군.
④ 4연의 '매화 향기'가 '아득'한 상황은 현재 시련을 겪고 있는 우리 민족이 과거의 '광야'를 그리워하고 있음을 의미하는 것이겠군.
⑤ 5연의 '목 놓아 부르'려는 대상은 4연의 '노래'와 호응하는데, 이는 민족의 이상이 실현된 기쁨을 누리고자 하는 것이겠군.

083 절정 _ 이육사

수록 교과서
국어 _금성, 지학사, 신사고

작품 미리보기

주제 극한 상황을 이겨 내려는 초월적 인식

특징
① 기승전결의 구성 방식을 취함.
② 화자가 처한 극한 상황을 점층적으로 표현함.

구성
1연: 가혹한 현실에 내몰려 북방까지 밀려옴.
2연: 고원의 서릿발 칼날진 위에 섬.
3연: 한 발 재겨 디딜 곳조차 없는 상황
4연: 겨울은 강철로 된 무지개라는 인식

작품 자세히 읽기

이 시는 극한의 상황을 극복하는 정신적 경지를 보여 주고 있는 작품이다. 화자는 '매운 계절의 채찍'에 '북방 → 고원 → 서릿발 칼날진 그 위'로 내몰리게 된다. 한 발 재겨 디딜 곳조차 없는 극한 상황에 처한 화자는 눈을 감고 관조의 자세로 현실을 응시한 후, '겨울은 강철로 된 무지개'라는 인식에 도달하면서 비극적 현실마저도 초극하려는 의지를 드러내고 있다.

지식 더하기

이질적 이미지의 결합

'겨울'은 혹독한 시련의 시간을 의미하고, '강철'은 싸늘하고 비정하면서 강한 인상을 준다. 그러나 '무지개'는 현란하고 환상적인 빛을 발하는 자연 현상으로 희망적인 이미지와 관련된다. 여기에서 강철과 무지개는 서로 어울리기 힘든 사물이지만, 이런 이질적인 이미지들이 어울려 독특한 분위기를 형성하고 있다. 강철과도 같은 차갑고 비정한 금속성의 이미지와 무지개의 황홀한 이미지를 결합시켜 화자는 강철과도 같은 겨울 속에서 느끼게 되는 황홀경을 표현하고 있는 것이다. 이는 극한적인 현실 상황에 대한 화자의 역설적 인식으로, 관조적 자세를 통해 비극적 상황을 초극하려는 의지를 표현한 것으로 볼 수 있다.

엮어 읽기

유치환, 「바위」 (➡202쪽)

「바위」와 「절정」은 모두 의지적 성격이 두드러진 시이다. 유치환은 외부의 시련과 고난에도 흔들리지 않는 '바위'에 자기 모습을 투영하여 '드디어 생명도 망각하'는 현실 초극적인 삶을 살겠다는 의지를 표명하고 있다. 강인한 남성적 어조로 의지를 표출하고 있다는 점, 대결 의식이 두드러지고 있다는 점 등에서 「절정」과 유사하다.

〈기〉
㉠매운 계절(季節)의 채찍에 갈겨
(탄압에 시달리는 모습)
마침내 북방(北方)으로 휩쓸려 오다
(극한 상황의 점층적 고조)

〈승〉
하늘도 그만 지쳐 끝난 ㉡고원(高原)
(희망마저 찾기 힘든 황량한 극한 상황)
서릿발 칼날진 그 위에 서다

〈전〉
어데다 ㉢무릎을 꿇어야 하나
한 발 재겨 디딜 곳조차 없다
(극한의 상황)

〈결〉
(정신적으로 현실을 초극하려는 자세)
이러매 눈 감아 생각해 볼밖에
겨울은 ㉣강철로 된 ㉤무지갠가 보다
(강철 → 비정함, 차가움 / 무지개 → 황홀함, 희망적 — 이질적 이미지)

원리로 작품 정리하기

원리1 화자, 대상, 청자
화자는 극한의 상황에서도 이를 (❶)하고자 하는 의지와 신념을 드러내고 있음.

원리2 상황, 정서, 태도, 어조
강렬한 어조로 현실과의 대결 (❷)를 표출하고 있음.

원리3 시어와 심상
매운 계절, 채찍, 북방, (❸), 강철: 차갑고 날카로우며 매서운 이미지 → 화자가 처한 가혹한 현실을 의미함.

원리4 발상·표현, 표현 기법
'(❹)'과 '무지개'라는 이질적인 이미지를 결합하여, 현실을 초극하고자 하는 화자의 의지를 드러내고 있음.

원리5 시상 전개, 시적 형상화

1연	2연	3연	4연
기	승	전	결

북방 → 고원 → 서릿발 칼날진 그 위: (❺)의 점층적 축소

원리6 소통 구조, 맥락을 고려한 이해와 감상
이 시는 일제 강점하의 가혹한 (❻)을 견뎌 내야 하는 투사의 긴장된 삶의 국면이 나타나고 있는 작품이다.

정답 ❶ 극복 ❷ 의지 ❸ 칼날 ❹ 강철 ❺ 공간 ❻ 시련

실전 연습하기

내신형 9264-0329

01 윗글에 대한 설명으로 적절하지 않은 것은?

① 기승전결의 구성으로 시상을 전개하고 있다.
② 의문문 형식으로 화자의 상황을 제시하고 있다.
③ 과거 회상을 통해 화자의 정서를 환기하고 있다.
④ 강인한 어조를 통해 작품의 분위기를 뒷받침하고 있다.
⑤ 현재형 진술을 통해 시적 상황을 긴장감 있게 제시하고 있다.

빈칸 완성형 9264-0330

02 윗글은 화자가 처한 상황을 '북방 → 고원 → 서릿발 칼날진 그 위'로 (   )적으로 표현하고 있다.

서술형 9264-0331

03 윗글에서 화자의 인식이 외형적인 현실 공간을 초월하여, 정신적인 관념의 세계로 전환되고 있는 시행을 찾아 쓰시오.

수능형 9264-0332

04 〈보기〉를 참고하여 ㉠~㉤을 이해한 내용으로 가장 적절한 것은?

보기
시어는 시인이 주제를 형상화하기 위해 치밀한 의도를 가지고 쓴 것으로, 일반적으로 떠올리는 보편적, 상식적 의미와는 다르게 해석되는 경우가 있다.

① ㉠: '매운'은 추위를 부각하는 속성과는 달리 현실에 대한 화자의 대결 의지를 강조한다.
② ㉡: '고원'은 높은 곳이라는 속성과는 달리 화자가 더 이상 나아갈 수 없는 한계의 공간을 의미한다.
③ ㉢: '무릎을 꿇어야'는 절대자에게 의지한다는 속성과는 달리 철저한 자기반성의 자세를 형상화한다.
④ ㉣: '강철'은 꺾이지 않는다는 속성과는 달리 화자가 현실에 순응하도록 하는 매개체 역할을 한다.
⑤ ㉤: '무지개'는 희망을 상징한다는 속성과는 달리 이상 세계에 대한 화자의 동경이 좌절되는 것을 암시한다.

084 의자 _ 이정록

수록 교과서
문학 _천재(김)

작품 미리보기

주제 세상을 살아가는 힘과 지혜

특징
① 화자의 어머니가 화자에게 말을 건네는 방식으로 시상을 전개함.
② 소재에 상징적인 의미를 부여하며 주제를 드러냄.

구성
1연: 병원에 갈 채비를 하며 말을 하시는 어머니
2연: 어머니의 말 – 세상이 다 의자로 보인다.
3연: 어머니의 말 – 너는 아버지에게 좋은 의자였다.
4연: 어머니의 말 – 참외와 호박에도 의자를 내줘야겠다.
5연: 어머니의 말 – 산다는 것은 의자 몇 개를 내놓는 것이다.

병원에 갈 채비를 하며
어머니께서
한 소식 던지신다

어머니가 화자에게 하는 말이 작품의 중심 내용임.

㉠ 허리가 아프니까
세상이 다 의자로 보여야
㉡ 꽃도 열매도, 그게 다
의자에 앉아 있는 것이여

아픔을 통해 얻은 깨달음. 어머니의 '허리 아픔'은 육체를 가진 생명체가 겪을 수밖에 없는 삶의 고통이라 할 수 있음. 그렇다면 '의자'는 의지가 되고 고통을 위로할 수 있는 것을 의미하게 됨.

주말엔
아버지 산소 좀 다녀와라
㉢ 그래도 큰애 네가
아버지한테는 좋은 의자 아녔냐

아버지에게 '큰애'인 '나'는 고통스러운 삶을 견뎌 내게 할 수 있었던 존재였다는 의미

이따가 침 맞고 와서는
㉣ 참외밭에 지푸라기도 깔고
호박에 똬리도 받쳐야겠다
그것들도 식군데 의자를 내줘야지

참외나 호박도 '식구'임. 2연의 꽃도 열매도 식구이며, 사람뿐 아니라 모든 생명에게는 의자가 필요함 .

㉤ 「싸우지 말고 살아라
결혼하고 애 낳고 사는 게」 별거냐
그늘 좋고 풍경 좋은 데다가
의자 몇 개 내놓는 거여

「」: 결혼하고 애 낳고 살아가는 삶의 과정에서 힘이 되어 주는 것이 의자임. 싸우지 말고 사는 것도 살아가는 데 의지가 되는 지혜이므로 의자임.

인간의 삶이란 서로에게 기대어 의지하며 살아가는 것임을 의미함.

작품 자세히 읽기

삶은 시작하는 때부터 끝나는 순간까지 본질적으로 고통스러울 수밖에 없기에 그 고통을 견디며 살아갈 수 있는 힘이 필요하다. 그럴 때 힘이 되고 의지가 되는 것이 바로 '의자'라 할 수 있다. 그러므로 의자는 사람뿐 아니라 생명을 가지고 태어나 살아가는 모든 존재에게 필요한 것이다.

지식 더하기

의자의 상징성
의자는 도구 이상의 의미를 나타내는데, 그중 하나가 권위와 지위를 나타내는 상징으로서의 의자이다. 권력자는 의자에 앉아 높은 위치에서 아랫사람을 내려다보고 힘을 과시해 왔기 때문이다. 의자가 일반화된 것은 산업혁명 시대 이후이다. 그런 탓에 의자는 근대화의 상징이 되기도 하였다.

엮어 읽기

문태준, 「평상이 있는 국숫집」 (➡138쪽)
이 시와 「평상이 있는 국숫집」은 힘겨운 삶을 버티며 살아가는 방법이 무엇인지를 보여 준다. 이 시에서는 의자를 내어 주는 것이고, 「평상이 있는 국숫집」에서는 서로에게 '손이 손을 잡는 말', '눈이 눈을 쓸어 주는 말'을 해 주는 것이다. '국숫집'에 모인 사람들은 힘겹게 세상을 살아가는 사람들이다. 서로에게 낯선 사람들임에도 불구하고 그들은 서로를 '세월을 넘어온 친정 오빠'처럼 여기며 서로 위안한다. 서로에게 '의자'를 내주는 것과 같다.

원리로 작품 정리하기

원리1 화자, 대상, 청자
어머니의 말이 작품의 중심이므로 어머니는 실질적인 화자이고 청자는 '나'를 포함한 (❶)라 할 수 있음.

원리2 상황, 정서, 태도, 어조
- 병원에 갈 채비를 하며 어머니가 하시는 말씀을 그대로 옮기고 있음.
- 어머니는 오랜 삶에서 우러나온 삶의 (❷)를 담담하게 전해 주고 있음.

원리3 시어와 심상
변형된 의자: 아버지에겐 '(❸)', 참외밭의 '지푸라기', 호박의 '똬리'

원리4 발상·표현, 표현 기법
어머니의 말씀을 있는 그대로 전달하여 진실성과 현장감을 느낄 수 있음.

원리5 시상 전개, 시적 형상화
어머니가 화자에게 하는 말을 중심으로 시상을 전개하고 있음.

원리6 소통 구조, 맥락을 고려한 이해와 감상
어머니의 눈에, 살아 있는 모든 존재는 아픔을 지니고 있다. 그러한 아픔을 견뎌 내게 하는 힘이 바로 (❹)이다. 결혼하고 애 낳고 사는 사람만 아니라, '꽃', '열매', '참외', '호박' 등도 한 세상을 살아간다는 점에서 (❺)이다. 그래서 이들에게도 의자가 필요하다는 것이다.

정답 ❶ 독자 ❷ 지혜 ❸ 큰애 ❹ 의자 ❺ 식구

실전 연습하기

내신형 9264-0333

01 윗글의 문맥으로 볼 때 짝지은 시어들의 관계가 다른 하나는?

① 세상살이 : 의자　② 꽃 : 열매
③ 생전의 아버지 : 큰애　④ 참외밭 : 지푸라기
⑤ 호박 : 똬리

빈칸 완성형 9264-0334

02 윗글은 어머니가 화자에게 하는 말이 작품의 중심이다. 어머니의 말 가운데 화자는 (　　　), '너'로 등장한다. 이는 오랜 세월을 살아온 어머니가 들려주는 (　　　)가 작품의 중심을 이루고 있음을 보여 준다.

서술형 9264-0335

03 다음 두 구절에 주목하여 '의자'를 내줘야 할 이유에 대해 설명하시오.

> '세상이 다 의자로 보여야'
> '그것들도 식군데 의자를 내줘야지'

수능형 9264-0336

04 <보기>를 바탕으로 ㉠~㉤을 이해한 내용으로 적절하지 않은 것은?

> 보기
> 몸을 가진 모든 유기체들에게 삶의 고통은 필연적이다. '의자'는 이러한 삶의 고통에서 나오는 삶의 변형체라 할 수 있다. '의자'는 늙으신 어머니처럼, 살아오면서 세상의 모든 아픔을 몸소 겪은 자의 내면에서 만들어진 체험적 고통의 산물이다. 그러므로 '의자'는 고통스러운 삶 자체이지만 동시에 그것을 견뎌 내는 힘과 지혜라 할 수 있다.

① ㉠: '의자'가 어머니의 허리 아픔과 같은 삶의 고통에서 비롯된 것임을 알 수 있다.
② ㉡: '꽃'과 '열매'로 유기체의 삶을 압축적으로 표현한 데에서 삶의 고통이 순간적임을 알 수 있다.
③ ㉢: '아버지'는 살아생전에 '나'를 힘으로 삼아 삶의 고통을 견디셨음을 알 수 있다.
④ ㉣: '참외', '호박'도 몸을 가진 유기체라는 점에서 사람과 같이 고통을 견뎌 내는 힘이 필요함을 알 수 있다.
⑤ ㉤: '결혼하고 애 낳고 사는' 고통스러운 삶의 과정에서 싸우지 않는 것이 그것을 잘 견뎌 나가는 힘과 지혜임을 알 수 있다.

085 낙화 _ 이형기

작품 미리보기

주제 이별을 통한 정신적 성숙

특징

① 자연 현상과 인간의 삶을 연결시키고 있음.

② 중의적 표현을 통해 주제 의식을 형상화하고 있음.

구성

1연: 때에 맞는 이별의 아름다움
2연: 이별(낙화)의 순간
3연: 이별(낙화)해야 하는 시기
4~5연: 이별(낙화)의 희생적 의미
6연: 이별의 수용
7연: 이별로 인한 내적 성숙

작품 자세히 읽기

이 시는 인간사의 이별을 '낙화'로 형상화하고 '낙화' 이후에 맺히는 '열매'에 주목하여 이별에 새로운 의미를 부여하고 있는 작품이다. 화자는 '낙화'가 단순한 죽음이 아니라 '열매'를 맺기 위한 준비인 것처럼 인간사의 이별 역시 그저 슬프기만 한 것이 아니며, 이별은 우리가 자아의 내적 성숙을 이루기 위해 겪어야 하는 과정이라는 인식을 보여 주고 있다.

지식 더하기

변증법적 시상 전개

이 시는 시상의 두 축인 '낙화'와 '결별'이 유사성에 의해 결합되면서 시상이 전개된다. 꽃이 피고 꽃잎이 떨어지고 그 결과 열매를 맺듯이, 인생도 만남 후 헤어짐이 있고 그 결과 더 큰 성숙을 이룬다는 것이 이 시 내용의 논리적 흐름이다. 우리는 죽음이나 이별을 부정적으로만 생각하고는 하지만, 그것을 극복하여 아름답게 승화했을 때 또 하나의 생성과 성숙이 이루어진다. 즉 자연의 법칙을 '개화 – 낙화 – 결실'의 변증법적 논리로 파악하여, 그 자연의 법칙을 '만남 – 헤어짐 – 더 큰 성숙'이라는 인생의 법칙에 투사하고 있다.

엮어 읽기

조지훈, 「낙화」 (➲250쪽)

조지훈의 「낙화」는 떨어지는 꽃잎을 보면서 느끼는 삶의 무상감과 비애를 절제된 어조로 표현한 작품이다. 지는 꽃이 불러일으키는 정서를 다루고 있다는 것은 이형기의 「낙화」와 유사하지만, 낙화에 대한 시각은 두 시가 서로 다르다. 조지훈의 「낙화」에서는 은둔하여 사는 화자가 꽃이 지는 풍경을 보면서 아름다운 존재의 소멸이 불러일으키는 비애를 느끼고 있는 반면, 이형기의 「낙화」에서는 꽃이 지는 자연 현상을 통해 인간사의 이별에 새로운 의미를 부여하고 있다.

가야 할 때가 언제인가를
분명히 알고 가는 이의 (→ 삶의 이치, 순리를 따르는 태도)
뒷모습은 얼마나 아름다운가.

봄 한철 (젊은 날)
격정을 인내한
나의 사랑은 지고 있다.

분분한* 낙화……
결별이 이룩하는 축복에 싸여 (역설적 표현)
지금은 **가야 할 때.**

무성한 녹음과 그리고
머지않아 열매 맺는
가을을 향하여

나의 청춘은 **꽃답게 죽는다.** (이별을 수용하는 태도)

헤어지자
섬세한 손길을 흔들며 (낙화의 모습을 의인화를 통해 구체적으로 묘사함.)
하롱하롱 꽃잎이 지는 어느 날

나의 사랑, 나의 결별
샘터에 물 고이듯 성숙하는 (영혼의 충만과 성숙을 비유적으로 표현)
내 영혼의 슬픈 눈.

*분분한 여럿이 한데 뒤섞여 어수선한.

정답과 해설 57쪽

원리로 작품 정리하기

원리1 화자, 대상, 청자
화자는 낙화를 통해 깨달음을 얻고 (❶) 을 담담하게 받아들이고 있음.

원리2 상황, 정서, 태도, 어조
인간사의 이별을 '(❷)'로 형상화하고 '낙화' 이후에 맺히는 '열매'에 주목하여 이별에 새로운 의미를 부여하고 있음.

원리3 시어와 심상
'결별이 이룩하는 축복': 꽃이 져야만 잎이 무성해지고 열매를 맺는 것처럼, 인간도 이별을 겪고 나서 정신적 (❸)에 이를 수 있다는 인식을 (❹)적으로 드러냄.

원리4 발상·표현, 표현 기법
중의법을 사용하여 '낙화'와 '(❺)'이 자연의 섭리이고 인생의 법칙이라는 것을 말하고 있음.

원리5 시상 전개, 시적 형상화

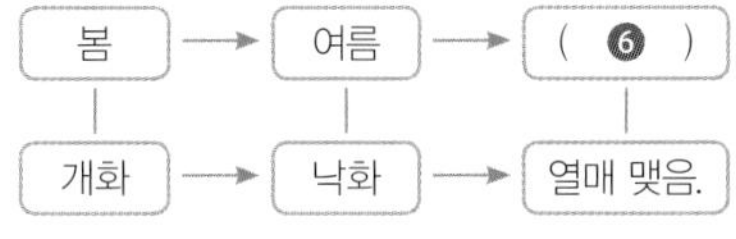

원리6 소통 구조, 맥락을 고려한 이해와 감상
이 시는 '낙화'를 인간사의 이별과 겹쳐 놓은 이중 구조를 보이고 있다. 낙화가 있어야 (❼)를 맺듯이, 이별의 고통을 경험하는 것이 영혼의 성숙을 이루는 계기가 되어야 한다는 것이다.

정답 ❶ 이별 ❷ 낙화 ❸ 성숙 ❹ 역설 ❺ 이별 ❻ 가을 ❼ 열매

실전 연습하기

내신형 9264-0337

01 윗글의 표현상 특징으로 적절하지 않은 것은?

① 말줄임표를 활용하여 시에 여운을 주고 있다.
② 비유적인 표현을 통해 주제 의식을 집약시키고 있다.
③ 의태어를 활용하여 대상을 감각적으로 묘사하고 있다.
④ 영탄적 어조로 대상에 대한 긍정적인 태도를 드러내고 있다.
⑤ 대상을 의인화하여 대상과 화자 사이의 거리감을 부각하고 있다.

빈칸 완성형 9264-0338

02 윗글은 봄에서 여름을 거쳐 가을로 시상이 전개되며, '개화 → (　　　) → 열매'로 이어지는 시상의 흐름을 보여 주고 있다.

서술형 9264-0339

03 윗글에서 '봄'과 '가을'이라는 시간적 배경이 가지는 의미가 무엇인지 설명하시오.

수능형 2014학년도 대수능 A형 9264-0340

04 〈보기〉를 참고하여 윗글을 감상한 내용으로 적절하지 않은 것은?

보기

「낙화」는 인간사의 이별을 꽃의 떨어짐에 비유함으로써 청춘기 자아의 성장 과정을 상징적으로 보여 준다. 자아는 세계와 관계 속에서 성장의 가능성을 발견한다. 이 과정에서 자아는 시련에 부딪혀 자신이 갖고 있던 정체성의 변화를 겪게 되고, 그러한 변화를 인정하고 수용하면서 새로운 자아상을 확립해 나가게 된다.

① 1연과 3연의 '가야 할 때'는 이전과는 달라진 상황을 인식한 때라는 점에서, 새로운 자아의 모습을 찾게 되는 계기라고 할 수 있군.
② 2연의 '봄 한철'과 5연의 '꽃답게 죽는다'는 청춘기의 열정을 비유하고 있다는 점에서, 시련에 부딪혀 열정을 잃어 가는 자아의 모습을 보여 준다고 할 수 있군.
③ 3연의 '결별이 이룩하는 축복에 싸여'는 이별의 결과에 대한 긍정적인 의미를 담고 있다는 점에서, 변화의 수용이 자아 성장의 과정으로 이어질 수 있음을 알 수 있군.
④ 6연의 '헤어지자 / 섬세한 손길을 흔들며'는 이별을 수용하는 모습을 표현하고 있다는 점에서, 세계와의 관계가 변화되었음을 인정하려는 자아의 태도를 보여 준다고 할 수 있군.
⑤ 7연의 '내 영혼의 슬픈 눈'은 화자가 자신을 성찰하고 있음을 보여 준다는 점에서, 시련을 통해 새로워지는 자아상을 확립해 나가는 것임을 알 수 있군.

086 배를 매며 _ 장석남

수록 교과서
문학 _ 미래엔

작품 미리보기

주제 사랑의 본질에 대한 깨달음

특징

① 사랑을 배를 매는 일에 비유하여 주제를 형상화하고 있음.

② '부둣가'와 '바다'의 공간적 특성을 통해 낯선 세계 간의 만남을 극적으로 전달하고 있음.

구성

1연: 우연히 배를 매어 본 경험
2연: 배를 매듯 갑자기 찾아오는 사랑의 순간
3연: 배를 둘러싼 세계의 발견
4연: 사랑의 본질에 대한 깨달음
5연: 사랑의 설렘

작품 자세히 읽기

이 시는 예상치 못한 순간에 사랑이 시작되고, 커 가는 과정을 배를 매는 일에 빗대어 사랑의 의미를 사색한 작품이다. 이 시의 화자는 우연히 날아든 밧줄을 잡아 배를 매는 것처럼 사랑은 갑작스럽고 불가항력적으로 시작되며, 배를 매는 것이 배를 둘러싸고 있는 구름과 빛과 시간을 함께 매는 일이듯, 사랑 또한 갑자기 다가온 대상을 받아들이고 대상을 둘러싼 세계까지 함께 받아들이는 일이라는 깨달음을 노래하고 있다.

지식 더하기

그리움의 시인 장석남

1990년대 신(新)서정의 대표 주자라 불렸던 장석남 시인의 시의 특성을 한마디로 요약하자면 '그리움'이라고 할 수 있다. 시인의 고향은 서해 덕적도인데, 그의 시는 고향 섬의 자연을 향한 그리움에서 출발하여 아련하고 흐릿한 것, 젊음의 시기에 앓았던 정서적 열병, 그 과정에서 느껴지는 쓸쓸함 등 인간의 삶에서 느낄 수 있는 다양한 그리움으로 확대되었다. 생의 여러 순간에서 느끼는 이러한 그리움은 결국 인간 생의 본질이 무엇인가 하는 질문과 탐색으로 이어진다.

엮어 읽기

김광규, 「달팽이의 사랑」 (➲074쪽)

「달팽이의 사랑」은 '달팽이'라는 평범한 소재를 활용하여 시련과 역경을 견디며 사랑을 완성해 가는 삶의 가치를 일깨우고 있는 작품이다. 「달팽이의 사랑」과 「배를 매며」는 각각 달팽이의 모습과 배를 매는 행위를 통해 사랑의 의미를 성찰하고 깨달음을 얻고 있다는 점에서 유사하다. 그러나 「달팽이의 사랑」의 화자는 달팽이와 대조적인 삶('집 한 칸'을 장만하기 위해 바둥거린 십 년의 세월 속에서 사랑한 시간이 너무 적음)을 살아온 처지이며, 천천히 사랑을 완성해 가는 달팽이를 보면서 스스로 반성하고 있다는 점에서 차이가 있다.

㉠아무 소리도 없이 말도 없이
등 뒤로 털썩
밧줄이 날아와 나는 (밧줄: 인연)
뛰어가 밧줄을 잡아다 배를 맨다 (배를 맨다: 인연을 맺음.)
㉡아주 천천히 그리고 조용히
배는 멀리서부터 닿는다

사랑은,
호젓한 부둣가에 우연히, (부둣가: 바다를 향해 열려 있는 공간 → 새로운 인연과의 만남의 가능성이 존재하는 공간)
별 그럴 일도 없으면서 넋 놓고 앉았다가
배가 들어와
던져지는 밧줄을 받는 것
그래서 ㉢어찌할 수 없이
배를 매게 되는 것 (사랑을 받아들임.)

잔잔한 바닷물 위에
㉣구름과 빛과 시간과 함께
떠 있는 배

[A] 배를 매면 구름과 빛과 시간이 함께
매어진다는 것도 처음 알았다
사랑이란 그런 것을 처음 아는 것

빛 가운데 ㉤배는 울렁이며
온종일을 떠 있다

원리로 작품 정리하기

원리 1 화자, 대상, 청자

화자(='나')는 (❶)의 의미를 성찰하고 있음.

원리 2 상황, 정서, 태도, 어조

- 상황: (❷)를 매는 행위를 통해서 사랑의 본질을 깨닫고 있음.
- 어조: 화자가 생각한 바를 (❸)을 통해 사색적인 어조로 표현하고 있음.

원리 3 시어와 심상

밧줄	사랑의 대상과 맺게 되는 (❹)
부둣가	만남이 이루어지는 공간 → 화자가 사랑에 대한 (❺)을 얻는 공간
구름, 빛, 시간	사랑하는 이를 둘러싼 세계

원리 4 발상·표현, 표현 기법

'배를 매는 일'에서 사랑의 속성을 (❻)하여 추상적인 관념을 구체적으로 형상화하고 있음.

원리 5 시상 전개, 시적 형상화

(❼)연에서 사랑에 대한 깨달음을 얻은 화자의 모습이 드러나고 있음.

원리 6 소통 구조, 맥락을 고려한 이해와 감상

이 시는 배를 매는 경험에 비추어 사랑의 의미를 성찰하고, 사랑의 속성에 대한 심화된 (❽)을 보여 주고 있는 작품이다.

정답 ❶ 사랑 ❷ 배 ❸ 독백 ❹ 인연 ❺ 깨달음 ❻ 유추 ❼ 4 ❽ 인식

실전 연습하기

내신형 9264-0341

01 ㉠~㉤에 대한 설명으로 적절하지 않은 것은?

① ㉠: 예상하지 못한 순간에 갑자기 사랑이 다가왔음을 드러내고 있다.
② ㉡: 사랑의 대상이 다가오는 과정을 부둣가에 와 닿는 배의 모습으로 나타내고 있다.
③ ㉢: 사랑하는 인연의 시작은 불가항력적이라는, 사랑의 운명적 성격을 강조하고 있다.
④ ㉣: 사랑하는 이의 주변 환경이 변화해도 사랑의 본질은 달라지지 않는다는 깨달음을 전하고 있다.
⑤ ㉤: 사랑하는 이를 떠올리며 설레는 마음을 바닷물 위에서 출렁거리는 배의 모습으로 제시하고 있다.

빈칸 완성형 9264-0342

02 윗글은 (   )이 시작되는 과정을 (   )를 정박시키는 일에 빗대어 사랑과 인연의 의미에 대해 이야기하고 있다.

서술형 9264-0343

03 윗글에서 '배를 매는 행위'가 상징하는 의미를 설명하시오.

수능형 2013학년도 6월 모의평가 9264-0344

04 [A]에 대한 감상으로 가장 적절한 것은?

① 사랑을 갈구하는 화자의 행동이 생생하게 그려져 있어.
② 사랑의 덧없음을 인정하는 화자의 고백이 나타나고 있어.
③ 배를 매는 행위의 의미가 사랑임이 비로소 드러나고 있어.
④ 사랑의 운명적 면모가 자연의 섭리를 통해 제시되고 있어.
⑤ 사랑의 속성에 대한 화자의 심화된 인식이 나타나고 있어.

독해의 원리 다지기 6

장정일 ~ 황인숙

087 라디오와 같이 사랑을 끄고 켤 수 있다면 _ 장정일

수록 교과서
문학 _미래엔, 비상, 신사고, 천재(김)

작품 미리보기

주제 편리한 사랑을 추구하는 현대인의 태도 비판

특징
① 추상적이고 관념적인 의미를 구체적 사물을 활용하여 드러냄.
② 패러디 기법을 사용하여 김춘수의 시 「꽃」의 형식적인 특성을 그대로 차용함.

구성
1연: 단추를 누르기 전의 라디오
2연: 소통의 대상이 된 라디오
3연: 라디오와 같이 타인과 소통하기를 원함.
4연: 편리한 사랑을 추구하는 모습

작품 자세히 읽기

이 시는 김춘수의 시 「꽃」을 패러디한 작품으로, 인스턴트식 사랑을 원하는 현대인의 심리를 그리고 있다. 사람들의 편의나 필요에 의해 작동되는 물건인 라디오를 소재로 하여 사랑의 의미를 편하고 가볍게만 여기고 사랑 자체를 일회적인 것으로 여기는 현대 사회의 풍토에 대해 비판적인 목소리를 내고 있다.

지식 더하기

패러디의 효과

이 작품은 패러디라는 양식의 성격에 맞게 비판적이고 풍자적인 어조를 통해 해체적인 특성을 드러내고 있다. 특히 원작의 주된 소재였던 '꽃'의 관념성 대신 '라디오'와 '버튼' 등 현대 문명적인 소재를 차용하고 있다. 여기서 '라디오'는 상대방과의 정서적 교감이 전혀 없는 물질 그 자체이나 상대방의 접근이 허락되었을 때만 의미를 갖게 된다. '단추'는 소통의 매개체로 '굳어 버린 핏줄기와 황량한 가슴속 버튼'으로 묘사되는 현대인들의 피폐한 내면에 교류의 계기를 마련해 준다.

엮어 읽기

최승호, 「북어」 (➡256쪽)

「북어」는 주체성을 상실한 현대인의 무기력한 모습을 비판하고 있는 작품이다. 작품의 제목이기도 한 '북어'는 시적 대상을 넘어서 현실을 직시하는 능력 없이 무기력하고 무비판적으로 살아가는 사람들의 모습을 형상화한 것이다. 주변의 구체적인 대상을 통해 현대인을 비판하고 있다는 점에서 「라디오와 같이 사랑을 끄고 켤 수 있다면」과 유사한 점이 있다. 그러나 「북어」에서는 비판의 대상이 비판의 주체로 반전되며, 자신이 비판했던 북어의 모습이 곧 자기 자신의 모습임을 확인한 화자가 자신을 포함한 현대인의 삶을 반성하고 있다는 차이가 있다.

내가 **단추를 눌러 주**기 전에는
(소통의 매개체, 일회적 사랑의 수단)
그는 다만
하나의 라디오에 지나지 않았다.
(라디오: 무의미한 존재)

내가 그의 단추를 눌러 주었을 때
(단추를 눌러 주었을 때: 의사소통의 행위, 일회적 사랑의 표현)
그는 나에게로 와서
전파가 되었다.
(전파: 의미 있는 존재)

내가 그의 단추를 눌러 준 것처럼
누가 와서 나의
굳어 버린 핏줄기와 황량한 가슴속 버튼을 눌러 다오.
(타인과 진정한 관계를 맺지 못하는 현대인의 고독)
그에게로 가서 나도
그의 전파가 되고 싶다.

우리들은 모두
사랑이 되고 싶다.
끄고 싶을 때 끄고 켜고 싶을 때 켤 수 있는
(현대인의 일회적이고 편의적인 사랑)
라디오가 되고 싶다.

원리로 작품 정리하기

원리1 화자, 대상, 청자
화자는 현대인들의 가벼운 (❶)을 비판하고 있음.

원리2 상황, 정서, 태도, 어조
사랑을 라디오를 끄고 켜는 행위에 비유하여 일회적이고 편의적인 사랑을 추구하는 현대 사회의 세태를 (❷)하고 있음.

원리3 시어와 심상

라디오	—	무의미한 존재
단추, (❸)	—	소통의 수단
(❹)	—	의미 있는 존재

원리4 발상·표현, 표현 기법
(❺): 김춘수의 시 「꽃」에 나타난 표현과 구성을 차용하여 재창작함.

원리5 시상 전개, 시적 형상화
추상적이고 관념적인 의미를 '단추, 라디오, 전파' 등 (❻)적 사물을 활용하여 나타내고 있음.

원리6 소통 구조, 맥락을 고려한 이해와 감상
이 시는 「꽃」의 패러디로 「꽃」이 사람 간의 소통을 통한 존재론적인 유의미성을 문제 삼고 있다면 이 시는 현대적인 사랑의 의미를 묻고 있어서 형식상의 차이보다는 (❼)의 재창조에 주력하고 있다.

정답 ❶ 사랑 ❷ 풍자 ❸ 버튼 ❹ 전파 ❺ 패러디 ❻ 구체 ❼ 내용

실전 연습하기

내신형 9264-0345

01 윗글에 대한 설명으로 가장 적절한 것은?

① 대조적 어휘를 반복하여 공간의 의미를 강화하고 있다.
② 의인화된 청자에게 말을 건네는 방식을 사용하고 있다.
③ 추상적인 의미를 구체적 사물을 활용하여 드러내고 있다.
④ 사물의 속성을 인간의 삶과 대비해 가며 시상을 전개하고 있다.
⑤ 관조적인 자세로 대상의 의미를 새롭게 발견하는 과정을 그리고 있다.

빈칸 완성형 9264-0346

02 윗글은 김춘수의 「꽃」을 (　　　)하여 현대인의 사랑에 대한 태도를 (　　　)하고 있다.

서술형 9264-0347

03 윗글에서 쉽게 켜고 끄는 편의성을 드러내는 소재로, 일회적이고 편의주의적인 관계를 지향하는 현대인의 태도를 내포하고 있는 시어를 찾아 쓰시오.

수능형 9264-0348

04 〈보기〉를 바탕으로 윗글을 감상한 내용으로 적절하지 않은 것은?

보기

김춘수의 「꽃」은 '존재란 관계 맺음이다.'라는 인식을 나타내고 있는데, 이 시 또한 그러한 인식을 전제로 하고 있다. 다만 「꽃」이 존재와 관계 맺음의 관계를 진지하게 탐구하고 있다면, 이 시는 현대적인 관계 맺음의 가벼움을 풍자하고 있다.

내가 그의 이름을 불러 주기 전에는 / 그는 다만 / 하나의 몸짓에 지나지 않았다. // 내가 그의 이름을 불러 주었을 때 / 그는 나에게로 와서 / 꽃이 되었다. // 내가 그의 이름을 불러 준 것처럼 / 나의 이 빛깔과 향기에 알맞은 / 누가 나의 이름을 불러다오. / 그에게로 가서 나도 / 그의 꽃이 되고 싶다. // 우리들은 모두 / 무엇이 되고 싶다. / 너는 나에게 나는 너에게 / 잊혀지지 않는 하나의 눈짓이 되고 싶다.

– 김춘수, 「꽃」

① '김춘수의 「꽃」을 변주하여'라는 부제를 붙임으로써, 「꽃」의 구성 방식을 차용하고 있음을 밝히고 있다.
② '그의 전파가 되고 싶다.'는 것은 「꽃」의 '그의 꽃이 되고 싶다.'에 대응하면서 '존재란 관계 맺음이다.'라는 인식을 뒷받침하고 있다.
③ '단추를 눌러 주'는 행위는 「꽃」의 '이름을 불러 주'는 행위를 더욱 진전시킨 행위로서 존재 탐구의 한계를 극복할 수 있다는 화자의 인식을 보여 주고 있다.
④ 「꽃」의 '빛깔과 향기에 알맞은' 대신에 '굳어 버린 핏줄기와 황량한 가슴속'이라는 구절을 추가하여, 진정한 관계 맺음에 실패한 현대인의 고독을 암시하고 있다.
⑤ 「꽃」의 '잊혀지지 않는 하나의 눈짓' 대신에 '끄고 싶을 때 끄고 켜고 싶을 때 켤 수 있는'이라는 구절을 추가하여, 현대적인 관계 맺음의 가벼움을 풍자하고 있다.

088 어머니의 그륵 _ 정일근

작품 미리보기

주제 삶과 사랑이 담긴 시를 써야 한다는 자기반성

특징

① 일상생활에서 시의 발상을 이끌어 냄.

② 시어의 대비를 통해 화자가 추구하는 가치를 드러내고 있음.

구성

1~3행: '그릇'을 '그륵'이라고 부르시는 어머니

4~8행: 어머니의 '그륵' 속에 담긴 편안함과 따뜻함

9~16행: '그릇'과 달리 사랑과 정성이 담겨 있는 말인 '그륵'

17~20행: 사랑이 없는 언어로 시를 쓰는 자신에 대한 반성

작품 자세히 읽기

이 시는 어머니의 삶과 사랑이 담겨 있는 '그륵'이라는 말을 통해, 사랑이 담긴 생명력 있는 언어로 시를 쓰지 못하는 화자 자신을 반성하고 있는 작품이다. 어머니가 삶을 통해 배운 언어인 '그륵'은 '살아남아 빛나'는 언어이므로 '사전을 통해 쉽게' 찾은 말인 '그릇'보다 훨씬 더 생명력과 호소력을 지니고 있다.

지식 더하기

사투리와 시

현대시에는 사투리를 조탁하여 시어의 차원으로 끌어올린 사례가 적지 않다. 서정주는 전라도 사투리를 사용하여 토속적 분위기를 고조시켰으며, 박목월은 아예 『경상도의 가랑잎』(1968)이라는 시집을 펴내기도 했다. 사투리를 시어의 차원으로 끌어올리는 데에 중요한 것은 사투리 자체보다도 사투리에 담긴 인간 보편적 정서에 초점을 맞추는 것이다. 그런 면에서 정일근의 시는 '그륵'이라는 경상도 사투리 하나로 이 세상의 모든 자식들을 포근하게 감싸는 것은 물론 이 세상의 모든 삶의 깊이보다 더 깊은 '어머니의 그륵'의 깊이를 가슴으로 느끼게 한다. '그륵'이라는 경상도 사투리를 어머니의 '개인어'로 재인식하여 모정(母情)이라는 인류 보편적인 정서를 넉넉하게 담아내고 있다.

엮어 읽기

윤동주, 「쉽게 씌어진 시」 (➲210쪽)

윤동주의 「쉽게 씌어진 시」는 암울한 현실 속에서도 시가 쉽게 씌어지는 것을 성찰하고 있는 작품이다. 시인으로서의 자신 또는 시 쓰는 일에 대해 성찰하고 있는 시라는 점에서 「어머니의 그륵」과 유사하다. 「쉽게 씌어진 시」에서는 화자가 처한 부정적 시대 현실이, 「어머니의 그륵」에서는 어머니가 사용하고 있는 '그륵'이라는 사투리가 화자가 자신을 돌아보고 반성하게끔 하는 계기로 작용한다.

어머니는 그륵*이라 쓰고 읽으신다
㉠그륵이 아니라 그릇이 바른 말이지만 (바른 말: 표준어)
어머니에게 그릇은 그륵이다
물을 담아 오신 어머니의 그륵을 앞에 두고
그륵, 그륵 중얼거려 보면
그륵에 담긴 물이 편안한 수평을 찾고
㉡어머니의 그륵에 담겨졌던 모든 것들이 ('그륵'이라는 말에 담긴 느낌)
사람의 체온처럼 따뜻했다는 것을 깨닫는다
나는 학교에서 그릇이라 배웠지만
㉢어머니는 인생을 통해 그륵이라 배웠다
그래서 내가 담는 한 그릇의 물과
어머니가 담는 한 그륵의 물은 다르다 (대조)
말 하나가 살아남아 빛나기 위해서는 (생명력과 호소력을 갖추기 위해서는)
말과 하나가 되는 사랑이 있어야 하는데
어머니는 어머니의 삶을 통해 말을 만드셨고
㉣나는 사전을 통해 쉽게 말을 찾았다
무릇 시인이라면 하찮은 것들의 이름이라도 (시인: 화자의 직업)
뜨겁게 살아 있도록 불러 주어야 하는데 (뜨겁게 살아 있도록: 사랑이 담긴 언어로)
㉤두툼한 개정판 국어사전을 자랑처럼 옆에 두고
서정시를 쓰는 내가 부끄러워진다

*그륵 그릇의 사투리.

원리로 작품 정리하기

원리1 화자, 대상, 청자

표면에 드러난 화자(='나')가 자신에 대해 (❶)하고 있음.

원리2 상황, 정서, 태도, 어조

어머니가 사용하는 '(❷)'이라는 말을 통해, 사랑이 담긴 생명력 있는 언어로 시를 쓰지 못하는 자신을 돌아보고 있음.

원리3 시어와 심상

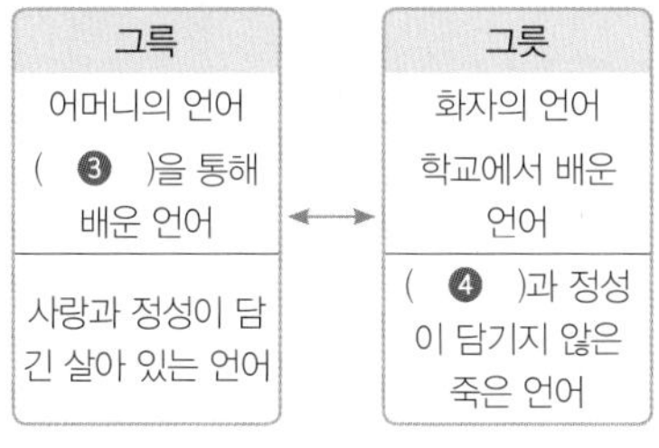

그륵
어머니의 언어
(❸)을 통해 배운 언어
사랑과 정성이 담긴 살아 있는 언어
그릇
화자의 언어
학교에서 배운 언어
(❹)과 정성이 담기지 않은 죽은 언어

원리4 발상·표현, 표현 기법

'(❺)'이라는 사투리를 쓰는 어머니의 일상생활 속에서 시적 발상을 이끌어 내고 있음.

원리5 시상 전개, 시적 형상화

시적 대상들의 의미를 (❻)하면서 시상을 전개하고 있음.

원리6 소통 구조, 맥락을 고려한 이해와 감상

이 시는 어머니가 살아온 삶의 진정성을 담고 있는 언어를 통해, 화자가 (❼)으로서의 자신을 성찰하고 있는 작품이다.

정답 ❶ 반성 ❷ 그륵 ❸ 인생 ❹ 사랑 ❺ 그륵 ❻ 대비 ❼ 시인

실전 연습하기

내신형 9264-0349

01 윗글에 대한 설명으로 가장 적절한 것은?

① 시어의 의미를 대비하여 주제를 드러내고 있다.
② 시간의 경과에 따른 시적 대상의 변화를 관찰하고 있다.
③ 반어적인 기법으로 시적 대상의 처지를 부각하고 있다.
④ 색채 이미지를 활용하여 시적 대상의 속성을 드러내고 있다.
⑤ 시적 대상에 인격을 부여하여 화자의 정서를 표현하고 있다.

빈칸 완성형 9264-0350

02 윗글에서 '(   )'은 인생을 통해 배운, 사랑과 정성이 담긴 살아 있는 언어에, '(   )'은 학교에서 배운, 삶이 담기지 않은 죽은 언어에 해당한다.

서술형 9264-0351

03 윗글에는 서정 시인으로서의 삶에 대한 자기반성이 드러나 있다. 화자의 자기반성이 직접적으로 드러난 시행을 찾아서 쓰고, 화자가 그와 같이 느끼는 이유를 간략하게 쓰시오.

수능형 2016학년도 9월 고2 학력평가 9264-0352

04 〈보기〉를 고려하여 ㉠~㉤을 이해한 내용으로 적절하지 않은 것은?

> 보기
>
> '그릇'은 물을 담고, 음식을 담는 사물을 이르는 말로, 우리와 늘 함께 존재한다. 이 시의 화자에게 어머니의 '그륵'은 평생 자식을 위해 따스한 정성과 사랑의 음식을 담아낸 것으로, 사전적 의미인 '그릇' 그 이상의 가치를 담은 것이라 할 수 있다. 어머니가 살아온 삶의 진정성을 담고 있는 '그륵'을 보며, 화자는 시인으로서의 자신을 성찰하게 된다.

① ㉠: 화자는 어머니가 '그릇'을 자신만의 언어인 '그륵'으로 사용하고 있다는 사실을 밝히고 있군.
② ㉡: 화자는 '그륵'이라는 말에 어머니의 따스한 정성과 사랑이 담겨 있고 삶이 녹아 있었음을 깨닫고 있군.
③ ㉢: 화자는 학교에서 지식으로 배운 '그릇'과는 달리, '그륵'을 어머니가 삶 속에서 체득한 살아 있는 단어라고 보고 있군.
④ ㉣: 화자는 정성과 사랑이 담긴 시어를 쓰기 위해 사전을 찾아보는 노력이 부족했음을 성찰하고 있군.
⑤ ㉤: 화자는 삶의 진정성이 담겨 있지 않은 시를 썼던 자신에 대해 부끄러움을 느끼고 있군.

089 고향 _ 정지용

작품 미리보기

주제 고향에 대한 상실감과 허망함

특징

① 감각적 심상을 통해 고향의 모습을 형상화함.
② 수미 상관의 구조를 통해 정서와 주제를 강조함.

구성

1연: 그리던 고향이 아닌 고향
2연: 변함없는 고향의 자연
3연: 낯설게 느껴지는 고향의 모습
4연: 변함없는 고향의 자연
5연: 어린 시절의 고향으로 돌아갈 수 없는 안타까움
6연: 고향 상실의 허망감과 무상함

작품 자세히 읽기

이 시는 그리던 고향에 돌아왔지만 그 옛날의 고향이 아님을 깨닫고 느낀 상실감과 허망함을 노래하고 있다. 외적 요인으로 인한 고향의 변모 양상이 아닌 화자의 의식에 존재하는 고향과의 차이를 다루고 있다는 점이 특징적이다. 구성상 수미 상관의 구조이며, 2연과 3연, 4연과 5연이 각각 '변함없는 고향의 자연'과 '화자가 느끼는 상실감' 간의 대비를 제시하고 있다.

지식 더하기

고향

고향은 인간에게 모성과 같은 영원한 그리움을 주는 삶의 원초적 공간이다. 정지용의 시 「향수」가 고향을 떠난 입장에서 고향에 대한 간절한 그리움을 노래했다면, 이보다 몇 년 뒤에 발표한 「고향」은 다시 찾아본 고향에서 느끼는 상실감과 비애를 노래하고 있다. 이것은 고향을 찾기 전에 시인의 관념 속에 있던 고향과 현실의 고향이 너무나 다르기 때문이다. 더욱이나 시인을 고통스럽게 만든 것은 고향에서 발견한 시대 현실, 일제 식민지로서의 모습이다. 그러므로 정지용의 고향 상실 의식은 일제 강점하의 식민지 현실을 인식한 것에 바탕을 두고 있다고 추리할 수 있다.

엮어 읽기

백석, 「고향」 (➲158쪽)

정지용의 「고향」과 백석의 「고향」은 모두 고향을 그리워하고 있다는 점에서는 정서적인 동질성을 가지고 있지만, 정지용의 「고향」은 어린 시절과는 달라진 고향에서 느끼는 상실감과 안타까움이 강조되는 반면, 백석의 「고향」은 따뜻하고 인간적인 유대가 느껴지는 고향을 그리고 있다는 점에서 차이가 있다. 물론 이러한 차이는 타향에서 고향으로 돌아온 화자(정지용의 「고향」)와 타향에서 고향을 그리워하고 있는 화자(백석의 「고향」)의 상황이 다른 데에서 오는 차이로도 볼 수 있다.

㉠고향에 고향에 돌아와도
그리던 ㉡고향은 아니러뇨.

산꿩이 알을 품고
뻐꾸기 제철에 울건만,

마음은 제 고향 지니지 않고
머언 항구로 떠도는 구름.
(더 이상 자신이 생각하던 고향이 아님을 깨닫고 정신적으로 방황하는 화자의 모습)

오늘도 뫼 끝에 홀로 오르니
흰 점 꽃이 인정스레 웃고,
(의인화)

어린 시절에 불던 풀피리 소리 아니 나고
메마른 입술에 쓰디쓰다.

고향에 고향에 돌아와도
그리던 하늘만이 높푸르구나.
(하늘과의 거리감을 통해 화자의 상실감을 강조함.)

(1연~6연: 수미 상관)

원리로 작품 정리하기

원리1 화자, 대상, 청자
대상: (❶)은 그대로이나, 화자가 마음속으로 그리던 고향이 아닌 고향

원리2 상황, 정서, 태도, 어조
화자는 마음속에 간직한 고향과 다른 고향의 모습에 (❷)을 느끼고 있음.

원리3 시어와 심상

산꿩, 뻐꾸기, (❸)	—	변함없는 고향의 자연, 고향에 대한 그리움을 환기하는 소재
흰 점 꽃	—	변함없이 자신을 반겨 주는 자연을 (❹)하여 표현

원리4 발상·표현, 표현 기법
다양한 (❺)적 심상과 비유적 표현을 통해 고향의 모습을 형상화함.

원리5 시상 전개, 시적 형상화
- 자연과 인간의 (❻)를 통해 화자의 상실감을 부각하고 있음.
- (❼)식 구성으로 구성상 안정감을 주고 화자의 정서를 심화하고 있음.

원리6 소통 구조, 맥락을 고려한 이해와 감상
이 시에는 고향의 자연은 그대로이나 고향을 둘러싼 인간사의 변화, 그 불일치로 인한 상실감과 허무감이 나타나 있다. 시대적 배경을 고려할 때, 상실감의 정체는 일제 강점하 피폐해진 (❽)의 모습과 대면한 시인의 비애로 해석할 수 있다.

정답 ❶ 자연 ❷ 상실감 ❸ 하늘 ❹ 의인화 ❺ 감각 ❻ 대조 ❼ 수미 상관 ❽ 고향

실전 연습하기

내신형 9264-0353

01 윗글에 대한 이해로 적절하지 않은 것은?

① '고향에 고향에 돌아와도'에는 고향을 떠나 있던 화자가 고향을 찾아왔음이 제시되어 있군.
② '뻐꾸기 제철에 울건만'에는 자연의 모습은 변함없다는 화자의 인식이 나타나 있군.
③ '마음은 제 고향 지니지 않고'에는 자신이 추구하는 고향을 찾지 못한 화자의 정신적 방황이 드러나 있군.
④ '흰 점 꽃이 인정스레 웃고'에는 인간미 넘치던 고향의 모습을 회복시키려는 화자의 의지가 드러나 있군.
⑤ '그리던 하늘만이 높푸르구나.'에는 높은 하늘과의 거리감을 통한 화자의 상실감이 강조되어 있군.

빈칸 완성형 9264-0354

02 윗글에서 화자는 물리적으로는 같은 장소인 '( )'에서 과거와는 다른 정서를 느끼고 있다.

서술형 9264-0355

03 윗글에서 감각적 심상을 통해 고향을 상실한 심정을 표출하고 있는 시행을 찾아 쓰시오.

수능형 9264-0356

04 ㉠, ㉡과 관련하여 구름을 설명할 때, 가장 적절한 것은?

① ㉠과 ㉡을 이어 주는 매개물이다.
② ㉡에 대한 화자의 그리움을 환기한다.
③ ㉡의 부재를 화자가 인식하는 계기가 된다.
④ ㉠과 ㉡의 부정적 현실을 수용하려는 화자의 태도이다.
⑤ ㉠과 ㉡의 괴리를 경험하게 된 화자의 내면세계를 나타낸다.

090 유리창 1 _ 정지용

수록 교과서
국어 _천재(이)
문학 _비상

작품 미리보기

주제 죽은 아이에 대한 슬픔과 그리움
특징
① 선명한 감각적 이미지를 활용함.
② 감정을 절제하여 표현함.
③ 역설적 표현을 통해 모순된 심리를 표출함.
구성
1~3행: 유리창에 어린 영상
4~6행: 창밖의 밤 풍경을 바라보는 화자
7~8행: 밤에 유리를 닦는 복잡한 심경
9~10행: 아이의 안타까운 죽음을 애도함.

작품 자세히 읽기

이 시의 화자는 죽은 아이를 생각하면서 홀로 유리창 앞에 서 있다. 유리창 앞에서 입김을 불어 보는 화자의 눈앞에 아이의 환영('차고 슬픈 것')이 나타나고 끝없이 입김을 불었다가 지우기를 반복하면서 아이와 만나는 황홀한 경험을 한다. 비록 화자는 죽은 아이를 다시 만날 수는 없지만 유리창을 통해 아이의 환영을 만나면서 미묘한 감정을 느낀다. 이러한 복합적인 심리 상태를 '외로운 황홀한 심사'로 표현하면서 죽은 아이에 대한 그리움과 애절한 슬픔을 잘 드러내고 있다.

지식 더하기

'외로운 황홀한 심사'
이 시의 화자는 '너'와 '나'의 거리가 이승과 저승으로 떨어져 있어 '너'를 이 세상에서 다시 만날 수 없음을 안다. 그렇지만 유리창 너머의 별이 가슴으로 다가와 보석처럼 박히는 한순간처럼 황홀한 일치를 염원한다. 그러한 순간은 영원할 수 없기에 '외로운' 것이며 순간적이나마 일치감을 맛볼 수 있기에 '황홀한' 것이다. '외로운 황홀한 심사'라는 매력적인 모순 어법은 이러한 사정에 기인한다.

엮어 읽기

이용악, 「풀벌레 소리 가득 차 있었다」
(➔222쪽)
이 시와 「풀벌레 소리 가득 차 있었다」는 모두 가까운 가족의 죽음을 다루고 있는 작품이다. 이 시는 어린아이를 떠나보낸 아버지가 시의 화자라고 한다면, 「풀벌레 소리 가득 차 있었다」는 아버지를 떠나보낸 자식이 시의 화자이다. 두 작품 모두 감정을 절제하여 상황을 드러내고 있는데, 이 시는 '외로운 황홀한 심사'라고 하는 역설적 표현을 통해, 「풀벌레 소리 가득 차 있었다」는 '풀벌레 소리'라는 청각적 이미지를 통해 가족을 잃은 슬픔과 그로 인한 아픔을 효과적으로 표현하고 있다.

유리(琉璃)에 차고 슬픈 것이 어린거린다.
죽은 아이의 이미지
열없이 붙어서서 입김을 흐리우니
길들은 양 언 날개를 파다거린다.
죽은 아이의 영상이 마치 작은 산새인 것처럼 표현함.
지우고 보고 지우고 보아도
죽은 아이에 대한 화자의 안타까움과 그리움의 표현
새까만 밤이 밀려 나가고 밀려와 부딪히고,
밤이 깊어가도록 화자가 입김을 불고 지우는 행위를 반복했음을 알 수 있음.
물 먹은 별이, 반짝, 보석(寶石)처럼 백힌다.
눈물 어린 화자의 눈에 비친 별빛
밤에 홀로 **유리**를 닦는 것은
외로운 황홀한 심사이어니,
아이의 부재로 인한 외로움과 아이의 환영을 보며 느끼는 황홀함의 교차
고흔 폐혈관(肺血管)이 찢어진 채로
아아, 너는 산(山)ㅅ새처럼 날러갔구나!
영탄적 표현으로 아이의 죽음에 대한 안타까운 심경을 표출하고 있음.

원리로 작품 정리하기

원리1 화자, 대상, 청자
이 시의 대상은 죽은 아이임.

원리2 상황, 정서, 태도, 어조
- 시의 화자는 죽은 아이를 그리워하면서 밤에 (❶)을/를 닦고 있음.
- 입김을 불면서 만나게 되는 아이의 환영을 (❷)이라고 표현하고 있음.

원리3 시어와 심상

물 먹은 별	+	산ㅅ새
화자의 눈물 속에 비친 별		세상을 떠난 아이의 이미지

→ 시각적 이미지를 통해 대상을 효과적으로 표현하고 있음.

원리4 발상·표현, 표현 기법
- 유리에 입김을 불어 나타나는 모습을 마치 (❸)가 날갯짓하는 것으로 표현함.
- '외로운 황홀한 심사'와 같은 (❹)을 통해 화자의 심경을 드러내고 있음.

원리5 시상 전개, 시적 형상화
죽은 아이를 '차고 슬픈 것', '(❺)', '언 날개를 파다거리'는 '산ㅅ새'로 표현하면서 죽은 아이에 대한 안타까움과 그리움을 표출하고 있음.

원리6 소통 구조, 맥락을 고려한 이해와 감상
이 시의 화자는 (❻)에 입김을 불면서 죽은 아이의 모습을 환영으로 만나고 있다. 죽은 아이는 다시 이 세상에 돌아올 수 없으나, 화자는 깊은 밤 홀로 유리를 닦으면서 돌아올 수 없는 아이와의 만남을 시도하고 있는 것이다. 죽어서 별이 되었을 아이가 유리창에서 작은 날개를 파닥거리고 있는 산새처럼 느껴질 때 화자는 외롭지만 황홀한 심사에 빠져들 수밖에 없었을 것이다.

정답 ❶ 유리(창) ❷ 차고 슬픈 것 ❸ 산ㅅ새 ❹ 역설적 표현 ❺ 물 먹은 별 ❻ 유리(창)

실전 연습하기

내신형 9264-0357

01 윗글에 대한 설명으로 가장 적절한 것은?

① 시각적 이미지를 활용하여 시상을 전개하고 있다.
② 인간과 자연을 대비하여 시적 의미를 강조하고 있다.
③ 설의적 표현을 사용하여 화자의 정서를 심화하고 있다.
④ 계절적 배경이 시의 분위기를 형성하는 데 기여하고 있다.
⑤ 대상에게 말을 건네는 어투를 사용하여 친근감을 드러내고 있다.

빈칸 완성형 9264-0358

02 유리창에 어른거리는 '차고 슬픈 것'은 '(   )'을 의미하지만 원관념은 '죽은 아이'이다. 마찬가지로 '물 먹은 별'은 화자의 눈에 괸 눈물로 빛나는 별을 의미하지만 원관념은 죽어서 별이 된 '(   )'라고 할 수 있다.

서술형 9264-0359

03 윗글의 맥락을 고려할 때, '외로운 황홀한 심사'가 뜻하는 바를 한 문장으로 쓰시오.

수능형 2017학년도 3월 고2 학력평가 변형 9264-0360

04 〈보기〉를 바탕으로 윗글을 감상한 내용으로 적절하지 않은 것은?

보기

이 시는 폐렴으로 세상을 떠난 어린 자식을 향한 시인의 애절한 슬픔을 노래한 작품이다. 자식의 죽음에서 오는 슬픔을 투명하지만 차단성을 지닌 '유리'의 속성을 통해 표현하고 있다. '유리'는 단절과 소통의 이미지를 형성하면서 주제 의식을 형상화하는 데 관여하고 있다.

① '지우고 보고 지우고 보아도'를 통해 죽은 자식에 대한 그리움을 드러내고 있다.
② '새까만 밤이 밀려 나가고 밀려와 부딪히'는 상황을 통해 어린 자식이 폐렴으로 세상을 떠날 당시의 심경을 나타내고 있다.
③ '유리'가 지닌 속성으로 인해 화자는 창밖의 세계에 있는 '너'를 만날 수 없지만 밤에 홀로 '유리'를 닦으며 소통을 시도하고 있다.
④ '외로운 황홀한 심사'를 통해 죽은 자식을 떠올리고 있는 상황에서 나타나는 화자의 모순된 심리를 집약적으로 제시하고 있다.
⑤ '산(山)ㅅ새'는 화자의 품을 떠나 버린 작고 연약한 자식을 비유한 것으로, 이를 통해 화자의 상실감을 형상화하고 있다.

091 춘설 _ 정지용

수록 교과서
문학 _금성

작품 미리보기

주제 봄눈이 내리는 자연 풍경에서 느끼는 봄의 생명력

특징
① 다양한 감각적 심상을 활용하여 표현함.
② 영탄적 표현을 통해 봄을 맞는 반가움을 표현함.

구성
1~3연: 봄눈이 내린 산의 모습
4~6연: 생동감 있게 다가오는 봄기운
7연: 이른 봄기운을 만끽하고 싶은 마음

작품 자세히 읽기

'춘설(春雪)'은 봄에 내리는 눈을 뜻한다. 이 시는 이른 봄, 눈이 내리는 자연 풍경을 감각적으로 묘사하면서 봄을 맞는 반가움과 설렘을 노래한 작품이다. 특히 마지막 구절인 '핫옷 벗고 도로 춥고 싶어라.'에는 봄기운을 더 느껴 보고 싶어 하는 화자의 마음을 표현하여, 다가오는 봄에 대한 설레는 심정을 잘 드러내고 있다.

지식 더하기

정지용의 시 세계

정지용은 1930년대를 대표하는 시인이다. 『시문학』의 동인이었던 그는 김영랑과 함께 순수 서정시의 개척에 힘썼다. 그러나 김영랑이 언어의 조탁과 시의 음악성을 고조시키는 일에 주로 힘을 기울인 데 비해, 정지용은 거기서 한 걸음 더 나아가 새로운 시 표현의 방법을 개척하고자 하였다. 선명한 시각적 이미지의 구축, 간결하고 정확한 시어의 구사가 그것이다. 이러한 성취를 통해 정지용은 한국 현대시의 초석을 놓은 시인으로 평가된다. 또한 일제 강점기 암울한 현실 속에서 현실적 자책감과 무력감을 드러내면서도, 전통적 소재와 어조를 발굴하려는 의지를 보여 줌으로써 자신만의 시 세계를 구축하였다.

엮어 읽기

김춘수, 「샤갈의 마을에 내리는 눈」 (➡122쪽)

김춘수의 「샤갈의 마을에 내리는 눈」은 샤갈의 그림을 보고 떠올린 봄의 이미지를 감각적인 언어로 포착하고 있는 작품이다. 「샤갈의 마을에 내리는 눈」에서 '눈'은 봄의 시작을 알리는 소재로, 마치 생명이 있는 존재처럼 생동감 있게 표현되어 있다. 정지용의 「춘설」에서도 '눈'은 봄의 생명력을 느끼게 하는 매개체 역할을 하고 있다는 점에서, 두 작품에 유사한 발상과 표현이 있음을 알 수 있다.

문 열자 선뜻!
(봄눈을 보고 놀란 화자의 마음을 표현함.)
먼 산이 이마에 차라.

우수절(雨水節)* 들어
바로 초하루 아침.
(시간적 배경)

새삼스레 눈이 덮인 뫼뿌리와
서늘옵고 빛난 이마받이하다*.

얼음 금가고 바람 새로 따르거니
(성큼 다가온 봄을 표현함.)
흰 옷고름 절로 향기로워라.

옹숭거리고* 살아난 양이
㉠아아 꿈같기에 설어라.

미나리 파릇한 새순 돋고
옴짓 아니 기던 고기 입이 오물거리는,
(시각적 심상을 통해 봄을 생동감 있게 표현함.)

꽃 피기 전 철 아닌 눈에
핫옷* 벗고 도로 춥고 싶어라.

*우수절 24절기의 하나로, 입춘과 경칩 사이에 들며, 양력 2월 19일경.
*이마받이하다 봄눈이 덮인 산봉우리와 이마가 매우 가깝게 맞붙다.
*옹숭거리고 몸을 움츠러들이고.
*핫옷 솜을 두어서 지은 옷, 즉 겨울옷.

원리로 작품 정리하기

원리1 화자, 대상, 청자
- 화자: (❶)에 드러나 있지 않음.
- 대상: 밤사이 내린 봄눈

원리2 상황, 정서, 태도, 어조
(❷)을 통해 봄기운을 느끼며, 봄을 맞는 기쁨과 설렘이 드러나 있음.

원리3 시어와 심상
- 흰 옷고름 절로 향기로워라: 공감각적 심상(시각의 (❸))을 통해 향기로운 봄의 정경을 묘사함.
- 미나리 파릇한 새순, 고기 입이 오물거리는: (❹)적 심상을 통해 봄을 생동감 있게 표현함.

원리4 발상·표현, 표현 기법

선뜻!, 향기로워라, 아아 등	→	(❺)적 표현을 통해 봄에 대한 반가움을 표현함.

원리5 시상 전개, 시적 형상화
(❻)을 나타내는 소재를 통해 시의 분위기를 형성함.

원리6 소통 구조, 맥락을 고려한 이해와 감상
정지용의 시에는 (❼)적 표현이 두드러지는데, 특히 이 작품에서는 뛰어난 (❼)적 표현들이 계절에 대한 현실감을 주고 있다.

정답 ❶ 표면 ❷ 봄눈(춘설) ❸ 후각화 ❹ 시각 ❺ 영탄 ❻ 계절 ❼ 감각

실전 연습하기

내신형 9264-0361

01 윗글에 대한 설명으로 가장 적절한 것은?

① 공간의 이동을 통해 시상을 전개하고 있다.
② 도치법을 사용하여 시적 긴장감을 높이고 있다.
③ 감각적 이미지를 활용하여 선명한 인상을 주고 있다.
④ 유사한 통사 구조를 반복하여 운율감을 형성하고 있다.
⑤ 화자를 작품의 표면에 나타내어 공감을 이끌어 내고 있다.

빈칸 완성형 9264-0362

02 윗글은 (　　　)적 심상을 활용하여 봄눈의 모습을 표현하고 있으며, (　　　)적 어조로 봄에 대한 반가움을 표현하고 있다.

서술형 9264-0363

03 ㉠에 담긴 화자의 내면 심리를 쓰시오.

수능형 2010학년도 3월 고3 학력평가 9264-0364

04 윗글의 내용 흐름을 다음과 같이 파악할 때, 근거가 되는 시어가 적절하게 짝지어지지 않은 것은?

내용 흐름		시어
문을 여니 갑자기 먼 산에 눈 내린 것이 보인다.	①	• 문을 열자 선뜻! 먼 산이 이마에 차라
↓ 때는 이른 봄이 시작되는 시기이다.	②	• 우수절 들어 바로 초하루 아침
↓ 그러고 보니 이미 봄기운이 느껴진다.	③	• 서늘옵고 빛난 이마받이
↓ 봄을 맞아 생명이 생동하는 것이 느껴진다.	④	• 미나리 파릇한 새 순 돋고 옴짓 아니 기던 고기 입이 오물거리는
↓ 춘설을 온몸으로 만끽하고 싶어진다.	⑤	• 핫옷 벗고 도로 춥고 싶어라

092 향수 _ 정지용

수록 교과서
국어 _동아, 비상(박영), 천재(박)
문학 _천재(김)

작품 미리보기

주제 고향에 대한 그리움

특징
① 향토적 소재의 시어가 사용됨.
② 후렴구가 반복되는 병렬적 구조를 보임.
③ 참신하고 선명한 감각적 이미지를 사용함.

구성
1연: 평화롭고 한가한 고향 마을을 떠올림.
2연: 겨울밤 풍경과 늙은 아버지의 모습을 떠올림.
3연: 고향에서 보낸, 꿈 많던 어린 시절을 떠올림.
4연: 어린 누이와 아내의 모습을 떠올림.
5연: 단란한 고향 마을의 정겨운 풍경을 떠올림.

작품 자세히 읽기

이 시는 가난했지만 평화로웠던 고향의 모습과 어린 시절의 추억을 그려 내고 있다. 각 연은 다양한 감각적 이미지를 활용하여 고향의 정경을 묘사하고 있으며, 후렴구는 회상 속에 떠오른 고향의 정경에 대한 화자의 정서를 집약적으로 제시하고 있다. 4연에서 화자가 회상하던 어린 누이와 아내의 모습은 당시 우리 농촌 어디서나 볼 수 있었던 평범한 것인데, 화자에게는 그 가난했던 생활마저도 그리움의 대상이 되고 있는 것이다.

지식 더하기

「향수」의 창작 배경

이 시는 정지용이 일본 도시샤 대학 영문과에 재학하던 시절에 쓴 작품으로 알려져 있다. 이국 땅 낯선 환경에 생활하며 갖게 된, 유년 시절의 여러 추억과 고향에 대한 간절한 그리움이 이 시를 쓴 배경이라 할 것이다. 토속적인 어휘와 창가조의 구성 형태를 취하면서도 표현에 있어서 감각적 심상을 세련되게 구사한 것은 높이 평가할 만하다. 특히 감정의 노출을 극도로 자제하면서 거의 모든 정서를 이미지로 형상화하여 처리한 점이 돋보인다.

엮어 읽기

정지용, 「고향」 (➡240쪽)

정지용에게 '고향'의 의미는 그의 작품 세계 초기와 후기에 분명하게 구분되어 나타난다. 「향수」는 분열된 근대적 자아가 추억할 수 있는 고향의 한 단면을 지니고 있으면서, 다른 한편으로는 그곳에 안주할 수 없는 시적 자아의 방황이 함께 드러나 있다. 초기 시가 고향과의 합일된 세계를 드러낸다면, 「고향」은 자아가 고향과 분리된 상태인 후기 시에 해당되며 「향수」는 그 분리 과정을 보여 주는 작품이다. 즉 고향에의 합일과 일탈이라는 정지용의 고향 의식의 변화 도정에서 시 「향수」를 발견할 수 있다.

넓은 벌 동쪽 끝으로
옛이야기 지줄대는 실개천이 휘돌아 나가고,
(의인화)
얼룩백이 황소가
해설피 금빛 게으른 울음을 우는 곳.
(공감각적 심상(청각의 시각화))

— 그곳이 차마 꿈엔들 잊힐 리야.
(고향에 대한 화자의 정서를 집약적으로 제시)

질화로에 재가 식어지면
(밤이 깊어지면)
비인 밭에 밤바람 소리 말을 달리고,
(공감각적 심상(청각의 시각화))
엷은 졸음에 겨운 늙으신 아버지가
짚베개를 돋아 고이시는 곳.

— 그곳이 차마 꿈엔들 잊힐 리야.

흙에서 자란 내 마음
파아란 하늘빛이 그리워
(유년 시절 동경하던 세계)
함부로 쏜 화살을 찾으려
풀섶 이슬에 함추름 휘적시던 곳.

— 그곳이 차마 꿈엔들 잊힐 리야.

전설(傳說) 바다에 춤추는 밤 물결 같은
(누이의 검은 귀밑머리의 움직임을 동적 이미지로 형상화하기 위한 표현)
검은 귀밑머리 날리는 어린 누이와
아무렇지도 않고 예쁠 것도 없는
사철 발 벗은 아내가
따가운 햇살을 등에 지고 이삭 줍던 곳,
(현실의 궁핍한 모습)

— 그곳이 차마 꿈엔들 잊힐 리야.

하늘에는 성근 별
알 수도 없는 모래성으로 발을 옮기고,
(동화적, 신비로운 분위기)
서리 까마귀 우지짖고 지나가는 초라한 지붕,
(가난한 삶)
흐릿한 불빛에 돌아 앉아 도란도란거리는 곳,
(단란하고 정겨운 식구들의 모습)

— 그곳이 차마 꿈엔들 잊힐 리야.

원리로 작품 정리하기

원리1 화자, 대상, 청자
화자(='나')는 고향의 모습을 (❶)하며 고향을 그리워하고 있음.

원리2 상황, 정서, 태도, 어조
고향 마을의 정경과 그 시절의 기억을 정겹게 제시하면서, 고향에 대한 (❷)을 노래하고 있음.

원리3 시어와 심상
- 실개천, 얼룩백이 황소, 질화로, 짚베개: (❸)적 이미지
- 금빛 게으름 울음, 밤바람 소리 말을 달리고: (❹)적 이미지(청각의 시각화)

원리4 발상·표현, 표현 기법

표현 기법	후렴구 반복
효과	• (❺) 형성 • 시 전체에 통일감 부여 • 정서를 (❻)적으로 제시

↓

고향에 대한 그리움 강조

원리5 시상 전개, 시적 형상화
(❼)를 경계로 하여 다섯 개의 연이 병렬적으로 이어지는 구조임.

원리6 소통 구조, 맥락을 고려한 이해와 감상
이 시는 정지용의 일본 유학 시절에 지은 작품이다. 이러한 창작 배경을 고려할 때, 이 시는 유년 시절을 보낸 (❽)에 대한 간절한 그리움의 소산이라고 할 수 있다.

정답 ❶ 회상 ❷ 그리움 ❸ 향토 ❹ 공감각 ❺ 운율 ❻ 집약 ❼ 후렴구 ❽ 고향

실전 연습하기

내신형 9264-0365

01 윗글에 대한 설명으로 적절하지 않은 것은?

① 색채어 사용으로 시적 대상의 시각적 이미지를 부각하고 있다.
② 회상 속에 떠오른 고향의 정경을 병렬적으로 나열하고 있다.
③ 우의적 표현을 통해 현실에 대한 비판 의식을 드러내고 있다.
④ 향토적 소재를 사용하여 고향의 모습을 정겹게 묘사하고 있다.
⑤ 연마다 후렴구를 반복하여 시 전체의 통일감을 부여하고 있다.

빈칸 완성형 9264-0366

02 윗글은 '실개천', '얼룩백이 황소' 등 (   )적인 시어를 사용하여 정겨운 느낌을 주고, (   )를 사용하여 형태적인 안정감과 함께 그리움의 정서를 강조하고 있다.

서술형 9264-0367

03 윗글에서 유년기의 화자가 품었던 꿈과 호기심을 상징하는 소재를 찾아 쓰시오.

수능형 2000학년도 대수능 9264-0368

04 윗글의 각 단계의 장면들을 그림으로 표현하려 할 때, 시적 화자의 시각과 거리가 먼 것은?

① 멀리서 바라본 농촌의 들판을 그리되, 평화롭고 향토적인 분위기가 나도록 한다.
② 시골집 방 안에 누워 계신 아버지를 그리되, 노년의 서글픔이 느껴지도록 한다.
③ 풀숲을 달리는 소년을 그리되, 동심이 꾸밈 없이 드러나도록 한다.
④ 들판에서 이삭 줍는 여인네들을 그리되, 소박한 삶의 모습이 나타나도록 한다.
⑤ 불빛이 새어 나오는 초가집을 그리되, 따뜻하고 아늑한 느낌이 들도록 한다.

093 저문 강에 삽을 씻고 _ 정희성

수록 교과서
문학 _천재(정)

작품 미리보기

주제 가난한 노동자가 느끼는 삶의 비애

특징
① 사람의 생애를 흐르는 강물에 빗대어 표현함.
② 삽이라는 소재를 통해 노동하는 삶을 나타냄.
③ 절제되고 차분한 어조로 노동자의 비애를 드러냄.

구성
1~4행: 하루의 노동을 마치며 강물에서 삽을 씻음.
5~8행: 담배를 피우며 깊은 시름과 비애를 달램.
9~12행: 고된 노동으로 점철된 삶에 암담함을 느낌.
13~16행: 가난하고 누추한 곳으로 돌아가야 하는 현실에 체념함.

작품 자세히 읽기

이 시는 노동자가 처한 현실과 그들의 삶의 비애를 형상화한 작품이다. 이 시의 화자는 일이 끝나고 집으로 돌아가야 하는 상황에서 흐르는 강물에 삽을 씻고, 하루의 삶과 나아가 자신이 살아온 날들을 되돌아보며 힘겹게 살아야만 했던 지난날들의 아픔을 털어내고자 한다. 그에게 하루의 고단함을 떨쳐 내는 유일한 위로는 담배 한 대뿐이다. 그러나 담배를 다 피우고 난 뒤, 그가 가야 할 곳은 먹을 것도 제대로 없는 마을이다. 힘겹게 살아가는 노동자들의 비애 어린 현실을 담담하고 절제된 어조로 표현한 작품이다.

지식 더하기

산업화로 인한 인간 소외 현상

1960년대를 거쳐 1970년대를 지나면서 경제 개발 계획이 본격적으로 추진되었다. 이처럼 급격한 산업화가 진행되면서 사람들은 농촌을 떠나 도시로 몰려들었는데, 그들 대부분은 저임금 노동자로 살아가게 된다. 이들은 임금 대비 과도한 노동을 하면서도 가난에서 벗어나지 못하였으며, 경제 발전 과정에서 소외되어 도시 빈민층으로 전락하고 말았다.

엮어 읽기

신경림, 「농무」 (➔186쪽)

「농무」는 산업화 과정에서 희생되고 소외된 농민들의 울분을 드러낸 작품이다. 「농무」의 화자는 농민이고, 「저문 강에 삽을 씻고」의 화자는 노동자이다. 삶의 비애를 겪는 주체인 농민과 노동자를 시의 화자로 내세웠다는 점에서 두 작품은 공통적이다. 그러나 「저문 강에 삽을 씻고」가 가난에서 벗어날 수 없는 노동자의 씁쓸한 현실을 절제된 어조로 노래한 반면, 「농무」는 비참한 농촌의 현실에 대한 농민의 자조 섞인 울분을 토로하고 있다.

흐르는 것이 물뿐이랴
우리가 저와 같아서
('나'를 비롯한 노동자의 삶도 물처럼 흘러감.)
강변에 나가 삽을 씻으며
거기 **슬픔**도 **퍼다 버린다**
('삽'을 씻는 행위를 '슬픔'을 퍼다 버리는 행위로 표현함.)
일이 끝나 저물어
스스로 깊어 가는 강을 보며
㉠**쭈그려 앉아 담배나 피우고**
나는 **돌아갈 뿐이다**
삽자루에 맡긴 한 생애가
이렇게 저물고, 저물어서
(노동자로서 살아가는 삶이 절망적임.)
샛강*바닥 썩은 물에
달이 뜨는구나
우리가 저와 같아서
흐르는 물에 삽을 씻고
먹을 것 없는 사람들의 마을로
(가난하고 누추하게 살아가는 곳)
다시 어두워 **돌아가야 한다**
('나'를 비롯한 노동자의 삶에 희망이 없음을 암시함.)

*샛강 큰 강의 줄기에서 한 줄기가 갈려 나가 중간에 섬을 이루고, 하류에 가서는 다시 본래의 큰 강에 합쳐지는 강.

원리로 작품 정리하기

원리1 화자, 대상, 청자

화자는 하루의 (❶)을 마치고 집으로 돌아가는 한 사내임.

원리2 상황, 정서, 태도, 어조

- 화자는 일을 마치고 집으로 돌아가는 길에 강변에서 (❷)을 씻고 잠시 쉼.
- 화자는 강을 바라보며 (❸)를 피우면서 비애감에 빠지고 있음.

원리3 시어와 심상

'삽'의 상징적 의미

↓

(❹)로 살아가는 삶

원리4 발상·표현, 표현 기법

- 화자의 생애를 '(❺)'에 비유함.
- '스스로 깊어 가는 강'을 통해 노동자로 살아가는 삶의 깊은 (❻)를 드러냄.

원리5 시상 전개, 시적 형상화

- 인간의 삶을 자연물에 (❼)하여 시상을 전개하고 있음.
- 시간을 나타내는 '(❽)'라는 시어를 인간의 '생애'에 적용하여 가난에서 벗어나지 못하는 노동자의 비참한 삶을 드러내고 있음.

원리6 소통 구조, 맥락을 고려한 이해와 감상

1970년대의 산업화 시대에 국가의 경제 발전을 위해 저임금 노동자로서 희생을 강요당했지만, 경제 발전으로부터 (❾)된 노동자의 비참한 현실을 드러내고 있다.

정답 ❶ 노동 ❷ 삽 ❸ 담배 ❹ 노동자 ❺ 흐르는 물 ❻ 비애 ❼ 비유 ❽ 저물어(고) ❾ 소외

실전 연습하기

내신형 9264-0369

01 윗글의 화자에 대한 설명으로 적절하지 않은 것은?

① 자신과 같은 처지의 삶을 '흐르는 물'에 빗대고 있다.
② '일'을 마치고 강변에서 '삽'을 씻으며 잠시 쉬고 있다.
③ '저물고, 저'무는 자신의 '한 생애'에 암담해하고 있다.
④ '썩은 물'에 비친 '달'을 보면서 삶의 희망을 품고 있다.
⑤ 자신이 '먹을 것 없는 사람들'의 일원임을 인식하고 있다.

빈칸 완성형 9264-0370

02 윗글에서 화자의 정서를 직접적으로 드러낸 시어는 '( )'이다.

서술형 9264-0371

03 윗글의 화자가 ㉠의 상황에서 떠올렸을 생각을 추리하여 쓰시오.

수능형 2014학년도 4월 고3 학력평가 B형 9264-0372

04 〈보기〉를 바탕으로 윗글을 감상한 내용으로 적절하지 않은 것은?

보기

이 작품에서 시인은 비판적 성찰을 통해 산업화 과정에서의 모순과 부조리를 드러낸다. 화자는 하루의 노동을 마감하고, 삶의 괴로움과 슬픔을 덜어 내는 일종의 정화 의식을 치르고 다시 일상으로 복귀하게 된다. 이 과정에서 그는 희망 없이 반복되는 삶에 무력감을 느끼며 산업화된 현실을 부정적으로 인식하고 있다.

① '강변에 나가 삽을 씻으며', '슬픔'을 '퍼다 버'리는 것은 삶의 슬픔을 덜어 내려는 정화 의식이라고 할 수 있겠군.
② '스스로 깊어 가는 강'을 바라보는 것은 화자가 산업화 과정에서 소외된 삶을 자책하는 것으로 볼 수 있군.
③ '쭈그려 앉아 담배나 피우고' 있는 것은 부정적인 현실에 대한 무력감을 드러낸 것으로 볼 수 있군.
④ '돌아갈 뿐이다', '돌아가야 한다'에는 희망 없는 삶이 반복될 수밖에 없다는 화자의 인식이 내재되어 있군.
⑤ '샛강바닥 썩은 물'은 산업화된 현실에 대해 부정적 인식을 보여 주는 것이군.

094 낙화 _ 조지훈

수록 교과서
문학 _동아

꽃이 지기로서니
바람을 탓하랴.

(낙화는 자연의 섭리에 따른 일임을 드러냄.)

주렴 밖에 성긴* 별이
하나 둘 스러지고,

귀촉도* 울음 뒤에
머언 산이 다가서다.

(밤에서 새벽을 거쳐 아침이 다가오고 있음을 나타냄.)

촛불을 꺼야 하리
꽃이 지는데

꽃 지는 그림자
뜰에 어리어

하이얀 미닫이가
우련* 붉어라.

(흰색과 붉은색의 대비를 통해 꽃이 떨어지는 순간의 분위기를 조성함.)

묻혀서 사는 이의
고운 마음을

아는 이 있을까
저어하노니*

꽃이 지는 아침은
울고 싶어라.

(낙화에서 느끼는 존재의 비애)

*성긴 드문드문한.
*귀촉도 소쩍새.
*우련 보일 듯 말 듯 은은하게.
*저어하노니 마음에 꺼려하노니.

작품 미리보기

주제 낙화에서 느낀 존재의 무상감과 비애

특징
① 화자의 시선이 외부에서 내면으로 이동하고 있음.
② 각 연을 2행으로 구성하여 형태적 안정감을 주고 있음.
③ 자연 현상과 화자의 내면을 조응시켜 주제 의식을 드러냄.

구성
1연: 낙화에 담긴 자연의 섭리
2~3연: 시간이 흘러 동이 터 옴.
4~6연: 꽃이 떨어지는 장면을 형상화함.
7~9연: 소멸하는 모든 존재에 대해 슬퍼함.

작품 자세히 읽기

이 시는 세상을 피해 은둔하며 살아가는 화자가 낙화하는 풍경을 바라보면서 존재의 무상감을 노래한 작품이다. 꽃이 피었다 지는 것처럼 모든 존재는 태어나 소멸하게 된다. 이러한 이치를 인식하고 있는 화자는 꽃이 지는 장면에 잠을 못 이루며 밤을 지새우고 있다. 낙화는 혹독한 시대를 피해 묻혀 살아 내고 있는 화자의 내면과 조응하면서 슬픔의 정서를 이끌어 내고 있다.

지식 더하기

「조선어학회 사건」과 「조지훈」

조지훈은 「고풍의상」, 「승무」, 「봉황수」 등으로 문예지 「문장」의 추천을 받고 촉망 받는 문학가로 출발하였으나, 일제의 압제를 피해 오대산 월정사에서 지내다가 하산하여 조선어학회 『큰사전』 편찬원으로 일하게 된다. 그러다 일제가 조선어학회 관련자들을 검거하는 사건의 소용돌이 속에서 검거를 면하고 낙향하여 광복이 될 때까지 고향에서 새로운 시대를 준비하게 된다. 「낙화」는 조선어학회 사건으로 은둔하며 지내던 시기에 지어진 작품으로 알려져 있다.

엮어 읽기

이형기, 「낙화」 (➡230쪽)

이형기의 「낙화」는 살면서 부딪히게 되는 이별을 꽃이 떨어지는 상황에 비유함으로써 끝이 아닌 성숙을 위한 과정으로 이별에 가치를 부여하고 있는 작품이다. 조지훈의 「낙화」와 마찬가지로 꽃이 지는 현상에 주목하여 낙화의 의미를 밝힌 후, 낙화를 화자와 결부시켜 주제 의식을 드러내고 있다. 다만 이형기의 「낙화」가 자연 현상을 통해 인간 세계의 사랑과 이별을 이야기한 반면, 조지훈의 「낙화」는 낙화라는 자연 현상을 소멸하는 존재 전체로 넓혀 노래하고 있다.

원리로 작품 정리하기

원리1 화자, 대상, 청자

화자는 (❶)이 지는 모습에 주목하고 있음.

원리2 상황, 정서, 태도, 어조

- 화자는 (❷)을 켠 채 깊은 밤부터 아침까지의 시간을 보내고 있음.
- 화자는 꽃이 지는 일을 내면화하면서 (❸)의 정서를 표출하고 있음.

원리3 시어와 심상

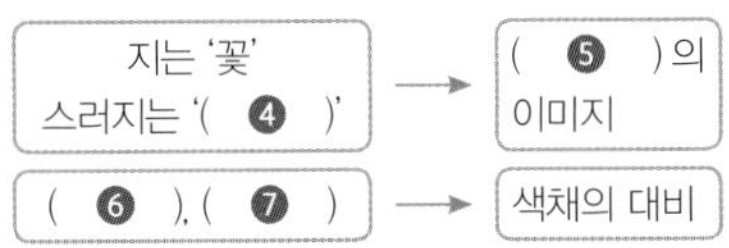

→ (❺)의 이미지

→ 색채의 대비

원리4 발상·표현, 표현 기법

- 2연과 3연을 통해 (❽)의 흐름을 감각적으로 나타냄.
- 주로 (❾)적 이미지를 사용하여 낙화의 과정을 보여 주고 있음.

원리5 시상 전개, 시적 형상화

- 외부에서 내면으로 화자의 시선을 이동하며 시상을 전개하고 있음.
- (❿)의 방식을 통해 '꽃'이 지는 상황을 형상화하고 있음.

원리6 소통 구조, 맥락을 고려한 이해와 감상

은둔 생활을 하던 시인이 꽃이 지는 자연 현상을 통해 유한한 존재의 (⓫)과 소멸의 이치를 깨닫고 있다.

정답 ❶ 꽃 ❷ 촛불 ❸ 슬픔 ❹ 별 ❺ 소멸 ❻ 하이얀 ❼ 붉어라 ❽ 시간 ❾ 시각 ❿ 묘사 ⓫ 생성

실전 연습하기

내신형 9264-0373

01 윗글에 대한 설명으로 적절하지 않은 것은?

① 자연물이 시상을 유발하고 있다.
② 시간의 흐름이 바탕에 깔려 있다.
③ 2행 구성으로 형태적 안정감을 주고 있다.
④ 선경 후정의 방식으로 시상을 전개하고 있다.
⑤ 과거와 현재를 대비해 주제를 강조하고 있다.

빈칸 완성형 9264-0374

02 윗글에서 꽃이 지는 모습을 바라보는 화자는 모든 존재가 생멸(生滅)하는 (   )의 질서 혹은 원리를 관조하면서 '(   )'라는 시구를 통해 자신의 정서를 표출하고 있다.

서술형 9264-0375

03 윗글에서 〈보기〉와 같은 인식이 담겨 있는 시구를 찾아 쓰시오.

보기

숙명론에 따르면, 모든 일은 미리 정해진 필연적인 법칙에 따라 일어난다.

수능형 9264-0376

04 〈보기〉를 바탕으로 윗글을 이해한 내용으로 적절하지 않은 것은?

보기

「낙화」는 시인이 조선어학회 사건으로 조사를 받던 중 산사(山寺)로 피신하였다가 낙향해 있던 1943년에 창작된 작품이다. 일제 말 암담한 현실에 아무런 대응도 못하고 은둔해 있던 시인의 내면이 꽃이 지는 현상을 바라보는 시선에 투사되어 있다. 「낙화」에는 대상의 소멸을 보는 시선 속에 현실에 대한 시인의 안타까움과 비애가 담겨 있으며, 이 시의 정제된 형식과 언어는 깊은 슬픔을 품은 채 자연의 질서를 고스란히 받아들이는 내면의 표현이다.

① 1연은 '꽃'이 지는 풍경을 자연의 질서 속에서 관조한 화자의 인식을 함축하고 있다.
② 2, 3연은 '스러지'는 '별', '귀촉도 울음', '다가서'는 '산'을 통해 암담한 현실을 나타내고 있다.
③ 4연은 '꽃'이 지는 상황을 맞이하는 화자의 행위를 통해 자연의 질서를 받아들이는 자세를 드러내고 있다.
④ 5, 6연은 색채의 대비를 통해 '꽃 지는 그림자'를 감각적으로 그려 내면서 소멸의 이미지를 형상화하고 있다.
⑤ 7~9연은 은둔한 채 살아가야 했던 화자의 내면과 '꽃'이 지는 현상을 조응시켜 화자의 깊은 슬픔을 표출하고 있다.

095 완화삼 - 목월에게 _ 조지훈

작품 미리보기

주제 유랑하는 나그네로 살아가는 삶의 정한

특징

① 3음보의 율격으로 리듬감을 형성함.
② 감정 이입의 방법으로 화자의 정서를 환기함.
③ 다양한 감각적 이미지를 활용하여 상황과 정서를 드러냄.

구성

1연: 암울한 현실에서 느끼는 슬픔
2연: 정처 없는 나그네의 유랑의 길
3연: 자연과 하나가 된 채 길을 걷는 나그네
4연: 떨어지는 꽃에서 느끼는 애상의 정서
5연: 존재에 대한 정한을 안고 길을 걷는 나그네

차운 산 바위 우에 하늘은 멀어
부정적 현실을 상징함.
산새가 **구슬피 울음** 운다.
화자의 감정이 이입된 대상

구름 흘러가는

물길은 칠백 리
걸어가야 할 여정이 멀고 멂을 의미함.

나그네 긴 소매 꽃잎에 젖어
나그네가 자연과 합일된 경지를 보여 줌. '완화삼'이라는 제목과 긴밀히 관련되어 있음.
술 익는 강마을의 저녁노을이여.

이 밤 자면 저 마을에

꽃은 지리라.
소멸의 이미지로 애상적 분위기를 형성함.

다정하고 한 많음도 병인 양하여

달빛 아래 고요히 **흔들리며 가**노니……
밤길을 걷는 나그네의 외롭고 쓸쓸한 모습

작품 자세히 읽기

이 시의 제목인 「완화삼」은 '꽃을 완상하는 선비의 적삼'이란 뜻으로 꽃을 즐기는 선비를 가리킨다. 그런데 그 선비는 시에서 유랑하는 삶을 사는 '나그네'로 그려져 있다. 일제 강점기 말을 감내하며 살아가야 했던 시인은, 산을 넘고 물길을 걸으며 이 마을 저 마을을 옮겨 다니는 나그네를 통해 소멸할 운명을 지닌 유한한 존재들의 근원적 슬픔을 감각적으로 형상화하고 있다.

지식 더하기

조지훈과 박목월의 인연

「완화삼」은 조지훈이 박목월의 고향인 경주를 방문한 후 자신의 고향인 영양으로 돌아간 뒤에 목월에게 보낸 시로 알려져 있다. 목월은 「완화삼」에 대한 화답으로 「나그네」라는 시를 보냈다고 한다. 그 시는 다음과 같다.

강나루 건너서 / 밀밭 길을

구름에 달 가듯이 / 가는 나그네

길은 외줄기 / 남도 삼백 리

술 익는 마을마다 / 타는 저녁 놀

구름에 달 가듯이 / 가는 나그네

엮어 읽기

조지훈, 「낙화」 (➲250쪽)

「낙화」는 꽃이 지는 현상에 주목하여 낙화라는 자연 현상을 소멸하는 존재 전체로 넓혀 유한한 존재의 슬픔을 노래한 작품이다. 「완화삼」에도 꽃이 지는 현상이 나타나 있지만, 「낙화」와 달리 「완화삼」에는 정처 없는 '나그네'의 유랑하는 삶을 통해 암담한 민족적 현실을 환기하며 애상적 정서를 극대화하고 있다.

원리로 작품 정리하기

원리1 화자, 대상, 청자
정처 없이 유랑하는 (❶)가 등장함.

원리2 상황, 정서, 태도, 어조
나그네는 산을 넘으면서 (❷)에 자신의 감정을 (❸)하고 있음. → 나그네는 물길을 걸으면서 저녁 무렵 강마을에 다다름. → 밤에도 (❹) 아래서 길을 걸으며 애상에 빠지고 있음.

원리3 시어와 심상

시각적 심상	나그네 긴 소매 꽃잎에 젖어, (❺)이여, 꽃은 지리라
청각적 심상	산새가 구슬피 울음 운다.
후각적 심상	술 익는 강마을
촉각적 심상	차운 산 바위 우에

원리4 발상·표현, 표현 기법
(❻)에서, 이조년의 시조에서 '다정(多情)도 병(病)인 냥ᄒᆞ여'를 차용한 시구를 통해 전통적 정서를 이어받고 있음.

원리5 시상 전개, 시적 형상화
외부 풍경을 먼저 묘사한 후에 내면의 정서를 드러내는 (❼)의 방식으로 시상을 전개하고 있음.

원리6 소통 구조, 맥락을 고려한 이해와 감상
일제 강점기 말에 목월의 고향인 경주에 방문했던 경험을 바탕으로 암울한 민족적 현실에서 비롯한 (❽)적 정서를 드러내고 있다.

정답 ❶ 나그네 ❷ 산새 ❸ 이입 ❹ 달빛 ❺ 저녁노을 ❻ 5연 ❼ 선경 후정 ❽ 애상

실전 연습하기

내신형 9264-0377

01 윗글에 대한 설명으로 적절하지 않은 것은?

① 감정 이입을 통해 정서를 환기하고 있다.
② 선경 후정의 방식으로 시상을 전개하고 있다.
③ 유사한 시구를 반복하여 리듬감을 주고 있다.
④ 말줄임표를 사용하여 시적 여운을 남기고 있다.
⑤ 감각적 이미지를 활용하여 상황을 묘사하고 있다.

빈칸 완성형 9264-0378

02 윗글에서 〈보기〉의 작품과 밀접한 관련이 있는 연은 (   )이다.

보기

이화(梨花)에 월백(月白)ᄒᆞ고 은한(銀漢)이 삼경(三更)인 제
일지 춘심(一枝春心)을 자규(子規) ㅣ 야 아랴마ᄂᆞᆫ
다정(多情)도 병(病)인 냥ᄒᆞ여 ᄌᆞᆷ 못 드러 ᄒᆞ노라.
– 이조년의 시조

서술형 9264-0379

03 '완화삼'이란 '꽃을 완상하는 선비의 적삼'이란 뜻으로 꽃을 즐기는 선비를 가리킨다. 윗글에서 '완화삼'을 연상할 수 있는 시행을 찾아 쓰시오.

수능형 9264-0380

04 〈보기〉를 바탕으로 윗글을 이해한 내용으로 적절하지 않은 것은?

보기

일제 말기의 냉혹한 현실을 감내해야 했던 시인은 유랑하는 '나그네'의 행보를 통해 암담한 현실 속에서 달랠 길 없는 민족적 정한과 소멸하는 존재에 대한 슬픔을 드러내고 있다.

① '꽃'이 피는 봄인데도 '차운 산'은 냉혹한 현실 상황을 나타낸다고 할 수 있겠군.
② '구슬피 울음' 우는 '산새'는 화자가 처한 현실에서 비롯한 애상적 분위기를 환기한다고 볼 수 있겠군.
③ '칠백 리'나 되는 '물길'은 '나그네'가 걸어야 할 유랑의 길이 멀고도 길다는 것을 의미한다고 할 수 있겠군.
④ '술 익는 강마을의 저녁노을'은 암담한 현실을 살아가야만 하는 민족적 정한을 부각하고 있다고 볼 수 있겠군.
⑤ 지게 될 '꽃'을 생각하며 '흔들리며 가'는 '나그네'를 통해 소멸하는 존재들에 대한 슬픔의 정서를 드러낸다고 할 수 있겠군.

096 성에꽃 _ 최두석

수록 교과서
문학 _해냄

작품 미리보기

주제 힘겨운 현실을 살아가는 서민의 삶에 대한 연민과 애정

특징
① 서민들의 삶의 아름다움을 '성에꽃'으로 표현함.
② 감각적 이미지를 활용한 표현을 사용함.

구성
1~4행: 새벽 시내버스 차창에 피어난 성에꽃
5~10행: 성에를 보면서 서민들의 삶을 떠올림.
11~19행: 서민들의 삶의 아름다움을 상징하는 성에꽃에 연민과 애정을 드러냄.
20~22행: 감옥에 갇혀 만날 수 없는 친구에 대한 안타까운 심정을 토로함.

작품 자세히 읽기

이 시는 새벽의 시내버스를 배경으로 우리 사회의 단면을 형상화한 작품이다. 화자는 어느 추운 날 새벽 시내버스 차창에 서리는 성에꽃을 보면서 아름다움을 느낀다. 이는 고단한 삶을 사는 서민들의 애환에 대한 연민으로도 볼 수 있고, 한겨울의 고통스러운 현실 속에서도 성에꽃을 피우며 열정적으로 살아가는 서민들의 삶에 대한 공감과 애정으로도 볼 수 있다. 그렇지만 이렇게 아름다운 모습 속에서 철창에 갇힌 친구의 모습을 떠올리는 것은 이 사회의 어두운 현실을 암시하고 있는 것이다.

지식 더하기

6월 항쟁

1987년 6월 10일 '박종철 고문 살인 은폐 조작 규탄 및 민주 헌법 쟁취 범국민 대회'로부터 6월 29일 노태우 민주 정의당 대통령 후보의 소위 '6·29 특별 선언'에 이르기까지 전국 각지에서 4·13 호헌 조치 철폐, 민주 헌법 쟁취 등을 요구했던 반독재 민주화를 위한 운동으로 6월 민주 항쟁, 6월 민주화 운동, 6·10 민주 항쟁 등으로도 불린다. 6월 항쟁은 정치의 민주화와 더불어 사회 전반의 민주화도 촉진시키는 계기가 되었다. 그 결과 노동자들은 자신들의 권익을 위해 수많은 사업장에서 투쟁을 전개하며 자신들의 목적을 관철시켜 나갈 수 있게 되었다.

엮어 읽기

정지용, 「유리창 1」 (➲242쪽)

「유리창 1」은 자식을 잃은 아버지의 슬픔과 자식에 대한 그리움을 노래한 작품이다. 「유리창 1」과 「성에꽃」은 창을 통해 각각 자식, 서민들과 친구를 만나고 있다는 점에서 시적 발상이 유사하다. 그러나 「유리창 1」은 자식을 잃은 개인사에 초점을 맞추고 있는 반면, 「성에꽃」은 화자의 개인적 아픔뿐 아니라 서민들의 삶에 대한 연민과 애정까지 다루고 있다.

새벽 시내버스는
(화자가 고단한 서민들의 삶의 아름다움을 깨닫는 공간)
차창에 웬 찬란한 치장을 하고 달린다
('성에꽃'을 의미함.)
엄동 혹한일수록
선연히 피는 성에*꽃
(추울수록 성에가 더욱 선명하게 생성됨.)
어제 이 버스를 탔던
처녀 총각 아이 어른
미용사 외판원 파출부 실업자의
(고단한 삶을 살아가는 서민들)
입김과 숨결이
간밤에 은밀히 만나 피워 낸
번뜩이는 기막힌 아름다움
(힘들지만 열정적으로 살아가는 서민들의 삶의 아름다움을 '성에꽃'으로 예찬함.)
나는 무슨 전람회에 온 듯
자리를 옮겨 다니며 보고
다시 꽃이파리 하나, 섬세하고도
차가운 아름다움에 취한다
어느 누구의 막막한 한숨이던가
(서민들의 삶의 애환)
어떤 더운 가슴이 토해 낸 정열의 숨결이던가
일없이 정성스레 입김으로 손가락으로
성에꽃 한 잎 지우고
이마를 대고 본다
(서민들에 대한 연민과 애정)
덜컹거리는 창에 어리는 푸석한 얼굴
(화자와 함께 서민들로 대표되는 사회적 약자를 위한 길을 걸었지만 구속되어 감옥에 갇힌 친구의 얼굴)
오랫동안 함께 길을 걸었으나
지금은 면회마저 금지된 친구여.
(감옥에 있는 친구를 떠올리며 안타까워함.)

*성에 기온이 영하일 때 유리나 벽 따위에 수증기가 허옇게 얼어붙은 서릿발.

정답과 해설 64쪽

원리로 작품 정리하기

원리1 화자, 대상, 청자
새벽 시내버스에 오른 화자는 차창에 핀 (❶)를 보면서 서민들의 삶을 떠올리고 있음.

원리2 상황, 정서, 태도, 어조
화자는 서민들의 삶을 따뜻한 시선으로 바라보면서, 그들의 삶에 담긴 아름다움을 (❷)으로 표현하고 있음.

원리3 시어와 심상
- 성에꽃: 다양한 서민들의 삶의 아름다움을 상징함.
- (❸): 성에꽃에 담긴 서민들의 답답하고 안타까운 사연을 의미함.
- (❹): 힘들지만 열정적으로 살아가려는 서민들의 의지를 의미함.

원리4 발상·표현, 표현 기법

엄동 혹한일수록 / 선연히 피는 성에꽃	• (❺)를 통해 '성에꽃'의 의미를 강조함. • 차창에 서린 성에를 '꽃'에 비유함.
섬세하고도 / 차가운 아름다움	'성에꽃'을 (❻)한 표현으로 서민들의 삶을 아름답다고 생각하는 화자의 인식이 드러남.

원리5 시상 전개, 시적 형상화
버스의 차창에 핀 성에꽃을 (❼)하면서 다양한 모양의 성에꽃에서 다양한 서민들의 삶의 모습을 떠올리며 시상을 전개하고 있음.

원리6 소통 구조, 맥락을 고려한 이해와 감상
'(❽)마저 금지된 친구여.'라는 시구를 통해 1980년대 민주화 운동을 하던 시인의 경험이 바탕에 깔려 있음을 알 수 있다.

정답 ❶ 성에 ❷ 성에꽃 ❸ 막막한 한숨 ❹ 정열의 숨결 ❺ 대조 ❻ 비유 ❼ 관찰 ❽ 면회

실전 연습하기

내신형 9264-0381

01 윗글의 표현상 특징으로 가장 적절한 것은?

① 명령형의 문장을 사용하여 주제 의식을 부각하고 있다.
② 대조적 이미지를 활용하여 화자의 정서를 드러내고 있다.
③ 대구의 방식으로 시상을 마무리하면서 여운을 강화하고 있다.
④ 반어적 표현을 통해 화자의 심정을 효과적으로 드러내고 있다.
⑤ 사물의 속성을 나열하여 다양한 관점에서 사물을 이해시키고 있다.

빈칸 완성형 9264-0382

02 윗글에서 '(　　　)'은 암울한 시대 현실을 상징적으로 보여 주는 시구이다. 화자는 이러한 현실 속에서도 서민들의 삶이 품고 있는 아름다움을 '(　　　)'으로 표현하고 있다.

서술형 9264-0383

03 〈보기〉의 빈칸에 들어갈 시구를 윗글에서 찾아 쓰시오.

보기

시인은 온도 차가 클수록 더 선명하게 생기는 성에의 속성에 주목하여 '엄동 혹한일수록 / 선연히 피는 성에꽃'에 감탄하고 있다. 또 서민들의 '(　　　　　　　)' 생겨난 '성에꽃'을 통해 그들의 삶의 아름다움을 드러내고 있다.

수능형 2014학년도 대수능 예비 시행 B형 9264-0384

04 '성에꽃'에 대한 화자의 심미적 태도를 중심으로 하여 윗글을 감상한 내용으로 가장 적절한 것은?

① '성에꽃'은 새벽 차창에 피어나 있어. 화자는 시간과 공간이 지닌 아름다움을 추구해야 한다고 생각해.
② '성에꽃'은 시내버스를 탔던 사람들이 함께 피워 낸 것이야. 화자는 서민들의 공동체적 어울림에서 아름다움의 바탕을 찾을 수 있다고 생각해.
③ '성에꽃'은 은밀히 피어나는 것이야. 화자는 현실 상황에서는 아름다움이 은밀한 방식으로 탄생해야 한다고 생각해.
④ '성에꽃'에는 누군가의 막막한 한숨이 담겨 있어. 화자는 사람들의 고통이 현실에서는 극복될 수 없는 것이기에 아름답다고 생각해.
⑤ '성에꽃'의 한 잎을 지우고 화자는 친구를 떠올려. 화자는 회상을 통해 성에꽃의 아름다움을 완성할 수 있다고 생각해.

097 북어 _ 최승호

작품 미리보기

주제 무기력하고 소극적인 삶에 대한 반성

특징

① 감각적 이미지로 시적 대상을 구체적으로 묘사함.

② 유추를 활용하여 주제 의식을 드러냄.

③ 화자 자신을 비판의 대상으로 탈바꿈하여 시적 긴장을 고조함.

구성

1~5행: 식료품 가게에 진열된 북어들

6~8행: 죽어 있는 북어에서 죽은 듯한 (사람들의) 대가리를 유추함.

9~12행: 딱딱한 북어의 혀에서 말을 잃은 사람들을 유추함.

13~19행: 짜부라진 북어의 눈, 빳빳한 북어의 지느러미에서 무기력한 사람들에 대해 연민을 품음.

20~23행: 죽어 있는 북어들에게서 화자 자신을 비판하는 상상 속의 환청을 들음.

작품 자세히 읽기

이 시는 식료품 가게에 진열되어 있는 북어의 모습에서 무기력하고 소극적으로 살아가는 소시민의 나약한 삶을 유추하여 주제 의식을 드러낸 작품이다. 화자는 말라비틀어진 북어에서 죽은 존재와 같은 현대인의 삶을 읽어 낸다. 그리고 자신과 죽은 북어가 다를 바 없는 존재임을 깨닫고 자신의 삶을 반성적으로 성찰하고 있다. 이 시에서 북어는 우리 모두의 삶을 돌아보게 하는 시적 대상이다.

지식 더하기

「북어」의 창작 배경

「북어」는 시인이 강원도 정선군의 사북에서 초등학교 교사로 근무할 때의 체험을 바탕으로 하고 있다. 시인은 1987년 "북어가 나를 향해서 '너도 북어지 너도 북어지' 하고 포효하기 시작한 것은 그러니까 6, 7년 전 사북에서의 일"이라고 하면서 그때의 "초조한 반응의 흔적들을 백지 위에 남기면서 「북어」를 통해 삶의 허망함과 인간을 화석화시키는 현대적 상황에 대한 나름대로의 절규"를 드러내고자 하였다고 한 바 있다.

엮어 읽기

김기택, 「멸치」 (➡084쪽)

「멸치」는 반찬으로 오른 멸치가 바닷속을 헤엄쳐 다녔을 때를 떠올리며 멸치가 가진 생명력을 노래한 작품이다. 인간에게 붙잡혀 생명력을 잃은 채 굳은 자연물을 대상으로 하고 있다는 점에서 「북어」와 「멸치」는 발상이 유사하지만, 「멸치」가 바다를 헤엄쳐 다녔을 멸치의 역동적인 생명력에 주목한 반면, 「북어」는 북어의 마르고 딱딱해진 형상을 통해 현대인의 무기력한 모습을 비판적으로 형상화하고 있다.

밤의 식료품 가게
케케묵은 먼지 속에
죽어서 하루 더 손때 묻고
터무니없이 하루 더 기다리는
북어들,
북어들의 일 개 분대가
나란히 꼬챙이에 꿰어져 있었다.
나는 죽음이 꿰뚫은 ㉠대가리를 말한 셈이다.
(꼬챙이에 꿰인 북어들에서 머리(정신)가 죽은 듯한 사람들을 유추해 냄.)
한 쾌*의 ㉡혀가
자갈처럼 죄다 딱딱했다.
나는 말의 변비증을 앓는 사람들과
무덤 속의 벙어리를 말한 셈이다.
(딱딱해진 북어들의 혀에서 부정적 현실에 침묵하는 사람들을 유추해 냄.)
말라붙고 짜부라진 ㉢눈,
북어들의 빳빳한 ㉣지느러미.
(짜부라진 북어들의 눈, 빳빳한 북어들의 지느러미에서 사고가 경직된 사람들을 유추해 냄.)
「막대기 같은 생각
빛나지 않는 막대기 같은 사람들이
가슴에 싱싱한 지느러미를 달고
헤엄쳐 갈 데 없는 사람들이
불쌍하다」고 생각하는 순간, (「 」: 현실에 무기력한 사람들에 대한 비판)
느닷없이
북어들이 커다랗게 ㉤입을 벌리고
거봐, 너도 북어지 너도 북어지 너도 북어지
귀가 먹먹하도록 부르짖고 있었다.
(북어들이 질타하는 목소리를 통해 부정적 현실에 무기력하게 살아온 삶에 대해 반성함.)

*쾌 북어를 묶어 세는 단위. 한 쾌는 북어 스무 마리를 이름.

원리로 작품 정리하기

원리1 화자, 대상, 청자
화자는 밤의 식료품 가게에 진열되어 있는 (❶)들을 관찰하고 있음.

원리2 상황, 정서, 태도, 어조
화자는 꼬챙이에 꿰어져 있는 북어의 말라서 딱딱해진 '대가리', '(❷)', '(❸)', '지느러미' 등을 보면서 말과 생각을 잃은 사람들을 (❹)하고 있음.

원리3 시어와 심상

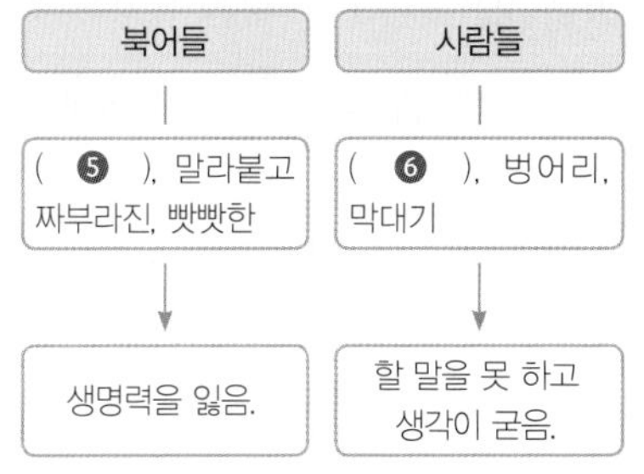

원리4 발상·표현, 표현 기법
관찰의 대상인 '북어'가 화자에게 말을 거는 상황에 대한 (❼)을 통해 화자의 반성적 성찰을 효과적으로 드러내고 있음.

원리5 시상 전개, 시적 형상화
꼬챙이에 꿰어져 식료품 가게에 진열된 '북어'에서 말과 생각을 잃은 채 살아가는 '(❽)'의 모습을 (❾)하여 무기력한 현대인의 삶을 비판적으로 형상화하고 있음.

원리6 소통 구조, 맥락을 고려한 이해와 감상
시인은 죽어서 말라비틀어진 '북어'에서 말을 하지 못하고, 생각이 굳은 '사람들'의 모습을 발견하고, 이를 형상화하여 시를 읽는 독자들의 (❿)을 촉구하고 있다.

정답 ❶ 북어 ❷ 혀 ❸ 눈 ❹ 비판 ❺ 딱딱했다 ❻ 변비증 ❼ 상상 ❽ 사람들 ❾ 유추 ❿ 반성

정답과 해설 64쪽

실전 연습하기

내신형 9264-0385

01 윗글에 대한 설명으로 적절하지 않은 것은?

① 묘사의 방법으로 대상을 생생하게 그려 내고 있다.
② 대상과 일정한 거리를 두어 일상적 삶을 반성하고 있다.
③ 자연에서 발견한 가치를 통해 인생의 소중함을 노래하고 있다.
④ 화자를 시의 표면에 직접 내세워 시인의 생각을 드러내고 있다.
⑤ 감각적 심상을 활용하여 시상을 마무리함으로써 시적 여운을 남기고 있다.

빈칸 완성형 9264-0386

02 윗글은 '북어'의 상태에서 '사람들'의 모습을 ( )하여 부조리한 세상에 대한 ( )을 하지 못한 채 살아가는 무기력한 삶을 반성하고 있는 작품이다.

서술형 9264-0387

03 윗글에서 '사람들'에 대한 화자의 비판적 인식이 화자 자신을 향하고 있음을 보여 주고 있는 시행을 찾아 쓰시오.

수능형 2006학년도 6월 모의평가 9264-0388

04 윗글의 주제 의식과 관련지어 볼 때, 성격이 다른 하나는?

① ㉠ ② ㉡ ③ ㉢
④ ㉣ ⑤ ㉤

098 님의 침묵 _ 한용운

수록 교과서
국어 _미래엔
문학 _미래엔, 지학사

작품 미리보기

주제 이별한 임에 대한 영원한 사랑의 다짐

특징
① 경어체를 활용하여 경건한 마음을 드러냄.
② 종교에 바탕을 둔 상징적 표현이 두드러짐.
③ 역설적 표현을 통해 화자의 의지를 강조함.

구성
1~4행: 화자에게 충격적인 임과의 이별
5~6행: 임과의 이별로 인한 고통과 슬픔
7~8행: 고통과 슬픔을 극복하고 새 희망을 품음.
9~10행: 이별한 임을 향한 영원한 사랑을 다짐함.

작품 자세히 읽기

이 시는 임이 떠나 버린 슬픔을 드러내는 동시에 이를 극복하고자 하는 의지를 노래한 작품이다. 이 시는 임이 떠난 것을 자각하면서 시작된다. 임과의 이별은 화자에게 매우 충격적으로 다가온다. 하지만 이 시에서 가장 중요한 것은 '님의 침묵'에 대한 화자의 태도이다. 화자는 임이 떠나 버렸고 현재 침묵하고 있음을 잘 알고 있다. 그러나 자신의 마음속에는 임이 생생히 살아 있기 때문에 '나는 님을 보내지 아니하였습니다.'라고 말한다. 이러한 생각은 윤회 사상이라는 불교적 사유에 기초한 것으로 고통을 감내하고 극복할 수 있는 힘이 된다.

지식 더하기

'님'의 상징적 의미
한용운은 시집 『님의 침묵』 서문에서 '님만 님이 아니라, 기룬 것은 다 님이다.'라고 하였다. 승려이자 독립운동가로서의 시인의 생애를 고려할 때, '기룬' 대상은 '부처님', '불교의 진리', 혹은 '조국'이라고 생각해 볼 수 있다.

회자정리(會者定離) 거자필반(去者必反)
『법화경』에 나오는 구절로 '만난 자는 반드시 헤어지고', '떠난 사람은 반드시 돌아온다'는 불교적 진리를 나타낸다. 이를 바탕으로 화자는 임과의 이별이 영원한 이별이 아니고, 임과 재회하리라는 희망을 품는다.

엮어 읽기

김소월, 「진달래꽃」 (➡098쪽)
「진달래꽃」은 떠나는 임으로 인한 이별의 정한을 노래한 작품이다. 「진달래꽃」의 임은 '나'에게서 떠나는 존재라는 점에서 「님의 침묵」의 임과 유사하다고 할 수 있다. 그러나 「진달래꽃」의 임이 인간사의 사랑과 이별의 대상이며 화자는 이별로 인한 슬픔에 빠져 있는 반면, 「님의 침묵」의 임은 다양한 상징적 의미를 지닌 임이며 화자는 슬픔에서 벗어나 희망을 품고 있다.

님은 갔습니다. 아아 사랑하는 나의 님은 갔습니다.
「푸른 산빛을 깨치고 단풍나무 숲을 향하여 난 작은 길을 걸어서 차마 떨치고 갔습니다.
황금의 꽃같이 굳고 빛나던 옛 맹서는 차디찬 티끌이 되어서, 한숨의 미풍에 날아갔습니다.
날카로운 첫 키스의 추억은 나의, 운명의 지침(指針)*을 돌려놓고, 뒷걸음쳐서, 사라졌습니다.」 「 」: 대조적인 시어를 통해 임과의 이별을 형상화하고 있음.
나는 향기로운 님의 말소리에 귀먹고, 꽃다운 님의 얼굴에 눈멀었습니다. ('님'의 존재가 '나'에게 절대적이었음을 드러냄.)
사랑도 사람의 일이라, 만날 때에 미리 떠날 것을 염려하고 경계하지 아니한 것은 아니지만, 이별은 뜻밖의 일이 되고 놀란 가슴은 새로운 슬픔에 터집니다.
그러나(시상의 전환) 이별을 쓸데없는 눈물의 원천(源泉)을 만들고 마는 것은 스스로 사랑을 깨치는 것인 줄 아는 까닭에, 걷잡을 수 없는 슬픔의 힘을 옮겨서 새 희망의 정수박이*에 들어부었습니다. (이별의 슬픔을 극복하고 만남의 희망을 품음.)
우리는 만날 때에 떠날 것을 염려하는 것과 같이, 떠날 때에 다시 만날 것을 믿습니다.
아아 님은 갔지마는 나는 님을 보내지 아니하였습니다. (역설적 표현을 통해 '님'과의 재회에 대한 강한 믿음을 드러냄.)
ⓐ제 곡조를 못 이기는 사랑의 노래는 님의 침묵을 휩싸고 돕니다.

*지침 생활이나 행동 따위의 지도적 방법이나 방향을 인도하여 주는 준칙.
*정수박이 '정수리'의 사투리. 머리 위의 숫구멍이 있는 자리.

원리로 작품 정리하기

원리1 화자, 대상, 청자
화자는 '님'과의 (❶)로 인해 슬퍼하고 있음.

원리2 상황, 정서, 태도, 어조
화자는 '님'과 헤어진 상황으로 인해 슬퍼하고 있지만, 그 슬픔을 극복하고 '님'과의 (❷)를 바라고 있음.

원리3 시어와 심상
- '님', '사랑의 노래' 등과 같은 (❸)적 시어나 시구를 통해 주제 의식을 드러냄.
- 대조의 의미를 지닌 시어가 사용됨.

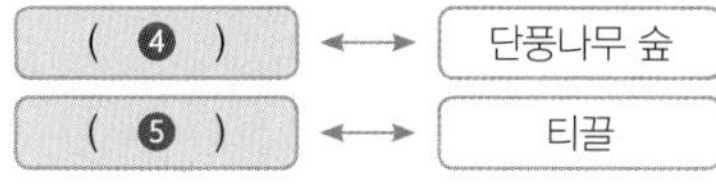

원리4 발상·표현, 표현 기법
9행에서 (❻)적 표현을 통해 화자의 의지를 강조하고 있음.

원리5 시상 전개, 시적 형상화
- 인간의 삶에서 필연적인 (❼)과 (❽)의 상황을 바탕으로 시상을 전개하고 있음.
- 시각적 이미지를 활용하여 이별의 순간과 재회에 대한 (❾)을 형상화하고 있음.

원리6 소통 구조, 맥락을 고려한 이해와 감상
승려이자 독립운동가였던 시인의 삶을 고려할 때, 이 시는 단순한 연애시(戀愛詩)가 아니라 절대적 (❿)를 추구하는 구도자의 자세, 조국의 (⓫)을 바라는 독립운동가의 자세를 담아내고 있다고 할 수 있다.

정답 ❶ 이별 ❷ 재회(만남) ❸ 상징 ❹ 푸른 산빛 ❺ 황금의 꽃 ❻ 역설 ❼ 만남 ❽ 이별 ❾ 희망 ❿ 진리 ⓫ 독립

실전 연습하기

내신형 · 9264-0389

01 윗글에 대한 설명으로 가장 적절한 것은?

① 과거의 상황을 환기하며 화자의 정서를 드러낸다.
② 자연의 변화를 표현하여 화자의 미래를 암시한다.
③ 감각적 이미지를 활용하여 시적 대상을 예찬한다.
④ 비판적인 태도로 대상이 지닌 의미를 새롭게 발견한다.
⑤ 섬세하고 부드러운 어조로 애상적 분위기를 고조시킨다.

빈칸 완성형 · 9264-0390

02 윗글은 '(　　　)'(이)라는 시어를 기점으로 시상이 전환되고 있다. 그리하여 시의 화자는 '(　　　)'에서 벗어나서 '님'을 다시 만날 수 있으리라는 '(　　　)'을 품게 된다.

서술형 · 9264-0391

03 윗글에서 대상에 대한 화자의 역설적 인식을 보여 주는 시행을 찾아 쓰시오.

수능형 2009학년도 대수능 · 9264-0392

04 〈보기〉를 바탕으로 ⓐ를 이해한 내용으로 가장 적절한 것은?

> 보기
>
> 「님의 침묵」에서 '노래'와 '침묵'은 화자와 '님'의 관계를 이해하는 데 핵심이 되는 시어이다. 한용운은 시 「반비례」에서 "당신이 노래를 부르지 아니하는 때에 당신의 노랫가락은 역력히 들립니다그려 / 당신의 소리는 침묵이에요"라고 했다. 침묵이라는 부재의 상태에서 '님'의 실재를 본 것이다. 화자는 '님'을 향해 '노래'를 부르는데, 시 「나의 노래」에서 "나의 노래가 산과 들을 지나서 멀리 계신 님에게 들리는 줄"을 안다고 했다. 이는 화자가 자신의 노래에 '님'과 근원적으로 소통할 수 있는 힘을 부여한 것으로 볼 수 있다.

① 노래가 제 곡조를 못 이긴다는 것은 '님'이 침묵하는 상황을 화자가 감당하지 못한다는 뜻이야.
② 노래가 '님'의 침묵을 휩싸고 돈다는 것은 화자가 부재 속에 실재하는 '님'과 깊이 교감한다는 뜻이야.
③ '나의 노래'가 산과 들을 지나서 멀리 나아간다고 한 데서 '사랑의 노래'가 자연 친화적임을 알 수 있어.
④ 침묵을 휩싸고 도는 노래가 '사랑의 노래'라는 것은 침묵이 끝나야 사랑이 비로소 시작되리라는 것을 말하고 있어.
⑤ 침묵하는 '님'에게서 노랫가락을 역력히 듣는다는 데서 '사랑의 노래'가 화자의 노래가 아니라 '님'의 노래임을 알 수 있어.

099 알 수 없어요 _ 한용운

작품 미리보기

주제 진리의 궁극을 추구하고자 하는 구도 정신

특징

① 의문형의 문장을 반복적으로 사용함.

② 경어체를 활용하여 경건한 마음을 드러냄.

③ 다양한 자연 현상에서 절대자의 존재를 탐구함.

구성

1행: 낙하하는 오동잎에서 절대자의 발자취를 느낌.

2행: 푸른 하늘에서 절대자의 얼굴을 봄.

3행: 알 수 없는 향기에서 절대자의 입김을 느낌.

4행: 작은 시내 물소리에서 절대자의 노래를 들음.

5행: 해질 무렵 저녁놀에서 절대자의 시를 느낌.

6행: 절대자를 향한 마음을 약한 등불에 비유함.

작품 자세히 읽기

이 시는 다양한 자연 현상을 통해 존재(진리)를 향한 구도 정신을 노래한 작품이다. 1행부터 5행까지는 이러한 자연 현상과 그 현상을 보면 생각나게 되는 '누구'의 존재 자체에 대한 물음이 반복되면서 진리를 향한 화자의 끝없는 관심과 의문이 드러난다. 이처럼 다양한 자연 현상을 보며 생각에 잠기던 화자는 6행에 이르러 이러한 절대자의 모습을 지키기 위해 자신이 '약한 등불'이 될 것이라고 말하며 진리를 향한 구도 정신과 의지를 드러내고 있다.

지식 더하기

불교의 윤회(輪廻) 사상

불교에 따르면, 부처의 지위에 도달하지 못한 사람의 삶은 여기에서 저기로 혹은 이곳에서 저곳으로 돌아가며 거듭하게 된다. 윤회란 수레바퀴가 회전하여 멎지 않는 것처럼 중생이 번뇌와 업(業)으로 인하여 '길 잃은 세계'(迷界), 즉 3계(三界: 욕계·색계·무색계), 6도(六道: 지옥도·아귀도·축생도·수라도·인간도·천신도)에 다시 태어나고 죽는 일이 끝없는 것을 말한다. 이 괴로운 존재에서 벗어나는 경지가 열반(涅槃)이다.

엮어 읽기

한용운, 「님의 침묵」 (➡258쪽)

「님의 침묵」의 '님'이 절대적 존재나 진리를 상징한다고 볼 때, 「님의 침묵」은 절대적 존재나 진리를 잃은 화자가 그 존재나 진리와의 만남을 희구한 것으로 볼 수 있다. 「알 수 없어요」도 다양한 자연 현상에서 만나 볼 수 있는 절대적 존재에 대한 끊임없는 구도의 자세를 보여 주고 있으므로 「님의 침묵」에서 보이고 있는 화자의 자세와 서로 통한다고 할 수 있다.

바람도 없는 공중에 수직(垂直)의 파문*을 내이며, 고요히 떨어지는 오동잎은 ㉠누구의 발자취입니까.

[□ : 자연 현상을 통해 '누구'로 표현된 절대자의 다양한 모습을 형상화함.]

지리한 장마 끝에 서풍에 몰려가는 ㉡무서운 검은 구름의 터진 틈으로, 언뜻언뜻 보이는 푸른 하늘은 누구의 얼굴입니까.

꽃도 없는 깊은 나무에 푸른 이끼를 거쳐서, 옛 탑(塔) 위의 고요한 하늘을 스치는 ㉢알 수 없는 향기는 누구의 입김입니까.

근원은 알지도 못할 곳에서 나서, 돌부리를 울리고 가늘게 흐르는 작은 시내는 굽이굽이 누구의 노래입니까.

연꽃 같은 발꿈치로 가이없는* 바다를 밟고, 옥 같은 손으로 ㉣끝없는 하늘을 만지면서, 떨어지는 해를 곱게 단장*하는 저녁놀은 누구의 시(詩)입니까.

타고 남은 재가 다시 기름이 됩니다. 그칠 줄 모르고 타는 나의 가슴은 누구의 밤을 지키는 ㉤약한 등불입니까.

[소멸한 '재'가 '기름'으로 생성된다는 역설적 표현으로 그칠 줄 모르는 화자의 구도(求道)의 자세를 강조함. 불교의 윤회 사상을 바탕으로 한 화자의 인식을 보여 줌.]

*파문 수면에 이는 물결. 물결 모양의 무늬.

*가이없는 끝이 없는.

*단장 얼굴, 머리, 옷차림 따위를 곱게 꾸밈.

원리로 작품 정리하기

원리1 화자, 대상, 청자

화자는 (❶) 현상에 내재하는 절대적 존재에 대해 노래하고 있음.

원리2 상황, 정서, 태도, 어조

- 화자는 다양한 자연 현상 속에서 '(❷)'라는 절대적 존재가 현현하고 있음을 인지함.
- (❸)한 어조로 절대적 존재에 다가가고자 하는 자세를 보여 줌.

원리3 시어와 심상

시각, (❹), (❺) 등 다양한 감각적 이미지 활용	→	절대적 존재의 현현을 드러냄.

원리4 발상·표현, 표현 기법

- 절대적 존재의 다양한 면모를 자연 현상에 (❻)하여 표현함.
- 타고 남은 재가 다시 기름이 됩니다: (❼)적 표현으로 불교적 진리를 담아 냄.
- '(❽)'이라는 상징적 시어를 통해 화자의 의지를 드러냄.

원리5 시상 전개, 시적 형상화

- (❾)형 문장을 나열해 가면서 시상을 전개하고 있음.
- 자연 현상에 대한 (❿)을 통해 그 안에 숨어 있는 절대적 존재의 모습을 형상화하고 있음.

원리6 소통 구조, 맥락을 고려한 이해와 감상

승려인 시인은 이 시를 통해 절대적 진리를 추구하고자 하는 (⓫)로서의 자세를 드러내고 있다.

정답 ❶ 자연 ❷ 누구 ❸ 경건 ❹ 후각 ❺ 청각 ❻ 비유 ❼ 역설 ❽ 등불 ❾ 의문 ❿ 관찰 ⓫ 구도자

실전 연습하기

내신형 · 9264-0393

01 윗글에 대한 설명으로 가장 적절한 것은?

① 자연물에 인격을 부여하여 대화의 상대로 삼고 있다.
② 대화체와 독백체를 교차하여 극적 효과를 높이고 있다.
③ 색채어를 활용하여 시의 분위기를 다채롭게 조성하고 있다.
④ 소재에 상징적 의미를 부여하여 주제 의식을 부각하고 있다.
⑤ 의성어와 의태어를 구사하여 화자의 상황을 구체화하고 있다.

빈칸 완성형 · 9264-0394

02 윗글은 절대적 존재를 의미하는 '누구'의 다양한 면모를 자연 현상에 비유하여 표현하고 있다. 〈보기〉의 ⓐ~ⓒ에 들어갈 시어나 시구를 윗글에서 찾아 쓰시오.

보기

원관념	발자취	얼굴	입김	노래	시
보조 관념	오동잎	푸른 하늘	ⓐ	ⓑ	ⓒ

서술형 · 9264-0395

03 윗글에서 불교의 윤회 사상이 반영된 표현으로 볼 수 있는 시행을 찾아 쓰시오.

수능형 2013학년도 6월 모의평가 · 9264-0396

04 〈보기〉를 참고하여 ㉠~㉤을 이해한 내용으로 적절하지 않은 것은?

보기

「알 수 없어요」를 비롯한 한용운의 시는 '절대자'라는 궁극적 존재를 탐구하는 시이다. 동시에 그것은 역설에 의한 구도자로서의 자기 정립 또는 자기 극복의 시이기도 하다. 「알 수 없어요」에서는 이런 점이 물음의 방식을 통해 강화되어 나타난다.

① ㉠: '바람도 없는 ~ 오동잎'의 이미지와 결합되어, '누구'로 표현된 절대자의 존재 방식을 알려 주는군.
② ㉡: '푸른 하늘'과 대조되는 것으로, 화자와 절대자 사이의 만남을 가로막는 번뇌와도 같은 것이군.
③ ㉢: '꽃도 없는 깊은 나무'에서 만들어진 것으로, 절대자의 존재에 대한 화자의 회의적 태도를 드러내는군.
④ ㉣: '가이없는 바다를 밟고'와 짝을 이루어, 무한 공간에 걸쳐 있는 절대자의 면모를 드러내는군.
⑤ ㉤: '타고 남은 ~ 됩니다.'와 관련되면서, 구도자로서의 자기 정립에 대한 화자의 열망을 역설적으로 드러내는군.

100 사과를 먹으며 _ 함민복

수록 교과서
국어 _신사고
문학 _창비

사과를 먹는다.
'-를(을) 먹는다'의 반복. 대상인 '사과'와 행위인 '먹다'의 의미에 대한 사유의 전개
사과나무의 일부를 먹는다.
사과꽃에 눈부시던 햇살을 먹는다.
사과를 더 푸르게 하던 장맛비를 먹는다.
사과를 흔들던 소슬바람을 먹는다.
사과나무를 감싸던 눈송이를 먹는다.
사과 위를 지나던 벌레의 기억을 먹는다.
사과 위로 벌레가 지나갔고, 그 기억이 지금 내 앞에 있는 사과에 남아 있다. 그러므로 사과를 먹는 것은 '벌레의 기억'을 먹는 것이다.
사과나무에서 울던 새소리를 먹는다.
사과나무 잎새를 먹는다.
사과를 가꾼 사람의 땀방울을 먹는다.
사과를 연구한 식물학자의 지식을 먹는다.
사과나무 집 딸이 바라보던 하늘을 먹는다.
사과나무 집에 딸이 있었고, 그 딸은 어느 날 하늘을 보았다. 사과나무는 그 하늘을 보았다. 그러므로 사과에는 '사과나무 집 딸이 바라보던 하늘'도 들어 있다.
사과에 수액을 공급하던 사과나무 가지를 먹는다.
사과나무의 세월, 사과나무 나이테를 먹는다.
사과를 지탱해 온 사과나무 뿌리를 먹는다.
사과의 씨앗을 먹는다.
사과나무의 자양분 흙을 먹는다.
사과나무의 흙을 붙잡고 있는 지구의 중력을 먹는다.
사과나무가 존재할 수 있게 한 우주를 먹는다.
사과 혹은 사과나무는 하나의 '우주'이고 따라서 그것을 먹는 행위는 '우주'를 먹는 행위라 할 수 있음.
흙으로 빚어진 사과를 먹는다.
흙에서 멀리 도망쳐 보려다
흙으로 돌아가고 마는
사과의 본질은 '흙'이므로 그것에서 벗어나려는 시도는 실패할 수밖에 없으며 결국은 흙으로 돌아감.

사과를 먹는다.
사과가 나를 먹는다.
첫 행이 반복된 후, 마지막 행은 첫 행을 그 주체와 대상이 역전된 형태로 진술함.

작품 미리보기

주제 존재의 상호 관련성과 생명 순환의 원리에 대한 깨달음

특징
① 유사한 문장 구조를 반복함.
② 존재와 행위의 의미에 대해 총체적으로 통찰하고 있음.
③ 일상적 경험에서 출발하여 사유를 확장함.

작품 자세히 읽기

화자는 일상의 친숙한 소재인 '사과'를 먹으면서 사과와 함께하며 사과를 존재하게 만든 모든 것에 대해 인식하게 된다. 즉 사과를 존재하게 한 자연, 사과를 키우기 위한 인간의 노력과 역사 등 사과를 존재하게 한 모든 것으로 사고를 확장하고 있다. 이와 같은 사고의 확장을 통해 모든 존재가 서로 얽혀 있다는 가치 있는 사실을 발견하게 된다. 특히 흙으로부터 사과가 만들어지고, 다시 흙으로 돌아간다는 생명 순환의 원리를 발견함으로써 '사과가 나를 먹는다.'라는 역설적 인식에 도달하게 된다.

지식 더하기

음식을 넘어 상징이 된 한 알의 사과
사과에 얽힌 이야기들은 꽤 많다. 우선 아담과 이브에게 수치심과 함께 '욕망이란 무엇인가'에 관한 깨달음을 준 선악과가 바로 사과였고, 그리스 신화에서 비너스가 자신의 아름다움과 넘치는 사랑을 과시하며 손에 들고 있는 과일도 바로 사과다. 뉴턴에게 만유인력이라는 인류사에 길이 남을 과학적 아이디어가 떠오르게 만든 영감의 매개체도 사과다. 여섯 살 아들의 머리 위에 놓인 사과를 100 발자국이나 떨어진 거리에서 석궁으로 명중시킨 스위스 민중의 영웅 빌헬름 텔의 이야기에서 극적인 긴장감을 최고조로 높이는 미장센도 바로 사과다.

– 작가 정여울의 글

엮어 읽기

서정주, 「춘향유문 – 춘향의 말 3」 (➡184쪽)
서정주의 「춘향유문 – 춘향의 말 3」에서 '춘향'은 '천 길 땅 밑'을 흐르는 '검은 물', '도솔천의 하늘'을 나는 '구름', 그 구름이 변한 '소나기'의 형상으로 존재한다. 함민복의 「사과를 먹으며」에서 현재 '사과'는 사과를 존재하게 한 우주적 순환의 결과이다. 그러나 현재의 사과는 영원히 존재하는 것이 아니라 다시 우주적 순환의 일부로, '흙'에서 생겨나 다시 '흙'으로 돌아가 다른 존재가 된다. 즉 시간과 공간을 초월한 우주적 순환의 원리를 찾을 수 있다는 점에서 두 작품은 유사한 상상력에 기반을 두고 있다고 할 수 있다.

원리로 작품 정리하기

원리1 화자, 대상, 청자
화자는 사과를 먹는 행위에서 '사과'라는 존재와 그것을 먹는 행위의 의미를 사유하고 있음.

원리2 상황, 정서, 태도, 어조
화자는 사과라는 대상과 먹는 행위에 대해 우주적 순환 차원에서 (❶)으로 성찰하고 있음.

원리3 시어와 심상
- 사과나무가 존재할 수 있게 한 우주를 먹는다.: 사과는 우주를 이루고 있는 모든 존재의 (❷)의 결과이므로, 사과를 먹는 행위는 하나의 우주를 먹는 행위라 할 수 있음.
- 흙으로 빚어진 사과를 먹는다. / 흙에서 멀리 도망쳐 보려다 / 흙으로 돌아가고 마는: 사과의 (❸)은 흙임. 그것이 사과의 형태를 지니는 것은 (❹)이며 결국은 소멸, 해체되어 그 본질인 흙으로 돌아감.
- 사과를 먹는다. / 사과가 나를 먹는다.: 사과와 나는 모두 그 본질이 흙이며, 우주를 이루고 있는 요소들의 일부였음. 형태를 가지고 있던 모든 존재는 (❺)되어 다시 우주적 순환의 고리를 이룰 뿐임.

원리4 발상·표현, 표현 기법
- 일상의 경험에서 출발하여 사유를 확장하고 있음.
- '~을(를) 먹는다'의 유사한 (❻)를 반복하여 리듬감을 형성하고 있음.

원리5 시상 전개, 시적 형상화
사과를 먹는 일상적 경험을 바탕으로 사과를 존재하게 한 모든 것, 사과를 먹는 행위의 의미에 대한 사유들이 고리를 이어 가며 펼쳐지고 있음.

원리6 소통 구조, 맥락을 고려한 이해와 감상
'사과'는 결국 우주적 요소들의 상호 작용에 의해 생성된 (❼) 존재임을 알 수 있다. 그러나 '사과'를 비롯한 모든 존재는 우주적 순환에서 일시적으로 존재할 뿐 다시 해체되어 또 다른 존재의 생성에 작용한다.

정답 ❶ 총체적 ❷ 상호 작용 ❸ 본질 ❹ 일시적 ❺ 해체 ❻ 문장 구조 ❼ 우주적

실전 연습하기

내신형 9264-0397

01 윗글의 표현상 특징과 그 효과에 대한 설명으로 가장 적절한 것은?

① 음성 상징어를 사용하여 생동감을 주고 있다.
② 색채어의 대비를 통해 주제를 부각하고 있다.
③ 완결되지 않은 문장으로 시적 여운을 남기고 있다.
④ 유사한 문장 구조를 반복하여 리듬감을 형성하고 있다.
⑤ 점층적인 전개를 통해 정서의 상승 과정을 나타내고 있다.

빈칸 완성형 9264-0398

02 윗글은 사과를 먹는 (　　　) 경험에서 시작하여 사과를 존재하게 한 모든 것에 대해 사유하고 있다. 이와 같은 사유의 확장을 통해 모든 존재가 서로 (　　　)는 진리를 발견하게 된다.

서술형 9264-0399

03 윗글의 시상 전개와 주제 의식을 고려하면서, 시적 상상력을 발휘하여 시행 하나를 추가하여 쓰시오.

수능형 9264-0400

04 〈보기〉를 참고하여 윗글을 감상한 내용으로 적절하지 않은 것은?

> 보기
> 이 작품에서 먹는 행위는 우주적 순환에서 끊임없이 이어지는 해체와 생성의 관점에서 살펴볼 수 있다. '나'와 '사과'는 우주적 요소들의 상호 작용에 의해 생성되어 존재하고 있는 우주적 존재이다. 그러나 '나'와 '사과'는 이 우주적 순환에서 일시적으로 존재할 뿐 다시 해체되어 또 다른 존재의 생성으로 작용하는, 순환의 일부로 돌아간다.

① '나'가 '사과'를 먹는 행위는 '나'와 '사과'가 우주적 순환의 고리를 이루는 하나의 순간이라 할 수 있겠군.
② '사과'는 우주적 상호 작용과 순환의 결과이므로 '사과'를 먹는다는 것은 '우주'를 먹는다는 인식이 가능하겠군.
③ '사과가 나를 먹는다'는 '나'의 해체가 또 다른 '사과'의 생성으로 이어지는 우주적 순환의 일부임을 알 수 있게 하는군.
④ '사과'와 '나'는 모두 '흙으로 빚어진' 존재이지만 '나'는 '흙에서 멀리 도망'치려 한다는 점에서 '사과'와는 차이를 보이고 있군.
⑤ '사과'는 '햇살, 장맛비, 소슬바람, 눈송이' 등과 상호 작용한 결과이므로 '사과'를 먹는 행위는 '나'와 이들의 우주적 만남이라 할 수 있겠군.

101 우포늪 _ 황동규

수록 교과서
국어 _해냄

작품 미리보기

주제 자연 그대로의 모습을 가진 우포늪에서 느끼는 아름다움과 경이로움

특징
① 대구법, 의인법 등 다양한 표현 기법과 시각적 이미지를 사용하여 대상을 묘사함.
② 구체적이면서도 상징적인 사물들을 통해 자연과 문명을 대비함.
③ 실제의 공간과 풍경을 통해 자연과 문명에 대한 성찰을 유도함.

구성
1~8행: 문명의 시간에서 빗겨 있는 우포늪
9~13행: 생명으로 충만한 우포늪의 아름다움

작품 자세히 읽기

화자는 현대 문명과 단절되어 있는 우포늪의 풍경을 보며 '빈 시간' 하나를 만났다고 말한다. 여기서 '비다'는 문명의 시침이 돌아가는 시간의 부재를 의미한다. 무엇인가를 인위적으로 만들어 내는 문명의 시간은 우포늪에 존재하지 않는다. 그렇다고 이 '빔'이 공허한 것은 아니다. 본래의 모습 그대로 살아가는 생명력들로 가득 차 있기 때문이다. 문명의 시간이 작동하지 않음으로써 온갖 생명체들은 자연 그대로의 상태를 유지하며 살아갈 수 있게 되는 것이다.

지식 더하기

우포늪
1997년 생태계 보존 지역으로 지정되고 1998년 람사르 조약에 의해 국제 보호 습지로 지정되어 보호·관리되고 있는 우포늪은 우리나라 최대의 자연 늪지다. 우리나라 전체 식물 종류의 약 10%인 430여 종의 식물이 서식하고 있으며, 그중 수생식물이 차지하는 비율은 50~60%나 된다.

생태 환경 문학
인간의 생존 자체를 위협하는 잠재적 위험이나 자연 환경을 파괴하는 문명 등에 관한 비판을 다룬 문학으로, 아름다운 삶을 이루는 기초가 바로 살아 있는 환경에서 비롯된다는 생각에서 출발하고 있다.

엮어 읽기

김기택, 「바퀴벌레는 진화 중」 (➲086쪽)
「우포늪」과 김기택의 「바퀴벌레는 진화 중」은 자연 환경의 중요성을 시로 형상화한 작품이다. 「우포늪」은 문명으로부터 벗어난 자연에서 살아 숨쉬는 생명체들과 그 아름다움을 그려 냄으로써 자연 그대로의 생명이 어떻게 유지될 수 있는가에 대한 독자의 성찰을 유도하고 있다. 「바퀴벌레는 진화 중」은 '바퀴벌레'의 진화를 통해 앞으로 더욱 심각해질 환경 오염을 경고하면서 환경 문제의 심각성을 고발하고 있다.

㉠우포에 와서 빈 시간 하나를 만난다.
㉡온 나라의 산과 언덕을 오르내리며
잇달아 금을 긋는 송전탑* 송전선들이 사라진 곳,
이동 전화도 이동하지 않는 곳. ─ 자연을 파괴하는 문명, 문명의 편의
줄풀 마름 생이가래 가시연(蓮)이
여기저기 모여 있거나 비어 있는
그냥 70만 평.
㉢누군가 막 꾸다 만 꿈 같다. → 문명의 시간이 멈춘 공간에 존재하는 충만한 생명체들을 보며 느끼는 경이감을 꿈에 비유
[A] ㉣잠자리 한 떼 오래 움직이지 않고 떠 있고
해오라기 몇 마리 정신없이 외발로 서 있다. ─ 대구를 통해 생명의 아름다움을 묘사함.
이런 곳이 있다니!
㉤시간이 어디 있나,
돌을 던져도 시침(時針)*이 보이지 않는 곳.

□ : 우포늪에서 살아가는 충만한 생명체들과 그 아름다움

*송전탑 고압 전선을 걸기 위하여 높이 세운 철탑.
*시침 시계에서, 시를 가리키는 짧은 바늘.

원리로 작품 정리하기

원리1 화자, 대상, 청자

화자는 문명의 시간이 멈춘 듯한, 생명으로 충만한 우포늪을 (❶) 시선으로 바라보며 상념에 잠겨 있음.

원리2 상황, 정서, 태도, 어조

- 비현실적으로 여겨지는 광경을 바라보는 (❷)과 경이의 목소리
- 자연의 생명력에 대한 예찬과 그에 대비되는 문명의 파괴력에 대한 (❸) 태도

원리3 시어와 심상

- 빈 시간: 문명의 시간은 사라지고 자연의 (❹)으로 가득 찬 우포늪
- 돌을 던져도 ~ 보이지 않는 곳.: 문명의 시간이 완전히 (❺) 공간
- '시간'의 의미

빈 시간		시간
자연 그대로의 우포늪	↔	문명의 시간

원리4 발상·표현, 표현 기법

- 우포에 와서 ~ 하나를 만난다.: 공간적 대상을 (❻)으로 표현
- 온 나라의 ~ 송전선: 대상을 (❼)하여 표현

원리5 시상 전개, 시적 형상화

- (❽) 이미지로 우포늪의 경이롭고 풍요로운 정경을 묘사함.
- 문명과 자연을 상징하는 시어들의 (❾)를 통해 성찰을 유도함.

원리6 소통 구조, 맥락을 고려한 이해와 감상

이 시를 생태 문학의 관점에서 바라보면 (❿)인 문명과 생동하는 자연의 대비를 통해 문명을 비판하고 자연의 경이로운 생명력을 예찬하는 작품으로 볼 수 있다.

정답 ❶ 경이로운 ❷ 감탄 ❸ 비판적 ❹ 생명력 ❺ 사라진 ❻ 시간적 ❼ 의인화 ❽ 시각적 ❾ 대비 ❿ 파괴적

실전 연습하기

내신형 9264-0401

01 ㉠~㉤에 나타난 표현 방식에 대한 설명으로 적절하지 않은 것은?

① ㉠: 공간적 대상을 시간으로 변형하고 있다.
② ㉡: 대상에 인격을 부여하여 표현하고 있다.
③ ㉢: 비유적 표현으로 공간에 대한 인식을 드러내고 있다.
④ ㉣: 대구를 통해 정경을 묘사하고 있다.
⑤ ㉤: 역설적 표현으로 내적 갈등을 나타내고 있다.

빈칸 완성형 9264-0402

02 '빈 시간'에서 '비다'는 문명의 시간이 작동하지 않음을 의미하므로 '( )'와 같은 구절도 같은 의미로 해석할 수 있다.

서술형 9264-0403

03 [A]에서 '이런 곳'의 의미하는 바를 설명하되, '자연'과 '문명'이라는 두 단어를 포함하여 쓰시오.

수능형 9264-0404

04 〈보기〉를 참고하여 윗글을 감상한 내용으로 적절하지 않은 것은?

보기

이 작품은 '생태시'의 범주에 넣을 수 있는데, 생태시는 생태계에 관한 모든 문제들과 그에 대한 인식과 대안을 성찰하는 시로 정의할 수 있다. 생태시의 주된 내용은 다음과 같다.
ㄱ. 자연과 생명의 원리를 탐구한다.
ㄴ. 자연의 생명력과 아름다움을 노래한다.
ㄷ. 반자연적인 삶의 방식에 대한 성찰을 유도한다.
ㄹ. 현대 문명에 의한 자연과 생명 파괴를 증언한다.
ㅁ. 자연과 인간의 공존과 화합을 위한 대안을 모색한다.

① '잇달아 금을 긋는 송전탑 송전선'은 현대 문명에 의한 자연 파괴를 증언하는 구절로 볼 수 있겠군.
② '이동 전화'와 '시침' 등을 통해 반자연적인 현대인의 삶의 방식에 대한 성찰을 유도하고 있다고 볼 수 있겠군.
③ '여기저기 모여 있거나 비어 있는'과 '그냥 70만 평' 등은 자연과 생명의 원리를 함축하고 있는 구절로 볼 수 있겠군.
④ '이런 곳이 있다니!'는 자연과 인간이 화합하면서 공존할 수 있는 길을 찾은 데서 오는 감탄이 담긴 구절로 볼 수 있겠군.
⑤ '줄풀 마름 생이가래 가시연', '잠자리', '해오라기' 등의 생명체를 통해 자연의 생명력과 아름다움을 노래한 것으로 볼 수 있겠군.

102 즐거운 편지 _ 황동규

수록 교과서
문학 _ 지학사

작품 미리보기

주제 그대에 대한 간절한 사랑과 기다림을 통한 변함없는 사랑

특징
① 반어적 기법을 활용하여 사랑의 의미를 강조함.
② 화자의 사랑을 순환하는 자연 현상에 빗대어 변함없는 사랑을 드러냄.

구성
Ⅰ: 그대를 향한 변함없는 사랑
Ⅱ: 기다림으로 승화된 변함없는 사랑

Ⅰ

내 그대를 생각함은 항상 그대가 앉아 있는 배경에서 해가 지고 바람이 부는 일처럼 사소한 일일 것이나 언젠가 그대가 한없이 괴로움 속을 헤매일 때에 오랫동안 전해 오던 그 사소함으로 그대를 불러 보리라.

(사소하게 보일 수 있으나 훗날에 괴로워하는 '그대'에게 전해질 것이기에 변하지 않는 자연 현상처럼 사소하지 않은 소중한 것임.)
(그대가 정신적으로 고통스럽고 힘겨울 때)
(그대에 대한 '나'의 사랑)

Ⅱ

진실로 진실로 내가 그대를 사랑하는 까닭은 내 나의 사랑을 한없이 잇닿은 그 기다림으로 바꾸어 버린 데 있었다. 밤이 들면서 골짜기엔 눈이 퍼붓기 시작했다. 내 사랑도 어디쯤에선 반드시 그칠 것을 믿는다. 다만 그때 내 기다림의 자세를 생각하는 것뿐이다. 그동안에 눈이 그치고 꽃이 피어나고 낙엽이 떨어지고 또 눈이 퍼붓고 할 것을 믿는다.

(사랑을 연이은 기다림으로 전환하여 더 깊이 있고 성숙한 사랑을 드러내고 있음.)
(사랑을 한없는 기다림으로 승화시킴.)
('나'의 사랑이 영원하지 않을 것임을 강조함.)
(기다림으로 승화된 사랑은 순환하는 자연처럼 지속될 것이라고 노래함.)

작품 자세히 읽기

이 시는 '그대'에 대한 시적 화자의 절절한 사랑을 표현한 작품이다. 화자는 자신의 사랑을 자연 현상에 빗대어 산문 형식으로 표현하였고, 반어적 표현을 사용하여 사랑의 의미를 강조하여 전달하고 있다. 그 사랑은 이루지 못할 사랑이기에 사랑은 기다림으로 바뀌고, 이러한 기다림에서 비롯한 젊은 날의 그리움과 안타까움을 서정적인 어조로 형상화하고 있다. 이전의 연애시와 달리 사랑이 끝날 수 있음을 인정하고, 기다림의 자세가 사랑의 표현일 수 있음을 보여 준 점이 신선하다.

지식 더하기

작가의 말

「즐거운 편지」를 쓸 무렵은 전쟁이 끝나고 서울로 돌아와서 몇 년 되지 않은 삭막한 때였고 프랑스에서 건너온 사르트르류의 실존주의가 유행하던 때였습니다. 나는 그때 고등학교 학생으로서 실존주의를 잘 이해하지는 못했습니다. '실존(實存)이 본질(本質)에 선행한다.'는 명제를 내용도 모르고 암기할 정도였지요. 하지만 실존주의적인 분위기만은 강하게 느낄 수 있었습니다. 그렇기 때문에 '본질적으로 결정된 사랑은 없다.'라는 생각을 하게 된 것입니다. 사랑도 늘 새롭게 만들어 가야 되는 것이고, 늘 선택을 해야 되는 것이고, 그 생각이 이 연애시 속에 들어간 겁니다.

엮어 읽기

김소월, 「먼 후일」 (➡038쪽)

「먼 후일」은 먼 훗날에 임을 만나게 되면 '잊었다'라고 말할 것이라고 노래하면서 결코 임을 잊지 못하고 있음을 반어적으로 표현한 작품이다. 「즐거운 편지」도 그대를 향한 사랑이 '사소한 일'이라고 반어적으로 표현하면서 그대에 대한 변함없는 사랑을 노래하고 있다. 다만 「먼 후일」과 달리 「즐거운 편지」는 사랑이 끝날 수 있다고 여기며, 사랑을 기다림으로 바꾸어 놓고 있다.

원리로 작품 정리하기

원리1 화자, 대상, 청자
화자는 '(❶)'를 사랑하는 사람임.

원리2 상황, 정서, 태도, 어조
- 〈Ⅰ〉에서 화자는 받아들여지지 않고 있는 자신의 사랑을 '(❷)'로 표현함.
- 〈Ⅱ〉에서 화자는 그대에 대한 사랑을 '(❸)'으로 바꾸고 있음.

원리3 시어와 심상

오랫동안 전해 오던 그 사소함
↓
오랜 시간 변하지 않은 화자의 (❹)

그동안에 눈이 그치고 ~ 할 것을 믿는다.
↓
(❺)이 순환하여 시간이 흘러도 기다림을 계속할 것임을 나타냄.

원리4 발상·표현, 표현 기법
- 화자는 자신의 사랑을 '사소한 일'이라고 (❻)적으로 표현하면서 '그대'를 향한 변함없는 사랑을 노래하고 있음.
- 받아들여지지 않는 사랑을 '기다림'으로 바꾸어 성숙한 사랑의 (❼)를 노래하고 있음.

원리5 시상 전개, 시적 형상화
Ⅰ, Ⅱ로 나누어 산문의 형식으로 '그대'를 향한 화자의 사랑을 표현함.

원리6 소통 구조, 맥락을 고려한 이해와 감상
시인은 자신의 사랑이 끝났다고 해서 (❽)이 끝나는 것은 아니라는 사실도 인정해야 한다고 말한다. 그는 사랑도 언제든지 끝날 수 있다는 조건 속에서 우리는 사랑할 수밖에 없다고 생각하며 이 시를 지었다고 한다.

정답 ❶ 그대 ❷ 사소한 일 ❸ 기다림 ❹ 사랑 ❺ 계절 ❻ 반어 ❼ 자세 ❽ 세상

실전 연습하기

내신형 ▷9264-0405

01 윗글의 화자의 태도에 대한 설명으로 가장 적절한 것은?

① 지순한 사랑을 통해 삶의 허무를 벗어나고자 한다.
② 스스로를 고통 속에 던져서 자신을 정화하고자 한다.
③ 삶과 죽음의 경계를 벗어나 영원으로 회귀하고자 한다.
④ 헤어짐의 상황을 받아들여 기다림으로 극복하고자 한다.
⑤ 현실과 거리를 둠으로써 주어진 운명을 초월하고자 한다.

빈칸 완성형 ▷9264-0406

02 윗글의 〈Ⅱ〉에서는 사랑은 '( )'이라는 화자의 인식이 드러난다.

서술형 ▷9264-0407

03 〈보기〉는 시인과의 가상 인터뷰이다. 〈보기〉의 밑줄 친 생각이 드러난 시행을 찾아 한 문장으로 쓰시오.

보기

기자: 대중이 선생님의 「즐거운 편지」를 연애시로 애송하고 있는데, 선생님 의견은 어떠신지요.

시인: 「즐거운 편지」는 고3 때 한 살 연상인 여학생을 짝사랑하며 쓴 시지만 쉬운 사랑 시만은 아니에요. 실존주의가 밑에 깔려 있고 소월의 시처럼 한으로 끝나던 사랑 노래를 거부한 것이지요. <u>사랑도 언젠가는 끝나겠지요, 눈이 그치는 것처럼요. 이 세상에 끝이 없는 건 없어요.</u>

수능형 1997학년도 대수능 ▷9264-0408

04 시적 상황과 관련하여 화자의 의도를 드러내는 방법이 윗글의 〈Ⅰ〉과 유사한 것은?

① 임의 말씀 절반은 / 맑으신 웃음 / 그 웃음의 절반은 / 하느님 거 같으셨네 / 임을 모르고 내가 살았더면 / 아무 하늘도 안 보였으리
② 먼 훗날 당신이 찾으시면 / 그 때에 내말이 '잊었노라.' // 당신이 속으로 나무리면 / '무척 그리다가 잊었노라' // 그래도 당신이 나무리면 / '믿기지 않아서 잊었노라.' // 오늘도 어제도 아니 잊고 / 먼 훗날 그 때에 '잊었노라.'
③ 나는 떠난다. 청동(靑銅)의 표면에서 / 일제히 날아가는 진폭(振幅)의 새가 되어 / 광막한 하나의 울음이 되어 / 하나의 소리가 되어.
④ 고향에 돌아온 날 밤에 / 내 백골이 따라와 한 방에 누웠다. / 어둔 방은 우주로 통하고 / 하늘에선가 소리처럼 바람이 불어 온다.
⑤ 나의 무덤 앞에는 그 차가운 비(碑)ㅅ돌을 세우지 말라. / 나의 무덤 주위에서 그 노오란 해바라기를 심어 달라 / 그리고 해바라기의 긴 줄거리 사이로 끝없는 보리밭을 보여 달라.

103 나는 고양이로 태어나리라 _ 황인숙

수록 교과서
문학 _미래엔

작품 미리보기

주제 자유롭고 생동감 있는 삶에 대한 소망

특징
① 다양한 의태어로 대상을 생동감 있게 묘사함.
② 독백적 어조로 내면의 소망과 지향을 드러냄.

구성
1연: 경쾌하고 활기에 찬 고양이
2연: 정적이고 몽상적인 고양이

작품 자세히 읽기

이 작품에서 고양이는 시인의 자의식과 욕망이 투영된 존재이다. 일상의 억압과 현실의 구속에서 벗어나 자유의 벌판을 마음껏 뛰며 달리고 노는 것이다. 낮의 고양이가 이처럼 활기에 넘치는 경쾌한 존재라면 밤의 고양이는 정적이고 몽상적인 존재이다. 어둠이 내리면 그가 택한 야생의 벌판은 외로운 곳이 된다. 그러나 고양이는 뒤돌아보지 않고 내일의 벌판을 꿈꾼다.

지식 더하기

이장희의 고양이와 황인숙의 고양이

1920년대의 시인 이장희는 「봄은 고양이로다」에서 봄의 생동감과 생명력을 고양이에 빗댔다. 이장희의 고양이는 관찰과 묘사의 대상이다. 시인은 고양이의 털, 눈, 입술, 수염에서 약동하는 봄의 기운을 찾아낸다. 그러나 황인숙의 고양이는 그 스스로가 주체가 된다. 그 고양이는 야생의 벌판에서 거침없이 뛰어노는 존재이다. 일상을 벗어나 자유를 만끽하는 상상력 그 자체인 것이다.

엮어 읽기

함민복, 「사과를 먹으며」 (➡262쪽)

「사과를 먹으며」에서는 '–를(을) 먹는다'가 반복된다. 이 시에서는 '–리라'가 반복된다. 이러한 반복은 시적 리듬을 만들어 내고, 의미가 강조되는 효과를 거둔다는 점에서 공통적이다. 그런데 「사과를 먹으며」에서는 처음부터 끝까지 '–를(을) 먹는다'는 문장이 일관되게 반복된다. 이에 비해 이 시에서는 '–리라'와 어울려 '–겠지'가 함께 반복된다. '–를(을) 먹는다'의 일관된 반복은 의미상으로 동일한 것의 반복이라 보기 어렵다. 반복이 지속되면서 '먹는다'의 의미는 지속적으로 확대되기 때문이다. 이에 비해 '–리라'와 '–겠지'의 반복은 의지와 소망의 강렬함을 강화하는 장치로 볼 수 있다.

이 다음에 나는 고양이로 태어나리라.
(현실의 '나'가 아닌 상상의 세계, 의지와 지향을 노래한 작품임이 단적으로 드러남.)
윤기 잘잘 흐르는 까망 얼룩 고양이로
태어나리라.
사뿐사뿐 뛸 때면 커다란 까치 같고
공처럼 둥굴릴 줄도 아는
작은 고양이로 태어나리라.
나는 툇마루에서 졸지 않으리라.
사기그릇의 우유도 핥지 않으리라.
(현실의 공간과 그 속에서의 삶에 대한 단호한 부정)
가시덤풀 속을 누벼누벼
ⓐ너른 벌판으로 나가리라.
('툇마루'와 대비되는 자유로운 야생의 공간)
거기서 들쥐와 뛰어놀리라.
배가 고프면 살금살금 / 참새떼를 덮치리라.
그들은 놀라 후닥닥 달아나겠지.
아하하하
(다양한 의태어와 함께 고양이의 자유분방한 활기와 유쾌를 생동감 있게 나타냄.)
폴짝폴짝 뒤따르리라.
꼬마 참새는 잡지 않으리라.
할딱거리는 고놈을 앞발로 톡 건드려
놀래주기만 하리라.
그리고 곧장 내달아 / 제일 큰 참새를 잡으리라.

(□: 동적이고 유희적인 '뛰어놀다'의 의미에 연결되는 다양한 서술어)

이슥고 해는 기울어 / 바람은 스산해지겠지.
들쥐도 참새도 가버리고
ⓑ어두운 벌판에 홀로 남겠지.
나는 돌아가지 않으리라.
어둠을 핥으며 낟가리를 찾으리라.
('너른 들판'은 동시에 어둡고 외로운 야생의 세계임. 그러나 이 세계를 포기하지 않겠다는 의지를 보임.)
그 속은 아늑하고 짚단 냄새 훈훈하겠지.
훌쩍 뛰어올라 깊이 웅크리리라.
(○: 1연의 동적인 의미를 담은 시어와는 달리 정적이고 몽상적인 의미를 가진 시어가 쓰임.)
내 잠자리는 달빛을 받아 / 은은히 빛나겠지.
혹은 거센 바람과 함께 찬 비가
빈 벌판을 쏘다닐지도 모르지.
그래도 난 털끝 하나 적시지 않을걸.
나는 꿈을 꾸리라.
놓친 참새를 쫓아 / ⓒ밝은 들판을 내닫는 꿈을.

정답과 해설 68쪽

원리로 작품 정리하기

원리1 화자, 대상, 청자

화자는 자신이 (❶)하는 바에 대한 의지를 상상의 세계를 통해 말하고 있음.

원리2 상황, 정서, 태도, 어조

자신이 지향하는 세계에 대한 강한 의지를 드러내고 있음.

원리3 시어와 심상

- 고양이: 화자의 자의식과 소망의 투영
- 현실 세계와 상상 세계의 대비

• (❷)에서 졸고 있음. • 사기그릇의 우유를 핥음.	⟷	• 너른 벌판으로 나가 뛰어놂. • 제일 큰 참새를 잡음. • 꿈을 꿈.

원리4 발상·표현, 표현 기법

- (❸)를 다양하게 사용: 잘잘, 사뿐사뿐, 살금살금, 후닥닥, 폴짝폴짝, 톡, 훌쩍
- 유쾌한 느낌을 주는 의성어: 아하하하
- '–리라'의 반복: 화자의 의지를 강화

원리5 시상 전개, 시적 형상화

- 낮과 밤의 대비: 고양이의 두 측면

1연(낮)		2연(밤)
너른 벌판에서 들쥐와 뛰어놀고, 참새떼를 덮치는 등 경쾌하고 (❹)에 찬 모습	⟷	(❺) 벌판에 홀로 남아 낟가리에서 내일을 꿈꾸는 정적이고 몽상적인 모습

원리6 소통 구조, 맥락을 고려한 이해와 감상

화자가 상상하는 세계는 (❻)와 일탈의 세계라 할 수 있다. 그러므로 이 시는 화자를 비롯한 현대인들이 살아가는 세계의 억압과 구속, 무료함을 드러내는 것으로 볼 수 있다.

정답 ❶ 지향 ❷ 툇마루 ❸ 의태어 ❹ 활기 ❺ 어두운 ❻ 자유

실전 연습하기

내신형 9264-0409

01 윗글에 대한 설명으로 적절하지 않은 것은?

① 공간의 대비를 통해 주제 의식을 강화하고 있다.
② 다양한 의태어로 대상을 생동감 있게 그려 내고 있다.
③ 특정한 어미를 반복하여 화자의 의지를 드러내고 있다.
④ 화자가 상상하는 세계를 내면의 독백을 통해 드러내고 있다.
⑤ 대상과 교감하는 화자의 심리적 흐름에 따라 시상을 전개하고 있다.

빈칸 완성형 9264-0410

02 시상의 흐름에 주목하여 ⓐ~ⓒ의 의미 관계를 정리해 보았다. 빈칸에 알맞은 내용을 쓰시오.

> ⓐ는 고양이가 나가고자 하는 공간이다. 그러나 어둠이 내리면 고양이는 홀로 ⓑ에 남겨지게 된다. 이와 같은 야생의 어둠과 (　　　) 속에서도 고양이는 내일의 ⓒ를 내닫는 (　　　)을 버리지 않는다.

서술형 9264-0411

03 윗글의 시구(들)를 활용하여 〈보기〉의 밑줄 친 부분을 설명하시오.

> 보기
> 이 작품은 1연의 낮의 시간과 2연의 밤의 시간으로 구성되어 있다고 할 수 있는데, <u>1연의 고양이는 매우 동적인 모습으로, 2연의 고양이는 정적인 모습으로 그려져 있다.</u>

수능형 9264-0412

04 〈보기〉를 참고하여 윗글을 이해한 내용으로 적절하지 않은 것은?

> 보기
> 이 작품에는 현재의 삶과의 갈등에서 벗어난 상상적 세계가 펼쳐져 있다. 이 상상의 세계에 등장하는 '고양이'에는 시인의 자의식과 욕망이 투영되어 있다. 또한 이 작품에는 일상의 구속과 자유로운 일탈이, 문명적 삶과 야생의 삶이, 무료한 생존과 생동하는 활기 등이 각각 대비를 이루면서 동시에 서로 침투하고 있다.

① '사기그릇의 우유'를 핥는 데서 무료한 생존을, '참새떼'를 덮치는 데서 생동하는 활기를 느낄 수 있다.
② 화자는 상상의 세계에서도 '홀로' 남겨지는 상황과 '꿈'을 꾸는 상황 사이에서 일어나는 갈등에 빠져 있다.
③ 화자는 '졸'게 만드는 일상의 구속에서 벗어나 '벌판'에서 '뛰어놀'고 '꿈을 꾸'는 자유로운 일탈을 상상하고 있다.
④ '툇마루'가 일상의 문명적 삶의 공간이라면 '너른 들판'은 '들쥐'와 '참새'가 있는 야생적 삶의 공간이라 할 수 있다.
⑤ '이 다음'에 '고양이'로 태어나겠다는 말은 현재의 삶에서 벗어나고자 하는 화자의 자의식을 압축적으로 드러낸 것이라 할 수 있다.

Memo

Memo

Memo

새 교육과정(2015 개정) 및 새 교과서 반영
EBS가 만든 수능 • 내신 대비 국어 기본서

정답과 해설

국어 독해의 원리

교과서 작품뿐만 아니라 **작가별 주요 작품 수록**
원리를 통한 간단하고 명확한 국어 학습법

문제를 **사진** 찍으면
해설 강의 무료
Google Play | App Store

SCAN ME
교재 상세 정보 보기

정답과 해설

이 책의 **차례**

Contents

1 강은교 ~ 김기택

2 김남조 ~ 김춘수

3 김현승 ~ 박재삼

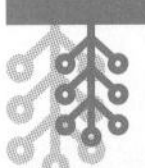

1. 강은교 ~ 김기택

001 우리가 물이 되어 _ 강은교

실전 연습하기 본문 054쪽

01 ③ 02 바다, 하늘 03 [예시 답안] 남과 북이 서로를 증오하는 현실을 뛰어넘어 서로 화합하기를 기원함. 04 ④

01 표현상 특징 파악 답 ③

2연 4행의 '아아'와 같은 감탄사에서 영탄적 표현을 읽을 수는 있다. 그러나 그것은 '물'이 '아직 처녀인 / 부끄러운 바다'에 닿았을 때를 가정한 감동과 감격을 의미한다. 그러므로 화자의 내적 갈등과는 거리가 멀다.

오답 이유 ① 1, 2연은 '-ㄴ다면'이라는 가정적 진술을 활용하여 소망의 간절함을 표현하고 있다.

② 1연 2행에서 '좋아하지 않으랴.'라는 설의적 표현을 사용하여 가뭄을 해소하는, 즉 생명력을 주는 물의 긍정적 의미를 강조한다.

④ 3연은 '불'로 만나려 하는 '지금'의 상황을 보여 주고 있다. 이는 1, 2연의 가정적 진술로 보여 준 '물'의 생명, 생동, 사랑의 의미와 대비를 이룬다.

⑤ 4연의 '넓고 깨끗한 하늘로 오라.'에서 보듯이 명령형 어미를 통해 화자가 소망하는 바를 강조하고 있다.

02 소재의 의미 파악 답 바다, 하늘

2연에서 '바다'는 '아직 처녀인 부끄러운' 것으로 그려져 있는데, 그 처녀의 바다는 '물'이 흐르고 흘러서 궁극적으로 도달해야 할 지점이라 할 수 있다. 한편 4연의 '하늘'은 '불'이 지난 뒤에 도달할 수 있는 곳이며 '넓고 깨끗한' 곳이라는 점에서 '아직 처녀인' 바다의 이미지와 유사한 것이라 할 수 있다.

03 맥락을 고려한 이해와 감상 예시 답안 참조

이 시를 〈보기〉와 같이 '남북의 정치 상황에 관한 꿈꾸기'로 본다면, 이 시는 남과 북이 서로 대립하여 증오하는 '불'의 현실에서 벗어나 화합하는 '물'의 세계로 나아갈 것을 기원하는 작품으로 해석할 수 있다.

04 구절의 의미 파악 답 ④

㉠에서 '물'은 '우르르 우르르' 소리를 내며 흐르는 '비'로 변주되어 '가문 어느 집'의 목마름을 해소한다. 또한 '물'은 흐르고 흘러서 '죽은 나무뿌리'를 적심으로써 생명력을 불어넣고 있다. 이러한 점에서 ㉠에서 '물'은 생동하는 생명력을 의미한다고 볼 수 있다. ㉡에서 '푸시시 푸시시'는 '불'이 꺼지는 소리이다. 앞선 '저 불 지난 뒤에'로 보아 이는 불이 소멸하는 상황을 시각적으로 형상화한 것임을 알 수 있다.

오답 이유 ① ㉠에서 '물'은 갈증을 해소하고 생명을 부여하는 존재이므로 무력감과는 거리가 멀고, ㉡에서 '불'은 꺼지고 있는 상황이다.

② ㉠에서 '비'는 '물'의 변주로서 생명력을 의미하므로 부정적 의미와는 거리가 멀다. ㉡에서 불 꺼지는 소리는 '불'이 소멸하는 상황과 관련이 있으므로 긍정적 의미를 함축한다고 할 수 있다.

③ ㉠에서는 '비'의 생명력을 생동하는 소리로 나타냈으며, ㉡에서는 '불'이 지난 뒤의 소리이므로 불안감과는 거리가 멀다.

⑤ ㉠은 상승했던 '물'이 '비'로 하강하는 것으로 볼 수 있고, ㉡은 타오르던 '불'의 하강으로 볼 수 있다.

002 면면함에 대하여 _ 고재종

실전 연습하기 본문 056쪽

01 ④ 02 광휘, 북소리, 상처 03 [예시 답안] 청산하고 떠나 버리는 태도와 아직 끝나지 않았다며 지킬 것은 지켜야 한다는 태도 04 ②

01 표현상 특징 파악 답 ④

이 글에서 '지난겨울'의 느티나무와 '오늘'의 느티나무는 서로 대비가 되는 이미지를 가진 것으로도 볼 수 있지만, '지난 겨울'의 '상처'가 '오늘'의 '이파리', '초록의 광휘' 등으로 이어지는 흐름으로 볼 때, 그것은 시련과 극복이라는 삶의 흐름에 내재된 생명력으로 보는 것이 적절하다. 또한 이러한 흐름에서 긍정하는 인식과 태도를 읽을 수 있으므로 회의적 태도로 볼 수 없다.

오답 이유 ① 1~3연에서는 '너 들어 보았니'를 첫 행에 놓고 그 대상을 이어서 말하고 있다는 점에서 도치의 기법이 '푸르른 울음소리'의 반복과 더불어 쓰였으며, 이러한 도치와 반복이 리듬감을 살리고 있음을 알 수 있다.

② 1, 3연의 '너 들어 보았니', 5연의 '쳐다보겠니', '울려 나겠니' 등에서 청자가 설정되어 있음을 알 수 있다.

③ '지난겨울'이라는 과거와 '오늘'이라는 현재의 상황이 대비되어, 고난을 이겨 내며 삶이 이어진다는 주제 의식이 분명해지고 있다.

⑤ 시각적 심상과 청각적 심상이 결합된 '푸르른 울음소리'의 반복과 변주, '이파리', '초록의 광휘' 등의 시각적 심상, 둥둥둥둥 울려 나는 '북소리'의 청각적 심상이 의미를 선명하게 드러내고 있다.

02 작품의 종합적 이해 답 광휘, 북소리, 상처

이 시는 '푸르른 울음소리'를 중심으로 시련과 그 극복을 다루고 있다. 그러나 삶에서 시련은 끊임이 없는 것으로 본다면 오늘의 '푸르른 울음소리', '이파리'와 '초록의 광휘', 울려 퍼지는 '북소리'는 다시 '삭풍'으로 인해 '상처'에서 울려 나오는 울음소리로 바뀔 수도 있다. '면면함'은 이러한 시련의 연속에도 끊임없이 이어 가는 생명의 힘을 말한다.

03 작품의 내용 파악 예시 답안 참조

3연에는 농촌 공동체의 해체 위기에 직면하여 '다 청산하고 떠나 버리는' 모습과 '지킬 것은 지켜야 한다고' 다짐하는 모습이 대비되어 있다. 여기서 농촌 공동체의 해체 위기를 고난으로 본다면 전자와 후자는 그에 대처하는 두 가지의 대조적 방식으로 볼 수 있다.

04 외적 준거에 따른 작품 감상 답 ②

[C]의 '청산하고 떠나 버리는 마을'은 해체되어 가는 농촌 사회를 보여 준다. 그러나 '잔치는 아직 끝나지 않았다고 / 그래도 지킬 것은 지켜야 한다고 / 소리 죽여 흐느끼던 소리'는 아픔과 절망을 생에 대한 의지로 딛고 일어서려는 태도라 할 수 있다. 이러한 태도가 '가지 팽팽히 후리던 소리'를 통해서도 나타나 있다.

오답 이유 ① [B]는 '지난겨울'의 상황이고 [D]는 '오늘'의 상황이다. 지난겨울 '상처마다에서 뽑아내던 푸르른 울음소리'는 '이파리'에 내주어 '생생한 초록의 광휘'를 내뿜는다. 그러므로 '푸르른 울음소리'는 시련을 딛고 뿜어져 나오는 자연의 생명력임을 알 수 있다.

③ [D]와 [E]에 의하면 '사람들'은 한참씩이나 '생생한 초록의 광휘'를 내뿜는 나무를 쳐다본다. 그 나무를 보며 사람들은 우리의 삶 역시 온갖 시련을 딛고 일어서서 끊임없이 이어 가는 것임을 알고, 자신들의 삶의 자세를 가다듬는 것으로 볼 수 있다.

④ <보기>에 의하면 '겨울'을 이겨 낸 '나무'의 생명력은 농촌 공동체의 회복이라는 희망과 연결된다. 그러므로 나무의 생명력은 농촌 공동체를 유지, 회복시키려는 사람들에게 전이되어 새 희망으로 작용하고 있으며, 이는 [E]에서 울려 퍼지는 '북소리'로 형상화되어 있다.

⑤ 이 시에서 겨울을 이겨 낸 '느티나무'는 [E]의 '사람들'과 연결되어 고난을 이겨 내는 끈질긴 삶의 생명력이라는 주제를 형상화하고 있다.

003 세한도 _ 고재종

실전 연습하기 본문 058쪽

01 ④ 02 그러나 03 ㉮: 삭바람마저 빗질하여 ㉯: 서러움조차 잘 걸러 내어 04 ③

01 표현상 특징 파악 답 ④

이 시는 '청솔'의 푸른 빛깔을 통해 절망에 빠지는 대신 희망을 품고 의연하고 꿋꿋하게 살아야 한다는 주제 의식을 드러내고 있다.

오답 이유 ① 이 시에서는 대구 표현이 활용되지 않았다.

② 이 시는 시각적 이미지가 두드러지게 사용되었지만, 화자의 시선 이동에 따라 시상을 전개하고 있지 않다.

③ 이 시에서는 동일한 시행의 반복이 나타나지 않는다.

⑤ 이 시는 마을의 성쇠를 함께한 '청솔'을 등장시켜 사람들이 '청솔'의 꿋꿋하고 의연한 자세를 닮기를 바라고 있다. 하지만 인간과 자연을 대조하여 부당한 현실을 강조하고 있다고 볼 수 없다.

02 시상 전개 방식 파악 답 그러나

이 시는 4연의 '그러나'라는 시어를 기점으로 절망적인 상황에서 희망을 품어 볼 수 있는 상황으로 시상이 전환되고 있다.

03 시어 및 시구의 의미 파악 예시 답안 참조

'삭바람마저 빗질하여'는 눈에 보이지 않는 '삭바람'을 '빗질'할 수 있는 대상으로 치환하여 마치 눈에 보이는 것처럼 표현하고 있고, '서러움조차 잘 걸러 내어'는 '서러움'이라는 감정을 '걸러' 낼 수 있는 대상으로 치환하여 마치 물리적인 대상인 것처럼 표현하고 있다.

04 감상의 적절성 판단 답 ③

4연에서 '몇몇들'은 '난장 난 비닐하우스를 일으키다'가 '청솔'을 바라다보고 있다. 이는 황폐해진 마을을 재건하고자 하는 사람들의 모습을 형상화한 내용으로 절망에 빠져 살지 않고 희망을 품고 살아가려는 의지를 표출하는 행위로 볼 수 있다.

오답 이유 ① 1연에서는 '날로 기우듬해 가는 마을 회관'과 '꼿꼿이 서 있'는 '청솔 한 그루'가 제시되어 있다.

② 2연에 제시된 '한때는 앰프 방송 하나로 / 집집의 새앙쥐까지 깨우던 회관'은 '마을 회관'의 과거 모습이며, '그 둥치의 터지고 갈라진 아픔'은 고통 받고 있는 '청솔'의 모습이다. 이러한 감각적 표현으로 피폐해진 농촌의 현실을 드러내고 있다.

④ 5연에서 '청솔'은 시련과 고통을 견뎌내어 '삭바람'과 '서러움'을 슬기롭게 헤쳐 가면서 '푸른 숨결을 풀어내는' 존재로 그려지고 있다.

⑤ 6연의 '꼭두서니빛'은 '까막까치 얼어 죽는 이 아침'을 견딜 수 있게 해 주는 태양이 떠오를 것임을 예고한다. 태양이 떠오르면 추위도 가실 수 있으니 '꼭두서니빛'은 냉혹한 현실에서 품을 수 있는 희망을 의미한다고 할 수 있다.

004 첫사랑 _ 고재종

실전 연습하기 본문 060쪽

01 ② **02** 눈, 햇솜 같은 마음 **03** [예시 답안] 봄에 나무가 꽃을 화려하게 피워 낼 수 있게 해 주는 눈의 아낌없는 사랑을 의미한다. **04** ③

01 표현상 특징 파악 답 ②

이 시는 화자가 '나뭇가지'에 내려앉으려는 '눈'을 통해 사랑의 의미와 본질에 대한 생각을 노래하고 있지만, 화자가 자신을 대상화하여 현실의 삶을 성찰하고 있지는 않다.

오답 이유 ① 2연에서 '싸그락 싸그락'과 같은 음성 상징어를 활용하여 '나뭇가지'에 내려앉으려는 '눈'의 모습을 생동감 있게 표현하고 있다.

③ 1연에서 '눈은 얼마나 많은 도전을 멈추지 않았으랴'와 같은 설의적 표현을 통해 '나뭇가지에 꽃 한번 피우려'는 눈의 끝없는 시도를 강조하고 있다.

④ 3연의 '황홀', 4연의 '상처'와 같은 상징적 시어를 통해, 눈꽃을 피워 내는 '눈'의 첫사랑과 그 사랑의 아픔을 이겨 내고 봄에 꽃을 피워 내는 '나뭇가지'의 성숙을 드러내고 있다.

⑤ '눈'을 의인화하여 '나뭇가지'와의 사랑을 이루려고 애쓰는 '눈'의 면모를 강조하고 있다.

02 시어 및 시구의 의미 파악 답 눈, 햇솜 같은 마음

이 시에서 '눈'은 자신의 사랑을 이루기 위해 눈꽃을 피우려는 시도를 멈추지 않는 존재로 그려지고 있다. 사랑의 대상인 '나뭇가지'를 향한 '눈'의 따뜻하고 포근한 마음은 3연에서 '햇솜 같은 마음'으로 표현되고 있다.

03 외적 준거에 따른 작품 감상 예시 답안 참조

〈보기〉에 따르면 겨울에 많이 내리는 눈은 봄에 나무가 화려한 꽃을 피우는 데 큰 도움을 주는 존재로 볼 수 있다. 따라서 1연의 '많은 도전'은 결국 나무가 가지에 꽃을 화려하게 피워 낼 수 있도록 하는 눈의 아낌없는 사랑을 의미한다고 할 수 있다.

04 감상의 적절성 판단 답 ③

'마침내 피워 낸 저 황홀'은 나뭇가지가 아니라, 눈이 노력한 결과로 피어난 눈꽃에 대한 기쁨과 예찬을 의미한다.

오답 이유 ① 눈이 눈꽃을 피우기 위해 '미끄러지고 미끄러지길 수백 번' 한다고 제시되어 있으므로, 이것은 눈이 눈꽃을 피우기 위해 인내하는 과정에서 시련을 겪는 모습으로 이해할 수 있다.

② '다 퍼부어 준 다음에야'는 눈이 눈꽃을 피우기 위해 헌신하는 모습으로 이해할 수 있다.

④ '한 번 덴 자리'는 눈이 피워 낸 눈꽃이 녹은 자리이며 이러한 과정을 통해 봄꽃이 피어나는 자리이므로 고귀한 사랑의 바탕으로 볼 수 있다.

⑤ '아름다운 상처'는 봄이 되면 나뭇가지가 피워 내는 꽃으로, 눈이 인내와 헌신 끝에 얻은 사랑의 결실인 봄꽃으로 볼 수 있다.

005 상한 영혼을 위하여 _ 고정희

실전 연습하기 본문 062쪽

01 ⑤ **02** 두 팔로 막아도 바람은 불듯, 마주 잡을 손 하나 오고 있거니 **03** [예시 답안] [A]: 새순은 돋는다. [B]: 꽃은 핀다. / 개울은 흐른다. / 등불은 켜진다. **04** ③

01 표현상 특징 파악 답 ⑤

이 시에서는 '갈대, 새순, 꽃, 개울, 등불, 밤' 등의 시어에서 나타나는 시각적 심상을 활용하여 고통과 시련, 희망 등의 관념적 대상을 구체화하고 있다. 하지만 이러한 심상들을 공감각적으로 결합한 표현을 찾을 수는 없다.

오답 이유 ① 2연의 3~4행, 3연의 4~5행 등에서 대구적 표현이 쓰여 시상을 강조하고 있다.

② 1, 2연의 '~라도, ~거니, 가자', 3연의 '서자, ~니라, ~거니'와 같은 통사 구조 속에 명령형(청유형) 종결 어미를 활용하여 설득의 어조를 나타내고 있다.

③ 2연의 '~못 가랴', '~문제랴' 등에서 설의적 표현을 통한 의미 강화를 확인할 수 있다.

④ 1연의 '상한 영혼이여'에서 보듯 청자를 설정하고 '가자', '서자' 등의 표현을 통해 대상에게 말하는 방식을 취하고 있다.

02 작품의 내용 파악

답 두 팔로 막아도 바람은 불듯, 마주 잡은 손 하나 오고 있거니

이 시의 '두 팔로 막아도 바람은 불듯'에서 보듯이 고통과 시련을 상징하는 '바람'은 인간이 피할 수 없는 것이라 하였다. 그러나 시인은 '고통에게로 가자'라고 반복한다. 그것은 바로 '마주 잡을 손'이 있기 때문이다. 이러한 연대의 '손'이 있기에 화자는 '뿌리 깊은 벌판'에 서서 고통에 맞서자고 설득하고 있다.

03 시어 및 시구의 의미 파악

예시 답안 참조

1연의 '새순'은 '밑둥'이 잘리어도 돋고, 2연의 '부평초'는 뿌리 없이 흔들려도 '물'이 고이면 '꽃'이 핀다. 또한 이 세상 어디서나 '개울'은 흐르고 이 세상 어디서나 '등불'은 켜진다. 이러한 시구들은 시련과 고통 속에서도 희망을 가질 수 있음을, 시련과 고통을 극복할 수 있는 가능성이 있음을 환기하고 있다.

04 외적 준거에 따른 의미 파악

답 ③

3연의 '두 팔로 막아도 바람은 불듯'에서 '바람'은 막을 수 없는 것으로 나타나 있다. 그것은 운명적인 것이어서 인간에게 시련과 고통은 피할 수 없는 것이라는 의미로 해석할 수 있다. 그런데 이어지는 구절에서 '영원한 눈물'이나 '영원한 비탄'은 없으며, '캄캄한 밤'이라도 '마주 잡을 손'이 있다고 하였다. 그러므로 ㉠은 그 '손'이라는 구원의 연대를 믿고 시련과 고통에 당당하게 맞서는 공간의 의미로 해석할 수 있다.

오답 이유 ① 1연의 '갈대'는 흔들리는 존재이지만, 뿌리가 깊으면 '새순'이 돋는다. 그러므로 ㉠은 흔들림 속에서도 굳건한 삶의 공간이 되어 준다.

② 1연과 3연의 '하늘'은 '고통과 설움의 땅'에 대비가 되는 공간이다. 그러므로 ㉠은 초월적 공간인 '하늘'에 대비되는, 고통과 설움이 있는 현실의 공간임을 알 수 있다.

④ 3연에서 '캄캄한 밤'은 고통과 시련의 시간을 의미한다. '두 팔로 막아도 바람은 불 듯'에서 보듯이 그 고통과 시련은 피할 수 없는 것이다. 그러므로 ㉠은 피할 수 없는 시련에 맞서는 공간임을 알 수 있다.

⑤ 3연에서 '캄캄한 밤'이라도 하늘 아래선 '마주 잡을 손' 하나 오고 있다고 하였다. 운명적인 고통과 시련에 맞서는 순간에 오고 있는 그 '손'은 고통을 함께하는 연대와 희망의 손이며, 그런 점에서 ㉠은 희망이 예비된 공간임을 알 수 있다.

006 사평역에서 _ 곽재구

실전 연습하기

본문 064쪽

01 ⑤ 02 수용, 공감 03 [예시 답안] '사람들은 그믐처럼 몇은 졸고 / 몇은 감기에 쿨럭이고 있다.', '청색의 손바닥을 불빛에 적신다.', '오래 앓은 기침소리와 / 쓴 약 같은 입술 담배 연기' 등 04 ③

01 표현상 특징 파악

답 ⑤

㉠에는 시각(눈꽃)과 청각(화음) 그리고 촉각(귀를 적신다)이 복합적으로 결합되어 있는데, 특히 시각적 심상을 청각화하여 인상적인 표현이 되고 있다. ⑤에서는 청각적 심상(피아노 소리)을 시각화(튀는 빛의 꼬리를 물고 쏟아지는 물고기)하여 대상을 참신하고 생동감 있게 표현하고 있다.

오답 이유 ① 영탄적 표현과 역설적 표현이 쓰였다.

② 유사한 시구의 반복을 통해 의미를 강조하고 있다.

③ 비유적 표현과 시각적 심상을 결합하고 있다.

④ 비인격적 대상에 인격을 부여하고 있다.

02 작품의 종합적 이해

답 수용, 공감

이 시에 등장하는 인물들은 모두 고된 삶을 견뎌 내며 살아가고 있는 사람들이다. 배경이 되고 있는 '대합실' 밖의 추위는 이들이 헤쳐 나가야 할 냉혹한 현실이겠지만 '대합실' 안의 풍경은 '톱밥 난로'가 주는 열기로 따스하다. 이들은 힘들고 고단한 삶으로 인해 '할 말'은 가득하지만 그러한 삶을 거부하거나 부정하지 않고 긍정하면서 '침묵'으로 받아들인다. 그리고 화자는 이들의 이러한 내면에 공감을 하게 된다. 이처럼 고단한 삶에 대한 긍정적인 수용과 서로에 대한 공감적 연민이 '대합실' 안을 따스한 공간으로 만들고 있다.

03 시어 및 시구의 의미 파악

예시 답안 참조

이 시에서 막차를 기다리는 승객들은 모두 고단한 삶을 견뎌 내고 있는 사람들이다. 우선 이들이 추운 겨울밤 막차를 기다리고 있다는 사실에서 이를 알 수 있다. 또한 '그믐처럼 몇은 졸고 / 몇은 감기에 쿨럭이고', '오래 앓은 기침소리와 / 쓴 약 같은 입술 담배 연기'는 이들이 고된 삶에서 오는 피로와 갖은 질병에 시달리는 사람들임을 짐작하게 한다. '청색의 손바닥'은 추위로 인해 푸르게 언 손바닥을 가리키면서 동시에 이들이 냉혹한 현실에서 살아가고 있음을 암시한다.

04 외적 준거에 따른 작품 감상 답 ③

이 시에서 2행에 나타난 대합실 밖의 '송이눈'은 '톱밥 난로'와 대비되어 추운 겨울밤의 냉혹함을 의미한다. 그러나 이 눈은 '눈꽃'이 되어 쌓이고 21행에서는 '눈꽃의 화음'으로 변화한다. 이러한 '눈'의 변주를 통해 '눈꽃의 화음'은 고단한 삶을 견뎌 내며 묵묵히 살아가는 사람들의 마음을 어루만져 주는 존재로 바뀌고 있는 것이다. 그러므로 '눈꽃의 화음'이 열악한 상황을 드러낸다고 보기는 어렵다.

오답 이유 ① [A]에서 '한 줌의 톱밥'은 막차를 기다리는 승객들에게 따스한 온기를 안겨 준다. 마찬가지로 화자가 '한 줌의 눈물'을 던지는 행위는 이들을 위로하려는 마음에서 비롯된 것으로 볼 수 있다.

② [B]에서 화자는 '내면 깊숙이 할 말들은 가득해도' 아무 말도 하지 않고 있는 승객들의 '침묵'을 이해하고 있다. 그러므로 화자가 흘리는 '한 줌의 눈물'은 이들의 침묵에 공감하는 눈물이라 할 수 있다.

④ [C]에서 화자는 '그리웠던 순간들을 호명'하며 '한 줌의 눈물'을 흘리고 있다. 이를 통해 '한 줌의 눈물'처럼 소박한 과거의 추억이 고단한 현재를 견디게 해 주는 힘이 된다는 것을 알 수 있다.

⑤ [A]에서 [C]로 시상이 전개되면서 화자는 삶의 고단함을 견뎌 내는 승객들의 내면에 공감하게 된다. 그러므로 화자가 '불빛 속'에 '한 줌의 눈물'을 던지는 행위는 그들에게 힘을 보태고, 그들을 위로하고자 하는 마음의 표현임을 알 수 있다.

007 참 맑은 물살 - 회문산에서 _ 곽재구

실전 연습하기 본문 066쪽

01 ② 02 동일한, 기대 03 [예시 답안] '저들'은 회문산의 아름다운 봄날 풍경을 이루고 있는 물살, 고사리, 산과 같은 모든 자연물을 가리킨다. 화자는 이처럼 서로 다른 것들이 조화를 이루며 어우러져 있는 모습에서 '사랑'을 읽어낸다. 04 ③

01 표현상 특징 파악 답 ②

이 시는 '회문산'을 공간적 배경으로 하고 있으며, 서로 다른 공간의 대비는 찾아 볼 수 없다.

오답 이유 ① 청유의 의미로 해석할 수 있는 '좀 봐'를 반복하여 독자의 공감과 동참을 유도하고 있다.

③ 시각적 이미지와 촉각적 이미지 등을 활용하여 봄을 맞이한 회문산의 아름다운 정경을 묘사하고 있다.

④ '-네', '-아'로 끝나는 문장을 반복하여 리듬감을 살리고 있다.

⑤ '회문산'을 '너'라고 했으며, '물살'을 풀어 적신 '머리카락'에, '출렁이는 산'을 '허벅지'에 연결하여 생동감을 느끼게 하고 있다.

02 맥락을 고려한 이해와 감상 답 동일한, 기대

'솟았네'와 직접 연결되는 것은 '사랑해야 할 날들'이다. 그러나 '식물의 싹이나 새순이 돋다.'는 뜻으로 쓰이는 '솟다'의 의미로 보아, '애기 고사리순'도 의미상의 주어라고 할 수 있다. 더구나 '지천으로'라는 부사어가 있어 그런 해석을 뒷받침할 수 있다. 따라서 '애기 고사리'와 '사랑해야 할 날들'은 동일한 맥락에서 미래의 시간에 대한 기대와 소망을 표현한 것이라고 할 수 있다.

03 시어의 함축적 의미 추론 예시 답안 참조

'저들 연분홍 사랑'은 봄날의 회문산이 그려 내고 있는 아름답고 조화로운 풍경을 빗댄 표현이라 할 수 있다. 그것이 '사랑'인 이유는 물살, 고사리, 산 등의 서로 다른 것들이 어울려 조화를 이루며 자연스러운 아름다움을 만들어냈기 때문이다. 화자의 눈에는 그러한 자연의 모습이 곧 '사랑'이다.

04 외적 준거에 따른 작품 감상 답 ③

1연은 '맑은 물살'이 '발가락 새'를 헤적이는 모습으로 시작하는데, 이는 회문산의 맑고 평화롭고 생동감 있는 모습을 느낄 수 있는 부분이다. 2연에서 '고운 물살'은 마치 '머리카락'을 풀어 적신 듯 풍요롭고 부드럽고 고우며, '출렁이는 산들'은 눈이 부실 정도로 맑고 깨끗하며 풍요롭기에 '허벅지'에 빗대어 표현되었다. 따라서 '발가락', '머리카락', '허벅지'가 고통의 역사를 상징적으로 보여 준다고 보기는 어렵다.

오답 이유 ① '애기 고사리순'에서 '애기'와 '순'은 사랑과 미래의 의미와 연결하여 해석할 수 있다.

② '너의 이름'은 곧 '회문산'을 말한다. 그것을 '부르면 부를수록 더 뜨거워지는' 것은 회문산에 얽힌 비극적이고 고통스러운 역사가, 사랑과 생명으로 가득 찬 오늘날의 아름다운 모습을 통해 기억되기 때문이다.

④, ⑤ 과거의 고통스러운 역사가 가라앉은 '참 맑고 고운 물살'은 계곡을 따라 흘러간다. 그리고 서로 다른 것들이 '아무 때나 만나'고 서로 어울리면서 '한몸되어' 흐른다. 그러므로 그 물의 흐름은 사랑과 미래에 대한 기대를 담고 있다고 할 수 있다.

008 초토의 시 1 _ 구상

실전 연습하기 본문 068쪽

01 ④ **02** 그림자 **03** [예시 답안] '죄'를 '모조리'로 보면 '(이가) 모조리 빠져 하나도 없다.'의 뜻이 되고, '죄(罪)'로 보면 '(소녀에게는) 죄가 하나도 없다.'의 뜻이 된다. **04** ①

01 표현상 특징 파악 답 ④

시적 상황에 대한 부정적 인식이 나타나 있는 곳은 1연과 2연이다. 여기서는 '애새끼들 얼굴'이 '판자집 유리딱지'에 걸려 있고, 그로 인해 '나'는 절망에 빠지게 된다. 그러나 이러한 부정적 인식이 과거와의 대조를 통해 드러나 있지는 않다.

오답 이유 ① 4연의 '잿더미가 소복한 울타리'에서 '개나리'를 발견하는 순간부터 시상과 화자의 정서, 시적 분위기에 전환이 일어나고 있다.

② '판자집'을 볼 때 절망적이었던 화자의 정서는 어느 골목에서 '개나리'가 망울져 있는 모습을 보는 것을 계기로 희망적으로 바뀌고 있다.

③ 의인화되어 있는 '그림자'는 화자의 분신과도 같은 존재로 화자의 현실 인식과 정서적 흐름과 밀접하게 관련되어 있다.

⑤ '판자집 유리딱지'에 걸려 있는 '불타는 해바라기' 같은 '애새끼들 얼굴', '잿더미가 소복한 울타리'에 망울진 '개나리', '언덕을 내려 달리는 소녀의 미소' 등에서 화자가 관찰한 내용이 시각적 이미지로 표현되어 있음을 알 수 있다.

02 소재의 기능 파악 답 그림자

이 시의 3연과 6연에 등장하는 '그림자'는 화자의 현실 인식과 정서적 흐름과 밀접하게 관련되어 있다. 황폐한 '판자집'에 있는 '애새끼들 얼굴'을 볼 때 느낀 '나'의 절망과 우울은 '울상이 된 그림자 나의 뒤를 따른다'로 표현되어 있다. 이에 비해 '개나리'와 '소녀의 미소'를 본 후에는 '나'의 흥그러움과 함께 '그림자' 역시 '웃으며 앞장을 선다'로 표현되어 있다.

03 시구의 중의적 의미 파악 예시 답안 참조

[A]의 '죄'를 '남김없이 모조리'를 뜻하는 부사로 보면 '죄 하나도 없다'는 '소녀의 이가 모조리 빠져서 하나도 없다.'는 의미가 된다. 그러나 이 '죄'를 '양심이나 도리에 벗어난 행위'를 뜻하는 명사로 보면 '소녀'는 현재의 참담한 현실에 대해 아무런 책임도 잘못도 없는 순수한 존재이며, 그래서 미래의 희망을 찾을 수 있는 존재라는 해석이 가능해진다.

04 시상 전개 방식 이해 답 ①

1연의 '해바라기'는 '판자집 유리딱지'로 상징되는 전후의 황폐한 현실에서도 밝고 강한 생명력을 보여 주는 '애새끼들 얼굴'에서 느끼는 비극적 인식을 보여 주기 위한 비유적 소재이다. 이러한 비극적 인식은 4연에서 '개나리'가 망울진 모습을 발견하는 시점을 계기로 희망적인 것으로 전환되고 있다.

오답 이유 ② 1연에서 '애새끼들 얼굴'은 '판자집 유리딱지'에 '걸려 있다'.고 표현되었다. 이것은 '불타는 해바라기'처럼 밝고 강한 모습임에도 그 얼굴들은 '유리딱지'에 갇혀 있는 것을 의미한다. 그에 비해 5연의 '소녀'는 '언덕을 내려 달리'고 있다. 즉 맑고 밝은 모습의 '소녀'는 활기차게 움직이는 생명력으로 그려지고 있다.

③ 3연의 '울상이 된 그림자 나의 뒤를 따른다.'는 6연에서 '그림자 웃으며 앞장을 선다.'로 바뀌면서 정서상의 전환을 드러내고 있다.

④ 4연의 '잿더미가 소복한 울타리'는 1연의 '판자집'과 함께 황폐한 현실을 보여 주는 소재이지만, 그 '울타리'에서 '개나리'가 망울져 피어났다는 점에서 시상 전환의 계기가 되고 있다.

⑤ 4연의 '개나리'는 5연의 '소녀'의 이미지에 자연스럽게 연결되면서 희망과 구원의 의미를 이어 가고 있다.

009 엄마 걱정 _ 기형도

실전 연습하기 본문 070쪽

01 ② **02** 회상, 무서움 **03** [예시 답안] 열무 삼십 단, 해는 시든 지 오래, 배추잎 같은 발소리 **04** ④

01 표현상 특징 파악 답 ②

이 시의 화자는 현재 시점에서 유년 시절의 서럽고 슬픈 추억을 회상하고 있다. '지금도 내 눈시울을 뜨겁게 하는'에서 보듯이 그 이면에는 서러움, 외로움, 그리움이 깔려 있지만 영탄적 어조가 드러나 있다고 보기는 어렵다.

오답 이유 ① 이 시는 '빈방'을 중심으로 유년 시절의 슬픈 추억이 형상화되어 있다.

③ '아주 먼 옛날'과 '지금도', '내 유년' 등에서 알 수 있듯이 화자는 현재 시점에서 과거의 어린 시절을 회상하고 있다.

④ '해는 시든 지 오래', '찬밥처럼' 등의 표현은 '어둡고 무서워'에서 직접 표출된 화자의 심리 상태와 연동되어 있다.

⑤ '안 오시네', '엄마 안 오시네', '안 들리네' 등을 통해 홀로 엄마를 기다리면서 느끼는 외로움, 무서움, 그리움 등의 내면 심리를 섬세하게 나타내고 있다.

02 작품의 종합적 이해 답 회상, 무서움

이 시는 가난했던 유년 시절을 회상하면서 당시의 상황과 정서를 감각적으로 묘사하고 있다. 빈방에서 홀로 엄마를 기다리는 외롭고 두려운 심리가 섬세하게 형상화되고 있는데, '해는 시든 지 오래', '찬밥처럼 방에 담겨', '배추잎 같은 발소리', '금 간 창틈', '혼자 엎드려 훌쩍거리던' 등의 감각적 이미지에서 어머니의 고된 삶과 '나'의 외로움이 생생하게 느껴진다.

03 이미지의 특징 파악 예시 답안 참조

이 시에서 화자의 어머니는 시장에서 채소 장사를 하는 사람으로 등장한다. '열무 삼십 단을 이고 시장에 간'에 단적으로 드러나 있는데, 이는 다른 상황을 나타내는 표현들 속에도 들어 있다. '해는 시든 지 오래'에서는 날이 저물어 어두워진 시간 표현에 시든 채소의 이미지가, '배추잎 같은 발소리'에는 힘겨운 삶에 지친 어머니의 힘없는 발걸음이 결합되어 나타나고 있는 것이다.

04 시어 및 시구의 의미 파악 답 ④

㉣에서 '금 간 창틈'은 화자 가족의 가난을 나타내면서 동시에 빈방에 홀로 남아 어머니를 기다리던 때의 무서움과 외로움을 사물화하여 표현했다고 할 수 있다. 따라서 '고요히' 내리는 '빗소리'는 빈방의 적막함과 외로움을 강화하는 소재로 볼 수 있다.

오답 이유 ① ㉠에서 '열무 삼십 단'은 숫자를 통해 가족들의 생계를 책임져야 했던 어머니가 짊어진 삶의 무게를 형상화한 것으로 볼 수 있다.

② ㉡에서 '숙제'는 빈방에서 홀로 어머니를 기다려야 하는 상황에서 화자가 외로움과 무서움을 잠시나마 잊을 수 있는 유일한 방법이다. 그러나 '아무리 천천히' 숙제를 하면서 애를 써도 그 외로움과 무서움에서 벗어날 수는 없다.

③ '타박타박'은 어머니의 힘없는 발소리를 형상화한 것으로 '배추잎'에 비유되어 있다. 그러므로 이것은 힘겨운 삶에 지쳐 있는 어머니의 고단한 모습을 연상시킨다.

⑤ ㉤에서 '윗목'은 '아랫목'에 대비되어 유년기에 화자가 홀로 어머니를 기다리며 느꼈던 외로움, 무서움, 그리움 등의 정서를 복합적으로 담고 있다.

010 거산호 II _ 김관식

실전 연습하기 본문 072쪽

01 ⑤ 02 겸허, 고향 03 [예시 답안] 미역취 한 이파리 상긋한 산 내음새 04 ①

01 소재의 의미 파악 답 ⑤

이 시에서 화자는 장거리로 상징되는 세속적 현실을 등지고 '산'을 지향하고 있다. 그것은 세속에서의 갈등과 대립에서 비롯된 것으로 짐작할 수는 있지만, 그러한 대립과 갈등이 '산'에서 해소되었음을 의미하는 구절을 찾을 수 없다.

오답 이유 ① '태고로부터 푸르러 온 산', '고요하고 너그러워 수하는 데다가 / 보옥을 갖고도 자랑 않는 겸허한 산.' 등에서 확인할 수 있다.

② '마음이 본시 산을 사랑해 / 평생 산을 보고 산을 배우네.', '꿈 같은 산 정기를 그리며 산다.' 등에서 확인할 수 있다.

③ '이승의 낮과 저승의 밤에 / 아아라히 뻗쳐 있어 다리 놓는 산.', '네 품이 내 고향인 그리운 산' 등에서 확인할 수 있다.

④ '평생 산을 보고 산을 배우네.', '그 품 안에서 자라나 거기에가 또 묻히리니', '산에서도 오히려 산을 그리며 / 꿈 같은 산 정기를 그리며 산다.' 등에서 확인할 수 있다.

02 작품의 종합적 이해 답 겸허, 고향

이 시의 3~6행에서 '산'은 변함이 없고 고요하고 너그러우며 겸허한 존재로 그려져 있다. 또한 10~12행에서 이승과 저승을 잇는 인간의 고향으로 그려져 있기도 하다.

03 표현상 특징 파악 예시 답안 참조

'미역취 한 이파리 상긋한 산 내음새'에는 시각적 심상과 후각적 심상이 결합되어 있다.

04 구절의 의미 파악 답 ①

㉠에서 장거리와 '산'은 의미상의 대립을 보이고 있다. 화자는 '장거릴 등지고 산을 향하여' 앉는데, 이는 장거리로 상징되는 세속의 세계를 거부하고, '산'으로 상징되는 자연을 지향하는 행위이다. ㉡에서 '산'은 '태고로부터 푸르러 온' 데 비해 '사람'은 '맨날' 변하는 존재라는 점에서 의미상의 대립을 이루고 있다.

오답 이유 ㉢에서는 '산'이 지닌 덕성을 열거하여 예찬적 태도를 보이고 있다.

㉣에서 '산'은 이승과 저승을 연결하는 존재로, 앞선 행에 나타난 인간은 산에서 자라나 산에 묻힌다는 인식과 닿아 있다.

㉤에서는 인간의 근원적 고향으로서의 '산'을 묘사하고 있다.

011 달팽이의 사랑 _ 김광규

실전 연습하기 본문 074쪽

01 ④ 02 온전한(진정한), 비판적 03 [예시 답안] 시멘트 바닥, 요란한 천둥 번개, 장대 같은 빗줄기 04 ⑤

01 시어 및 시구의 의미 파악 답 ④

ⓐ는 달팽이의 느린 속도를 고려할 때 객관적이고 사실적인 서술로 볼 수 있다. 이에 비해 ⓑ와 '숨가쁘게 달려오다'는 달팽이가 서로를 향한 강한 그리움에 몸이 달았을 것이라는 화자의 상상에서 비롯된 표현으로 볼 수 있다.

오답 이유 ① 둘 다 화자의 관점에서 묘사한 것이다.

②, ⑤ 긍정과 부정의 평가보다는 ⓐ와 ⓑ 모두 대상에 대한 감탄과 경이의 시선이 내재되어 있다고 볼 수 있다.

③ ⓐ와 ⓑ는 대상에 대한 화자의 상상이 나타난 것으로, 현재나 미래의 모습과는 상관이 없다.

02 작품의 종합적 이해 답 온전한(진정한), 비판적

이 시에서 화자는 달팽이의 사랑을 통해, 사랑을 이루기 위해서는 시련을 견뎌 내야 한다는 사랑의 보편적 의미를 말하고 있다. 그러면서 달팽이의 '그리움에 몸이' 단 사랑과 '멀고 긴' 사랑에 비해 순간적이고 이기적인 현대인들의 사랑을 비판적으로 성찰하고 있다. 그러나 사랑을 담을 집 한 칸을 마련하기 위해 십 년을 바쳐야 하는 소시민의 남루함 역시 사랑을 위한 시련이라는 점에서는 공통적인 면이 나타난다.

03 시어 및 시구의 의미 파악 예시 답안 참조

달팽이들이 사랑을 나누는 '시멘트 바닥', 사랑의 장소에 이르기 위해 뚫어야 했던 '요란한 천둥 번개', '장대 같은 빗줄기' 등은 달팽이들이 사랑을 이루기 위해 거쳐야 할 시련을 함축하고 있는 부분이다.

04 외적 준거에 따른 작품 감상 답 ⑤

'달팽이'가 사랑을 하는 '이끼 낀 시멘트 바닥'은 화자에게 있어서는 일상의 공간이며, 인간 세계에 있는 문명의 공간이다. 그러나 '달팽이'에게는 사랑을 나누기 위해 거쳐야 하는 최후의 시련으로서의 공간으로 해석할 수 있다. 그러므로 이 시에서 '시멘트 바닥'을 인간 세계의 속물성이나 문명의 비정함을 상징하는 것으로 해석하기는 어렵다.

오답 이유 ① '달팽이'의 '멀고 긴' 사랑은 인간의 '짤막한 사랑'과 대비되어 진정한 사랑의 의미에 대한 성찰을 유도하는 주제라 할 수 있다.

② 〈보기〉에 의하면 인간의 문명은 속도만을 추구하며, 시인은 자연을 느림의 이미지들로 표현한다고 하였다. 따라서 '달팽이'는 사랑을 이루기 위해 오랜 시간 동안 '그리움에 몸이 달아' 멀리서 기어온다는 점에서 느림의 이미지를 표상하는 존재로 볼 수 있다.

③ '여기까지 기어오는 데 / 얼마나 오래 걸렸을까'에는 사랑을 이루기 위해 오랜 시간을 기어온 '달팽이'에 대한 시인의 경탄과 감동의 시선이 담겨 있다고 볼 수 있다.

④ 〈보기〉에 의하면 시인은 자연을 순수하고 정다운 생명으로 포착한다고 하였다. 따라서 '달팽이'는 '그리움에 몸이 달아' 서로를 찾고 사랑을 이루기 위해 온갖 시련을 거친다는 점에서 순수하고 정다운 생명의 표상이라 할 수 있다.

012 희미한 옛사랑의 그림자 _ 김광규

실전 연습하기 본문 076쪽

01 ⑤ 02 순수, 소시민(기성세대) 03 [예시 답안] 즐겁게 세상을 ~ 이야기를 주고받았다 04 ④

01 소재의 의미 파악 답 ⑤

'부끄럽지 않은가' 속삭이는 '바람'은 '플라타너스 가로수들'의 '마른 잎'을 흔들며 '우리의 고개를 떨구게', 부끄러움을 느끼게 하는 존재이다.

오답 이유 '늪'은 '혁명이 두려운 기성세대', '살기 위해' 살아가는 소시민적 삶을 상징한다. '늪'은 이 시에서 '넥타이, 월급, 적잖은 술과 비싼 안주, 달라진 전화번호, 포커, 춤, 달력' 등의 일상적 소재를 통해 구체화되고 있다.

02 작품의 내용 파악 답 순수, 소시민(기성세대)

이 시에서는 '누구도 흉내 낼 수 없는' 자신만의 목소리로 때 묻지 않은 '노래'를 불렀던 젊은 시절의 순수와 열정에 찬 '우리'의 모습과, 일상에 얽매여 살기 위해 살아가는 소시민으로 바뀐 오늘날 '우리'의 모습이 실감나게 대비되고 있다.

03 시어 및 시구의 의미 파악 예시 답안 참조

4.19 이후 18년이 지난 후에 모인 '우리'는 '즐겁게 세상을 개탄하고 / 익숙하게 목소리를 낮추어 / 떠도는 이야기를 주고받'는다.

여기서 세상을 개탄하는 모습, 목소리를 낮추는 것에 익숙한 모습, 떠도는 이야기를 주고받는 모습 등에는 현재의 시대 역시 억압과 부조리가 존재하고 있음을 간접적으로 드러낸다.

04 감상의 적절성 평가 답 ④

'어리석게도 우리는 무엇인가를 / 정치와는 전혀 관계없는 무엇인가를 / 위해서 살리라 믿었던 것이다'는 4.19의 결과에 대한 낙관적 전망에서 비롯된 것으로 볼 수 있다. '18년'이 흐른 현재의 상황에서도 '익숙하게 목소리를 낮추어 / 떠도는 이야기를 주고받았다'에서 암시되는 것처럼 억압적 현실은 여전히 존재한다. '18'년이 흐른 현재 '우리'는 '살기 위해' 사는 삶을 살고 있지만, '또 한 발짝 깊숙이 늪으로 발을 옮'기는 데서 보듯이 그에 대한 반성은 철저하지 못함을 보여 주고 있다.

오답 이유 ①, ③ '플라타너스 가로수들'은 '우리의 옛사랑이 피 흘린 곳'에 '여전히 제자리에 서서' '우리의 고개를 떨구게' 한다. 이는 '18년'이 지난 후 '혁명이 두려운 기성세대', '살기 위해' 사는 '우리'의 모습과는 대비를 이루고 있다. 그곳에 수상하게 들어선 '낯선 건물들'은 변해 버린 '우리'의 낯선 모습과 연결해 볼 수 있다.
② '4.19가 나던 해'는 '그로부터 18년'이 흐른 현재와 대비를 이루고 있는데, 이는 '노래'와 '떠도는 이야기'의 대비를 통해서도 드러나고 있다.
⑤ '4.19가 나던 해' '우리'는 '사랑과 아르바이트와 병역 문제'로 '때묻지 않은 고민'을 했었으나, '18년'이 흐른 현재는 그것이 '처자식들', '월급', '물가', '중년기의 건강' 등 소시민적 걱정으로 바뀌고 있다.

013 추일서정 _ 김광균

실전 연습하기 본문 078쪽

01 ⑤ 02 황량, 문명 03 [예시 답안] 외로움(고독감)과 쓸쓸함 04 ②

01 시상 전개 방식 이해 답 ⑤

이 시의 시상은 먼저 도시의 가을날 풍경을 다양한 비유와 시각적 이미지로 제시한 후, 화자의 쓸쓸하고 황량한 정서를 표현하는 방식으로 전개되고 있다.

오답 이유 ① 이 시는 시간의 흐름이 뚜렷이 드러나지 않으며, 시간의 흐름에 따라 시상을 전개하고 있지 않다.
② 화자의 정서는 후반부에 주로 드러나므로, 화자의 정서가 점층적으로 고조되고 있다고 볼 수 없다.
③ 도시의 황량한 이미지가 나열되어 있지만, 대조적인 이미지를 병렬적으로 배치하고 있지 않다.
④ 이 시는 시각적 이미지를 주로 제시하면서 화자가 느끼는 황량함과 쓸쓸함 등의 정서를 드러내고 있지만, 화자의 정서 변화는 나타나 있지 않다.

02 표현상 특징 파악 답 황량, 문명

이 시에서 다루고 있는 것은 가을날 도시의 황량한 풍경이다. 이러한 풍경은 도시 문명에서 느끼는 도시인의 고독감이나 상실감과 깊은 관련이 있다.

03 화자의 정서 파악 예시 답안 참조

이 시의 후반부에서 화자는 아무런 의미 없는 발길질과 돌팔매질을 하고 있다. 이는 시의 전반부에서 제시한 황량하고 쓸쓸한 분위기 속에서 정처를 잃고 방황하는 화자의 외로움과 고독감, 쓸쓸함이 나타난 행동이라고 할 수 있다.

04 감상의 적절성 평가 답 ②

'길'을 '구겨진 넥타이'에 빗대어 표현함으로써 '길'을 도시적인 이미지와 연관 짓고 있기는 하지만, 이것이 도시에서 느껴지는 소외감을 표현한 것이라고 보기는 어렵다.

오답 이유 ① '망명정부의 지폐'는 화폐로서의 가치를 상실한 것이므로 '낙엽'을 이에 빗대에 표현한 것은 낙엽이 생명력을 상실한 상황에 대해 느끼는 무상감을 나타낸 것으로 볼 수 있다.
③ '꾸부러진 철책'과 '세로팡지로 만든 구름'은 도시 문명의 삭막함을 드러내기 위한 이미지라 할 수 있다.
④ '허공'을 향해 '돌팔매'를 던지는 행위는 '황량한 생각'을 버리기 위한 것이므로 '허공'은 '황량한 생각'을 드러내는 공허한 이미지로 활용되었다고 할 수 있다.
⑤ '돌팔매'의 하강 곡선을 '고독'하다고 표현한 것은 화자가 느끼는 외로움의 정서를 부각하기 위한 것으로 볼 수 있다.

014 성북동 비둘기 _ 김광섭

실전 연습하기 본문 080쪽

01 ② 02 산업화, 터전 03 [예시 답안] 돌 깨는 산울림, 채석장 포성 04 ⑤

01 표현상 특징 파악 답 ②

화자의 정서 변화에 따라 시상을 전개하고 있지 않다. 이 글에서 화자의 정서가 뚜렷하게 변화된다고 볼 만한 단서가 없다.

오답 이유 ① 대상이 처한 상황을 시각적으로 제시하고 있다. 비둘기가 처한 상황을 '가슴에 금이 갔다.'와 같은 시각적 이미지를 통해 제시하고 있다.

③ 비둘기를 의인화여 말하고자 하는 바를 우의적으로 전달하고 있다.

④ 비둘기가 처한 과거와 현재의 상황을 대비하여 현대 문명에 대한 비판적 의식을 드러내고 있다.

⑤ 시각적 이미지, 청각적 이미지, 촉각적 이미지 등 다양한 감각적 심상을 활용하여 독자의 감정을 자극하고 있다.

02 작품의 내용 파악 답 산업화, 터전

이 글에서 다루고 있는 것은 급격한 산업화로 인해 황폐해진 자연으로, 이는 무분별한 개발 정책으로 소외된 현대인의 모습과 연결될 수 있다. 이런 주제를 삶의 터전을 잃은 비둘기의 모습으로 나타내고 있다.

03 구절의 의미 파악 예시 답안 참조

'돌 깨는 산울림', '채석장 포성'은 비둘기 등 자연의 터전을 파괴하는 것들이므로 화자가 비판하는 문명의 모습이라고 할 수 있다.

04 외적 준거에 따른 작품 감상 답 ⑤

비둘기를 둘러싼 환경의 변화, 즉 산업화로 인해 자연이 파괴되어 더 이상 비둘기가 살 수 있는 터전이 존재하지 않게 된 상황 속에서 비둘기가 적응하지 못하는 이유를 생각해 보는 것이 이 시를 지은 작가의 의도라 할 수 있다.

오답 이유 ① 인간과 달리 자유롭게 하늘을 나는 비둘기의 모습은 이 시에서 주목할 만한 대목이 아니다. 비둘기가 처한 상황의 변화가 중심이 된다.

② 아침마다 하늘을 도는 비둘기의 규칙적인 삶은 이 글에서 중요하게 다루고자 하는 바가 아니다.

③ 비둘기가 과거에 주었던 메시지가 의미 없는 것이었다는 깨달음은 이 글의 의도와는 전혀 관련성이 없다. 사랑과 평화의 메시지를 주던 비둘기가 자신의 삶의 터전을 빼앗겨 이런 메시지조차 줄 수 없는 상황이 된 것이 이 글의 핵심이다.

④ 외부의 자극에 놀라는 비둘기의 모습은 삶의 터전의 변화와 그 터전을 빼앗기는 상황을 표현한 것으로 볼 수 있지만, 이를 통해 외부 자극에 약한 인간의 모습을 그리고 있지는 않다.

015 저녁에 _ 김광섭

실전 연습하기 본문 082쪽

01 ⑤ 02 밤, 어둠, 소멸 03 [예시 답안] 3연의 1~2행('이렇게 정다운 / 너 하나 나 하나는')으로 보아 화자는 '별'과의 인연을 특별한(정다운, 친밀한) 것으로 인식하는 태도를 보이고 있다. 04 ⑤

01 표현상 특징 파악 답 ⑤

이 시에서는 수미 상관의 전개 방식이 사용되지 않았으며, '인연의 형성 – 소멸 – 재회의 기원'의 내용을 1~3연에 걸쳐 제시하고 있다.

오답 이유 ① 3연의 종결 표현 '만나랴'에서는 의문형 어미가 사용되어 재회를 기원하는 화자의 소망을 드러내고 있다.

② 1연과 2연에서는 유사한 통사 구조가 반복되어 인연이 형성되고 소멸되는 상황을 구체화하고 있다.

③ 2연에서는 '밤이 깊을수록', 즉 시간이 흐르면서 '별'과 '나'가 각각 사라지는 모습이 제시되고 있다.

④ 이 시에서는 전체적으로 평이한 시어가 사용되었으며, 이들이 짧은 시행을 구성하면서 인연에 대한 화자의 성찰을 담담한 어조로 절제하여 표현하고 있다.

02 시구의 의미 파악 답 밤, 어둠, 소멸

'밤'이 깊어 갈수록 별빛은 밝아지고 그에 대비된 어둠 또한 짙음을 더해 가는 시간이다. 2연에서는 밝아지는 별빛 속에서 '별'은 사라지고 '나' 역시 어둠 속에 사라지면서 '나'와 '별' 사이의 인연이 소멸되는 과정을 확인할 수 있다.

03 화자의 정서, 태도 예시 답안 참조

화자는 '별'과 '나'의 시선이 조응함으로써 형성된 인연에 대해 3

연에서 '이렇게 정다운 / 너 하나 나 하나는'이라 표현함으로써 두 존재 간의 인연을 특별한 것으로 보아 소중하게 여기는 태도를 보이고 있다.

04 작품의 내용 파악 답 ⑤

3연의 '어디서 무엇이 되어 / 다시 만나랴'는 지금과는 다른 공간에서 다른 존재가 되어 있을지라도 다시 만날 수 있을 것이라는, 재회에 대한 기대와 소망을 표현한 구절로 볼 수 있다. 이를 다른 공간에서 만날 경우 인연의 속성이 달라질 것에 대한 우려를 표현한 대목으로 보는 것은 적절하지 않다.

오답 이유 ① Ⓐ와 Ⓑ는 각각 수많은 별들과 수많은 사람들이 존재하는 공간으로, 이들 사이에서 생겨난 인연은 그 희박한 가능성과 함께 인연 자체가 특별한 것임을 강조하게 된다.

② '밤'은 Ⓐ의 별들이 그 밝기를 더하는 시간이자, 이에 대조되어 Ⓑ의 어둠이 심화되는 시간이다.

③ '밤'의 상황에서 Ⓐ의 '별'은 주변 별들 속에서 그 밝음을 부각하지 못하고 사라지게 되며, '나' 또한 Ⓑ의 '어둠' 속에서 사라지게 된다.

④ '이렇게 정다운'은 '그 별 하나'와 '나' 간에 형성된 인연에 대한 화자의 태도를 드러내는 구절로, 그 인연을 소중하고 특별하게 여기는 인식에 기반하고 있다.

016 멸치 _ 김기택

실전 연습하기 본문 084쪽

01 ⑤ 02 생명력, 회복 03 [예시 답안] 물결 04 ④

01 표현상 특징 파악 답 ⑤

이 글에는 '그물, 햇빛, 바람, 고깃배' 등의 시어와 '바다, 지느러미' 등의 시어가 대조적인 의미를 가지고 있다. 이런 시어의 대립을 통해 말하고자 하는 바를 드러낸 것으로 볼 수 있다.

오답 이유 ① 후각적인 이미지를 중심으로 하고 있지 않다. 시각적 이미지가 주로 쓰이고 있다.

② 공간을 이동함에 따라 대상의 심리가 변화하는 것으로는 볼 수 없다.

③ 화자의 추측이 시간이 지남에 따라 사실로 입증되는 바가 없다.

④ 화자와 대상 간의 대화를 통해 대상의 본질이 드러나고 있지 않다. 화자와 대상 간의 대화는 없으며 대상을 두고 화자가 상상한 내용이 드러나 있다.

02 작품의 내용 파악 답 생명력, 회복

이 글에서 화자는 멸치 반찬을 보며 본래 멸치가 지닌 생명력을 상상하고, 그 생명력을 회복하기를 소망하고 있다.

03 구절의 의미 파악 예시 답안 참조

이 글에서 '물결'은 멸치 자체를 가리키는 것이면서 동시에 바다의 흐름이나 생명력 자체를 의미하는 시어라 할 수 있다.

04 시상 전개 방식에 대한 이해 답 ④

[D]에서 바다는 마른 멸치의 몸에 남은 무늬를 통해 화자가 상상한 것으로, 바다 물결의 실제 움직임을 사실적으로 묘사한 것으로 보기는 어렵다.

오답 이유 ① [A]에서 멸치 떼의 유유한 움직임은 '무수한 갈래의 길', 즉 역동적인 멸치들의 움직임과 연결되어 바닷속의 생명력 넘치는 자유로운 분위기를 보여 준다고 볼 수 있다.

② [B]에서 '그물', '햇빛의 꼿꼿한 직선들'은 멸치의 생명을 앗아 가려는 외부 세계의 폭력성을 환기하는 것으로 보아야 한다.

③ [C]는 멸치가 본래의 속성을 잃어 가는 과정을 순차적으로 보여 주는 것으로 볼 수 있다.

⑤ [E]는 '파도'와 '해일'의 움직임을 통해 멸치가 본래 지녔던 생명력을 환기하며 시상을 마무리하고 있다고 보아야 한다.

017 바퀴벌레는 진화 중 _ 김기택

실전 연습하기 본문 086쪽

01 ② 02 문명, 미래 03 [예시 답안] '암회색 스모그'를 맑고 희다고 하고 '폐수'를 너무 깨끗하다고 표현하였으므로, 참뜻과는 반대되는 말을 하여 의미를 강화하는 반어법이다. 04 ③

01 화자의 태도 파악 답 ②

화자는 바퀴벌레를 통해 문명에 대한 근본적 성찰을 하면서, 바퀴벌레를 인간 문명의 산물로 여기고 있다. 바퀴벌레에 대한 거부와 수용 문제를 다루고 있지는 않다.

오답 이유 ① 일반적으로 바퀴벌레는 하찮게 여겨지고 있으며 혐오의 대상이다.

③, ④, ⑤ 이 글에서 화자는 바퀴벌레를 관찰하면서 그 '비대'함과 '고감도의 민첩성과 기동력'에 경악하고 있다. 또한 바퀴벌레

가 오늘에 이르기까지 인간의 문명에 어떻게 적응해 왔는지, 미래에는 어떻게 변하게 될지를 상상해 보고 있다. 이러한 사유를 통해 인간 문명의 반생명적 본질에 대해 통찰하고 있다.

02 시상 전개 방식 파악

답 문명, 미래

이 글은 바퀴벌레의 현재 모습에 대한 관찰을 토대로 그 과거를 성찰하고 미래를 예측하는 흐름으로 전개되고 있다. 바퀴벌레는 반생명적인 인간 문명에 적응해 왔으며, 현재도 그 진화의 과정이 계속되고 있다고 화자는 진단하고 있다.

03 표현상 특징 파악

예시 답안 참조

'암회색 스모그가 그래도 맑고 희고'와 '폐수가 너무 깨끗한'은 진화 중인 바퀴벌레가 보기에 그렇다는 것이다. 그러기에 '잘 진화된 신형 바퀴벌레'가 등장하기 위해서 바퀴벌레는 때를 기다리며 움직이지 않고 잠들어 있다는 것이다. 그러나 말 자체에서 보듯이 암회색 스모그는 맑지도 희지도 않고, 폐수는 깨끗하지 않다. 그러므로 참뜻과는 반대되는 말을 하여 의미를 강화하는 반어적 진술로 볼 수 있다.

04 외적 준거에 따른 작품 감상

답 ③

화자는 바퀴벌레가 '먼지와 수분으로 된 사람 같은 생물'이라는 사실에 경악한다. '먼지와 수분'으로 된 생물이라면 '시멘트와 살충제 속'에서 살면서 '저렇게 비대해질 수' 없으며, '쇳덩이의 근육'에서나 볼 수 있는 '고감도의 민첩성과 기동력'을 가질 수 없기 때문이다.

오답 이유 화자는 바퀴벌레에 대한 관찰과 사유를 통해 인간이 만들어 낸 문명의 폭력성과 반생명성을 성찰하고 있다. 바퀴벌레는 '흙과 나무, 내와 강'에 살았지만, 인간이 '시멘트'와 '살충제'를 만든 후에는 '흙이 시멘트가 되고 다시 집이 되기를, 물이 살충제가 되고 다시 먹이가 되기를' 기다렸다가 '시멘트'와 '살충제'를 '똥'으로 바꿀 수 있는 오늘날의 바퀴벌레로 진화했다는 것이다. 또한 바퀴벌레는 '철판을 왕성하게 소화시키고 수억 톤의 중금속 폐기물을 배설하면서 불쑥불쑥 자라는 잘 진화된 신형 바퀴벌레'로 진화하는 중일 것이라고 예측한다. 〈보기〉에 따르면, 바퀴벌레의 진화는 인간 문명이 바퀴벌레로 상징되는 생명에 가한 폭력에 대한 적응의 역사라 할 수 있다. 또한 현재와 미래의 바퀴벌레의 모습에는 그 폭력으로 인한 변질과 기형의 흔적이 남아 있다.

2. 김남조 ~ 김춘수

018 겨울 바다 _ 김남조

실전 연습하기 본문 090쪽

01 ② 02 물, 불 03 [예시 답안] 절망을 갖고 찾아갔다가 깨달음을 얻은 공간이 되었다. 04 ③

01 표현상 특징 파악

답 ②

이 글에서 '겨울 바다'는 좌절감을 안고 찾아갔다가 희망을 품게 된 공간이다. 공간의 이동에 따라 화자의 심리가 변화한 것은 아니다.

오답 이유 ① '~게 하소서' 등 기원의 어조를 통하여 화자의 소망을 드러내고 있다.

③ '남은 날은 / 적지만', '겨울 바다에 가 보았지' 등 시구의 반복을 통해 의미를 강조하는 효과를 얻고 있다.

④ '물'과 '불'이라는 대립적 이미지의 시어를 사용하여 주제를 형상화하고 있다.

⑤ 이 시의 화자는 좌절감을 갖고 바다에 갔다가 깨달음을 얻게 된다.

02 표현상 특징 파악

답 물, 불

이 글은 생성의 이미지를 드러내는 '물'과 소멸, 상실의 이미지인 '불'의 대립적인 이미지를 중심으로 하여 그 주제를 형상화하고 있다.

03 시상 전개 방식에 대한 이해

예시 답안 참조

이 글의 1연에서 '겨울 바다'는 화자가 절망을 갖고 찾아간 곳이지만 4연에서는 깨달음을 얻은 공간이 되었다.

04 작품 간의 공통점, 차이점 파악

답 ③

이 글의 바다는 절망감을 갖고 갔다가 깨달음을 얻은 공간이고, 〈보기〉의 바다는 화자가 닮고 싶은 대상이다.

오답 이유 ① 이 글의 바다는 인격적 대상으로 볼 수 없다. 오히려 〈보기〉의 바다가 '너그러워' 보이고, '감싸고 끌어안고 받아들'이는 인격적 속성을 갖고 있다.

② 이 글의 바다를 미지의(그 속성을 알지 못하는) 이상 세계로 볼 근거가 없다. 〈보기〉의 바다는 현실 세계라기보다는 화자가 닮아 가고픈 덕성을 가진 대상이다.

④ 이 글과 〈보기〉의 바다 모두 화자에게 긍정적인 의미를 지니는 대상으로, 화자가 극복하여야 할 시련으로 볼 수는 없다.
⑤ 이 글과 〈보기〉의 바다는 화자가 도달하고자 하는 목표로 보기는 어렵다. 이 글의 경우 '바다'는 절망을 안고 왔다가 깨달음을 얻은 성찰의 공간이고, 〈보기〉의 바다는 닮고 싶은 대상인 것이지 도달하고자 하는 목표와는 조금 다르다.

019 가는 길 _ 김소월

실전 연습하기 본문 092쪽

01 ⑤ **02** 이별, 망설임, 율격 **03** [예시 답안] 어서 떠나야 한다는 화자의 마음을 나타낸다. **04** ③

01 표현상 특징 파악 답 ⑤

각 연의 구조를 동일하게 구성하고 있는 것은 아니다.

오답 이유 ① 이 글은 '그립다(3) 말을 할까(4) 하니 그리워 (5)'와 같이 7 · 5조의 음수율을 가지고 있다.
② 이 글은 1, 2연과 3, 4연의 음보 배열이 조금 다르다. 1, 2연은 짧은 문장을 행을 나누어 끊어서 배열하고, 3, 4연은 행의 길이가 길어지고 있다.
③ 이 글은 '그립다∨말을 할까∨하니 그리워' 식으로 읽힌다. 즉 전통적인 3음보의 율격을 바탕으로 하고 있다.
④ '앞 강물, 뒷 강물, / 흐르는 물은' 등에서는 유음(ㄹ)과 비음(ㅁ, ㅇ)을 빈번히 사용하여 리듬감을 형성하는 측면이 있다.

02 작품의 종합적 이해 답 이별, 망설임, 율격

이 글은 이별의 상황에서 마음속에서 일어나는 화자의 심리적 갈등을 3음보의 전통적 율격을 통해 표현하고 있다.

03 소재의 기능 파악 예시 답안 참조

이 글에서 '까마귀', '강물'은 '해 진다고' '지저'귀거나 '어서 따라오라고 따라가자고' 흐르는 존재로 나타난다. 이것은 이제 어서 가야 한다고 생각하는 화자의 마음과 관련성이 있다.

04 감상의 적절성 평가 답 ③

3연에서는 까마귀가 해 진다고 지저귀는데 이는 갈 길을 재촉하는 소리로 볼 수 있다. 화자의 어서 가야 한다는 생각이 이런 식으로 드러난다고도 볼 수 있으나, 이를 미련 없이 떠날 수 있는 마음으로 연결하는 것은 적절하지 않다.

오답 이유 ① 화자는 이별의 상황에서 발이 차마 떨어지지 않는 사람이라고 할 수 있다.
② 1, 2연에서는 망설이는 화자의 모습이 보다 직접적으로 표현되어 있다.
④ 4연에서는 흐르는 강물은 '어서 따라오라고 따라가자고' 한다. 이는 자신도 가야 하지 않느냐고 생각하는 화자의 모습을 보여 주는 것이다.
⑤ 1, 2연에서 화자의 속마음이 드러났다면 3, 4연에서는 화자를 둘러싼 외부 상황(시간의 경과)도 제시되고 있다.

020 산유화 _ 김소월

실전 연습하기 본문 094쪽

01 ③ **02** 꽃, 존재, 고독감 **03** [예시 답안] 작은 새 **04** ①

01 구절의 의미 파악 답 ③

㉠을 이상과 동떨어진 현실의 모순으로 해석하기 어렵다. ㉠은 이상과 현실의 관계로 볼 것이 아니라, 존재 간 거리감이라고 보는 것이 일반적이다.

오답 이유 ① '저만치'는 저만한 거리를 두었다는 뜻이다. 이를 염두에 두고 구절 자체의 기본 의미를 살펴보자면 꽃들이 멀찍이 떨어져 있는 모습이 연상된다.
② ㉠은 존재들 사이의 거리감으로 볼 수도 있다.
④ 화자의 입장에서 떨어져 있는 꽃은 자신의 고독감을 드러내는 것으로 볼 수 있다.
⑤ 화자의 입장에서는 꽃이 자신으로부터 멀찍이 떨어져 피어 있는 것으로도 볼 수 있다.

02 작품의 종합적 이해 답 꽃, 존재, 고독감

이 글은 꽃이 피고 지는 자연의 현상과 그 속에서 저만치 피어 있는 꽃을 통해서 존재의 근원적인 고독감을 형상화하고 있다.

03 구절의 의미 파악 예시 답안 참조

이 글에서 '작은 새'는 세상의 모든 존재들이 고독할 수밖에 없다는 화자의 감정이 이입된 대상이다.

04 작품의 내용 파악 답 ①

이 글의 내용 흐름을 〈보기〉와 같이 정리할 때, [가]는 시 4연에 해당되는 내용이다. 4연은 꽃이 지는 내용을 이야기하고 있으므로 '존재의 소멸'로 특징지을 수 있다.

오답 이유 ② '누나'의 한은 의붓어미와의 갈등이 깊어지고 있을 때 맺힌 것이 아니라, 의붓어미 때문에 죽고 사랑하는 '오랩동생'을 보지 못하여 생긴 것이다.

③ '누나'의 한은 동생들에 대한 미련을 버리지 못해서이지 모든 희망을 버리고 방황, 체념하고 있을 때 맺힌 것으로 보기는 어렵다.

④ '누나'의 한은 자신의 심정이 어떤 상태인지 파악하지 못하여 생긴 것이 아니다. '누나'는 '오랩동생'에 대한 그리움을 갖고 있다.

⑤ '누나'는 홀로 가족을 떠나지 않았으므로 그것을 자책할 수 없다. 자발적으로 떠난 것이 아니라 의붓어미 시샘으로 인해 죽었다.

021 접동새 _ 김소월

실전 연습하기 본문 096쪽

01 ④ 02 접동새, 혈육, 한 03 [예시 답안] 접동 / 접동 / 아우래비 접동 04 ①

01 표현상 특징 파악 답 ④

이 글에는 화자가 표면에 직접 드러나 있지 않다.

오답 이유 ① 이 글은 접동새 전설을 차용하여 주요 정서(한)를 환기하고 있다.

② 이 글은 애상적 어조를 통해 비극적인 분위기를 드러내고 있다.

③ 이 글에는 '진두강'이라는 구체적 지명이 있고, 이를 활용해 향토적 정서를 환기하고 있다.

⑤ 이 글은 '-ㅂ니다'라는 유사한 종결 어미의 반복으로 구조적 안정감을 획득하고 있다.

02 작품의 종합적 이해 답 접동새, 혈육, 한

이 글은 접동새 전설을 차용함으로써 죽어서도 혈육에 대한 정을 버리지 못하여 갖게 된 한을 애절한 어조로 표현하고 있다.

03 표현상 특징 파악 예시 답안 참조

이 글에서 '접동 / 접동 / 아우래비 접동'은 접동새의 울음소리이자 애절한 혈육 간의 정이 청각적 심상으로 표현된 것이다.

04 외적 준거에 따른 작품 감상 답 ①

'차마' 못 잊는다는 것은 '오랩동생'을 두고 먼저 죽게 된 '누나'의 한이며, 이는 죽어서도 동생들에 대한 미련을 끊어 내지 못하여 생긴 것으로 볼 수 있다.

022 진달래꽃 _ 김소월

실전 연습하기 본문 098쪽

01 ② 02 진달래꽃, 희생(헌신) 03 [예시 답안] 죽어도 아니 눈물 흘리우리다 04 ⑤

01 작품의 내용 파악 답 ②

임 앞에 진달래꽃을 한 아름 뿌리는 것은 떠나는 임에 대한 축복이고 진정한 사랑을 의미한다. 이 행위를 임이 미련을 갖지 못하게 하는 것으로 보기는 어렵다.

오답 이유 ① 화자는 '나 보기가 역겨워 / 가실 때에는'에서 사랑하는 임이 자신을 버리고자 할 때를 가정하고 있다.

③ 평안도 영변에 있는 약산은 진달래꽃으로 유명한 곳으로, 향토적 느낌을 환기하는 소재이다.

④ 화자가 가정한 상황 속에서 임은 '나 보기가 역겨워' 자신을 버리고 영영 떠날지도 모르는 모습으로 드러나고 있다.

⑤ 4연에서 화자는 '죽어도 아니 눈물 흘리'겠다며 속으로는 깊이 슬퍼하면서도 겉으로는 그 슬픔을 참는 모습을 보이고 있다.

02 소재의 기능 파악 답 진달래꽃, 희생(헌신)

화자는 임이 가시는 길에 '진달래꽃'을 뿌리며 축복하고, 그 꽃을 즈려밟고 가라고 한다. 이렇게 볼 때 '진달래 꽃'은 임에 대한 화자의 헌신(희생)적인 사랑을 의미한다고 할 수 있다.

03 구절의 의미 파악 예시 답안 참조

이 글에서 임과의 이별에 대한 화자의 마음을 반어적으로 표현하고 있는 구절은 '죽어도 아니 눈물 흘리우리다'이다. 화자는 속으로는 임과의 이별로 슬픔이 크지만, 겉으로는 깊은 슬픔을 참는 모습을 보이고 있는 것이다.

04 표현상 특징 파악 답 ⑤

'쑤려노흔 그쏫을'을 '놓인 그 꽃을'로 바꾸었을 때 위의 행과 함께 7·5조 3음보 율격이 잘 맞게 된다. 즉 시어를 바꾸고 글자 수를 조절해 운율상의 배려를 한 것으로 볼 수 있다.

오답 이유 ① 어휘를 바꾸었지만 시적 대상이 바뀐 것은 아니다.
② '놓인'이라는 피동 표현을 첨가하였지만 화자가 바뀐 것은 아니다.
③ 2행의 시행의 길이가 줄었지만 이것은 고독의 의미를 강조하는 장치가 아니라 운율감을 더욱 살리기 위한 장치이다.
④ 심상의 변화가 없으며, 자연과의 친화를 보여 주고 있지도 않다.

023 초혼 _ 김소월

실전 연습하기 본문 100쪽

01 ⑤ 02 초혼, 죽음, 격정 03 [예시 답안] 당신을 사랑한다 04 ③

01 표현상 특징 파악 답 ⑤

이 글은 차마 다 하지 못했던 심정을 반복과 영탄을 통해 격정적 어조로 토로하고 있다.

오답 이유 ① 자신의 심정을 담담한 어조가 아니라 격정적 어조로 드러내고 있다.
② 자신의 심정을 숨기는 반어적 어조는 드러나지 않는다.
③ 자신이 처한 상황에 대해 체념하는 어조는 드러나지 않는다.
④ 자신의 과거를 회상하고 반성하는 성찰적 어조는 드러나지 않는다.

02 작품의 종합적 이해 답 초혼, 죽음, 격정

이 글은 '초혼(招魂)'이라는 전통 의식을 통해 사랑하는 사람의 죽음을 마주한 인간의 극한적 슬픔을 격정적 어조로 표출하고 있다.

03 구절의 의미 파악 예시 답안 참조

화자의 '심중에 남아 있는 말 한마디'는 그 다음 구절을 보건대 '당신을 사랑한다'는 고백이었을 것으로 추론할 수 있다.

04 구절의 의미 파악 답 ③

[A]에는 임과 나 사이의 건널 수 없는 거리가 나타나 있으며, 동시에 만날 수 없는 임에 대한 간절한 그리움도 형상화되어 있다. 또한 그러한 그리움과 미련 때문에 선 채로 돌이 되는 화자의 모습이 드러나 있다. 즉 [A]는 간절한 그리움과 미련이 형상화되어 있는 것이다. ③에서도 화자는 임과의 거리를 느끼고 있다. 또한 떠나간 임에 대한 간절한 그리움을 풀 길이 없어 오랜 세월 동안 섬이 되어 임이 떠나간 그곳에 머물러 있는 시적 화자의 모습도 나타나 있다.

오답 이유 ① 미래에 대한 긍정적인 소망과 신념이 드러나 있다.
② 눈 내리는 밤의 외로움과 서글픔이 드러나 있다.
④ 이상 세계에 대한 염원과 이상에 도달할 수 없다는 한계 인식에서 오는 슬픔이 드러나 있다.
⑤ 조화로운 삶이 펼쳐지는 세상에 대한 소망이 드러나 있다.

024 눈 _ 김수영

실전 연습하기 본문 102쪽

01 ⑤ 02 눈, 가래 03 [예시 답안] '눈은 살아 있다'의 반복법과 점층법이 있다. 04 ②

01 화자의 정서 및 태도 파악 답 ⑤

'기침을 하자', '가슴의 가래라도 / 마음껏 뱉자' 등을 보면 현실의 불순한 상황에 대한 비판을 통해 정의롭게 살고자 하는 화자의 열망을 엿볼 수 있다.

오답 이유 ① 현실과는 동떨어지는 순수한 세계에 대한 동경심이 보이지는 않는다. 현실 속 불순함을 몰아냄으로써 순수한 세계를 추구하려 한다.
② 자연물을 가까이 두고 자연을 즐기려는 태도를 가지고 있다고 보기는 어렵다.
③ 자신보다 젊은 세대를 기존의 가치관으로 훈육하려고 하는 것으로 볼 수는 없다. 젊은 시인에게 '기침을 하자'고 하여 함께할 것을 요청하고 있다.
④ 현재의 상황에 만족하고 미래에 대해 낙관적으로 전망하는 것은 아니다. 현재의 불순한 상황에 대한 비판이 '기침을 하자'에서 표현되고 있다고 보아야 한다.

02 소재의 기능 파악

답 눈, 가래

이 글에서는 순수한 삶에 대한 소망을 '눈'과 '가래'의 대비를 통해 형상화하고 있다.

03 표현상 특징 파악

예시 답안 참조

이 글의 1연에는 반복법과 점층적 표현(점층법)이 사용되고 있다.

04 구절의 의미 파악

답 ②

'눈[雪]'은 일반적으로 순수함을 의미하며, '눈[眼]'은 사물을 보고 판단하는 힘을 의미한다. 그러므로 이 글의 '눈은 살아 있다'의 의미는 이 두 의미를 두고 볼 때, 옳고 그름을 가려낼 줄 아는 순수한 생명력으로 해석 가능하다.

오답 이유 ① '순수, 정화'라는 의미로 볼 때 정화된 시선으로 볼 수 있으나, 탈속의 세계를 지향하는 것으로는 보기 어렵다.

③ '눈'이라는 이미지에 결백함과 불순함이 혼재되었다고 볼 근거가 없기 때문에 결백함과 불순함이 혼재된 화자의 내면세계로는 보기 어렵다.

④ '눈'의 이미지에 냉혹한 이미지를 끌어낼 수 있으나, 이러한 현실로부터 도피하려는 화자의 나약함으로 볼 근거가 없다.

⑤ '눈[眼]'은 이 글에서 사물을 보고 판단하는 힘으로 해석할 수 있다. 그러나 닥쳐올 시련을 인식하지 못하는 근시안적 태도로는 볼 수 없다.

025 어느 날 고궁을 나오면서 _ 김수영

실전 연습하기 본문 104쪽

01 ④ 02 자조, 분개, 반성 03 [예시 답안] 힘 없는 자들(약자들) 04 ④

01 구절의 의미 파악

답 ④

'50원짜리 갈비', '이발쟁이'는 둘 다 약자와 관련된 것이다.

오답 이유 ① '조그마한 일'은 약자의 것, '동회 직원'은 강자이다.

② '왕궁의 음탕'은 강자의 것, '야경꾼'은 약자이다.

③ '이발쟁이'는 약자, '왕궁의 음탕'은 강자의 것이다.

⑤ '야경꾼'은 약자, '구청 직원'은 강자이다.

02 작품의 종합적 이해

답 자조, 분개, 반성

이 글에서는 '나는 왜 조그마한 일에만 분개하는가' 등과 같이 자조적인 어조로 자신의 옹졸한 모습을 그리면서 자신의 소시민적인 삶에 대한 반성적 태도를 드러내고 있다.

03 작품의 내용 파악

예시 답안 참조

화자가 분개하는 대상인 '설렁탕집 주인', '야경꾼', '이발쟁이'는 힘 없는 자들(약자들)이라 할 수 있다.

04 외적 준거에 따른 작품 감상

답 ④

이 글에서 화자는 약자에 해당하는 야경꾼들만 증오하는 자신의 모습에서 소시민의 나약함이 있음을 깨닫고 스스로를 통렬히 비판하는 모습을 보인다.

오답 이유 ① 1연의 첫 행에서 '조그마한 일에만' 분개하는 자신을 비판하고 있다.

② 설렁탕집 주인에게 욕을 하는 행위 속에서 일상의 사소한 일에만 분개하는 모습을 보이고 있다. 이런 내용을 속고 살아가야만 하는 소시민의 삶의 애환으로 보기는 어렵다.

③ 붙잡혀 간 소설가를 위해서 언론의 자유를 요구하는 것은 화자가 오랫동안 해 온 일이 아니라, 하고 싶지만 용기가 없어서 못하는 일이다.

⑤ 땅 주인이 아닌 이발쟁이에게 옹졸하게 반항하는 것은 보편적인 일이 아니며 자신의 소시민성 때문에 일어나는 일이다.

026 폭포 _ 김수영

실전 연습하기 본문 106쪽

01 ④ 02 타협, 폭포 03 [예시 답안] 나타와 안정 04 ②

01 작품의 내용 파악

답 ④

〈보기〉의 내용은 용기 있는 한 사람이 의로운 마음을 발휘하여 탈법적 행위를 고발하고자 하자, 평소에 탈법적 행위에 대해 양심의 가책을 느끼던 사람이 이에 용기를 내어 힘을 합하는 내용이다. 이는 곧은 소리로써 다른 사람들을 각성시키는 폭포의 선구자적 속성을 나타낸, '곧은 소리는 곧은 / 소리를 부른다'라는 구절과 가장 부합한다.

오답 이유 ① '무서운 기색도 없이 떨어진다'는 폭포의 속성을 드러낸다.
② '무엇을 향하여 떨어진다는 의미도 없이'는 끝없이 떨어지는 폭포의 속성을 드러낸다.
③ '인가도 보이지 않는 밤'은 어두운 시대 현실 등을 의미한다.
⑤ '높이도 폭도 없이'는 폭포의 자유로움을 의미한다.

02 작품의 종합적 이해

답 타협, 폭포

이 글에서는 부조리한 현실에 타협하지 않는 자유롭고 곧은 정신을 지녀야 한다는 주제를 '폭포'라는 자연물을 통해 전달하고 있다.

03 구절의 의미 파악

예시 답안 참조

이 글의 화자는 게으름과 안일을 추구하는 소시민적 속성에 대해서 비판을 하는데 이것은 '나타와 안정'에 나타나 있고, '폭포'는 '나타와 안정'을 뒤집어 놓은 듯이 떨어지는 존재이다.

04 표현상 특징 파악

답 ②

이 글은 '떨어진다', '곧은 소리는', '~없이' 등 유사한 어구를 반복하여 운율감을 살리고 시적 상황을 부각하고 있다.

오답 이유 ① 이 글에서는 색채의 대조가 나타나지 않는다.
③ 평서형 문장만 있을 뿐, 명령형 어조를 사용하여 화자의 의지를 강조하는 부분이 없다.
④ 문장의 순서를 의도적으로 다르게 배치하는 도치의 방식은 사용되지 않았다.
⑤ 이 글에는 설의적 표현이 사용되지 않았다.

027 풀 _ 김수영

실전 연습하기

본문 108쪽

01 ⑤ 02 풀, 생명력 03 [예시 답안] 반복법이 사용되었다. 대립적인 두 소재를 통해 의미를 드러낸다. 04 ⑤

01 작품 간의 공통점, 차이점 파악

답 ⑤

이 글과 〈보기〉 모두 억압에 굴하지 않고 꿋꿋이 이겨 내는 민중의 생명력을 주제로 하고 있다는 공통점을 가지고 있다.

오답 이유 ① 이 글과 〈보기〉 모두에서 대상의 속성이 변화하는 것은 아니다. 이 글에서만 풀이 수동적인 존재에서 능동적인 존재로 변화한다.
② 이 글과 〈보기〉 모두에서 의인적인 표현이 사용된다. 즉 풀과 벼에 인격이 부여되고 있다.
③ 〈보기〉에는 '서로 어우러져', '서로가 서로의 몸을 묶어' 등에서 존재들의 연대에 대해서 이야기하고 있으나, 이 글에서는 그런 면이 드러나 있지 않다.
④ 이 글과 〈보기〉 모두 자연과 인간을 대립적 의미로 보는 것은 아니다.

02 작품의 내용 파악

답 풀, 생명력

이 글은 풀을 통해 암울한 상황 속에서도 고통을 이겨 내는 민중의 강인한 생명력을 드러내고 있다.

03 표현상 특징 파악

예시 답안 참조

이 글의 2연에서는 '눕는다', '바람보다도', '빨리' 등의 동일한 시구가 반복되는 반복법이 사용되었다. 또한 대립적인 두 소재를 통해 의미를 드러내고 있다.

04 시상 전개 방식에 대한 이해

답 ⑤

3연에서 '늦게', '먼저'는 억압적인 상황이 더욱 강해져도 보다 능동적으로 반응하는 풀의 강인한 생명력을 의미한다. 따라서 억압적 상황이 풀의 내적 성숙을 지연시키지는 못한다.

오답 이유 ① 1연에서 '드디어'는 풀이 억압적인 상황에 대해 감정적인 반응을 드러내기 시작한 것으로 해석할 수 있다.
② 1연에서 '더', '다시'는 풀이 눕고 우는 모습을 수식하여 풀에 가해진 시련이 계속 더해져 그 강도가 만만치 않음을 나타낸다.
③ 2연에서 '빨리'와 '먼저'는 풀이 바람의 자극 그대로 움직이는 것이 아니라, 자기 의지를 가지고 움직이기 시작했음을 의미한다.
④ 3연에서 '발목까지', '발밑까지'는 풀이 눕는 강도가 더 심해지는 것으로 풀에 대한 억압이 점점 심해지고 있음을 나타내는 것으로 해석할 수 있다.

028 모란이 피기까지는 _ 김영랑

실전 연습하기 본문 110쪽

01 ③ 02 모란, 안타까움(상실감, 절망감) 03 [예시 답안] 찬란한 슬픔의 봄을 04 ⑤

01 표현상 특징 파악 답 ③

이 글은 규칙적인 리듬을 사용하고 있지 않다. 정형률이 아니라 내재율을 기본으로 하는 작품이며, 운율을 통해 안정된 분위기를 조성하고 있는 것도 아니다.

오답 이유 ① '나는 아직 기다리고 있을 테요 찬란한 슬픔의 봄을' 에서 어순을 바꾸어 시적 의미를 부각하고 있다.

② 이 글은 모란을 기다리는 화자의 심정과 모란이 지고 난 후의 심정을 섬세하게 표현하고 있다.

④ '뚝뚝', '하냥' 등 감각적인 부사어를 구사하여 모란이 떨어지고 섭섭해할 때의 상실감을 효과적으로 표출하고 있다.

⑤ 수미 상관의 구성으로 화자의 삶의 태도(모란이 피기까지는 봄을 기다릴 것이다.)를 강조하고 있다.

02 작품의 내용 파악 답 모란, 안타까움(상실감, 절망감)

이 글은 모란이 필 때까지의 기대감과 이것이 지고 말았을 때의 안타까움을 노래하고 있다.

03 구절의 의미 파악 [예시 답안] 참조

'찬란한 슬픔의 봄을'은 이 글에서 화자가 봄과 모란의 피고 짐에 대해 느끼는 정서를 압축한 역설적 표현이다.

04 외적 준거에 따른 작품 감상 답 ⑤

화자는 '하냥 섭섭해 우옵내다'라고 했지만, 이는 화자 혼자의 느낌이다. 대상의 아름다움을 같이 감상하고 같이 섭섭해 우는 무리들이 있는 것은 아니다.

오답 이유 ① 봄이라는 특정한 계절적 배경을 통해 대상의 아름다움을 표현하고 있다.

② 아름다움을 경험하는 주체를 시에 직접 노출('나')하여 정서를 표현하고 있다.

③ 대상인 모란이 한정된 시간 동안 피었다 지는 속성이 대상의 아름다움을 강화하게 된다.

④ 대상이 피어나는 순간을 위해 전에도 기다리고 후에도 계속 기다리게 되며, 이러한 정성과 소망이 대상의 희소성을 더욱 돋보이게 하는 측면이 있다.

029 오월 _ 김영랑

실전 연습하기 본문 112쪽

01 ③ 02 오월, 들길 03 [예시 답안] 산봉우리 04 ①

01 표현상 특징 파악 답 ③

'꾀꼬리는 여태 혼자 날아 볼 줄 모르나니'는 꾀꼬리가 가진 원초적인 생명력을 신비롭게 표현한 것이 아니라 다정히 함께 나는 암수 꾀꼬리의 모습을 표현한 것이다.

오답 이유 ① '이랑 이랑'에서 시어 '이랑'을 반복하여 운율을 형성하고 있다.

② '보리도 허리통이 부끄럽게 드러났다'고 하여 바람에 보리 줄기가 드러나는 모습을 의인화하고 있다.

④ '앎은 단장하고 아양 가득 차 있는'에서는 산봉우리를 아름답게 치장한 사람에 빗대어 표현하고 있다.

⑤ '오늘 밤 너 어디로 가 버리련?'에서는 의문문으로 시를 마무리하여 여운을 남기고 있다.

02 작품의 종합적 이해 답 오월, 들길

이 글은 봄인 오월에 들길에서 펼쳐지는 풍경을 향토적 소재를 사용하여 아름답게 그리고 있다.

03 소재의 기능 파악 [예시 답안] 참조

'산봉우리'는 이 글에서 고운 사람의 모습에 빗대어 형상화되고 있다.

04 시상 전개 방식에 대한 이해 답 ①

이 글은 오월의 아름다운 자연 풍경을 그리고 있다. 그 과정에서 화자의 시선의 이동에 따라 대상을 묘사하고 있다.

오답 이유 ② 시간이 흐르며 화자의 정서에 변화가 일어나고 있는 것은 아니다. 아름다운 오월의 풍경을 예찬적으로 노래하고 있다.

③ 경치를 먼저 묘사한 후 화자의 정서를 집중적으로 표현했다고 보기는 어렵다. 오월의 만물을 묘사하는 과정에서 이를 아름답게 바라보는 화자의 태도가 드러나며, 뒷부분에서 화자의 정서가 집중적으로 드러나지 않는다.

④ 청각적 심상을 찾기 어렵고, 시각적 심상을 중심으로 하여 시상이 전개되고 있다.

⑤ 자연물의 변화 양상과 인간 세태의 모습을 대비하고 있지 않다.

030 누군가 나에게 물었다 _ 김종삼

실전 연습하기 본문 114쪽

01 ⑤ **02** 소박한 서민의 공간, 위대한 면모 **03** [예시 답안] 화자는 '그런 사람들'을 고생스럽고 고달픈 삶을 순한 심성으로 슬기롭게 대처하는 사람들로 보고, 긍정적인 태도를 취하고 있다.
04 ③

01 표현상 특징 파악 답 ⑤

이 글에서는 '시가 뭐냐'는 질문에 대한 답을 화자가 탐색해 나가는 과정을 통해 시상이 구체화되고 있다.

오답 이유 ① 이 글에서는 화자가 시·공간의 이동을 통해 깨달음을 얻게 되는 과정을 표현하고 있다.
② 이 글에서 설의적 표현이 사용된 부분은 찾아볼 수 없다.
③ 공간의 이동은 나타나 있으나 이를 통해 정서가 변화하는 양상이 드러나고 있는 것은 아니다.
④ 평서형 종결 어미가 반복되고 있으나 이것이 확신의 강조에 기여하고 있는지는 확인되지 않는다.

02 구절의 의미 파악 답 소박한 서민의 공간, 위대한 면모

이 글에서 열거된 '무교동', '종로', '명동', '남산', '남대문 시장'과 같은 공간은 일상적 공간이자 소박한 시민들의 삶의 공간이다. 이들을 '알파', '고귀한 인류', '영원한 광명', '시인'과 동일시하는 화자의 인식은 평범한 삶에서 발견하는 위대함과 숭고함, 아름다움에 대한 깨달음을 반영하는 것으로 볼 수 있다.

03 시어의 의미 및 화자의 태도 파악 예시 답안 참조

'그런 사람들'이란 순함, 명랑함, 인정 등의 속성을 지녀 고달픈 삶을 슬기롭게 헤쳐 나가는 사람들로, 화자는 이들을 '시인'으로 규정함으로써 이러한 삶을 영위하는 사람들을 높이 평가하는 태도를 보이고 있다.

04 외적 준거에 따른 작품 감상 답 ③

이 글의 화자는 일상적 삶의 공간을 돌아다니면서 '시란 무엇인가'에 대한 질문과 관련지어 '시인이란 어떤 존재인가'에 대한 답을 찾게 된다. 화자는 이러한 과정에서 깨달음을 얻게 될 뿐, '누군가'가 제기한 질문에 대한 반감을 표현한 부분은 찾아볼 수 없다.

오답 이유 ① 이 글의 화자를 작가와 동일시할 때, 시의 내용은 작가 자신의 생각을 드러낸 것으로 볼 수 있다.
② 화자는 '누군가'의 질문을 통해 시의 본질과 시인의 자격에 대해 생각하게 되며, 결국 일상적 삶에서 숭고함과 아름다움의 의미를 발견하게 된다.
④ 화자는 일상적 삶을 영위하는 사람들에게서 '엄청난 고생 되어도 / 순하고 명랑하고 맘 좋고 인정이 / 있으므로 슬기롭게 사는 사람들', 즉 착한 심성과 인정을 바탕으로 고달픈 삶에 대처하는 모습을 발견하고 있다.
⑤ '그런 사람들'이 곧 '알파', '고귀한 인류', '영원한 광명', '시인'이라는 진술은 소박한 삶의 모습이 곧 고귀하고 숭고하며 아름다운 것이라는 인식을 표현한 것으로 볼 수 있다.

031 묵화 _ 김종삼

실전 연습하기 본문 116쪽

01 ③ **02** 고단함, 묵화, 여백 **03** [예시 답안] 발잔등이 부었다고 **04** ⑤

01 작품의 내용 파악 답 ③

외로운 할머니와 소가 교감을 이루고 있는 모습을 담담하게 그려 내고 있을 뿐, 대화 형식은 찾아볼 수 없다.

오답 이유 ① 시의 제목인 '묵화'에서 동양적인 분위기를 느낄 수 있다.
② 할머니가 물 먹는 소의 목덜미에 손을 얹고 있는 것을 보면, 소에 대해 애정이 있음을 알 수 있다.
④ 할머니와 소는 말을 하지 않아도 서로 마음이 통하는 사이인 것을 알 수 있다.
⑤ 시가 쉼표로 끝나서 뭔가가 남아 있을 것 같은 여운을 주고 있다.

02 작품의 종합적 이해 답 고단함, 묵화, 여백

이 글은 할머니와 소의 삶의 고단함과 교감을 한편의 묵화처럼 담담한 어조로, 또한 짧은 구성을 통해 여백을 두어 제시하고 있다.

03 구절의 의미 파악 예시 답안 참조

5행의 '발잔등이 부었다고'를 보면, 할머니의 삶이 고단하다는 것을 알 수 있다.

04 작품 간의 공통점, 차이점 파악 답⑤

㉠과 ⓐ는 모두 외로움 속에서 대상을 연민의 감정으로 대한다. ㉠은 '발잔등이 부었다고' 연민을 느끼고 있고, ⓐ는 '애처로이 잦아드는 어린 목숨'에 연민을 느끼고 있다.

오답 이유 ① ㉠과 ⓐ는 모두 대상과 대화를 나누는 것은 아니다.
② ㉠과 ⓐ는 모두 대상을 자랑스럽게 생각하고 있지 않다.
③ ⓐ는 절박한 상황(애처로이 잦아드는 어린 목숨을 지키는 상황)에 놓여 있지만, ㉠은 그렇지 않다.
④ ㉠은 대상과 서로 위로를 주고받고 있지만, ⓐ는 그렇지 않다.

032 강우 _ 김춘수

실전 연습하기 본문 118쪽

01 ③ 02 죽음, 슬픔 03 [예시 답안] 이번에는 그게 아닌가 보다. 04 ③

01 작품 간의 공통점, 차이점 파악 답③

㉮는 시의 분위기를 고조시킨다. 시의 후반부에서는 비가 점점 거세지듯 아내의 죽음을 받아들인 화자의 슬픔도 드러나게 된다. ⓐ는 시의 전반적인 분위기를 형성하고 있다.

오답 이유 ① ㉮와 ⓐ 모두 화자의 정서와 밀접한 제재이다.
② ㉮와 달리 ⓐ를 화자의 감정이 이입된 자연물로 볼 수 있는 근거는 없다.
④ ㉮는 화자의 슬픈 정서를 심화시킨다고 볼 수 있으나, ⓐ는 화자의 관심을 전환하게 하는 소재는 아니다.
⑤ ㉮는 화자의 긍정적 태도를 환기시키지 않는다. ⓐ는 화자의 부정적 정서를 심화시키는 것으로 볼 수 있다.

02 작품의 종합적 이해 답 죽음, 슬픔

이 글은 아내의 죽음이라는 받아들이기 힘든 현실을 수용하는 순간 눈물 같은 비가 내리는 장면을 통해 아내 잃은 화자의 슬픔을 표현하고 있다.

03 구절의 의미 파악 예시 답안 참조

'이번에는 그게 아닌가 보다.'에서 아내의 죽음을 현실로 받아들이고 있음을 알 수 있다.

04 구절의 의미 파악 답③

㉢에서 화자는 스스로 던진 질문에 대한 대답을 통해 '이 사람', 즉 아내와 관련된 상황이 그 이전과는 다르다는 것, 아내가 이 세상에 없음을 인식하고 있다.

오답 이유 ① ㉠은 화자의 마음이 '이 사람'과 함께했던 때와 마찬가지로 평온함을 나타내는 것이 아니다. 화자는 없는 아내를 계속 찾고 있다.
② ㉡은 화자와 '이 사람' 사이의 소통을 나타낸 것이 아니다. 아내를 찾는 자신의 목소리만 귀에 들려오고 있고 아내는 없는 상황이다.
④ ㉣에서 '이 사람'에 대한 배신감이 드러나 있다기보다는 아내가 없는 현실을 깨달으며 풀이 죽는 것이다.
⑤ ㉤에는 '이 사람'의 부재를 인정하고 체념하는 모습이 나타난다.

033 꽃 _ 김춘수

실전 연습하기 본문 120쪽

01 ⑤ 02 꽃, 의미 03 [예시 답안] 이름을 불러 주었다. 04 ④

01 작품의 내용 파악 답⑤

'친구와 일상적 대화만 했을 때에는 데면데면했는데 서로의 꿈을 이야기하며 진실한 사이가 되었다.'라는 상황은 서로 잘 몰랐을 때와 달리 서로의 꿈을 이야기하는 행위를 통해 존재의 본질을 알아 가며 의미 있는 존재가 된 것이다.

오답 이유 ① 게양된 태극기를 바라볼 때마다 조국에 대한 사랑이 샘솟는 것은 공동체(조국)에 대한 애정이 강한 경우이다.
② 사람들이 나를 좋은 사람으로 이야기해 주어서 몹시 기뻤던 경험이 있는 것은 이미 의미 있는 관계가 유지되고 있는 결과이다.
③ 공부에 자신이 없었지만 열심히 노력하니 점점 성적이 나아져서 보람을 느끼는 것은 노력으로 인한 좋은 성취를 하는 경우이다.
④ 애완견을 처음 기를 때에는 재미있고 좋았는데 데리고 지내다 보니 불편한 점도 많은 것은 처음과 달리 가까운 관계가 짐이 되는 경우이다.

02 작품의 내용 파악 답 꽃, 의미

이 글은 '꽃'을 주요 제재로 하여 사람과 사람이 의미 있는 관계를 맺고자 하는 소망을 표현하고 있다.

03 구절의 의미 파악 예시 답안 참조

이 글에서 화자는 대상에 의미를 부여하기 위하여 이름을 불러 주었다.

04 구절의 의미 파악 답 ④

'눈짓'은 서로의 본질을 인식하기 이전 상태가 아니다. '잊혀지지 않는 하나의 눈짓'은 의미 있는 관계 맺음을 의미한다.

오답 이유 ① '몸짓'은 서로의 본질을 인식하기 이전 상태이므로, '나'에게 아직은 의미가 없다.
② '꽃'은 이름 부르는 행위에 의해 의미를 부여받은 존재이다.
③ '빛깔과 향기'는 '나'의 존재의 본질에 해당한다.
⑤ 이 글 전체를 통해 '나'는 진정한 관계를 맺는 것에 대한 소망을 드러내고 있다.

034 샤갈의 마을에 내리는 눈 _ 김춘수

실전 연습하기 본문 122쪽

01 ③ **02** 샤갈, 봄, 생명력 **03** [예시 답안] 시각적 심상(색채 이미지)이며, 봄의 순수한 생명력을 표현한다. **04** ③

01 소재의 기능 파악 답 ③

'쥐똥만한 겨울 열매'는 생명력 없이 쪼그라든 열매이다. 비생명성을 의미한다.

오답 이유 ① 눈은 생명력을 나타낸다.
② 정맥은 생명력에 반응하는 것으로, 이것도 생명력에 해당한다.
④ 올리브빛은 메마른 겨울 열매에 생명을 부여함을 나타낸다.
⑤ 불은 생명력을 나타낸다.

02 작품의 종합적 이해 답 샤갈, 봄, 생명력

이 글은 샤갈의 그림인 〈나와 마을〉을 모티프로 하여 봄의 순수하고 맑은 생명력을 환상적으로 묘사하고 있다.

03 표현상 특징 파악 예시 답안 참조

이 글에서 주로 쓰인 심상은 시각적 심상(색채 이미지)이며, 이는 봄의 순수한 생명력을 표현한다.

04 외적 준거에 따른 작품 감상 답 ③

하얀 '눈' 내리는 '하늘'과 '눈' 덮인 '지붕', '굴뚝'은 흰색 혹은 회색과 같은 무채색 계열의 색감을 지니며, 이러한 이미지들은 모두 시각적 이미지에 해당한다.

오답 이유 ① 〈보기〉의 '샤갈의 초현실주의적 그림에 대한 감각적 인상을, 자신의 고향 마을에 투사하여'라는 구절을 통해 확인할 수 있다.
② 샤갈의 그림에 나타난 '올리브빛 얼굴을 가진 사나이'나 '당나귀'와 같은 이질적 이미지의 병치가 이 시에서는 '3월에 눈', '봄을 바라고 섰는 사나이', '새로 돋은 정맥'과 같은 다양한 이미지의 병치로 변용되어 봄의 생동감을 형상화하고 있다.
④ 그림 속 '올리브빛'의 이미지는 사나이의 얼굴에 나타난 것인데, 시인은 '올리브빛'을 봄의 이미지와 연결하여 '겨울 열매들'이 그렇게 물든다고 하여 생동감 넘치는 봄의 이미지로 형상화하고 있다.
⑤ '아낙', '아궁이'는 샤갈의 그림에는 존재하지 않는 우리의 전통적 이미지로, 시인은 이를 통해 그림 속 풍경에 대한 감각적 인상을 시인의 고향 마을을 떠올리게 하는 이미지로 전이시키고 있다.

3. 김현승 ~ 박재삼

035 눈물 _ 김현승

실전 연습하기 본문 126쪽

01 ④ **02** 순수함, 절대적 가치 **03** [예시 답안] 5연의 '꽃'과 '열매'는 대조적인 의미 관계에 있는 소재로, '꽃'이 아름답지만 일시적이고 덧없는 것을 의미하는 반면, '열매'는 성숙과 결실을 의미한다. **04** ④

01 표현상 특징 파악 답 ④

이 글에서는 명사형 종결('이쁜!')이나 평서형 종결 어미('주시다')가 사용되었다. 명령형 진술은 사용되지 않고 있다.

오답 이유 ① 중심 제재인 '눈물'을 제시하면서 '오직 이쁜!'과 같은 시구를 반복하여 '눈물'의 순수함과 절대적 가치를 부각하고 있다.

② 이 글에서는 '이쁜!'과 '주시다'와 같은 표현으로 연을 종결하고 있는데, 이로 인해 형성된 단정적 어조는 '눈물'이나 '당신'에 대한 화자의 확신을 전달하고 있다.

③ '나아종 지니인'과 같이 시적 허용이 사용되어 '눈물'의 절대적 가치를 강조하고 있다.

⑤ '당신'을 '더욱 값진 것으로 / 드리'어야 하는 대상이자 '나의 웃음을 만드신', '나의 눈물을 지어 주'신 대상으로 제시하여 절대자에 대한 경건한 태도를 드러내고 있다.

02 구절의 의미 파악 답 순수함, 절대적 가치

이 글에서 화자가 생각하는 '눈물'의 의미는, 1연에서는 '옥토에 떨어지는 작은 생명'으로서 새로운 생명의 근원으로, 2연에서는 온전하고 순수한 자신의 전부로, 3~4연에서는 최종적, 절대적 가치를 지닌 것으로 제시되고 있다.

03 소재의 기능 파악 예시 답안 참조

'꽃'과 '열매'는 각각 '아름답지만 순간적이고 덧없는 것', '열매'는 '순간성과 덧없음을 극복하고 맺게 되는 결실과 성숙'을 의미하는 것으로, 이들은 대조적인 의미 관계에 있음을 알 수 있다.

04 외적 준거에 따른 작품 감상 답 ④

6연의 '웃음'은 5연의 '꽃'과 의미상 대응되는 시어로, '아름답지만 덧없고 일시적인' '꽃'의 속성을 지닌 삶의 기쁨을 가리킨다. 따라서 이를 영원에의 지향과 관련된 기쁨으로 해석하는 것은 적절하지 않다.

오답 이유 ① '당신'은 높임법과 함께 제시되어 이를 절대적 존재로 인식하는 화자의 태도를 표현하고 있다.

② '꽃'의 '시듦'은 죽음과 연결되어 화자에게 존재의 유한성과 한계를 인식하게 하는 것으로 볼 수 있다.

③ '꽃'이 시들고 '열매'가 맺는 것은 자연의 섭리에 의한 것으로, 이는 소멸이 다시 생성으로 이어지면서 영원성을 구현하는 절대자의 섭리와 관련지을 수 있다.

⑤ '눈물'은 1연의 '옥토에 떨어지는 작은 생명'과 동일시되면서, 유한성의 자각으로 인한 슬픔이 새로운 생명의 근원으로 작용하게 된다는 화자의 인식을 드러내면서 <보기>에서 제시된 '양극성의 힘'과 연결될 수 있다.

036 플라타너스 _ 김현승

실전 연습하기 본문 128쪽

01 ③ **02** 플라타너스, 소망 **03** [예시 답안] 물 먹는 소, 마음이 통하는 존재(삶의 동반자) **04** ②

01 작품의 종합적 이해 답 ③

이 글에는 대상(플라타너스)의 덕성에 대한 긍정적인 인식이 드러난다.

오답 이유 ① 이 글에서 시대 상황에 대해서 풍자하는 내용은 나타나 있지 않다.

② 이 글에 해결해야 할 삶의 문제에 대한 고뇌는 드러나 있지 않다.

④ 이 글에 아름다움의 세계에 대한 각별한 애정이 드러나는 것은 아니다. 이 글에서 '별'은 꿈을 상징할 뿐, 아름다움의 세계를 나타내지 않는다.

⑤ 이 글에서는 인생의 허무함을 탄식하거나 인간 세계를 부정하는 내용은 드러나 있지 않다. 삶의 길이 '수고론', 즉 힘겹다는 내용 정도만 드러나 있다.

02 작품의 내용 파악 답 플라타너스, 소망

이 글은 플라타너스를 대상으로 하여 말을 건네고 있으며, 그와 인생을 함께하고픈 소망을 드러내고 있는 시이다.

03 소재의 기능 파악
예시 답안 참조

이 글에서 '플라타너스'와 유사한 의미를 가진 〈보기〉의 시어는 '물 먹는 소'이다. 두 대상 모두 화자인 '나', 〈보기〉의 '할머니'와 동반자적 존재, 교감을 나누는 존재로 나타내고 있다.

04 시상 전개 방식에 대한 이해
답 ②

플라타너스의 '그늘'은 그 주변의 것들을 포용하는 헌신적인 사랑의 이미지에 가깝다. 심리적인 상처로 볼 수 있는 근거는 없다.

오답 이유 ① 1연에서 '하늘'은 플라타너스의 꿈, 이상의 의미를 지니고 있다.

③ 3, 5연의 '길'은 인간이 걸어가는 삶의 길, 즉 인생의 과정으로 볼 수 있다.

④ '흙'은 '너를 맞아 줄', 즉 영혼의 안식처의 의미가 있다.

⑤ '창'은 다른 대상과의 소통의 통로로 볼 수 있다.

037 납작납작 - 박수근 화법을 위하여 _ 김혜순

실전 연습하기 본문 130쪽

01 ⑤ 02 그림, 서민 03 [예시 답안] 현실의 무게에 짓눌려 있음. 04 ⑤

01 감상의 적절성 평가
답 ⑤

화자는 '하나님, 보시니 마땅합니까?'라고 물음으로써, 서민들의 고달픈 삶을 '하나님'의 섭리로 이해하고 받아들이는 것이 아니라 보기 마땅하지 않다고 항변한 것이라 할 수 있다.

오답 이유 ① 화자는 화가로, 청자는 '하나님'으로 설정하여 시상을 전개하여 나가고 있다.

② 2연의 '천지 만물을 한 줄에 꿰어 놓고'는 박수근 화백의 작품, 작품들을 전시해 놓은 모습을 나타낸다고 할 수 있다. 이 글의 화자는 그렇게 해 놓은 작품들이 '하나님, 보시니 마땅합니까?'라고 묻고 있는 것처럼 형상화하고 있다.

③ '납작납작'은 화가의 화법과 화가가 자주 그린 대상의 삶의 성격을 이중적으로 표현하는 것으로 볼 수 있다. 즉 대상을 눌러 그리는 화법을 의미하기도 하지만, 힘겨운 삶에 짓눌린 서민들의 모습을 의미하기도 한다.

④ 그림에 등장하는 인물들은 모두 서민들을 나타낸 것으로 볼 수 있으므로 이 글에는 서민들의 애환이 담겨 있다고 감상할 수 있다.

02 작품의 내용 파악
답 그림, 서민

이 글은 박수근 화가의 그림을 중심으로 하여 그의 그림의 주된 대상이 된 서민들의 삶의 애환을 그리고 있다.

03 구절의 의미 파악
예시 답안 참조

'납작납작'이라는 기법에는 서민들의 현실에 짓눌린 삶의 모습이 드러난다고 볼 수 있다.

04 외적 준거에 따른 작품 감상
답 ⑤

박수근이 '납작납작' 눌러 그리는 마티에르 기법을 사용한 이유는 비참한 서민의 삶을 거짓 없이 묘사하기 위한 것으로 볼 수 있다. 이 기법의 활용을 서민들에게 엄청난 잠재력이 축적되어 있다고 보는 관점과 관련지어 설명하기는 어렵다.

오답 이유 ① '한 며칠 눌렀다가'는 눌러 그리는 기법과 관련된 것으로, 〈보기〉의 '물감의 층을 거듭 고착'하는 그림 기법과 관련지어 생각할 수 있다.

② 이 글의 부제인 '박수근 화법을 위하여'를 통해 박수근의 화법과 이 글이 관련성이 있음을 짐작할 수 있다.

③ '쭈그린 아낙네 둘', '여편네와 아이들'은 박수근 그림의 소재가 된 서민들로 볼 수 있다.

④ '입술도 없이 슬그머니'는 입술을 생략하고 그린 방법을 말하는 것이므로 형태를 단순화하는 화가의 기법과 관련을 찾을 수 있다.

038 귀뚜라미 _ 나희덕

실전 연습하기 본문 132쪽

01 ② 02 여름, 가을 03 [예시 답안] '매미 소리'는 '높은 가지를 흔드는', '하늘을 찌르는' 등과 같은 시구와 함께, '내 울음'은 '차가운 바닥', '이 땅 밑'과 같은 시구와 함께 제시되고 있다. 이 둘은 각각 높은 곳과 낮은 곳에서 들리는 것으로 '매미 소리'의 위압적이고 압도적인 속성과 '내 울음'의 나약함을 대조적으로 드러내고 있다. 04 ④

01 표현상 특징 파악
답 ②

이 글에서는 현재 시점(여름)에서 전망하는 미래(가을)에 대한 기대가 드러나 있을 뿐 과거 회상이 제시되어 있지 않으며, 과거로의 회귀에 대한 소망 역시 드러나 있지 않다.

오답 이유 ① 높은 곳으로 향하는 매미 울음소리와 낮은 곳에서 울리는 화자(귀뚜라미)의 울음소리가 나타나 있으며, 낮은 곳에 처한 시적 화자의 부정적 상황이 함께 형상화되어 있다.

③ '매미 소리', '울음', '노래' 등의 시어와 '귀뚜르르 뚜르르'와 같은 음성 상징어를 제시하여 청각적 심상을 드러내고 있다.

④ 여름과 가을의 대조, '매미 소리'와 '내 울음', '노래' 등의 대조를 통해 화자가 지향하는 바를 드러내고 있다.

⑤ '어린 풀숲 위에 내려와 뒤척이기도'와 '계단을 타고 이 땅 밑까지 내려오는'에 의인법이 사용되었으며, 이를 통해 가을이 낮은 소리에도 귀를 기울이는 시대를 상징적으로 표현하고 있음을 알 수 있다.

02 구절의 의미 파악 답 여름, 가을

화자는 매미 소리가 하늘을 찌르는 여름, 낮은 곳에서 울음을 토해 내면서 자신의 소리가 누군가에게 전달되어 감동을 불러일으키는 가을이 올 수 있기를 희망하고 있다.

03 작품의 내용 파악 예시 답안 참조

'매미 소리'는 1연에서 '높은 가지를 흔드는', 3연에서는 '하늘을 찌르는' 것으로 제시되어 높은 곳을 향하는 위압적이고 압도적인 면모를 지닌 것으로 구체화되었다. 반면 '내 울음'은 2연에서 '차가운 바닥 위에 토하는', 3연에서 '이 땅 밑'에서 '발길에 눌려 우는' 것으로 제시되어, 나약하고 희미하지만 희망에 대한 끈을 놓지 않는 수단으로 표현되고 있다.

04 구절의 의미 파악 답 ④

'울음'은 화자의 입장에서 '누군가의 가슴에 실려 가는 노래'로 변화될 수 있기를 바라는 대상이다. 따라서 화자의 '울음'은 '노래'와 관련지어 누군가에게 감동을 주고 싶은 화자의 소망을 의미하는 것으로 볼 수 있다.

오답 이유 ① '매미 떼'는 귀뚜라미의 소리를 압도하면서 낮고 작은 소리를 들리지 못하게 하는 존재로, 귀뚜라미에게 부과되는 시련 자체로 이해하는 것은 적절하지 않다.

② '시절'은 '매미 떼가 하늘을 찌르는' 때를 가리키는 것으로, 귀뚜라미의 소리가 묻히는 시기를 의미한다.

③ '계단'은 귀뚜라미가 있는 낮은 곳으로 연결되는 통로의 역할을 하는 소재로, 극복해야 할 고난의 의미로 보는 것은 적절하지 않다.

⑤ '노래'는 타인에게 감동을 주는 소리를 가리키는 것으로, 운명을 수용하려는 태도와는 관련이 없다.

039 그 복숭아나무 곁으로 _ 나희덕

실전 연습하기 본문 134쪽

01 ② **02** 경어체, 고백적 **03** [예시 답안] 이 글의 화자는 대상에 대해 거리감을 보이다가 '수천의 빛깔'이라는 대상에 대한 새로운 인식을 계기로 하여 대상을 이해하고자 하는 태도를 보이게 된다. **04** ④

01 작품의 종합적 이해 답 ②

화자는 대상을 '그 복숭아나무'라고 지칭하며, 시상이 전개됨에 따라 이 지칭은 '그 나무', '그 복숭아나무'와 같이 반복적으로 제시되면서 독자에게 시적 대상이 특정 복숭아나무임을 끊임없이 환기하고 있다.

오답 이유 ① 특정 배경에 대한 묘사를 찾아볼 수 없으며, 이 글의 분위기가 웅장하다는 판단 역시 적절하지 않다.

③ 이 글의 마지막 부분은 도치된 문장으로 마무리되어 시적 여운을 심화시키고 있다.

④ 이 글의 '복숭아나무'는 '여러 겹의 마음을 가진', '심심한 얼굴'을 하여 의인화된 대상임을 확인할 수 있으나, 이것이 현실에 대한 비판적 관점을 드러낸다고 보기는 어렵다.

⑤ '흰꽃'과 '분홍꽃' 등 색채와 관련된 시어가 제시되어 있으나, 이를 신화적 세계에 대한 동경과 관련짓는 것은 적절하지 않다.

02 표현상 특징 파악 답 경어체, 고백적

화자는 '-습니다'로 종결되는 경어체를 사용하면서, 자신이 '그 복숭아나무'에 대해 조심스러운 태도를 취하면서 거리를 두다가 진정한 이해에 도달하게 되는 과정을 고백적인 어조로 표현하고 있다.

03 작품의 내용 파악 예시 답안 참조

'그 복숭아나무'에 대해 거리감을 두던 화자는 대상에서 '수천의 빛깔'을 발견하게 되고 대상의 정서를 추측('외로웠을 것이지만 외로운 줄도 몰랐을 것')하면서 대상에게 가까이 다가가게 된다.

04 구절의 의미 파악 답 ④

[D]에서 '외로웠을 것이지만 외로운 줄도 몰랐을 것'이라는 구절과 '피우고 싶은 꽃빛이 너무 많은'이라는 구절에 드러난 '그 나무'는 분명 '흰꽃'과 '분홍꽃'으로만 인식된 '그 나무'와 구별되면서 대상에 대한 새로운 이해를 드러내고 있다. 여기서 '피우고 싶

은 꽃빛'은 대상의 다양한 마음과 관련지을 수 있을 뿐, 이를 화자가 외로움을 이겨 낸 상황으로 보는 것은 적절하지 않다.

오답 이유 ① [A]의 '나는 왠지 가까이 가고 싶지 않았습니다'라는 구절에서 '그 복숭아나무'에 대해 거리를 두는 화자의 태도를 읽어 낼 수 있다. 그리고 그 이유는 '그 복숭아나무'가 '너무도 여러 겹의 마음'을 가진 존재였기 때문으로 드러난다.

② [B]에서는 '그 복숭아나무'에 대한 화자의 심리적 거리감으로 인해 화자가 그 나무를 피하고 있음이 드러난다. 그 나무의 '그늘'에 앉지 않고, '멀리로 멀리로만' 지나쳐 가는 모습에서 이를 확인할 수 있다. 따라서 대상에 대한 감정이 행동으로 구체화되고 있음을 알 수 있다.

③ [C]에서 '그 복숭아나무'는 '흰꽃과 분홍꽃 사이에 수천의 빛깔'을 가진 존재로 제시되고 있다. 그런데 [B]에서 그 나무는 '흰꽃과 분홍꽃을 나란히 피우고' 있는 존재였다. 따라서 [C]는 대상에 대한 인식이 전환되는 부분이며, '눈부셔'라는 표현은 화자의 인식이 전환되는 순간을 감각적으로 드러내면서 부각하고 있는 부분이다.

⑤ [E]에서 '흩어진 꽃잎들'이라고 했으므로 '그 복숭아나무'의 꽃잎들은 이제 나무에 피어 있지 않다. 수천의 빛깔이 있다는 것을 이제야 깨달았는데, 정작 그 꽃잎들은 이제 져버린 것이다. 따라서 '조금은 심심한 얼굴'은 '그 복숭아나무'의 또 다른 모습으로서, 꽃잎이 진 '그 복숭아나무'를 가리킨다.

040 율포의 기억 _ 문정희

실전 연습하기 본문 136쪽

01 ③ 02 숨 쉬고 사는 것들의 힘, 생명력 03 [예시 답안] 고달픈 삶을 살아 내는 존재들의 경건함을 깨닫게 하기 위해서이다. 04 ④

01 시상 전개 방식에 대한 이해 답 ③

이 글에서는 바다, 뻘밭과 같은 공간의 특성을 바탕으로 이 공간에서 얻게 되는 화자의 깨달음을 형상화하고 있다.

오답 이유 ① 이 글에서는 선경 후정의 방식이 드러나 있지 않다.

② 화자가 스스로 질문을 던지는 부분은 나타나 있으나, 대화의 형식이 활용되고 있지는 않다.

④ 이 글의 시적 화자는 평서형 종결 어미를 통한 단정적 어조로 자신의 발견과 깨달음을 제시하며, 질문을 던져 발견과 관련된 사실에 대한 탐색을 심화하고 있다. 이러한 어조의 변화가 화자의 심리 변화와 대응되는 것은 아니다.

⑤ 이 글에서는 반어적 표현이 사용되지 않았다.

02 시구의 의미 파악 답 숨 쉬고 사는 것들의 힘, 생명력

이 글에서 '바다'의 '소금기 많은 푸른 물'과 '무위한 해조음'은 화자에게 어떠한 의미를 환기하지 않는, 객관적이고 물리적인 속성을 지시한다. 이에 반해 '뻘밭'의 살아 움직이는 것들은 '바다'에 무생명성의 의미를 더하면서 꿈틀거리는 생명력의 의미를 '뻘밭'에 부여하고 있다.

03 작품의 내용 파악 예시 답안 참조

'어머니'가 화자를 데리고 바다에 간 이유는 '깨달음'을 전달해 주기 위해서이며, 그 깨달음은 '바다'가 아닌, 바다가 '밀려 나간 후' 모습을 드러내는 '뻘밭'을 통해 알게 된 삶의 의미와 연결되는 것이다.

04 소재의 기능 파악 답 ④

화자의 어머니는 화자를 데리고 뻘밭을 보여 주기 위하여 바다로 갔다. 화자는 그곳에서 힘겹지만 치열하게 살아가는 생명들을 발견하고, 그 모습에서 삶의 숭고한 가치를 깨닫는다. 이 글에서는 '검은 뻘밭'을 '푸른 물'과 대비하며 이를 효과적으로 제시하고 있다.

오답 이유 ① 이 글에서 자연의 순수함과 위험성에 대해 언급한 내용은 찾아볼 수 없다.

② '푸른색'과 '검은색'에 대해 일반적으로 지니고 있는 색채 이미지에 대한 설명으로, 이 글에서는 '검은 뻘밭'이 생명이 꿈틀대는 공간으로 그려지고 있다.

③ 이 글에서 힘겨운 삶을 극복한 사람들이 얻게 되는 환희와 관련된 내용은 찾아볼 수 없다.

⑤ 이 글은 어머니와 함께했던 과거의 경험을 주로 다루고 있으며, 미래에 살아갈 모습에 대해 상상하는 내용은 찾아볼 수 없다.

041 평상이 있는 국숫집 _ 문태준

실전 연습하기 본문 138쪽

01 ② **02** 통사, 반복 **03** [예시 답안] '쯧쯧쯧쯧 쯧쯧쯧쯧'은 '손이 손을 잡는 말'이며 '눈이 눈을 쓸어 주는 말', 즉 서로에 대한 위로와 위안의 의미를 담은 소리이며, 짧으면서도 깊은 여운과 울림을 남기는 소리이다. **04** ④

01 소재의 기능 파악 답 ②

평상이 있는 국숫집은 고단한 삶을 사는 서민들이 서로를 안쓰럽게 생각하는 공간이며, '평상'은 그들을 이어 주는 매개체 역할을 한다.

오답 이유 ① 이 글에서는 미래에 대한 언급이 없다.

③ 이 글은 인간적 유대를 보여 주지만, 역사적 현실은 드러나지 않는다.

④ 이 글에서 과거를 회상하는 부분은 없다.

⑤ 이 글에서는 자아 성찰이 드러나지 않는다.

02 시상 전개 방식에 대한 이해 답 통사, 반복

이 글은 '~이 ~을 ~는 말'이나 '~ 온 사람도 있다', '세상에 이런 ~ 말이 있어서'와 같이 유사한 통사 구조를 반복적으로 제시하여 주제를 강조하고 있다.

03 구절의 의미 파악 예시 답안 참조

이 글에서 '쯧쯧쯧쯧 쯧쯧쯧쯧'은 '손이 손을 잡는 말'이며 '눈이 눈을 쓸어 주는 말', 즉 서로에 대한 위로와 위안의 의미를 담은 소리이며, '세상에 이런 짧은 말이 있어서 / 세상에 이런 깊은 말이 있어서'와 같은 시구를 통해 알 수 있는 것처럼 짧으면서도 깊은 여운과 울림을 남기는 소리로 볼 수 있다.

04 외적 준거에 의한 작품 감상 답 ④

'마주 앉은 사람보다 먼저 더 서럽다'는 것은 겸상한 사람들의 어렵고 힘든 사연을 듣고 먼저 더 서러워하는 적극적인 공감의 태도를 드러내는 구절로 볼 수 있다.

오답 이유 ①, ② '삼거리 슈퍼' 같은 '국숫집'의 '평상'은 다양한 사연을 지닌 사람들이 한데 모여 국수를 나누는 공간적 배경이다.

③ 서로를 '세월 넘어온 친정 오빠를 서로 만난' 듯이 대하는 이들은 격의 없이 서로의 사연을 나누면서 이에 공감을 표하고 위로하는 모습을 보이고 있다.

⑤ '평상에 마주 앉은 사람들'에서 '모처럼 평상에 마주 앉'은 '우리'로 시적 대상이 전이되는 것은, '우리'의 모습 역시 평상 위에서 서로의 사연을 나누며 공감하는 '사람들'의 모습에 다르지 않다는 인식에서 비롯한 것으로 볼 수 있다.

042 아침 이미지 1 _ 박남수

실전 연습하기 본문 140쪽

01 ③ **02** 물상, 생명력 **03** [예시 답안] '어둠은 새를 낳고, 돌을 / 낳고, 꽃을 낳는다'라는 구절로, 어둠이 물러가고 아침의 빛에 의해 사물이 인식되기 시작하는 순간을 출산의 순간에 비유하고 있다. **04** ④

01 표현상 특징 파악 답 ③

이 글에서는 아침이 되어 밝아지는 과정을 '어둠이 물상을 낳고 소멸하는 것'에 비유함으로써, 어둠이 지닌 생명의 가능성은 아침에 사물이 움직이는 원동력과 근원으로 작용하게 된다는 인식을 드러내고 있다. 따라서 이들을 대조적 관계로 파악하고 생성과 소멸의 섭리를 강조한 것으로 해석하는 것은 적절하지 않다.

오답 이유 ① '~를 낳고/낳는다'의 반복을 통해 어둠이 품고 있는 생명의 가능성을 강조하고 있다.

② '물상'이 '몸을 움직이'고 '즐기고 있다'와 같이 움직이는 것으로 표현함으로써 아침의 생동감을 부각하고 있다.

④ '개벽'과 같은 상징적 시어를 사용함으로써 새로운 세상이 열리는 듯한 아침의 생동감과 생명력을 집약적으로 제시하고 있다.

⑤ '금으로 타는 태양의 즐거운 울림'과 같이 시각적 심상을 청각적 심상으로 전환함으로써 아침의 태양이 '즐거운 지상의 잔치'에 활기차게 동조하고 있다는 느낌을 효과적으로 드러내고 있다.

02 소재의 기능 파악 답 물상, 생명력

이 글에서 '어둠'은 '새', '돌', '꽃'으로 대표되는 만물('물상')을 낳아 세상에 돌려주는 주체로 제시되어 있으며, 이로 인해 '어둠'의 의미를 '만물 탄생의 가능성을 품고 있는 생명력을 지닌 시간'으로 해석할 수 있다.

03 구절의 의미 파악 예시 답안 참조

이 글의 1~2행은 아침이 되어 모습을 드러내는 만물의 모습을 표현한 구절이다.

04 작품의 내용 파악 답 ④

'태양의 즐거운 울림'은 점점 밝아 오는 태양의 역동적인 이미지를 드러내고 있는 것으로, 이는 생동감 있게 살아나는 만물들의 이미지와 어울려 아침의 이미지를 더욱 밝고 경쾌하게 강조하는 효과를 가져온다.

오답 이유 ① '무거운 어깨를 털고'는 지상으로부터 벗어나려는 사물들의 몸부림을 드러낸 것이 아니라 어둠 속에서 모습을 드러내기 시작하는 물상의 움직임을 부각하는 표현이다.
② '노동의 시간을 즐기고'는 긍정적이고 신선한 이미지를 통해 생기 넘치는 삶의 모습을 표현하고자 한 것일 뿐 노동의 고단함을 잊기 위한 것은 아니다.
③ '즐거운 지상의 잔치'는 온갖 물상들이 움직이면서 만들어 내는 아침의 모습을 낙천적인 분위기로 표현한 것이다. 이때 사물들은 어둠 속에 이미 존재했던 것으로, 새로 태어난 것은 아니다.
⑤ '세상은 개벽을 한다'는 물상들의 움직임을 '혼란'으로 인식하고 있는 것이 아니라 경이감을 지니고 새로운 세계가 창조되는 사건으로 인식하고 있는 것이다.

043 해 _박두진

실전 연습하기 본문 142쪽

01 ⑤ 02 대조, 시간, 공간 03 [예시 답안] 모든 생명체가 어울려 화합과 공존을 이뤄 낸 평화로운 세계 04 ②

01 표현상 특징 파악 답 ⑤

이 글에서는 현재 시제를 사용하여 상황을 생생하게 제시한 부분을 확인할 수 없다.

오답 이유 ① 이 글에서는 '솟아라'와 같이 명령형 종결 어미가 사용된 시어를 반복하여 새로운 세상에 대한 화자의 강한 지향과 의지를 강조하고 있다.
② 이 글에서는 '말갛게 씻은 얼굴', '앳된 얼굴', '늬가사 오면', '너를 만나면' 등을 통해 자연물인 '해'에게 인격을 부여하여 긍정적인 세계가 오기를 바라는 시적 의미를 드러내고 있다.
③ 이 글에서는 '해야 솟아라', '달밤이 싫여'와 같은 시구들이 반복, 변주됨으로써 '해'가 상징하는 밝음과 화합, 공존의 세계에 대한 강렬한 지향이라는 주제를 부각하고 있다.
④ '해야'와 같이 대상을 호명하고 이에 말을 건네는 어투를 사용함으로써 '해'에 대한 친밀한 태도와 정서적 교감을 드러내고 있다.

02 소재의 기능 파악 답 대조, 시간, 공간

이 글의 2연에서 '달밤'과 '골짜기'는 화자가 거부의 태도를 보이는 대상으로, 지향하는 대상인 '해'와는 상반되는 의미의 시간적, 공간적 배경으로 기능하는 시어이다.

03 구절의 의미 파악 예시 답안 참조

'앳되고 고운 날'은 4, 5연의 '사슴'과 '칡범'을 비롯하여 6연의 '꽃, 새, 짐승'이 모두 한자리 앉아 누리게 될 화합과 공존의 세계로 볼 수 있다.

04 외적 준거에 의한 작품 감상 답 ②

'해'는 작가가 지향하는 세계로 향하게 하는 긍정적인 매개의 역할을 한다. 이 글에서 '눈물 같은 골짜기'와 '아무도 없는 뜰'은 해가 없는 부정적인 공간들이다. 그렇기 때문에 해가 이러한 부정적인 공간들을 매개한다는 것은 적절하지 않다.

오답 이유 ① 1연의 '해'는 '어둠을 살라 먹고' 솟아나는 존재로 형상화되고 있으며, 이를 통해 '해'와 '어둠'의 대비가 드러나고 있다.
③ 3연에서 화자가 이상향으로 제시한 '청산'은 '훨훨훨 깃을 치는'과 같은 수식 어구로 묘사되어, 활기차고 생명력 넘치는 공간으로 형상화되고 있다.
④ '사슴'과 '칡범'은 약육강식의 세계에서는 각각 '약함'과 '강함'을 드러내는 대조적인 존재이지만, 이들이 함께 어울리는 모습은 화합과 평화의 가치를 드러낸 것으로 볼 수 있다.
⑤ '꽃', '새', '짐승'과 같은 모든 존재들이 한데 어울려 화합과 평화의 나날을 '누려 보리라'라는 시구를 통해 '청산'에서 누리는 화합과 평화의 나날이 작가의 지향임을 알 수 있다.

044 산도화 _박목월

실전 연습하기 본문 144쪽

01 ① 02 절제, 여백 03 [예시 답안] 원경에서 근경으로 시선이 이동하면서 시상이 전개되고 있다. 04 ④

01 표현상 특징 파악 답 ①

이 글은 각 연을 3음보로 구성하여 민요조의 율격을 구사하고 있으며(ㄴ), '송이'와 같은 시어의 반복을 통해 운율적 효과를 거두고 있다(ㄱ). 그러나 행의 길이가 일정하다(ㄹ)고 보기는 어려우며, 특히 3연의 1행은 길게 제시되어 그 호흡이 다소 급박해지는 효과를 발휘하고 있다. 또한 음성 상징어의 사용(ㄷ)은 이 시에서 찾아볼 수 없다.

02 표현상 특징 파악

답 절제, 여백

이 글에서는 구강산을 배경으로 하여 '산도화', '시냇물', '암사슴'과 같은 몇몇 소재만을 제시하여 봄의 전체적 인상을 표현하고 있는데, 이는 여백의 미가 드러난 한 편의 동양화를 보는 듯한 느낌을 자아낸다.

03 시상 전개 방식에 대한 이해

예시 답안 참조

이 글의 1~2연에서는 구강산을 배경으로 핀 두어 송이의 산도화를 묘사하면서 '산-구강산-석산-산도화-두어 송이-송이'로 묘사의 대상을 점점 구체화하고 있으며, 3~4연에서는 시냇물에 발을 씻는 암사슴을 묘사하면서 '물-사슴-암사슴- 발'로 대상을 점점 구체화하여 제시하고 있다. 이를 통해 원경에서 근경으로의 시선 이동을 표현하면서 독자의 시선을 집중시키는 효과를 발휘하고 있다.

04 시상 전개 방식에 대한 이해

답 ④

[A]에서는 산에 꽃이 피는 모습이 드러나 있고, [B]에서는 봄눈이 녹아 흐르는 맑은 냇물이 제시되어 있으므로 이 글의 계절적 배경은 전체적으로 이른 봄임을 알 수 있다.

오답 이유 ① [A]는 석산의 빛깔과 그 석산에서 피어나는 꽃을, [B]는 맑은 냇물에 발을 씻는 암사슴의 모습을 제시한 것이므로, 이들 모두 시각적 이미지가 두드러진다고 할 수 있다.

② [A]는 '구강산'이라는 산의 전체적 모습을 제시하면서 시작했지만 [B]는 그 산속의 맑은 시냇물과 여기서 발을 씻는 암사슴의 모습을 묘사하고 있으므로, 원경에서 근경으로 시선이 이동하고 있음을 알 수 있다.

③ 보랏빛 석산에서 출발하여 꽃이 피고 시냇물이 흐르고 암사슴이 발을 씻는 행동으로 끝을 맺는 시의 흐름을 통해, 정적인 분위기에서 동적인 분위기로 변화하고 있음을 알 수 있다.

⑤ [A]의 '보랏빛 석산'과 [B]의 '옥 같은 물'이 신비로운 분위기의 배경을 조성한다면, '산도화'와 '암사슴'은 이들을 배경으로 하여 '생명력을 드러내는 존재'로 볼 수 있다.

045 산이 날 에워싸고 _ 박목월

실전 연습하기 본문 146쪽

01 ③ **02** 순리, 운명 **03** [예시 답안] '산'으로 상징되는 자연이 화자에게 절대적 가치를 지닌 지향의 대상임을 알 수 있다.
04 ②

01 표현상 특징 파악

답 ③

이 글은 '산이 ~살아라 한다'의 문장 형식을 반복하여 시적 화자가 지향하는 삶의 모습을 부각하여 드러내고 있다.

오답 이유 ① 이 글에서 화자가 시적 청자를 호명하는 부분은 나타나 있지 않다.

② '산'이라는 공간에서 영위하는 생활, 즉 '씨나 뿌리며', '밭이나 갈며', '아들 낳고 딸을 낳고' 등의 서술이 드러나 있지만, 이와 대조적인 내용은 나타나 있지 않다.

④ 다양한 감각적 심상이 사용되지 않았다.

⑤ 이 글에서는 '-다'의 평서형 종결 어미가 반복되어 화자의 담담한 어조를 엿볼 수 있다.

02 작품의 내용 파악

답 순리, 운명

이 글의 3연에서 화자는 '산'이 자신에게 '그믐달처럼 살아라 한다'면서 '그믐달'을 '목숨'의 보조 관념으로 제시하고 있다. '그믐달'이란 '목숨'의 '덧없음', '스러질 운명'과 같은 속성을 구체화하는 소재이다. '그믐달'처럼 살라는 '산'의 말은, 사람은 죽게 마련이므로 자연의 순리에 따르는 삶을 살라는 것을 의미한다.

03 구절의 의미 파악

예시 답안 참조

이 글의 1연에서는 '산'에 인격을 부여하여 화자에게 말을 건네는 것처럼 표현함으로써 '산'으로 대변되는 자연에 대한 화자의 지향을 드러냄과 동시에 이러한 지향이 거부할 수 없는 절대성을 지닌 것이라는 인식을 드러내고 있다.

04 작품 간의 공통점, 차이점 파악

답 ②

이 글과 〈보기〉에서는 모두 '산', '하늘', '땅'과 같은 자연물이 화자에게 말을 건네는 상황을 제시하면서, 이들 자연물의 목소리를 빌려 삶에 대한 화자의 태도를 드러내고 있다.

오답 이유 ① 이 글에서는 자연 친화적인 시적 화자의 태도가 드러나 있으나, 〈보기〉의 '구름'과 '바람'은 '방물장수'의 삶을 형상화한 자연물로, 시적 화자가 이들에 대해 친화적 태도를 보이고 있는 것은 아니다.

③ 이 글과 〈보기〉 모두 화자의 체념적 정서가 직접적으로 표출된 부분을 찾아볼 수 없다.
④ 이 글에 제시된 '산'의 말과 〈보기〉의 '하늘'과 '땅'의 말에 대해 각각의 화자는 모두 자신의 운명이라 인식하는 태도를 보이고 있다.
⑤ 이 글에서는 산에 파묻힌 삶의 모습이 드러나 있을 뿐, 세속적 삶을 제시하고 이를 대조적으로 표현한 부분은 나타나 있지 않다.

046 하관 _ 박목월

실전 연습하기 본문 148쪽

01 ② **02** 꿈, 거리감/단절 **03** [예시 답안] 이 시에서는 '관이 내렸다 / 깊은 가슴 안에 밧줄로 달아 내리듯', '좌르르 하직했다', '눈과 비가 오는 세상', '열매가 떨어지면' 등의 시구에서 하강 이미지를 찾아볼 수 있는데, 이러한 이미지 제시는 죽음의 상황을 구체화하면서 화자가 느끼는 슬픔의 정서를 심화하는 효과를 가져온다. **04** ④

01 표현상 특징 파악 답 ②

이 글은 아우의 죽음으로 인한 슬픔과 죽은 아우에 대한 그리움의 정서를 중심으로 시상을 전개하고 있다.

오답 이유 ① 이 글에서는 색채어가 활용되지 않고 있다.
③ 아우의 죽음이라는 비극적 상황은 제시되어 있으나 이에 대한 초월의식이 드러나 있지는 않다.
④ 화자는 담담한 어조로 아우의 죽음으로 인한 슬픔을 절제하여 표현하고 있다.
⑤ '눈과 비가 오는 세상'을 통해 세상을 슬픔의 정서로 인식하는 화자의 태도를, '열매'를 통해 죽음의 상황을 확인할 수 있으나 이들이 화자의 소망을 표현하는 데 기여하고 있다고 보기는 어렵다.

02 작품의 내용 파악 답 꿈, 거리감/단절

화자는 죽은 아우를 꿈에서 만나 그가 자신을 부르는 소리를 듣고 대답하지만, 이 대답은 상대방에게 전달되지 않는다. 결국 꿈에서의 만남은 이승과 저승 간의 단절과 거리감을 확인하게 하는 계기가 될 뿐이다.

03 소재의 기능 파악 예시 답안 참조

이 글에서 하강 이미지는 '관이 내렸다', '밧줄로 달아 내리듯', '좌르르 하직했다', '눈과 비가 오는 세상', '열매가 떨어지면 / 툭 하는 소리가 들리는'과 같은 시구에 나타나 있으며, 이는 죽음의 상황을 구체화하면서 죽음으로 인한 슬픔과 안타까움을 심화하는 효과를 가져오고 있다.

04 화자의 정서, 태도의 이해 답 ④

〈보기〉에서는 '삶'을 잠시 놀러나온 소풍에 비유하여 유한한 것으로 인식하면서, 삶에 집착하지 않고 죽음을 담담하게 수용하는 자세를 보이고 있다. 따라서 〈보기〉의 화자가 이 글의 화자에게 해 줄 수 있는 말로는 ④가 가장 적절하다.

오답 이유 ① 기독교적 신앙의 영향을 보여 주는 것은 〈보기〉가 아닌 이 글이다.

047 울타리 밖 _ 박용래

실전 연습하기 본문 150쪽

01 ③ **02** '-ㄴ 마을이 있다', 동질적 **03** [예시 답안] ⓐ는 '들길'이 '낯이 설어도 사랑스러움'을, ⓑ는 '천연히'의 의미를 담고 있다. **04** ⑤

01 작품의 종합적 이해 답 ③

2연에서 반복된 '그렇게'는 3연의 '천연히'와 의미상 동일하다. '천연히'는 '생긴 그대로 조금도 꾸밈이 없이'의 뜻을 가진 말이고, '그렇게'는 이러한 의미를 담고 있다.

오답 이유 ① 1연의 흐름으로 보아 '들길'은 '소녀', '소년'과 같이 '낯이 설어도 사랑스러운' 것으로 비유되어 있다. 이러한 흐름으로 보아 '낯이 설어도 사랑스러운'은 '소녀'와 '소년'의 의미와도 연결되어 있음을 알 수 있다.
② 2연의 '그 길'은 1연의 '들길'을 가리킨다. 그러므로 두 연은 '들길'의 이미지로 자연스럽게 연결되고 있다.
④ 3연은 '천연히'라는 하나의 시어로 이루어져 있다. 이는 4연 전체, 문장 구조상으로는 각 행의 '심는, 부신, 뜨는'을 수식하고 있다.
⑤ 이 글에서는 '들길', '마을'에 대한 서정적 묘사를 통해 '고향'의 이미지를 그려 내고 있다.

02 의미 구조 파악

답 '-ㄴ 마을이 있다', 동질적

4연의 각 행은 시간적 배경이 다르지만 '-ㄴ 마을이 있다'로 끝나고 있다. 그러므로 각 행의 소재들 자체는 다르지만, 의미상으로는 동질적이라 할 수 있다.

03 비유적 표현의 이해

예시 답안 참조

1연의 시상의 흐름으로 보아 '들길'은 '소녀', '소년'과 같이 '낯이 설어도 사랑스러운' 것으로 비유되어 있다. 또한 2연은 '~이(가) ~듯'이 반복되어 있는데 이는 '그렇게'를 가리키며, '그렇게'는 3연의 '천연히'를 의미한다.

04 준거에 따른 평가

답 ⑤

'사랑스러운'과 같이 화자의 감정을 직접 노출한 시어가 있지만, 그러한 시어를 빈번하게 사용하고 있지 않으며, 사라져 가는 것들에 대한 아쉬움을 직접적으로 드러내고 있지도 않다. 화자는 고향의 모습을 회화적 이미지로 그려 내어 토속적 정취를 환기하고 있다.

오답 이유 ① 주로 시각적인 이미지를 활용하여 고향의 정경을 묘사하고 있다.

② '마늘쪽', '알몸', '들길', '아지랑이', '제비' 등의 시어는 토속적 정취를 자아낸다.

③ '한여름, 태양, 제비, 잔광, 밤, 별' 등의 시어는 시간의 순환적 흐름을 보여 준다.

④ 4연에는 '화초, 잔광, 별' 등 자연의 이미지가 병치되어 있다. 이 이미지들은 '마을'과 결합하여 인간과 자연의 조화를 보여 주고 있다.

048 추억에서 _ 박재삼

실전 연습하기

본문 152쪽

01 ②　02 의문형, 추측, 절제　03 [예시 답안] 향토적인 정감을 불러일으키며, 친근감을 느끼게 해 준다.　04 ③

01 구절의 의미 파악

답 ②

㉠에서 옹기들이 달빛을 받아 빛나는 모습을 '말없이 글썽이고 반짝이던'이라고 표현한 데서, 독자는 어머니가 소리 없이 흘리는 눈물을 연상할 수 있으며 이를 통해 어머니의 한을 느낄 수 있다.

오답 이유 ① 이 글에는 '달빛을 보며 현실을 도피하고자 했던 어머니의 의지'를 읽어 낼 수 있는 시구가 없다.

③ 어머니에게 아이들은 염려의 대상이지만, 이들을 통해 어머니가 삶의 희망을 잃지 않았다는 내용은 확인할 수 없다.

④ 화자는 어머니의 서글픈 삶을 떠올리면서 어머니의 슬픔에 공감하고 있다.

⑤ 어머니는 '옹기전'이 아니라 '진주 장터 생어물전'에서 장사를 하며 생계를 이끌어 왔다.

02 표현상 특징 파악

답 의문형, 추측, 절제

이 글에서는 '-가', '-꼬'와 같은 의문형 종결 어미가 반복적으로 사용되었는데, 이를 통해 어머니의 심정에 대해 단정을 유보하고 조심스럽게 추측하면서 감정을 절제하는 화자의 태도를 드러내고 있다.

03 표현상 특징 파악

예시 답안 참조

문학 작품에서 사용하는 사투리(지역 방언)는 향토적, 토속적 정감을 불러일으키며 읽는 사람으로 하여금 친근감을 느끼게 한다.

04 감상의 적절성 평가

답 ③

'손 시리게 떨던가'는 오누이가 추운 밤 '별밭' 아래의 '골방' 속에서 어머니를 기다리며 추위에 떠는 모습을 형상화한 것으로, 행복감과는 거리가 멀다.

오답 이유 ① '해 다 진 어스름'은 바로 앞의 '바다 밑이 깔리는'과 연결되어 파장 무렵 바닷가 '생어물전'의 쓸쓸한 분위기를 조성하고 있다.

② 다 팔지 못한 생선의 '빛 발하는 눈깔'은 둥글게 빛나는 유사한 이미지를 지닌 '손 안 닿는' '은전'으로 연결될 수 있다. 이를 통해 어머니의 한스러움의 정서가 드러나고 있다.

④ 4연의 '신새벽이나 밤빛에 보는 것을'을 통해 어머니가 생계를 꾸리기 위해 늘 새벽에 집을 나서 밤에 귀가해 낮의 남강을 보지 못했음을 알 수 있다.

⑤ '글썽이고 반짝이던'은 '달빛 받은 옹기'의 표면과 어머니의 눈물을 연결지어, 어머니의 '한'을 감각적으로 표현하고 있다.

049 흥부 부부상 _ 박재삼

실전 연습하기 본문 154쪽

01 ③ **02** 소재, 행복 **03** [예시 답안] 흥부 부부는 물질적으로 궁핍한 삶을 살아오면서도 서로에 대한 연민과 위로를 나누어 왔다. **04** ①

01 표현상 특징 파악 답 ③

이 글은 가난한 생활을 하고 있는 처지에서도 서로를 믿고 사랑하는 흥부 부부의 태도를 아름답게 노래하고 있다.

오답 이유 ① 이 글에서는 정형적 율격을 확인할 수 없다.
② 이 글에서 공감각적 심상이 사용된 부분은 찾아볼 수 없다.
④ 이 글은 고전 소설 「흥부전」에서 흥부 부부가 마주하고 박을 타는 설정을 차용하여 시상을 전개하고 있다.
⑤ 청자를 호명하고 있는 부분은 찾아볼 수 없다.

02 작품의 내용 파악 답 소재, 행복

이 글에서는 고전 소설 「흥부전」의 박타는 장면을 차용하여 이들 부부 간에 존재하는 정신적 행복의 소중함을 노래하고 있다.

03 구절의 의미 파악 예시 답안 참조

'없는 떡방아 소리', '손발 닳은 처지'가 흥부 부부의 가난한 삶의 모습을 드러내 주는 시구라면, '구슬'은 눈물을 의미하는 것으로, 가난한 삶으로 인한 서글픔이자 서로의 얼굴에서 확인하게 되는 위로와 연민의 감정으로 볼 수 있다.

04 구절의 의미 파악 답 ①

'금'과 '황금 벼이삭'은 흥부 부부가 갖지 못한 재물, 즉 경제적인 풍요를 의미한다. 이 글에서 흥부 부부는 가난 속에서도 서로에 대한 사랑과 믿음으로 소박한 행복을 누리고 있기에 '금'과 '황금 벼이삭'은 흥부 부부의 사랑이나 신뢰와 대비되는 재물들이라고 할 수 있다.

4. 백석 ~ 신경림

050 고향 _ 백석

실전 연습하기 본문 158쪽

01 ⑤ **02** 대화, 친밀감 **03** [예시 답안] 화자로 하여금 고향과 가족의 따스함을 느끼게 하는 매개체의 역할을 한다. **04** ⑤

01 표현상 특징 파악 답 ⑤

'손길은 따스하고 부드러워'는 화자의 주관적 감정을 토로하고 있는 부분이므로 주관적 감정을 배제한 것이라 볼 수 없다.

오답 이유 ① 이 글에서는 평서형 종결 어미를 통해 시적 화자가 의원을 만난 경험을 담담하게 서술하고 있다.
② 의원의 모습을 '여래 같은 상', '관공의 수염', '어느 나라 신선'과 같은 시구를 동원하여 인상적으로 묘사하고 있다.
③ 간접 인용을 통해 화자와 의원의 대화 장면을 제시하고 있다.
④ 화자의 체험을 시간 순서에 따라 서사적으로 전개하고 있다.

02 시상 전개 방식에 대한 이해 답 대화, 친밀감

이 글의 인물들은 대화를 통해 의원이 '막역지간'으로 여기는 '아무개 씨'가, 화자가 '아버지로 섬기는 이'와 동일인임을 발견하고 서로에 대한 반가움과 친밀감을 느끼고 있다.

03 구절의 의미 파악 예시 답안 참조

이 글은 '의원'을 매개체로 하여 화자가 '고향과 가족에 대한 따스함'을 느낀다는 주제를 형상화하고 있다.

04 외적 준거에 따른 작품의 재구성 답 ⑤

화자가 의원을 만나 고향과 가족의 따스함을 느끼는 부분이므로 '쓸쓸한 표정'은 어울리지 않는다.

오답 이유 ① 〈보기〉의 '청년'은 이 글의 시적 화자로, 병을 앓고 있는 처지이기 때문에 '힘없는 목소리로'와 같은 각색이 적절한 것으로 볼 수 있다.
② '의원'의 '여래 같은 상'에서 〈보기〉의 '부드러운 시선'을 이끌어 낼 수 있다.
③ '묵묵하니 한참 맥을 짚더니'와 같은 시구를 통해 〈보기〉와 같이 진맥에 집중하는 의원의 모습을 이끌어 낼 수 있다.
④ '빙긋이 웃음을 띠고', '넌지시 웃고'와 같은 '의원'의 외양 묘사를 통해 〈보기〉의 '온화한 표정'을 이끌어 낼 수 있다.

051 국수 _백석

실전 연습하기 본문 160쪽

01 ③ **02** 이것, 의문, 깨달음 **03** [예시 답안] 다양한 감각적 심상이 사용되었고, 음성 상징어가 활용되었다. **04** ④

01 화자의 정서, 태도의 이해 답 ③

화자는 '국수'를 '이 반가운 것', '사람들과 살뜰하니 친한 것'이라 칭하면서 이에 대한 반가움과 친밀감을 표현하고 있다.

오답 이유 ① 이 글에는 현실에 대한 강력한 거부 의지가 드러나 있지 않다.

② 대상과의 동일시를 통해 대상에 대한 연민을 드러낸 부분이 나타나 있지 않다.

④ 부재하는 대상에 대한 간절한 그리움은 찾아볼 수 없다.

⑤ 화자는 '국수'와 그 공동체적 의미를 서술하고 있을 뿐, 스스로를 성찰하면서 새로운 삶의 의지를 표현하고 있는 것은 아니다.

02 표현상 특징 파악 답 이것, 의문, 깨달음

이 글에서는 중심 제재인 '국수'가 '이것'이라는 지시 대명사로 호칭되고 의문형 종결 어미와 함께 제시되어 읽는 사람의 호기심과 관심을 유발하면서 화자가 생각하는 '국수'의 의미에 대한 깨달음과 공감을 유도하고 있다.

03 표현상 특징 파악 예시 답안 참조

이 글에서 중심 제재인 '국수'는 다양한 감각적 심상 및 음성 상징어와 함께 제시되었는데, 이러한 표현 기법을 통해 '국수'의 다채로운 모습이 구체화되고 있다.

04 외적 준거에 따른 작품 감상 답 ④

'담배 내음새 ~ 아르굳'은 국수('이것')를 즐기는 공동체의 소박한 삶의 공간을 드러낸다. '아르굳'은 궁핍한 공간으로 그려지지 않고 있으며, '이것'을 즐길 수 있는 공간이 한정되어 있음을 뜻하지도 않는다.

오답 이유 ① 이 글의 1연에서 '이것'은 아득한 옛날부터 대대로 이 마을 사람들의 의젓한 마음을 지나오는 것으로 제시되어, 마을 공동체의 역사가 '이것'에 반영되어 있다는 화자의 인식을 표현하고 있다.

② 아버지와 아들이 한데 어울려 즐기는 '이것'은 함께 어우러져 즐기는 공동체의 모습을 드러낸 것으로 볼 수 있다.

③ '곰'은 우리 민족의 원형적 신화와 관련된 것으로, '먼 옛적 큰마니'는 우리 민족의 신화에 등장하는 먼 조상을 표현한 것으로 볼 수 있다. '이것'이 '큰마니'처럼 온다는 진술은 곧 '이것'이 공동체의 근원을 이루는 신화, 전설과 함께하는 것이라는 인식의 표현으로 볼 수 있다.

⑤ 음식은 이를 즐기는 공동체 세계의 모습을 드러낸다는 〈보기〉의 진술로 보아, '이것'은 '이것'을 즐기는 공동체 사람들의 심성을 드러내는 음식으로 볼 수 있다.

052 나와 나타샤와 흰 당나귀 _백석

실전 연습하기 본문 162쪽

01 ③ **02** 흰색, 순수함 **03** [예시 답안] ㉠과 ㉡은 대조적인 의미를 지닌 공간으로, 화자는 순수 세계로서의 ㉠을 지향하면서 ㉡에 대한 부정적 인식을 드러내고 있다. **04** ⑤

01 작품의 내용 파악 답 ③

화자는 나타샤가 '산골로 가는 것은 세상한테 지는 것이 아니다 / 세상 같은 건 더러워 버리는 것이다'라고 말하는 것을 상상하면서 세상과 거리를 두려는 태도를 드러내고 있다.

오답 이유 ① 이 글의 화자는 '세상'을 버리고 '산골'로 가고 싶다는 소망을 드러내고 있으며, 여기서 '산골'은 동경의 대상으로서의 자연 공간이 아니라 '세상'과 대립되는 공간으로서의 의미를 지니는 것으로 볼 수 있다.

② '세상'은 '더러워 버리는 것'이라는 시구에서 현실에 대한 화자의 부정적 인식을 읽을 수 있으나, 이로 인한 절망을 드러낸 부분은 찾아볼 수 없다.

④ 시적 화자가 지나온 과거에 대한 아쉬움을 드러내는 대목은 나타나 있지 않다.

⑤ 이 글의 계절적 배경은 겨울로, 계절의 변화나 그에 따른 심리 변화는 나타나 있지 않다.

02 소재의 기능 파악 답 흰색, 순수함

화자는 '눈' 내리는 밤 '나타샤'와 함께 '흰 당나귀'를 타고 산골로 가서 살고 싶다고 생각하는데, 여기서 '눈'과 '흰 당나귀'가 지닌 흰색의 색채 이미지는 '나타샤'에 대한 화자의 순수한 사랑과, '산골'로 표상되는 순수한 세계에 대한 화자의 지향을 드러내고 있다.

03 구절의 의미 파악 [예시 답안] 참조

이 글의 3연에서 '세상'은 '더러워 버리는 것'으로 제시되어 '산골'과 대조적인 의미의 공간으로 표현되었으며, 이는 '세상'으로 표현된 현실에 대한 부정적 인식을 드러내는 것으로 볼 수 있다.

04 구절의 의미 파악 답 ⑤

1연의 '가난한 내가 / 아름다운 나타샤를 사랑해서'와 4연의 '아름다운 나타샤는 나를 사랑하고'를 통해 화자와 나타샤 간의 사랑을 확인할 수 있다. 그러나 이들 상황이 바뀌거나 나타샤의 아름다운 이미지가 반전되는 내용은 찾을 수 없다.

오답 이유 ① 화자는 아름다운 나타샤와 흰 당나귀를 타고 깊은 '산골'로 가 '마가리'에 살고 싶은 소망을 지니고 있다. 그리고 그렇게 하는 것은 '더러운 세상을 버리는 것'이다.

② 흰색은 그 속성상 순결함의 이미지를 지니고 있으며 이는 '더러운 세상을 버리'고 싶어 하는, 순결함에 대한 화자의 지향을 드러내고 있다.

③ '마가리'(오막살이)는 두 사람만의 내밀한, 그리고 세상과 단절되고 고립된 공간이다. 눈이 푹푹 쌓이면 고립될 수 있고 깊은 산골은 사람이 드문 곳이라는 점에서 두 시어는 이러한 마가리의 이미지를 강조하고 있다.

④ 혼자 술을 마시며 나타샤를 상상하는 화자의 모습에서 고독한 처지와 나타샤에 대한 그리움을 느낄 수 있다.

053 남신의주 유동 박시봉 방 _ 백석

실전 연습하기 본문 164쪽

01 ⑤ **02** 시선, 내면 **03** [예시 답안] 시상 전환의 기점으로 기능하고 있으며, 시적 화자는 '그러나'를 기점으로 하여 이전의 슬픔, 자괴감, 부끄러움을 극복하고 굳고 정결한 태도를 지닐 것을 다짐하고 있다. **04** ④

01 표현상 특징 파악 답 ⑤

이 글에는 백색의 이미지가 주로 사용되었으며, 시각적 심상 표현을 대비적으로 사용한 부분은 찾아볼 수 없다.

오답 이유 ① 이 글에서는 쉼표로 의미가 나뉘는 긴 문장을 평서형으로 종결하면서, 화자의 내면을 담담한 어조로 표현하고 있다.

② '내 가슴이 꽉 메어 올 적이며, / 내 눈에 뜨거운 것이 핑 괴일적이며, / 또 내 스스로 화끈 낯이 붉도록 부끄러울 적이며,'와 같은 구절에서 유사한 시구의 반복이 드러나 있다.

③ '딜옹배기, 북덕불, 나줏손, 섶'과 같은 토속적 시어가 사용되었다.

④ 겨울 저녁이라는 계절적, 시간적 배경이 외롭고 쓸쓸한 분위기와 연결된다.

02 시상 전개 방식에 대한 이해 답 시선, 내면

이 글의 화자는 '고개를 들'기 전에는 '내 슬픔이며 어리석음', 꽉 메어 오는 '내 가슴'과 같이 자신의 서러운 감정에 집중하고 한탄하는 모습을 보이지만, '고개를 들어' '허연 문창, 높은 천장'을 바라보면서 자신보다 '더 크고, 높은 것'의 존재를 인식하고 새로운 지향을 설정하고 있다.

03 구절의 의미 파악 [예시 답안] 참조

20행의 '그러나' 앞부분에서 시적 화자는 자신의 '방' 안에서 자신의 슬픔과 어리석음, 부끄러움을 곱씹으며 한탄하는 모습을 보이다가, '그러나'를 기점으로 '갈매나무'와 같은 굳고 정결한 태도를 지닐 것을 다짐하고 있다.

04 소재의 기능 파악 답 ④

이 글에서 방은 단순한 소재나 배경을 넘어서서 화자의 인식을 드러내는 공간으로 기능한다. [D]에서 '나를 이끌어 가는', '더 크고, 높은 것'을 인식하고 있으므로 화자의 운명론적 인식이 '방'에서 형성된다고 보는 것은 적절하지만, 방을 타인에 대한 책임감을 느끼는 공간이라고 보기는 어렵다.

오답 이유 ① [A]에서는 '아내', '아내와 같이 살던 집', '부모며 동생들과도 멀리 떨어져'서 홀로 지내는 화자의 처지가 제시되고 있다.

② [B]에서 화자는 '낮이나 밤이나' '나 혼자'도 너무 많다고 생각하며 스스로에 대해 고민하고 있다.

③ [C]에서 화자는 '내 슬픔과 어리석음에 눌리어 죽을 수밖에 없는 것을 느끼는 것이었다.'라고 하며, 자괴감과 슬픔이 극에 달해 절망하게 되는 자신의 내면을 드러내고 있다.

⑤ [E]에서 '굳고 정한 갈매나무'를 생각하는 화자의 모습은 곧 이 나무의 모습을 닮을 것을 생각하며 현실 극복의 의지를 표현하는 것으로 볼 수 있다.

054 모닥불 _백석

실전 연습하기 본문 166쪽

01 ① **02** 나열, 합일/통합 **03** [예시 답안] 몽둥발이는 어릴 때부터 부모를 잃고 의지할 곳 없는 상황에 놓인 '할아버지'를 비유적으로 표현한다. **04** ④

01 표현상 특징 파악 답 ①

이 글에서는 보조사 '도'의 반복을 통해 다양한 사물을 열거함으로써 운율감과 속도감을 획득하고 있다.

오답 이유 ② 이 글의 1연은 명사형으로 종결되며, 2연은 '~모닥불을 쪼인다', 3연은 '모닥불은 ~ 있다'와 같은 통사 구조를 지니고 있으므로 유사한 통사 구조의 반복은 없다.

③ 이 글에서는 수미 상관의 구성 방식이 사용되지 않았다.

④ 1연은 2~3연과 달리 명사형으로 종결되고 있다.

⑤ 이 글에서는 두운이나 각운이 사용되지 않았다.

02 소재의 기능 파악 답 나열, 합일/통합

이 글의 1~2연에서는 다양한 소재들이 보조사 '도'의 반복을 통해 나열되고 있는데, 이를 통해 다양한 소재들이 공동의 목적을 위해 한자리에 모여 조화를 이루고 있는 모습을 형상화하고 있다.

03 구절의 의미 파악 예시 답안 참조

'몽둥발이'의 사전적 의미는 '딸려 붙었던 것이 다 떨어지고 몸뚱이만 남은 것'으로, 이는 어려서부터 의지할 곳이 없어진 '할아버지'의 처지를 비유적으로 드러내면서, 동시에 나라를 잃은 우리 민족의 서글픈 처지를 연상하게 한다.

04 구절의 의미 파악 답 ④

이 글의 2연에 제시된 존재들은 둘씩 묶었을 때 선후, 위아래 간의 대립 관계에 놓이는 것은 맞지만, 이렇게 제시된 인물들 간의 '차별로 인한 갈등'은 언급되지 않고 있다. 이 글은 이들이 스스럼없이 한데 모여 모닥불을 쬐는 모습을 통해 조화와 합일의 상태를 강조하고 있다.

오답 이유 ①, ② 1연의 소재들은 모두 개별적으로 볼 때 '보잘것없고 쓸모없는 것들'이라고 할 수 있으나, 이들이 피워 낸 따뜻한 모닥불은 2연의 존재들이 함께 모여 불을 쬐는 상황을 만들어 내고 있다.

③ 2연의 사람들과 동물들은 한데 모여 '모닥불'을 함께 쬐는 공동체를 형성하고 있다.

⑤ 3연에서 '모닥불'은 '할아버지'로 대표되는 우리 민족의 슬픈 역사를 환기하는 존재로 제시되고 있다.

055 여승 _백석

실전 연습하기 본문 168쪽

01 ① **02** 가지취의 내음새가 났다, 산(山)꿩도 설게 울은 슬픈 날이 있었다 **03** [예시 답안] 나는 파리한 여인(女人)에게서 옥수수를 샀다 **04** ①

01 표현상 특징 파악 답 ①

이 글은 '가을밤같이 차게 울었다', '섶벌같이 나아간 지아비'와 같은 비유적 표현을 활용하여 시적 상황을 효과적으로 드러내고 있다.

오답 이유 ② '여인의 머리오리가 눈물방울과 같이 떨어진 날이 있었다'에는 하강 이미지가 드러나 있지만, 상승 이미지가 드러나 있지 않다.

③ 이 글에서는 과거 시제만 사용되고 있다.

④ 이 글에는 '금점판'이나 '산절' 등의 공간이 제시되어 있으나 그 공간을 세밀하게 묘사하고 있지 않다.

⑤ 이 글에서는 음성 상징어가 사용되지 않았다.

02 시어 및 시구의 의미 파악

답 가지취의 내음새가 났다, 산(山)꿩도 설게 울은 슬픈 날이 있었다

가지취는 취나물의 일종인데, 여승에게서 '가지취의 내음새가 났다'는 것은 그녀가 속세를 떠나 산속에 있는 절에서 지낸 지 꽤 되었음을 의미한다. 또한 '산꿩도 섧게 울은 슬픈 날이 있었다'는 시행은 자연물에 감정을 이입하여 여인이 여승이 된 날의 슬픔을 부각하고 있다.

03 시어 및 시구의 의미 파악 예시 답안 참조

이 글에 등장하는 여인은 여승이 되기 전 생계 유지를 위해 금점판에서 옥수수를 팔았고, '나'는 그 옥수수를 샀다. 그때 여인에게는 어린 딸아이가 있었는데, 지아비를 기다리며 십 년을 보내는 동안 지아비는 돌아오지 않았고, 어린 딸은 죽음을 맞이하였다. 여인은 여승이 되기로 결심하고 삭발을 하였고, 나는 오랫동안 산에 있어 가지취의 냄새가 나는 여승을 만나 서러움을 느꼈다.

04 감상의 적절성 판단 답 ①

여인이 '금점판'에서 '옥수수'를 파는 행위는 생계를 이어 가기 위한 행동으로 볼 수 있지만, '나'가 그 '옥수수'를 사는 행위를 농촌 공동체를 회복하기 위한 행동으로 보기는 어렵다.

오답 이유 ② '섶벌같이 나아간 지아비'는 가족들의 생계를 위해 돈을 벌기 위해 집을 나선 지아비를 비유적으로 표현한 것이다. 그런데 그 지아비가 '십 년이' 지나도록 '돌아오지' 않은 것은 가족 공동체가 해체되었음을 의미한다고 할 수 있다.

③ '어린 딸'이 '도라지꽃이 좋아 돌무덤으로 갔다'는 것은 남편을 찾아 이곳저곳을 떠돌던 여인이 딸마저 잃었음을 의미하므로 여인의 삶이 기구함을 드러낸다고 할 수 있다.

④ '여인의 머리오리가 눈물방울과 같이 떨어진 날'은 여인이 속세를 떠나 여승이 되는 날, 눈물을 흘렸음을 알 수 있다.

⑤ 1연에서 화자가 여승이 된 여인을 만난 장면을 담고 있다면, 2~4연은 여인이 여승이 된 내력을 담고 있다고 할 수 있다.

056 여우난 골족 _ 백석

실전 연습하기 본문 170쪽

01 ② **02** 시간, 서사 **03** [예시 답안] 이 글의 2~4연에서는 현재형 시제를 사용한 묘사가 두드러지는데, 이를 통해 명절의 흥겨운 분위기를 생동감 있게 전달하고 있다. **04** ④

01 화자의 정서, 태도의 이해 답 ②

이 글은 부모님을 따라 명절에 친척집으로 향하는 소년인 '나'가 화자로서 이야기하는 구조를 취하고 있는데, 이는 유년기의 고향과 가족 공동체의 모습을 더 이상 찾을 수 없는 상황에서 이에 대한 그리움과 애정을 드러내기에 효과적인 방식으로 볼 수 있다.

오답 이유 ① 이 글에서는 고향의 상실과 이로 인한 서글픔을 확인할 수 없다.

③ 이 글의 화자는 현재의 시점에서 반성과 성찰의 어조를 드러내고 있지 않다.

④ 이 글에서는 시에 등장하는 인물들의 이면에 관한 단서가 제시되어 있지 않다.

⑤ 이 글에서 소년의 시각과 성인의 시각이 대조적으로 제시되어 있는 부분은 나타나 있지 않다.

02 시상 전개 방식에 대한 이해 답 시간, 서사

이 글에서는 '명절날' 큰집으로 향하는 우리 가족의 모습에 대한 묘사에서부터 시작해서 저녁 식사를 끝내고 늦게까지 놀다 잠이 든 후 아침을 맞이하게 되는 때까지를 시간적 배경으로 하여 명절의 다양한 풍경을 서사적으로 그려 내고 있다.

03 시어 및 시구의 의미 파악 예시 답안 참조

이 글에서는 현재형 시제를 사용하여 명절의 흥겨운 분위기가 마치 눈앞에서 살아 움직이는 듯한 생동감과 현장감을 조성하고 있다.

04 구절의 의미 파악 답 ④

㉣에서는 아이들끼리 다양한 민속놀이를 하는 모습을 토속적 어휘를 통해 드러냄으로써 당시 아이들의 생활상을 짐작하게 하고 있다. 세대 간의 화합을 이루는 모습을 구체화하고 있지는 않다.

오답 이유 ① ㉠에서는 '우리 집 개'를 데리고 부모님을 따라 '명절날' '큰집'으로 향하는 '나'의 모습을 제시하고 있다.

② ㉡에서는 '얼굴에 별 자국이 솜솜 난' 외양과 함께 '말수와 같이 눈도 껌벅거리는' 행동을 묘사함으로써 '신리 고모'의 특징을 드러내고 있다.

③ ㉢에서는 '새 옷의 내음새'라는 후각적 심상을 제시하여 명절에 새 옷을 입고 한곳에 모인 큰집의 분위기를 집약적으로 드러내고 있다.

⑤ ㉤에서는 '무이징게국을 끓이는 맛있는 내음새가 올라오도록' 즉 아침이 되도록 잠이 들어 있는 아이들의 모습을 표현하면서 후각적 심상과 함께 밤이 지나고 아침이 왔음을 구체화하고 있다.

057 흰 바람벽이 있어 _ 백석

실전 연습하기 본문 172쪽

01 ④ **02** 투사, 성찰, 내면 **03** [예시 답안] 도치법을 통해 시적 의미(주제)를 부각하고 있다. **04** ③

01 구절의 의미 파악 답 ④

[A]에서 시적 대상은 어머니이고 [B]에서 시적 대상은 화자 자신이다. 이 글은 전체적으로 화자의 상념, 어머니와 옛 여인에 대한 연상, 화자의 자기 성찰로 화자의 의식의 흐름에 따라 시상이 전개되고 있다.

오답 이유 ① [A], [B] 모두 화자가 방 안에서 생각하고 있는 상황이므로 공간 이동 양상은 없다.

② [A]의 '시퍼러둥둥하니 추운 날'에만 나타난다.
③ [A]에는 상승적 이미지가 드러나지 않는다. [B]에서는 이전과 달리 화자가 자신을 '높'은 존재로 인식하는 부분이 보인다.
⑤ [A]에서는 어머니의 고달픈 삶을 연상하는 화자의 그리움이 환기되는 것이므로 현실 비판적 태도와는 거리가 멀다.

02 작품의 종합적 이해 답 투사, 성찰, 내면

이 글에서는 시적 화자가 자신의 내면을 성찰한 결과를 '흰 바람벽'에 투사된 영상, 이미지처럼 표현하고 있다.

03 표현상 특징 파악 예시 답안 참조

이 글의 마지막 부분은 '초생달과 ~ '라이넬 마리아 릴케'가 그러하듯이' '하늘이 이 세상을 내일 적에 ~ 살도록 만드신 것이다'라는 구문이 도치되고 있다. 이를 통해 운명을 수용하고 고결한 삶을 지향하는 화자의 의식이 강조된다.

04 외적 준거에 따른 작품 감상 답 ③

'흰 바람벽'의 이미지가 다양한 층위를 보이는 것은 '흰'색과 '벽'이 지닌 이미지가 복합적으로 작용하며 화자의 현실과 내면세계를 동시에 드러내고 있기 때문이다. '좁다란 방' 역시 화자가 처한 가난과 고독의 상황을 드러낸다. 따라서 '흰 바람벽'과 '좁다란 방'은 의미적 대립을 이룰 수 없다.

오답 이유 ① 화자의 쓸쓸하고 외로운 심정은 '쓸쓸한 것', '외로운 생각'과 같은 시구를 통해 직접적으로 드러나 있다.
② '전등'이나 '셔츠'와 같은 구체적 사물을 통해 화자의 가난이 시각화되고 누추한 느낌이 심화된다.
④ 〈보기〉의 설명에 의하면 '바람벽'의 흰색은 '고결함을 상징하는 하얗고 깨끗한 이미지'와 연결된다. 이는 고결함을 지향하는 화자의 가치관을 짐작하게 만드는 것으로 볼 수 있다.
⑤ 열거된 자연물과 인물들(시인들)은 모두 '가난하고 외롭고 높'게 살아가도록 '하늘'이 만든 존재들로 화자가 동질성을 느끼는 대상들이다. 이들을 통해 가난하고 고독한 생활 속에서도 내면의 정결성을 잃지 않고 고결한 삶을 살고자 하는 화자의 지향이 드러난다.

058 견우의 노래 _ 서정주

실전 연습하기 본문 174쪽

01 ⑤ **02** 이별, 성숙 **03** [예시 답안] 서로에 대한 사무치는 사랑과 그리움을 안은 채 각자 홀로 떨어져 있는 견우와 직녀의 상태를 가리킨다. **04** ③

01 작품의 종합적 이해 답 ⑤

이 글에서는 '이별이 있어야 하네.', '바람만이 있어야 하네.', '푸른 은핫물이 있어야 하네.'와 같이 '~이 있어야 하네'라는 통사 구조를 반복하여 시적 의미를 강조하고 있다. 사랑의 성숙을 위해 시련, 역경을 견뎌야 한다는 의미를 강조하고 있는 것이다.

오답 이유 ① 화자가 과거를 회상하는 부분은 나타나 있지 않다.
② 화자는 영탄적 어조를 통해 이별이 사랑의 성숙을 위한 전제 조건임을 인정하면서, 다시 만날 날을 기다리는 삶의 자세에 대해 노래하고 있다.
③ 시선의 이동은 나타나지 않는다.
④ 이 글의 마지막 부분에서는 재회를 기약하면서 기다리겠다는 화자의 다짐이 제시되고 있다. 말줄임표의 사용으로 시상을 마무리하고 있는 것은 아니다.

02 작품의 내용 파악 답 이별, 성숙

이 글의 화자는 이별의 고통을 사랑의 성숙을 위한 것으로 긍정하고 있다.

03 구절의 의미 파악 예시 답안 참조

'홀몸'의 사전적 의미는 '배우자나 형제가 없는 사람'으로, 이는 곧 이별의 상황을 거쳐 각자 홀로 떨어져 있는 견우와 직녀의 상황을 가리킨다. 또한 이들이 '불타는' 것은 서로에 대한 사무치는 사랑과 그리움 때문인 것임을 알 수 있다.

04 외적 준거에 따른 작품 감상 답 ③

[C]에는 이별이 사랑의 과정임을 인식하고, 현실을 수용하고 있는 태도가 나타나 있으므로 현실과 미래에 대한 기약 사이에서 갈등하는 화자의 모습이 드러나 있다고 볼 수 없다.

오답 이유 ① [A]에서는 '이별'을 '사랑을 위하여' 있어야 하는 것으로 인식하는 화자의 태도가 나타나 있다.
② [B]에서는 [A]에서 제시된 '이별'을 '물살, 바람, 은핫물, 불타는 홀몸'과 같은 시구로 변주하여 표현하고 있다.
④ [C]의 '여기'는 견우에게는 '번쩍이는 모래밭', 직녀에게는 '허

이언 허이언 구름 속'을 가리키는 것으로, 각각 둘이 처해 있는 이별의 상황을 가리킨다.

⑤ [D]에서는 '칠월 칠석'의 재회를 기약하면서 그날까지의 삶의 자세를 이야기하고 있다.

059 귀촉도 _ 서정주

실전 연습하기 본문 176쪽

01 ① 02 죽음, 슬픔 03 [예시 답안] 육날 메투리 04 ③

01 표현상 특징 파악 답 ①

이 글에서는 '흰 옷깃', '은장도 푸른 날'과 같은 시구에서 색채 이미지가 발견되는데, 이들은 대비적 관계에 있지 않으며 공간의 차이를 드러내고 있는 것도 아니다.

오답 이유 ② 2연에서는 도치법이 사용되어 '임'에 대한 정성과 사랑, 회한을 드러내는 '육날 메투리'가 부각되고 있다.

③ 2연에서 '-ㄹ걸'과 같은 어미가 반복되어 시적 화자의 회한이 드러나고 있다.

④ '삼만 리'가 반복되어 임이 속한 '서역', '파촉'과 화자가 속한 이승 간의 거리감이 부각되고 있다.

⑤ '귀촉도'와 같이 한을 상징하는 소재를 활용하여 화자의 슬픔과 서러움을 구체화하고 있다.

02 구절의 의미 파악 답 죽음, 슬픔

1연의 '길'은 '서역 삼만 리', '파촉 삼만 리'가 의미하는 저승의 세계로 연결되는 길로, 죽은 임이 이 길을 밟아 감으로써 화자의 슬픔과 회한을 불러일으키는 계기가 된다.

03 소재의 기능 파악 예시 답안 참조

'육날 메투리'는 '슬픈 사연의 / 올올이 아로새긴' 신으로, 임의 죽음으로 '부질없는 이 머리털 엮어 드릴걸.'이라는 시구로 보아 임에 대한 화자의 정성과 사랑이자, 이를 살아생전 온전히 전하지 못한 화자의 회한을 상징하는 시구로 볼 수 있다.

04 화자의 정서, 태도의 이해 답 ③

이 글의 3연에는 임과 사별한 슬픔의 정서가 담겨 있는데, 김소월의 「초혼」에서도 '불러도 주인 없는 이름'과 같은 시구에서 사랑하는 임의 죽음으로 인한 슬픔의 정서를 확인할 수 있다.

오답 이유 ① 잠시 '그대'의 곁에 머물렀다가 외로이 떠날 수밖에 없는 화자의 마음을 '낙엽'에 비유하여 표현하고 있다.

② 어려운 인생길에서 힘이 되어 주는 '슬프고도 아름다운 / 노래'에 의지하고 싶어 하는 화자의 마음이 표현되고 있다.

④ '애련'이나 '희로'와 같은 감정에 흔들리지 않는 굳은 마음을 '바위'에 비유하여 이에 대한 지향을 드러내고 있다.

⑤ 이별의 운명을 알고 이를 받아들이는 태도가 형상화되어 있다.

060 신선 재곤이 _ 서정주

실전 연습하기 본문 178쪽

01 ⑤ 02 하늘, 인정 03 [예시 답안] 재곤이의 거북이 모양 양쪽 겨드랑에 두 개씩의 날개들을 달아 줌. 04 ④

01 작품의 종합적 이해 답 ⑤

이 글은 '질마재 마을'을 공간적 배경으로 삼고 있지만, 그 공간을 비판적으로 다루고 있다고 보기 어렵다.

오답 이유 ①, ②, ④ 이 글은 '질마재 마을'이라는 토속적 공간을 배경으로 '재곤'이라는 사람의 삶과 그가 죽은 후 신선이 된 이야기를 담고 있는 산문시이다.

③ 재곤이가 신선이 되었다는 '조 선달' 영감의 말, 그에 대해 사람들의 동조하는 말 등은 직접 인용되어 작품의 주제 의식을 드러내고 있다.

02 시어의 상징적 의미 파악 답 하늘, 인정

마을 사람들은 재곤이가 '제 목숨대로' 다 살게 하는 게 '마을 인정(人情)'이고, 그렇게 하지 못하면 '하늘의 벌'을 받을 것이라 생각한다. 그러므로 재곤이가 사라진 후, 마을 사람들의 마음에서는 '그 무겁디 무거운 모습'만이 마음속에 남는다. 그들은 하늘이 줄 천벌을 걱정한 것이다.

03 세부 정보의 추리 예시 답안 참조

마을 사람들은 '조 선달 영감님 말씀이 마음적으로야 불가불 옳기사 옳다'라고 생각하면서 '거북이 모양 양쪽 겨드랑이에' 날개들을 달아 준다. 이런 행위는 조 선달 영감의 해석에 대한 동조를 의미한다.

04 준거에 따른 감상 답 ④

〈보기〉를 참조하더라도 이 글에서 질마재 마을 사람들이 천상계와 갈등하고, 그로 인해 긴장이 생겼다고 보기 어렵다. '하늘이 줄 천벌'을 걱정하고 있었습니다.'에서 보듯이, 질마재 마을 사람들의 '긴장'은 '재곤이'가 어느 날 갑자기 사라져 버린 데서 생겨난 것이다.

오답 이유 ② '조 선달'은 재곤이의 '거북이' 같은 생김새에 근거하여, 거북이같이 생긴 재곤이는 목숨이 길고 이 세상이 답답하여 신선살이를 간 것이라 해석한다.

⑤ 재곤이가 사라진 때를 '갑술년이라던가 을해년의 새 무궁화 피기 시작하는 어느 아침 끼니부터'라고 하여, 지상에 실재했던 사람이 천상의 신선이 되었다는 설화적 이야기의 시간관을 보여 주고 있다.

061 외할머니의 뒤안 툇마루 _ 서정주

실전 연습하기 본문 180쪽

01 ④ **02** 산문시, 어린 **03** [예시 답안] 툇마루는 외할머니에서 그 딸들, 그리고 그 딸의 자식인 '나'에 이르는 가족의 내력을 투영하는 거울과 같다. **04** ①

01 작품의 종합적 이해 답 ④

이 글에서는 '먹오딧빛'과 같이 색감을 드러내는 시어를 활용하여 대상을 선명한 이미지로 제시하고 있다.

오답 이유 ① 유사한 시구의 점층적 변주라고 할 만한 부분이 나타나지 않는다.

② 부정적 현실이 나타난다고 보기 어렵고, 차분한 마음으로 대상을 바라보는 관조의 태도가 나타나는 것도 아니다.

③ 어린 화자의 목소리를 활용하고는 있으나 상황의 이면에 주목하게 한 것이 아니라, 어머니로부터 꾸지람을 받은 화자가 외할머니로부터 마음의 위로를 받았던 표면적 상황을 통해 주제를 전달하고 있다.

⑤ 역설적 표현을 사용하지 않았다.

02 작품의 종합적 이해 답 산문시, 어린

이 글은 어린아이가 들려주는 이야기와 같은 형식을 취함으로써 동화적 분위기를 조성하고 있다.

03 구절의 의미 파악 예시 답안 참조

이 글의 중심 소재인 '툇마루'는 '외할머니'와 '그네 딸들'의 손때가 묻어 반질반질해진 '거울'과 같은 것으로, '어린 내 얼굴'을 비치는 소재로 제시되고 있다. 따라서 '툇마루'는 외할머니로부터 그 손자에 이르기까지의 가족의 내력을 투영하는 거울의 역할을 하는 소재임을 알 수 있다.

04 구절의 의미 파악 답 ①

'집 뒤안'은 화자가 유년 시절에 할머니의 사랑을 느끼며 '숨을 바로' 하던 공간이다. 이러한 할머니의 사랑과 위안을 바탕으로 현재의 화자가 존재하는 것이다. 그러므로 '집 뒤안'은 유년 시절과 단절된 공간이 아니라 오히려 현재의 화자와 유년 시절이 연결되는 공간이다.

오답 이유 ② '외할머니의 손때와 그네 딸들의 손때로 날이날마닥 칠해져' 만들어진 '거울'은 '툇마루'이다. 그러므로 오랜 세월의 흔적을 환기하는 것이 맞다.

③ '어머니한테 꾸지람을 되게 들어' 찾아간 곳이 '툇마루'이고 거기서 외할머니의 사랑을 받은 장소이므로 위안의 경험과 관련된다.

④ '오디 열매를 약으로 먹어 숨을 바로 합니다.'라고 했으므로 '오디 열매'는 외할머니의 사랑과 관련이 있다.

⑤ 거울처럼 반짝이는 툇마루에 '외할머니의 얼굴과 내 얼굴이 나란히' 비치고 있으므로 친밀감과 관련이 있다.

062 추천사 - 춘향의 말 1 _ 서정주

실전 연습하기 본문 182쪽

01 ① **02** 유사, 강조 **03** [예시 답안] 인간은 본래 땅에 속하는 존재이기 때문에 하늘에 도달할 수 없다는 본질적, 운명적 한계를 지닌다. **04** ⑤

01 작품의 종합적 이해 답 ①

화자인 춘향이가 시적 청자인 향단이에게 그넷줄을 밀어 달라는 말을 건네고 있다.

오답 이유 ② 반어적 표현을 활용하고 있지 않다.

③ 공감각적 표현을 활용하고 있지 않다.

④ '소망의 제시와 구체화' → '한계 인식' → '소망의 지속에 대한 의지'의 순서로 시상이 전개되고 있다.

⑤ 미래에 대한 비관적 전망을 드러내고 있지 않다.

02 작품의 종합적 이해

답 유사, 강조

이 글에서는 '내어 밀듯이', '밀어 올려다오'를 반복, 변주함으로써 '하늘'이 상징하는 이상 세계에 대한 화자의 강렬한 소망을 강조하고 있다.

03 구절의 의미 파악

예시 답안 참조

이 글의 화자는 이상 세계를 의미하는 '하늘'에 대한 강렬한 소망을 드러내다가도, 자신이 그 세계에 도달할 수 없는 인간으로서의 운명적, 본질적 한계를 지니고 있음을 깨닫고 좌절감을 표현하고 있다.

04 외적 준거에 따른 작품 감상

답 ⑤

〈보기〉는 호흡의 조절과 어조를 통해 화자의 정서와 관련지어 시를 낭송할 수 있음을 설명해 주고 있다. 각 연이나 시행마다 일정한 시간을 배분한다면, 행의 길이가 길수록, 한 연에 속한 행의 수가 많을수록 빠른 속도로 읽어 낼 수 있다. 5연은 행의 길이가 짧아지고 있는데, 이때 〈보기〉에 따르면 점차 느려지는 속도로 낭송할 수 있다. 또한 5연에서 화자는 4연의 '아무래도 갈 수가 없다.'는 인식 이후에도 계속 그네를 타겠다는 의지를 보이고 있으며 이때 나타나는 정서와 관련짓는다면 체념적 어조로 5연의 '향단아'를 낭송한다는 것은 적절하지 않다.

063 춘향유문 - 춘향의 말 3 _ 서정주

실전 연습하기

본문 184쪽

01 ③ **02** 윤회, 자연 **03** [예시 답안] 시적 청자인 몽룡을 비유한 것으로, 처음 만나던 날의 설렘과 아름다움, 영원한 사랑에 대한 기대를 드러낸다. **04** ②

01 작품의 종합적 이해

답 ③

이 글에서는 '무성하고 푸르던 나무같이'와 '검은 물', '구름', '소나기'와 같은 비유적 표현이 시적 청자인 몽룡의 특징을 표현하거나 화자인 춘향의 사랑을 드러내기 위해 활용되었다. 이 글에서는 '저승', '천 길 땅 밑', '도솔천'과 같이 공간을 지칭하는 표현이 쓰였으나, 이들은 모두 죽음의 세계를 가리킨다는 공통점이 있다.

오답 이유 ① 4연의 3행에서는 설의적 표현을 통해 변함없는 사랑에 대한 화자의 다짐을 강조하고 있다.

② 3연에서 화자는 '춘향의 사랑보단 오히려 더 먼 / 딴 나라'와의 비교를 통해 '저승'에 대한 새로운 인식을 드러내고 있다.

④, ⑤ 이 글은 「춘향전」에서 죽음을 앞둔 춘향을 화자로 설정하여 그 심정을 형상화하고 있다.

02 작품의 종합적 이해

답 윤회, 자연

이 글에서는 자신이 '검은 물'로 흐르거나 '구름'으로 날더라도, '소나기'가 되어 퍼붓더라도 자신은 항상 '도련님 곁'에 있을 것이라고 하면서 '도련님'에 대한 자신의 사랑이 변함없을 것임을 다짐하고 있다. 이는 불교의 윤회 사상과 물의 순환 구조라는 자연 현상이 결합되어 표현된 결과로 볼 수 있다.

03 구절의 의미 파악

예시 답안 참조

이 글의 화자인 춘향은 '도련님'에게 '그 무성하고 푸르던 나무같이 / 늘 안녕히 안녕히 계'실 것을 당부하고 있다. '나무'는 '처음 만나던 날' 이들이 느꼈던 설렘과 아름다움, 영원한 사랑에 대한 기대를 표상하는 소재로 볼 수 있다.

04 화자의 정서, 태도의 이해

답 ②

'검은 물', '구름', '소나기'는 모두 '천 길 땅 밑'이나 '도솔천의 하늘'에서 모습을 달리하여 나타나는 춘향을 가리키는 것으로, 어떤 상황에서든 변함없는 영원한 사랑을 다짐하기 위해 제시된 시어이다.

오답 이유 ① 1, 2연에서 화자의 인사는 죽음을 앞둔 상황에서 이 시가 화자의 유언 형식을 취하고 있음을 알게 해 주는 시구이다.

③ 3연에서 화자는 '저승'이 자신의 사랑보다 먼 곳에 있는 공간이 아니라고 하면서, '저승'을 자신의 사랑이 미치는 범위 내의 공간으로 인식하는 태도를 보이고 있다.

④ 4연에서 '천 길 땅 밑'이나 '도솔천의 하늘'은 모두 '도련님 곁'으로 인식되고 있다.

⑤ '거기'는 춘향의 변화상인 '구름'이 '소나기 되어 퍼'붓는 곳인 '도련님 곁'을 가리키는 지시어로, '소나기'는 '도련님'에 대한 화자의 열렬하고 변함없는 사랑을 비유적으로 표현한 시어이다.

064 농무 _ 신경림

실전 연습하기 본문 186쪽

01 ⑤ 02 농무, 분노, 한 03 [예시 답안] 화자의 답답함과 원통함을 직설적으로 표출하고 있다. 04 ③

01 표현상 특징 파악 답 ⑤

이 글에서는 뚜렷한 색채 이미지가 활용되지 않았다.

오답 이유 ① '가설무대 → 소줏집 → 장거리 → 쇠전 → 도수장'의 순서로 화자 일행이 이동하면서 시상이 전개되고 있음을 알 수 있다.

② '꺽정이처럼' 울부짖거나 '서림이처럼' 해해댄다는 직유를 통해 인물들의 행동을 표현하고 있다.

③ '이까짓 / 산 구석에 처박혀 발버둥친들 무엇하랴'라는 설의적 표현을 통해 자조적이고 체념적인 한탄을 하는 화자의 태도를 드러내고 있다.

④ 이 글에서는 주로 현재형 시제를 구사하고 있는데, 이는 시적 상황을 생동감 있게 제시하는 데 도움을 준다.

02 작품의 내용 파악 답 농무, 분노, 한

이 글은 산업화 과정에서 소외되어 활력을 잃은 농촌의 현실을 마주한 농민의 분노와 한을 '신명이 난다'는 반어적 표현을 통해 표출하고 있다.

03 화자의 정서 파악 예시 답안 참조

이 글의 지배적 정서는 화자의 억울함과 좌절감으로, 이러한 정서는 술을 마시는 행위, 울부짖는 행위, 발버둥친들 무엇하겠느냐는 질문 등을 통해서도 파악할 수 있지만, 6행의 '답답하고 고달프게 사는 것이 원통하다'라는 시구를 통해 가장 직설적으로 드러나 있다.

04 외적 준거에 따른 작품 감상 답 ③

〈보기〉에서 농민들이 삶의 활력과 신명을 얻기 위해 집단적으로 추는 '농무'는 오히려 현실의 암울함을 역설적으로 드러내 준다고 하였으므로, 이 '농무'가 '농촌 현실의 문제를 극복하고자 하는 농민들의 태도'를 잘 보여 준다고 이해하는 것은 적절하지 않다.

오답 이유 ① 농무가 역설적으로 현실의 암울함을 드러내 준다는 〈보기〉의 내용으로 보아, 화자가 농무를 추는 자신의 모습 속에서 무력감을 느끼고 있다고 볼 수 있다. 이러한 화자의 정서는 [A]에서 '답답하고 고달프게 사는 것이 원통하다'를 통해 잘 드러나고 있다.

② '악을 쓰는', '킬킬대는구나', '울부짖고', '해해대지만' 등에서 화자의 부정적 정서를 파악할 수 있다. 따라서 화자가 농무를 흥겨운 축제로 대하고 있다고 보기는 어렵다.

④ ⓑ는 농민들이 처한 상황을, ⓐ는 그러한 상황에 처한 농민들의 정서를 보여 주는 것으로, 1970년 전후의 농촌 현실을 고려할 때 농민들이 도시로 떠날 수밖에 없었던 사정을 보여 준다고 할 수 있다.

⑤ 〈보기〉와 시적 맥락을 함께 고려할 때, ⓒ는 비참한 농촌 현실 속에서 희망을 잃은 화자가 자조하며 스스로에게 던지는 냉소적인 질문에 해당한다고 볼 수 있다.

065 산에 대하여 _ 신경림

실전 연습하기 본문 188쪽

01 ⑤ 02 대조, 지향 03 [예시 답안] 서로 가까이 부대끼며 살아가면서 공동체적 삶을 영위하는 인간다운 삶의 모습 04 ⑤

01 표현상 특징 파악 답 ⑤

이 글에서는 '아니다'를 반복하여 '높은 산'만 있는 것이 아니라 '낮은 산'도 있다는 것을 강조하고 있으며, '안다'를 반복하여 '낮은 산'과 같은 삶에 대한 화자의 내면적 지향을 강조하고 있다.

오답 이유 ① 이 글에서는 평서형 종결 어미를 통해 화자가 지향하는 삶의 모습에 대해 단정짓고 있다.

② 이 글에서는 '낮은 산'에서 사람들이 쉽게 접할 수 있는 친숙한 소재들이 제시되고 있으나, 이들이 삶의 지혜를 드러낸다고 보기는 어렵다.

③, ④ 이 글에서는 색채의 대조나 시상이 반전되는 부분을 찾아볼 수 없다.

02 작품의 종합적 이해 답 대조, 지향

이 글에서는 '높은 산'과 '낮은 산'의 모습을 대조함으로써 '산이라

해서 다 크고 높은 것은 아니다'라는 인식으로부터 시작하여 자신의 지향이 '낮은 산'과 같이 인간의 삶 가까이 머무르며 인간미 넘치는 삶의 모습에 있음을 강조하고 있다.

03 구절의 의미 파악 [예시 답안] 참조

'사람 사는 재미'는 '낮은 산'의 시야에서만 확인할 수 있는 것으로, 화자가 지향하는 삶의 모습을 압축적으로 드러낸 시구이다. ㉠ 앞부분의 내용에 의하면, '사람 사는 재미'란 가까이 부대끼며 살아가면서 공동체적 삶을 영위해 나가는 인간다운 모습을 의미하는 것으로 볼 수 있다.

04 구절의 의미 파악 답 ⑤

이 글은 '높은 산'만 있는 것이 아니라 '낮은 산'도 있다는 사실의 인식을 통해 평범하고 소박한 삶도 가치가 있다는 것을 일깨우고 있다. 화자는 '높은 산'과 같은 고고하고 당당한 삶을 부정하는 것은 아니지만, '낮은 산'의 모습처럼 스스로 낮아져서 다른 사람들과 어울려 희생하며 살아가는 삶의 가치를 더 강조하고 있다. 따라서 '높은 산'이 화자가 추구하는 삶의 모습이라고 판단하는 것은 작품을 올바로 이해한 것이라고 할 수 없다.

오답 이유 ① 이 글의 1~2행에 제시된 '크고 높'으며 '험하고 가파른' 것이 산이 지닌 특질의 전부라는 통념에는 산의 외형으로 인해 사람들이 지닐 수 있는 산에 대한 선망의 태도가 반영되어 있는 것으로 볼 수 있다.

② '낮은 산'은 사람들의 삶에 가까이 있으면서 소박하고 평범한 삶의 모습을 보여 주는 존재로 제시되고 있다.

③ '낮은 산'은 '순하디 순한 길'이 되어 주기도 하고, '따뜻한' '숨을 자리'가 되어 주기도 한다는 표현을 통해 다른 이들을 위해 희생하는 존재의 의미를 드러내고 있다.

④ '낮은 산'은 '때에 절고' '지린내가 배'기도 하는 것으로 묘사되어, 더럽혀지기도 하지만 그만큼 사람 사는 맛을 알 수도 있는 존재로 표현되고 있다.

066 우리 동네 느티나무들 _ 신경림

실전 연습하기 본문 190쪽

01 ② 02 '저희들끼리', 연결 어미 03 [예시 답안] 나고 자라고 늙는 시간(세월)의 흐름을 바탕으로 느티나무들의 삶의 노정을 보여 주고 있다. 04 ④

01 표현상 특징 파악 답 ②

'재재발거리고 떠들어 쌓고', '밀고 당기고 간지럼질도 시키고', '시새우고 토라지고 다투고', '아픈 곳은 만져도 주고', '끌어안기도 하고 기대기도 하고' 등에서 보듯이 이 글에서 느티나무들은 인격을 부여받은 존재로 그려져 있다.

오답 이유 ③ '우리 동네 느티나무들'에 대한 화자의 예찬적 태도를 엿볼 수는 있지만, 영탄적 표현을 찾을 수는 없다.

④ 공간의 대비나 화자의 내적 갈등을 찾을 수 없다.

⑤ 이 글에서 친근한 분위기를 찾을 수는 있지만 대상에게 말을 건네는 방식은 쓰이지 않았다.

02 표현 방식과 효과 이해 답 '저희들끼리', 연결 어미

㉠은 저절로 난 느티나무들이 '저희들끼리' 자라는 모습을 그리고 있다. 여러 모습을 동일한 연결 어미 '-고'로 연결하여 시적 리듬감과 함께 생동감을 만들어 내고 있다.

03 시상 전개 방식 파악 [예시 답안] 참조

이 글에서는 느티나무들이 나서 자라고 늙어 가는 시간의 흐름을 바탕으로, 서로 의존하는 공동체를 이루어 살아가는 느티나무들의 삶을 보여 주고 있다.

04 준거에 따른 감상 답 ④

'별 많은 밤'은 살아오면서 '열매보다 아름다운 이야기들'을 맺은 느티나무들이 그것들을 '온 고을'에 뿌리는 시간이다. 여기서 '별'은 수많은 아름다운 '이야기들'에 대응하는 이미지라 할 수 있다. 그러므로 그것을 '온 고을'에 뿌리는 행위는 아름다운 이야기들을 함께 나누는 행위로 해석할 수 있다.

오답 이유 ① '저절로 나서'는 생겨난 그대로의 모습으로 자발적으로 존재하는 자연의 모습이다.

③ 〈보기〉에서는 자발적으로 존재하면서도 서로 의존하는 생명 공동체가 더욱 풍부한 생성으로 나아간다고 하였다. 그러므로 의태어 '주렁주렁'은 이러한 풍부함을 보여 준다고 할 수 있다.

⑤ '우리 동네 늙은 느티나무들'이 보여 주는 자발적 존재와 상호 의존은, 과도한 경쟁과 강자에 의한 약자 지배가 심화되고 있는 현대 문명 사회의 부조리를 해결할 대안으로 볼 수 있다.

5. 신동엽 ~ 장석남

067 껍데기는 가라 _ 신동엽

실전 연습하기 본문 194쪽

01 ④ 02 상징, 대립 03 [예시 답안] 부정적 세력의 개입 없이 남북한이 순수한 모습으로 마주할 때 민족의 화합이 이루어질 수 있다. 04 ②

01 표현상 특징 파악 답 ④

이 글에서는 '-가라'라는 명령형 종결 어미가 쓰인 단어를 반복 사용하여 화자의 의지를 강조하고 있다.

오답 이유 ① 처음부터 끝까지 의지적 어조로 일관하고 있다.
② 화자의 시선을 이동하면서 시상을 전개하고 있지 않다.
③ 화자의 정서 변화가 나타나 있지 않다.
⑤ 특정 색채어를 연속적으로 사용하고 있지 않다.

02 표현상 특징 파악 답 상징, 대립

이 글에서는 '허위, 가식, 부정적 세력' 등을 상징하는 '껍데기', '쇠붙이'와, '순수함', '본질, 핵심'을 의미하는 '알맹이', '아우성', '흙가슴'과 같은 시어를 대립적으로 배치함으로써 민족의 화합에 대한 강렬한 염원을 강조하고 있다.

03 작품의 내용 파악 예시 답안 참조

이 글의 화자는 민족의 화합을 가로막는 부정적 세력(4연의 '쇠붙이')이 사라지고 순수한 본질을 회복한 남북한이 마주한 상황(3연의 '아사달 아사녀'가 '중립의 초례청' 앞에서 '맞절'하는 장면)에서 분단 상황의 극복이 가능하다는 생각을 드러내고 있다.

04 외적 준거에 따른 작품 감상 답 ②

'중립의 초례청'은 순수한 마음을 지닌 '아사달 아사녀'가 맞절하는 공간으로 남과 북이 화해를 모색하는 공간이라고 할 수 있다.

오답 이유 ① '껍데기'는 작가가 물리치고 싶어 하는 대상으로 현실의 문제를 유발하는 외세와 우리 내부에도 존재하는 그들의 추종 세력이라고 할 수 있다.
③ '아사달 아사녀'가 '중립의 초례청'에서 맞절하는 것은 남과 북이 하나가 되기를 소망하는 마음이 반영된 것이라고 할 수 있다.
④ '흙가슴'은 화자가 긍정적으로 여기는 대상으로 인간 생명의 원초적 본질인 대지를 형상화한 것으로 볼 수 있다.
⑤ '쇠붙이'는 화합을 저해하는 세력으로 볼 수 있으며, 남과 북을 이념 대립으로 갈라놓은 부정적인 대상에 해당한다.

068 봄은 _ 신동엽

실전 연습하기 본문 196쪽

01 ④ 02 분단, 눈 03 [예시 답안] 이 글의 화자는 '봄'이 우리 자신에게 내재한 간절한 염원과 소망으로부터 움틀 것이라는 인식을 드러내고 있다. 04 ⑤

01 구절의 의미 파악 답 ④

㉠은 '너그러운 봄'과 반대되는 겨울의 이미지를 구체화하는 시어이다. 매섭게 몰아친다는 점에서 냉혹한 현실을 상징하게 된다.

02 시어의 기능 파악 답 분단, 눈

이 글의 화자는 민족의 화합과 통일을 저해하는 '미움의 쇠붙이들'이 '봄'이 오면 '눈' 녹듯 녹을 것이라는 기대를 표출하고 있다.

03 작품의 내용 파악 예시 답안 참조

2연에서 화자는 '봄'의 눈짓이 '제주에서 두만까지 / 우리가 디딘 / 아름다운 논밭에서 움튼다.'고 하였으며, 3연에서는 '우리들 가슴속에서' 움틀 것이라고 확신하고 있다. 이로 보아 이 글의 화자는 '봄'을 실현하게 하는 힘이 통일에 대한 우리 자신의 간절한 염원과 소망에 있다는 인식을 드러내고 있음을 알 수 있다.

04 외적 준거에 따른 작품 감상 답 ⑤

봄과 겨울을 대비한 것은 화자가 처한 현실 상황과 화자의 염원을 대비하면서 화자의 염원을 이루려는 의지를 강조하기 위한 것으로 볼 수 있다. 또한 겨울이 지나면 봄이 오듯이 우리 민족이 염원하는 봄이 반드시 오리라는 믿음을 드러내기 위한 것으로도 볼 수 있다. 이는 자연스러운 계절의 순환을 현실 상황과 관련지은 것으로, 계절의 순환을 거부하려는 의지로는 볼 수 없다.

오답 이유 ① 2연의 '제주에서 두만까지'는 '우리'가 디딘 국토를 의미하는 표현으로, 이 국토에 사는 '우리'는 우리 민족을 가리키는 것으로 볼 수 있다.

② '봄'이 '움터서' '미움의 쇠붙이들'을 녹여 버릴 것이라는 4연의 표현을 통해 '봄'이란 '미움의 쇠붙이들'을 녹일 수 있는 힘을 의미하면서 동시에 '눈'과 같은 '미움의 쇠붙이들'이 모두 녹아 버린 상태를 가리키는 것으로 볼 수 있다.

③ '봄'이 '너그럽다'는 표현은 '매서운 눈보라'를 몰고 온 '겨울'과 대조적인 '봄'의 측면을 드러낸 것으로, '매서운 눈보라'와 연결되는 '미움의 쇠붙이들'을 '눈 녹이듯' 녹여 버리는 속성을 지니고 있다.

④ '봄'이 '우리들 가슴속에서' 움틀 것이라는 3연의 진술은 '겨울'의 '미움의 쇠붙이들'을 몰아낼 수 있는 힘이 '우리들 가슴속'에 내재해 있음을 의미한다.

069 산에 언덕에 _ 신동엽

실전 연습하기 본문 198쪽

01 ⑤ **02** 소망, 신념 **03** [예시 답안] '행인'은 '그'의 부재로 인해 쓸쓸함을 느끼고 '그'의 자취를 더듬고 있다. **04** ②

01 구절의 의미 파악 답 ⑤

5연은 1연과 2연의 내용이 변주되어 반복된 것으로 그리운 '그'가 다시 이 땅에 피어나기를 바라는 화자의 간절한 소망을 담은 것이다. 자연과 하나가 된 화자의 모습을 부각했다고 하는 것은 적절하지 않다.

오답 이유 ① '-ㄹ지어이'는 '마땅히 그렇게 하여라'의 의미를 지닌 명령형 어미인 '-ㄹ지어다'를 변형한 어미로, 반복적으로 사용되어 화자의 소망과 기대를 강조하고 있다.

② 1연의 '그리운 그의 얼굴 / 꽃'은 2연에서 '그리운 그의 노래 / 숨결'로 변주되어 제시되고 있다.

③ 3연에서는 '행인'을 호명하고 그를 '쓸쓸한 마음으로 들길 더듬는' 존재로 묘사하여 화자의 정서를 간접적으로 드러내고 있다.

④ 4연에서는 '비었거든'과 '담을지네'의 호응을 통해 그리워하는 대상의 부재로 인한 공허감을 극복하고자 하는 태도를 표현하고 있다.

02 표현상 특징 파악 답 소망, 신념

'-ㄹ지어이'는 '마땅히 그렇게 되어라.'라는 의미를 지닌 명령형 종결 어미로, '그'가 표상하는 정신적 가치가 실현되기를 바라는 화자의 소망과 신념을 반복적으로 드러내고 있다.

03 화자의 정서 파악 예시 답안 참조

'행인'은 '쓸쓸한 마음으로 들길 더듬는' 것으로 서술되어 있다. '행인'은 '그'의 부재로 인해 쓸쓸함을 느끼는 사람으로, '그'가 남긴 흔적과 자취, 즉 '그'로 표상되는 정신을 탐색하고 있는 화자와 유사한 처지에 놓여 있다.

04 외적 준거에 따른 작품 감상 답 ②

이 글에서 '꽃'은 '그'를 상징하는 것으로 '임에게 바치고 싶었던 마음'으로 해석하는 것은 적절하지 않다.

오답 이유 ① (가)의 맥락에서 보면, '그리운'은 사랑했던 여인과 사별한 개인적인 경험과 관련된다고 볼 수 있다.

③ (나)의 맥락에서 보면, '그'는 억압된 시대에 자유를 외치다 희생된 영혼이므로, '그의 노래'는 '시대적인 요구가 담긴 목소리'라고 할 수 있다.

④ (나)의 맥락에서 보면, '울고 간'의 주체는 '그'이므로, '울고 간'은 억압적 현실로 인한 희생을 의미한다고 할 수 있다.

⑤ (가), (나)의 맥락에서 보면 '그'의 모습을 '다시 찾을 수 없'다는 것은 현재 상황에서의 '그'의 부재를 드러낸 것이라 할 수 있다.

070 꽃덤불 _ 신석정

실전 연습하기 본문 200쪽

01 ④ **02** 밤, 봄 **03** [예시 답안] 달빛이 흡사 비 오듯 쏟아지는 밤 **04** ⑤

01 외적 준거에 따른 작품 감상 답 ④

'꽃덤불'은 화자가 지향하는 궁극적인 이상향이다. 따라서 〈보기〉를 참고하여 '꽃덤불'을 이해하면, '꽃덤불'이란 일제의 강점으로부터 벗어나 광복을 맞이하였으나 외세에 의한 간섭과 민족 내 이념 갈등 등 여러 가지 어려움을 겪고 있던 상황에서, 이러한 혼란을 극복하고 민족 화합을 이룬 이상적인 조국을 의미한다고 볼 수 있다.

오답 이유 ① 이 글은 평화로웠던 과거의 삶에 대해 다루고 있지 않으며, 또 〈보기〉에서도 과거를 회복하고자 하는 내용을 제시하고 있지 않다.

② 남북한이 이념 갈등으로 인해 나뉜 상황은 화자가 부정적으로 인식하고 있는 현실에 해당하며, '꽃덤불'은 그와 같은 상황을 모두 극복한 다음에 맞이할 수 있는 이상적인 조국의 모습이다.

③ '꽃덤불'이란 일제의 강점으로부터 벗어나 광복을 맞은 우리 민족이 극심한 사회 혼란과 이념 갈등을 극복하고 맞이하게 될 화합된 조국의 모습이므로, '꽃덤불'을 단순히 일제의 강점으로부터 벗어나 광복을 맞은 모습으로 이해하는 것은 적절하지 않다.
⑤ 외세의 개입으로 인한 사회적 모순과 부조리가 가득한 현실은 화자가 부정적으로 인식하고 있는 상황에 해당하며, '꽃덤불'은 그와 같은 현실을 모두 극복한 다음에 맞이할 수 있는 이상적인 조국의 모습이다.

02 표현상 특징 파악 답 밤, 봄

이 글은 어둠과 밝음의 이미지를 나타내는 대조적 시어들을 사용하여 화자의 현실 인식을 효과적으로 표현하고 있다. '태양을 등진 곳', '밤', '겨울밤' 등은 어둠의 이미지를 드러내고, '태양', '봄', '꽃덤불' 등은 밝음의 이미지를 표상하고 있는 시어들이다.

03 구절의 의미 파악 예시 답안 참조

2연에서 화자('우리')는 '우리 하늘'에 '태양'을 모시지 못하는 울분을 토로하고 있는데, 이때 배경이 되는 것이 '달빛이 흡사 비 오듯 쏟아지는 밤'이다. 또한 1연과 5연의 내용을 통해서도 이 시에서 '태양을 등진 곳'과 '겨울밤'이 부정적 현실을 표현하고 있다는 것을 알 수 있다. 이 중 직유법을 활용하여 화자가 처한 부정적 현실을 표현하고 있는 구절은 '달빛이 흡사 비 오듯 쏟아지는 밤'이다.

04 화자의 정서, 태도의 이해 답 ⑤

'겨울밤 달이 아직도 차거니'에서 '겨울밤', '차거니'는 부정적 상황을 드러내고 '아직도'는 이러한 상황이 온전히 극복되지 못하고 있음을 드러낸다. 그래서 화자는 이를 안타깝게 여기고 있는 것이다.

오답 이유 ① '항상'은 '거룩한 이야기'를 '태양을 등진 곳에서만' 할 수 있었다는 의미로 일제 강점기의 어두운 현실을 드러내는 시어이다.
② '밤'은 화자가 처했던 어두운 현실을 의미하는데, '흡사'는 그러한 '밤'에 '달빛'이 '비 오'는 것처럼 쏟아졌다는 것을 강조함으로써 화자가 처한 현실의 어두움을 드러내는 시어이다.
③ '참으로'는 '우리 하늘에 / 오롯한 태양'을 모실 때가 '언제'인지를 거듭 묻는 화자의 말에 쓰이고 있는데, 이는 어두운 현실에 대한 비탄과 현실 극복에 대한 밝지만은 않은 전망을 드러낸다.
④ '드디어'는 일제 강점기의 어두운 현실이 비로소 지나갔음을 의미한다.

071 바위 _ 유치환

실전 연습하기 본문 202쪽

01 ⑤ 02 바위 03 [예시 답안] 애련, 희로 04 ④

01 표현상 특징 파악 답 ⑤

이 글은 처음과 끝 부분에서 같은 시구('바위가 되리라')를 반복하는 수미 상관의 구조를 취함으로써 '바위'로 상징되는 의지적 삶에 대한 화자의 지향을 강조하고 있다.

오답 이유 ① 이 글은 강인하고 단호한 남성적인 어조를 통해 화자의 의지를 드러내고 있는데, 어조의 변화가 나타나는 부분은 없다.
② '바위'라는 자연물을 통해 주제 의식을 형상화하고 있으나, 인간과 자연을 대비하고 있지는 않다.
③ '물들지 않고', '움직이지 않고', '꿈꾸어도 노래하지 않고' 등 부정어를 반복하고 있으나, 이를 통해 현실에 대한 부정적인 인식을 드러내고 있는 것은 아니다.
④ 이 글은 시간의 흐름에 따른 시상 전개를 보이고 있지 않고, 그에 변화하는 '바위'의 다양한 속성을 나타내고 있는 것도 아니다.

02 소재의 기능 파악 답 바위

이 글에서 '바위'는 인간적 감정이나 외부의 시련, 고난에 흔들리지 않는 의지적 삶의 표상이다.

03 구절의 의미 파악 예시 답안 참조

2행과 3행의 '애련에 물들지 않고 / 희로에 움직이지 않고'는 '애처롭고 가엾게 여김'을 뜻하는 '애련', 기쁨과 노여움을 아울러 이르는 말인 '희로'와 같은 인간적 감정으로부터 벗어나야 한다는 화자의 고뇌를 드러내고 있다.

04 감상의 적절성 평가 답 ④

이 글은 화자의 강인한 삶의 자세를 노래한 시로, 일체의 외부적 요소에 흔들리지 않겠다는 의지가 드러난다. 그런데 화자는 스스로를 '채찍질'하며 시련을 온몸으로 견디고 마침내 '생명도 망각'하는 경지에 이르게 되는 것을 가정하는데, 이 부분에서 현실에 좌절하고 굴복하는 화자의 모습을 찾을 수는 없다.

오답 이유 ① '애련'과 '희로'는 인간적인 감정을 나타내는 것으로, 이러한 감정에 휘둘리지 않으려는 화자의 모습이 나타난다.
② '비와 바람'은 시련을 상징하는 것으로, '깎이는 대로'에서 시

련을 묵묵히 감내하는 화자의 태도를 찾을 수 있다.

③ '안으로 안으로만 채찍질'하는 것에서 화자 자신을 단련하는 태도를 찾을 수 있다.

⑤ '노래하지 않고', '소리하지 않는 바위가 되'려는 것에서 모든 인간적인 감정과 탄식을 초월하려는 화자의 모습이 나타나 있다.

072 생명의 서 _ 유치환

실전 연습하기 본문 204쪽

01 ③ **02** 대면 **03** [예시 답안] 나의 생명, 원시의 본연한 자태 **04** ③

01 화자의 정서, 태도의 이해 답 ③

ㄱ. [A]에는 화자의 지향점으로 '아라비아의 사막'이 나타나 있다.

ㄷ. [A]에는 화자가 해결하지 못하는 문제 상황으로 '나의 지식이 독한 회의를 구하지 못하고 / 내 또한 삶의 애증을 다 짐지지 못하'는 상황이 구체적으로 제시되어 있다.

오답 이유 ㄴ. [A]에는 화자가 처한 문제 상황과 이에 대처하기 위한 결심이 드러나 있지만, 화자가 외부 현실과 대립하는 모습이 드러나고 있지는 않다. [A]에 드러난 화자의 모습은 외적 현실과의 대립이나 갈등이 아니라, 삶의 본질을 추구하는 과정에서 내적 고뇌에 빠진 것에 더 가깝다고 할 수 있다.

02 소재의 기능 파악 답 대면

1연에서 처음 제시된 공간인 '아라비아의 사막'은 2연에서 표현되는 것처럼 적막한 공간이자 생명이 존재하지 못하는 극한적 공간이다. 그렇기에 화자는 그 고독한 공간에서 오직 '나'와 마주할 수밖에 없으며, '운명처럼 반드시', 즉 필연적으로 '나'와 대면할 수밖에 없는 것이다.

03 구절의 의미 파악 예시 답안 참조

3연에서 화자는 '하여 '나'란 나의 생명이란 / 그 원시의 본연한 자태를 다시 배우지 못하거든'이라고 하면서, 현실적 자아와 구분되는 본질적, 근원적 자아를 '나'로 지칭하고 있는데 이것을 '나의 생명'이라고 부연하고 있다. 그리고 다음 행에서는 화자가 도달하고자 하는 생명의 본질적 모습을 '원시의 본연한 자태'라고 표현하고 있다.

04 작품의 내용 파악 답 ③

화자가 절대적 고독에서 벗어남으로써 '나'에 도달할 수 있다는 것은 적절하지 않다. '그 열렬한 고독 가운데' '호올로 서면' 반드시 '나'와 대면케 될 것이라고 하였으므로, 오히려 화자가 고독 가운데 있을 때 새로운 '나'에 도달할 수 있게 되는 것이다.

오답 이유 ① '나'는 화자가 '원시의 본연한 자태'를 되찾기 위해 추구하는 대상인데 반해, '병든 나무'는 극복해야 한다고 생각하는 현재 화자 자신의 모습을 표상한다.

② '영겁의 허적'은 아무것도 없이 적막한 '아라비아의 사막'의 극한 상태를 보여 주는 것으로, 화자가 '나'와 대면하기 위해 도달해야 할 조건에 해당한다.

④ '나'란 '나의 생명'이며, 그 '생명'은 '원시의 본연한 자태'를 다시 배워야 한다고 하였으므로 본래 원시적 생명력을 지닌 존재였다는 것을 알 수 있다.

⑤ '회한 없는 백골'은 '나의 생명'을 회복하지 못하면 후회 없이 죽음을 맞이하겠다는 화자의 태도를 드러낸 것으로, 화자의 강한 생명 회복의 의지를 엿볼 수 있다.

073 길 _ 윤동주

실전 연습하기 본문 206쪽

01 ⑤ **02** 상징, 독백(고백) **03** [예시 답안] 쇠문 **04** ④

01 구절의 의미 파악 답 ⑤

'담 저쪽'은 '내가 남아 있는' 곳으로, 화자가 지나온 과거의 시간을 공간적으로 표현한 것이 아니라 화자가 찾고자 하는 '나'가 있는 공간이라고 보는 것이 적절하다.

오답 이유 ① '더듬어'는 '무얼 어디다 잃'어버렸는지 모르는 화자의 심리를 함축하고 있다.

② 화자가 걷는 길은 '돌과 돌과 돌'로 되어 있는 '돌담'이 '끝없이 연달아' 있는 길이다. '돌담' 너머에서 잃어버린 '나'를 찾아야 하는 화자에게 이처럼 끝없이 연달아 있는 '돌'은 그 마음을 무겁게 만들 수밖에 없다.

③ '아침에서 저녁으로', 다시 '저녁에서 아침으로'라는 표현에서 시간이 지속되는 양상을 엿볼 수 있으며, 이는 자아를 찾기 위한 화자의 지속적인 노력을 의미한다고 볼 수 있다.

④ 자신이 걷는 길을 '풀 한 포기 없는' 황량한 상태로 표현한 것은 자신이 처한 현실의 부정적 모습을 나타낸 것으로 볼 수 있다.

02 표현상 특징 파악

답 상징, 독백(고백)

이 글은 '길'의 상징적 의미를 중심으로, '돌담', '쇠문', '하늘' 등 상징적인 시어를 통해 화자의 자기 성찰의 자세를 형상화하고 있으며, 독백적인 어조를 통해 화자의 내면세계를 섬세하게 드러내고 있다.

03 구절의 의미 파악

예시 답안 참조

'쇠문'은 담 너머의 세계로 향하는 화자의 접근을 차단하고 있지만, 화자가 담 너머의 세계로 갈 수 있는 통로이기도 하다. 이처럼 '쇠문'은 단절과 매개의 이중적 속성을 가진 대상이라고 할 수 있다.

04 소재의 기능 파악

답 ④

이 글의 '하늘'은 화자로 하여금 부끄러움을 느끼게 하는 역할을 하고 있다. 비록 화자가 처한 현실은 암담하고 황량하지만, 하늘이 있기에 화자는 끊임없이 반성하면서 자아를 찾기 위한 노력을 하고 있는 것이다. 〈보기〉의 '미타찰'은 인간의 유한성을 극복하기 위한 종교적 이상의 공간으로, 화자가 누이의 죽음이라는 인간적 슬픔을 극복하기 위해 지향하는 곳이기도 하다.

오답 이유 ① '하늘'과 '미타찰' 모두 화자가 몸을 담고 있는 공간과는 별개의 공간이다.

② '하늘'은 부끄러움을 일깨워 주는 공간으로서 숭고함을 자아낸다고 볼 여지가 있지만, '미타찰'은 비장함과 거리가 멀다.

③ '하늘'과 '미타찰' 모두 환상을 불러일으키는 공간은 아니다.

⑤ '하늘'은 자연의 영원성과는 관련이 없으며, '미타찰'은 인간의 유한성을 극복하고자 지향하는 공간이다.

074 서시 _ 윤동주

실전 연습하기

본문 208쪽

01 ①　02 별, 밤, 바람　03 [예시 답안] 주어진 길　04 ③

01 소재의 기능 파악

답 ①

이 글의 화자는 '잎새'를 보며, 자신의 의지를 다지고 있는 것이 아니기 때문에, '잎새'를 화자의 의지를 드러내고 있는 대상이라고 보기 어렵다.

오답 이유 ② 이 글의 '바람'으로 인해 화자는 괴로워하고 있기 때문에, '바람'은 화자의 내적 고뇌와 연결된다고 볼 수 있다.

③ 이 글의 '모든 죽어가는 것'은 화자가 사랑하겠다고 다짐하는 대상이라는 점에서, 화자가 애정을 보이는 대상이라고 볼 수 있다.

④ 이 글의 '오늘 밤'은 화자가 괴로움을 토로하고 있는 시간이라는 점에서, 화자가 처한 힘겨운 현실을 의미한다고 볼 수 있다.

⑤ 이 글의 화자는 '별을 노래하는 마음'으로 살아가겠다는 태도를 보이므로, '별'은 화자가 지향하는 가치를 함축하고 있다고 볼 수 있다.

02 작품의 내용 파악

답 별, 밤, 바람

이 글에서 '별'은 '바람'이 부는 '오늘 밤'으로 상징되는 일제 강점기의 어두운 현실 속에서도 빛을 잃지 않는 순결한 양심을 상징하며, 화자는 바로 그 '별'을 노래하는 마음으로 '하늘을 우러러 / 한 점 부끄럼'이 없이 살아가겠다는 다짐을 하고 있다.

03 구절의 의미 파악

예시 답안 참조

화자는 바람이 몰아치는 현실 속에서 별을 노래하는 마음으로 모든 죽어가는 것을 사랑하며 살겠다는 다짐을 하고 있으며, 그 다짐을 '주어진 길'과 같이 운명처럼 여기는 소명 의식을 보여 주고 있다.

04 구절의 의미 파악

답 ③

㉠은 '한 점 부끄럼이 없기를'이라는 구절을 보면, 부끄럼이 없는 삶을 살고자 한다는 태도와 연관됨을 알 수 있다. ⓐ는 '끝끝내'의 수식을 받고 있다. 이 점에서 화자는 무엇인가를 계속해서 추구해 왔다고 해석할 수 있으며, 바로 아래 부분에 '새들을 기다리고 있을 때'라는 점에서 새들이 돌아오기를 바라는 희망을 품고 있다고 해석할 수 있다. 이를 종합해 보면, ⓐ는 희망을 잃지 않고 인내하려는 태도와 연관됨을 알 수 있다.

오답 이유 ① ⓐ에는 부정적 현실에 저항하고자 하는 의지가 담겨 있다고 할 수 있지만, ㉠에는 현실과 타협하지 않고, 자신의 길을 걸어가겠다는 의지가 담겨 있다.

② ⓐ에는 나무와 숲, 새 등과 같은 자연을 매개로 깨달은 공동체적 삶의 자세에 대한 의지가 담겨 있지만, ㉠에는 자연과 동화되고자 하는 의지가 담겨 있다고 할 수 없다.

④ '모든 죽어가는 것을 사랑해야지'라는 시구를 통해 ㉠에는 외부 세계와 소통하겠다는 의지가 담겨 있다고 볼 수 있으며, ⓐ 또한 '그대 곁에 서겠다'라는 시구를 통해 외부 세계와 소통하고자 하는 의지가 담겨 있다고 볼 수 있다.

⑤ 바람에 괴로워하다가 별을 노래하는 마음으로 자신에게 주어진 길을 걸어가겠다는 다짐을 통해 ㉠에는 무기력한 삶을 극복하고자 하는 의지가 담겨 있다고 할 수 있다. 그러나 수많은 그대와 또 수많은 내가 숲을 이루며 더불어 사는 모습이 그려지고 있다는 점에서 ⓐ에는 타인의 도움 없이 홀로 살고자 하는 의지가 담겨 있다고 할 수 없다.

075 쉽게 씌어진 시 _ 윤동주

실전 연습하기 본문 210쪽

01 ④ 02 밤비 03 [예시 답안] 8연 04 ②

01 표현상 특징 파악 답 ④

'밤비'의 청각적 심상, '땀내'의 후각적 심상, '등불'의 시각적 심상 등 감각적 심상을 다양하게 활용하여 화자가 처한 상황을 표현하고 있으나, 이 글에서 공감각적 심상은 쓰이지 않았다.

오답 이유 ① 1연의 '남의 나라', 9연의 '최후의 나', 10연의 '최초의 악수'는 명사로 끝을 맺는 부분인데, 이를 통해 시적 운치가 가시지 않고 남아 있는 듯한 느낌을 주고 있다.

② 어둠의 이미지의 시어('어둠')와 밝음의 이미지의 시어('등불')가 선명한 대조를 이루어 주제 의식을 드러내고 있다.

③ 자신의 삶을 성찰한 후 부정적 현실에 대한 대응 태도를 고백적인 어조로 전하고 있는 작품이다.

⑤ '육첩방은 남의 나라'라는 시행을 반복하여 타국(일본)에서 생활하고 있는 화자의 처지를 강조하고 있다.

02 소재의 기능 파악 답 밤비

화자의 자기 성찰을 유도하고 있다는 점에서, '밤비'는 화자가 자신의 내면을 응시할 수 있는 계기를 마련하고 있다.

03 시상 전개 방식에 대한 이해 예시 답안 참조

어둠 속에 밤비가 추적추적 내리고 있는 창밖 풍경을 바라보던 시인은, 이러한 외부 풍경을 자신이 처한 암울한 시대 현실과 연관시켜 바라보게 된다. 그래서 방 안으로 시선을 돌린 화자는, 자기가 현재 존재하고 있는 좁고 폐쇄된 방 안의 모습에서조차 '남의 나라'에 종속된 우리의 역사적 현실과 자신의 처지를 읽어 내는 것이다. 그리고 이러한 시대 현실에 대한 아픈 인식은 곧바로 자신의 삶에 대한 깊은 내면 성찰로 이어진다. 한동안 자신의 깊은 내면세계를 응시하던 화자의 눈은 다시 방 안의 풍경과 창밖의 풍경이라는 외부 상황에 눈을 돌리게 된다. 그런데 바로 그 장면에서부터 시는 시적 화자의 태도 변화를 보여 주고 있다. 즉 시선이 다시 외부 상황을 향하는 장면에서 시적 화자는 미래에 대한 신념과 새로운 삶에 의지를 다짐하는 방향으로 태도를 변화시키고 있는 것이다. 이러한 시선의 변화가 느껴지는 곳이 바로 8연이다. 1연과 8연은 동일한 시구를 사용하면서도 시행의 순서를 바꾸어서 배치하고 있는데, 이것은 외부 상황은 변함이 없지만 자신의 내면이 달라지고 있음을 효과적으로 보여 주기 위한 장치라고 해석할 수도 있다.

04 외적 준거에 따른 작품 감상 답 ②

'홀로 침전하는 것'은 일제 강점기의 어두운 현실을 살아가는 무기력한 자아의 모습을 의미하므로 고결함을 유지하고자 하는 화자의 의지와는 거리가 멀다.

오답 이유 ① 일제 강점기에 쓴 작품이라는 〈보기〉의 내용을 고려할 때, '육첩방은 남의 나라'는 화자가 처해 있는 부정적인 현실을 의미하는 것이라 볼 수 있다.

③ 화자는 자아 성찰을 통해 현실을 극복하려는 의지를 가지게 되었다는 〈보기〉의 내용을 고려할 때, '등불을 밝혀 어둠을 조금 내몰고'에서는 현실 상황을 극복하려는 화자의 의지를 읽어 낼 수 있다.

④ 화자가 희망적인 미래에 대한 확신을 가지고 있다는 〈보기〉의 내용을 고려할 때, '시대처럼 올 아침'은 긍정적인 미래에 대한 화자의 확고한 인식을 드러낸다고 볼 수 있다.

⑤ 현실적 자아와 이상적 자아가 갈등을 해소하고 화해를 이루었다는 〈보기〉의 내용을 고려할 때, '최초의 악수'는 두 자아가 화해에 이르렀음을 나타낸다고 볼 수 있다.

076 자화상 _ 윤동주

실전 연습하기 본문 212쪽

01 ② 02 사나이 03 [예시 답안] '홀로', '가만히'의 태도에서, 자신을 객관적으로 성찰하고자 하는 의도를 알 수 있다.
04 ④

01 시상 전개 방식에 대한 이해, 표현상 특징 파악 답 ②

ㄱ. 시상이 전개되면서 화자의 정서가 '자신에 대한 미움 → 연민 → 미움 → 그리움'으로 변화하고 있다.
ㄹ. 2연의 내용을 6연에서 변형하여 반복하고 있는데, 이는 시의 구조에 안정감과 균형감을 부여하는 역할을 한다.
오답 이유 ㄴ. 역설적 표현을 사용하여 화자의 감정을 표현하고 있지는 않다.
ㄷ. 화자의 현재 상황이 제시되어 있을 뿐, 화자의 과거와 현재 상황이 대비되고 있지 않다.

02 작품의 내용 파악 답 사나이

화자는 자신의 또 다른 자아를 '나'가 아닌 '사나이'로 지칭하고 있는데, 이는 자신의 모습을 객관적으로 성찰하기 위한 장치라고 볼 수 있다.

03 구절의 의미 파악 예시 답안 참조

이 글에서 '우물'은 거울의 역할을 하는 존재로, 화자가 우물에 간 것은 자아 성찰을 위해서이다. '홀로', '가만히'에서 드러나는 화자의 태도는 남에게 방해받지 않고 자신의 참된 모습을 찾아보겠다는 것이고, 객관적인 자세로 자아의 정체를 해명하겠다는 것이다.

04 외적 준거에 따른 작품 감상 답 ④

'추억처럼'이란 말은 동경의 의미를 품고 있는 것으로 받아들일 수 있다. 따라서 6연에서 화자는 우물에 비친 자연에서 추억과도 같은 과거의 자기를 발견하고 있는 것으로 이해할 수 있다. 현실적 자아의 미운 모습과는 다른, 과거 속에서의 순수한 자아를 보는 것이다. 과거의 순수한 자아는 곧 자신의 이상적인 모습이기도 할 것이다. 이렇게 볼 때, 6연을 자신에 대한 화자의 존재 탐구가 끝난 것으로 이해하는 것은 적절하지 않다. 그보다는 우물 속에 투영된 자신을 미워하고 가엾어하며 그리워해 온 이제까지의 내적 갈등이 6연에 이르러 우물이라는 모태와도 같은 공간 속에서 과거의 이상적 자아를 발견하고 그런 모습으로 살아갈 수 있기를 바라며 극복되고 마무리되는 것으로 이해하는 편이 적절할 것이다.

오답 이유 ① '외딴', '홀로', '가만히', '들여다봅니다'는 1연에 나타나 있는 화자의 행위가 우물이라는 공간에 화자 자신의 내적 모습을 투영해 보는 행위임을 의미한다.
② 2연에서 우물에 비친 자연은 아름다운 모습으로서, 화자가 지향하는 순수한 세계를 상징한다.
③ 3~5연에 나타나 있는 '미워져 돌아갑니다 → 가엾어집니다 → 미워져 돌아갑니다 → 그리워집니다'라는 심경의 변화는 모두 화자 자신에 대한 반응이므로 자아 성찰의 과정을 나타내고 있는 것으로 볼 수 있다.
⑤ 6연의 '추억처럼'에는 '우물'을 통해 고향과 같은 모태를 떠올리고, 이를 바탕으로 추억과도 같은 과거의 자신을 바라보려는 화자의 태도가 내포되어 있다.

077 푸른 곰팡이 - 산책시 1 _ 이문재

실전 연습하기 본문 214쪽

01 ② 02 소중한 것, 발효의 시간 03 [예시 답안] 에스엔에스(SNS)와 같이 신속하고도 즉각적인 소통 방식 04 ③

01 표현상 특징 파악 답 ②

'나에게서 그대에게로' 가는 편지로 인해 우리들 사이에 흐르는 '푸른 강'은, 사랑하는 사람들 사이의 그리움이나 기다림의 깊이를 의미한다는 점에서 정서의 심화로 해석할 수 있다. 그러나 그 과정이 점층적으로 드러나 있는 것은 아니다.
오답 이유 ① 이 글에서 청자는 '그대'로 명시되어 있다. 그러나 '우리가 잃어버린 소중한 것', '사람들에게 경고를 하기 위한 것' 등의 구절을 통해 청자가 '사람들'로 확장될 수 있음을 알 수 있다.
③, ④ 1연과 2연은 '소중한 것'(사랑)의 있음과 없음, '푸른 강'과 '빨간색' 우체통의 대비로 구조화할 수 있다.
⑤ 화자는 '-습니다', '-요'의 경어체를 구사하여 청자에게 차분하고 담담하게 말하고 있다.

02 상징적 의미 파악 답 소중한 것, 발효의 시간

<보기>에 의하면 이 글의 '산책'은 속도를 중시하는 현대 문명으로 인해 우리가 잃어버린 소중한 것들에 대해 성찰하는 행위이

다. 그래서 이러한 성찰적 행위는 속도에 대항하는, '산책'의 느림을 통해 행해진다.

03 작품을 통한 성찰 [예시 답안] 참조

〈보기〉에 의하면 편지라는 소통 방식에 담긴 고전적인 사랑을 소멸시킨 주범은 산업 사회의 진전이다. 즉 느림과 기다림의 시간을 앗아 간 속도이다. 오늘날의 에스엔에스(SNS)는 신속하고도 즉각적인 응답을 요청하는 대표적인 소통 방식이라 할 수 있다.

04 준거에 따른 작품 감상 [답] ③

'편지'는 '사나흘을 혼자서' 걸어간다. 그리고 그 시간은 '발효의 시간'이다. 그 시간에 우리들 사이에 '푸른 강'이 흐른다. 여기서 '발효의 시간'과 '푸른 강'은 사랑이 더욱 깊어지는 데에는 시간이 필요하다는 의미를 내포한다. 그러므로 이 '사나흘'은 '나'와 '그대' 사이의 그리움, 사랑이 더욱 깊어지는 시간이다.

오답 이유 ① '우체통'의 '빨간색'은 '푸른 강'과 색채 대비를 이루며 깊은 사랑의 소멸에 대한 경고의 의미로 볼 수 있다.

④, ⑤ 1연 첫 행에서 보듯이 '아름다운 산책'은 '우체국'에 있었다. 이 글에서 산책은 '편지'가 '사나흘을 혼자서' 걸어가는 시간이다. 그것은 '발효의 시간'이었고, '푸른 강'을 흐르게 했으므로 '아름다운' 산책이었다.

078 거울 _ 이상

실전 연습하기 본문 216쪽

01 ④ 02 외로된사업 03 [예시 답안] 단어나 구절을 붙여 쓰는 등 띄어쓰기를 무시하고 있다. 04 ⑤

01 표현상 특징 파악 [답] ④

이 글은 '나'가 '나'의 또 다른 자아인 '거울속의나'를 들여다보는 상징적 장치인 '거울'을 통해 '나'와 '거울속의나'의 분열 양상을 효과적으로 드러내고 있다.

오답 이유 ① 이 글에서는 공간의 이동에 따른 화자의 정서 변화가 나타나지 않는다.

② 이 글의 화자는 현재 상황에 대해 부정적인 인식을 드러내고 있다.

③ '나'와 '거울속의나'가 하나가 되는 상태가 나타나지 않고 있으므로 이상과 현실의 괴리가 해소된 조화로운 상태가 구현되어 있다고 볼 수 없다.

⑤ 이 글에서는 대상을 의인화한 표현을 찾아볼 수 없다.

02 구절의 의미 파악 [답] 외로된사업

'외로된사업에골몰할게요.'는 '나'가 '거울속의나'와 화합하지 못한 채 살아갈 수밖에 없는 처지임을 드러내고 있다고 볼 수 있다. 따라서 '외로된사업'에 골몰할 것이라는 시구는 '나'와 '거울속의나'의 분열이 심화될 것임을 암시한다고 할 수 있다.

03 표현상 특징 파악 [예시 답안] 참조

이 글에서 이상은 분열된 자아의 내면 심리를 다루면서 띄어쓰기를 무시하고 단어나 구절을 붙여 쓰는, 당시로서는 파격적인 시도를 하고 있다.

04 외적 준거에 따른 작품 감상 [답] ⑤

6연에서 거울 밖 세계의 '나'가 '거울속의나를근심하고진찰할수없으니퍽섭섭하오.'라고 한 것은 자아가 분열된 상황에서 아무것도 할 수 없는 안타깝고 답답한 심정을 드러낸 것으로 볼 수 있다.

오답 이유 ① 1연에서 거울 속 세계를 '소리가없'는 '조용한 세상'이라고 형상화하면서 거울 속 세계와 거울 밖 세계가 서로 다름을 부각하고 있다.

② 2연에서 거울 밖 세계의 '나'는 거울 속 세계의 '나'가 '내말을못알아듣는딱한귀가두개나있'다고 보고 있고, 3연에서는 '내악수를받을줄모르는—악수를모르는왼손잡이'라고 보고 있다. 이는 거울 밖 세계의 '나'가 거울 속 세계의 '나'와 다름을 형상화한 것으로 볼 수 있다.

③ 4연은 거울의 이중적 속성을 드러낸 부분이라 할 수 있다. 4연에서 '거울때문에나는거울속의나를만져보지를못'한다고 한 것은 단절이라는 거울의 속성 때문이며, '거울속의나를만나보기만이라도' 할 수 있는 것은 소통이라는 거울의 속성 때문이라고 할 수 있다.

④ 5연에서 거울 밖 세계의 '나'가 '거울속에는늘거울속의내가있'다고 받아들이며, 거울 속 세계의 '나'가 '외로된사업에골몰할' 것이라고 받아들이는 것은 자아가 분열된 양상을 형상화하고 있는 것으로 볼 수 있다.

079 빼앗긴 들에도 봄은 오는가 _ 이상화

실전 연습하기 본문 218쪽

01 ① **02** 자문자답 **03** [예시 답안] 나라를 빼앗긴 상황인데도 자신은 아무것도 모르는 어린아이처럼 들떠서 봄날의 경치를 즐기고 있기 때문이다. **04** ⑤

01 표현상 특징 파악 답 ①

화자가 상황을 가정하면서 자신의 소망을 드러내고 있는 부분은 없다.

오답 이유 ② 첫 연에서 질문을 하고 마지막 연에서 그에 대한 답을 하는 방식으로 시상을 전개하고 있다.

③ '답답워라 말을 해 다오', '우스웁다' 등에서 영탄적 어조를 찾아볼 수 있으며, 이를 통해 화자의 답답한 심정을 강조하고 있다.

④ '가르마 같은 논길', '종다리는 울타리 너머 아씨같이 ~ 반갑다 웃네', '삼단 같은 머리' 등 직유적 표현을 여러 번 사용하여 대상의 속성을 선명하게 제시하고 있다.

⑤ 이 글은 계절적 배경인 '봄'을 통해 봄을 맞이한 생명력 넘치는 국토의 모습을 형상화하고 있다. 화자는 이러한 '봄'마저 빼앗길 처지에 놓인 현재 상황에 대해 걱정하고 있다.

02 시상 전개 방식에 대한 이해 답 자문자답

이 글은 질문(1연)과 대답(11연)의 형식으로 국토를 빼앗긴 비애와 울분을 드러내고 있다.

03 구절의 의미 파악 예시 답안 참조

'강가에 나온 아이'는 아무것도 모르는 철부지를 의미한다. 빼앗긴 들(빼앗긴 나라)임에도 불구하고, 아무것도 모르는 아이처럼 들떠서 봄날의 경치를 즐기는 자신의 모습을 자조적으로 표현한 것이다.

04 외적 준거에 따른 작품 감상 답 ⑤

이 글을 〈보기〉를 바탕으로 민중의 생활과 관련지어 감상하면 [A]에는 민중의 삶이 위협받는 현실에 희망이 올 것인지에 대한 화자의 의구심이 나타나 있고, [E]에는 절망적인 민중의 현실에 대한 재확인이 나타나 있다. [B]~[D]에는 민중의 생명력과 노동을 하고 싶은 화자의 바람, 그럼에도 노동의 욕구를 충족할 수 없는 절망적 현실 인식이 나타나 있다. 따라서 [B]~[D]에는 비참한 민중의 처지를 바꿔 보려는 화자의 적극적 의지가 나타났다고 볼 수 없다.

오답 이유 ① ㉠은 노동할 수 있는 터전을 잃어버린 민중의 참담한 상황을 표현한 시구이다.

② ㉢은 혹독한 시련을 이겨 낸 민중의 생명력을 상징하고 있고, ㉣은 직접 노동에 참여하려는 화자의 태도가 담겨 있는 시어이다.

③ [B]에서 화자는 현실에 대한 답답함을 해소하고 싶은 적극적 태도를 보이고 있는데, [D]에서는 화자는 현실에서 느끼는 절망으로 인해 자조적 태도를 보인다. 이런 태도의 변화는 [C]에서 화자가 들판에서의 체험을 통해 민중의 실상에 대해 안타까움을 느꼈기 때문이다.

④ ㉡은 화자가 지향하려는 이상적 공간이고, ㉤은 자연이 주는 기쁨과 현실이 주는 슬픔을 느끼는 화자의 현실 인식이 투영되어 있는 시구이다.

080 봄 _ 이성부

실전 연습하기 본문 220쪽

01 ④ **02** 바람 **03** [예시 답안] 입을 열어 외치지만 소리는 굳어 / 나는 아무것도 미리 알릴 수가 없다. **04** ③

01 표현상 특징 파악 답 ④

이 글은 봄을 맞이하는 감격스러움에 초점을 맞추고 있다. 봄에 대한 동정과 연민의 감정은 찾아볼 수 없다.

오답 이유 ① '봄'을 '너'라고 부르면서 대상을 의인화하고 있다.

② '-다'와 같은 단정적인 종결 어미를 활용하여 봄이 반드시 도래하리라는 화자의 확신을 드러낸다.

③ '너는 온다', '더디게 온다', '올 것이 온다' 등 '~ 온다'라는 시구를 반복하여 기다림의 정서를 심화하고 있다.

⑤ 마지막 두 행에서 대상을 맞이하는 감격을 노래하며 '봄'에 대한 예찬적인 태도를 드러낸다.

02 소재의 기능 파악 답 바람

'다급한 사연 들고 달려간 바람이 / 흔들어 깨우면'이란 시행에서 '바람'은 화자가 있는 곳의 소식('다급한 사연')을 '너'에게 전해 주어 더디더라도 '너'가 오는 데 일조하는 존재로 그려지고 있다.

03 구절의 의미 파악 예시 답안 참조

'입을 열어 외치지만 소리는 굳어 / 나는 아무것도 미리 알릴 수가 없다.'에는 애타게 기다리던 '너'를 맞이하는 화자의 기쁨과 감격이 잘 나타나 있다.

04 외적 준거에 따른 작품 감상 답 ③

'한눈 좀 팔고, 싸움도 한판 하고'는 이상적 사회가 도래하기 전에 '너'가 하는 일들로 형상화되어 있다. 즉 '한눈 좀 팔고, 싸움도 한판 하'는 주체는 화자가 아니라 '너'이다.

오답 이유 ① '기다림마저 잃었을 때'는 '봄'이 올 것이라는 믿음을 갖기 힘들 정도로 좌절했을 때를 나타낸다고 볼 수 있다.

② '너'는 '어디 뻘밭 구석이거나 / 썩은 물 웅덩이 같은 데를 기웃거리다가' 더디게 오는 존재이다. '뻘밭 구석', '썩은 물 웅덩이'가 '너'가 기웃거리며 관심을 보이는 장소임을 고려할 때, '뻘밭 구석', '썩은 물 웅덩이'는 민중이 처한 현실 상황을 형상화한 표현이라 할 수 있다.

④ '더디게 더디게 마침내 올 것이 온다.'는 비록 시간이 오래 걸릴지라도 화자가 기다리는 이상적 사회가 도래하리라는 믿음과 확신을 나타낸다고 할 수 있다.

⑤ 화자는 '너'를 '가까스로 두 팔을 벌려 껴안아 보'면서 '너'를 '먼 데서 이기고 돌아온 사람'이라며 예찬하고 있다. 따라서 '가까스로 두 팔을 벌려 껴안아 보는' 행위는 마침내 '봄'이 왔다는 안도감과 감격스러움의 표현이라고 할 수 있다.

081 풀벌레 소리 가득 차 있었다 _ 이용악

실전 연습하기 본문 222쪽

01 ④ **02** 개인, 유이민 **03** [예시 답안] '풀벌레 소리'는 화자의 슬픔을 대변하고 있기도 하고, 아버지의 죽음과 대조되어 상황의 비극성을 고조시키고 있기도 한다. **04** ⑤

01 표현상 특징 파악 답 ④

이 글은 1연과 4연에서 '아버지의 침상 없는 ~ 가득 차 있었다'를 반복하여 아버지의 죽음과 그로 인한 가족들의 슬픔이라는 시적 상황을 강조하고 있다.

오답 이유 ① 이 글은 아버지를 잃은 슬픔을, 돌아가신 아버지의 모습에 대한 묘사를 통해 객관화하여 전달하고 있다. 화자는 최대한 감정을 절제하며 시상을 전개하고 있으며 직설적으로 감정 변화를 표출하고 있다고 보기 어렵다.

② 이 글에서 화자의 고조된 정서를 드러내는 감탄사는 찾아볼 수 없다.

③ 이 글은 시상이 전개될수록 시적 긴장감이 이완되고 있지 않으며, 어조의 변화가 두드러지지도 않는다.

⑤ 청각적 이미지는 나타나지만 의성어를 사용하고 있지는 않다.

02 구절의 내용 파악 답 개인, 유이민

이 글은 이국 땅에서 죽음을 맞은 아버지의 모습을 통해 유이민의 비애를 표현하고 있는 작품이다. 힘겨웠던 아버지의 삶과 비극적인 아버지의 임종 모습은 일제 강점기에 유랑하던 우리 민족의 애환을 잘 보여 준다.

03 소재의 기능 파악 예시 답안 참조

이 글 전체적인 분위기를 지배하고 있는 '풀벌레 소리'는 화자의 감정을 풀벌레 소리에 이입하여 슬픔을 극대화한다고 보거나, 아버지를 잃은 화자의 슬픈 상황과 대조적인 풀벌레 소리를 제시하여 상황의 비극성을 더욱 부각한다고 볼 수 있다.

04 외적 준거에 따른 작품 감상 답 ⑤

이 글에서 화자는 아버지의 임종에 대한 경험을 회고하고 있다. 아버지는 고향도 아닌 곳에서 침상도 없이 죽음을 맞이하고 있다. 하지만 아버지가 어떠한 삶을 살았는지는 알 수 없다. 〈보기〉의 화자와 동일하다는 조건에서 아버지가 어떠한 삶을 살았는지를 살펴보면 화자의 아버지는 젊어서 밀수 때문에 러시아를 오가며 고생을 하였고, 다시는 갈 수 없는 러시아를, 그곳에 있는 가족들을 생각하며 외로워한 분이다. 이러한 삶을 산 아버지이기에 이 글에서 화자를 비롯한 가족들이 아버지의 임종을 맞이하고 '있는 대로의 울음'을 운 것은, 그만큼 슬픔을 극대화하여 드러내고 있는 것으로 이해할 수 있다. 즉 〈보기〉의 두 번째 작품에서 비록 아버지가 밀수를 하며 위태로운 삶을 살 때 화자 자신이 아버지에게 성가셨을 것이라는 생각은 하고 있지만, 이것이 이 글에서 아버지의 죽음과 직결되는 것은 아니다.

오답 이유 ① 〈보기〉에서 보면 아버지가 젊어서 얼마나 고생을 하였는지 알 수 있다. 그럼에도 현재 임종의 순간에는 타향에서 침상도 없는 집에서 삶을 마감하고 있다.

② 〈보기〉의 두 번째 작품에서 아버지와 어머니가 밀수를 한 것은 결국 가난한 삶 속에서 우리를 키우기 위한 것이었음을 알 수 있다.

③ 아버지에게 러시아는 외할머니와 큰아버지가 계시기에 그리움의 대상이기도 하지만, 젊어서 먹고 살기 위해 밀수를 다녔던 곳이기도 하기에 러시아 지명에는 아버지의 고달픈 삶이 함축되어 있다고 할 수 있다.

④ 〈보기〉의 첫 번째 작품을 보면 아버지는 러시아를 못 잊어 늘 외로운 분이었다. 그렇기에 이 시에서 말한 '피지 못한 꿈'은 바로 이러한 내용과 연결 지어 해석할 수 있을 것이다.

082 광야 _ 이육사

실전 연습하기 본문 224쪽

01 ② 02 1, 3, 안정 03 [예시 답안] 추상적 개념을 구체적 이미지로 변용하여 표현하고 있다. 04 ④

01 표현상 특징 파악 답 ②

4연의 '눈'과 '매화 향기'는 대립적인 이미지를 지니고 있으며, 이를 통해 부정적인 현실에 대한 극복 의지라는 주제 의식을 부각하고 있다.

오답 이유 ① 동일한 어구를 반복하는 부분은 나타나지 않는다.
③ '노래'를 부른다는 표현을 통해 청각적 심상을 환기하고 있으나, 음성 상징어를 사용하고 있지는 않다.
④ 상징적 시어와 강인하고 단호한 어조를 통해 현실에 대한 화자의 태도가 드러나고 있으며, 반어적 표현은 나타나지 않는다.
⑤ '산맥'이 의인화되어 있으나, '산맥'에게 말을 건네는 방식으로 친근감을 드러내고 있는 것은 아니다.

02 시상 전개 방식에 대한 이해 답 1, 3, 안정

이 글에서는 각 연마다 세 개의 행을 배치하였는데, 1행에서 2행, 2행에서 3행으로 갈수록 시행의 길이가 길어지고 있다. 이와 같은 시행의 규칙적 배열은 시에 구조적 안정감과 균형감을 부여한다.

03 표현상 특징 파악 예시 답안 참조

㉠은 시간의 흐름을 꽃의 개화와 낙화로 표현하고 있고, 〈보기〉는 '밤'(시간)을 '베어내고, 넣었다가, 펼' 수 있는 구체적인 형태가 있는 대상으로 표현하고 있다. 즉 ㉠과 〈보기〉는 모두 추상적인 개념(시간)을 시각적 이미지로 형상화하고 있다.

04 외적 준거에 따른 작품 감상 답 ④

'눈' 내리는 광야에서 '매화 향기'가 아득하게 멀어진 상황은 현재 우리 민족이 시련을 겪고 있는 중에도 희망을 상징하는 매화의 존재를 드러내는 것으로, 이를 통해 과거의 광야에 대한 그리움을 찾아보기는 어렵다.

오답 이유 ① '까마득한 날'과 '하늘이 처음 열리고'는 태초에 '광야'가 처음 생기던 시간으로, '광야'의 원시적 모습을 형상화하고 있다.
② '광야'는 '산맥들'이 생길 때도 산맥에 의해 침범당하지 않고 원래 그대로의 광막한 상태로 남았다는 의미로, '광야'가 신성한 장소임을 드러내고 있다.
③ '광야'에 물길이 생겼다는 것은 삶의 조건이 갖추어졌다는 것이며, 사람들이 살기 시작하면서 문명이 꽃피고 그곳에서 우리 민족의 역사가 시작되었음을 나타내고 있다.
⑤ '천고의 뒤'에 '초인'과 더불어 '목 놓아 부르'려는 대상은 4연에서 화자가 뿌린 '노래의 씨'가 싹튼 것, 즉 '노래'와 호응하고 있다. 이는 먼 훗날 우리 민족이 다시 목 놓아 소리 높여 민족의 이상이 실현된 기쁨의 노래를 부를 수 있는 그날이 올 것임을 확신하고 있는 것이다.

083 절정 _ 이육사

실전 연습하기 본문 226쪽

01 ③ 02 점층 03 [예시 답안] 이러매 눈 감아 생각해 볼밖에 04 ②

01 시상 전개 방식에 대한 이해, 표현상 특징 파악 답 ③

화자의 과거 회상이 드러나는 부분은 없으며, 이를 통해 정서를 환기하고 있지도 않다.

오답 이유 ① 이 글의 1~4연은 한시의 기승전결과 유사한 구조로 되어 있으며, 이는 작품에 담겨 있는 지사적 풍모와 관련이 있다.
② '어데다 무릎을 꿇어야 하나'라는 구절은 의문문 형식을 활용해 화자가 처한 극한의 상황을 제시한 것이다.
④ 이 글은 전체적으로 강인한 어조를 띠고 있으며, 이러한 어조는 작품의 비장한 분위기를 효과적으로 뒷받침하고 있다.
⑤ 이 글의 서술어들은 거의 현재 시제로 되어 있는데, 이는 시적 상황을 한층 긴장감 있게 제시하는 효과로 이어지고 있다.

02 시상 전개 방식에 대한 이해 답 점층

이 글은 '북방 → 고원 → 서릿발 칼날진 그 위' 등으로 이어지면서 화자가 처한 상황이 점층적으로 날카롭고 극한적인 이미지로 좁혀지고 있다.

03 구절의 의미 파악 예시 답안 참조

'이러매 눈 감아 생각해 볼밖에'는 관조를 통해 외부의 극한 상황을 초월하고자 하는 화자의 모습을 보여 주고 있는 구절이다.

04 구절의 의미 파악 답 ②

'고원'은 일반적으로 높은 곳을 의미하나, 이 시에서 '고원'은 '하늘도 그만 지쳐 끝난' 곳으로, 이미 '북방'으로 휩쓸려 온 화자에게 있어서 더 이상 나아갈 수 없는 한계의 공간을 의미한다.

오답 이유 ① '매운'은 추위를 부각하는 속성을 지니고 있으나, 이를 통해 현실에 대한 화자의 대결 의지를 강조하고 있는 것은 아니다. '매운 계절'은 화자가 처한 가혹한 현실을 의미하는 것이다.
③ '무릎을 꿇'는다는 것은 절대적인 존재에게 구원을 빌거나 패배를 인정하는 의미이지만, 이것이 화자의 자기반성을 보여 주고 있는 것은 아니다. 극한의 상황에서 화자가 느끼는 절박한 심정을 상징적으로 표현하고 있다.
④ '강철'은 쉽게 꺾이지 않는다는 속성을 가지고 있으나, 이것이 화자가 현실에 순응하도록 하는 매개체 역할을 하고 있는 것은 아니다. 화자는 극한의 고통을 이겨 내려는 초월적 인식에 다다르고 있다.
⑤ '무지개'는 희망을 상징한다는 속성을 지니고 있으나, 여기에서 이상 세계에 대한 화자의 동경이 좌절되는 것에 대한 암시를 발견할 수 없다. 화자는 '겨울은 강철로 된 무지개'라는 인식에 도달하면서 비극적 현실마저도 초극하려는 의지를 드러내고 있다.

084 의자 _ 이정록

실전 연습하기 본문 228쪽

01 ② **02** 큰애, 삶의 지혜 **03** [예시 답안] 세상에 존재하는 모든 생명체는 모두 '식구'와 같다. 그러므로 사람이든 식물이든 살아가는 생명에게는 삶을 지탱하고 의지할 '의자'가 필요하다.
04 ②

01 시어의 의미 관계 파악 답 ②

시적 맥락으로 볼 때, '꽃'과 '열매' 모두 '의자'에 앉아 있는 것이다. '큰애'인 화자는 생전의 아버지에게 '좋은 의자'였고, 참외밭의 '지푸라기'와 호박의 '똬리'도 의자이다. 세상을 살아가는 것은 곧 의자에 앉는 것이다.

02 시상 전개 방식 파악 답 큰애, 삶의 지혜

이 글에서 화자는 어머니가 하는 말을 전달하는 위치에 있다. 어머니의 여러 말 가운데 화자는 '큰애 네가'에서 보듯이 어머니의 자식으로 등장한다. 즉 어머니의 말이 작품의 중심을 이루고 있다. 오랜 세월을 살아오면서 깨달은, '세상이 다 의자'라는 어머니의 말이 작품의 중심이고 주제인 것이다.

03 소재의 상징성 탐구 예시 답안 참조

어머니 말에 의하면 '의자'는 허리가 '아플 때' 앉아 있을 수 있는 것이다. 그리고 참외도 호박도 모두 '식구'이므로 '의자'를 내줘야 한다. 생명을 가지고 살아가는 존재들이라는 점에서 그들도 '식구'이고, 살아가면서 아프기 때문에 의자가 필요한 것이다. 그래서 살아간다는 것은 그 '식구들'을 위해 '의자'를 내놓는 것이다.

04 외적 준거에 따른 작품 감상 답 ②

'꽃'과 '열매'는 유기체의 삶에서 거쳐 가는 하나의 순간이라 할 수 있다. 그러나 '꽃도 열매도, 그게 다 / 의자에 앉아 있는 것이여'에서 보듯이, 이 글의 맥락에서 '꽃'과 '열매'는 삶의 매 순간마다 의자가 필요함을 짐작하게 해 준다.

오답 이유 ① '허리가 아프니까 / 세상이 다 의자로 보여야'와 〈보기〉의 '의자'는 삶의 고통에서 나오는 삶의 변형체라는 내용 등에서 추리할 수 있다.
③ 〈보기〉에 따르면, '의자'는 고통스러운 삶 자체이지만 동시에 그것을 견뎌 내는 힘과 지혜이다. '나'가 아버지에게 '좋은 의자'였다는 말에서, 아버지는 '나'라는 의자에 의지하여 고통스러운 삶을 견뎌 내었음을 짐작할 수 있다.
④ 어머니는 '참외', '호박'도 '식구'이므로 의자를 내줘야 한다고 말하고 있다. 〈보기〉에 따르면 '식구'는 몸을 가진 모든 유기체들을 의미한다고 볼 수 있다.
⑤ '싸우지 말고 살아라'는 '결혼하고 애 낳고 사는' 삶의 과정에서 필요한 '의자' 곧 삶의 고통을 견뎌 내는 힘과 지혜이다. 그것은 '의자' 몇 개를 내놓는 행위라 할 수 있다.

085 낙화 _ 이형기

실전 연습하기 본문 230쪽

01 ⑤ **02** 낙화 **03** [예시 답안] 봄에 꽃이 피고, 무성한 녹음의 여름을 지나 가을에 열매 맺는 것처럼, 인간도 영혼의 성숙을 위해서는 이별의 아픔이라는 과정을 통과해야 한다. **04** ②

01 표현상 특징 파악 답 ⑤

'가야 할 때가 언제인가를 / 분명히 알고 가는 이', '섬세한 손길'에서 '꽃잎'이 의인화되어 있다고 볼 수 있지만, 이것을 통해 대상과 화자 사이의 거리감을 부각하고 있다고 보기는 어렵다. 오히려 이러한 의인화는 대상에 대한 화자의 긍정적인 태도나 동질감을 느끼게 해 주는 것으로 이해하는 것이 적절하다.

오답 이유 ① '분분한 낙화……'의 말줄임표는 분분히 떨어지는 꽃잎을 바라보며 느끼는 감정의 여운을 전달하고 있다.

② '샘터에 물 고이듯 성숙하는 / 내 영혼의 슬픈 눈.'이라는 비유적인 표현 속에는 인간사의 이별이 그저 슬프기만 한 것이 아니라 내적 성숙을 가져다주는 것이라는 주제 의식이 집약되어 있다.

③ '하롱하롱'은 '작고 가벼운 물체가 떨어지면서 잇따라 흔들리는 모양'을 나타내는 의태어로, 떨어지는 꽃잎의 모습을 섬세하게 묘사하고 있는 시어이다.

④ 1연에서 화자는 이별의 의미를 알고 제때 떨어지는 꽃잎을 두고 '얼마나 아름다운가.'라며 그에 대한 긍정적인 태도를 영탄적인 어조로 드러내고 있다.

02 시상 전개 방식에 대한 이해 답 낙화

이 글은 살면서 부딪히게 되는 이별을 꽃이 떨어지는 상황에 비유함으로써 이별을 끝이 아닌 성숙을 위한 과정으로 파악하여 가치를 부여하고 있는 작품이다. 계절의 흐름에 따라 '개화 → 낙화 → 결실(열매 맺음)'이라는 시상 전개가 드러나고 있다.

03 구절의 의미 파악 예시 답안 참조

화자는 '낙화'가 꽃의 단순한 죽음이 아니라, 꽃 피는 봄이 여름날의 녹음으로 이어지고 열매를 맺기 위한 준비를 하듯이 인간사에서 겪게 되는 이별 역시 자아의 내적 성숙을 가져오기 위해 겪어야 하는 고통의 과정으로 보고 있다. 즉 꽃이 지는 것이 열매라는 결실을 가져오듯 이별 역시 인생에서의 충실한 성장, 내적인 충만을 가져오기 위한 것임을 '가을'이라는 계절의 의미에 빗대어 표현한 것으로 볼 수 있다.

04 외적 준거에 따른 작품 감상 답 ②

'봄 한철'은 뒤에 이어지는 행을 볼 때, 격정의 시간으로 볼 수 있다. 이를 〈보기〉와 관련지으면 청춘기의 열정과 격정으로 읽을 수 있다. 한편 '꽃답게 죽는다'는 '낙화'와 '이별'이 지닌 아름다움을 드러낸 표현으로, 그 아름다움은 가을의 열매와 관련되며 이는 자아의 성장을 통한 새로운 자아상의 확립을 의미하는 것이다. '시련에 부딪혀 열정을 잃어 가는 자아'의 모습을 보여 준다고 할 수 없다.

오답 이유 ① '가야 할 때'는 이별해야 할 때를 말하는 것으로, 이전 상황과는 다른 상황으로의 변화이며 이는 '열매'나 '성숙'과 이어지게 되므로 '새로운 자아의 모습을 찾게 되는 계기'라고 할 수 있다.

③ '결별'을 '축복'으로 표현하고 있는데, 이는 이별이 더 나은 발전이나 성숙과 이어짐을 드러내는 것이다.

④ '헤어지자 / 섬세한 손길을 흔들며'는 '낙화'의 상황을 구체적으로 그린 것으로, 이별을 수용하는 화자의 긍정적 자세를 드러냄과 동시에 〈보기〉와 연관 지으면 '이별'이 이전까지의 세계와 헤어지고 새로운 세계와 만나면서 성장을 가져올 수 있는 계기임을 인식한 화자의 태도를 드러내는 것이라 할 수 있다.

⑤ '눈'을 통해 성찰의 태도를, '슬픈'을 통해 시련에 부딪힘을 보여 주는 것으로, 이별이 자신의 내면을 성찰하는 기회를 제공하는 동시에 시련에 부딪혀 변화를 겪게 하고 새롭게 성숙하게 함을 말하고 있다.

086 배를 매며 _ 장석남

실전 연습하기 본문 232쪽

01 ④ **02** 사랑, 배 **03** [예시 답안] 배를 매는 것은 새로운 인연과 사랑을 받아들이는 것을 의미한다. **04** ⑤

01 구절의 의미 파악 답 ④

㉣을 통해 사랑하는 이를 둘러싼 환경이 변해도 사랑의 본질은 달라지지 않는다는 깨달음을 이끌어 낼 수는 없다. ㉣은 배를 둘러싼 세계, 즉 사랑하는 이를 둘러싼 주위 환경을 의미하는 것으로, 사랑이란 대상을 둘러싼 세계까지 함께 받아들이는 일이라는 깨달음으로 연결된다.

오답 이유 ① ㉠을 통해 화자는 어느 순간 갑자기 다가온 사랑에 대해 이야기하고 있다.

② ㉡을 통해 화자는 사랑이 다가오는 과정을 부둣가에 천천히 다가오는 배의 모습으로 표현하고 있다.
③ ㉢을 통해 화자는 사랑이란 피할 수 없는 운명처럼 갑자기 마음속에 들어오는 것이라고 이야기하고 있다.
⑤ ㉤은 배의 모습이면서 동시에 화자의 마음 상태를 표현한 것이다. 사랑하는 이를 떠올릴 때마다 설레는 마음이 출렁거리는 배의 모습을 통해 제시되고 있다.

02 작품의 내용 파악 답 사랑, 배

이 글은 유추의 기법을 활용하여, 사랑이 시작되는 과정을 배를 정박시키는 일에 빗댐으로써 사랑의 속성에 대한 심화된 인식을 보여 주고 있다.

03 구절의 의미 파악 [예시 답안] 참조

이 글은 예상치 못한 순간에 사랑이 시작되고, 또 커져 가는 과정을 배를 매는 일에 빗대어 사랑의 의미를 사색한 작품이다. 배를 매는 행위는 사랑의 인연을 맺는 것, 그리고 그것을 받아들이는 것을 상징한다.

04 작품의 내용 파악 답 ⑤

[A]에서 '배를 매면' 구름, 빛, 시간이 함께 매어진다는 것을 '처음 알았다'고 고백하고, '사랑이란 그런 것을 처음 아는 것'이라고 표현하였다. 이것은 사랑의 속성에 대한 시적 화자의 심화된 인식을 표현한 것이다. 즉 사랑이란 내 주변의 모든 것을 사랑하는 사람을 중심으로 보게 됨을 의미한다.

오답 이유 ① 사랑을 갈구하는 내용이 있거나 그러한 행동이 있는 것은 아니다.
② 사랑의 덧없음을 인정하는 내용은 담겨 있지 않다.
③ 배를 매는 행위의 의미가 사랑임은 [A]에서 비로소 드러나는 것이 아니라 2연에서 이미 밝혀졌다.
④ 해당 내용을 통해 사랑의 운명적 면모가 자연의 섭리를 통해 제시되고 있다고 볼 근거는 없다.

6. 장정일 ~ 황인숙

087 라디오와 같이 사랑을 끄고 켤 수 있다면 _ 장정일

실전 연습하기 본문 236쪽

01 ③ 02 패러디, 풍자 03 [예시 답안] 라디오 04 ③

01 시상 전개 방식에 대한 이해, 표현상 특징 파악 답 ③

쉽게 만나고 헤어지는 현대인의 사랑이라는 추상적 의미를 '라디오'라는 구체적 사물을 활용하여 나타내고 있는 작품이다.

오답 이유 ① 공간의 의미를 강화하고 있는 대조적 어휘가 반복되고 있는 것을 찾아볼 수 없다.
② 의인화된 청자에게 말을 건네는 방식을 사용하고 있는 것이 아니라, 독백조의 어조로 시상을 전개하고 있다.
④ 라디오의 속성이 활용되었다고 볼 수 있는데, 이 속성은 현대인의 세태와 밀접한 관련을 맺고 있는 것이지 대비되는 것이 아니다.
⑤ 라디오를 관조하고 그에 따라 발견한 새로운 의미를 제시하고 있지는 않다.

02 작품의 내용 파악 답 패러디, 풍자

이 글에는 '김춘수의 「꽃」을 변주하여'라는 부제가 붙어 있어서 이 시가 김춘수 시인의 「꽃」이라는 작품을 패러디한 것임을 독자들에게 시사한다. 그런데 이 글은 원작의 형식을 가져오면서 내용적으로는 한없이 가벼운 현대인의 사랑을 풍자, 비판하고 있다.

03 구절의 의미 파악 [예시 답안] 참조

'라디오'는 언제든지 끄고 싶을 때 끄고 켜고 싶을 때 켤 수 있는 사물이다. 즉 사람들의 편의나 필요에 의해 작동하는 것이다. 이 글은 이러한 '라디오'라는 소재를 통해 일회적인 관계, 편리하게 맺고 끊을 수 있는 사랑을 지향하는 현대인의 태도를 풍자하고 있다.

04 작품 간의 공통점, 차이점 파악 답 ③

단추를 누르는 행위는 라디오를 켜서 전파로 관계를 맺기 위한 것이 아니라 쉽게 관계를 맺었다가 헤어지는 현대인의 세태를 비판하기 위한 것이다.

오답 이유 ① 부제를 통해 원작을 패러디한 작품임을 밝히고 있으며, 원작의 통사 구조 및 표현 등 구성 방식을 각 연에서 거의 그대로 활용하고 있다.
② '그의 전파가 되고 싶다.'는 것은 '그의 꽃이 되고 싶다.'는 것을 패러디한 것이다. 이 글 역시 관계 맺음에 대해 말하고 있기 때문에 '존재란 관계 맺음이다.'라는 인식이 내재되어 있다고 볼 수 있다.
④ '굳어 버린 핏줄기와 황량한 가슴속'은 인정의 메마름, 쓸쓸함, 고독감 등을 떠올리게 한다. 이러한 고독과 소외 의식은 진정한 관계 맺음이 결여되어 있기 때문에 생긴 것이라고 할 수 있다. 현대인은 라디오를 켜고 싶으면 켜고, 끄고 싶으면 끌 수 있는 것처럼 지속적인 관계를 맺지 못하고 쉽게 만났다가 헤어진다. 이는 진정한 관계를 맺지 못함을 나타낸다.
⑤ 〈보기〉의 작품은 존재의 본질 구현에 대한 소망을 노래하고 있다. 이와 달리 이 글에서는 '끄고 싶을 때 끄고 켜고 싶을 때 켤 수 있'다는 것을 통해 현대인의 관계 맺음의 가벼움을 풍자하고 있다. '끄고 싶을 때 끄고 켜고 싶을 때 켠'다는 것은 쉽게 만나고 헤어지는 세태를 풍자한 것으로 볼 수 있다.

088 어머니의 그륵 _ 정일근

실전 연습하기 본문 238쪽

01 ① **02** 그륵, 그릇 **03** [예시 답안] 서정시를 쓰는 내가 부끄러워진다. / 그동안 살아 있는 언어로 시를 쓰지 못하고 국어사전에서 찾은 언어로 쉽게 시를 써 왔기 때문이다. **04** ④

01 표현상 특징 파악 답 ①

이 글은 어머니의 '그륵'(어머니가 인생을 통해 배운 것)과 나의 '그릇'(학교에서 배우고 사전에서 배운 것)을 대비하며 시적 의미를 강조하고 있다. 시적 의미를 대비하여 주제를 드러내고 있는 것이다.
오답 이유 ② 시간의 경과를 확인할 수 있는 부분은 없으며, 화자가 시적 대상의 변화를 관찰하고 있지도 않다.
③ 반어적인 표현은 사용되지 않았다.
④ 촉각적 심상을 제시하고 있는 부분은 찾을 수 있지만, 색채 이미지를 활용하고 있는 부분은 찾을 수 없다.
⑤ '그릇'이나 '그륵'이 의인화된 대상이라고 보기는 어려우며, '어머니'는 화자의 어머니를 뜻하므로 '어머니'에 인격을 부여하여 화자의 정서를 표현한다는 진술은 부적절하다.

02 소재의 기능 파악 답 그륵, 그릇

이 글에서 '그륵'은 어머니가 삶 속에서 얻어낸 말, 따뜻함이 느껴지는 살아 있는 말, 그리고 화자에게 깨달음을 준 말이라 할 수 있고, '그릇'은 화자가 학교에서 배운 말, 사전을 통해 쉽게 찾을 수 있는 죽은 말에 해당한다.

03 구절의 의미 파악 예시 답안 참조

화자가 '서정시를 쓰는 내가 부끄러워진다'라고 표현한 것은, 시인이라면 하찮은 것들의 이름이라도 뜨겁게 살아 있도록 불러 주어야 하는데, 그렇게 하지 못했기 때문임을 알 수 있다. 즉 살아 있는 언어로 시를 써 오지 못한 것에 대한 부끄러움이라 할 수 있다.

04 외적 준거에 따른 작품 감상 답 ④

㉣에서 화자는 어머니의 말에는 당신의 '삶'과 '사랑'이 담겨 있지만 '나'는 어머니와 달리, 삶에서 우러난 진정성이 담겨 있는 말로 시를 쓰고 있지 못함을 반성하고 있다.
오답 이유 ① 화자는 사전에서의 바른 말은 '그릇'이지만, 어머니의 삶이 담긴 말은 '그릇'이 아니라 '그륵'임을 밝히고 있다.
② 화자는 어머니가 물을 담아 오신 '그릇'을 보며 어머니의 '그륵'은 단순한 도구가 아니라 어머니의 사랑과 따뜻함이 담겨 있는 것임을 깨닫고 있다.
③ 화자는 '그릇'은 자신이 학교에서 배운 말이지만, '그륵'은 어머니가 삶 속에서 얻어낸 말이라고 보고 있다.
⑤ 화자는 시인이라면 언어에 자신의 삶, 사랑 등의 가치를 담아내어 시를 써야 하는데, 자신은 그러지 못했다는 점에서 부끄러움을 느끼고 있다.

089 고향 _ 정지용

실전 연습하기 본문 240쪽

01 ④ **02** 고향 **03** [예시 답안] 메마른 입술에 쓰디쓰다. **04** ⑤

01 구절의 의미 파악 답 ④

'흰 점 꽃이 인정스레 웃고'는 변함없이 자신을 따뜻하게 맞아 주는 고향의 자연을 의인화하여 표현한 것으로, '뻐꾸기 제철에 울건만'과 마찬가지로 고향에 대한 그리움을 환기하고 있다. 화자가 따뜻하고 정겹던 예전의 고향을 그리워하고 있기는 하나, 이를 회복하겠다는 의지를 보여 주고 있지는 않다.

오답 이유 ① '고향에 고향에 돌아와도'에는 그간 고향을 떠나 있던 화자가 고향에 돌아온 상황이 제시되어 있다.

② '뻐꾸기 제철에 울건만'에는 변함없는 자연의 모습이 나타나 있으며, 이는 화자의 고향 상실감을 심화시키는 역할을 한다.

③ '마음은 제 고향 지니지 않고'에는 자신이 추구하던 고향에 닿지 못해 방황하고 있는 화자의 심리 상태가 드러나고 있다.

⑤ '그리던 하늘만이 높푸르구나.'에는 그리던 고향을 보지 못해 허망한 심정이, 높은 하늘과의 거리감을 통해 더욱 부각되어 있다.

02 소재의 기능 파악 답 고향

물리적인 고향의 환경은 크게 변한 것이 없지만, 고향을 대하는 화자의 정서에는 지나간 세월만큼의 변화가 있다.

03 구절의 의미 파악 예시 답안 참조

'메마른 입술에 쓰디쓰다.'는 과거와 현재 사이의 심리적 거리로 인한 상실감을 미각적 심상을 통해 표현한 것이다.

04 소재의 기능 파악 답 ⑤

'고향에 돌아와도 / 그리던 고향은 아니러뇨.'를 통해 화자가 ㉠의 '현실의 고향'과 ㉡의 '마음속에 그리움으로 남아 있는 고향'을 다르게 인식하고 있음을 확인할 수 있다. '산꿩', '뻐꾸기', '흰 점 꽃'의 실제 자연과는 달리, '구름'은 ㉠과 ㉡의 괴리로 인해 안식처를 잃고 방황하고 있는 화자의 마음을 비유한다.

오답 이유 ④ 방황하는 마음을 드러낸 것이므로 부정적 현실을 수용하려는 태도는 보이지 않는다.

090 유리창 1 _ 정지용

실전 연습하기 본문 242쪽

01 ① 02 입김, 죽은 아이 03 [예시 답안] 아이가 죽어 화자의 곁에 없기 때문에 외롭지만, 유리를 닦으면서 아이를 환영으로나마 만날 수 있어 황홀함을 느낀다. 04 ②

01 표현상 특징 파악 답 ①

이 글은 '차고 슬픈 것이 어린거린다', '언 날개를 파다거린다', '새까만 밤이 밀려 나가고 밀려와 부딪히고', '보석처럼 백힌다', '산ㅅ새처럼 날러갔구나'와 같은 시각적 이미지를 주로 활용하여 시상을 전개하고 있다.

오답 이유 ② 이 글은 인간과 자연을 대비하고 있지 않다.

③ 이 글에서는 역설적 표현, 영탄적 표현이 사용되었으나 설의적 표현을 사용하고 있지는 않다.

④ 이 글에서는 계절적 배경이 뚜렷하게 밝혀져 있지 않다.

⑤ 이 글은 대상에게 말을 건네는 부분이 맨 마지막 시행에 있으나 이는 화자의 안타까움을 드러내고 있을 뿐 친근감을 드러내고 있지는 않다.

02 시어 및 시구의 의미 파악 답 입김, 죽은 아이

유리창에 어른거리는 '차고 슬픈 것'은 화자가 유리에 드리운 입김의 움직임이다. 그런데 이것은 마치 '언 날개를 파다거리'는 것 같은 작은 '산ㅅ새'의 움직임과 비슷하기에 '죽은 아이'를 비유적으로 표현한 것이라 할 수 있다. 마찬가지로 '물 먹은 별'은 눈에 괸 눈물로 인해 비친 별의 영상을 표현한 것이지만, 이는 죽어서 별이 되었을 아이의 영상을 나타낸 것이라고 볼 수 있다.

03 시어 및 시구의 의미 파악 예시 답안 참조

이 글의 화자는 죽음으로 '너'와 이별한 상태이다. 따라서 다시는 '너'를 이 세상에서 만날 수는 없다. 그렇지만 유리를 사이에 두고 화자는 '너'와의 짧은 만남—물론 환영으로의 만남에 불과하지만—이라도 시도하고 이룰 수 있기에 황홀한 시간을 보낼 수 있다. '외로운 황홀한 심사'는 이와 같은 화자의 심정을 효과적으로 표현한 시구라고 할 수 있다.

04 감상의 적절성 판단 답 ②

'새까만 밤이 밀려 나가고 밀려와 부딪히'는 상황은 죽은 자식의 환영이라도 만나 보고자 하는 화자의 시도가 계속되면서 밤이 깊어 가고 있음을 나타내고 있는 것이다. 어린 자식이 폐렴으로 세상을 떠날 당시의 심경을 나타내고 있다고 볼 수 없다.

오답 이유 ① '지우고 보고 지우고 보아도'는 죽은 자식인 '너'를 만나 보고자 하는 화자의 끊임없는 시도라 할 수 있다.

③ '유리'는 단절과 소통을 가능하게 한다. '유리'로 인해 창밖 세계의 '너'를 만날 수 없지만, '유리'를 통해 화자는 '유리'에 어리는 영상, 즉 죽은 아이의 영상이라도 만날 수 있다.

④ '외로운 황홀한 심사'는 유리에 어린 영상을 죽은 자식의 이미지로 생각하고 유리를 어루만지는 시간만큼은, 창밖 죽은 자식이라 생각되는 그 별을 응시할 수 있는 순간만큼은 소통과 만남의 시간이 되기 때문에 느끼는 화자의 심리를 나타낸 것으로 볼 수 있다.

⑤ '산ㅅ새'는 화자의 품을 떠나 버린 작고 연약한 자식을 의미한다고 할 수 있다.

091 춘설 _ 정지용

실전 연습하기 본문 244쪽

01 ③ **02** 감각, 영탄 **03** [예시 답안] 겨우내 웅크렸던 생명들이 살아난 모습이 꿈만 같아서 서러운 느낌마저 든다. **04** ③

01 시상 전개 방식에 대한 이해, 표현상 특징 파악 답 ③

춘설의 모습과 미나리, 물고기 등을 시각적인 심상과 촉각적인 심상을 활용하여 표현하고 있다.

오답 이유 ① 화자가 장소를 이동하면서 자연을 감상하고 있는 것은 아니다.

② 도치법의 사용을 통해 시적 긴장감을 높이고 있는 부분이 드러나지 않는다.

④ 통사 구조의 반복을 통한 운율감이 드러나지 않는다.

⑤ 화자가 표면에 나타나지 않는다.

02 작품의 종합적 이해 답 감각, 영탄

이 글은 시각적, 촉각적 심상 등 다양한 감각적 심상을 활용하여 '춘설(봄눈)'의 모습을 표현하고 있으며, '선뜻!', '향기로워라', '아아' 등에서 알 수 있듯이 영탄적인 어조로 봄을 맞는 설렘과 반가움을 표현하고 있다.

03 구절의 의미 파악 예시 답안 참조

화자는 겨우내 웅크렸던 생명들이 옹숭거리고 살아난 모습을 보며 너무 꿈 같아서 서러운 느낌마저 든다며 봄을 맞이하는 기쁨을 표현하고 있다.

04 작품의 내용 파악 답 ③

'이미 봄기운이 느껴진다.'는 내용은 '얼음 금가고 바람 새로 따르거니'에서 확인할 수 있다. '서늘옵고 빛난 이마받이'는 춘설을 보고 느낀 감각으로 이른 봄기운과 관련된다.

오답 이유 ① 제시된 내용은 시의 상황으로, '문을 열자 선뜻! / 먼 산이 이마에 차라.'라는 구절을 통해 문을 열어 보니 먼 산에 갑자기 눈이 내린 것을 보았다는 것을 알 수 있다.

② '우수절 들어 / 바로 초하루 아침' 이라는 구절에서 이미 계절이 봄으로 접어들기 시작하는 시기라는 것을 알 수 있다.

④ '미나리 파릇한 새 순 돋고 / 옴짓 아니 기던 고기 입이 오물거리는'에서 봄을 맞아 자연이 생동하는 모습을 확인할 수 있다.

⑤ 춘설을 온몸으로 느끼고 싶어 하는 시적 화자의 감정은 마지막 연에 드러난다.

092 향수 _ 정지용

실전 연습하기 본문 246쪽

01 ③ **02** 향토, 후렴구 **03** [예시 답안] 함부로 쏜 화살 **04** ②

01 시상 전개 방식에 대한 이해, 표현상 특징 파악 답 ③

우의적 표현을 사용하고 있지 않으며, 화자가 현실에 대해 비판적인 의식을 드러내고 있지도 않다.

오답 이유 ① '금빛', '파아란', '검은' 등 색채어를 많이 사용하여 전반적으로 시각적 심상이 두드러지게 하고 있다.

② 각 연에서 화자의 회상 속에 떠오른 고향의 정경을 나열함으로써 고향에 대한 그리움을 드러내고 있다.

④ '실개천', '얼룩백이 황소', '질화로', '짚베개' 등 토속적인 시어와 소재를 사용하여 정겨운 느낌을 주고 있다.

⑤ '그곳이 차마 꿈엔들 잊힐 리야.'라는 시구를 연의 끝에서 반복하여 시적 통일성을 형성하고 있다.

02 표현상 특징 파악

답 향토, 후렴구

이 글은 고향을 상기시키는 '질화로', '짚베개' 등의 토속적인 시어들을 사용하여 향토적인 정감을 자아낸다. 또한 후렴구를 각 연마다 반복하여 시 전체에 통일감을 주고, 리듬감을 조성하며, 고향을 그리워하는 화자의 심정을 더욱 강조하는 효과를 거두고 있다.

03 구절의 의미 파악

예시 답안 참조

'화살'은 유년기의 화자가 미지의 세계에 대해 품었던 호기심을 상징하는 소재로, '파아란 하늘빛이 그리워 / 함부로 쏜 화살을 찾으려 / 풀섶 이슬에 함추름 휘적시던 곳'이라는 구절은, 어린 시절에 꿈과 동경을 품고 미지의 세계에 대한 호기심을 충족시키려 헤매며 쏘다니던 곳이라는 의미를 담고 있다.

04 작품의 내용 파악

답 ②

이 글은 전체적으로 고향의 훈훈한 인정과 포근함을 그려 내려는 의도를 가지고 있다. 2연에서 그려지는 것 역시 바깥의 바람 소리에도 불구하고 혼곤히 잠에 빠져 들어가는 늙으신 아버지의 모습이다. 그 모습은 비록 가난하지만 한편으로는 아늑하고 평화로운 광경으로 서글픈 아버지의 노년이 연상되지는 않는다.

093 저문 강에 삽을 씻고 _ 정희성

실전 연습하기

본문 248쪽

01 ④ 02 슬픔 03 [예시 답안] 이렇게 살아 봤자 과연 지금의 형편이 나아질 수 있을까? 아무래도 쉽지 않겠지. 04 ②

01 작품의 내용 파악

답 ④

화자는 '샛강바닥 썩은 물'에 뜨는 '달'을 보면서 '먹을 것 없는 사람들의 마을'로 돌아가야 한다고 노래하고 있다. '달'이 떴다는 것은 밤이 깊었음을 의미하므로 화자는 이제 자신이 살고 있는 가난하고 누추한 곳으로 돌아가야 할 시간임을 알게 된 것이다.

오답 이유 ① '흐르는 것이 물뿐이랴 / 우리가 저와 같아서'를 통해 화자가 자신과 같은 처지에 놓인 사람들의 삶을 '흐르는 물'에 빗대고 있음을 알 수 있다.

② 화자는 하루의 '일이 끝나' '강변에 나가 삽을 씻으며', '스스로 깊어 가는 강'을 보면서 '담배'를 피우며 잠시 쉬고 있다.

③ 화자는 '삽자루에 맡긴 한 생애가 / 이렇게 저물고, 저물어' 가고 있다고 노래하면서 자신이 처한 상황이 희망이 없이 절망적이라고 여긴다.

⑤ 화자는 '먹을 것 없는 사람들의 마을로 / 다시 어두워 돌아가야 한다'고 하면서 체념적인 태도로 자신이 속한 곳으로 돌아가야 한다고 노래하고 있다.

02 소재의 기능 파악

답 슬픔

이 글에서 화자의 정서를 직접적으로 엿볼 수 있는 시어는 '슬픔'이다. 이 시어는 아무리 해도 가난에서 벗어나지 못하는 삶에 대한 화자의 정서를 함축하고 있다.

03 구절의 의미 파악

예시 답안 참조

화자는 노동자로 살아가는 삶에서 슬픔을 느끼고 있다. 아무리 노력을 해도 가난한 생활에서 벗어나지 못하고, 그로 인해 화자의 비애는 깊어만 간다. 화자는 이러한 상황 속에서 담배를 피우며 잠시 쉬고 있다.

04 외적 준거에 따른 작품 감상

답 ②

'스스로 깊어 가는 강'은 해가 저물어 점점 더 깊어 보이는 강의 모습을 표현한 것이자 노동자의 비애가 깊어 감을 나타낸 것이다. 이것을 바라보는 행위를 산업화 과정에서 소외된 삶을 자책하는 것으로 보기는 어렵다.

오답 이유 ① 화자가 '강변에 나가 삽을 씻으며', '슬픔'을 '퍼다 버리'는 것은 강물에다 삶의 비애를 덜어 내는 것으로 볼 수 있으며, 이는 일종의 정화 의식이라고 할 수 있다.

③ '쭈그려 앉아 담배나 피우고' 있는 것은 화자가 적극적인 현실 극복 의지 없이 무력감과 실의에 빠져 있음을 나타낸 것이다.

④ '돌아갈 뿐이다', '돌아가야 한다'는 화자의 무기력하고 체념적인 태도를 드러낸 것으로, 희망 없는 삶이 반복될 수밖에 없다는 화자의 인식이 내재되어 있는 표현이라 할 수 있다.

⑤ '샛강바닥 썩은 물'은 산업화로 인해 환경이 오염되었음을 나타낸 것으로, 산업화된 현실에 대한 화자의 부정적 인식을 드러낸 것으로 볼 수 있다.

094 낙화 _ 조지훈

실전 연습하기 본문 250쪽

01 ⑤ 02 자연, 울고 싶어라 03 [예시 답안] 꽃이 지기로서니 / 바람을 탓하랴. 04 ②

01 작품의 종합적 이해 답 ⑤

이 글은 밤에서 아침으로의 시간의 흐름을 바탕으로 꽃이 지는 외부의 풍경과 이를 바라보는 화자의 내면 풍경을 조응시켜 주제를 강조하고 있다. 과거와 현재를 대비하여 주제를 강조하고 있다고 볼 수 없다.

오답 이유 ① '꽃'의 낙화가 시상을 불러일으키고 있다.
② 밤에서 아침으로의 시간의 흐름이 바탕에 깔려 있다.
③ 각 연을 2행으로 구성하여 형태적 안정감을 주고 있다.
④ 배경이나 풍경을 보여 준 후에 화자의 정서를 드러내는 선경 후정의 방식으로 시상을 전개하고 있다.

02 작품의 내용 파악 답 자연, 울고 싶어라

이 글의 화자는 꽃이 지는 현상, 즉 낙화를 지켜보고 있다. 화자는 이를 통해 모든 존재가 생성되고 소멸하는 자연의 질서를 관조하면서 9연의 '울고 싶어라'라는 시구를 통해 그에 따른 비애감을 드러내고 있다.

03 구절의 의미 파악 예시 답안 참조

이 글에서 숙명론적인 화자의 인식을 함축하고 있는 시구는 1연의 '꽃이 지기로서니 / 바람을 탓하랴.'이다.

04 외적 준거에 따른 작품 감상 답 ②

2, 3연은 '별이 / 하나 둘 스러지고', '귀촉도 울음 뒤에 / 머언 산이 다가서'는 상황을 통해 시간이 흘러 아침이 오고 있음을 나타내고 있다. 아울러 '별'을 통해 소멸의 이미지를 드러내고, '귀촉도 울음'을 통해 슬픔의 정서를 드러내고 있다고 볼 수도 있다. 그러나 이러한 소재를 활용하여 암담한 현실을 나타내고 있다고 보기 어렵다.

오답 이유 ① 1연에서 화자는 꽃이 지는 자연 현상에 바람을 탓할 수 없다고 하면서 꽃이 피었다가 지는 것은 자연의 질서 속에서 이루어지는 일이라는 인식을 함축적으로 드러내고 있다.
③ 4연에서 '촛불을 꺼야 하리'에는 깊은 슬픔을 품은 채 꽃이 지는 현상에 내재되어 있는 자연의 질서를 받아들이는 화자의 자세가 나타나 있다.
④ 5, 6연에서는 흰색과 붉은색의 색채 대비를 통해 '미닫이'를 통해 비치는 '꽃 지는 그림자'를 묘사하면서 꽃이 지는 모습으로 소멸의 이미지를 형상화하고 있다.
⑤ 7~9연에서는 은둔한 채 살아가야 했던 화자의 내면을 '묻혀서 사는 이의 / 고운 마음'으로 표현하면서 꽃이 지는 현상과 화자의 내면을 조응시켜 낙화에 대한 화자의 깊은 슬픔을 표출하고 있다.

095 완화삼 - 목월에게 _ 조지훈

실전 연습하기 본문 252쪽

01 ③ 02 5연 03 [예시 답안] 나그네 긴 소매 꽃잎에 젖어 04 ④

01 표현상 특징 파악 답 ③

이 글에서는 3음보의 율격으로 리듬감을 형성하고 있을 뿐 유사한 시구를 반복하여 리듬감을 주고 있다고 볼 수 없다.

오답 이유 ① '산새'에 감정을 이입하여 애상적 정서를 환기하고 있다.
② 선경 후정의 방식으로 외부 풍경을 먼저 묘사한 후에 내면의 정서를 드러내고 있다.
④ 5연에서 말줄임표를 사용하여 여운을 남기면서 시상을 마무리하고 있다.
⑤ 시각, 청각, 후각, 촉각 등 다양한 감각적 이미지를 활용하여 시의 상황을 묘사하고 있다.

02 외적 준거에 따른 작품 감상 답 5연

5연의 '다정하고 한 많음도 병인 양하여'는 〈보기〉 작품의 '다정(多情)도 병(病)인 냥ᄒᆞ여'를 차용한 시구이다.

03 구절의 의미 파악 예시 답안 참조

'나그네 긴 소매 꽃잎에 젖어'는 '나그네'가 꽃을 완상하면서 마치 떨어지는 꽃잎들에 소매가 젖는 듯한 상황을 표현한 시구로서 이 시의 제목인 '완화삼'과 관련이 있다.

04 외적 준거에 따른 작품 감상 답 ④

'술 익는 강마을의 저녁노을'은 '나그네'가 해 질 무렵 도착한 마을의 풍경을 감각적으로 나타낸 표현이다. 이 시구는 잠시나마 쉬어 갈 수 있는 마을의 모습을 드러내고 있을 뿐 암담한 현실을 살아가야 하는 민족적 정한을 부각하고 있다고 보기는 어렵다.

오답 이유 ① 이 글의 계절적 배경은 '꽃'이 피고 지는 봄으로 볼 수 있다. 이러한 상황을 고려할 때 '차운 산'은 일제 말기의 냉혹한 현실을 의미한다고 할 수 있다.

② '구슬피 울음' 우는 '산새'는 화자의 감정이 이입된 대상으로서 작품의 애상적 분위기를 환기하는 역할을 한다고 할 수 있다.

③ '구름 흘러가는 / 물길은 칠백 리'는 '나그네'가 정처 없이 걸어야 할 길이 멀고도 긺을 의미한다고 할 수 있다.

⑤ 떨어질 '꽃'을 생각하며 '다정하고 한 많음도 병인 양하여' '나그네'는 '고요히 흔들리며 가'고 있다. 따라서 '나그네'를 통해 소멸하는 존재들에 대한 슬픔의 정서를 드러낸다고 할 수 있다.

096 성에꽃 _ 최두석

실전 연습하기 본문 254쪽

01 ② **02** 엄동 혹한, 성에꽃 **03** [예시 답안] 입김과 숨결이 / 간밤에 은밀히 만나 **04** ②

01 표현상 특징 파악 답 ②

이 글에서는 '엄동 혹한일수록 / 선연히 피는 성에꽃'과 '어떤 더운 가슴이 토해 낸 정열의 숨결이던가.'에서 차가움의 이미지와 따뜻함의 이미지가 대조되어 있다.

오답 이유 ① 평서형, 의문형 문장이 사용되고 있을 뿐 명령형의 문장을 사용하고 있지 않다.

③ 화자는 차창에 비치는 친구를 떠올리고 있을 뿐 대구의 방식으로 시상을 마무리하고 있지는 않다.

④ 이 글에서는 반어적 표현이 나타나 있지 않다.

⑤ 추울수록 더 선명하게 피는 성에꽃의 속성이 나타나 있기는 하지만, 그 속성이 나열되어 있지는 않다.

02 작품의 종합적 이해 답 엄동 혹한, 성에꽃

이 글에서 '엄동 혹한'은 추운 겨울을 나타내는 시구인 동시에 암울한 시대적 현실을 상징하는 시구이다. 화자는 이러한 현실 속에서도 '선연히 피는 성에꽃'을 통해 서민들의 삶이 품고 있는 아름다움을 드러내고 있다.

03 구절의 의미 파악 예시 답안 참조

이 글에서는 '성에꽃'이 '처녀 총각 아이 어른 / 미용사 외판원 파출부 실업자'와 같은 이들의 '입김과 숨결이 / 간밤에 은밀히 만나 피워 낸' 것으로 형상화되어 있다. 화자는 이러한 '성에꽃'에서 아름다움을 느끼고 있다.

04 화자의 정서, 태도 파악 답 ②

심미적 태도란 인간을 비롯한 세상의 모든 사물들의 존재 이유와 의미를 아름다움의 차원에서 인식하는 태도이다. 화자는 '성에꽃'이 새벽 시내버스에 탄 서민들이 어우러져 피워 내었기 때문에 아름답다고 인식하고 있다.

오답 이유 ① 화자가 아름답다고 느낀 것은 '성에꽃'이지, 새벽이라는 시간과 시내버스라는 공간이 아니다.

③ '성에꽃'은 팍팍한 삶을 사는 사람들이 열심히 사는 흔적이기에 아름다운 것이지 은밀하게 피어 아름다운 것은 아니다.

④ 화자는 사람들이 겪는 고통이 현실에서 극복될 수 없다고 여기지 않는다.

⑤ 화자가 친구를 떠올린 것은 친구가 '성에꽃'을 만드는 서민들을 위한 삶을 살았음에도 불구하고 지금은 같이하지 못하는 처지에 놓여 있기 때문이다.

097 북어 _ 최승호

실전 연습하기 본문 256쪽

01 ③ **02** 유추, 비판 **03** [예시 답안] 거봐, 너도 북어지 너도 북어지 너도 북어지 **04** ⑤

01 작품의 종합적 이해 답 ③

이 글은 가게에 진열된 '북어들'을 시의 대상으로 삼고 있을 뿐 자연에서 발견한 가치를 통해 인생의 소중함을 노래하고 있지 않다.

오답 이유 ① 가게에 진열되어 있는 '북어들'의 형상을 생생하게 그려 내고 있다.
② 시적 대상인 '북어들'과 일정한 거리를 두어 사고가 경직되고 부정적 현실에 침묵하는 사람들의 일상적 삶을 반성하고 있다.
④ '나'를 시의 표면에 직접 내세워 시인의 생각을 드러내고 있다.
⑤ 마지막 부분에서는 '거봐, 너도 북어지 너도 북어지 너도 북어지'라고 외치며 자신을 질타하는 '북어들'의 소리를 청각적 심상으로 표현하고 있다. 이와 같이 감각적 심상을 활용하여 시상을 마무리함으로써 비판의 주체가 비판의 대상이 되는 상황에 대한 여운을 남기고 있다.

02 작품의 내용 파악

답 유추, 비판

화자는 나란히 꼬챙이에 꿰어 있는 '북어들'의 형상에서 정신이 죽어 있고, 제 목소리를 내지 못하며, 사고가 굳어 버린 사람들의 모습을 유추의 방법으로 이끌어 내고 있다. 그리고 부정한 현실에 대해 아무런 비판도 하지 못한 채 살아가는 사람들의 무기력한 삶을 반성적으로 성찰하고 있다.

03 구절의 의미 파악

예시 답안 참조

이 글에서 화자는 가게에 진열되어 있는 '북어들'을 보면서 사고가 경직되고 부정적 현실에 침묵하는 사람들을 비판하고 있다. 그러나 '거봐, 너도 북어지 너도 북어지 너도 북어지'라고 외치며 자신을 질타하는 '북어들'의 소리를 통해 화자 자신도 역시 부당한 현실에 저항하지 못하고 있다고 느끼는 데서 오는 자괴감을 드러내고 있다.

04 소재의 기능 파악

답 ⑤

이 글에서 '북어'는 할 말을 속 시원하게 밝히지 못하고 벙어리처럼 살아가는 가여운 소시민을 의미한다. 꿰뚫어진 '대가리', 자갈처럼 딱딱하게 굳은 '혀', 짜부러진 '눈', 빳빳한 '지느러미'는 모두 초라한 북어의 일부로서 '북어'와 동일시되고 있다. 그런데 커다랗게 벌린 '입'은 할 말은 하는 모습으로 그려져 나머지와 이질적인 속성으로 그려지고 있다.

098 님의 침묵 _ 한용운

실전 연습하기 본문 258쪽

01 ① **02** 그러나, 슬픔, 희망 **03** [예시 답안] 아아 님은 갔지마는 나는 님을 보내지 아니하였습니다. **04** ②

01 작품의 종합적 이해

답 ①

화자는 '굳고 빛나던 옛 맹서', '날카로운 첫 키스의 추억' 등 과거에 임과 함께 했던 추억을 환기하며 임과의 이별의 슬픔을 드러내고 있다.

오답 이유 ② 이 글에서는 자연의 변화가 나타나 있지 않으며, 화자의 미래를 암시하고 있지도 않다.
③ 대조적인 시구를 활용하여 임과의 이별 상황을 형상화하고 있을 뿐 시적 대상을 예찬하고 있지는 않다.
④ 이 글에서는 대상에 대한 화자의 비판적 태도가 나타나 있지 않다.
⑤ 이별의 슬픔을 극복하고 영원한 사랑을 다짐하고 있다는 점에서 이 글이 애상적 분위기를 고조시킨다고 볼 수 없다.

02 시상 전개 방식에 대한 이해

답 그러나, 슬픔, 희망

7행의 '그러나'를 기점으로 '님'과의 이별로 인한 슬픔이 '님'과의 만남에 대한 희망으로 시상이 전환되고 있다.

03 구절의 의미 파악

예시 답안 참조

'아아 님은 갔지마는 나는 님을 보내지 아니하였습니다.'는 비록 '님'과 이별한 상황이기는 하지만, '나'는 '님'을 떠나보낸 것은 아니기 때문에 '님'과 재회할 수 있으리라는 기대와 희망을 버릴 수 없다는 강한 의지를 역설적으로 보여 주고 있다.

04 외적 준거에 따른 작품 감상

답 ②

<보기>에서 한용운의 「반비례」라는 시에 나오는 표현이 침묵이라는 부재의 상태에서 '님'의 실재를 본 것이라는 해석이 제시되어 있고, 「나의 노래」라는 시에 나오는 표현이 화자가 자신의 노래에 '님'과 근원적으로 소통할 수 있는 힘을 부여한 것으로 볼 수 있다는 해석이 제시되어 있다. 이를 종합해 볼 때, ⓐ에서 '사랑의 노래'가 '님'의 침묵을 휩싸고 돈다는 것은 화자가 부재 속에 실재하는 '님'을 만나 깊이 교감하여 소통한다는 의미를 역설적으로 표현한 것임을 알 수 있다.

오답 이유 ① 시상의 흐름을 고려할 때, 화자는 '님'이 침묵하는

상황을 의지적으로 극복해 내고 있다.

③ 〈보기〉에서 '나의 노래'가 '산과 들을 지나'는 것이 초점이 아니라 '님에게 들리는' 것이 초점이므로, '산과 들을 지나서'라는 표현만 보고 자연 친화적임을 알 수 있다고 하는 것은 적절하지 않다.

④ 이 글에서 사랑은 이미 시작되었고, 임이 떠난 상황에서도 지속되고 있으므로 침묵이 끝나야 사랑이 비로소 시작된다고 보는 것은 적절하지 않다.

⑤ ⓐ에서 '님의 침묵'을 휩싸고 도는 '사랑의 노래'는 '님'의 노래가 아니라 화자의 노래이다.

099 알 수 없어요 _ 한용운

실전 연습하기 본문 260쪽

01 ④ 02 ⓐ: 알 수 없는 향기, ⓑ: 작은 시내, ⓒ: 저녁놀
03 [예시 답안] 타고 남은 재가 다시 기름이 됩니다. 04 ③

01 표현상 특징 파악 답 ④

이 글에는 '오동잎', '푸른 하늘', '알 수 없는 향기', '작은 시내', '저녁놀' 등의 다양한 소재가 등장하는데, 이 소재들은 모두 절대자의 모습을 느끼게 하는 자연의 신비로운 모습을 뜻한다. 따라서 이 글은 소재에 상징적인 의미를 부여하여 주제 의식을 부각하고 있다고 할 수 있다.

오답 이유 ① 자연물에 인격적인 속성을 부여하고 있으나, 자연물을 대화의 상대로 삼고 있지는 않다.

② 대화체가 드러나지 않고, 독백체는 이 글의 뒷부분에만 나타난다.

③ '검은 구름', '푸른 하늘'과 같이 색채어가 활용되고 있지만 이것이 시의 분위기를 다채롭게 하고 있지는 않다.

⑤ '굽이굽이'라는 의성어가 나타나지만 이것이 화자의 상황을 구체화한다고 보기 어렵다.

02 구절의 의미 파악 답 ⓐ: 알 수 없는 향기, ⓑ: 작은 시내, ⓒ: 저녁놀

3행의 '알 수 없는 향기'는 '누구의 입김', 4행의 '작은 시내는 '누구의 노래', 5행의 '저녁놀'은 '누구의 시'를 자연 현상에 빗대어 표현한 시어나 시구에 해당한다.

03 구절의 의미 파악 예시 답안 참조

'타고 남은 재가 다시 기름이 됩니다.'는 태어나고 죽는 것이 끝없이 이어진다는 불교의 윤회 사상이 반영된 시행으로 볼 수 있다.

04 구절의 의미 파악 답 ③

〈보기〉에서 한용운의 시를 '절대자'의 존재를 탐구하며 구도자로서 자기를 정립, 극복하는 시라고 했으므로, 이런 관점에서 해당 시 구절을 이해해야 한다. '알 수 없는 향기'는 '누구의 입김입니까'로 마무리되며 절대자의 숨결로 느껴지고 있으므로, '절대자의 존재에 대한 화자의 회의적인 태도'를 나타낸 표현으로 볼 수 없다.

오답 이유 ① '누구의 발자취'는 절대자의 존재 방식을 알려 주는 것으로 볼 수 있다.

② '무서운 검은 구름'은 '푸른 하늘'과 대조적이며, 절대자의 존재를 드러내는 '푸른 하늘'을 가리고 있으므로 화자와 절대자 사이를 가로막는 장애물로 볼 수 있다.

④ '끝없는 하늘을 만지면서'는 '저녁놀'의 모습으로, 무한 공간에 걸쳐 있는 절대자의 면모로 이해할 수 있다.

⑤ '약한 등불'은 구도자로서의 자신을 정립하고자 하는 화자의 열망으로 볼 수 있다.

100 사과를 먹으며 _ 함민복

실전 연습하기 본문 262쪽

01 ④ 02 일상적, 얽혀 있다 03 [예시 답안] 사과를 씻던 어머니의 손길을 먹는다. / 사과나무 위를 흘러가던 구름을 먹는다. / 사과를 그리던 폴 세잔의 예술혼을 먹는다. 04 ④

01 표현상 특징 파악 답 ④

이 글에서는 '-을(를) 먹는다'의 구조를 가진 문장을 반복하여 리듬감을 살리면서 동시에 사과를 먹는 행위의 의미를 총체적으로 사유하고 있다.

오답 이유 ① 의성어나 의태어와 같은 음성 상징어를 사용하지 않았다.

② 색채어가 하나 있으나('푸르게') 그것의 대비는 찾을 수 없다.

③ 처음부터 마지막 행까지 '-을(를) 먹는다'의 구조를 가진 문장이 반복되고 있다.

⑤ 자연(햇살, 장맛비, 소슬바람, 눈송이, 벌레, 새소리 등), 인간(사람의 땀방울, 식물학자의 지식, 딸 등)으로 시상이 확대되고 있는데, 이를 점층적이라 할 수는 있겠지만 그것이 정서의 상승 과정을 나타내고 있다고 보기는 어렵다.

02 시상 전개와 주제 의식 파악 답 일상적, 얽혀 있다

이 글은 '사과를 먹는다'는 일상적 행위에서 출발하여, '사과가 나를 먹는다.'라는 전도된 진술로 끝나고 있다. 이는 사과라는 존재, 사과를 먹는다는 행위의 의미에 대한 확장적, 총체적 사유를 통해 가능해진다. 이 글에 의하면 사과는 모든 존재가 결합하여 형성된 하나의 '우주'이며, 따라서 사과를 먹는 행위는 사과라는 우주를 먹는 행위이다.

03 창의적인 적용 예시 답안 참조

이 글에서 사과를 먹는 행위는 사과라는 하나의 '우주'를 생겨나게 한 모든 것을 먹는 행위이다.

04 준거에 따른 작품 해석 답 ④

이 글에 의하면 '사과'는 흙으로 빚어진 존재이다. 그것은 흙으로 빚어졌지만 흙에서 멀리 도망치려 한다. 즉 흙이 아닌 그 무엇인가가 되고자 한다. 그러나 그러한 시도는 실패하고 결국 흙으로 돌아갈 수밖에 없다. 흙으로 빚어진 존재가 흙으로 돌아가는 것은 필연이기 때문이다. 그런 점에서 '사과'나 그것을 먹는 '나'나 마찬가지다. '사과'나 '나'는 모두 끊임없이 이어지는 우주적 해체와 생성 작용의 일부이기 때문이다.

오답 이유 ③ 이 글에 의하면 모든 존재는 흙에서 와서 흙으로 돌아가는 우주적 순환의 일부이다. 그러기에 '사과를 먹는다.'와 '사과가 나를 먹는다.'는 동일할 수 있다. 그리고 먹는 행위는 한 존재의 소멸을 통해 다른 존재의 생성을 이루는 우주적 순환의 일부를 이룬다.

⑤ 먹는 행위는 한 존재에 내포된 모든 것을 먹는 것이므로 그 존재를 이루고 있는 모든 것을 먹는 것이며, 그러한 점에서 먹는 행위는 우주적인 차원에서의 만남이라 할 수 있다.

101 우포늪 _ 황동규

실전 연습하기 본문 264쪽

01 ⑤ **02** 시간이 어디 있나 **03** [예시 답안] 문명의 시간에서 벗어나 본래의 생명력으로 충만한 자연 **04** ④

01 표현상 특징 파악 답 ⑤

㉤은 우포늪 어디에서도 문명의 시간이 남긴 흔적을 찾아볼 수 없다는 감탄과 경이의 심정을 나타낸 표현으로 볼 수 있다.

오답 이유 ① ㉠에서 '빈 시간'은 문명의 시간이 사라진('빈') 공간인 '우포늪'을 '시간'으로 변형한 결과 생겨난 표현이라 할 수 있다.

② ㉡에서 송전탑과 송전선은 '언덕을 오르내리며', '잇달아 금을 긋는' 행위의 주체로 표현되고 있다.

③ ㉢에서 '꿈'은 문명의 시간에서 벗어나 있는 '우포늪'에서 느끼는 비현실성과 경이로움을 비유한 말로 볼 수 있다.

④ ㉣은 잠자리의 모습과 해오라기의 모습을 대구를 통해 표현하여 '우포늪'의 아름다운 정경을 보여 주고 있다.

02 구절의 의미 파악 답 시간이 어디 있나

화자는 현대 문명과 단절되어 있는 우포늪의 풍경을 보며 '빈 시간' 하나를 만났다고 말한다. 여기서 '비다'는 문명의 시침이 작동되는 시간이 없음을 의미한다. 그러니 화자는 '이런 곳이 있다니!', '시간이 어디 있나'라고 말한다. 그렇다고 이 '빔'이 공허한 것은 아니다. 그 '빈 자리'에는 본래의 모습 그대로 살아가는 생명들로 가득 차 있기 때문이다.

03 구절의 의미 파악 예시 답안 참조

'이런 곳'은 문명의 흔적이 사라진 곳, 자연의 원리에 따라 온갖 생명체들이 본래의 모습 그대로 살아가는 곳, 생명력으로 충만한 곳을 의미한다. 그래서 그 공간은 '꿈'과 같이 비현실적이면서도 아름다워 화자를 감동과 경이에 휩싸이게 한다.

04 외적 준거에 따른 작품 감상 답 ④

'이런 곳이 있다니!'에서 '이런 곳'은 문명과 문명의 이기들로부터 벗어난 곳, 문명의 시간이 비켜나간 곳을 의미한다.

오답 이유 ① '온 나라의 산과 언덕을 오르내리며 / 잇달아 금을 긋는'에서 현대 문명에 의한 자연 파괴를 읽어 낼 수 있다.

② 끊임없이 이동해야 하는 '이동 전화'와 반자연적인 문명의 '시침'은 그것에 익숙해져 있는 현대인들의 삶의 방식과도 관련이

있다. 그러므로 두 소재는 자연에 대비되는 반자연적인 삶의 방식에 대한 성찰을 유도할 수 있다.
③ '여기저기 모여 있거나 비어 있는'과 '그냥 70만 평'의 '그냥'은 인위적인 조작에 의한 것이 아니라 원래의 자연 그대로의 상태와 모습을 의미하므로, 이는 생명의 자연스러운 원리에 부합한다고 할 수 있다.
⑤ 우포늪에서 살아가는 다양한 식물들, 새들, 곤충들에 대한 묘사를 통해 문명의 시간이 작동하지 않는 우포늪의 충만한 생명력과 아름다움을 보여 주고 있다.

102 즐거운 편지 _ 황동규

실전 연습하기 본문 266쪽

01 ④ **02** 기다림 **03** [예시 답안] 내 사랑도 어디쯤에선 반드시 그칠 것을 믿는다. **04** ②

01 화자의 정서, 태도 파악 답 ④

이 글의 화자는 '그대'를 사랑하지만 '그대'와 함께하지 못하고 '그대'를 그리워하며 '기다림'으로 이러한 상황을 극복하고자 하고 있다.

오답 이유 ① 이 글의 화자는 삶이 허무하다고 여기고 있지 않다.
② 이 글의 화자는 자신을 고통스러운 상황으로 내몰고 있지 않다.
③ 이 글의 화자는 삶과 죽음의 문제를 다루고 있지 않다.
⑤ 이 글의 화자는 현실과 거리를 두고 있지 않다.

02 작품의 내용 파악 답 기다림

이 글의 〈Ⅱ〉에서 화자는 자신의 사랑을 '잇닿은 그 기다림으로 바꾸어 버린'다고 하고 있다. 이는 화자가 사랑을 '기다림'으로 인식하고 있음을 잘 보여 준다.

03 외적 준거에 따른 작품 감상 예시 답안 참조

'내 사랑도 어디쯤에선 반드시 그칠 것을 믿는다.'라는 시행에는 '사랑도 언젠가는 끝나겠지요, 눈이 그치는 것처럼요. 이 세상에 끝이 없는 건 없어요.'라는 시인의 생각이 반영되어 있다.

04 표현상 특징 파악 답 ②

〈Ⅰ〉에서는 '그대'에 대한 '나'의 사랑이 '사소한 일'이라고 표현하면서 '그대'에 대한 '나'의 사랑을 반어적으로 나타내고 있다. ②의 「잊었노라.」, 「믿기지 않아서 잊었노라.」는 '먼 훗날'에도 '당신'을 절대 잊은 적이 없으리라는 화자의 의도를 반어적으로 드러낸 시어나 시구에 해당하므로 화자의 의도를 드러내는 방법이 이 글의 〈Ⅰ〉과 유사하다고 할 수 있다.

오답 이유 ① '임'에 대한 화자의 예찬적인 태도를 드러내고 있다.
③ '종소리'를 의인화하여 자유를 향한 '종소리'의 역동적인 이미지를 그려 내고 있다.
④ 화자는 '백골'을 통해 '나'가 지니고 있는 부정적 자아의 모습을 형상화하고 있다.
⑤ 화자가 자신이 죽은 상황을 가정하여 '해바라기'와 '보리밭'을 통해 삶에 대한 강한 열정을 드러내고 있다.

103 나는 고양이로 태어나리라 _ 황인숙

실전 연습하기 본문 268쪽

01 ⑤ **02** 외로움, 꿈 **03** [예시 답안] 1연에서 고양이는 너른 들판에서 뛰고, 누비고, 뛰어놀고, 덮치고, 뒤따르는 등 매우 활동적인 모습을 보인다. 이에 비해 2연에서 고양이는 어두운 벌판에 홀로 남아 웅크리고, 꿈을 꾸는 정적인 모습을 보인다. **04** ②

01 표현상 특징 파악 답 ⑤

이 글에서 화자는 상상의 세계에 대해 말하고 있다. 대상인 '고양이'와의 교감이나 그에 따른 심리적 흐름은 나타나 있지 않다.

오답 이유 ① '툇마루'와 '너른 벌판', '낟가리' 등의 대비를 통해 '고양이'로 상징되는 자유로운 삶을 꿈꾸고 있다.
② '잘잘', '사뿐사뿐', '살금살금', '후닥닥', '폴짝폴짝' 등의 의태어를 자주 구사하여 고양이를 생동감 있게 그려 내고 있다.
③ '-리라'를 반복하여 화자의 꿈과 의지를 드러내고 있다.
④ '이 다음에 나는 고양이로 태어나리라.'로 시작하여 화자가 상상하는 자유롭고 생동하는 삶을 독백의 방식으로 드러내고 있다.

02 시상 전개와 공간의 상징성 이해

답 외로움, 꿈

고양이는 '툇마루'로 상징되는 억압과 구속의 공간을 탈출하여 '너른 들판'으로 나가고자 한다. 그러나 그곳은 야생의 공간이기에 어둠과 함께 외로움이 찾아온다. 그럼에도 고양이는 억압과 구속의 공간으로 돌아가지 않는다. 그곳은 어둡고 외로운 곳이지만 '밝은 들판'을 내닫는 내일을 꿈꾼다.

03 작품의 의미 구조와 시적 분위기 파악

예시 답안 참조

이 글은 낮의 시간(1연)과 밤의 시간(2연)으로 구성되어 있다. 그런데 낮 시간의 고양이는 매우 동적으로 움직이고 유쾌하게 뛰어노는 모습으로 그려져 있는 데 비해, 어둠이 내린 밤 시간의 고양이는 낟가리에 깊이 웅크려 내일의 꿈을 꾸는 정적이고 몽상적인 모습으로 그려져 있다.

04 외적 준거에 따른 이해

답 ②

화자는 첫 행에서 '이 다음에 나는 고양이로 태어나리라.'라고 하면서 자신의 욕망과 자의식을 분명히 한다. 그리고 어둠이 내린 벌판에 홀로 남겨지더라도 '나는 돌아가지 않으리라.'라고 다짐한다. 그러므로 화자가 상상의 세계에서 갈등에 빠져 있다고 할 수 없다.

오답 이유 ①, ③, ④, ⑤ 이 글에 그려진 상상의 세계 이면에는 억압과 구속 그리고 무료한 현실이 있다. 화자가 꿈꾸고 상상하는 세계는, 이러한 문명적 현실에 대항하는 야생적 삶, 무료하고 억압적인 삶에 대항하는 자유롭고 생동하는 삶에 대한 소망에서 비롯된 것이라 할 수 있다.

정답 모아서 보기

1. 강은교 ~ 김기택

001 우리가 물이 되어 _ 강은교 본문 054쪽

01 ③ 02 바다, 하늘 03 [예시 답안] 남과 북이 서로를 증오하는 현실을 뛰어넘어 서로 화합하기를 기원함. 04 ④

002 면면함에 대하여 _ 고재종 본문 056쪽

01 ④ 02 광휘, 북소리, 상처 03 [예시 답안] 청산하고 떠나 버리는 태도와 아직 끝나지 않았다며 지킬 것은 지켜야 한다는 태도 04 ②

003 세한도 _ 고재종 본문 058쪽

01 ④ 02 그러나 03 ㉮: 삭바람마저 빗질하여 ㉯: 서러움조차 잘 걸러 내어 04 ③

004 첫사랑 _ 고재종 본문 060쪽

01 ② 02 눈, 햇솜 같은 마음 03 [예시 답안] 봄에 나무가 꽃을 화려하게 피워 낼 수 있게 해 주는 눈의 아낌없는 사랑을 의미한다. 04 ③

005 상한 영혼을 위하여 _ 고정희 본문 062쪽

01 ⑤ 02 두 팔로 막아도 바람은 불듯, 마주 잡을 손 하나 오고 있거니 03 [예시 답안] [A]: 새순은 돋는다. [B]: 꽃은 핀다. / 개울은 흐른다. / 등불은 켜진다. 04 ③

006 사평역에서 _ 곽재구 본문 064쪽

01 ⑤ 02 수용, 공감 03 [예시 답안] '사람들은 그믐처럼 몇은 졸고 / 몇은 감기에 쿨럭이고 있다.', '청색의 손바닥을 불빛에 적신다.', '오래 앓은 기침소리와 / 쓴 약 같은 입술 담배 연기' 등 04 ③

007 참 맑은 물살 - 회문산에서 _ 곽재구 본문 066쪽

01 ② 02 동일한, 기대 03 [예시 답안] '저들'은 회문산의 아름다운 봄날 풍경을 이루고 있는 물살, 고사리, 산과 같은 모든 자연물을 가리킨다. 화자는 이처럼 서로 다른 것들이 조화를 이루며 어우러져 있는 모습에서 '사랑'을 읽어낸다. 04 ③

008 초토의 시 1 _ 구상 본문 068쪽

01 ④ 02 그림자 03 [예시 답안] '죄'를 '모조리'로 보면 '(이가) 모조리 빠져 하나도 없다.'의 뜻이 되고, '죄(罪)'로 보면 '(소녀에게는) 죄가 하나도 없다.'의 뜻이 된다. 04 ①

009 엄마 걱정 _ 기형도 본문 070쪽

01 ② 02 회상, 무서움 03 [예시 답안] 열무 삼십 단, 해는 시든 지 오래, 배추잎 같은 발소리 04 ④

010 거산호 II _ 김관식 본문 072쪽

01 ⑤ 02 겸허, 고향 03 [예시 답안] 미역취 한 이파리 상긋한 산 내음새 04 ①

011 달팽이의 사랑 _ 김광규 본문 074쪽

01 ④ 02 온전한(진정한), 비판적 03 [예시 답안] 시멘트 바닥, 요란한 천둥 번개, 장대 같은 빗줄기 04 ⑤

012 희미한 옛사랑의 그림자 _ 김광규 본문 076쪽

01 ⑤ 02 순수, 소시민(기성세대) 03 [예시 답안] 즐겁게 세상을 ~ 이야기를 주고받았다 04 ④

013 추일서정 _ 김광균 본문 078쪽

01 ⑤ 02 황량, 문명 03 [예시 답안] 외로움(고독감)과 쓸쓸함 04 ②

014 성북동 비둘기 _ 김광섭 본문 080쪽

01 ② 02 산업화, 터전 03 [예시 답안] 돌 깨는 산울림, 채석장 포성 04 ⑤

015 저녁에 _ 김광섭 본문 082쪽

01 ⑤ 02 밤, 어둠, 소멸 03 [예시 답안] 3연의 1~2행('이렇게 정다운 / 너 하나 나 하나는')으로 보아 화자는 '별'과의 인연을 특별한(정다운, 친밀한) 것으로 인식하는 태도를 보이고 있다. 04 ⑤

016 멸치 _ 김기택 본문 084쪽

01 ⑤ 02 생명력, 회복 03 [예시 답안] 물결 04 ④

017 바퀴벌레는 진화 중 _ 김기택 본문 086쪽

01 ② 02 문명, 미래 03 [예시 답안] '암회색 스모그'를 맑고 희다고 하고 '폐수'를 너무 깨끗하다고 표현하였으므로, 참뜻과는 반대되는 말을 하여 의미를 강화하는 반어법이다. 04 ③

2. 김남조 ~ 김춘수

018 겨울 바다 _ 김남조 본문 090쪽

01 ② 02 물, 불 03 [예시 답안] 절망을 갖고 찾아갔다가 깨달음을 얻은 공간이 되었다. 04 ③

019 가는 길 _ 김소월 본문 092쪽

01 ⑤ 02 이별, 망설임, 율격 03 [예시 답안] 어서 떠나야 한다는 화자의 마음을 나타낸다. 04 ③

020 산유화 _ 김소월 본문 094쪽

1 ③ 02 꽃, 존재, 고독감 03 [예시 답안] 작은 새 04 ①

021 접동새 _ 김소월 본문 096쪽

01 ④ 02 접동새, 혈육, 한 03 [예시 답안] 접동 / 접동 / 아우래비 접동 04 ①

022 진달래꽃 _ 김소월 본문 098쪽

01 ② 02 진달래꽃, 희생(헌신) 03 [예시 답안] 죽어도 아니 눈물 흘리우리다 04 ⑤

023 초혼 _ 김소월 본문 100쪽

01 ⑤ 02 초혼, 죽음, 격정 03 [예시 답안] 당신을 사랑한다 04 ③

024 눈 _ 김수영 본문 102쪽

01 ⑤ 02 눈, 가래 03 [예시 답안] '눈은 살아 있다'의 반복법과 점층법이 있다. 04 ②

025 어느 날 고궁을 나오면서 _ 김수영 본문 104쪽

01 ④ 02 자조, 분개, 반성 03 [예시 답안] 힘 없는 자들(약자들) 04 ④

026 폭포 _ 김수영 본문 106쪽

01 ④ 02 타협, 폭포 03 [예시 답안] 나타와 안정 04 ②

027 풀 _ 김수영 본문 108쪽

01 ⑤ 02 풀, 생명력 03 [예시 답안] 반복법이 사용되었다. 대립적인 두 소재를 통해 의미를 드러낸다. 04 ⑤

028 모란이 피기까지는 _ 김영랑 본문 110쪽

01 ③ 02 모란, 안타까움(상실감, 절망감) 03 [예시 답안] 찬란한 슬픔의 봄을 04 ⑤

029 오월 _ 김영랑 본문 112쪽

01 ③ 02 오월, 들길 03 [예시 답안] 산봉우리 04 ①

030 누군가 나에게 물었다 _ 김종삼 본문 114쪽

01 ⑤ 02 소박한 서민의 공간, 위대한 면모 03 [예시 답안] 화자는 '그런 사람들'을 고생스럽고 고달픈 삶을 순한 심성으로 슬기롭게 대처하는 사람들로 보고, 긍정적인 태도를 취하고 있다. 04 ③

031 묵화 _ 김종삼 본문 116쪽

01 ③ 02 고단함, 묵화, 여백 03 [예시 답안] 발잔등이 부었다고 04 ⑤

032 강우 _ 김춘수 본문 118쪽

01 ③ 02 죽음, 슬픔 03 [예시 답안] 이번에는 그게 아닌가 보다. 04 ③

033 꽃 _ 김춘수 본문 120쪽

01 ⑤ 02 꽃, 의미 03 [예시 답안] 이름을 불러 주었다. 04 ④

034 샤갈의 마을에 내리는 눈 _ 김춘수 본문 122쪽

01 ③ 02 샤갈, 봄, 생명력 03 [예시 답안] 시각적 심상(색채 이미지)이며, 봄의 순수한 생명력을 표현한다. 04 ③

3. 김현승 ~ 박재삼

035 눈물 _ 김현승 본문 126쪽

01 ④ 02 순수함, 절대적 가치 03 [예시 답안] 5연의 '꽃'과 '열매'는 대조적인 의미 관계에 있는 소재로, '꽃'이 아름답지만 일시적이고 덧없는 것을 의미하는 반면, '열매'는 성숙과 결실을 의미한다. 04 ④

036 플라타너스 _김현승 본문 128쪽

01 ③ 02 플라타너스, 소망 03 [예시 답안] 물 먹는 소, 마음이 통하는 존재(삶의 동반자) 04 ②

037 납작납작 - 박수근 화법을 위하여 _김혜순 본문 130쪽

01 ⑤ 02 그림, 서민 03 [예시 답안] 현실의 무게에 짓눌려 있음. 04 ⑤

038 귀뚜라미 _나희덕 본문 132쪽

01 ② 02 여름, 가을 03 [예시 답안] '매미 소리'는 '높은 가지를 흔드는', '하늘을 찌르는' 등과 같은 시구와 함께, '내 울음'은 '차가운 바닥', '이 땅 밑'과 같은 시구와 함께 제시되고 있다. 이 둘은 각각 높은 곳과 낮은 곳에서 들리는 것으로 '매미 소리'의 위압적이고 압도적인 속성과 '내 울음'의 나약함을 대조적으로 드러내고 있다. 04 ④

039 그 복숭아나무 곁으로 _나희덕 본문 134쪽

01 ② 02 경어체, 고백적 03 [예시 답안] 이 글의 화자는 대상에 대해 거리감을 보이다가 '수천의 빛깔'이라는 대상에 대한 새로운 인식을 계기로 하여 대상을 이해하고자 하는 태도를 보이게 된다. 04 ④

040 율포의 기억 _문정희 본문 136쪽

01 ③ 02 숨 쉬고 사는 것들의 힘, 생명력 03 [예시 답안] 고달픈 삶을 살아 내는 존재들의 경건함을 깨닫게 하기 위해서이다. 04 ④

041 평상이 있는 국숫집 _문태준 본문 138쪽

01 ② 02 통사, 반복 03 [예시 답안] '쯧쯧쯧쯧 쯧쯧쯧쯧'은 '손이 손을 잡는 말'이며 '눈이 눈을 쓸어 주는 말', 즉 서로에 대한 위로와 위안의 의미를 담은 소리이며, 짧으면서도 깊은 여운과 울림을 남기는 소리이다. 04 ④

042 아침 이미지 1 _박남수 본문 140쪽

01 ③ 02 물상, 생명력 03 [예시 답안] '어둠은 새를 낳고, 돌을 / 낳고, 꽃을 낳는다'라는 구절로, 어둠이 물러가고 아침의 빛에 의해 사물이 인식되기 시작하는 순간을 출산의 순간에 비유하고 있다. 04 ④

043 해 _박두진 본문 142쪽

01 ⑤ 02 대조, 시간, 공간 03 [예시 답안] 모든 생명체가 어울려 화합과 공존을 이뤄 낸 평화로운 세계 04 ②

044 산도화 _박목월 본문 144쪽

01 ① 02 절제, 여백 03 [예시 답안] 원경에서 근경으로 시선이 이동하면서 시상이 전개되고 있다. 04 ④

045 산이 날 에워싸고 _박목월 본문 146쪽

01 ③ 02 순리, 운명 03 [예시 답안] '산'으로 상징되는 자연이 화자에게 절대적 가치를 지닌 지향의 대상임을 알 수 있다. 04 ②

046 하관 _박목월 본문 148쪽

01 ② 02 꿈, 거리감/단절 03 [예시 답안] 이 시에서는 '관이 내렸다 / 깊은 가슴 안에 밧줄로 달아 내리듯', '좌르르 하직했다', '눈과 비가 오는 세상', '열매가 떨어지면' 등의 시구에서 하강 이미지를 찾아볼 수 있는데, 이러한 이미지 제시는 죽음의 상황을 구체화하면서 화자가 느끼는 슬픔의 정서를 심화하는 효과를 가져온다. 04 ④

047 울타리 밖 _박용래 본문 150쪽

01 ③ 02 '-ㄴ 마을이 있다', 동질적 03 [예시 답안] ⓐ는 '들길'이 '낯이 설어도 사랑스러움'을, ⓑ는 '천연히'의 의미를 담고 있다. 04 ⑤

048 추억에서 _박재삼 본문 152쪽

01 ② 02 의문형, 추측, 절제 03 [예시 답안] 향토적인 정감을 불러일으키며, 친근감을 느끼게 해 준다. 04 ③

049 흥부 부부상 _박재삼 본문 154쪽

01 ③ 02 소재, 행복 03 [예시 답안] 흥부 부부는 물질적으로 궁핍한 삶을 살아오면서도 서로에 대한 연민과 위로를 나누어 왔다. 04 ①

4. 백석 ~ 신경림

050 고향 _백석 본문 158쪽

01 ⑤ 02 대화, 친밀감 03 [예시 답안] 화자로 하여금 고향과 가족의 따스함을 느끼게 하는 매개체의 역할을 한다. 04 ⑤

051 국수 _백석 본문 160쪽

01 ③ 02 이것, 의문, 깨달음 03 [예시 답안] 다양한 감각적 심상이 사용되었고, 음성 상징어가 활용되었다. 04 ④

052 나와 나타샤와 흰 당나귀 _백석 본문 162쪽

01 ③ 02 흰색, 순수함 03 [예시 답안] ㉠과 ㉡은 대조적인 의미를 지닌 공간으로, 화자는 순수 세계로서의 ㉠을 지향하면서 ㉡에 대한 부정적 인식을 드러내고 있다. 04 ⑤

053 남신의주 유동 박시봉 방 _백석 본문 164쪽

01 ⑤ 02 시선, 내면 03 [예시 답안] 시상 전환의 기점으로 기능하고 있으며, 시적 화자는 '그러나'를 기점으로 하여 이전의 슬픔, 자괴감, 부끄러움을 극복하고 굳고 정결한 태도를 지닐 것을 다짐하고 있다. 04 ④

054 모닥불 _백석 본문 166쪽

01 ① 02 나열, 합일/통합 03 [예시 답안] 몽둥발이는 어릴 때부터 부모를 잃고 의지할 곳 없는 상황에 놓인 '할아버지'를 비유적으로 표현한다. 04 ④

055 여승 _백석 본문 168쪽

01 ① 02 가지취의 내음새가 났다, 산(山)꿩도 설게 울은 슬픈 날이 있었다 03 [예시 답안] 나는 파리한 여인(女人)에게서 옥수수를 샀다 04 ①

056 여우난 골족 _백석 본문 170쪽

01 ② 02 시간, 서사 03 [예시 답안] 이 글의 2~4연에서는 현재형 시제를 사용한 묘사가 두드러지는데, 이를 통해 명절의 흥겨운 분위기를 생동감 있게 전달하고 있다. 04 ④

057 흰 바람벽이 있어 _백석 본문 172쪽

01 ④ 02 투사, 성찰, 내면 03 [예시 답안] 도치법을 통해 시적 의미(주제)를 부각하고 있다. 04 ③

058 견우의 노래 _서정주 본문 174쪽

01 ⑤ 02 이별, 성숙 03 [예시 답안] 서로에 대한 사무치는 사랑과 그리움을 안은 채 각자 홀로 떨어져 있는 견우와 직녀의 상태를 가리킨다. 04 ③

059 귀촉도 _서정주 본문 176쪽

01 ① 02 죽음, 슬픔 03 [예시 답안] 육날 메투리 04 ③

060 신선 재곤이 _서정주 본문 178쪽

01 ⑤ 02 하늘, 인정 03 [예시 답안] 재곤이의 거북이 모양 양쪽 겨드랑에 두 개씩의 날개들을 달아 줌. 04 ④

061 외할머니의 뒤안 툇마루 _서정주 본문 180쪽

01 ④ 02 산문시, 어린 03 [예시 답안] 툇마루는 외할머니에서 그 딸들, 그리고 그 딸의 자식인 '나'에 이르는 가족의 내력을 투영하는 거울과 같다. 04 ①

062 추천사 - 춘향의 말 1 _서정주 본문 182쪽

01 ① 02 유사, 강조 03 [예시 답안] 인간은 본래 땅에 속하는 존재이기 때문에 하늘에 도달할 수 없다는 본질적, 운명적 한계를 지닌다. 04 ⑤

063 춘향유문 - 춘향의 말 3 _서정주 본문 184쪽

01 ③ 02 윤회, 자연 03 [예시 답안] 시적 청자인 몽룡을 비유한 것으로, 처음 만나던 날의 설렘과 아름다움, 영원한 사랑에 대한 기대를 드러낸다. 04 ②

064 농무 _신경림 본문 186쪽

01 ⑤ 02 농무, 분노, 한 03 [예시 답안] 화자의 답답함과 원통함을 직설적으로 표출하고 있다. 04 ③

065 산에 대하여 _신경림 본문 188쪽

01 ⑤ 02 대조, 지향 03 [예시 답안] 서로 가까이 부대끼며 살아가면서 공동체적 삶을 영위하는 인간다운 삶의 모습 04 ⑤

066 우리 동네 느티나무들 _신경림 본문 190쪽

01 ② 02 '저희들끼리', 연결 어미 03 [예시 답안] 나고 자라고 늙는 시간(세월)의 흐름을 바탕으로 느티나무들의 삶의 노정을 보여 주고 있다. 04 ④

5. 신동엽 ~ 장석남

067 껍데기는 가라 _신동엽 본문 194쪽

01 ④ 02 상징, 대립 03 [예시 답안] 부정적 세력의 개입 없이 남북한이 순수한 모습으로 마주할 때 민족의 화합이 이루어질 수 있다. 04 ②

068 봄은 _신동엽 본문 196쪽

1 ④ 02 분단, 눈 03 [예시 답안] 이 글의 화자는 '봄'이 우리 자신에게 내재한 간절한 염원과 소망으로부터 움틀 것이라는 인식을 드러내고 있다. 04 ⑤

069 산에 언덕에 _신동엽 본문 198쪽

01 ⑤ 02 소망, 신념 03 [예시 답안] '행인'은 '그'의 부재로 인해 쓸쓸함을 느끼고 '그'의 자취를 더듬고 있다. 04 ②

070 꽃덤불 _신석정 본문 200쪽

01 ④ 02 밤, 봄 03 [예시 답안] 달빛이 흡사 비 오듯 쏟아지는 밤 04 ⑤

071 바위 _유치환 본문 202쪽

01 ⑤ 02 바위 03 [예시 답안] 애련, 희로 04 ④

072 생명의 서 _유치환 본문 204쪽

01 ③ 02 대면 03 [예시 답안] 나의 생명, 원시의 본연한 자태 04 ③

073 길 _윤동주 본문 206쪽

01 ⑤ 02 상징, 독백(고백) 03 [예시 답안] 쇠문 04 ④

074 서시 _윤동주 본문 208쪽

01 ① 02 별, 밤, 바람 03 [예시 답안] 주어진 길 04 ③

075 쉽게 씌어진 시 _윤동주 본문 210쪽

01 ④ 02 밤비 03 [예시 답안] 8연 04 ②

076 자화상 _윤동주 본문 212쪽

01 ② 02 사나이 03 [예시 답안] '홀로', '가만히'의 태도에서, 자신을 객관적으로 성찰하고자 하는 의도를 알 수 있다. 04 ④

077 푸른 곰팡이-산책시 1 _이문재 본문 214쪽

01 ② 02 소중한 것, 발효의 시간 03 [예시 답안] 에스엔에스(SNS)와 같이 신속하고도 즉각적인 소통 방식 04 ③

078 거울 _이상 본문 216쪽

01 ④ 02 외로된사업 03 [예시 답안] 단어나 구절을 붙여 쓰는 등 띄어쓰기를 무시하고 있다. 04 ⑤

079 빼앗긴 들에도 봄은 오는가 _이상화 본문 218쪽

01 ① 02 자문자답 03 [예시 답안] 나라를 빼앗긴 상황인데도 자신은 아무것도 모르는 어린아이처럼 들떠서 봄날의 경치를 즐기고 있기 때문이다. 04 ⑤

080 봄 _이성부 본문 220쪽

01 ④ 02 바람 03 [예시 답안] 입을 열어 외치지만 소리는 굳어 / 나는 아무것도 미리 알릴 수가 없다. 04 ③

081 풀벌레 소리 가득 차 있었다 _이용악 본문 222쪽

01 ④ 02 개인, 유이민 03 [예시 답안] '풀벌레 소리'는 화자의 슬픔을 대변하고 있기도 하고, 아버지의 죽음과 대조되어 상황의 비극성을 고조시키고 있기도 한다. 04 ⑤

082 광야 _이육사 본문 224쪽

01 ② 02 1, 3, 안정 03 [예시 답안] 추상적 개념을 구체적 이미지로 변용하여 표현하고 있다. 04 ④

083 절정 _이육사 본문 226쪽

01 ③ 02 점층 03 [예시 답안] 이러매 눈 감아 생각해 볼밖에 04 ②

084 의자 _이정록 본문 228쪽

01 ② 02 큰애, 삶의 지혜 03 [예시 답안] 세상에 존재하는 모든 생명체는 모두 '식구'와 같다. 그러므로 사람이든 식물이든 살아가는 생명에게는 삶을 지탱하고 의지할 '의자'가 필요하다. 04 ②

085 낙화 _이형기 본문 230쪽

01 ⑤ 02 낙화 03 [예시 답안] 봄에 꽃이 피고, 무성한 녹음의 여름을 지나 가을에 열매 맺는 것처럼, 인간도 영혼의 성숙을 위해서는 이별의 아픔이라는 과정을 통과해야 한다. 04 ②

086 배를 매며 _장석남 본문 232쪽

01 ④ 02 사랑, 배 03 [예시 답안] 배를 매는 것은 새로운 인연과 사랑을 받아들이는 것을 의미한다. 04 ⑤

6. 장정일 ~ 황인숙

087 라디오와 같이 사랑을 끄고 켤 수 있다면 _장정일 본문 236쪽

01 ③ 02 패러디, 풍자 03 [예시 답안] 라디오 04 ③

088 어머니의 그륵 _정일근 본문 238쪽

01 ① 02 그륵, 그릇 03 [예시 답안] 서정시를 쓰는 내가 부끄러워진다. / 그동안 살아 있는 언어로 시를 쓰지 못하고 국어사전에서 찾은 언어로 쉽게 시를 써 왔기 때문이다. 04 ④

089 고향 _정지용 본문 240쪽

01 ④ 02 고향 03 [예시 답안] 메마른 입술에 쓰디쓰다. 04 ⑤

090 유리창 1 _정지용 본문 242쪽

01 ① 02 입김, 죽은 아이 03 [예시 답안] 아이가 죽어 화자의 곁에 없기 때문에 외롭지만, 유리를 닦으면서 아이를 환영으로나마 만날 수 있어 황홀함을 느낀다. 04 ②

091 춘설 _정지용 본문 244쪽

01 ③ 02 감각, 영탄 03 [예시 답안] 겨우내 웅크렸던 생명들이 살아난 모습이 꿈만 같아서 서러운 느낌마저 든다. 04 ③

092 향수 _정지용 본문 246쪽

1 ③ 02 향토, 후렴구 03 [예시 답안] 함부로 쏜 화살 04 ②

093 저문 강에 삽을 씻고 _정희성 본문 248쪽

01 ④ 02 슬픔 03 [예시 답안] 이렇게 살아 봤자 과연 지금의 형편이 나아질 수 있을까? 아무래도 쉽지 않겠지. 04 ②

094 낙화 _조지훈 본문 250쪽

01 ⑤ 02 자연, 울고 싶어라 03 [예시 답안] 꽃이 지기로서니 / 바람을 탓하랴. 04 ②

095 완화삼-목월에게 _조지훈 본문 252쪽

01 ③ 02 5연 03 [예시 답안] 나그네 긴 소매 꽃잎에 젖어 04 ④

096 성에꽃 _최두석 본문 254쪽

01 ② 02 엄동 혹한, 성에꽃 03 [예시 답안] 입김과 숨결이 / 간밤에 은밀히 만나 04 ②

097 북어 _최승호 본문 256쪽

01 ③ 02 유추, 비판 03 [예시 답안] 거봐, 너도 북어지 너도 북어지 너도 북어지 04 ⑤

098 님의 침묵 _한용운 본문 258쪽

01 ① 02 그러나, 슬픔, 희망 03 [예시 답안] 아아 님은 갔지마는 나는 님을 보내지 아니하였습니다. 04 ②

099 알 수 없어요 _한용운 본문 260쪽

01 ④ 02 ⓐ: 알 수 없는 향기, ⓑ: 작은 시내, ⓒ: 저녁놀 03 [예시 답안] 타고 남은 재가 다시 기름이 됩니다. 04 ③

100 사과를 먹으며 _함민복 본문 262쪽

01 ④ 02 일상적, 얽혀 있다 03 [예시 답안] 사과를 씻던 어머니의 손길을 먹는다. / 사과나무 위를 흘러가던 구름을 먹는다. / 사과를 그리던 폴 세잔의 예술혼을 먹는다. 04 ④

101 우포늪 _황동규 본문 264쪽

01 ⑤ 02 시간이 어디 있나 03 [예시 답안] 문명의 시간에서 벗어나 본래의 생명력으로 충만한 자연 04 ④

102 즐거운 편지 _황동규 본문 266쪽

01 ④ 02 기다림 03 [예시 답안] 내 사랑도 어디쯤에선 반드시 그칠 것을 믿는다. 04 ②

103 나는 고양이로 태어나리라 _황인숙 본문 268쪽

01 ⑤ 02 외로움, 꿈 03 [예시 답안] 1연에서 고양이는 너른 들판에서 뛰고, 누비고, 뛰어놀고, 덮치고, 뒤따르는 등 매우 활동적인 모습을 보인다. 이에 비해 2연에서 고양이는 어두운 벌판에 홀로 남아 웅크리고, 꿈을 꾸는 정적인 모습을 보인다. 04 ②

EBS

정답과 해설

고1~2 내신 중점 로드맵

과목	고교 입문		기초	기본	특화	+ 단기
국어	고등 예비 과정	내 등급은?	윤혜정의 개념의 나비효과 입문편/워크북 어휘가 독해다!	기본서 올림포스 올림포스 전국연합 학력평가 기출문제집	국어 특화: 국어 독해의 원리 / 국어 문법의 원리	단기 특강
영어			정승익의 수능 개념 잡는 대박구문 주혜연의 해석공식 논리 구조편		영어 특화: Grammar POWER / Reading POWER / Listening POWER / Voca POWER	
수학			기초 50일 수학 매쓰 디렉터의 고1 수학 개념 끝장내기	유형서 올림포스 유형편	고급 올림포스 고난도	
				수학 특화 수학의 왕도		
한국사 사회		인공지능: 수학과 함께하는 고교 AI 입문 수학과 함께하는 AI 기초		기본서 개념완성 개념완성 문항편	고등학생을 위한 多담은 한국사 연표	
과학						

과목	시리즈명	특징	수준					권장 학년
전과목	고등예비과정	예비 고등학생을 위한 과목별 단기 완성	●					예비 고1
국/수/영	내 등급은?	고1 첫 학력평가+반 배치고사 대비 모의고사	●					예비 고1
	올림포스	내신과 수능 대비 EBS 대표 국어·수학·영어 기본서			●			고1~2
	올림포스 전국연합학력평가 기출문제집	전국연합학력평가 문제+개념 기본서			●			고1~2
	단기 특강	단기간에 끝내는 유형별 문항 연습			●			고1~2
한/사/과	개념완성 & 개념완성 문항편	개념 한 권+문항 한 권으로 끝내는 한국사·탐구 기본서			●			고1~2
국어	윤혜정의 개념의 나비효과 입문편/워크북	윤혜정 선생님과 함께 시작하는 국어 공부의 첫걸음		●				예비 고1~고2
	어휘가 독해다!	학평·모평·수능 출제 필수 어휘 학습		●				예비 고1~고2
	국어 독해의 원리	내신과 수능 대비 문학·독서(비문학) 특화서				●		고1~2
	국어 문법의 원리	필수 개념과 필수 문항의 언어(문법) 특화서				●		고1~2
영어	정승익의 수능 개념 잡는 대박구문	정승익 선생님과 CODE로 이해하는 영어 구문		●				예비 고1~고2
	주혜연의 해석공식 논리 구조편	주혜연 선생님과 함께하는 유형별 지문 독해			●			예비 고1~고2
	Grammar POWER	구문 분석 트리로 이해하는 영어 문법 특화서				●		고1~2
	Reading POWER	수준과 학습 목적에 따라 선택하는 영어 독해 특화서				●		고1~2
	Listening POWER	수준별 수능형 영어듣기 모의고사				●		고1~2
	Voca POWER	영어 교육과정 필수 어휘와 어원별 어휘 학습			●			고1~2
수학	50일 수학	50일 만에 완성하는 중학~고교 수학의 맥	●					예비 고1~고2
	매쓰 디렉터의 고1 수학 개념 끝장내기	스타강사 강의, 손글씨 풀이와 함께 고1 수학 개념 정복		●				예비 고1~고1
	올림포스 유형편	유형별 반복 학습을 통해 실력 잡는 수학 유형서			●			고1~2
	올림포스 고난도	1등급을 위한 고난도 유형 집중 연습					●	고1~2
	수학의 왕도	직관적 개념 설명과 세분화된 문항 수록 수학 특화서				●		고1~2
한국사	고등학생을 위한 多담은 한국사 연표	연표로 흐름을 잡는 한국사 학습		●				예비 고1~고2
기타	수학과 함께하는 고교 AI 입문/AI 기초	파이선 프로그래밍, AI 알고리즘에 필요한 수학 개념 학습			●			예비 고1~고2